KB116218

조선왕조 영의정
173人의 삶과 권력

영의정실록

(제3권)

영의정 실록 제3권

초판 1쇄   2022년 1월 13일

지은이   박용부
발행인   김재홍
마케팅   이연실
디자인   현유주

발행처   도서출판지식공감
등록번호   제2019-000164호
주소   서울특별시 영등포구 경인로82길 3-4 센터플러스 1117호{문래동1가}
전화   02-3141-2700
팩스   02-322-3089
홈페이지   www.bookdaum.com
이메일   bookon@daum.net

가격   20,000원
ISBN   979-11-5622-643-7   04910
SET ISBN   979-11-5622-514-0

조선왕조 영의정 173人의 삶과 권력

영의정 실록

③

박용부 편저

지식공감

목차

세조 시대 二

28. 최항 - 거사 당일 숙직한 일이 공신이 되다

29. 조석문 - 4대공신 출신에 회계전문가

30. 이준 - 28세의 최연소 영의정

예종 시대

성종 시대

중종 시대

일러두기

1. 영의정 실록의 내용은 조선왕조실록 국역본에 실려있는 내용을 중심으로 작성하였다. 조선왕조실록 국역본에서 이해가 힘든 부분은 다시 현대적 의미의 글로 바꾸었고 한자어 사용은 자제하고 뜻을 이해하기 어려울 때만 한자를 한글과 병기하였다.

2. 본문에서 인용한 조선왕조실록의 내용은 세종대왕기념사업회와 한국고전번역원에서 발간한 조선왕조실록 한글번역본을 인용하였고, 국조인물고는 세종대왕기념사업회의 번역본을 인용하였다.

3. 인적사항과 주요 역사적 기록은 한국학중앙연구소에서 발간한 한국민족문화대백과사전과 한국향토문화대전, 세종대왕기념사업회에서 발간한 국조인물고의 내용을 기본으로 하고 미흡된 부분은 인터넷 검색을 통해 각 종친회 홈페이지나 블로그에 실려 있는 묘비명의 행장을 참고로 하였다.

4. 조선후기 영의정들의 승진과정은 조선왕조실록의 기록을 주본으로 하고 비변사등록과 승정원 일기도 함께 참고하여 미진한 부분을 보완하였다.

5. 극심한 당파싸움으로 왕조실록이 2개 본으로 작성된 선조실록, 광해 군일기, 현종실록, 숙종실록, 경종실록의 경우 정본을 중심으로 작성 하였고, 수정 보궐본은 정본에서 기록이 없을 경우에만 참고로 하였 다.

6. 조선 초기에는 관제상 영의정이란 직제가 없어 최고위직으로 임명된 좌시중과 좌정승을 다루었고 조선말기에는 관제개편으로 최고위직으 로 임명된 의정, 총리를 영의정에 포함시켜 작성하였다.

7. 조선 초기의 영의정 임명은 공신들 위주의 발령이어서 후임 영의정과 공백기간이 거의 없이 이루어 졌다. 중기이후 부터 각종 사화, 당파싸 움에 의한 환국, 세력다툼으로 인하여 공백기간, 정승에 제수되면 한 두번의 사양을 해야하는 예법 등으로 공백기간이 길어져 수개월간 자 리가 비어 있거나 많게는 2년 이상씩 영의정 없이 국정을 운영하는 경 우도 있었다. 조선 초기 세종조에 1426년 5월 14일부터 1431년 9월 2일까지의 영의정은 왕조실록 어디에도 기록되지 않아 누구인지 밝힐 수가 없었다.

8. 영의정 개개인에 따라 야사가 있을 경우 역사적 이슈가 된 자료이거 나, 인문학적 가치가 있다고 판단되는 자료일 경우 야사가 실린 원본 을 구해 작성하였으나 원본을 구할 수 없을 경우 각 문중의 홈페이지, 카페, 블로그에 실린 내용을 참고로 하였다.

[서언] 조선의 역사를 바꾸어 놓은 인수대비와 한명회

　예종은 세자로 지내던 형 도원군이 병으로 죽자 뒤를 이어 세자가 되었는데 세조 마저 54세의 나이로 승하하니 18세의 나이로 즉위하였다. 조선조 초기의 왕실은 세종 승하 후 19년 동안 세종의 장자 문종의 죽음, 문종의 장자 단종의 죽음, 세조의 장자 도원군의 죽음, 예종의 장자 인성군의 죽음, 세조의 죽음 등 일련의 일들이 풍수술사의 주장과 일치함에 따라 예종은 주변 대신들의 권유로 광주에 있던 세종왕릉을 여주로 이장하였다. 이러한 틈을 타 권력욕에 불타던 서얼 출신 유자광이 남이장군을 역모로 모함하여 고자질을 하니 사실 여부를 제대로 확인하지도 않은 채 남이를 처형하였고, 유자광을 익대공신으로 책봉하여 한성판윤에 오르게 한다. 예종이 즉위한 지 1년 2개월 만에 19세의 나이로 승하하자 왕실은 비통하기가 이루 말할 수 없었다. 이때 예종에게는 3살난 아들 제안대군이 있어 적장자 순서대로라면 제안대군이 왕위를 계승하여야 함에도 불구하고, 예종의 형수 인수대비와 한명회 간의 밀약에 따라 도원군의 12살된 아들 자을산군에게 왕권이 넘어갔다. 조선 초기부터 왕실의 계승 규칙을 무너뜨린 태종의 전례와 조카의 왕권을 강탈한 세조의 전철에 따라 권모술수가 판치는 왕권의 역사로 만들어 버린 것이다. 초기부터 잘못 끼워진 역사의 단추는 조선왕조 519년 동안 끊임없이 반추된다.

　예종시대 영의정은 세조에게 공훈을 세운 공신들에게 돌아갔다. 좌익공신과 익대공신을 지낸 박원형이 영의정을 지낸 후 세조 조에 영의정을 지낸 바 있는 한명회가 다시 영의정을 지냈고, 이어서 세조를 위해 네 번의 공을 세운 홍윤성에게 영의정이 돌아갔다. 홍윤성은 인품이나 학식으로 보아 영의정 자격에는 크게 미흡한 인물이었으나 훈공만으로 영의정에 오른 것이다. 예종 시대의 주요 연표는 다음과 같다.

예종즉위 1468년 9월 7일 창경궁 수강궁 18세 즉위
예종퇴위 1469년 11월 28일 자미당 19세 승하 (급사) 재위 1년
왕 후　장순왕후 청주한씨　/ 후손없음 (장순왕후는 한명회의 3녀)
　　　안순왕후 청주한씨 / 제안대군
　　　후궁 3명　　　　 / 후손없음

영의정 :　박원형(좌익 3등공신), 한명회(좌익 1등공신),
　　　　　홍윤성(정난 2등공신)

주요 역사기록
　　　　1468년 10월 남이의 역모론(남이 처형)
　　　　1469년 경국대전, 무정보감 완성, 봉선사 범종 완성
　　　　　　삼포의 사무역 금지, 둔전의 민간인 경작 허용

공신　익대공신(남이의 역모 평정)
　　　　1등공신 유자광, 신숙주, 한명회, 신운, 한계순 5명
　　　　2등공신 박원형, 정현조, 이서, 귀성군, 심회 등 10명
　　　　3등공신 정인지, 정창손, 노사신, 신승선 등 22명

추존왕　덕종(도원군) 20세에 급사
　　　　왕후 소혜왕후 청주한씨(인수대비) / 장남 월산대군,
　　　　　　　　　　　　　　　　　　　　차남 자을산군(성종)
　　　　　　　　　　　　　　　　　　　명숙공주(1녀)

　수양대군의 장남 도원군의 부인으로 들어온 인수대비 한씨의 권력욕
도 수양대군에 못지 않았다. 수양대군이 왕이 되자 도원군이 세자로 책

봉되어 왕이 될 날만 기다리고 있었는데, 도원군이 두 아들을 남겨두고 일찍 사망을 하니 한씨는 궁궐에서 쫓겨나 사저로 돌아가게 된다. 눈 앞에 다가섰던 왕후 자리를 놓친 것이다. 궁궐 밖으로 나온 한씨는 친척뻘인 한명회와 접근하여 둘째 아들 자을산군을 한명회의 넷째딸과 혼인시킨다. 이때 한명회는 15세의 셋째딸을 세자가 된 11세의 예종에게 시집 보냈으나 왕비에 오르지도 못한 채 아들(인성군)을 낳고 죽고 말았는데 그 딸이 출산한 인성군도 3년 후 죽고 만다. 이로 국구의 꿈이 물거품으로 돌아가고 만 것이다. 예종은 그 후 안순왕후 한씨에게 재혼을 하여 아들 제안대군을 낳았다. 이 틈을 타서 왕권욕을 버리지 못했던 인수대비 한씨는 한명회에게 접근하여 한명회의 넷째 딸과 인수대비의 둘째 아들을 혼인시킨 것이다.

　인수대비의 예상이 적중한 탓인지 예종은 어린 제안 대군을 남기고 1년 2개월 만에 승하하였는데 왕권 승계를 둘러싸고 대신들간 논란이 벌어졌다. 왕권의 승계는 제안 대군에게 돌아가야 하는데 제안 대군은 나이 4세라 너무 어리고 인수대비의 첫째아들 월산군은 16세였고 둘째 아들이자 한명회의 사위인 자을산군은 12세였다. 결국 대왕대비이던 세조비 정희왕후의 지명으로 왕권이 자을산군에게로 돌아가게 되니 조선의 9대왕 성종이다. 이 당시 세조비 정희왕후와 큰며느리 인수대비 간에는 사이가 좋지 않았으나 세조의 장자방인 한명회를 총애했던 정희왕후가 결국엔 한명회의 손을 들어 줄거라는 인수대비의 계산이 적중했던 것이다. 왕권을 두고 인수대비의 혼맥 정치와 한명회에 대한 세조비의 신뢰가 맺은 결실이었다. 인수대비는 성종의 어머니로서 대비가 되어 다시 궁궐로 복귀하였고 그의 남편 도원군은 추존왕이 되어 덕종이 된다. 대왕대비 정희왕후는 조선 역사 최초로 성종을 수렴청정하며 우뚝 서게 된다.

이때 왕권이 순리대로 제안 대군에게 돌아갔다면 조선의 역사는 크게 달라졌을 것이다. 제안 대군은 성종과 연산군보다 훨씬 오래 살아 중종 20년인 59세까지 살아남았다. 그랬다면 성종도, 인수대비도, 폐비 윤씨도, 연산군도 조선 역사에 등장하지 않았을 테고, 갑자사화도, 무오사화도, 중종반정도, 기묘사화도 일어나지 않았을 터이니 결과적으로 왕권을 노린 인수대비의 왕권욕과 영원한 권력을 움켜쥐려 했던 한명회의 권력욕이 역사의 물줄기를 완전히 바꾸어 놓은 것이다.

성종이 왕위에 오른 나이가 12세라 조선왕조 사상 첫 수렴청정이 시작되었고 17세가 되어서야 직접 통치를 시작하게 된다. 이때 한명회는 왕의 국구가 되어 천하의 권력을 움켜쥐고 있었으나 딸 공혜왕후는 성종 5년 동안 자녀를 낳지 못하고 죽고 만다. 셋째딸을 예종비로 넷째딸을 성종비로 들였으나 결국 왕족의 대를 잇지는 못했다. 한명회의 딸을 이어 왕비에 오른 사람이 후궁 중에서 잉태를 하고 있던 폐비 윤씨였다. 성종은 덕이 많은 임금이었으나 여색을 좋아하여 후궁 속에 파묻혀 살았다. 왕비 윤씨가 연산을 낳고 몸을 추스르는 동안 성종은 후궁 처소에 들락거리며 질투심 많은 왕비의 심기를 건드렸고, 왕비의 질투심은 곧 임금의 얼굴에 손톱자국을 남기고 말았다.
평소에 왕비 윤씨를 탐탁치 않게 여기던 인수대비는 용안에 상처를 낸 윤씨를 폐서인 시켜 왕실에서 쫓아내고 만다. 폐비 윤씨가 쫓겨 나자 당

시 후궁으로 있던 윤숙의가 정현왕후로 승격되어 후에 중종을 낳게 된
다. 연산이 일곱 살이 되자 세자 책봉 논의가 일어났다. 폐비 윤씨를 그
대로 두고 연산을 세자로 책봉하는 게 마음에 걸렸던 인수대비와 조정
대신들은 퇴궐 후의 윤씨의 행적을 문제삼아 사약을 내렸다. 그런 후 연
산을 세자로 책봉하였다. 폐비 윤씨에게 사약을 내린 게 마음에 걸렸던
성종은 승하하면서 사후 100년 동안 폐비문제를 거론하지 말라는 유언
을 남겼다. 성종은 38세의 이른 나이에 12명의 후궁에 28명의 자식을 두
고 세상을 떠났다.

성종 시대의 영의정도 세조 시대의 훈공자들과 성종 자신을 왕위에 오
르게 하는 데 공을 세운 훈공자들로 임명되었다.

성종조의 영의정은 6명으로 세조가 왕위에 오르는데 공을 세운 홍윤성, 윤자운과,
태종과 사돈이자 한명회의 사돈인 신숙주, 좌익·익대·좌리 3대공신 정창손, 적개·
좌리 공신 윤필상, 좌익·좌리공신 이극배로 모두 겹겹의 공신 출신이었다.

성종즉위 1469년 11월 28일 경복궁에서 12세에 즉위
성종퇴위 1494년 12월 24일 대조전 38세 등창과 폐병으로 승하 (재위 25년)
왕후 공혜왕후 청주한씨 / 후손없음 (공혜왕후 한명회의 넷째딸)
　　　폐비윤씨(제헌왕후) / 1남 연산군
　　　정현왕후 윤씨　 / 1남 중종, 1녀 진숙공주
　　　후궁 11명　 / 14군 12옹주

영의정 홍윤성(정난 2등공신), 윤자운(좌리 1등공신),
　　　신숙주(좌익 1등공신), 정창손(좌리 2등공신),
　　　윤필상(좌리 4등공신), 이극배(좌리 3등공신)

주요 역사기록

1470년 4월 직전제를 관수관급제로 개편
1472년 4월 과거제 식년제를 개정
1473년 5월 세종, 문종, 세조, 예종실록 간행
1474년 1월 경국대전 4차 개편 및 속록 반포,
1475년 9월 인수대비 내훈 간행
1478년 동문선 편찬(한문학 정리서)
1479년 6월 왕비 윤씨 폐비, 여진정벌
1481년 4월 동국여지승람 편찬
1482년 8월 폐비윤씨 사사
1483년 2월 연산군을 세자로 책봉
1484년 9월 창경궁 완공, 11월 동국통감 편찬
1485년 1월 갱국대전 시행, 7월 신편 동국통감 편찬
1488년 수차제작
1491년 8월 사가독서제 복구
1492년 삼포의 사무역 허가
1493년 8월 악학궤범 편찬

공신 좌리공신(성종 즉위에 협조한 공신)
　　1등공신 신숙주, 한명회, 홍윤성, 윤자운, 김국광 등 9명
　　2등공신 월산대군, 정인지, 정창손, 김질, 심회 등 11명
　　3등공신 노사신, 강희맹, 임원준, 이극배, 서거정 등 18명
　　4등공신 윤필상, 정난종, 정승조, 이극돈, 김순명 등 35명

　성종의 후임으로 연산이 18세의 나이로 왕위에 올랐다. 연산이 왕위에 오르자 삼사(사헌부, 사간원, 홍문관) 간관들과 잦은 논쟁을 하게 된다. 하기 싫은 일을 자꾸 하라는 간언과 하고 싶은 일을 못하게 하는 간관들이 성가신 존재들이었다.

　연산 4년에 성종실록을 편찬하는 과정에서 사초 기록에 김종직이 쓴 조위제문의 글이 나오자 당시 실록편찬 책임자였던 당상관 이극돈이 유

자광에게 이를 알려 연산군에게 보고하도록 하였다. 조위 제문은 단종을 폐위하고 사약을 내린 사건을 중국 진나라 때 항우가 초나라의 의제를 폐한 것에 비유해 단종을 조문한 글이었다. 이를 들은 연산은 세조의 왕위 찬탈과 왕권을 부정한 것으로 간주하여 사초 작성에 연관된 사관들을 모조리 숙청시키는 무오사화를 일으킨다. 조위 제문을 작성한 김종직을 부관참시하고 그 내용을 사초에 기록한 김일손 등 사림들을 능지처참하였고, 김종직의 문하생 정여창 김굉필 등에게는 곤장을 때려 귀양을 보냈다. 실록 당상관 이극돈은 책임자로서 직접 임금에게 보고하지 않았다는 이유로 파면되었고 이를 보고한 유자광은 임금의 신임을 받게 된다.

연산 10년에는 폐비 윤씨와 관련된 사실이 누설되자 폐비를 모함한 성종의 후궁 엄숙의, 정숙의를 궁궐 뜰에서 때려죽였고, 폐비 윤씨에게 사약을 내리는 데 동조를 하였거나 적극 변론하지 않은 윤필상, 이극균, 성준, 이세좌, 김굉필 등을 참형에 처형하고, 이미 죽은 한치형, 한명회, 정창손, 어세겸, 심회, 정여창, 남효은 등은 부관참시에 처했다. 그 형벌의 잔인함은 무오사화는 비유도 되지 않았다. 이러한 두 번의 사화는 연산의 광포함도 문제였거니와 권력을 탐하는 간신들이 권력을 잡기 위해 연산을 부추김으로서 일어난 사건이었다. 무오사화는 서얼출신 유자광과 당상관 이극돈의 권력추구에 의해 일어난 사건이었고, 갑자사화는 간신 임사홍에 의해 발생한 사건이었다. 이러한 연산의 폭군 정치는 결국 중종반정을 불러일으켜 연산은 30세에 폐위되어 강화도 교동으로 유배갔다가 그해에 괴질로 병사하였다.

연산조에 영의정에 오른 인물은 전 왕조때 훈공자, 왕실의 인척, 연산이 등용한 인물들로 연산의 광폭한 정치로 인해 대부분 불행한 말로를 겪게 된다.

연산조의 첫 번째 영의정은 세조 때 좌익·좌리공신을 지낸 이극배로 성종조에 이어 연임되었고, 이어 영의정이 된 노사신은 좌리공신이자 왕실과 외척 관계였다. 세 번째 영의정 신승선은 연산군의 장인이었는데 연산 8년에 병사하였고, 네 번째 영의정이 된 한치형은 양녕대군의 사위이자 인수대비의 4촌 오빠였는데 폐비 윤씨와 관련되어 부관참시를 당하고 일가족이 몰살당하였다. 다섯 번째 영의정 성준은 연산이 등용한 영의정이었으나 윤씨의 폐위와 관련된 죄로 교살당하였다. 연산조 마지막 영의정 유순은 연산에 의해 등용되어 폭정이 두려워 연산의 말마다 지당한 말씀이라며 아첨하여 살아남았으나 중종 조에 가서 이로 탄핵을 받았다. 연산 왕조의 주요 연표는 다음과 같다.

연산 즉위 1494년 12월 29일 18세 즉위
연산 퇴위 1506년 9월 2일 30세 폐위(재위 12년)
         1506년 11월 강화도 교동에서 30세 괴질로 병사
왕후 거창군 부인 신씨 (영의정 신승선의 딸)
    후궁 13명

영의정 이극배(좌리3등공신) 노사신(좌리3등공신),
    신승선(연산의 장인), 한치형(좌리3등공신, 부관참시)
    성준(등용, 폐비윤씨에 관여되어 극형에 처함)
    유순(연산말기 등용, 연산의 총신)

주요 역사기록
    1496년 9월 사가독서법 재실시
    1497년 5월 폐비윤씨를 왕비로 추숭
    1498년 2월 상평창 설치(물가조절기관), 7월 무오사화

1499년 1월 성종실록 편찬
1500년 11월 과부 재혼 금지
1501년 4월 공안상정청 설치
1504년 윤 3월 경연 중단, 10월 갑자사화
1505년 1월 신언패 패용, 11월 종학 폐지

　연산에 이어 중종반정으로 왕위에 오른 중종은 성종의 정비소생의 아들로 연산과는 이복 관계이다. 연산의 친모 폐비 윤씨가 궁에서 쫓겨나자 후궁이던 윤숙의가 왕비로 책봉되어 정현왕후가 되었고 연산이 세자 책봉된 이후에 중종이 태어났다. 중종이 좀 더 일찍 태어났다면 연산이 세자로 책봉되지 않았고 중종이 세자로 책봉되었을 것이다. 중종의 누이가 먼저 태어나고 세자책봉 후에 중종이 태어나니 연산이 세자에서 폐위되는 일은 면하였다. 연산이 폐비 윤씨의 일로 폭군이 되자 연산의 복수 정치에 반발한 박원종 등이 반정을 일으켜 18세의 중종을 왕위에 앉혔다.

　중종은 정비 3명에 후궁 10명을 두었는데 첫째 정비는 중종이 왕자로 지낼 때부터 함께 살아온 단경왕후로 연산군의 장인 신승선의 손녀였다. 신승선은 딸과 손녀를 연산과 중종 두 형제에게 나란히 시집보낸 것이다. 신승선은 반정이 있기 전 연산 8년에 지병으로 죽었고 아들 신수근이 살아 있었다. 반정공신들이 거사 당일 신수근에게 거사 참여 여부를 물으니 신수근은 연산을 배반할 수 없다 하여 그 자리에서 처형된다. 반정 후 중종이 왕위에 오르니 신수근의 딸이 왕비에 올랐다. 공신들은 신수근의 딸을 왕비로 둘 경우 그 아들이 왕이 되어 훗날을 보전할 수 없다는 이유를 들어 왕후를 폐위할 것을 강력히 주장하여 중종은 어쩔 수 없이 조강지처를 버리고 만다.

두 번째 왕비 장경왕후는 딸과 아들 1명을 각각 낳았는데 딸은 효혜공주이고 아들은 인종이다. 인종을 낳은 후 엿새 만에 25세로 죽고 만다. 세 번째 왕비 문정왕후가 들어와 인종을 길렀고 자신의 아들까지 생산하니 그 아들이 인종의 뒤를 이은 명종이다. 이복형제지만 갓난아기 때부터 문정왕후가 키웠으니 친형제나 다름없었고 형제간 우애도 좋았으나 권력을 탐하는 외척들 간엔 피비린내 나는 권력 투쟁이 벌어진다.

인종과 명종이 왕위에 오르기 전에 인종의 외삼촌으로 윤임이 있었고, 명종의 외삼촌으로 윤원로와 윤원형이 있었다. 중종 재위 39년 동안 호시탐탐 권력을 노리던 외삼촌들은 조카가 장성하여 왕이 되기만을 기다렸다. 인종이 장남으로 세자에 책봉되자 외삼촌 윤임이 외척의 힘을 믿고 세력을 규합하니 이들을 대윤이라 불렀다. 문정왕후를 누이로 둔 윤원형도 가만 있지를 않고 세력을 모으니 이들을 소윤이라 일컬었다.

인종이 중종의 장남으로 세자에 책봉되었고, 누이 효혜공주는 김안로의 아들에게 시집을 가서 윤임은 중종의 처남으로서, 김안로는 중종의 사돈으로서 인연을 맺게 된다. 중종의 사돈인 김안로가 권력을 남용하다가 영의정 남곤과 좌의정 심정, 대사헌 이항의 탄핵을 받아 유배를 가게 된다. 앙심을 품었던 김안로는 유배에서 풀려나 모략을 꾸며 남곤과 심정 일파를 몰아내고 복귀한다. 이즈음 며느리인 효혜공주가 죽어 중종의 관심 밖으로 밀려나게 되자 김안로는 세자 인종을 보호한다는 미명으로 윤

임과 손을 잡게된다. 권력을 장악하여 휘두르며 사림파와 윤원형 일파를
축출하고 문정왕후를 폐출시키려다가 실패를 한다. 이 일로 김안로는 문
정왕후의 역공을 받아 사사되고 허항, 채무택과 함께 정유년 삼흉으로
지목된다.

중종은 재위 39년 동안 자신을 왕위에 오르게 한 공신들을 영의정에
제수하였다. 집권기간이 장기화되자 공신들에 대한 보훈성 임용도 마무
리되고 신진세력인 조광조를 비롯한 사림파를 등용하여 개혁을 시도하였
다. 신진세력들이 급격한 개혁과 보수세력 청산을 시도하니 이에 과도한
개혁에 싫증을 느낀 중종은 다시 훈구세력을 끌어들임으로써 훈구파들
이 개혁세력을 축출하는 기묘사화가 일어나고 조광조의 개혁은 실패로
돌아가고 만다.

중종은 이러한 권력다툼 속에서 39년간 통치를 한 후 56세에 승하하
였다. 중종조에 영의정에 오른 사람들을 살펴보면

중종은 재위기간 동안 자신을 왕위에 오르게 한 공신들을 차례대로 영의정에 제수
하였다. 반정에 참여한 공신을 정국공신으로 명명하였는데 1등공신에 오른 8명 중
박원종, 성희안, 유순정은 영의정이 되었고, 나머지는 대부분 일찍 죽었는데 신윤무
만 다른 사건에 연루되어 사형을 당하였다. 1등공신들이 영의정에 올라 단명하자 2
등공신 김수동과 3등공신 송질까지 영의정에 올랐다. 공신의 훈호만 가지고 영의정
에 오른 것은 아니었지만 공신들에 대한 예우를 충분히 보답한 것이다.

공신들의 보답을 끝낸 중종은 종종 11년부터 조광조를 지지했던 실력파 정광필과

장원급제 출신 김전을 영의정에 등용하였다. 이어 문신 시험에 1등을 하고 정광필의 천거를 받아 승진되었던 남곤을 영의정에 발령하였는데, 남곤은 훈구파 심정과 손잡고 조광조의 급진개혁에 반대하여 기묘사화를 일으켜 사림들을 숙청시켰다. 권력을 지키려는 자와 개혁세력 간의 싸움에서 지키려는 자의 권모술수로 권력 쟁탈에서 이겼지만 추후 음모가 밝혀져 이들은 삭탈관직당하게 된다. 당대에서는 승자가 되어 권력을 휘둘렀지만 역사는 이들을 영원한 간흉으로 기록하고 있다.

이어 영의정이 된 장순손과 한효원과 김근사는 임금의 사돈 김안로와 맺은 인연으로 영의정에 올랐다. 한효원은 김안로의 이웃에 살면서 도움을 준 게 인연이 되었고, 장순손과 김근사는 김안로의 일파로 김안로가 3흉으로 탄핵받을 때 함께 탄핵을 받아 장순손은 사후 삭탈관직을 당하였고, 김근사는 유배를 갔다가 객사하였다. 정작 무소불위의 권력을 행사했던 김안로는 좌의정에 올랐다가 유배 후 사형을 당하였다.

중종조 마지막 영의정 윤은보는 중종의 발탁으로 영의정에 올랐는데 명예는 누렸지만 정작 평가는 좋지 못하였다. 사림으로써 사화를 이리저리 잘 피하며 영의정까지 올랐다 하여 많은 비난을 받았다. 사화는 사림들이 입은 화로 연산 시대와 중종 시대에 일어난 3대사화 즉 무오사화, 갑자사화, 기묘사화는 공신들인 훈구파가 과거시험을 통해 등용된 사림들을 견제하면서 일어난 권력 다툼이다.

중종조의 주요 역사 연표는 다음과 같다.

중종 즉위 1506년 9월 2일 경복궁 근정전 18세 즉위
중종 퇴위 1544년 11월 15일 56세 승하. 등창 (재위 39년)
왕후 단경왕후 거창신씨 / 연산군의 장인 신승선의 딸
　　　　 19세에 폐위당하여 70세에 죽다.
　　　 장경왕후 파평윤씨 / 1남 1녀 인종. 효혜공주
　　　　　 인종을 낳고 엿새 만에 숨을 거두었다.
　　　　　　 장경왕후의 오빠 대윤 윤임
　　　　　　 효혜공주 시아버지 김안로(윤임과 결탁)
　　　 문정왕후 파평윤씨 / 1남 4녀 명종

                    문정왕후의 동생 소윤 윤원형, 윤원로
          후궁 10명   / 7군 5옹주
               경빈박씨 / 복성군 (작서의 변)
               창빈안씨 / 2남 1녀. 영양군, 덕흥대원군(선조아버지)

영의정 유순(연산조 마지막 영의정), 박원종(정국 1등공신),
        김수동(정국 2등공신), 유순정(정국 1등공신),
        성희안(정국 1등공신), 송질(정국 3등공신),
        정광필(등용된 실력파), 김전(장원급제 출신),
        남곤(기묘사화 주동자, 삭탈관직),
        장순손(김안로 인맥, 사후 삭탈관직),
        한효원(김안로 인맥), 김근사(김안로 인맥),
        윤은보(등용파, 사화를 피하였다 하여 비난받다)

주요 역사적 기록
        1506년 9월 중종반정, 11월 연산군 병사
        1507년 11월 승과僧科 폐지, 이과의 역모.
        1508년 10월 사가독서제 재실시, 8도에 어사파견
        1508년 5월 경국대전, 대전속록 간행
        1510년 4월 삼포 왜란 발발(삼포 폐항)
        1511년 10월 진휼청 설치(백성을 구휼하던 관청).
               삼강행실도 반포
        1512년 9월 일본과 임신약조 체결
        1513년 11월 추쇄도감 설치
        1514년 6월 속 삼강행실도 편찬
        1515년 6월 저화와 동전을 병용하여 사용
        1516년 주자도감 설치
        1517년 7월 여씨 향약 8도에 시행
        1518년 3월 현량과 실시, 9월 소격서 폐지
        1519년 반정공신 위훈 삭제 사건 11월 기묘사화.

12월 조광조 사사
1520년 5월 비변사 재설치
1521년 10월 신사무옥
1522년 12월 소격서 재설치
1526년 2월 경기, 강원, 함경도 역병 창궐
1527년 3월 작서의 변,
훈몽자회 지음(최세진의 한자학습서)
1530년 8월 신증 동국여지승람 편찬
1536년 찬집청 설치
1537년 중종 32년 10월 김안로가 문정왕후를 제거하려다
도리어 탄핵을 당하여 김안로가 사사되다.
1539년 8월 사형수에 삼복제 실시, 11월 상평창 시행
1541년 5월 군적수포제 실시
1543년 1월 주세붕이 백운동 서원을 설치

공신 정국공신 (중종반정에 참여한 공신)
1등공신 박원종(무관), 성희안, 유순정, 장정 등 8명
2등공신 최한홍, 윤형로, 김수동, 유순 등 13명
3등공신 김수경, 백수장, 김경의, 송질 등 30명
4등공신 이기, 한사문, 강윤희, 최유장 등 52명

정난공신(이광의 역모 진압에 공을 세운 공신)
1등공신 노영손, 유순, 박원종, 유순정, 윤탕로
2등공신 민효증, 이계남, 홍경주, 이유청, 박인손
3등공신 서맹손, 안당, 권희맹, 김세준 12명

세
조
시
대
二

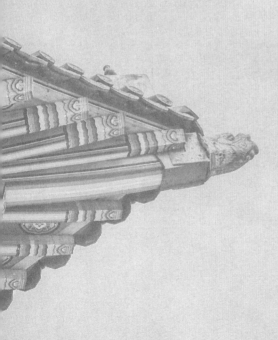

28. 최항崔恒
거사일 숙직한 일이 공신이 되다

생몰년도 1409년(태종 9) ~ 1474년(성종 5) [66세]
영의정 재직기간 (1467.9.20~1467.12.12) (2개월)

본관	삭녕朔寧
자	정부貞父
호	태허정太虛亭, 동량瞳梁
시호	문정文靖
공훈	정난공신, 좌익공신, 좌리공신
출생	경기도 김포시 양촌면
묘소	경기도 광주시 퇴촌면 도마리
신도비	서거정이 지음
기타	계유정난시 숙직을 하다가 정난 사실을 단종께 보고한 공로로 공훈명단에 올라 순탄한 앞날이 열리다

증조부	최충崔忠	– 고려 병조판서
조부	최윤문崔潤文	– 우찬성
외조부	권근權近	– 문충공
아버지	최사유崔士柔	– 지중문원사
처	달성서씨	– 달천 부원군 서미성의 딸
장남	최영린	– 형조 참의
2남	최영호	– 사도시 정
장녀	정함에게 출가 – 장악원 첨정
2녀	문간에게 출가 – 통례원 인
3녀	이균에게 출가 – 사복시 판관
4녀	신수에게 출가 – 사직서 참봉
처남	서거정徐居正

영의정이 된 근원- 3대공신(정난·좌익·좌리공신)

최항의 자는 정부貞父이며 호는 태허정太虛亭으로 삭녕朔寧이 본관이다. 고려말 병조판서를 지낸 최충을 증조부로 두었고, 조부 최윤문은 우찬성을 지냈으며 아버지 최사유는 조선 태조 때 지승문원사를 지내 대대로 벼슬을 한 명문가문 출신이다.

최항은 수양대군이 계유정난을 일으키던 날 밤 궁궐에서 숙직하던 입직승지였다. 수양대군이 좌의정 김종서를 처단한 후 나머지 일당들을 궁궐로 불러들이기 위해서는 임금께 사실을 고하고 윤허를 받아내야 할 승지가 필요했다. 이 역할을 맡은 사람이 바로 최항이었다. 이 공로로 최항은 정난 1등 공신에 봉해졌고 일약 도승지에 올랐다.

이후 세조가 왕이 되는 데에도 협력하여 좌익공신의 공훈을 받았고 성종이 취임하는 과정에서도 찬성 쪽에 섬으로써 좌리공신에 들게 된다. 정난공신, 좌익공신, 좌리공신의 3대공신에 오르니 앞날이 탄탄대로였다. 영의정 재직기간은 단 2개월에 불과하였지만, 주요 품계가 오를 때마다 지방직을 다녀와야 하는 규칙을 깨고 단 한번도 지방직에 근무하지 않은 기록을 세웠다.

최항은 천성이 겸손하고 조용하였으며 단정하고 화려함이 없었고, 공직에 종사할 때도 정도를 지키고 조정의 논의와 큰 일을 결단함에는 확고하여 누구나 쉽게 범할 수 없었다. 재상에 올라서는 정무에 관대하였고 급작스런 개혁을 좋아하지 않았다. 자기를 내세우지 않았으며, 오만스럽게 스스로 다름을 나타내지 않았다.

집안에서는 청렴결백을 내세워 청탁하는 자들이 접근하지 못하게 하였고, 풍악과 여색을 가까이하지 않았으며 재산에 마음을 두지 않아 욕심 없이 깨끗하였다. 일을 처리할 때에는 늘 세 번을 생각하였으므로 벼슬에 나아간 지 40년 동안에 한 번도 공무로 탄핵을 받지 않았다.

중국에 대한 외교문서·황제에게 올리는 표전문 등 고문 대책들이 모두 그의 손에서 나왔는데, 중국 사람들이 우리나라 글의 표현이 정밀 적절하다고 늘 칭찬한 것은 모두 최항이 지은 것이었다.

1434년[26세] 세종 16년에 세종이 성균관에 거둥하여 알성시로 선비를 선발할 때 최항이 장원으로 뽑혔다. 이때 세종임금의 꿈에 용으로 현몽한 이야기가 있어, 항간에 화제가 되었다.

세종이 성균관에 가기 하루 전날 꿈을 꾸었는데, 꿈속에 대성전 뜰 앞 잣나무를 용 한 마리가 칭칭 감고 있었다. 세종이 잠에서 깨어 사람을 보내 살펴보게 했더니, 최항이 태평스럽게 잣나무 밑둥을 베개 삼아 낮잠을 자고 있었다는 것이다.
이튿날 과거에서 최항이 장원으로 뽑히니 성균관의 그 잣나무는 장원급제 나무라는 의미의 '장원백'이라는 이름이 생겨났다. 과거시험이 치러질 무렵이면, 성균관 유생들은 이 잣나무를 차지하기 위해 치열한 자리 경쟁을 벌였다고 한다. 이때가 1434년 세종 16년의 일로 최항의 나이 25세 때였다. 최항은 첫 관직으로 집현전의 종6품 부수찬을 받았는데, 이는 전례에 없는 파격적인 발탁이었다.

– 어우야담–

문경공 권제가 최항을 큰 인물로 보고 누님의 딸을 아내로 삼게 하였는데, 그의 글을 볼 때마다 늘 감탄하며 "우리 동방의 문체가 활기가 없어 날로 침체하였는데, 고문古文을 드날려 진흥시킬 자는 반드시 이 사람이다."고 하였다 한다.

세종이 처음 언문을 창제할 때 생각과 슬기는 백왕에 뛰어났는데, 집현전의 여러 선비가 공동으로 그 불가함을 아뢰었고 상소를 올려 극론하는 자까지 있었다. 세종이 박팽년·신숙주·성삼문·최항 등에게 명하여 그 일을 관장하게 하였고, 훈민정음·동국정운 등을 짓게 하니 우리 동방의 언어가 비로소 바루어졌다. 1444년[36세] 최항은 집현전 교리로서 박팽년·신숙주·이개 등과 함께 운회韻會를 한글로 번역하였다.

1447년[39세] 세종 29년에 재직자 중시에서 5등에 올라 직제학·세자 우보덕에 제수되니 품계는 봉정대부이다. 이때 세종은 정치에서 물러나 문종이 대리하고 있었는데 서연관으로 있던 우보덕이 왕명의 출납을 관장하였다.

1451년[43세] 문종이 즉위하자 사간원 좌사간 대부에 제수되었다. 이 해에 집현전 부제학에 승진하여 세종실록을 찬수하였다. 다음 해 승정원 동부승지에 발탁되어 좌부승지까지 이르렀고, 문종이 승하하자 어린 단종이 왕위에 올라 국가의 위세가 위험스러웠는데, 최항은 승지로서 측근에 있었으므로 왕명의 출납을 맡고 있었다.

1453년[45세] 단종 1년 수양대군이 계유정난을 일으키던 날 단종은 향교동 정종(단종의 매형)의 집에 나가 있었는데, 최항이 마침 승정원 좌승지로서 숙직을 하고 있었다. 그날 저녁 수양대군은 김종서 부자를 죽이고 시좌소(임금의 임시숙소)로 달려가서, 권남을 시켜 입직승지 최항을 불러내었다.

1453년 10월 10일 밤 수양이 최항의 손을 잡고 이르기를, "황보인·김종서 등이 안평 대군에게 당부하고, 함길도 도절제사· 평안도 도관찰사 등과 연결하여 불궤한 짓을 공모하여 거사할 날짜까지 정하여 형세가 심히 위급하여 조금도 시간의 여유가 없다. 김연·한숭이 주상의 곁에 있으므로 와서 아뢸 겨를이 없어서 이미 적괴 김종서 부자를 베어 없애고 그 나머지 잔당을 지금 아뢰어 토벌하고자 한다." 협조해

달라고 부탁하였다.

판중추원사 김효성이 입직하였는데, 수양이 그 아들 김처의를 시켜 부르고, 또 입직한 병조참판 이계전 등을 불러 들여, 수양이 최항·김효성·이계전 등과 더불어 의논하여 단종께 아뢰고, 겁에 질린 단종은 수양대군이 시키는 대로 한밤중에 황보인·이양·조극관·좌찬성 한확·좌참찬 허후·우참찬 이사철·판중추원사 정인지·도승지 박중손 등을 불러 들였다.

- 단종실록 원년 10월 10일-

1453년 정권을 잡은 수양대군 일파는 최항의 공로를 인정하여 도승지에 승진시켰고 곧 수충위사협찬 정난공신 1등의 호를 내렸다. 11월 최항과 신숙주가 정난 때 조그마한 공효도 없으므로 공신의 호를 삭제하여 주기를 청하였으나 허락되지 않았다.

1454년[46세] 단종 2년에 이조참판에 임명되어 영성군에 봉해졌으며, 가선 대부의 품계에 올랐다. 다음 해에 대사헌으로 옮겼는데, 세조가 정사를 보좌하자 사육신의 거사가 탄로나서 죄를 받았으나 남은 반당이 모두 제거되지 못하였는데, 최항이 예부터 전해지는 도리를 밝히며 이로움과 해로움을 조목조목 아뢰어 남은 자의 목숨을 많이 구제할 수 있었다. 6월에 세조가 즉위하자 좌익공신의 호를 내렸다.

1460년[52세] 세조 6년에 이조판서로 승진하였고, 이듬해 최항 등 30여명에게 명하여 한글을 사용해 잠서를 번역하게 하였다.

1463년[55세] 세조 9년에 의정부 우참찬으로 옮겼고, 다음 해 좌참찬에 승진하면서 세자이사를 겸하였다. 세조는 일찍이 "동방 학자의 말과 음이 바르지 못하고 구두가 분명치 않다. 비록 권근·정몽주의 구결(토

를 단것)이 있으나 오류가 아직도 많은데, 썩은 선비들과 속된 선비가 그
릇 받아들이고 전하였다.” 하고, 정인지·신숙주·구종직·김예몽·한계희
및 최항과 서거정 등에게 오경 사서를 나누어 주며 옛 것을 상고하고 현
재를 증험하여 구결을 정하여 올리도록 명하였다. 세조는 또 여러 신하
를 불러 모으고 서로 다른 점을 강론하여 몸소 재결하였는데, 최항은 곁
에 있으면서 자문을 받들 때마다 자세히 분석하여 응대하기를 메아리처
럼 하니, 모두가 뭇사람의 뜻에 맞았고 세조는 좌우를 돌아보며 참으로
천재라고 하였다.

1467년[59세]에 의정부 우의정에 발탁되면서 춘추관 감사를 겸하였
다. 5월에 좌의정으로 옮겼고, 9월에 영의정에 승진하면서 예문관·홍문
관·춘추관·관상감의 영사를 겸하였는데, 여러 번 사양하니 영성 부원
군에 봉하여졌다.

1471년[63세] 성종 1년에 성종 등극에 세운 공로로 좌리공신의 호를
내렸다. 이해 겨울에 다시 의정부 좌의정이 되어 경연·춘추를 겸하였고,
세조실록·예종실록을 지어 올리니, 임금이 안장을 얹은 말을 내려 표창
하였다.

1474년[66세] 성종 5년 여름에 최항이 몸에 조화를 잃었는데, 관대를
갖추고 관청으로 나아가려다가 급질이 발생하였다. 임금이 내의에게 약
을 보내어 치료하게 하였으나 효험 없이 졸하니, 향년 66세였다. 임금은
몹시 슬퍼하고 부의를 더하였으며, 봉상시에서 시호를 내려 ‘문정文靖’이
라 하였다. 최항이 졸하자 조정 사대부로부터 모든 백성에 이르기까지 모
두 애석히 여기며 “정인(正人: 바른 사람)이 죽었다.” 하였다.

(국역 국조인물고, 최항, 세종대왕기념사업회)

장수가 지켜야 할 본분 어제유장을 짓다

1463년[55세] 세조 10년 10월에 신숙주와 최항이 어제유장御製諭將 3편을 지어 바쳤다.

첫째 편에,
"여러 사람을 다스릴 때 일일이 귀에다 대고 명할 수 없기에, 북과 깃발을 이용하여 그 진퇴와 합산을 미리 정하며, 싸움에 임할 때 항상 한 가지 전략만 고수할 수 없기에 변칙을 내어서 새로운 명령을 통지하니, 기회를 틈타서 정도를 쓰고 기묘한 계략을 쓰는 것이다.

산천이 가로막혀 있으면 꿰뚫어 보기가 어렵고, 백 리 길에 군부대가 이어진다면 말을 전하기가 어려우므로, 한 부대가 적의 공격을 받을지라도 일제히 대응하기가 어려울 것이기에 병법을 아는 자는 그 장수에게 군율을 맡기는데, 한나라 고조가 바로 그러한 분이다. 병법을 알지 못하는 자는 여러 군사를 움켜쥐고 다스리는데 수나라 양제가 바로 그러한 분이다.

이러한 병가의 줄거리는 이것에서만 나오지 않고, 마음으로 국가의 대계를 몸받아 사졸의 마음과 힘을 얻어 위기에 임하여 적의 움직임을 제어하고 사방에서 승리를 얻는 방법과 같은 것은 그 사람에게 있는 것이지 병법에 있는 것이 아니다. 이에 대해 자세히 언급하지 않는다.

경들은 모두 나라의 준재이고, 한때에 임금의 대우를 받은 자들이나, 다만 나라가 태평하기에 군사의 일에 뜻을 두지 아니한다. 그러므로 행군하면 하루 걸릴 길을 열흘이 걸려도 이르지 못하고, 진법을 강하면 통하지 못하고, 사냥을 하면 장사진으로 다투어 내려오고, 진법을 사열하면 명령을 아래에서 받는다. 이에 말 머리를 이끌고 관청에 있으면 병이 많고 집에 있으면 술에서 깨어나지 않으니, 지극히 우스운 사람으로서 경들과 같은 자들이 없다고 하겠다. 내 말이라고 하여 황공하다고 하지 말고 마땅히 내 말에 부끄럽게 여겨야 할 것이다. 나와 더불어 하늘의 녹을 함께 누리는 이유는 다른 사람이 제공하여 주는 것이 아니라 모두 자기 공으로 스스로 먹는 것이다. 위의 말을 여러 장수에게 농담삼아 일깨워 주라." 하고,

둘째 편에 이르기를,

"내가 명령을 내려 상벌을 시행하는 데 어김이 없도록 하고자 하나, 위에 있는 자들이 먼저 범하여서 인정상 애증에 따라 문득 폐하니, 명령이 무슨 방도로 행하여지겠는가?

벌을 주면 그 폐단으로써 사람들이 몸둘 바를 알지 못할 것이고, 용서하여 주면 그 폐단으로써 사람들이 모두 제멋대로 바로 행동할 것이니, 나라가 위급할 때 아무 쓸모가 없다면 어떻게 하여야 옳을까?

사열을 하여 여러 장수로 하여금 군사들 사이에서 연습하여 비록 늙더라도 게을러지지 않고, 그 기운과 습성을 항상 이루어서 초야를 집으로 삼고, 용맹을 업으로 삼아 공을 이루어 이름을 날리고, 남의 아래가 되기를 부끄러워하여 분연히 몸을 돌보지 아니하며 가사를 돌보지 않고 항상 기풍과 지조를 기르도록 하고자 한다.

그러나 나라가 태평한 것을 믿고서 만연히 스스로 안락하고, 심지어 무인을 배척하고 비웃으면서 주색과 음식을 좋아할 따름이요, 남들이 무武에 뜻을 두지 않는다고 말하더라도 조금도 부끄러워하지 않고, 음덕을 믿고서 범하는데, 이러한 짓을 보통 일로 저지르니, 어떻게 하여야 그들로 하여금 쓸모가 있게 하겠는가?" 하고,

세째 편에 이르기를,

"대개 만물의 삶에는 그 습관에 따라서 생명을 바로잡는다. 물건의 생김새가 닮고 마음이 같고 기운이 닮고 행동이 합치하더라도, 강하고 부드러운 데 방법이 다르고 지혜롭고 어리석은 데 일을 견주니, 이것은 그 본업本業이므로 누가 그 삶을 수고롭게 하겠는가? 비록 수고롭게 하더라도 바꿀 수 없는 것이니, 이것은 정명正命이라 이르는 것이다.

수고로움을 닦으면 삶이 있고, 수고로움을 포기하면 삶이 없는 것이니, 삶이 있는데도 삶이 없는 것을 구한들 얻지 못할 것이며, 삶이 없는데도 남이 있는 것을 잡으려 하더라도 얻을 수 없을 것이다. 이러한 까닭으로 나라를 다스리고 세상을 구제할 때 무武로써 평정하고 문文으로써 다스리는 것이 수고로움을 닦는 강령이요, 법전을 제정하여 상을 주고 벌을 주어 명령을 시행하고 금지시키는 것이 수고로움을 닦는 요목이다.

그렇다면 위태한 나라를 지혜로써 다스리고 어지러운 세상을 재주로써 구제한다면 간흉들이 스스로 멸망할 것이요, 무武로써 평정하고 문文으로써 다스린다면 간흉들이 스스로 복종할 것이요, 법전을 제정하여 간흉들이 술책이 없어지고 상을 주고 벌

을 주어서 간흉들이 두려움을 알게 할 때 수고로움을 닦는 것은 동일하되, 삶이 있는 것이다. 삶이 있는 자는 자기의 직분인지라 멀리 구하는 일이 없을 것이요, 삶이 없는 자는 다른 사람의 직분인지라 멀리 보는 일이 없을 것이다.

천하의 도는 하나의 근본이나 만 가지로 다르고, 만 가지로 다르나 모두 대응하고, 모두 대응하나 다 동류이다. 순리를 따르면 길하고 역리를 따르면 흉하니, 길흉이 모두 잠적하는 일은 세상에 없는 것이고, 존망이 항상 균일한 일은 옛날부터 없는 것이다.
영욕은 모두 자기 스스로 취하는 것이요, 화복은 남에게 탓할 것이 아니다. 내가 사람에게 거만하면 그 사람이 노할 것이요, 사람이 신神에게 거만하면 그 신이 화를 줄 것이니, 자기 하늘을 공경하면 하늘이 늘 복을 줄 것이며, 자기 백성들에게 부지런하면 백성들이 기뻐할 것이니, 도리를 미루어 정성을 다하는 것이 모두 종류가 있는 것이다. 장수가 된 자가 마땅히 허물을 뉘우치고 아랫사람에 대해서도 스스로 인색하지 말고 쓴다면 오랑캐에게라도 저울을 베풀 수가 있는 것이다. 심지어 육효와 같은 점술과 바둑과 장기 같은 기예도 지극한 이치가 없는 것이 아닌데, 다 생각이 어리석은 자가 어찌 알겠는가? 한 책에서 한 가지 말로 예로 든 것이다.

임금의 사냥에서 형벌의 정도를 쓰는 것은 정벌의 큰 법이요. 날짐승을 쏘고서 깃발을 돌리는 것은 변에 대응하여 군율을 지키는 것이요, 사람들이 군량과 비웃을 지참시키는 것은 굶주리고 배부른 것을 익히는 것이요, 강을 건너고 산을 넘는 것은 험난한 곳과 평탄한 곳을 지나는 것이요, 공을 바치고 등급을 의논하는 것은 재주와 지혜를 뽑는 것이니, 이것은 국가의 수고로움을 닦는 일이다.

경들은 나를 따라서 나라를 안정시켰으니, 그 재주가 3대에 성하고, 그 공이 이미 이루어졌고, 몸이 이미 평안해져 집에서는 사랑스런 손자들을 기르고, 나라에서는 할 일이 없으므로 하늘이 내린 녹봉의 근원을 돌아보지 아니하고, 멋대로 한때의 즐거움을 좇아서 뻔뻔스럽게도 해서는 아니될 일들에 탐욕하고 집착하며, 어리석게도 마땅히 힘써야 할 공에 우매하고 태만하다.
한계가 있는 세월을 술로써 보내고, 다시 얻기 어려운 인생을 재촉하여 보내니, 욕망을 실행하려 해도 그 욕망에 부응하지 못할 것이요, 끝내는 이름 없는 고혼이 될 것이다. 내가 항상 너희들을 애석하게 여기고 너희들에 한하면서 병법의 대의를 대략 저술하였으니, 경들은 괴이하게 여기지 말라.
병법의 큰 뜻은 장수와 병졸을 어루만져 양성하고, 활쏘고 말타기를 익히며, 신상필

벌하고, 예의를 가르쳐서 다투어 경쟁하는 일이 없게 하는 것이다. 다만 충성과 효도의 자세를 갖고 항상 적개의 마음을 품을 때에는 만약 불우의 병사가 있다면 한 사람이라도 충성을 다 할 수 있을 것이요, 1백 사람이라도 충성을 다 할 수 있을 것이지만, 그러나 명령을 듣는 사람이 많은 까닭으로 위衛와 부部를 만들어서 통솔하고 거느리는 것이니, 이것이 능히 합하는 방도이다. 거느리는 자가 많으면 명령하는 자도 많기 때문에 군율로 묶어서 제어하는데, 이것을 손을 묶어서 적의 공격을 받는 셈이다. 이리하여 위衛를 나누고 부部를 나누어서 군율을 버리거나 군율을 변경하는 술책도 있으니, 이것이 능히 나누는 방도이다. 이와 같이 한다면 사면에서 합하여 싸우고 백 곳의 진영에서 힘을 같이 쓰게 되니, 어떤 단단한 것이라도 부수어지지 않겠으며, 어떤 적이라도 격파하지 못하겠는가? 이것이 능히 나누는 방도이고, 능히 합하는 방도이다.

오랑캐의 군사가 굳센 마병으로 분주히 충돌하는데, 한나라의 병사들이 큰 활과 전후방의 전법을 썼으니, 오랑캐와 한나라의 형세는 비록 달랐다고 하나, 그러나, 나누는 방도와 합하는 방도를 쓴 것은 실지로 같으니, 이것은 병정의 큰 뜻이요, 장수의 중요한 전략이다. 어리석은 자가 생각하기를, '병법을 배우지 아니하더라도 나는 능히 적을 죽일 수 있으며, 활쏘고 말타기를 익히지 않더라도 나는 능히 적을 이길 수 있다.'고 하지만, 이러한 장수는 앞으로 바랄 수도 없을 뿐더러 졸병으로서도 최하등인 자이다." 하였다.

임금이 신숙주 등을 화위당에서 불러 만나고, 술을 내려 주고 이어서 옷감을 하사하였다.

최항의 졸기

1474년[66세] 성종 5년 4월 28일 좌의정 최항이 졸卒하였다. 조회를 철하고 조제弔祭하고 예장하기를 전례와 같이 하였다. 최항의 자는 정보貞父이고, 삭녕朔寧인으로, 증 영의정 최사유의 아들이다. 최항은 어려서부터 총명하고 글 읽기를 좋아했다. 1434년에 세종이 관학에 나아가 학사에게 책문을 하고서 제 1인으로 발탁을 하고, 선교랑 집현전 부수찬에 특별히 제수하여, 수찬·교리·직전을 역임시켰다. 1447년에 중시에 합격하여 직제학에 승진이 되었다. 1450년에 문종이 즉위하고선 좌사간 대부에 제수되고, 1451년에 부제학에 승진되고, 1452년에 동부승지에 제수되었다가 이어 좌부승지에 전보되었다. 1453년에 세조가 정란을 할 때에 최항이 마침 정원에 숙직을 하였으므로, 공신에 참여하게 되어, 도승지에 승진이 되고, 수충 위사 협찬 정란 공신의 호를 받았다. 1454년에 가선 대부 이조 참판에다 영성군에 봉해졌고, 1455년에 대사헌이 되었다. 세조가 즉위하고서는 좌익공신의 호가 내려졌다. 1457년에 가정대부 호조참판에서 곧이어 이조참판이 되었으며, 1458년에 자헌대부 형조판서가 되었다가 이어 공조판서가 되었다. 그 해 겨울에 모친의 상喪을 당하였는데, 1459년에 기복되어 정헌대부 중추원사 예문관 대제학 겸 성균관 대사성이 되었다. 이는 문형을 담당하는 직인데, 최항이 세 번이나 상서하여 3년상을 마치게 해달라고 요청하였으나 허락하지 아니하였다. 1460년에 숭정대부 이조판서에 올랐으며, 1463년에 의정부 우참찬에 제수되고, 이어 좌참찬에 전임되었다. 1466년에 숭록대부에 승진이 되어 병조판서의 일까지 겸임을 하고, 이어 보국 숭록대부 좌찬성에 승진이 되었다. 1467년에 대광보국 우의정에서 영의정으로 전임이 되었다가 얼마 안 가서 또다시 영성군으로 봉해졌다가, 1470년에 부원군으로 다시 봉해졌다. 1471년에 순성 명량 경제 홍화 좌리공신의 호를 내리고, 다시 의정부 좌의정에 제수되었으며, 이때에 이르러 졸하니 나이가 66세이다. 문정文靖이라고 시호하니 '도덕이 높고 박학다문한 것을 문文이라 하고, 몸가짐을 공손히 하고 말이 적은 것을 정靖이라 한다.

최항의 사람됨은 겸손하고 조심성 있고 말이 적은 데다가, 비록 한더위라도 의관을 정제하고 무릎을 모으고 꿇어앉아 온종일 게으른 표정이 없었으며, 학문을 좋아하고 기억력이 좋았다. 문장으로는 대우對偶[1]에 능하여 한때의 표문과 전문은 모두 그의 손에서 나왔다. 그래서 중국 조정에서까지도 정밀 적절하다고 평을 하였으며, 세조·예종의 실록과 무정보감·경국대전은 모두 그가 찬정한 것이다. 그의 호는 태허정이며, 유고집이 세상에 전한다. 최항은 어떤 일에 임해서는 과단성 있게 재결(裁決 판단)함이 적었다. 이조와 병조의 장長이 되고 상위직에 있을 때에도, 건백建白[2]한 것은 하나도 없고 그대로 우물쭈물 할 뿐이었다. 세조가 일찍이 훈구 대신들과 시비를 논란하면서 그의 뜻을 관찰하려고, 최항에게 묻기를,

"내가 어떤 일을 하기 위하여 어떤 법을 제정하려 하고, 남쪽과 북쪽도 정벌하려고 하는데, 가능한가?"
하니 최항은 옳고 그름과 쉽고 어려움도 계산해 보지 않고서 고개를 숙이고 몸을 움츠리며 조심성 있게 대답하기를,
"옳습니다."
하였다. 임금이 두 번 최항에게 물으니, 다시 대답하는 말도,
"옳습니다."
라고만 하였다. 이보다 앞서서는 문형(대제학)을 맡은 자로서 의정에 제수가 되면 반드시 사양을 하였었는데, 최항은 의정에 제수되었을 때에 그대로 받으면서 사양을 하지 않으니, 그 당시의 여론이 그러한 점을 비난하였다. 그의 아내는 서씨인데, 성질이 사나웠으며, 가정일은 모두가 서씨가 하자는 대로 했고, 마음대로 할 수가 없었다. 최항은 딸이 많았는데, 사위를 선택함에 있어서, 부자만 취택하고 인품은 논하지 않았으므로 대다수가 어리석은 자들이었다. 최항이 일찍이 탄식하기를,
"우리집은 활인원活人院이다."

하였는데, 그것은 병신만 모였다는 뜻이었다. 기채奇釆라는 자가 있었는데, 그는 최항의 친구의 사위인, 이배륜이란 자의 사위였다. 그 기채에겐 딸만 하나 있었다. 그 딸이 정효상의 집안으로 시집을 갔는데, 부유하게 잘살자 최항은 그 부를 탐하여 근족(近族 가까운 친척)임도 혐의하지 않고 그의 딸을 데려다가 아들 최영호의 아내를 삼으니, 온 조정에서 비난을 하였다. 최항의 아들은 최영린과 최영호인데, 최영린은 과거에 급제하여 형조참의가 되었다. 그런데 성품이 잔악하고 혹독하여 비록 처로(妻孥 처와 자식)들이라도 형편없이 학대하였다.

---

1) 반대되는 사실이나 비슷한 어구를 연립시켜 문장을 아름답게 꾸미는 일
2) 의견을 제시함

[승진과정]

1434년[26세] 세종 16년 3월 알성시 문과 장원급제, 집현전 부수찬.

1435년[27세] 세종 17년 7월 수찬, 9월 지춘추관사

1441년[33세] 세종 23년 집현전 부교리

1444년[36세] 세종 26년 집현전 교리

1446년[38세] 세종 28년 집현전 응교, 9월 29일 훈민정음 반포

1447년[39세] 세종 29년 문과중시에 5등으로 급제, 직제학

1450년[42세] 세종 32년 1월 일본국 사신 접대 선위사, 집현전 직제학

1450년[42세] 문종즉위년 6월 집현전 직제학, 9월 사간원 우사간 대부

1451년[43세] 문종 1년 1월 사간원 좌사간 대부, 7월 집현전 부제학

1452년[44세] 단종즉위년 12월 동부승지

1453년[45세] 단종 1년 3월 우부승지, 6월 좌부승지.
　　　　　　10월 10일 계유정난. 10월 11일 도승지, 정난공신

1454년[46세] 단종 2년 2월 이조 참판

1455년[47세] 단종 3년 1월 정난공신 1등, 2월 대사헌

1455년[47세] 세조 1년 7월 세자 우부빈객, 8월 모친상, 9월 좌익공신

1457년[49세] 세조 3년 10월 호조참판, 12월 이조참판

1458년[50세] 세조 4년 3월 형조판서, 5월 공조판서

1459년[51세] 세조 5년 5월 지중추원사, 부친상

1460년[52세] 세조 6년 윤 11월 중추원사, 세자빈객 겸 성균관 대사성

1461년[53세] 세조 7년 6월 이조판서

1462년[54세] 세조 8년 1월 중추원사

1463년[55세] 세조 9년 8월 우참찬

1464년[56세] 세조 10년 5월 좌참찬, 12월 좌찬찬, 영성군

1466년[58세] 세조 12년 4월 좌찬성

1467년[59세] 세조 13년 4월 우의정, 5월 좌의정, 9월 영의정

1468년[60세] 예종즉위년 9월 신숙주·한명회·구치관 등과 함께 원상

1469년[61세] 예종 1년 1월 겸 중추관 영사 동지중추부사

1470년[62세] 성종 1년 6월 17일 사직을 청하다

1470년[62세] 성종 1년 부원군

1471년[63세] 성종 2년 좌리공신 1등에 녹훈, 다시 좌의정

1474년[66세] 성종 5년 4월 28일 좌의정 최항이 죽다.

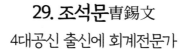

29. 조석문 曹錫文
4대공신 출신에 회계전문가

생몰년도 1413년(태종13년) ～ 1477년(성종8년) [65세]
영의정 재직기간 (1467.12.12～1468.7.17) (7개월)

본관	창녕昌寧
초명	석문碩門
자	순보順甫
시호	공간恭簡
공훈	좌익공신, 적개공신, 익대 공신, 좌리공신
묘소	경기도 파주시 진동면 하포리
신도비	예조판서 이승소 지음
기타	4대공신, 호조판서직 20년

증조부	조우희曹遇禧	– 창성부원군
조부	조경수曹敬修	– 밀직부사
종조부	조민수曹敏修	– 고려말 문하시중
부	조항曹沆	– 관찰사
모	민설의 딸	
본부인	안숭선의 딸	
계부인	채하정의 딸	

영의정 승진 근원 - 4대공신(좌익·적개·익대·좌리공신)

조석문은 좌익공신, 적개공신, 익대공신, 좌리공신을 지낸 4대 공신으로 고려말 명문 집안 출신이다. 위화도 회군에서 이성계와 손잡고 회군한 조민수가 그의 종조부로, 위화도 회군 후 이성계와 고려의 권력을 양분했으나 조민수가 권력 싸움에서 패함으로써 서인으로 강등되어 유배지 창녕에서 죽게 된다. 고려가 망하니 사면복권을 주선할 국가도 신하도 없어져 복권된 기록도 없다. 고려를 지키려고 목숨을 바친 최영 장군과 정몽주, 이색 등은 조선조에 와서도 그 절개와 충성심을 높이 평가받아 사면 복권하여 후손에 까지 예우를 하였는데 이성계의 권위에 도전한 조민수는 영원히 묻히고 말았다.

반면 조민수의 동생 조경수는 형이 걸어간 길과는 다르게 조선왕조에 협력함으로써 벼슬길이 열리게 된다. 그 결과가 그의 손자 세대에 영의정이 되어 등장한 것이다. 조석문의 영의정 제수는 가문이 뒷받침된 것이 아니라 4대공신 출신에 회계전문가로서 능력을 인정받은 공과였다.

조석문의 자는 순보順甫로, 본관은 창녕이다. 증조부 조우희는 조민수와 조경수의 아버지로 고려 문하시중에 추증되었고, 조부는 밀직사사를 지낸 조경수이며, 아버지는 전라도 관찰사를 지낸 조항이다. 어머니는 여흥 민씨로 정경 대부인에 봉해졌는데, 지사간원사 민설의 딸이다.

조석문은 어려서부터 학문에 진력하고 문장에 힘써 20세에 사마시에 합격하여 성균관에 입학하였다. 1434년[22세] 세종 16년 세종이 성균관에 거둥하여 유생들에게 책문을 시험하였을 때 최항이 1등, 조석문이 2

등으로 발탁되었다.

1443년[31세] 세종 25년 여름에 모친상을 당하였다. 3년상을 마치자 예조정랑에 제수되었는데, 동료들과 관청에서 연회를 베풀다가 파직을 당하게 된다.

임금이 이조와 예조의 낭청이 연회한다는 것을 듣고 사헌부에 명하여 국문하였다. 이때에 이조정랑 박추·이영견·정식, 이조좌랑 김담·이휘·김윤복, 예조정랑 박심문·조오·조석문, 예조좌랑 이선로·이교연 등이 예조관청에 모여서 창기를 불러 크게 연악을 베풀었다.

사헌부에서 이를 조사하여 다스려서 마침내 모두 삭직하였다. 임금이 승정원에 이르기를,

"사인·검상과 이조·예조의 낭청이 대궐 가까운 관청에서 공공연하게 연회를 베풀어 기생을 불러 모아 정욕을 다하면서 조금도 부끄럽게 여기지 않고, 선비의 기풍을 부끄럽게 여기지 않으니, 선비의 기풍이 아름답지 못하여 버릇을 자라게 할 수 없다. 이 무리들은 모두 한때의 명사名士인데 오히려 이러하니, 그 나머지 무식한 무리야 어찌 책망할 것이 있으랴. 이제부터 예조 낭청이 마음대로 기생을 부르지 못하는 방안을 마련하고 의논하여 아뢰라." 하였다.

– 세종실록 27년 12월 9일 –

이로 인해 조석문은 벼슬을 버리고 시골로 내려가 어머니를 모시고 살겠다는 작정을 하게 된다.

1446년[34세] 세종 28년 봄에 소헌왕후가 승하하자 조석문을 조정에 나오게 하여 산릉의 일을 다스리게 하고 일이 끝나자 품계를 더하여 형조정랑에 제수하였으나 다시 어떤 일로 면직되었다. 이때 임금은 정인지에게 명하여 남쪽 지방을 순찰하여 전답의 제도를 바로잡게 하였는데,

정인지는 조석문이 재능이 있다고 여겨 조정에 청하여 막료로 충원하였다. 일을 끝내고 돌아오자 다시 예조정랑에 제수하였으나 사양하고 장단으로 돌아가서 모친을 봉양하면서 고기도 잡고 사냥도 하면서 마음 편히 지내니, 조정에서는 조석문의 어짊을 애석하게 여겨 출근하게 하고 안산 군사로 삼았다.

단종이 등극하여 세조가 섭정을 하면서 그의 능력에 대해 듣고 기용하려 하였는데 마침 홍주목에 결원이 있자 특명으로 목사에 제수하니, 조석문이 부임하여 농사를 장려하고 학교를 일으키니 몇 달이 안 가서 크게 다스려졌다. 이때 각도 감사에게 명하여 특이한 정치를 한 자를 천거하라 하니, 충청도 관찰사 박팽년이 조석문을 천거하면서 아뢰기를,

"충주목사 김담과 홍주목사 조석문이 다스림과 본받음에서 모두 제일입니다." 하자, 특별히 대호군 지형조사로 승진시켰다가 승정원 동부승지에 발탁하였다. 이때 김담은 노모가 경상도 영천에 있었기 때문에 그대로 충주 목사에 임명하였다.

사헌부에서 아뢰기를,
"농삿달에는 수령을 바꾸지 않도록 성문화 되어 있는데, 지금 안주목사 이종효와 홍주목사 조석문이 모두 교체되었으니, 비단 법에만 어긋남이 있을 뿐 아니라, 맞이하고 내보냄의 폐단이 작지 아니하니, 청컨대 그대로 유임하소서." 하니, 대신에게 의논하도록 명하였다.

사인 황효원이 당상의 의논을 아뢰기를,
"안주목사 이종효는 노친이 있어서 먼 곳에 오래 있을 수 없으며, 홍주목사 조석문은 또한 이미 발령을 내렸으니, 고칠 수가 없습니다." 하니, 그대로 따랐다.
– 단종실록 3년 4월 8일–

1455년[43세] 세조 원년 여름 윤 6월에 세조가 즉위하자 공훈에 책록되어 좌익공신의 호를 받았다. 우부승지를 거쳐서 네 번 전직하여 도승

지가 되었는데, 홍문관 수찬 이후부터 항상 지제교[3]의 직함을 띠었다.

1457년[45세] 세조 3년 10월 윤사로가 송현수의 딸을 자기에게 줄 것을 청하다. 금성대군이 단종 복위를 꾀하다가 발각되어 귀양을 가고 그 가족들을 노비로 삼아 공신들에게 분배할 즈음에, 영중추원사 윤사로가 도승지 조석문에게 송현수(단종의 장인)의 처첩 등을 공신에게 나누어 주어야 한다고 하니 사관이 이를 듣고 실록에 윤사로의 인물에 대해 다음과 같이 기록해 두었다.

경회루 동편방에서 도승지 조석문을 만났는데, 사관이 따라 들어오니, 조석문이 말하기를, "우리들이 왕을 뵙기 위해 홀로 들어갈 때, 사관이 마구 따라 들어가는 것은 불가하다." 하며, 이를 중지시켰다.

조석문이 들어갈 때, 영천 부원군 윤사로가 조석문에게 이르기를,
"금성대군의 아내는 아들 맹한을 위하여 분배에서 제외하고, 첩은 예에 따라 공신에게 나눠주어야 하며, 송현수의 아내는, 단종의 아내를 위하여 그 죄를 용서하고, 그 밖의 딸들은 역시 당연히 공신에게 주어야 하는데, 모름지기 이러한 건의로써 일이 이루어진다면, 송현수의 딸을 받기를 원한다." 하였다.

사관이 이를 듣고 평하기를 '윤사로가 정현 옹주에게 장가들어 임금에게 총애를 받았으나, 성질이 좀스러우면서도 자못 슬기롭고 영리하였으며, 이재에 능하여, 외방의 농장이 있는 곳에 여러 만석을 쌓아 놓고, 서울 저택의 창고도 굉장하여, 몇 리 밖에서도 바라볼 수 있었는데, 무릇 재물을 빼앗는 바가 이와 같았다.' 하고 있다.

– 세조실록 3년 10월 24일 –

1458년[46세] 세조 4년 6월 조석문을 좌익 3등 공신으로 책훈하는 교서를 받았고, 1459년 1월에는 도승지 조석문·좌승지 윤자운·동부승지

---

3) 왕의 교서를 짓는 직책

이극감이 왕명을 받들고 환구단에 가서 하늘에 제사지내는 의식을 연습하였다.

환구단은 서울 교외 1백 리 밖에 두었는데, 남쪽과 북쪽에 각각 있었다. 세종실록에 "원단의 제사는 곧 상제[4]에게 지내는 예이다. 제후국은 상시로 제사를 지내는 법이 없는데, 우리나라는 옛날부터 이를 행하였다." 하였다.

1459년[47세] 세조 5년 명나라 황제가 야인野人[5]에게 관직을 수여한 일로 사신을 보내 책망하자, 임금이 조석문을 이조참판으로 삼고 주문사가 되어 명나라에 다녀오게 하였다.

임무를 마치고 돌아온 뒤 호조참판에 임명되어, 창녕군에 봉해지고, 얼마 있다가 호조판서로 승진시켜 탁지사로 삼았다.

1461년[49세] 1월 조석문은 적실에게는 아들이 없었고 비첩에게 아들이 있었는데, 임금은 그 비첩을 양민이 되게 하였다. 이에 조석문은 집에서 모든 재상급 관원들을 불러 잔치를 베풀어 즐겼다.
세조는 도승지 성임·좌부승지 유자환에게 명하여 술과 고기를 가지고 가서 하사하게 하였으며, 또 임영 대군 이구·익현군 이관·영해군 이당·오산군 이주·귀성군 이준·청성위 심안의에게도 잔치에 참여하도록 명하였다.
1461년 호조판서로서 중앙과 지방의 탁지업무를 총령하게 되었다. 예

---

4) 옥황상제 : 하느님
5) 여진족

산의 편성과 지출을 담당하는 탁지사를 둔 것은 이로부터 시작되었다.

1464년[52세] 세조 10년 1월 모친상을 당하였다. 조석문은 호조판서로 7, 8년 동안 재직하였는데, 국가 경비를 검약하는 것을 주로 삼았으므로 임금이 매양 참된 호부戶部라고 칭찬하였다. 이 때에 경비가 자못 많았으므로 재산관리의 직에 있는 자들이 경비절약에 힘썼고 힘써 임금의 뜻에 맞도록 하였다. 임금은 조석문의 모친상에 쌀과 콩 30석과 종이 1백 권과 관곽을 부의하였다.

임금이 의정부에 묻기를,
"내가 이극감과 조석문을 기복(상례기간이 끝나기 전에 직무를 맡기는 것)하고자 한다. 그들의 상제가 언제인가?" 하니, 의정부에서 아뢰기를, "이극감은 지난해 가을에 아비 상을 당하였고, 조석문은 금년 봄에 어미 상을 당하였으니, 기복할 수가 없습니다." 하므로, 임금이 그대로 따랐다.

이로부터 9개월 후인 1464년 10월 이조에 명을 내려 전 호조판서 조석문을 기복하게 하였다. 1466년 1월 임금이 조석문에게 상례가 대상을 지났다 하여 고기 먹기를 권하니, 조석문이 전문을 올려 사례하였다. 3월 조석문을 창녕군으로 삼아 호조판서를 겸하게 하였다. 4월 우찬성에 임명되었다.

1467년[55세] 3월 5일 조석문을 경상도 체찰사로 삼아 진영과 제언 설치의 편부를 살피게 하였다.

경상도 체찰사 조석문 등이 아뢰기를,
"신 등이 본도의 여러 진에 군사를 배치한 편리함과 부족함을 살펴보니, 만약에 진주진에 사천진의 군사를 합하여 2려(旅 : 250인)를 두고, 안동진·상주진의 두 진에 절도 부사를 설치하여 2려를 두고, 영일진에 영해진을 합하여 2려를 두고, 동래진·웅천진의 두 진에 각각 3려를 두고, 거제진·남해진 두 진에 각각 2려를 두고, 좌도 절도사 영과 우도 절도사 영에 각각 4려(500인)를 두면, 거의 응원하는 데 마땅함을 얻게 되고 군사의 형세가 더욱 왕성하게 될 것이니, 실로 좋은 책략입니다. 그러나 남해진은 사면이 바다로 둘러싸인 절도라서, 사면으로 적의 침입을 받게 되는데도 항상 현의 남쪽 성현을 적군 침입의 요충지로 여겨 모든 군사가 다 이곳을 방어하지만, 관청의 군량과 병기는 모두 성 안에 있는데 한 사람도 이것을 지키지 아니하니, 방어에 대한 조치를 매우 잃었습니다. 청컨대 이제부터는 봉화를 삼가고 멀리 척후를 보내고, 군사들은 모두 성 안을 지키게 하소서."

하고, 또 아뢰기를,

"밀양부 수산제 둔전의 농부는 청컨대 본부에 거주하는 제 관사의 종 70명으로 하여금 군역을 위해 서울로 올라오는 것을 면제하여 사역시키고, 농가의 소는 여러 고을에서 나누어 기르지 말게 하고, 둔전의 곡식을 써서 본부에서 기르도록 하고, 관아의 출납 관원 등이 만약에 마음을 다하여 농사에 힘써서 곡식 1만 석을 내게 한 자가 있으면 논하여 상을 주고, 마음을 쓰지 아니하여 가장 적게 낸 자는 죄를 주소서. 그리고 또 성현도 찰방으로 하여금 이를 겸임하여 감독하게 하소서." 하니, 모두 그대로 따랐다. 이 앞서 조석문이 밀양부 양동역 앞에 제방을 쌓고 둔전을 만들자고 청하였으므로 호조에 내려서 의논하게 하였는데, 호조에서도 조석문이 아뢴 바와 같이 청하였으므로, 그대로 따랐다.

— 세조실록 13년 3월 5일 —

1467년 세조 13년 5월 길주인 이시애가 그 아우 이시합과 군중을 선동하고 꾀어 역모를 꾀해 절도사를 죽이고 군사를 일으키어 반역하며 접은 편지로 그 당파를 몰래 사주하여 영흥 이북의 목사와 군수를 다 죽였다. 임금이 귀성군 이준을 명하여 병마 도총사로 삼고 조석문을 부사로 삼아 제도의 병사를 거느리고 가서 정벌을 하게 하였다.

1467년 세조 13년 8월에서야 이시애 무리를 대파하였다. 9월 도총사 이준, 부사 조석문이 돌아오자 임금이 무송군 윤자운에게 명하여 종친·대신과 더불어 교외에 가서 환영하게 한 후, 대궐로 불러들여 잔치를 베풀어 위로하고는 조석문을 좌의정에 특배하고 적개공신 호와 전토 노비를 내렸다.

적개공신에 책봉되어 12월에 영의정에 승진시키고는 "영의정 조석문으로 하여금 호조에 출근하여 겸 판서의 임무를 행하게 하라." 하였다. 영의정이 되어서도 호조판서 업무를 겸직시킨 것은 당시에 명나라 사신이 와서 필요한 물품을 요청하는 일이 많았는데 조석문이 이를 정도껏 잘 처리했기 때문이다.

1468년[56세] 세조 14년 7월에 영의정 직을 파하고, 창녕군 겸 호조판서 겸 오위도총부 도총관으로 임명했다. 9월에 세조가 승하하고 예종이 즉위한 뒤 남이·강순 등의 옥사를 다스린 공으로 익대공신 3등에 책록되었다. 조정의 원상으로 물러앉아 북방의 야인정벌 상황을 정리한 북정록을 편찬하는 등, 국가 훈신으로서의 여러 가지 역할은 하였다.

1469년[57세] 예종원년 겨울에 예종이 승하하고 성종이 들어와 대통을 이으니, 조석문에게 계책을 결정한 공이 있다고 하여 순성 명량 경제 홍화 좌리공신의 호를 내렸다.

1470년[58세] 성종 1년 대광보국 숭록대부 창녕부원군 겸 호조판서로 임명하였다. 조석문은 겉으로는 엄하나, 안으로는 부드럽고, 임금의 뜻을 잘 살폈는데, 일찍이 판호조사로서 재무를 잘 다스려 조그마한 이익도 다 밝혀냈기 때문이다.

1476년[64세] 성종 7년 4월에 다시 좌의정 겸 호조판서에 제수하였는데, 호조판서 직은 조석문에게 항상 따라 다녔다. 가을에 질병으로 면직하니, 창녕 부원군에 봉해졌다.

　호조를 겸직으로 총괄한 것이 거의 20년이었는데, 무릇 백성을 편리하게 하고 나라를 부강하게 하는 계책을 마음을 다해 건의해서 검소함을 숭상하고 용도를 절약하였으므로, 광흥창[6]의 곡식이 가득 차 넘쳐서 밖에 쌓기에 이르렀다.

　세조가 조석문에게 이르기를, "호조의 사무에는 다만 공의 이름이 있으면 다시 살펴보지 않는다."고 하였는데, 이는 조석문의 처사가 번번이 임금의 뜻에 들어맞는다고 여겼기 때문이었다.

　1477년[65세] 성종 8년 봄에 영중추부사에 제수되었는데, 여름에 설사병인 이질을 얻어 증세가 갈수록 심하니, 임금이 내의에게 명하여 진맥해 보도록 하자, 조석문이 약을 먹지 않으면서 말하기를, "나이와 벼슬이 이미 극도에 이르렀는데, 죽는다 한들 다시 무엇을 한스럽게 여기겠는가?" 하였다. 8월 초 5일에 병세가 위독해지니 자리를 옮기라 명하고 자택에서 졸하니, 향년이 65세였다. 부고가 알려지니 임금이 매우 슬퍼하여 3일간 조회를 거두고 관할사에 명하여 제물을 갖추어 제를 지내고 부의를 더해주고 관에서 장사를 치러주게 하였으며 특별히 승지를 보내어 조문하게 하였다.

---

6) 녹봉 담당관청

조석문의 졸기

　1477년[65세] 성종 8년 8월 5일 영중추부사 조석문이 졸卒하니, 조회를 철폐하고 부의를 내리고, 조의와 예장禮葬하기를 예와 같이 하였다. 조석문의 자字는 순보順甫이고, 창녕 사람인데, 관찰사 조항의 아들이었다. 어려서 힘써 배워 생원시에 합격하고, 1434년에 세종이 성균관에 거동하여 선비를 책문하는 데 뽑히어 제 2등이 되고, 세자 좌정자에 제수되었다. 집현전 부수찬과 사간원 정언, 이조·형조·예조의 정랑을 역임하고, 얼마 안되어 어머니가 늙어서 사직하고 장단에서 살았다. 조정에서 그 재주를 아끼어 기복시켜 안산 군사를 삼으니, 치적이 한 도에서 가장 우수하였다. 세조가 이것을 듣고 홍주목에 보냈으며, 특별히 명하여 옮겨서 제수할 때에, 제도의 감사에게, '특이하게 정사를 한 자를 천거하라.'고 명하니, 감사가, '조석문이 공정하고 청렴하여, 관리가 두려워하고 백성이 사모하여 따른다.'고 천거하니, 특별히 상호군 지형조사로 올렸으며, 얼마 후에 탁용되어 동부승지가 되었다.

　세조가 즉위하자, 훈공을 기록하고 추충 좌익 공신의 호를 내리고, 벼슬을 옮기어 도승지에 이르렀다. 1459년에, 중국 황제가 우리나라에서 사사로이 야인게 벼슬을 준다고 하여 사신을 보내어서 칙유하니, 세조가 사신으로 갈 만한 자를 뽑을 때, 조석문에게 이조참판을 제수하고 창녕군을 봉하여 주문사로 세워, 사신을 따라가서 주문하게 하고, 돌아와서는 호조참판을 제수하였는데, 곧 승급하여 판서가 되었다. 1466년에 의정부 우찬성 겸 판호조를 제수하고 허리띠를 하사하였으며, 또 부진헌 浮塵軒의 글씨체를 주어서 총애함을 보였다. 1467년에 길주 사람 이시애가 모반하니, 세조가 명하여 귀성군 준浚을 병마 도총사로 삼고, 조석문을 부사로 삼아, 제도의 군사를 거느리고 가서 토벌하게 하니, 모든 군사가 진군하여 홍원에 머물고, 조석문은 정졸을 뽑아서 스스로 지키며 함흥에 머물러 발병하지 않고, 하나도 지휘함이 없었다. 군관 남이南怡 등이 분연히 이르기를,

"조정에서 장사壯士를 기른 것은 바로 오늘을 위함인데, 여기에 머물러서 무엇을 하겠는가? 우리가 먼저 나아갈 것을 청한다."

하여, 조석문이 부득이하여 보냈고, 진북 장군 강순康純이 무리에게 이르기를, "도총사는 나이가 어리고, 부총사도 또한 선비로서 전진을 익히지 않아, 두려워하고 겁만 먹으니, 이와 같이 하고서야 어찌 대사를 이루겠는가? 우리들 제장이 다른 주장을 계청하는 것이 어떻겠는가?"

하니, 혹은 말하기를, "전쟁에 임하여 장수를 바꾸는 것은 병가에서 꺼리는 것이니, 어찌 그렇게 할 수 있는가?"

하였다. 돌아올 때 미쳐서는 승진하여 좌의정을 배수하고 정충 출기 포의 적개 공신의 호를 주었다. 당시에 군공의 높고 낮은 것이 모두 조석문에게서 나왔으므로, 장사들이 그 불공평함을 분히 여기고 상서하여 진정하는 자가 매우 많았었는데, 세조께서는 조석문이 새로 큰 공을 세웠다 하여 모두 묻지 않았다. 군관 박식은 조석문의 족속으로서 병을 칭탁하고 함흥에 누워 있었는데, 마침내 공신의 반열에 참여하였으므로, 어떤 사람이 시詩를 지어 조롱하기를.

"咸陽花下醉眠客 曹霸丹靑第一功"

함양의 꽃 아래에서 잠에 취하였던 손이,
조패가 단청하여 제 1등 공신이 되었네

하였다. 얼마 뒤에 영의정에 오르고, 예종이 즉위하자, 남이가 모역하여 처결되고, 정난익대 공신의 호를 내리고, 성종이 즉위함에 미쳐서 순성 명량 경제 홍화 좌리공신의 호를 주었다. 1476년 여름에 다시 좌의정을 배수하고, 가을에 병으로 사면하니, 창녕 부원군을 봉하였으며, 1477년 봄에 영중추부사에 옮겼다가, 이 때에 이르러 졸하니, 나이는 65세이다. 시호가 충간忠簡이니, 몸이 위태로우면서 임금을 받든 것을 '충忠'이라 하고, 평이하고 게으르지 않은 것을 '간簡'이라 하였다. 조석문은 성품이 자세히 살피고 재물을 잘 다스리었으므로, 세조께서 호조의 일을 위임하니, 모든 세금을 받는 이로움과 저축의 귀한 것은 그가 건의한 것이 많았다. 세조가 일찍이 조석문에게 이르기를,

"호조의 문서는 다만 경의 이름만 있으면 내가 다시 살펴보지 않겠다."

하였다. 조석문의 어머니가 늙어서, 특별히 잔치를 그 집에 내리고, 종친과 대신에게 명하여 잔치에 참여하게 하여서 영화롭게 하였으나, 조석문은 아첨하여 남의 마음에 들도록 잘 하고, 임금의 뜻을 잘 맞추어서, 사람들이 이를 기롱하였다.

사관이 논평하기를, "조석문은 천성이 사특하여 말솜씨로써 발라맞추고, 항상 자제들에게 가르치기를, '남아가 임금의 뜻을 얻어 높은 지위를 취하려면 꾀가 없어서는 안된다.'고 하고, 항상 집 뒤에 단을 쌓고 하늘에 절하면서 수복을 빌었으니, 그 요사함이 이와 같았다." 하였다.

주변의 인물평과는 달리 당시 사관들의 기록은 좋게 기록하지 않고 있다. 비록 재능과 행정능력은 출중하였지만, 세조의 쿠데타에 동조하여 세조의 총애를 받아 출세한 인물 즉 시류에 합승한 인물로 평가해 버린 것으로 보여진다.

조석문의 전처 안씨는 의정부 좌참찬 문숙공 안숭선의 딸인데, 아들이 없다. 두 번째 처 채씨는 좌군 섭사정 채하정의 딸로서 1남 조헌을 낳았다. 측실이 4남 3녀를 낳았는데, 장남 조의는 사과司果이고, 장녀는 서숙에게 시집갔다.

[승진과정]

1434년[22세] 세종 16년 성균관 입학. 3월 문과급제.
　　　　　　세자 좌정자. 6월 세자 우사경
1435년[23세] 세종 17년 6월 세자 좌사경
1436년[24세] 세종 18년 11월 사간원 우정언
1442년[30세] 세종 24년 이조정랑
1445년[33세] 세종 27년 예조정랑
1449년[37세] 세종 31년 의금부 도사
1451년[39세] 문종 1년 안산군사
1455년[43세] 단종 3년 4월 홍주목사 겸지형조사. 윤6월 동부승지
1455년[43세] 세조 1년 윤 6월 우부승지. 9월 좌익공신 3등 우부승지
1456년[44세] 세조 2년 6월 좌부승지
1457년[45세] 세조 3년 8월 도승지
1458년[46세] 세조 4년 6월 좌익 3등 공신으로 책훈
1459년[47세] 세조 5년 3월 이조참판. 8월 호조참판. 11월 호조판서
1460년[48세] 세조 6년 5월 호조판서
1461년[49세] 세조 7년 7월 겸 총중외 탁지사
1464년[52세] 세조 10년 1월 모친상으로 호조판서직 사임.
1466년[54세] 세조 12년 1월 임금이 조석문에게 고기 먹기를 권하다.
1466년[54세] 세조 12년 3월 창녕군 겸 호조판서. 4월 우찬성
1467년[55세] 세조 13년 1월 우찬성 겸 경상도 체찰사. 4월 좌찬성.
　　　　　　5월 4도 병마도총부사, 이시애의 난 평정
1467년[55세] 세조 13년 9월 좌의정. 적개공신. 12월 12일 영의정
1468년[56세] 세조 14년 3월 겸 호조판서. 7월 17일 영의정 사임
1468년[56세] 예종즉위년 10월 적개 정난 익대 공신. 창녕군
1469년[57세] 예종 1년 1월 난신의 첩을 창녕군 조석문에게 내려 주다.
1470년[58세] 성종 1년 6월 창녕 부원군 겸 호조 판서
1471년[59세] 성종 2년 좌리공신 1등에 책훈
1476년[64세] 성종 7년 4월 대광 보국 숭록 대부 의정부 좌의정 겸
　　　　　　호조 판서. 8월 좌의정 사임. 창녕 부원군
1477년[65세] 성종 8년 2월 영중추부사
1477년[65세] 성종 8년 8월 5일 영중추부사 조석문이 죽다

30. 이준李浚
28세의 최연소 영의정

생몰년도 1441년(세종 23) ~ 1479년(성종 10) [39세]
영의정 재직기간 (1468.7.17~1468.12.20) (5개월)

본관	전주全州
자	자청子淸
호	자준子濬
군호	귀성군
시호	충무忠武
공훈	적개공신
묘소	경기도 고양시 선유동
기타	임영대군의 아들로 세조의 조카. 28세에 영의정. 모함과 유배
	경상도 영덕에서 귀양살이 중 39세에 사망

조부	세종대왕
조모	소헌왕후 심씨
부	임영대군 – 세종의 넷째 아들
모	제안부부인 전주 최씨
백부	문종, 세조
처	청주 한씨 – 청천부원군 한백륜의 2녀.
	– 귀성군과 예종은 사촌이면서, 동서
누나	이씨(거창군 신승선의 부인)
매형	영의정 신승선(거창군, 연산군 장인)
조카	형조판서 신수영

영의정이 된 근원- 임영대군의 아들, 이시애의 난을 토벌하다

세조가 무모하게 권력을 남용하며 영의정에 제수했던 이준은 임영대군의 아들이자 조카이다. 계유정난으로 안평대군을 척결하자 남은 동생은 넷째 임영대군과 여섯째 금성대군, 여덟째 영응대군만 남았다. 2년후 금성대군도 단종복위 운동을 일으키니 남은 형제는 임영대군과 영응대군만 남게 된다. 형제의 정이 그리웠던 세조는 임영대군을 무척이나 아끼며 궁중 행사때 마다 불러 예우를 한다. 무사의 기질이 있던 임영대군도 형제 중 유일하게 수양을 지지하고 나섰다. 23세의 이준을 귀성군에 봉했는데, 그해 대궐에서 이준이 악공과 인사를 나누다가 인사예법의 문제로 조그마한 시비가 일어나게 된다.

당시 대궐 내에서 호궤(胡跪)[7]하는 것을 금지하는 법령을 거듭 밝혔는데, 병조에서 법령준수를 가혹하게 하였다. 어떤 악공이 궐내에서 귀성군 이준에게 무릎을 꿇고 인사를 하므로, 병조에서 그를 붙잡으니, 이준이 즉시 임금께 들어가 아뢰었다.

임금이 말하기를,
"노복이 어찌 종친과 나란히 서서 보는 것이 마땅하겠는가?" 하고, 임금이 정인지의 아들 정현조에게 명하여 묻기를, "이 법이 무슨 까닭으로 이 지경에 이르렀는가?"

하니, 병조에서 아뢰기를, "대궐 내에서는 무릎을 꿇고 인사를 할 수가 없습니다." 하였다.
임금이 글을 내려 말하기를, "무릇 관모(모자)를 쓴 자면 비록 각대[8]를 띠었더라도 서대[9]를 띤 자에게 무릎을 꿇을 수가 없다. 그러나 공무를 보고하는 낭관(좌랑과 정랑)이면 이러한 범위 안에 두지 않는다. 또 지인녹사(하급관리)도 당상관에게 대등한 입

---

7) 무릎을 꿇고 인사를 드리는 것. 상하 관계의 예절로서, 임금과 신하 사이에서나 당상관과 당하관 사이에서 행하여졌으나, 후에 군신 관계 이외에는 금지하였음.
8) 계급을 나타내는 허리띠
9) 종1품 이상의 허리띠

장의 예[10]를 할 수가 없다." 하였다.

신분 여하를 불문하고 궐내에서는 호궤를 법으로 금하고 있는데도 세조는 귀성군의 편을 들어준 것이다.

1464년[24세] 세조 10년 10월 종친들이 세조의 병문안을 하니 임금이 효령대군 이보·임영대군 이구·영응대군 이염·영순군 이부·귀성군 이준 등을 특별히 불러서 술을 대접하였다. 12월에는 귀성군 이준이 세조의 병시중에 공로가 있었다 하여 특별히 노비 2구를 내려 주었다.

1466년[26세] 세조 12년에 귀성군 이준에게 명하여 고성의 온정 행궁을 수축하게 하고 일을 계획하고 완공하는 방법을 익히게 하였다. 그러던 중 이준이 무과에 장원급제를 하게 된다. 이때 세조의 총애는 이루 말할 수 없었다.

1467년[27세] 세조 13년 5월 함경도에서 이시애의 난이 일어나자, 귀성군을 함경·강원·평안·황해의 4도 병마 도총사로 삼고 조석문을 부사로 삼고 남이 장군을 선봉장으로 삼아 출정하게 하였다. 당시 귀성군 이준은 27세의 나이로 아직 젊고 배우지 못하였고, 조석문은 서생으로서 병술을 익히지 못하였는데도, 하루 아침에 갑자기 중대한 군무를 위임하니, 사람들이 모두 깜짝 놀랐다.

세조가 제장들을 불러 주연을 베풀고, 귀성군 이준과 조석문에게 군장 등의 물품을 하사하고, 친히 방략을 주고, 또 교서를 주어서 이튿날 이른 아침에 출진하게 하였다. 교서에 이르기를, "지금 경을 함길도·평안도·강원도·황해도 4도 병마 도총사로

---

10) 대례對禮 : 서로 대등한 입장에서 예를 행하는 것.

삼고, 의정부 좌찬성 조석문을 부사로 삼아, 4도의 일을 경의 지휘에 맡기니, 경은 마땅히 자세히 알아서 하라." 하였다.

– 세조실록 13년 5월 17일 –

5월 23일 세조가 이시애의 난을 토벌할 원군을 파견하고 어찰을 내려 군민을 타이르게 하였다.

"이시애가 아직도 죽음을 당하지 않은 것은 군사와 백성들이 순리와 역리를 알지 못함이다. 만약 순역을 알게 되면 스스로 서로 이반하여, 형세가 곧 해체될 것이다. 그러므로 사람을 시켜서 군사와 백성들을 깨우쳐서 순역을 명확히 알게 하는 것만 같지 못할 뿐이다." 하였다.

이때 함흥의 토착관리 이중화 등이 이시애의 편지를 받고 살륙을 함부로 행하여, 형세가 날로 강성하니, 도총사 이준과 부사 조석문 등이 그 위풍만 바라보고 겁내어, 회양에 도착하여서는 한 곳에 오래 머무르고 진격하지 못하고 있었다. 이에 임금이 도총관 강순을 진북 장군으로 삼아 평안도 군사 3천 명을 영솔하여 영흥을 넘어 들어가게 하고, 병조참판 박중선을 평로장군으로 삼아 황해도 군사 5백 명을 영솔하고 문천을 넘어 들어가게 하며, 또 서울의 정병 1천 명을 징발하여 어유소에게 주어, 직접 이준이 있는 곳으로 달려가게 하고, 강순 등으로 하여금 도착하는 곳의 읍의 창고를 풀어서 군량을 지급하게 하였다.

선전관 김이정을 충청도에 보내고, 민신달과 경임을 경기좌우도에 보내어, 각각 군사 1천 명을 징발하게 하여, 경기의 군사는 민신달과 경임으로 하여금 영솔하여 이준에게 붙게 하고, 또 민신달과 경임에게 유시하기를, "군사들이 싸 가지고 간 양식이 다하게 되면, 도착하는 곳의 읍의 창고를 풀어서 지급하라." 하고, 충청도의 군사는 김이정으로 하여금 영솔하여 서울로 오게 하고, 또 충청도·경기 양도의 무재가 있는 수령과 한산인을 징발하였다.

어찰로 이준에게 유시하기를,
"지금 서울의 정병 1천 명을 어유소에게 부쳐 지원하고, 강순에게 평안도의 군사 1만 명을 영솔하여 영흥을 넘게 하였으며, 박중선에게 황해도의 군사 8천 명을 영솔하여 문천을 넘게 하였으니, 그대는 절도있게 하여 정세를 보아 신중하게 하기를 힘쓰고, 속히 하려고 하지 말라. 만약에 일이 속결되게 하려면, 그 귀중함이 머뭇거리지 않는 데 있으니, 군량은 창고를 풀어서 지급하고, 만일 부족하게 되면, 근처 제읍의 미곡을 실어다 계속하여 지급하도록 하라. 내 장차 대병을 이끌고 친히 정벌하겠으니, 제군을 응접하라." 하고, 마침내 우참찬 김국광을 지응사로 삼아, 모든 일을 이바지하는 데 간략함을 따르게 하였다.

– 세조실록 13년 5월 23일 –

5월 28일 역도를 토벌 중에 김백겸이 아뢰기를, "귀성군이 군사를 주둔시켜 놓고 진격하지 아니하고 원군을 기다리고 있습니다." 하니, 세조가 가상히 여기고 말하기를, "귀성이 먼저 군사를 보내서 철령을 점거하여 지키니, 첫 번째로 옳은 것이고, 형세를 관망하여 신중히 하고 급히 진격하지 않으니, 둘째로 옳은 것이고, 본궁의 노비를 불러 타일러서 이시애의 반역을 알게 하였으니, 셋째로 옳은 것이다." 하며, 진격하지 않고 군영만 지키고 있는 이준을 칭찬하면서, 세조는 도총관 강순을 진북장군으로 삼고 병조참판 등 대대적인 원군을 파병하며 평정계책, 방략, 토벌작전, 어찰, 주민회유책 등을 계속해서 내려보내며 지휘하게 하였다.

5월 19일 도총사 이준에게 반역 정상을 밝혀 이시애를 생포하고 연루된 자도 잡아오게 하다.
5월 23일 이시애의 난을 토벌할 원군을 파견하고 어찰을 내려 군민을 효유 하게 하다.
5월 25일 도총사 이준에게 이시애를 토벌하는 책략을 적은 어찰의 유서를 송부하다.
5월 26일 도총사 이준에게 원병과 의약품을 보내다.
6월 6일 도총사 이준에게 이시애 난 평정의 계책을 어찰로 유시하다.
6월 15일 도총사 이준에게 군관 민효간·안인후 등의 원병 파견을 유시하다.

6월 18일 상당군 한명회·우찬성 윤자운·병조판서 이극배 등이 인사를 올리니, 임금이 말하기를, "이준의 병졸이 이미 넉넉하게 보충하였으니, 마땅히 이 기회를 타서 급속하게 진공하여야 하겠는데, 이제까지 확실한 소식이 없다. 이준은 나이가 어리고, 조석문은 선비로서 나약하니, 어떻게 처리하여야 하겠느냐?" 하니, 한명회가 올리기를, "청컨대 조득림을 보내어 이끌게 하소서." 하니, 임금이 이르기를, "매우 옳다. 마땅히 보내어 행하겠다." 하였다.

6월 20일 도총사 이준에게 군기·군자와 원병을 보낸다고 유시하다.
6월 30일 친정한다는 것을 도총사 이준에게 유시하다.
7월 1일 도총사 이준에게 원병 파견을 유시하다.
7월 2일 도총사 이준에게 친정 전에 원병을 파견한다고 유시하다.
7월 3일 도총사 이준에게 주군의 군민을 통유하는 방문을 지어 보내다.
7월 4일 도총사 이준에게 견사 궁현·피궁현을 보내다.
7월 6일 구치홍이 총통군·약장 등을 인솔해 가니 팽배군을 줄 것을 이준에게 유시하다.
7월 7일 도총사 이준에게 군기 보관에 관해 유시하다.
7월 10일 이시애 토벌 시기와 계책을 도총사 이준에게 어찰로써 유시하다.
7월 19일 도총사 이준에게 원병을 보내는 것을 유시하다.

8월 4일 이날 닭이 울 때 진북 장군 강순이 선봉이 되고, 다음에 절도사 허종과 대장 어유소가, 다음에 도총사 이준이 행군하여 거산역동에 이르니, 적병 약 5천여 명이 이미 먼저 마흘현에 웅거하여 남쪽으로 바닷가에 이르고, 북쪽으로 태산에 이르는 15여 리에 걸쳐서, 기치를 휘날리고 방패를 줄지어 즐비하였다.

강순이 평로 장군 박중선과 김교 등과 더불어 회의하고, 사자위의 사대와 맹패 등으로 하여금 각각 그 군사를 거느리고 적의 웅거한 산 아래에 줄지어 진치고 적병이 와서 충돌할 것을 방비하게 하고, 거산평을 순시하여 진을 베푼 곳에 표를 세우고서 돌아와 거산평의 동쪽 냇가에 이르러서 어유소의 군사를 기다렸다.

어유소의 군사가 이르니, 또 여러 위衛로 하여금 목책을 세우고 진을 설치하게 하고 편비編裨들을 모조리 거느리고 산기슭으로 나아가, 적과 더불어 1백 보 쯤 거리에서 상대하였다. 장차 올라가 공격하려고 하는 것처럼 최적·김용달·지득련 등으로 하여금 적진으로 말을 달려가서 큰 소리로 더불어 말하여 화禍와 복을 설득하게 하였다. 최적 등이 돌아와서 보고하기를,

"적장 김극효 등이 이르기를. '귀성군이 만약 온다면 우리들이 마땅히 이시애를 잡아서 깃발 아래에 바치겠습니다.'고 하였습니다."

하니. 이준이 말하기를. "적의 꾀를 추측하기 어려우나. 그러나 내가 가서 보고 사실인지 거짓인지를 알아보겠다."

하고. 드디어 말을 달려가서 지득련 등으로 하여금 큰 소리로 외쳐 말하게 하기를, "귀성군이 이르렀으니. 너희들이 속히 와서 배알하라."

하였다. 김극효 등이 먼저 험한 곳을 점거하였음을 스스로 믿고 마음으로 반드시 이길 것이라고 쉽게 생각하여 대답하기를. "나는 가기가 어려우니. 귀성군이 군사를 버리고 오라."

하고. 말이 상당히 불손하였다. 이준과 강순·박중선 등이 대로를. 허종은 대로의 남쪽 중봉을. 우공 등은 대로의 중봉을. 어유소는 바닷가의 동쪽 고개를. 김교 등은 북쪽 산 아래를 경유하여 나란히 진군하였다. 이준은 전각을 불어 독전하니. 모든 군사들이 일제히 응하여 개미와 같이 붙어서 위로 공격하였다. 적이 힘써 막고 포를 쏘고 돌을 굴려 화살이 비오듯이 내려왔다. 관군이 포를 쏘고 난사하면서 더불어 싸운 지가 한참 오래 되었다. 신시에 우공의 군사가 돌격하여 산 고개로 쫓아 올라가서 적이 웅거한 봉우리를 빼앗으니. 적들이 물러가 다음 봉우리에 의거하였다.
이시애가 죽을 힘을 다하여 힘써 싸웠으므로 견고하여 격파할 수가 없었다. 유시에 이르러 어유소가 동쪽 봉우리에서부터 방향을 바꾸어 싸우면서 진군하여 적의 좌측 진지에 돌격해서 한쪽 면을 열었다. 여러 군사들이 일시에 돌격하고, 북을 둥둥 울리고 큰 소리로 부르짖으니, 소리가 천지를 진동시켰다. 드디어 대파하니, 이시애

는 홀로 몸을 빼어 도망하였다. 해가 이미 어두워져 끝까지 추격하지 못하고 중지하였다. 다음날 대군이 이성으로 향하다가 다보동에 이르니 길 가와 산 기슭에 초막을 많이 지어놓고, 버려진 아이가 있었으므로 적병에게 사로잡혔는지를 물으니, 말하기를. "이명효가 말하기를. '남쪽 군사들이 오면 장차 이 도의 인민을 다 죽일 것이다. 너희들의 처자는 우리 군사의 뒤에 있으면 죽지 않을 것이다.'고 하였습니다. 그런 까닭으로 홍원·북청 사람들의 처자는 모두 이곳에 이르러 초막을 짓고 삽니다." 하였다.

- 세조실록 13년 8월 4일 -

8월 8일 이날 관군이 마운령을 넘어 영제원 아래에 진을 치니, 이준이 여러 장수를 불러서 진격할 방책을 의논하니, 어유소·허종·우공·김교 등이 말하기를,

"지금 정병을 뽑아서 고읍의 전탄에 이르러 먼저 적의 앞길을 막고, 나머지 병사로써 바로 단천으로 향하면 적이 반드시 남쪽길에 뜻을 둘 것인데, 고읍의 군사들이 북쪽에서 협격하면 앞뒤에서 적을 맞으므로, 적의 괴수를 사로잡을 수가 있을 것입니다." 하였고,

진북 장군 강순은 말하기를,
"적이 진지를 구축하여 우리를 맞이하고, 5진의 군사가 호응하여 모인다면 그 예봉을 감당할 수가 없을 것입니다. 부사 조석문은 유생이고, 도총사는 비록 현능하나 군대에 익숙하지 못하고, 나도 또한 용렬하여 능하게 일을 잘 처리하지 못하니, 대사를 그르칠까 두렵습니다. 우선 이곳에 주둔하고 진격할 수 없는 형세를 아뢰고, 다른 장수를 청합시다." 하니,

여러 장수가 말하기를,
"거산에서 크게 승리한 다음부터 적의 예봉이 이미 꺾였고, 어려운 일도 당하지 않았는데, 만약 다른 장수를 청한다면 늦어져 일을 제때에 할 수가 없으며, 또 적과 더불어 서로 버티면서 지연하고 토벌하지 않는다면, 적당이 더욱 많아져 결승하기를 기약하지 못할 것인데, 하물며 천기가 날로 추워지고 사졸이 짧은 여름옷을 입었으니, 더불어 오래 머물기가 어렵습니다. 진북 장군의 의논은 불가합니다." 하였다.

한참 있다가 사대장 정숭로가 가서 적의 형세를 탐지하고 와서 보고하기를, "적은 이미 그 군루와 병장을 불태우고 도망하였습니다." 하니, 군중에서 이를 듣고 기뻐하여 날뛰면서, 적은 족히 평정할 만한 것도 못된다고 하였다. 또 단천 갑사 신귀옥 등이 적중에서 와서 이르기를, "우리들이 처음에는 국가의 본의를 알지 못하고 이시애에게 유혹·협박당하였는데, 지금 듣건대, 관군이 변경에 도달하여 비로소 역순을 알고 복종합니다. 이시애가 거산의 싸움에서 패한 다음부터 단천에 이르러 하루를 묵으면서 관군을 막고자 하여 냇가에서 결진하였습니다. 그러나 북청·홍원의 군사들은 과반수가 도망하여 흩어졌고, 그 도망하지 않은 자는 이시애를 사로잡을 것을 꾀하니, 이시애가 이를 알고 진을 순찰한다고 핑계하고 길주로 도망하여 갔습니다. " 하였다.

이때에 관군이 단천에 들어가 주둔하니, 사방에 사람의 기척이 없었고, 다만 냇가에 방패를 쌓아서 불태운 것을 보니, 타다가 남은 불기운이 아직도 남아 있었을 뿐이었다. 또 성 밑에서 총통과 장전 2바리·통전 1상자를 얻었는데, 통전은 그 살촉을 다 빼버린 것이었다. 옥獄 중에 살해된 자가 4인 있었는데, 모두 손을 뒤로 묶어 쇠사슬이 씌워졌는데, 머리통이 박살이 나고, 또 한 사람을 말뚝으로 박아 놓았다. 머리 위가 모두 피였고, 핏자국이 얼굴에 엉겨 누군지 알아볼 수 없었으나, 얼굴을 씻기고 보니 곧 차운혁·정휴명·조규·박성장이었으며, 말뚝에 막힌 자는 차운혁이었다. 즉시 군수 염상항으로 하여금 관과 짚을 준비하여 장사지내게 하고, 또 종사관으로 하여금 글을 지어 제사지내게 하였다.

– 세조실록 13년 8월 8일 –

대군이 승세를 틈타서 쫓아 내달아 마천령과 마운령을 넘어서 길주의 영동역에 이르렀다. 적의 괴수가 처자를 데리고 수백 기병과 더불어 도망하여 명원참에 이르자, 적장 이주 등이 적의 괴수 이시애를 포박하여 와서 항복하므로, 진영 앞에서 목을 베고 머리를 함에 담아서 서울에 보내니, 임금께서 크게 기뻐하여 그 머리를 저자에 3일 동안 효수하였다.

8월 14일 난을 평정한 후 군민 위무책과 군사배치를 유시하다.

도총사 이준에게 유시하기를,

"그대는 나의 사랑하는 아들이다. 당초에 노여움으로 인하여 갑자기 원수의 직을 맡겼는데, 이제 그대가 이미 큰 공을 이루어 사방 만리에 환호의 소리가 차서 넘치니, 그대의 공렬은 고금에 드문 바이다. 이시애는 신경쓸 만한 것도 못된다. 이미 그 휘하에게 죽었거나, 혹은 단신으로 도망하여 숨었으리라 생각하니, 다시 그대 용맹을 수고롭게 할 것도 없다. 그러나 그 무리들이 반드시 국가에서 전의 죄를 용서하여 주지 않으리라고 깊이 두려워하여, 역심을 버리지 않고 귀순하여 오지 아니하고, 오히려 군중을 속이고 난을 선동하는 자가 있을 것이다. 그대는 모름지기 북방을 진정시켜 선악을 분변하되, 이시애 역당의 족친 가운데 법으로 마땅히 연좌해야 할 자는 다 죽이라. 그 위협당하여 적을 따른 자와 법으로 연좌되지 않는 자는 모두 사면하라. 군민으로 하여금 선하면 복이 되고, 악하면 화가 된다는 사실을 밝게 알게 하라. 그들이 안심하고 생업에 안정하여 편안히 옛날과 같이 살게 한 다음에 그대가 바야흐로 개선하여 공을 바쳐야만, 종묘사직과 내가 즐거이 술을 마실 것이다. 그대가 또한 홀로 북방을 진정할 수는 없으니, 여러 장수를 머물러 두되, 그대의 뜻에 합당한 자를 아무아무 곳에 나누어 둔을 치게 하고, 아무아무 주·군을 나누어 소속시키라. 나도 또한 교대할 군사를 보내어 그대가 선악을 가리는 일을 끝마치기를 기다리겠다. 나누어 둔을 치는 절목을 뒤에 기록하여 보이니, 그대가 짐작하여 배치하고 시행할지어다. 또 미약한 군사들은 사람을 차견하여 먼저 압송하라."

하고, 그 절목에 이르기를,

"허종은 5백 명의 군사를 거느리고 함흥에 주둔하되, 덕원·문천·고원·영흥·정평·안변 등의 고을을 소속시키고, 김교는 5백 명의 군사를 거느리고 북청에 주둔하되, 홍원·이성·갑산·삼수·단천 등의 고을을 소속시키고, 어유소는 1천 명의 군사를 거느리고 경성에 주둔하되, 길주·부령·회령 등의 고을을 소속시키고, 남이는 1천 명의 군사를 거느리고 종성에 주둔하되, 온성·경원·경흥 등의 고을을 소속시키게 하라." 하였다.

- 세조실록 13년 8월 14일 -

9월 역적을 토벌하고 돌아온 귀성군 이준을 오위도총부 도총관으로 겸직 임명하고 노비 30인을 특별히 내려주며, 아울러 무경, 행군수지, 병장설, 병요 등의 병서를 이준에게 내려주었다.

10월에 아내를 얻으니 그에게 면포 겹단령·면주 유철릭·면주 유과두·면주 단고 각각 2령, 면주 유탑호·면주 겹탑호·초록 면주 유방첩아·면포 겹방첩아 각각 1령 등을 내려주며 왕실 왕자의 예우로 대해주었다.

세조가 극진히 총애한 귀성군

1468년[28세] 세조 14년 2월 귀성군 이준이 행궁 남문 밖에 방을 붙여 이르기를, "오위 도총관 귀성군 이준 등은 친히 명을 받들어, 일체의 군민 중 미워하고 억울함이 있는 자는 모두 이 아래에서 억울한 일을 풀게 한다." 하니, 미워함을 호소하는 자가 날마다 수백을 헤아렸다. 그해 3월 세조는 중궁과 더불어 세자를 거느리고 임영대군 이구의 집에 거둥하여 술자리를 베풀고, 호조에 명하여 귀성군 이준에게 둘레 20리의 땔나무를 수확하는 산과 소금 50석을 내려 주게 하였다. 5월에는 세조가 서현정에 나아가 활을 쏘게 하고 술자리를 베푸는데, 남이가 술에 취하여 실언을 하자, 남이를 옥에 가두고 귀성군을 칭찬하였다.

서현정에 나아가, 이조참판 이숙기·공조판서 남이南怡·병조참의 김손·참지 유자광 등에게 활을 쏘게 하니, 남이는 활 잘 쏘는 김연근·신정보 등을 천거하고 유자광은 최강을 천거하므로, 불러서 쏘게 하였는데, 최강이 많이 맞추어서 활 1장을 내려 주었다. 또 말 1필을 내어서 상품으로 삼았는데, 이숙기가 많이 맞추니, 시상하였다.

남이는 일찍이 대장이라 자칭하며 한때 무사를 멸시하였는데, 이날은 여러 번 쏘아도 맞추지 못하므로 임금이 웃었다. 그 때에 세자와 상당군 한명회·좌찬성 김국광·승지 등이 입궐하여 술자리를 베푸는데, 남이가 취하여 나와서 말하기를, "성상께서 귀성군 이준을 지나치게 사랑하시니, 신은 그윽이 그르게 여깁니다." 하니,

임금이 말하기를, "귀성군은 가까운 친척이고 또 큰 공이 있으니, 귀성을 사랑하지 아니하고 누구를 사랑하겠느냐? 너의 말은 반드시 정실이 있으니, 누구와 함께 의논하였느냐?" 하였다.

남이가 대답하기를, "다른 사람과 의논하지 않았습니다." 하니, 임금이 김국광에게 명하여 끌어내다 의금부의 옥에 가두게 하였다. 임금이 제 장수를 불러 말하기를, "남이의 말이 옳으냐? 그르냐?" 하니, 이숙기가 대답하기를, "심히 옳지 못합니다." 하니, 임금이 말하기를, "너의 무리도 이와 같은 말을 발설하겠느냐?" 하니, 대답하기를, "신은 남이가 아닌데 어찌 남이의 망령된 말을 발설하겠습니까?" 하였다.

또 유자광을 불러 말하기를, "남이의 말이 옳으냐?" 하니, 유자광이 말하기를, "심히 옳지 못합니다." 하매, 임금이 또 승지 어세겸을 불러 말하기를, "남이의 말이 옳으냐?" 하니, 어세겸이 잘못 대답하므로, 임금이 말하기를, "내가 어세겸을 쓸 만한 사람이라고 하였더니, 승지가 된 이후부터는 그 옳음을 보지 못하였다." 하고, 좌우에게 이르기를, "내가 세종조의 승지를 겪어 보건대, 사람들이 모두 직분을 일컬었으니, 어찌 지금의 승정원과 같겠느냐?" 하였다. 잠깐 있다가 명하여, 세자와 귀성군 이준에게 술을 올리고 일어나 춤을 추게 하며, 아홉 기생으로 하여금 노래하게 하기를,

"누가 대장군인가? 귀성군이로다.
누가 천하를 평정하였는가? 귀성군이로다.
누가 천하의 인물인가? 귀성군이로다.
누가 소자인가? 귀성군이로다. 누가 큰 공훈인가? 귀성군이로다."
하고, 또 한명회로 하여금 술을 올리게 하고, 기생으로 하여금 노래하게 하기를,

"누가 원훈인가? 한명회로다.
누가 구훈인가? 한명회로다.
누가 신훈인가? 귀성군이로다."

하고, 또 영순군 이부로 하여금 일어나 춤을 추게 하고, 기생으로 하여금 노래하

게 하기를,

"누가 무훈(공훈이 없는)인가? 영순군이로다."

하고, 다시 부르게 하여, 한껏 즐기고는 파하였다.

– 세조실록 14년 5월 1일 –

28세에 영의정이 되다

1468년[28세] 세조 14년 7월 17일 28세 된 귀성군 이준에게 영의정을 제수하였다. 세조는 몸에 솟은 종기가 점점 깊어져 죽음이 가까워짐을 느끼자, 세자를 보호하고 왕실을 굳건히 할 수 있는 믿을 만한 인물을 생각한 끝에, 중신들과 아무런 상의없이 귀성군 이준을 파격적으로 영의정에 제수했다. 도총관으로 이시애의 난을 평정한 훈공외에는 아무런 의정 경력도 없고 나이도 어린 이준에게 수상직을 부여한 것은 누가보아도 무리한 수였지만 당시 세조의 인사정책에 충언을 하거나 비난을 할 대신들은 아무도 없었다. 살생으로 집권한 권력자 앞에서 벼슬을 하는 권신들의 태도는 예나 지금이나 같은 모양이다. 당시에는 그만큼 세조의 서슬이 무서웠던 것이다.

귀성군 이준을 영의정으로, 김질을 우의정으로, 조석문을 창녕군 겸 호조 판서 오위도총부 도총관으로, 강순을 산양군 겸 오위 도총관으로, 함우치를 겸 의금부 판사로, 정발을 정헌대부 중추부 동지사로, 남이를 겸 오위도총부 도총관으로, 허종을 겸 사복장으로 삼았다. 이준은 임영대군 이구의 아들인데, 사람됨이 침착 조용하고, 타고난 재능과 인품이 성숙하며, 또 활을 잘 쏘았다. 임금이 이를 그릇으로 여겨 항상 좌우에 두고, 영순군 이부와 더불어 아침 저녁으로 아뢰게 하였다. 임금이 매양 일컬어 말하기를,

"문文이 길고, 무武의 모범이 된다."

하였는데, 이시애가 난을 일으킴에 따라 명하여 이준을 대장으로 삼고 토벌하게 하였더니, 이준이 과연 공을 세웠다. 이로부터 대우함이 날로 높아졌으며 이에 특별히 영의정에 제수하였다.

임영대군 이구가 이를 듣고 대궐에 나아가 아뢰기를,

"이준은 어리석고 어리어 수상에 머무르는 것이 마땅치 않으니, 청컨대 성명을 거두어 주소서." 하였으나, 임금이 윤허하지 아니하고, 함께 술자리를 베풀었다.

- 세조실록 14년 7월 7일 -

7월 19일 귀성군 이준을 영의정으로 발령한 이틀 뒤 세조는 신숙주, 구치관, 한명회 등을 불러 세자에게 왕위를 전위할 것을 의논하였다. 이에 신숙주 등이 불가함을 간곡히 간언하여 중단하고, 세자에게 명하여 앞으로 정사는 신숙주 등과 의논하게 하고, 군국의 대사는 본인에게 아뢰게 하였는데, 그때 영순군 이부와 귀성군 이준도 참여하게 하였다. 영의정으로서 국가 중요 정책 결정에 참여하는 것은 당연한 일이었지만 국정을 신숙주 등과 상의하게 함으로써 영의정 이준에 대한 세조의 인식을 나타내는 조처였다.

친구 남이장군, 역모에 몰려 죽다

1468년 세조 14년 9월 8일 세조가 승하하자 서얼출신 유자광이 권력을 잡으려고 호시탐탐 기회를 엿보다가 남이장군이 역모를 꾸몄다고 모함을 하게 된다. 남이는 태종의 넷째 딸인 정선공주를 증조모로 둔 명문가의 출신으로 세조의 책사 권람의 사위였다. 남이는 17세의 나이로 무과에 장원급제를 하여 이준과 함께 이시애의 난을 토벌하고, 이어 건주위 여진족을 토벌하여 27세의 나이에 파격적으로 병조판서에 오른 인물이었는데 이준이 영의정으로서 남이의 역모사실을 국문하는 책임을 맡게 된다.

유자광의 고변 내용은 남이장군이 병조판서에서 물러난 후 하늘에 나타난 혜성을 보고 "혜성이 나타나는 것은 묵은 것이 멸하고, 새로운 것이 나타날 징조"라고 말했다며 역모의 증거로 남이가 이시애의 난을 진압하고 지었다는 '북정가北征歌'를 증거로 제시했다.

白頭山石磨刀盡 백두산석 마도진
豆滿江水飮馬無 두만강수 음마무
南兒二十未平國 남아이십 미평국
後世誰稱大丈夫 후세수칭 대장부

백두산의 돌은 모두 칼을 갈고, 두만강의 물은 모두 말을 먹여서
남아 이십에 나라를 평정하지 못하면, 후세에 누가 대장부라 하겠는가

10월 27일 역모에 관련된 강순·남이·조경치·변영수 등을 형틀에 묶어 심문을 하니, 모함을 벗어 날 수 없다고 판단한 남이는 묻는 대로 거짓자백을 하게 되고, 심문을 견디지 못한 우의정 강순은 스스로 허위자백을 하며 승복하게 된다. 실록에 기록된 심문과정을 살펴보면

무관으로 하여금 남이를 뜰에 끌어오게 하고, 도총관 홍응·도승지 권감에게 명하여 묻게 하니, 남이가 대답하기를,
"신이 어려서부터 활쏘는 것과 말타는 것을 업으로 삼아, 국경에 일이 생기면 먼저 공을 세워 국가를 돕는 것이 신의 뜻입니다. 신은 본래 충성스런 지사입니다."

하니, 임금이 말하기를. "네가 '충의지사'라고 일컬으면서 어찌하여 상복을 입기 전에 고기를 먹었느냐?"

하니, 대답하기를, "병이 들었기 때문에 먹었습니다."

하였다. 임금이 반역한 이유를 묻게 하니, 남이가 사실대로 대답하지 아니하므로, 이에 곤장을 때렸더니 남이가 큰 소리로 말하기를,

"원컨대 우선 천천히 하소서. 신의 꾀한 일을 말하자면 깁니다. 원컨대 한 잔 술을 주시고 또 묶은 끈을 늦추어 주면 하나하나 아뢰겠습니다."

하므로, 명하여 술을 내려 주고 묶은 끈을 늦추게 하니, 남이가 말하기를, "신이 과연 반역을 꾀하고자 하였습니다. 유자광과 더불어 이야기한 말이 모두 옳습니다."

하고, 우의정 강순을 돌아보며 말하기를, "저 이는 바로 신과 같은 당입니다. 지난해 9월에 세조께서 승하한 뒤에 마침 별자리의 변화(유성)가 있었고 강순이 밀성군과 더불어 도총부에 입직하였는데, 신이 가서 보았더니 곧 밀성군은 안으로 들어가고 강순이 신의 손을 잡고 말하기를, '바야흐로 이제 어린 임금이 왕위를 이었는데 유성이 이와 같으니 간신이 반드시 때를 타서 난을 일으킬 것이다.

만약 그렇게 되면 우리들은 세조의 은혜를 받아 장군이 되었으므로 반드시 먼저 화를 입을 것이니, 장차 어떻게 할 것인가?' 하기에, 신이 응답하기를, '약한 자가 먼저 손을 씀이 어떻겠는가?' 하니, 강순이 옳게 여겼습니다.
다른 날에 강순과 더불어 같은 날 숙직하였는데, 강순이 신의 숙직하는 곳에 이르러 더불어 고려사를 열람하다가 인하여 고려 현종 때 무신 강조가 목종을 시해하고 현종을 세운 것을 논하기를, '그때는 잘못이라고 하였으나 후세에서는 잘했다고 하니, 지금으로 보면 형세는 달라도 일은 같다.'고 하였습니다.

신이 말하기를, '계책이 이제 이미 정하여졌다. 장차 우리가 임금으로 삼을 이는 누구일까?' 하고, 인하여 영순군을 지목하자, 강순이 말하기를, '영순군과 귀성군은 한 몸뿐이고 그 후사가 아주 적다. 내가 일찍이 보성군과 더불어 국가의 일을 말하였는데 보성군이 탄식하지 아니함이 없었고, 그 아들 춘양군이 세 번 우리 집에 왔다가 갔으므로 이도 또한 마음에 없는 것이 아니니, 우리들의 계책으로는 이만한 것이 없다. 그 뒤에 우리들이 공을 이루고 물러가 쉬면 사람들 가운데 누가 옳지 못하다고 하겠는가?' 하였습니다.

다른 날에 강순이 다시 말하기를, '성상께서 일찍이 여러 재상을 만나고 산릉의 길흉을 물었는데, 내가 임금님 말의 간곡함을 들으니 참으로 명철한 임금이다. 어떤 간신이 있어 그 사이에 틈을 내겠는가? 우리 무리는 마땅히 마음을 달리하지 말고 힘써 도울 뿐이다.' 하였습니다.

또 이전에 성상께서 풍양에 거동하여 산릉 터를 보고 종친·재추들과 더불어 길흉을 논할 때에 강순이 신에게 눈짓하여 말하기를, '내가 일찍이 말하지 아니하던가? 너도 임금님의 말을 들었느냐?'라고 하였습니다." 하고, 또 말을 하려는 듯 하더니 유자광이 뒤에 있는 것을 보고 다시 말을 하지 아니하였다.

강순에게 물으니, 강순이 숨기므로, 곤장을 때렸더니 말하기를,

"신이 어려서부터 곤장을 맞지 아니하였는데, 어찌 참을 수 있겠습니까? 남이의 말과 같습니다."

하였다. 사실을 기록하도록 명하니, 강순이 붓을 당겨 즉시 이름을 쓰지 아니하고 남이를 돌아보며 꾸짖기를, "내가 어찌 너와 더불어 모의하였느냐?"

하니, 남이가 말하기를, "영감이 말하지 아니하였다고 하는가? 나와 같이 죽는 것이 옳다. 또 영감은 이미 정승이 되었고 나이도 늙었으니 죽어도 후회가 없을 것이나, 나 같은 것은 나이가 겨우 스물 여섯인데 진실로 애석하다."

하고, 한탄하기를, "영웅의 재주를 잘못 썼구나!" 하였다. 강순이 곧 순순히 죄상을 털어 놓았고, 또 당파를 물으니 강순이 없다고 말하였다. 장을 쳐 신문하기를 명하자 강순이 말하기를,

"신이 어찌 매질을 참을 수 있겠습니까? 만약 좌우의 신하를 다 들어서 당파라고 하여도 믿겠습니까?"

하므로, 남이에게 강순의 당파를 물으니, 대답하기를, "신도 알지 못합니다. 다만 강순이 일찍이 말하기를, '홍윤성은 기개가 활달하여 더불어 일을 의논할 만한 자라.' 하고는 말을 하려고 하다가 말하지 아니하였습니다. 강순이 또 말하기를, '본향 보령의 군사 가운데 당번으로 서울에 있는 자가 1백여 인인데, 만약 때에 임하여 말하면

반드시 따를 것이다.'라고 하였습니다." 하였다.

또 남이에게 난을 일으킬 계획을 물으니, 대답하기를. "창덕궁·수강궁 두 궁은 얕아서 겉으로 드러나 거사할 때에 바깥 사람이 알기가 쉽기 때문에 산릉에 나아갈 때에 사람을 시켜 두 궁을 불지르게 하고 성상이 경복궁으로 돌아오기를 기다려서, 12월 사이에 신이 강순과 더불어 일시에 숙직하기를 약속하여, 신은 숙직하는 겸사복을 거느리고, 강순은 숙직하는 군사를 거느리고 거사하려고 하였습니다."

하였다. 또 당파를 물으니, 남이가 민서·변영수·변자의·문효량·고복로·오치권·박자하·조경치 등을 하나하나 들어서 헤아리고, 모의에 참여시키려고 하다가 미처 말하지 못한 자가 20여 인이라고 하였다. 조경치를 잡아오도록 명하여 곤장 30여 대를 내려 신문하여도 불복하였다. 다시 남이에게 물으니, 남이가 말하기를.

"신이 만약 말을 하고 조경치가 '저 말이 옳다.'고 하면 믿을 것이 못되고, 조경치가 스스로 말하여 신의 말과 같은 뒤에야 믿을 수가 있습니다."

하므로, 다시 조경치를 매질하니, 그 말하는 바가 과연 남이의 말과 같았다. 남이가 말하기를.

"주상께서 밝으신데 신이 복이 적어서 이 지경에 이르렀습니다. 또 신과 강순은 모두 일등 공신이니, 원컨대 먼 지방에 유배하든지 아니면 죽음을 내리소서."

하니, 임금이 말하기를. "네가 이와 같을 것을 알지 못하고 모반하였느냐?"

하고, 곧 백관을 모으도록 명하여, 강순·남이·조경치·변영수·변자의·문효량·고복로·오치권·박자하를 저자에서 수레에 묶어 사형하고 7일 동안 머리를 걸어두게 하였다. 이날 보성군 이합과 아들 춘양군 이내를 잡아 와서 임금이 이합과 이내에게 물으니, 이합이 대답하기를.

"지난번 강순이 노비 문서의 일로 신의 집에 이르렀는데, 신이 술을 대접하였더니, 강순이 마시던 술잔을 소매에 넣고 가기에 신은 그가 술잔을 좋아해서라고 생각하였고, 또 백자 그릇을 그 집에 보냈으며, 모의한 바는 없습니다. 신은 일찍이 그 집에 가지 아니하였습니다."

하고, 이내는 말하기를, "신은 세조께서 승하하기 전에 한 번 찾아갔을 뿐입니다."

하니, 명하여 술을 먹이고 석방하였다.

임금이 교서로 명하기를, "내가 덕이 박함으로써 국가의 어려움을 만나 외롭고 걱정스럽게 상중에 있어 오직 임무를 다하지 못할까 두려워하였는데, 뜻밖에 간신이 내가 임금이 된 때를 틈타서 갑자기 흉한 꾀를 꾸며, 몰래 불평불만의 무리를 모아 사직을 위태롭게 하기를 도모하여 화기가 거의 일어나게 되었는데, 천지와 역대 왕조의 도우심을 힘입어 역모가 저절로 실패하여 모두 하늘의 처벌을 받았으니, 이에 난을 평정한 시초를 당하여 마땅히 죄를 용서하는 어짐을 베풀어야 할 것이다.

이달 27일 새벽 이전으로부터 모반 대역죄·모반과 자손으로서 조부모·부모를 때리거나 욕한 것과 처첩으로서 지아비를 죽이기를 꾀하거나 노비가 주인을 죽이기를 꾀한 것과 독약·저주, 고의로 살인을 꾀한 것과 단지 강도·절도 및 강상(삼강오륜)에 관계되는 일을 범한 것을 제외하고는, 이미 발각된 것이나 발각되지 아니한 것이나, 이미 결정된 것이나 결정되지 아니한 것이나 모두 용서하여 면제한다. 아아! 화란을 진압하여 종사를 튼튼히 하였으니 이미 비상한 경사가 있고, 관대한 은전을 펴서 허물을 씻으니 막대한 은혜를 내림이 마땅하다." 하였다.

– 예종실록 즉위년 10월 27일 –

10월 28일 남이의 역모를 밝힌 공신을 나누고 남이의 어미를 환열시켰다.

신숙주 등이 의논하여 아뢰기를, "1등은 수충 보사 병기 정난 익대 공신으로, 2등은 수충 보사 정난 익대 공신으로, 3등은 추충 정난 익대 공신으로 하소서." 하고 귀성군 이준을 2등 공신으로 삼았다.

또 아뢰기를, "남이의 어미는 국상을 당하여 상복 전에 고기를 먹었고 그 아들이 대역죄를 범하였으며, 또 천지간에 용납할 수 없는 죄가 있으니, 청컨대 극형에 처하소서."

하니, 명하여 저자에서 수레에 묶어 거열하게 하고, 3일 동안 머리를 매달게 하였으니, 남이가 같은 사형일을 피한 때문이다.

– 예종실록 즉위년 10월 28일 –

10월 30일 남이를 편든 조숙을 참형에 처하다.

조숙은 본래 남이가 건주지방을 공략할 때에 추천하여 종사관으로 삼았었는데, 조숙이 이로부터 항상 남이의 집에 왕래하였으므로 명하여 잡아다 물으니, 조숙이 불복하였다. 임금이 조숙에게 남이를 편든 정상을 물으니 조숙이 불복하였다. 형벌을 더하였으나 조숙이 다만 부르짖기를, '한 충신이 죽는다.'라고만 할 뿐이었다. 임금이 홍윤성에게 이르기를,

"남이의 당파는 씨도 남길 수 없다."

하니, 홍윤성이 대답하기를, "조숙은 유학자이면서 활을 잘 쏘는 자인데, 남이가 반란을 일으키면 이 무리가 반드시 도울 것이므로, 결단코 남길 수 없습니다."
하였다. 임금이 말하기를, "남이가 반역하자 공적 사적으로 연루되어 죽는 자가 많으니, 내가 매우 차마 할 수 없다." 하니,

홍윤성이 대답하기를, "종사의 대계를 위하여 아니할 수 없습니다." 하니,

이에 명하여 조숙을 의금부에 내려서 처형하게 하였다. 임금이 또 말하기를,

"사람을 형벌하는 것이 불쌍하기는 하나 종사의 계책을 위하여서는 엄하게 아니할 수 없으니, 참형된 사람의 부자는 모두 사형에 처하라." 하였다.

– 예종실록 즉위년 10월 30일–

남이의 역모죄를 심문한 공으로 이준은 익대공신 2등에 올랐고, 모함한 유자광은 1등공신에 올랐다.

세조가 죽자 귀성군 이준도 역모에 몰리다

　연륜과 자격과 요건을 갖춘 승진이 아니라 세조의 총애로 수상직까지 올랐던 이준은 세조가 승하하자마자 그의 출세를 아니꼽게 보았던 조정 원로대신들의 탄핵을 받아야 했다.

　1469년[29세] 예종 1년 8월 귀성군 이준의 수행인 전중생이 근거없는 뜬 소문을 발설하여 의금부에 갇혔다. 임금이 명하기를 "전중생이 이예 경에게, '너는 장차 신하가 되리라.' 하였다는데, 이 말은 누구를 위하여 하였느냐? 반드시 그 정상이 있을 것이다" 하고 신숙주·한명회·최항·이 극배에게 명하여 전중생을 국문하게 하였다.

　　신숙주가 의금부 한척을 시켜 아뢰기를, "전중생에게, '네가 이예경에게 너는 장차 신하가 될 것이라고 하였고, 어제 또 우연한 가문이 아니라고 하였는데, 이것이 어떠 한 말이냐?' 하고, 장 7대를 때리니, 전중생이 말하기를, '귀성군 이준이 조정에서 정 사를 맡고 있으므로 그렇게 말하였습니다.' 하고, 그 실정을 분명하게 말하지 않습니 다." 하였다.

　　임금이 말하기를, "죄를 정할 수는 있으나, 반드시 그 실정을 알아내야겠다." 며 승정 원에 명하기를, "세조께서 이준을 함길도 등의 일을 맡겨 특별히 어여삐 돌보셨다. 그 랬는데도 전중생의 말이 이와 같으니, 반드시 저희끼리 말한 자가 있을 것이다. 이준 의 집사 등을 승정원에 잡아다가 문초하라." 하였다.

　　또 명하며, "이준이 만약 범한 것이 있다면 세조께서 늘 어여삐 돌보셨다 하여 버려 두고 묻지 않을 수 있겠는가?" 하니,

　　좌의정 홍윤성과 승지 등이 아뢰기를,
　　"이준은 비록 지친이고 공도 있기는 하나, 만약 공무에 연루되었다면 마땅히 국문해 야 하며, 이준도 변명한 뒤에야 안심할 것이니, 청컨대 이준을 국문하소서." 하였다.

한참 지나 신숙주·한명회 등이 와서 아뢰기를, "이준이 비록 관여하지는 않았으나 수행인들이 폐해를 끼치는 것은 참으로 옳지 않으니, 청컨대 죄를 주소서." 하니,

임금이 말하기를, "내일 다시 아뢰라." 하였다.

신숙주와 승지 등에게 명하여 임영대군 이구의 종 김녹·전오마지, 팔계군 이정의 종 황내은·김석산·상좌, 수행인 박은·계손, 이준의 종 해수·말동 등에게 장을 때려 신문하게 하였으나, 실정을 다 말하지는 않았다.

이윽고 임금이 전교하기를,

"국문 받던 자를 다 놓아주라."

하니, 신숙주 등이 아뢰기를, "이 일은 가볍지 않으므로 급히 놓아 주어서는 안되니, 놓아 줄만한 자를 놓아주고 국문할 만한 자는 국문하소서." 하니, 그대로 따랐다.

임금의 친필로 전교하기를,

"내가 덕이 없으면서 바야흐로 상중에 있어, 백성을 사역시키는 것이 그치지 않고, 사람을 형벌하는 것이 끊이지 않는 것은 대개 부득이한 것이다. 전에 세조를 위하여, 악공에게 청옥으로 석가여래 및 십육나한 등의 형상을 만들라고 명하였었는데, 오늘 맞아들여서 보니 사리분신이 수없이 많다. 이러한 큰 경사를 당하여 의당 큰 은혜를 내려야 하겠다.
오늘 13일 새벽 이전에, 모반 대역, 모반, 자손으로서 조부모·부모를 모살하거나 구타하고 모욕한 것, 처첩으로서 지아비를 모살한 것, 노비로서 주인을 모살한 것, 독살·주술, 사람을 고의로 모살한 것, 단지 강도 및 강상에 관계되는 것을 제외한 유배 이하의 죄는 이미 발각되었거나 발각되지 않았거나 이미 결정되었거나 결정되지 않았거나, 모두 용서하여 면제한다. 감히 사면령 이전의 일을 가지고 서로 고하여 말하는 자는 그 죄로써 죄줄 것이다."

하고, 전교하기를, "마침 사면이 있으니, 이준·이정의 수행인·노복 등을 모두 놓아주라." 하였다.

원상 좌찬성 김국광 및 승지 등이 아뢰기를,

이 무리는 끝까지 따져 물어야 하고 급히 놓아 주어서는 안됩니다. 지금 강상에 관계되는 것은 사면하는 예에 들어 있지 않은데, 놓아 주는 것은 옳지 못합니다."

하니, 임금이 말하기를, "이 무리가 만약에 장을 견디지 못하여 거짓 승복하면, 이준을 어떻게 처리하겠는가? 그들을 모두 놓아주라." 하였다.

김국광 및 승지 등이 다시 아뢰기를, "이 무리는 놓아주어야 하겠으나, 이준은 문책하여야 합니다."

하니, 임금이 말하기를, "이준을 문책하는 것은 나에게 달려 있으니, 너희들은 말하지 말라." 하였다.

대사헌 오백창 등이 아뢰기를, "전중생은 이미 자백되었으나, 지시한 자는 죄주지 않았습니다. 전중생이 말한 것은 반드시 들은 것이 있어서 말하였을 것이고, 이준 또한 수행인이 세력을 믿고 방자하게 하여 부도한 말을 내기에 이르렀으니, 청컨대 죄주소서." 하니,

임금이 말하기를, "전자에 신숙주·한명회의 수행인 등이 폐해를 끼쳐서, 역적 이시애로 하여금 구실거리를 삼게 하였었다. 그 때에 세조께서 말씀하시기를, '경 등의 수행인들이 폐해를 끼쳐서 이런 욕을 듣는구나.' 하셨는데, 그 말씀이 아직도 귀에 들리는 듯하거니와, 이번에도 또한 수행인이 한 짓인데, 어찌 이준이 알았던 일이겠는가? 이제 경 등이 아뢰기를, '신민이 원망합니다.' 하였는데, 이른바 신민이란 누구인가?" 하고 윤허하지 않았다.

― 1469년(예종1년) 8월 11일 ―

1469년 11월 예종이 한해 남짓 왕위에 있다가 20세의 젊은 나이로 숨을 거두니, 왕위계승 문제가 대두되었다. 세조의 직계자손으로는 예종의 장자인 4세의 제안대군과 세조의 장자였던 의경세자(처, 인수대비)의 아들인 15세 월산군과 12세 자을산군이 있었는데, 적장자로 보아서는 제안대군이 적통이었지만, 세조의 왕위찬탈로 인해 적통의 순서가 파괴되어 있었고, 인수대비의 술책으로 인수대비의 아들 쪽으로 기울고 있었다. 왕

실의 어른인 대왕대비이자 세조비 정희왕후는 신숙주와 정인지 등과 의논 끝에 한명회의 사위인 자을산군을 왕으로 추대하니, 조선의 9대왕 성종이다.

세조의 죽음과 예종의 단명을 두고 세상의 민심은 단종의 비극에 대한 하늘의 처벌이라 말했고, 후계자에 대한 문제로 웅성거렸다. 이런 가운데 직산의 생원 김윤생이 최세호가 '귀성군이 왕위에 오를만하다'고 말했다며 승정원에 와서 고했다.

1470년 성종 1년 1월 직산 생원 김윤생이 최세호가 '귀성군이 왕위에 오를 만하다고 말하였다'고 편지를 써서 바치며 고하였다. 그 서신에 이르기를,

"신이 지난해 한겨울 서울로 와 성균관에 가서 글을 읽고 있었는데, 전 직장 최세호가 말하기를, '나와 너는 향리가 같으므로 서로 안 지가 오래되었는데, 나의 두 아우를 어찌 가르치지 않는가?' 하므로, 신이 답하기를, '내가 서울로 오게 되어 시행하지 못한 것이다.' 하니, 최세호가 귀에 입을 대고 은밀히 말하기를, '우리 가문은 멸시할 수가 없다. 우리 귀성군은 왕손이 아닌가? 숙부 길창군 권남이 나에게 말하기를, 「귀성군은 건장하고 지혜가 있으니 왕위를 주관할 만한 사람이다.」라고 했다. 지금 어린 임금을 세웠으니 나라의 복은 아닌데, 어찌 왕위의 결정을 잘못했을까? 만약 내가 권세를 마음대로 부린다면 이와 같지는 않았을 것이다. 그대는 이 말을 듣고는 침묵을 지켜야만 한다.'고 했습니다.

신은 이 말을 듣고서는 참고 견딜 수가 없으므로 달려와서 아뢰는 바이니, 전하께서는 조속히 도모하소서. 신이 불충한 말을 듣고서도 말하지 않는다면 죄가 그와 같게 될 것이므로 삼가 아룁니다." 고 하였다.

임금이 즉시 보경당으로 나가서 숙직한 원상 한명회·구치관과 승지 이극증 등을 불러서 들어오게 하여 최세호를 추국할 일을 의논하고는, 선전관 모양도정 이직을 보내어 무관 10명을 거느리고 가서 최세호를 잡아왔다.
한명회 등이 인정전 동무東廡 아래에 모여서 최세호를 추문하고는 김윤생과 대면하

여 꾸짖도록 하니, 최세호가 자복하지 아니했으나, 소문이 이미 그 이웃 최문강과 김윤생이 거느리는 사환 팔동에게 까지 퍼졌으므로, 즉시 최문강과 팔동을 잡아 와서 문초하게 하고, 이내 최세호 등을 동쪽·서쪽·남쪽과 내금위청과 도총부에 나누어 감금해 두었는데, 밤이 벌써 3경이나 되었다.

– 성종실록 1년 1월 2일 –

1470년[30세] 성종 1년 1월 13일 한계미 등이 권맹희가 최세호의 사건에 관련됨을 아뢰니, 권맹희를 국문하게 하다.

좌찬성 한계미·서평군 한계희·우승지 한계순이 함께 차비문 안에 나아가서, 한계미가 아뢰기를,

"지난 12월 초 5일에 신이 도총부에 있으니 권맹희가 신의 종 약로의 집에 도착하여 나를 맞이해 서로 보자고 하므로, 신이 마침 숙직을 마치고 가서 그를 보았는데, 강자평·조간·조지경도 또한 와서 신을 보았습니다.
선후는 신이 지금 잊어버렸습니다만, 권맹희가 말하기를, '국가의 상사가 겹쳐 일어나니 이와 같은 일이 있을 수 있겠는가?' 하고는, 이내 주상의 나이와 월산군의 나이를 물었으므로, 신이 대답하기를, '월산군은 지금 13세일 것이다. 그러나 나는 자세히 알 수 없다.'고 했습니다.

권맹희가 말하기를, '무엇 때문에 형을 버리고 아우를 세우는가?' 하므로, 신이 대답하기를, '대비의 생각이니 내가 어떻게 알 수 있겠는가? 다만 월산군은 어릴 때 중병이 있었는데 지금도 때때로 병이 발병하고 있다.
지금 임금은 아이 때부터 세조께서 이를 기특하게 여겨서 일찍이 일컫기를, 「이 아이는 어떤 사람이 될 것인가?」고 하셨으니, 생각건대, 이런 일로써 세우게 된 것일 것이다.'고 했습니다.
신은 또 말하기를, '이같은 때에 내가 이조 겸 판서가 되었으니 정사를 어떻게 하겠는가? 한 가지 일이라도 혹시 잘못되면 말할 수 없을 것이다. 주상보다 위의 나이인 하성군·영순군·덕원군과 같다면 무슨 근심이 있겠는가?'고 하니, 권맹희가 말하기를, '귀성군도 또한 물망이 있는 사람이다.'고 하였으며, 권맹희가 또 말하기를, '최세호는 평가가 중등에 있으니, 직무가 없는 벼슬이 될 수가 있겠는가?' 하므로, 신은 대답하기를, '알지 못하겠다.'고 했습니다.

권맹희는 말하기를, '최세호가 세조조에 있어서는 임영대군 부인의 친족으로서 특지로 관직에 임명된 사람이니 힘써 주기를 바란다.'고 하므로, 신은 대답하기를, '마땅히 고찰하여 처리하겠다.'고 했습니다." 하였다.

내관 안중경에게 명하여 한계미가 아뢴 것을 신숙주·한명회·구치관·홍윤성·윤자운에게 말하게 하기를,

"한계미의 아뢴 바가 이와 같으니, 권맹희를 국문하라."

하니 신숙주 등이 아뢰기를, "신 등이 추국한 지가 몇 날이 되었지마는 그 실정을 알아내지 못했는데, 지금 그 말하는 바가 이와 같으니, 실정을 알아내기가 무엇이 어렵겠습니까?"

하였다. 또 아뢰기를, "신 등이 지금 아뢸 일이 있으니 친히 아뢰도록 해 주소서."

하니 대왕대비가 임금과 함께 보경당으로 나가서 신숙주·한명회·구치관·홍윤성·윤자운·한계미·한계희 및 도승지 이극증 등을 불러보니, 신숙주가 아뢰기를,

"이준이 세조조에서도 나인과 서로 통했으므로, 죄를 용서할 수 없었는데도, 세조께서 특별히 총애하여 감싸 주어서 오늘날에 이르게 되었습니다. 지금 또 간사한 소인의 무리들은 이준이 일찍이 군사를 거느린 공로가 있으므로 세조께서 사랑해 대우했다는 이유를 가리켜 말하면서 차마 아뢰지 못하고 있으니, 이준이 비록 작은 공로가 있지마는 돌볼 것이 되겠습니까?
원컨대 선왕 때의 죄를 다스려서 폐하여 서인으로 삼아 외방에 유배시키소서. 이것이 사실은 보전시키는 것입니다."

하니, 대왕대비가 말하기를, "여러 소인들이 스스로 나쁜 말을 만들었을 뿐이다. 이준이 어떻게 궁녀가 서로 통한 일을 알 수가 있겠는가? 세조께서 이미 사실이 아니라고 논했으니 지금 소급해 논죄할 수는 없다. 그러나 마땅히 다시 이를 생각해 보겠다." 하였다.

신숙주가 또 아뢰기를, "지금 주상께서 어리시므로, 대비 전하께서 정무를 친히 결단하시나, 궁중에 깊숙이 거처하시면서 내관을 시켜 명령을 전할 수는 없습니다. 청

컨대 주상과 함께 정사를 들어 결정하소서. 수렴청정은 예로부터 있었으니, 또 이와 같이 한다면 주상의 견문도 날로 넓어지고 판단도 또한 익숙해질 것입니다."

하니 대비가 말하기를, "나는 문자를 알지 못하니, 정사를 판단하기가 또한 어렵겠다." 하였다.

신숙주가 아뢰기를, "승지가 문자를 해석하여 아뢴다면 판단하기에 어려움이 없을 것입니다." 하였다.
대비가 말하기를, "그렇다면 내가 마땅히 친히 판단하겠다." 하였다.

신숙주 등이 물러가서 다시 이준의 죄를 처벌하기를 청하여 두번 세번에 이르렀다. 홍윤성이 또 세종조의 임영대군 이구의 불법한 일을 아뢰고는 또 이준이 궁인을 몰래 간통한 죄를 청했으나, 모두 들어주지 아니했다.

의금부에서 아뢰기를, "권맹희가 귀성군이 물망이 있다는 말을 이미 승복했으니, 형벌로써 그 사유를 신문하고, 김윤생이 고발한 난언도 아울러 신문하소서. 강자평은 권맹희의 귀성군이 물망이 있다는 말을 듣고도 아뢰지 아니했으니, 또한 사유를 신문하소서."

하니 명하기를, "좋다." 하였다.

의금부에서 권맹희를 장을 때려 신문하여 29회까지 이르니, 그제야 승복하기를, "내 생각으로는, 귀성군은 나라에 군주 일을 담당할 만한 까닭으로 이와같이 말했던 것이며, 김윤생이 고발한 말도 또한 내가 말한 것입니다." 하였다. 최세호에게 신문하니, 최세호가 승복하기를,

"권맹희가 대모大母의 집에 있으면서 나에게 말하기를, '귀성군은 현명하여 나라를 보존할 만하다.'고 하므로, 내가 이 말을 듣고는 김윤생을 보고 이를 말했던 것입니다." 하였다. 또 강자평을 장을 때려 신문하니, 강자평은 승복하지 않고 말하기를, "다른 사정은 없습니다." 하였다.

– 성종실록 1년 1월 13일 –

권맹희와 최세호 등의 생각은 나이 어린 임금을 세우는 것 보다 영의

정을 지낸 힘있는 귀성군을 세우는 것이 국력에 도움이 된다는 뜻이었으니 지난날 수양대군의 행적과 일치하는 것이었다. 이들은 자기 뜻대로 생각하여 세조의 동서가 되는 좌찬성 한계미를 찾아가 귀성군 이준이 왕으로서 어떻겠는가를 말한 것으로 이는 이준의 생각과는 관계가 없이 이준이 모역의 중심인물이 되고 말았다.

이로인해 영문도 모른 채 귀성군 이준은 1470년 1월 경상도 영해로 유배를 가야 했다.

문무 2품 이상의 관원에게 명하여 대궐 뜰에 모여서 각기 시정의 폐단을 진술하도록 하니, 여러 재상들이 모두 모였다. 하동군 정인지 등이 아뢰기를,

"귀성군 이준은 선왕조에 죄를 얻고 지금 또 여러 소인들의 지적하여 말하는 바가 되었으니, 마땅히 서울에 있을 수는 없습니다. 청컨대 외방에 두게 하소서."

하였다. 대왕 대비가 숭문당에 나가서 의정부에 명하여 일찍이 정승을 지낸 사람, 육조의 판서 이상의 관원과 밀성군 이침·영순군 이부·하성군 정현조와 승지 등을 입실하도록 하였다. 대비가 말하기를,

"귀성은 세조께서 돌보아 사랑한 사람인데, 지금 밖에 쫓는다면 아마 세조의 뜻에 어긋날 듯하다."

하니 신숙주가 아뢰기를, "이준이 세조조에 있으면서 큰 죄를 범했는데도, 세조께서 임영대군을 우애하여 차마 법에 처하지 못했던 것인데, 만약 오늘날에 있었다면 세조도 또한 용서할 수가 없었을 것이니, 법으로써 빨리 결단하소서."

하였다. 대비가 말하기를, "내가 마지못해서 힘써 따르게 되니, 경 등은 잘 처리하라."

하니 신숙주가 아뢰기를, "신들이 마땅히 밖에 나가서 의논하여 아뢰겠습니다."

하였다. 드디어 물러가서 함께 의논하여 서면으로 아뢰기를, "이준은 공신의 명부에서 이름을 삭제하고 직첩을 회수하고, 경상도의 영해에 안치하고, 가산을 적몰 시키소서."

하니 전교하기를, "마땅히 그로 하여금 안심하고 떠나도록 할 것이고, 가산까지 적몰할 수는 없다."

하고, 이어서 '적몰 가산'이란 4자는 지워버렸다. 또 전교하기를, "먹거리를 갖추어 주는 일과 방호하는 절목을 곡진히 의논하여 아뢰라."
하니 신숙주 등이 또 서면으로 아뢰기를, "의금부의 낭청 2인과 부장 1인이 나장 2인과 군사 20인을 거느리고 압행 호송하여 안치하는 곳에 도착하고, 관청에서 양식과 먹거리를 주도록 하소서." 하니 전교하기를, "좋다." 하였다.

– 성종실록 1년 1월 14일 –

1470년[30세] 1월 14일 원상과 대신들에 의해 이준 일행을 유배를 보내게 했지만 세조가 그토록 아끼던 귀성군이라 유배지에서 일반 형벌자와는 달리 보살피도록 물목을 정하여 지시하였다. 그 물목의 내용에는

"이준을 독촉하여 급박하게 서울을 나가게 해서는 안되니, 천천히 행장을 차리도록 하고, 해가 저물면 압송하도록 하라." 또 내시 안중경에게 명하여 술을 가지고 가서 그 집에서 접대하도록 하고, 내시 장부에게 명하여 먹거리와 약재를 가지고 가서 보호해 가도록 하였다.

경상도 관찰사 윤자에게 교서를 내리기를, "동봉한 목록을 자세히 보고 시행하라." 하였다.

1. 이준이 처첩과 노비 5인을 거느리고 가는데, 처첩에게는 세 끼의 쌀을 주고, 노비에게는 두 끼의 쌀을 주도록 하되, 술과 반찬을 아울러 주도록 하라.
1. 먹거리는 관찰사가 매월마다 한 번씩 적당히 갖추어 주도록 하라.
1. 거처할 집은 주위에 담을 쌓고 대나무로 사슴뿔 같은 담장까지 설치하여 출입을 방지하라.
1. 관리 2인과 군사 10인을 정하여 날마다 윤번으로 지키도록 하라.
1. 거처지의 고을 수령은 3일에 한 번씩 상면하고 감찰하되 그와 더불어 말은 하지 말아라." 하였다.

– 성종실록 1년 1월 14일 –

이준의 죄목은 역모죄였다. 그러나 이들을 추궁하는 과정에서 이준이 직접적으로 관여한 증거는 나타나지 않았다. 이미 귀양가 있는 이준에 대한 처벌을 추가하기 위해 역모죄와 상관없는 이전의 간통죄를 들추어 내어 죄를 엮고 형량을 높이고자 했다. 560년 전 조선시대의 정치사범을 처리하는 방식이나 오늘날의 정치사범을 처리하는 방식이 너무나 유사하다. 과학기술은 미래를 향해 달려가지만 사람을 다루는 인문학은 과거의 방식을 오히려 원전으로 삼아 답습하고 있는 것이다.

1470년 1월 헌납 장계이가 이준의 간통죄와 한계미가 난언을 고하지 않은 죄를 들추어 다시 탄핵을 시작한다.

사간원 헌납 장계이가 와서 아뢰기를,
"지금 충훈부에서 청한 이준의 죄상을 보건대, 다만 근일뿐만 아니라 선왕조에 있어서 궁인을 몰래 간통했으니, 죄가 매우 큰 편입니다. 다만 외방에 안치하는 것으로는 여러 사람의 마음에 상쾌하지 못하니, 법에 의거하여 죄를 결정하소서. 한계미는 권맹희의 난언을 듣고서도 즉시 아뢰지 않았으며, 일이 발각된 후에도 또한 빨리 아뢰지 않았으니, 일이 만약 발각되지 않았더라면 반드시 끝내 아뢰지 않았을 것입니다. 그 죄가 또한 크니 이를 국문하소서."

하니 명하기를,
"이준의 근일의 일은 간사한 사람에게 있는 것이지 이준이 아는 바가 아니다. 그 궁인을 몰래 간통한 일은, 대신 등이 굳이 처벌하기를 청하므로 이미 유배하도록 했는데, 어찌 다시 논죄하겠는가? 한계미는 권맹희의 말을 듣고는 그 후에 병을 앓아 휴직 중이었으므로, 권맹희의 난언한 일이 발각된 것을 알지 못했는데, 그 아우 한계순을 보고 난 후에 그제야 알고서 곧 와서 아뢰었던 것이다. 비록 자신이 큰 죄를 범했더라도 자수해 고하는 사람은 논죄하지 않으니, 내 생각에는 한계미는 처벌할 수 없다고 여겨진다." 하였다.

– 성종실록 1년 1월 17일 –

1월 28일 의금부에서 권맹희·최세호의 난언에 관련된 사람들의 죄율을 아뢰다.

의금부에서 아뢰기를,
"권맹희가 귀성군 이준이 군국을 감당할 만하다 하면서 한계미와 더불어 물망이 있다고 말한 것과 최세호와 더불어 귀성군이 나이 장년이고 또 현명하니 왕위를 가질 만하다고 말한 죄와, 최세호가 권맹희의 난언을 듣고서 김윤생에게 말하고, 또 말하기를, '우리 가문을 멸시할 수가 없다.'고 한 죄는 형률에는 모반 대역에 해당합니다. 다만 공모한 사람은 수범(주동자)과 종범(추종자)을 구분하지 않고 모두 능지처사시키고, 아들의 나이 15세 이하된 사람과 형제·자매는 공신의 집에 주어서 종으로 삼게 하고, 재산은 모두 관청에 몰수해 들이게 하고, 백부·숙부와 형제의 아들은 호적이 같고 다름을 제한하지 않고서 모두 3천 리 밖에 유배하여 안치하도록 하고, 강자평이 권맹희의 난언을 듣고도 아뢰지 않은 죄는, 형률에 알면서도 고발하지 않은 것에 해당하니 장 1백 대를 때려 5천 리 밖에 유배시키도록 하고,

안초가 권맹희의 집에 가서, 권맹희가 귀성군에게 청탁하는 편지글을 쓰고 있을 때에 내용을 지휘한 죄와 이개보가 권맹희의 청탁을 듣고서 이조의 낭청인 이측과 박숙달로 하여금 권맹희의 일을 보고 서신을 통한 죄는, 형률에 권위있는 자리를 감독하여 남을 위해 촉탁한 것에 비하게 되므로 장 1백 대를 때리게 하고, 박숙달이 이개보의 부름을 듣고서 권맹희의 집에 도착하여 청탁을 응낙한 죄는, 형률에 관리가 이르는 대로 따름으로 이미 시행한 것에 해당되므로 장 1백 대를 때리게 하고,

이효선이 의금부에서 권맹희를 잡아갈 일을 금음동에게 말해 준 죄와, 금음동이 이효선의 말을 듣고서 권맹희에게 전한 죄는, 형률에 반역을 거두어 잡으려는 기밀 대사를 듣고서 알아 문득 누설시킨 사람은 참형에 처하는데, 이내 먼저 전한 사람은 주범이 되고 전해 이른 사람은 종범이 되는 데에 해당하므로, 1등을 감형시키게 하소서. 위의 안초와 박숙달의 일은 지난 11월 28일의 사면 전에 있었습니다."

하니 그대로 따라서 안초와 박숙달은 관직을 파면시키고, 이효선은 1등을 감형하도록 하였다.
의금부에서 이내 아뢰기를,
"권맹희는 이미 이준의 첩 만국과 관련된 족척이므로 서로 교통하고 있었으며, 최세

호도 또한 이준과 권맹희에게 모두 아주 친근한 사이가 됩니다. 이 때문에 서로가 교결하여, 권맹희는 준이 몰래 배반하려는 마음을 품고 있는 것을 당연히 알고서 이런 말이 있었으니, 이준도 아울러 논단하도록 하소서." 했으나, 들어주지 아니했다.

사관이 논평하기를, "권맹희는 좌익공신 권개의 아들인데, 사람됨이 가볍게 드러나고 거짓말하여 언어로 남에게 대항하였으며, 겉으로는 영리하고 슬기로운 듯하면서도 속에는 든 것이 없었다. 세조가 발탁하여 승정원에 두니 교만하고 방자하여, 조정에서는 곁눈질을 하였다. 도승지를 경유하여 함경도 관찰사로 임명되었는데, 어느 사람이 서간으로 보고를 하니, 권맹희는 크게 원망하여 즉시 그 서간을 앉은 자리에서 찢어버렸었다. 이 때에 이르러 처형하게 되어 마침내 그 가문을 멸망시켰다." 하였다.

– 성종실록 1년 1월 28일 –

3월 의금부에서 최세호의 난언을 고하지 않은 자들의 처치에 대해 아뢰다.

의금부에서 아뢰기를, "군자감의 종 천동과 서리 채종례는 최세호가 홍효손과 더불어 난언하는 것을 듣고도 홍효손의 가르치고 꾀는 것을 따라서 고발하지 아니하였으니, 죄가 율에 장 1백 대에, 유배 3천 리에 해당하고, 종 서오을미는 홍효손이 가르치고 꾀는 것을 듣고 최세호가 군부대에 온 일과 채종례·천동이 들은 말을 아울러 숨겼으니, 죄가 율에 장 1백 대에, 중노동 3년에 해당합니다." 하니 그대로 따르고, 명하여 천동도 또한 중노동 3년에 처하게 하였다.

– 성종실록 1년 3월 19일 –

졸기없는 이준의 죽음

1479년[39세] 성종 10년 1월 28일 귀성군 이준은 세조의 총애를 받아 영의정에 오른 죄로 본인의 의지와 관계없이 역모의 한 가운데 들어서고 말았다. 1470년 최세호가 귀성군이 왕의 재목이라고 한 것을, 28세에 영의정이 된 귀성군을 고깝게 본 대신들이 나이 어린 성종을 몰아내고 왕이 되려한다고 역모로 엮었다. 이어 귀성군을 죽여 불씨를 없애야 한다는 주장을 거세게 하였으나 세조비 정희왕후가 한사코 반대하여 죽이지는 못하게 하였다. 1월 14일에 최세호와 권맹희는 죽임을 당하고, 이준은 결국 모든 관작을 몰수당하고 경상도 영해로 귀양갔으나, 왕족의 후손으로 가산을 적몰당하지는 않았고 나라에서 곡식을 지급하였다. 그로부터 9년 후 1479년 1월 28일에 39세를 일기로 사망하였다.

분에 넘치는 과한 직위는 목숨만 단축시켰을 뿐 그 어느 누구하나 영의정을 지낸 이준을 기억해주거나 애처롭게 여기는 사람도 없이 쓸쓸히 객지 타향에서 목숨을 거둔 것이다.

역사가 흘러 숙종조에 신원이 회복되었지만 귀성군 이준의 짧고 굵은 삶에 대해 부러워하는 사람도 없다.

단, 그와 동년배이면서 함께 이시애의 난의 평정하고 억울하게 목숨을 빼앗긴 남이 장군에 대해서는 그의 백발산 기개세를 노래하며 후대에 까지 이름이 널리 전해지고 있다.

이준의 죽음 소식을 전해 들은 성종은 비로소 그의 죽음을 안타깝게 여겨, 백미 10석 종이 40권을 내려 장례를 정중하게 치르도록 살펴 주었다. 먼 훗날 1687년 숙종 13년 영의정 김수항의 주장으로 이준의 관작은 회복되고 충무공으로 시호가 내려졌다.

이준은 15세 때 김씨부인을 정비로 맞아들였는데, 슬하가 없어 이시애의 난 때 싸움터에서 얻은 경성 도호부사 김근의 딸을 첩실로 받아들였다. 그러자 질투심이 강한 부인 김씨가 씨를 얻고자 어느 날 외간 남자와 내통을 하고, 내친 김에 그 사내로 하여금 첩실 수란도 겁탈하게 했다. 때마침 퇴궐하던 이준에게 들키니, 이준은 단칼에 사내를 베어버리고 김씨 부인은 내쫓아 버렸다. 같은 날 첩실 수란도 목을 매 목숨을 끊고 말았으니 후사는 당대로 끝나고 말았다.

[승진과정]

1458년[18세] 세조 4년 12월 귀성정龜城正
1459년[19세] 세조 5년 4월 귀성윤龜城尹
1460년[20세] 세조 6년 3월 귀성군龜城君
1464년[24세] 세조 10년 12월 세조가 노비 2구를 하사하다.
      병환을 돌보는 데 공로가 있었기 때문이다.
1466년[26세] 세조 12년 등준시 무과 장원 급제
      이준에게 고성의 온정 행궁을 수축하게 하여
      일의 절차를 계획하고 달성하는 방법을 익히게 하였다.
1467년[27세] 세조 13년 1월 겸 오위도총관, 이시애의 난 평정
      병조판서
1468년[28세] 세조 14년 7월 17일 영의정, 9월 8일 세조 승하,
      예종 즉위, 10월 적개 보사 정난 익대공신 영의정 귀성군,
      12월 20일 영의정 면직
1469년[29세] 예종 1년 1월 21일 임영대군 이구가 죽다.
      5월 익대 공신에게 교서를 내리고, 술을 내려 주었다.
      11월 예종승하, 성종즉위
1470년[30세] 성종 1년 1월 13일 최세호의 사건에 관련되다.
      직산 생원 김윤생이 직장 최세호가 귀성군이 왕위에 오를만
      하다고 말했다며 승정원에 와서 고한다.

1470년[30세] 성종 1년 1월 경상도 영해로 유배되다.
1479년[39세] 성종 10년 1월 28일 영해에서 죽다.
1687년[사후] 숙종 13년 6월 신원 회복, 영의정 김수항의 주장으로
      관작이 회복되고 충무공으로 시호가 내려졌다

예종 시대

31. 박원형朴元亨

곧고 정직하며 청렴했던 충신

생몰년도 1411년(태종 11)~1469년(예종) [59세]
영의정 재직기간 (1468.12.20~1469.1.22) (총 1개월)

본관	죽산竹山
자	지구之衢
호	만절당晩節堂
공훈	좌익공신, 익대공신
배향	예종 묘정에 배향
묘소	경기도 용인시 백암면 옥산리
기타	세조가 믿었던 곧고 정직하며 청렴했던 충직한 신하

증조부	박문보朴文珤	
조부	박영충朴永忠	– 동지 중추원사
부	박고朴翺	– 병조참의
모	이한의 딸	
처	우승원의 딸	
장남	박안명朴安命	– 행자시 부정
2 남	박안성朴安性	– 영중추부사, 정안군
장녀	주부 최옥윤에게 출가	
2 녀	훈련원 정 윤효손에게 출가	
3 녀	주부 권은영에게 출가	
4 녀	봉사 조승정에게 출가	

영의정이 된 근원- 좌익·익대공신

　박원형의 자는 지구之衢이고 호는 만절당晩節堂으로 본관은 죽산이다. 고조부 박원은 고려 예문관 대제학을 지냈고, 증조부 박문보는 고려조 상호군을 지냈으며, 조부 박영충은 조선조 원종공신으로 좌참찬을 지냈고, 아버지 박고는 병조참의를 지낸 대대로 벼슬가 집안 출신이다.

　박원형은 일찍이 어머니를 여의고 계모 슬하에서 자라며 계모를 생모와 같이 섬겼다. 아우 박원정이 병에 걸리자 친히 약을 먼저 맛보고 주는 등 마음을 다 쏟았는데도 죽자 동생의 자식들을 자신의 자식으로 거두어들였다. 효성과 우애의 마음이 지성에서 우러나왔으므로 사람들이 이의를 제기한 자가 없었다. 승지로부터 형조판서에 이르기까지 6년간 옥사를 다스리면서 법정신을 지켰음에도 가혹한 심문을 한 바가 없었다. 물 흐르듯 판결을 내렸지만 확고한 증거로 신중을 다하였고 숨어 있는 간계를 신과 같이 적발하였으나 측은한 마음으로 대하였으며, 사형수를 재심하는 데 있어서는 살리기에 힘써 불쌍히 여기며 이겨도 기뻐하지 않았다. 세조가 일찍이 박원형에게 말하기를, "공이 형조에 있은 뒤로부터 거의 형벌을 사용하지 않을 정도가 되었으므로 경을 고요[11])처럼 의지한다."고 하였다.

　어떤 재상이 도둑을 방지하는 계책에 대해 건의하기를, "강도는 3심 제도를 없애고, 절도는 때를 기다리지 말고 처단해야 합니다."라고 하였다. 세조가 이에 대해 박원형에게 물으니, 답하기를, "세 번 심의하는 법은

---

11) 순임금 때 법관으로 형벌을 제정하고 감옥을 만든 자

살릴 길을 찾아보는 것이고, 때를 기다려 처단하는 법은 하늘의 도에 순종하는 까닭입니다. 당나라 때에는 다섯 번 심의하는 제도를 두었으니, 이는 신중에 신중을 기하고 긍휼하게 여기는 제왕의 인仁입니다. 그리고 옛 법을 경솔하게 개정할 수 없습니다."라고 하였다.

세조가 또 밀고하는 법에 대해 박원형에게 물으니, 답하기를, "근세의 인심이 야박해져 윗사람을 속이고 사사로운 일을 합니다. 익명의 밀고를 받아들인다면 공신과 친척이 무고를 많이 당할 것입니다."라고 하니, 세조가 모두 가상히 받아들였다. 박원형의 마음 씀이 이처럼 어짐과 용서였다.

박원형은 맑고 곧은 선비였다. 예도가 밝아 세조도 그를 함부로 대하지 못하였으니 대쪽 같은 선비로 여겨진다. 거만하기만 하던 중국 사신들도 박원형 앞에서는 그의 예법과 행동을 보고 모두 고개 숙인 기록이 곳곳에 보인다. 이러한 그의 당당하면서도 예의바른 행동으로 중국 사신이 올 때마다 접대 책임자로서 책무를 맡았고, 그럴 때마다 한 품계씩 승진되었다.

옳은 일에는 고개를 꺾을 줄 몰랐던 박원형은 자신의 출세를 위해 처세를 달리한 적이 없었다. 조선에 오는 중국 사신들은 그들이 떠날 때마다 그들을 접대했던 접반사들을 한 계급 특진시키도록 요구하는 것이 관례가 되었다. 따라서 많은 대신들이 서로 접반사가 되기를 희망했고, 접반사 직을 이용해 출세길의 수단으로 삼던 대신들도 많았다. 그런데 박원형은 스스로 접반사가 되기를 원했다기보다는 중국 사신들의 필요에 의해 박원형을 찾았다. 박원형은 1개월간 영의정 직에 있었지만 그의 업무 능력과 청렴결백함은 예종의 묘정에 배향될 정도로 높이 평가되었다.

박원형은 성품이 엄중하고 도량이 커서 평소에 말을 빨리 하거나 안색이 변하지 않았으며 온화하고 수월하여 사람마다 친할 수 있었다. 그러다가 큰일에 임하거나 큰 의문점을 처리할 때 이르러서는 의연히 정도를 견지하여 위엄에 굽히지 않고 이재에 동요하지 않아 우뚝 선 바위처럼 범할 수 없는 기가 있었다. 매양 주상의 앞에서 신하들이 논의할 적에 제각기 자신의 소견을 고집하여 시비가 벌떼처럼 일어날 때마다 박원형이 천천히 말 한마디로 결정을 내리면 인정에 맞고 이치에 부합하여 사람들이 반대할 수 없었다. 호걸을 보면 좋아하는 활달한 세조도 관을 쓰지 않으면 공을 보지 않았고 심지어 급암[12]에게 비유하였으니, 박원형의 사람됨을 상상할 수 있다.

만년에 오래도록 예조를 겸임하여 이웃 나라와 사귀고 큰 나라를 섬기는 데 각기 그 예절을 다하였다. 국상이 났을 때 다급한 일이 많았으나 박원형은 여유롭게 처리하였다. 또 외교를 잘하여 다섯 번의 원접사가 되었으나 사람에게 실언하거나 얼굴빛이 바뀐 적이 없었다. 사신들이 모두 존경하였고 비록 교만하여 법도가 없는 대국의 환관들도 자존심을 꺾고 공순하여 감히 실례를 범하지 않았다. 명나라 사신 진감 같은 분은 박원형의 아름다운 글과 예도를 좋아하여 서로 시를 읊조리며 옛날 친구처럼 즐기었다. 이로 말미암아 박원형의 몸은 해외에 있었으나 명성이 중원을 진동하여 우리나라 사신들이 연경에 갈 때마다 벼슬아치들이 반드시 '박 재상은 잘 계시느냐?'하고 물어보았다.

박원형이 공신으로서 재상이 된 지 거의 20년이 되었으나 옛날의 저택을 바꾸지 않았고 비단옷을 입은 첩이나 곡식을 먹는 말이 없었는가 하면 항상 자손들에게 검소하라고 경계하였기 때문에 당시의 법가가 되었다.

---

12) 한나라 무제 때 직간하던 신하

상급자마다 박원형을 찾다

1441년[31세] 세종 23년에 병조좌랑을 지내고 1442년에 승훈랑으로 승진하였다가 임기가 차서 교체되게 되었다. 그때 나라에서 장성을 수축한 후 백성을 이주시켜 국경 요새를 채우느라 병조의 사무가 한창 바빴던 터라 병조판서 정연이 '박원형이 아니면 사무를 다스릴 수 없다.'고 하여 특별히 유임시켰다. 박원형이 들어가 알현하고 나서 일을 논의하면 병조판서가 태도를 바꾸어 큰손님을 접대하듯 하였고 물러 나올 적에는 마중하며 보냈는데, 병조판서 정연이 일찍이 사람들에게 말하기를, "우리 같은 사람은 마땅히 그에게 첫 자리를 내주어야 한다."고 하였다.

한번은 임금을 수행하여 이천에 갔다가 돌아올 때 행궁을 돌아보니 연기가 하늘에 자욱하므로 주상이 매우 놀라 박원형을 보내어 조사해 보라고 하였는데, 박원형이 돌아와 아뢰기를, "농부가 밭에 불을 놓다가 모르는 사이에 번져 타버렸습니다."라고 하니, 주상이 침실로 불러들여 말하기를, "내 생각에는 백성들이 내가 자주 행차하는 것이 싫어서 불을 지른 줄로 여겼는데, 지금 그대의 말을 듣고 나니, 정말 마음이 위로되었다. 그대의 명철함이 아니었다면 어떻게 진상을 알 수 있겠는가?"라고 하였다.

1443년[33세] 세종 25년에 주상이 의정부와 사복시 제조에게 '마정(말 관리)을 맡을 만한 사람을 추천하라'고 명하니, 모두들 박원형을 말하므로 특별히 승의랑으로 승진시켜 사복시 판관에 임명하였다. 이 해에 연경에 간 사신이 급히 보고하기를, "우리나라 나주사람이 표류하다가 명나라 소주에 이르렀는데, 황제가 본토로 되돌려 보내라고 명하였습니다."라고 하니, 주상이 박원형에게 명하여 나주에 가서 관리가 보고하지 않은 죄를 국문하라고 하였다.

박원형이 도착하여 진상을 조사하였으나 알아내지 못하여 다시 표류한 사람을 살펴보니, 그 이름이 제주 사람과 비슷하였다.

박원형이 곧바로 아뢰기를, "이는 필시 제주 사람인데 처음에 사실대로 고하지 않은 것입니다. 지금 경차관 정광원이 제주로 부임할 것이니, 그로 하여금 조사하도록 하소서."라고 하니, 주상이 허락하였다. 박원형이 또 생각해 보니, 전라도 사람이 먼 길을 떠날 적에는 반드시 나주 금성당에다 원장(발원문)을 바치므로 사람을 시켜 원장을 모두 가져오라고 하여 살펴보았다. 그런데 어떤 원장에 표류한 사람의 성명이 기록되어 있었고 그 사람은 원래 제주 사람이었으므로 사람들이 박원형을 신명하다고 일컬었다. 그 뒤 얼마 안 되어 경차관 정광원이 조사하여 아뢴 장계에도 또한 그 사람이었다. 표류한 사람이 도착하자, 주상이 묻기를, "네가 처음에 왜 나주사람이라고 고하였는가?"라고 하니, 대답하기를, "들은 바에 의하면 제주는 본래 중국의 땅이라고 하니, 만약 사실대로 고하면 또 다른 논란이 생길까 염려하였기 때문입니다."라고 하자, 주상이 박원형을 불러 놓고 기뻐하며 말하기를, "그대의 말이 증명되었다."고 하였다. 이사검이 하삼도[13]의 목장을 순찰하러 나갈 때 박원형을 추천하여 종사관으로 삼았다.

1445년[35세] 세종 27년에 이조정랑으로 전직되었는데, 주상이 말 관리를 중히 여겨 다시 사복시 판관으로 임명하고 특별히 봉훈랑으로 승진시켰다. 이때 박중림이 송중손과 같이 한 명의 어린아이를 놓고 송사를 벌였는데, 양가의 여종이 모두 자기의 자식이라고 말하였으므로 사건이

---

13) 충청도·경상도·전라도

모호하여 해결하려 보낸 조정의 관원이 모두 판결을 내리지 못하니, 주상이 박원형에게 명하여 국문하도록 하였다. 박원형이 말하기를, "아비를 분간하지 못할 수는 있지만 어찌 어미를 분간하지 못할 리가 있겠는가?" 하고 곧바로 박중림의 농장으로 가서 진상을 밝혀내니, 이를 들은 사람들이 모두 통쾌히 여겼다.

문종이 세자로 있을 적에 달밤을 틈타 여러 아우 및 내시들과 같이 경회루의 연못에서 고기를 낚으면서 사람을 시켜 사복관을 불러오라고 하였다. 때마침 박원형이 숙직하다가 들어가 알현하니, 문종이 좌우를 돌아보면서 말하기를, "나는 겸직관이 숙직한 줄로 알았다. 그 사람 같으면 같이 놀이를 할 수 없다."고 하니, 주변의 사람들이 말하기를, "밤에 우연히 놀이하는 것인데, 꺼릴 것이 뭐 있겠습니까?"라고 하자, 문종이 말하기를, "이 사람은 주상께서도 경건히 대우하였다." 하고 곧바로 내시를 보내어 '사령이 잘못 불렀다.'고 답하도록 하였다.

1451년[41세] 문종이 즉위하여 특별히 조산대부로 승진시켜 사복시 윤으로 임명하였다. 주상이 박원종을 중히 여겨 이름을 부른 적이 없었다. 1453년에 중직 대부로 승진하여 수판 사복시사가 되었다. 이해 10월에 세조가 계유정난한 뒤 박원형을 우부승지로 삼고 재상에게 말하기를, "박 아무개는 공적인 일이 아니면 사적으로 찾아간 적이 없고 항상 정도를 행하여 물망이 돌아갔다."고 하였다. 그 뒤 누차 전직되어 좌승지에 이르도록 모두 지형조사(소송 판결사)를 겸임하였는데, 당시에 죄수를 심의해 아뢴 바가 명확하고 합당하다고 일컬었다.

1465년[55세] 세조 11년에 지성균관사가 되었고 1466년에 의금부 판사를 겸임하였는데, 두 번 모두 찬성을 겸임하였다. 어느 날 주상이 묻기를, "지금 학자들의 취향이 어떠한가?"라고 하니, 박원형이 대답하기를, "주상께서 자주 유생들을 불러 경전을 강론하시니, 이는 지금까지 드문 일입니다. 그러나 더러 구류九流[14]의 서적도 아울러 강론하시므로 학자들이 다른 길에 유혹된 바가 많습니다."라고 하자, 주상이 한참 묵묵히 있다가 말하기를, "이는 나의 잘못이다."라고 하였다. 주상이 또 노사신을 불러 그에 대해 물어보니, 대답하기를, "박원형의 말이 옳습니다. 유생 중에 불경까지 읽는 사람도 있습니다."라고 하였다.

주상이 일찍이 취기가 돌았을 때 박원형에게 말하기를, "나는 부처를 좋아하는 임금인가?"라고 하니, 박원형이 대답하기를, "그렇습니다." 하였다. 주상이 말하기를, "양 무제와 비교해 볼 때 어떠한가?"라고 하니, 박원형이 감히 대답을 하지 못하자 주상이 굳이 대답하라고 요구하였으므로 주위의 사람들이 모두 박원형을 위태롭게 여기었다. 박원형이 천천히 대답하기를, "전하께서는 필시 면麪으로 희생(제수)을 삼는 데는 이르지 않을 것입니다."라고 하니, 주상이 웃었다.

중국 사신이 인정한 박원형의 예의범절

1456년[46세] 세조 2년 3월에 도승지 박원형이 아뢰기를, "해마다 재상 중 고령이 된 사람들이 3월 3일과 9월 9일에 모여 연회를 열고 이를 기영회라고 하는데, 관례에 따라 술과 풍악을 하사한 지 그 유래가 오래 되었습니다. 늙은 신하들의 여생이 얼마 안 남았으므로 위로하는 연회를 폐지할 수 없습니다."라고 하니, 주상이 그 말에 감동하여 사복시에 명하

---

14) 유가, 도가, 음양가, 법가, 명가, 묵가, 종횡가, 잡가, 농가

여 새를 많이 잡아 하사하도록 하고, 박원형에게 명하여 술을 가지고 가서 후하게 위로하도록 하자, 연회에 온 자들이 모두 감읍하였다. 이때부터 기영회에 도승지를 보내게 되었다.

그때 명나라 사신 윤봉, 김흥이 자국으로 돌아가기에 앞서 주상이 태평관에서 그들에게 전별의 연회를 베풀면서 어린 환관을 바친다는 주문서의 초안을 보이니, 김흥이 다 보고 나서 말하기를, "황제의 선포와 유시하는 말까지 썼으니, 공손함을 보이는 의리가 없습니다."라고 하였다. 박원형이 대답하기를, "음식 같은 종류는 황제의 유시에 따른 것이라고 쓰지 않아도 가하지만 사람에 있어서는 황제의 선포와 유시가 없으면 임의로 바칠 수 없는 것이기 때문입니다."라고 하니, 김흥이 두 손을 모아 말하기를, "매우 좋은 말입니다." 하였고, 주상도 가상히 여기었다. 이때 도둑이 박원형의 집에 들어 집안 살림이 거의 다 없어졌다. 주상이 딱하게 여기며 말하기를, "집안이 본래 청빈하였는데, 또 다시 이렇게 되었구나." 하고 궁궐 창고의 비단을 많이 하사하고 아울러 집 한 채를 하사하였다.

1457년[47세] 2월에 자헌대부로 승진하여 호조판서가 되었다. 이해에 명나라 황제 영종이 등극하여 칙서를 가지고 사신 예겸 및 진감이 오니 박원형을 원접사로 삼고 명하기를, "사신이 올 날이 아직도 여유가 있으니, 변방의 봉화대 및 철산의 목장 등의 변천과정에 대한 편리 여부를 살피고 아울러 수령들의 득실에 대해 이해를 물어보고 아뢰도록 하라."고 하였다.

명나라 사신이 의주에 도착하여 '교외까지 나와 영접하지 않았다.'고 박원형을 책망하니, 박원형이 통역사로 하여금 답하기를, "원접사가 교외까지 나가 영접하지 않은 것은 우리나라의 오랜 관례입니다."라고 하였다.

사신의 노여움이 풀리지 않다가 박원형이 한성에 들어와 알현할 때 주선하는 바가 법도에 맞고 풍채가 사람을 움직이는 것을 보고 자신도 모르게 자리에서 내려와 말하기를, "내가 후회하였습니다. 박 재상 같은 분은 중국에서 찾아보아도 많이 없습니다."라고 하였다. 그 이튿날 태평관에서 연회를 베풀 적에 박원형이 그날이 선친의 기일이었기 때문에 고기를 먹지 않았다. 사신이 이를 물어보고 알고서 말하기를, "중국 사람은 부모의 기일에 매운 채소를 먹지 않지만 고기를 먹지 않는다는 말은 들어보지 못하였습니다."라고 하니, 박원형이 곧바로 말하기를 "군자는 종신토록 지켜야 할 상喪이 있으니, 기일을 말한 것입니다. 어떻게 고기를 먹을 수 있겠습니까?"라고 하자, 중국 사신이 탄복하였다.

이때부터 그들이 더욱더 박원형을 공경하여 무슨 일을 할 때마다 반드시 말하기를, "박 재상이 들어보고 마음에 불가하게 생각하지 않을는지 모르겠다."고 하였다. 그들이 돌아갈 때 박원형이 국경까지 나가 전송하였는데, 사신 진감이 박원형의 손을 잡고 눈물을 뿌리며 말하기를, "위로는 전하의 후덕에 감사하고 다음으로는 공의 기상에 감동하였습니다. 어찌 눈물이 나지 않겠습니까?" 하고 다시 술을 부어 주며 말하기를, "고인은 천리의 먼 거리에서도 정신이 교감된 자가 있었는데, 하물며 여러 달 동안이나 서로 만난 처지이겠습니까? 서로 잊지 않았으면 합니다."라고 하였다.

1459년[49세]에 명나라에서 우리나라가 야인에게 관작을 주었다는 이유로 급사중·진가유를 파견하여 힐책하였다. 주상의 생각에 그들과 대화를 하면서 한번 실언할 경우에는 명나라와 마찰이 벌어져 사체가 매우 중하다고 여겨 다시 박원형을 원접사로 삼았다.

7월에 박원형이 주문사 겸 사은사로 연경에 갔는데, 예부 낭중 손무가 조정에서 박원형을 보고 말하기를, "한림 진감이 공을 보고자 하니, 예부로 가서 기다리시오."라고 하였다. 진감이 찾아와 박원형을 인도하여 객사청으로 들어가 차를 대접하며 극진히 위로하였다. 학사 예겸 및 진감, 고윤이 누차 사람을 보내어 문안하였고 돌아올 무렵에 그들이 모두 찬미하는 시를 지어 족자에다 써서 송별의 선물로 주었다.

1460년[50세] 세조 6년에 명나라에서 또 야인에 관한 일로 장녕, 무충을 파견하였을 때 박원형이 또 원접사가 되었고 숭정대부로 승진하였다. 1464년에 명나라 사신 태복 김식과 사인 장성이 왔을 때 박원형이 또 접반사가 되었다. 김식은 전서체로 만절당晚節堂을 써서 주고 장성은 만절당기를 지어 주었는데, 박원형이 이를 자신의 호로 삼았다.

1468년[58세] 세조 14년 3월에 좌의정에 임명되었다. 4월에 명나라 황제가 강옥, 김보 등을 사신으로 보내 왔는데, 주상이 태평관에서 그들에게 연회를 베풀어 주고 나서 탈의실로 나갔다. 박원형도 그때 접반사로서 들어가 일을 아뢰려고 하던 차에 주상이 관대冠帶를 갖추지 않은 것을 보고 머뭇거리며 나아가지 않자, 주상이 바라보고 갑자기 좌우의 사람을 명하여 관대를 가져오라고 하면서 말하기를, "이 사람은 나의 급암[15]이다." 하였다.

박원형에게 말하기를, "내가 경의 지위를 감안하지 않고 접반사로 삼았는데, 경의 뜻에는 어떠한가?"라고 하니, 박원형이 대답하기를, "신이 비록 보잘 것이 없으나 삼공의 자리에 있습니다. 명나라에서 의정(삼공)으로 접반사를 삼았다는 말을 들으면 전하의 사대事大하는 정성을 더욱더 믿을 것입니다."라고 하자, 주상이 말하기를, "사람들은 개정하려고 하였으나 내가 굳이 듣지 않았던 것은 바로 이 의도였다."고 하였다.

---

15) 한나라 무제 때 직간하던 신하

9월 7일에 주상의 병환이 위독해지자 박원형에게 명하기를, "내가 오늘 세자에게 왕위를 전하고 싶으니, 속히 나라 사람들에게 알리어 모두 이 뜻을 알게끔 하라."고 하니, 박원형이 물러나 지휘하고 준비하여 잠깐 사이에 큰 예식을 거행하였다. 그 이튿날 주상이 승하하자, 박원형이 대신들과 같이 상제를 의논하여 정하였는데, 비록 스스로 예에 통달하였다고 한 자들도 감히 이의를 제기하지 못하였다.

경복궁의 명당설과 쇠잔설 3

세종은 겉으로는 풍수를 믿지 않는다고 공표하였지만 내적으로는 길지와 흉지에 대한 믿음은 버리지 않았다. 세종 후기 최양선이란 술사가 나타나 경복궁 터에 대한 불길한 이야기를 하니 세종은 조정의 대신들을 시켜 수차례 현장을 탐방하게 하고 경복궁의 터에 대한 명당설과 흉지설에 대한 토론을 벌였지만 명확한 결론을 내리지 못하고 다수의 뜻에 따라 덮어두었다.

진산 부원군 하륜이 일찍이 "이 땅이 무악의 명당이 되어 가히 도읍을 세울 만하다."고 하였는데, 세종 3년(1421년)에 태종이 무악터에 이궁離宮을 지어 연희궁이라 하였다.

그리고도 경복궁 터에 대한 꺼림측한 생각은 늘 마음에 있었던 것 같다. 태종의 책사 하륜이 태조에게 말했던 내용과 세종조 풍수술사 최양선이 말한 내용에 일치하는 부분이 있었기 때문이다.

하륜이 경복궁 터에 대해 말하기를

"태조가 처음에 경복궁을 지을 때 하륜이 상서하여 정지시키고 말하기를, '산이 갇히고 물이 마르니 왕이 사로잡히고 족속이 멸할 것이므로 형세가 좋지 않습니다.' 라고 하였고

술사 최양선이 경복궁 터에 대해 말하기를

"지금 경복궁 명당은 물이 없어서 왕이 사로잡히고 제후가 멸망할 땅이라는 것이 역사책에 분명히 실려 있고, 또 복술(점술가)하는 자의 말에, '거년은 나라 운수가 순하게 돌지 못하여 한 해를 넘기기 어렵다."고 하여

하륜과 최양선의 말이 일치하고 있었고 또 최양선은

'경복궁의 북쪽 산이 주산이 아니라, 목멱산에 올라서 바라보면 향교동의 연한 줄기, 지금 승문원의 자리가 실로 주산이 되는데, 도읍을 정할 때에 어째서 거기다가 궁궐을 짓지 아니하고 북악산 아래에다 하였을까요.' 하며 '승문원 터를 나라의 명당이라 하고, 경복궁은 명당이 아니니 불가불 궁궐을 새로 지어야 한다' 고 주장하였다.

세종은 이를 두고 "내가 풍수설에 의혹하지 아니하고 그대로 경복궁을 수리하여 잠시도 피해 갈 마음이 없으니, 어찌 지리설에 고혹했다 할 것인가." 하였으나

대언들에게는 말하기를, "저번에 지리서를 보려고 하였으나 그다지 내키는 마음이 있지 않았고, 또 경들의 말을 듣기만 하고 말았다. 그러나 지리의 설은 비록 다 믿을 수는 없지만 또한 다 없앨 수도 없는 것인데, 천문은 높고 멀어서 알기는 어려우나, 그러나 널리 벌여 있는 것이 분명하다." 하였다.

또 대신들의 행동에 대해 말하기를

"요새 조정에 들어와서는 귀신 제사를 금하자고 말하고 집에 물러가서는 귀신 제사에 빠진 자가 매우 많으니, 임금 위하기와 자기 위하기의 방도가 스스로 모순이 된다."고 하였다.

세종 19년 7월 17일 경복궁에 대한 명당에 관한 의논이 문관들과 실무파로 나뉘어 의견이 분분하니, 임금이 친히 보고 가부를 결정하리라 하고 직접 북한산에까지 올랐으나 결정을 내리지 못했다. 이러저러한 설들을 듣고는 세종이 경복궁의 비책을 강구하여 논의하여 정리하여 발표하였다.

"근자에 글을 올려 지리를 배척하는 사람이 더러 있으나, 우리 선왕조께서 지리로서 수도를 여기다 정하셨으니 그 자손으로서 지리를 쓰지 않을 수 없다. 정인지는 유학자인데, 역시 지리를 쓰지 않는 것은 매우 근거 없는 일이라고 말하였고, 나도 생각하기를 지리의 말을 쓰지 않으려면 몰라도, 부득이하여 쓰게 된다면 마땅히 지리의 학설을 따라야 할 것인데, 지리하는 자의 말에, '지금 경복궁 명당에 물이 없다.'고 하니, 내가 궁성의 동서편과 내사복시의 북쪽 등처에 못을 파고 도랑을 내어서 영제교의 흐르는 물을 끌고자 하는데 어떻겠는가."

"경복궁의 오른 팔은 대체로 모두 산세가 낮고 미약하여 널리 헤벌어지게 트이어 품에 안는 판국이 없으므로, 남대문 밖에다 못을 파고 문안에다가 지천사를 둔 것은 그 때문이었다. 나는 남대문이 이렇게 낮고 평평한 것은 필시 당초에 땅을 파서 평평하게 한 것이었으리라고 생각된다. 이제 높이 쌓아 올려서 그 산맥과 이어지게 하고 그 위에다 문을 설치하는 것이 어떻겠는가. 또 청파역에서 부터 남산에까지 잇닿은 산맥의 여러 산봉우리들과 흥천사 북쪽 봉우리 등 처에 소나무를 심어 가꿔서 무성하게 우거지도록 하는 것이 어떻겠는가."

"궁성 북쪽 주산의 내맥이 행인의 통로가 됨이 마땅치 못하므로, 담을 쌓

아 막고자 하는데 어떻겠는가." 하니,

모두가 "좋습니다." 하였다.

또 북문을 만들고 평상시에는 모름지기 닫아 잠그고 사람을 시켜 문밖에서
수직하게 하소서." 하니, 그대로 따랐다.

경복궁에 대한 풍수 논의가 잠시 잠잠해질 무렵 술사 최양선이 다시
상소를 올려 태종 능이 있는 헌릉 서쪽에 큰길이 있어 흉하다는 상소를
올렸다.

> 술사 최양선이 상소하기를, "헌릉(태종릉) 서쪽 산너머 주산의 내려온 맥이 나지막하
> 고 가느다란데, 또 큰길이 있어서 인마가 통행하므로 능실陵室에 크게 해가 됩니다.
> 이 길을 막아서 주산의 맥이 되게 하는 것이 마땅합니다." 하였다.
>
> — 세종실록 19년 10월 19일 —

임금은 이에 대해 하륜에게 옛글을 상고하여 아뢰게 하였다.

세종 20년 10월 1일 헌릉에 제사 지낸 후, 황희·하연·황자후·민의생·
김돈 등에게 수릉16)자리를 정하게 하였다.

이 이후에도 경복궁과 헌릉에 대해 끊임없는 논란과 상소가 이어졌고,
그때마다 세종은 대신들을 불러 의논하였다.

세종 23년 6월 9일 최양선의 상서로 경복궁을 옮기자는 데 대해 민의
생·정인지 등이 논의하게 하였다.

---

16) 살아있는 동안 묻힐 장소를 정하는 산릉

최양선이 경복궁은 바른 명당이 아니라고 하여 궁궐을 가회방의 제생원 땅으로 옮기자 하고 상소하여 말하니, 풍수학 제조 예조 판서 민의생·지중추원사 정인지 등이 의논하게 했다.

세종 24년 5월 25일 수양대군 이유 등에게 헌릉의 수리 보수할 곳과 수릉의 땅을 살피게 하였다.

수양대군 이유·안평대군 이용과, 신개·하연·이정녕·이천·김종서·정인지·이사검·조서강·강석덕·유순도 등에게 명하여 술사 고중안 등 10인을 거느리고 헌릉에 나아가서 그 수리 보수할 곳을 살피고, 겸해 수릉의 땅도 살펴보게 하였다.

세종 24년 7월 25일 세자궁에서 자꾸 좋지 않은 일이 생기니 세자궁을 자선당 밖에 따로 지어 세자를 살게 하였다.

임금이 승정원에게 이르기를,
"궁중에서 모두 말하기를, '세자가 거처하는 궁에서 살아서 이별한 빈嬪이 둘이고, 사별한 빈嬪이 하나이니, 매우 상서롭지 못하다. 마땅히 헐어 버려 다시 거기에 거처하지 말게 하자.'고 한다.

"사람들이 말하기를, '경복궁은 불길한 땅이라.' 하므로 창덕궁으로 옮겼더니, 시종들이 또한 편하지 못하므로 부득이 도로 옮겼다. 이같이 한 것이 한 번이 아니었으나, 그러나, 고금에 사람의 자식된 자로서 누가 부모의 궁실을 전해 살지 아니하겠는가. 하물며 동궁은 다른 곳에 비할 것이 아니니 진실로 헐어 버릴 수 없고, 세자가 또 궁성 밖에 거처할 수도 없는 것이다. 다만 궁궐이 얕고 드러나서 거처하기에 마땅치 아니하므로, 자선당 밖에다 따로 한 궁을 지어서 살게 하려고 하니, 경 등이 숙의하여 아뢰라."하였다.

세종 25년 1월 22일 수양대군 이유, 안평대군 이용, 우의정 신개, 성원

군 이정녕, 예조 판서 김종서, 지중추원사 정인지, 도승지 조서강, 우부
승지 강석덕, 첨지중추원사 유순도에게 명하여 가서 수릉 산맥을 찾게
하다. 1월 24일 풍수설을 가지고 본문을 참고하여 의논을 정할 것을 명
하였다.

　　예조 참의 박연과 직집현전 남수문과 응교 정창손에게 명하여 최양선이 말
　　한 풍수설을 가지고 본문을 참고하여 의논을 결정해서 아뢰라." 하였다.

　세종조에 풍수에 대한 논란의 중심에는 풍수사 최양선이 있었다. 대신
들은 조정에서 풍수를 논할 때는 단호히 미신은 믿을 것이 못된다고 칭
하면서도 각자가 가정사에 일이 생기면 풍수사부터 찾는 이중적인 태도
를 취했다. 왕궁과 왕릉 일에 시시콜콜 문제를 삼아 상소를 올리던 최양
선은 조정 대신들에게는 눈의 가시와 같은 존재였다. 그러나 세종은 최
양선의 주장을 사사로운 이기심에서 주장하는 소리로 듣지 않았고 국가
에 대한 충정으로 그의 의견을 감싸 주었다. 그러던 것이 세종이 묻힐 수
릉의 혈자리를 잘못 잡은 죄로 결국 갇히게 되었다. 세종 25년 1월 30일
수릉의 혈 자리를 잘못 고른 서운 부정 최양선을 의금부에 가두었다.

　　서운 부정 최양선을 의금부에 가두었으니, 이는 수릉의 주장되는 혈이 본
　　디 임방壬方으로 앉은 자리인데, 최양선이 도리어 감방坎方으로 앉은 자리라
　　하여 망령된 말로 이기기를 탐하고, 또 제조 이정녕과 정인지를 대하여 분
　　을 내어 모욕을 했기 때문에 가둔 것이다.

　세종 25년 2월 2일 의정부와 예조에서 최양선을 벌할 것을 청하였으나
임금이 거절하였다.

　　의정부와 예조에서 아뢰기를,

"전일에 대군 및 의정부의 풍수학 제조가 함께 수릉을 살필 때에, 서운 부정 최양선이 수릉의 혈 자리가 임방壬方 자리인 것을 감방坎方 자리라 하고, 또 허망하게 이르기를, '곤방 물이 새 입처럼 갈라졌다.' 하여, 그 해로움을 논하기를, '손이 끊어지고 맏아들을 잃는다.'絶嗣損長子고 하여, 『풍수서』에도 없는 터무니없는 말로써 제가 옳다고 억지 우겨대고, 또 그 언사가 불순하고 무례하기에, 신 등이 감히 사실 내용을 갖추어서 청하였사온데, 다만 의금부에 가두라고만 명하시고 국문할 것을 허락하지 않으시오니, 신 등이 가만히 생각하옵건대, 여러 지리책들을 상고해 보아도 그 해롭다는 것을 보지 못하겠습니다. 그러므로 이는 마땅히 법관으로 하여금 최양선의 말한 바를 가지고 여러 지리책을 대조하여 그 옳고 그름을 분변하여서, 과연 허황하여 근거가 없으면 그 허황하게 말한 죄를 바로잡고, 역사책에 기록하여서 후세의 의혹을 끊어 버려야 할 것이옵니다. 만일 이제 죄주지 아니하시면, 신 등이 깊이 두려워하옵기는 옳고 그름이 정해지지 않아서 여러 사람의 의심이 명백해지기 어렵삽고, 이같은 무리가 마침내 조심하는 바가 없이 제멋대로 서로 제 나름의 지혜를 저마다 쓸 것이오니, 옳고 그름을 따져 밝힌 연후에 죄주고 말고를 성상께서 재량하여 시행하도록 하시옵소서."

하니, 임금이 말하기를,

"최양선의 광망한 것은 나도 알기 때문에 이미 최양선으로 하여금 다시는 큰 일에 참여하지 못하게 하였다. 그러나 최양선이 어찌 딴 마음이 있었겠느냐. 그 견해가 그러하기 때문에 힘써 말했을 뿐이니 죄줄 수는 없다.

만일에 지리를 깊이 아는 사람이 있어서 공정하게 본다면 말의 옳고 그름을 쉽게 가릴 것인데, 이제 지리를 깊이 아는 사람이 없으면서 모두 최양선의 말은 그르게 여기고 다른 이들의 말은 옳다고만 하니, 이정녕·정인지가 과연 무슨 소견이 있으며, 경 등은 또 무슨 소견이 있는가. 가령 여러 책을 참고해 보아서 최양선의 말한 것이 그르다면 최양선이 마땅히 잘못 본 죄를 받아야 할 것이지만, 만일 최양선의 말한 것이 옳다면 경 등이 또한 이정녕·정인지를 죄주자고 청할 것인가. 나는 경 등이 그렇게 하지는 않을 줄 안다.

최양선이 진실로 이름을 낚고자 한다면 제조에게 아양을 부려서 눈치를 따르고 비위를 맞추기에 혹시나 어김이 있을까 두려워할 것이지, 어찌 즐겨 나라 일 때문에 감히 제조와 더불어 맞서서 다툴 것인가.

세종 25년 2월 3일 의정부와 예조에서 최양선을 벌할 것을 다시 청하다.

임금이 말하기를,
"아뢴 바를 잘 알겠노라. 소인이 누구라 이름을 내고 싶어하는 간사한 계교가 없으리요마는, 그러나 정상情狀이 드러나지 않은 것을 어찌 차마 그 속마음을 넘겨짚어 가지고 죄를 줄 것인가. 말을 시키어 놓고서 또 따라서 죄를 주면 위에 누가 감히 말할 사람이 있겠는가. 최양선은 광망하니 내 장차 큰 일에 쓰지 않겠노라." 하였다.

세종 25년 윤 7월 8일 승정원에 전지하여 최양선이 음양설을 가지고 상언하지 못하도록 하다.

승정원에 전지하기를, "이후로는 최양선이 혹시나 음양 지리의 설을 가지고 상소하여 망령되게 화되니 복되니 하는 말을 진술하거나, 혹은 국가의 논의에 참견하여 간섭하는 일이 있으면 죄를 주어 용서하지 않을 것이니, 이 뜻을 최양선에게 전교하라." 고 하였다. 최양선은 경솔하고 조급하여 예절이 없으며, 벼슬에 오르기를 희망하는 사람으로서 여러 번 풍수의 설을 가지고 망령되게 국가의 길흉화복을 말하는 것을 임금이 매양 너그럽게 용서하였으나, 이 때에 이르러 또 상소하여 망령되게 화복지설을 진술하였는데, 그 말이 다 허망하여 일상의 도에 어그러지는 것이므로, 임금이 곧 승정원에 명령하여 그 글을 불사르게 하고 드디어 이러한 하교가 있었다.

세종 25년 9월 26일 세자가 헌릉의 별제를 대행하고 수릉자리를 살펴보았다. 10월 3일에는 좌승지 강석덕에게 10월 4일에는 안평 대군 이용과 임영대군 이구에게 명하여 헌릉에 나아갔다가 수릉 터를 살펴보게 하였다.

세종 25년 12월 21일 풍수설에 반대하는 집현전 교리 어효첨의 상소가 있었다.

> 임금이 상소문을 보시고, 승정원에 이르기를, "어효첨의 논설이 정직하다. 내 그 글을 보고 마음으로 감동하였노라. 풍수서라는 것이 믿을 것이 못되는 것 같으나, 옛 사람들이 다 그것을 썼고, 재상으로 하윤·정초·정인지가 다 풍수서를 알고 있으니, 이런 사람들에게 풍수술을 자문할 것이고, 어효첨 같은 자는 마음으로 풍수술을 그르게 여기니, 비록 풍수학에 일을 시켜도 필시 힘쓰지 않을 것이므로, 그것에는 일하지 말게 하라. 그러나, 풍수학의 옳고 그름은 내가 독단할 것이 아니니 마땅히 제조들에게 의논하리라."
>
> 하고, 곧 그 글을 풍수학에 내렸다. 어효첨이 앞서 왕명을 받들고 지리서를 참고하여 수릉의 정혈을 정하였더니, 이선로의 무리가 요사한 말을 다투어 만들어 위에 아첨을 하여서 궁성 북쪽의 길을 막고, 인공산을 쌓고, 개천의 물을 맑게 하기를 청해서 논설이 분분하였으므로, 어효첨이 상소하여 이를 배척한 것인데, 그 말이 극히 정대하다는 사람들이 많았다.

3년이 흐른 세종 28년 3월 24일 왕비가 수양대군의 저택에서 승하하였다. 세종 28년 4월 15일 장의문이 경복궁을 누르고 해하니 출입을 제한시켰다.

승정원에 전지하기를, "술사 이양달이 일찍이 말하기를, '장의문[17])이 경복궁을 임하여 누르고, 또 해가 있으니, 사람의 자취를 통하는 것이 좋지 않다.'고 하였다. 그러므로, 길을 막아서 솔을 심고 항상 잠가 두고 열지 않은 지가 오랜데, 지금 항상 통행하니 대단히 좋지 못하다. 이제부터는 명령을 받고 출입하는 외에는 항상 닫아 두고 열지 말라." 하였다. 임금이 음양과 풍수의 말을 매우 믿어서 이런 전지가 있은 것이었다.

세종 32년 2월 17일 임금이 영응대군 집 동별궁에서 승하하였다.
조선의 명군 세종도 재임 중 수많은 업적을 남겼지만 경복궁 터에 대한 풍수설에는 어쩔 수 없었던 것 같다. 확실한 믿음이 서지 않았던 것이다. 세종 32년간 궁궐에 대한 이주기록은 다음과 같다.

1418년 세종 즉위년 8월 11일 경복궁 근정전에서 즉위 교서를 반포하다.
세종즉위년 8월 창덕궁 공사기간 동안 경복궁에 머무르다.
세종 즉위년 9월 13일 임금이 창덕궁으로 옮기고 일체 사무를 상왕에게
　　　품신하다.
세종 즉위년 11월 3일 상왕전(태종)의 신궁이 이루어졌으므로, 그 궁의
　　　이름을 수강궁이라 하였다.
세종 즉위년 11월 7일 상왕이 수강궁(창덕궁 동쪽)으로 옮겨 거처하다.
　　　임금이 수강궁에 문안하다.
세종 2년 1월 2일 무악 명당에 신궁을 짓도록 명하다.
세종 2년 2월 25일 상왕이 낙천정에서 풍양 신궁(남양주 진접)으로
　　　이어하다.
세종 2년 6월 6일 임금이 양녕·효령과 함께 대비를 모시고 개경사에
　　　가서 피병하다
세종 2년 6월 10일 임금이 양녕·효령과 함께 대비를 모시고 오부의
　　　집을 찾다 최전의 집에 머물다

---

17) 장의문은 북소문, 장의문, 창의문, 자하문, 자문 등으로 다양하게 불렸다.

세종 2년 6월 21일 임금이 밤에 대비를 모시고 몰래 이궁 남교 풀밭에
    행차하다.
세종 2년 6월 22일 임금이 대비를 모시고 토원 동천변에 자리를 옮기다
세종 2년 6월 23일 임금이 대비를 모시고 갈마골 박고의 집 북쪽 송정에
    행차를 옮기다.
세종 2년 6월 26일 임금이 대비를 모시고 선암·동소문 등으로 행차를
    옮기다.
세종 2년 6월 27일 임금이 대비를 모시고 총제 곽승우의 집에 행차를
    옮기다
세종 2년 6월 28일 임금이 대비를 모시고 전 사윤 이맹유의 집에 행차를
    옮기다
세종 2년 6월 29일 임금이 대비를 모시고 평양 부원군 김승주의 집에
    행차를 옮기다
세종 2년 7월 1일 임금이 대비를 모시고 전 부윤 이맹균의 집에 행차를
    옮기다
세종 2년 7월 2일 상왕이 대비를 창덕궁 곁에 옮기게 하다
세종 2년 7월 3일 대비를 모시고 들어와 창덕궁 서별실에 이어하다
세종 2년 7월 4일 임금이 대비를 모시고 창덕궁의 별전에 들어가 기거
    하게 하였다.
세종 2년 7월 7일 대비의 병환이 다시 발하다.
세종 2년 7월 10일 대비가 승하하다.
세종 2년 7월 10일 조말생 등이 11일은 궁에 머무는 게 불길하다 하여
    상왕이 낙천정으로 거둥하다.
세종 2년 9월 7일 광주 대모산에 능을 만들다. 상왕이 동쪽 자리에 백세
    뒤에 사용하게 하다.
세종 2년 11월 17일 서이궁(무악터, 연희궁)이 낙성되다.
세종 3년 5월 4일 연화방의 신궁(창경궁)이 낙성되어 상왕을 모시고 풍양
    궁에서 돌아와 신궁에 들다.
세종 3년 5월 7일 창덕궁 궁인 중 병자가 많아 중궁과 함께 경복궁으로
    옮기다.

세종 3년 7월 7일 중궁과 더불어 창덕궁에 돌아오다.

세종 3년 9월 27일 창덕궁 편전에서 사신에게 잔치를 베풀다.

세종 4년 5월 2일 태상왕(태종)의 병이 위독해져 죄인을 석방하다.

세종 4년 5월 8일 태상왕을 모시고 연화방 신궁으로 옮기다.

세종 4년 5월 10일 태상왕이 연화방 신궁에서 승하하다.

세종 4년 6월 7일 중궁과 세자가 창덕궁으로 돌아오다.

세종 4년 10월 3일 임금이 경복궁으로 옮겨 가다.

세종 7년 11월 4일 경복궁에 행차하여 동지 망궐례를 행하고 조하를 받다

세종 4년 11월 11일 임금이 창덕궁으로 돌아오다.

세종 6년 3월 2일 양전(왕과 왕비)께서 경복궁으로 이어하다.

세종 6년 7월 13일 임금이 사신을 청하여 근정전에 맞아들여 온짐연을
    베풀고 처음으로 풍악을 연주하게 하였다. 사신이 사관으로 돌아간
    뒤에 임금은 창덕궁으로 이어하다.

세종 6년 11월 27일 경복궁의 경회루에 거둥하여, 군사를 모아 활쏘는
    것을 구경하였다.

세종 7년 4월 7일 경복궁으로 이어하다.

세종 7년 7월 6일 삼전이 창덕궁으로 거처를 옮기다.

세종 7년 8월 30일 서이궁을 연희궁이라 개칭하다.

세종 7년 11월 4일 경복궁에 행차하여 동지 망궐례를 행하고, 예를
    마치고 환궁하였다.

세종 7년 11월 19일 경복궁으로 환어하다.

세종 8년 9월 3일 양전(임금과 왕비)이 연희궁으로 이어하다.

세종 8년 9월 23일 임금이 경복궁에 거둥하여 머물러 잤으니, 내일에
    있을 대열大閱에 일찍 거둥하려 하기 때문이었다.

세종 8년 10월 13일 양전(임금과 왕비)이 경복궁으로 돌아가다.

세종 9년 3월 9일 임금과 왕비가 창덕궁으로 옮겨 거처하다.

세종 9년 3월 29일 경복궁으로 이어하다.

세종 9년 8월 3일 창덕궁으로 거처를 옮기다.

세종 9년 9월 7일 경복궁으로 돌아와서 거처하다.

세종 11년 1월 17일 임금이 세자궁으로 이사하고, 세자는 상림원으로

이주하였다.

세종 11년 4월 4일 경복궁으로 돌아와 거처하다.

세종 10년 2월 9일 창덕궁에 거둥하여 성절을 하례하고 궁궐로 돌아
　　　오다.

세종 13년 8월 16일 임금이 몸이 편치 못하여 본궁에 이어하였다.

세종 13년 9월 19일 경복궁에 환궁하는 것과 서연을 열어 강학하라는
　　　것을 승정원에 전지하다.

세종 13년 11월 11일 경복궁에서 천추절 하례를 행하다.

세종 13년 11월 13일 경복궁에 돌아와서 거처하였다.

세종 14년 세종 14년 4월 9일 창덕궁에 이어하다.

세종 14년 4월 27일 경복궁으로 임금의 거소를 옮겼다.

세종 14년 8월 10일 임금이 창덕궁으로 옮겨 거처하다.

세종 15년 7월 3일 임금이 지신사 안숭선에게 창덕궁을 옮기는 것에
　　　대해 말하다.

세종 15년 7월 7일 승정원에 지리에 밝은 자를 널리 선택하여 보고하게
　　　하라고 명하다

세종 15년 7월 9일 황희·신상 등에게 명하여 풍수학하는 자들을 시켜
　　　최양선의 말을 변론하게 하다

세종 15년 7월 15일 예조참판 권도가 최양선이 올린 글이 허황하고 망령
　　　됨을 상언하니, 세종이 말하기를

세종 15년 7월 17일 명당에 관한 의논이 학구파와 실무파로 나뉘어 분분
　　　하니, 임금이 친히 보고 가부를 결정하리라 하다.

세종 15년 7월 18일 삼각산 내맥과 승문원 산맥의 형세를 살펴보게 하다

세종 15년 7월 18일 임금이 안숭선을 불러 경복궁과 승문원의 명당
　　　여부를 강구하여 아뢸 것을 말하다.

세종 15년 7월 21일 황희·맹사성·권진 등을 불러 강녕전·경회루·역상
　　　등에 관해 논의하다.

세종 15년 7월 22일 최양선·이양달·고중안 ·집현전 등이 헌릉의 주산
　　　내맥에 관해 아뢰다

세종 15년 7월 25일 상정소에서 북문을 만들어 평상시에는 닫아 잠그고

수직하게 할 것을 아뢰다

세종 15년 7월 29일 황희·신상·김자지 등이 경복궁이 명당자리를 얻어
있음을 아뢰다.

세종 15년 8월 4일 이양달이 경복궁 명당의 물에 관해 아뢰다.

세종 17년 8월 21일 경회루 수리로 인해 수양 대군 사저로 거처를
옮기다

세종 17년 8월 29일 궁성 명당의 못 파는 일을 정지하고 군자감을 건축
하게 하다

세종 17년 9월 3일 경복궁으로 돌아와 거처하였다.

세종 19년 10월 19일 하연에게 헌릉 서쪽 큰길의 길흉을 옛글을 상고
하여 아뢰게 하다

세종 20년 9월 27일 임영대군의 집으로 이어하다.

세종 20년 10월 1일 헌릉에 제사지내고, 황희·하연·황자후·민의생
·김돈 등에게 수릉자리를 정하게 하다.

세종 20년 10월 14일 서울로 돌아와 다시 임영대군의 집으로 나아가다.

세종 20년 10월 16일 경복궁으로 돌아오다

세종 21년 2월 12일 밤에 부엉이가 경복궁에서 울므로 해괴제를 지냈다.

세종 21년 6월 24일 광평대군 집으로 이어하다.

세종 21년 6월 25일 임금이 경복궁에 돌아왔는데, 명일에 조회를 받고
홀라온의 알현을 받아야 하기 때문이다.

세종 23년 5월 19일 최양선이 수강궁 자리에 대해 풍수학상 불가함을
상소하다.

세종 23년 6월 9일 경복궁을 옮기자는 최양선의 상서에 관해 민의생·
정인지 등이 논의하다.

세종 23년 7월 18일 창덕궁에 거둥하여 종묘 주산의 내맥을 보았으니
최양선의 청으로 인해서였다.

세종 23년 7월 25일 자선당 밖에 궁을 따로 지어 세자를 살게 하다

세종 23년 9월 29일 영흥대군을 보기 위해 금성대군의 집에 거둥하다

세종 23년 10월 13일 금성대군 이유의 집에 거둥하다

세종 23년 윤 11월 22일 광평대군 이여의 집에 거둥하다

세종 23년 윤 11월 28일 광평대군 이여의 집에 거둥하다

세종 23년 12월 1일 광평대군 이여의 집에 거둥하다

세종 23년 12월 2일 왕비가 경복궁으로 환어하다.

세종 24년 1월 9일 왕비·동궁과 같이 금성대군 이유의 집에 이어하다

세종 24년 2월 2일 중궁과 함께 경복궁으로 환어하다

세종 24년 4월 22일 대야원에서 주정하고 서울에 와서 금성대군의
  사저에 거처하다.

세종 24년 5월 1일 두 전하께서 경복궁으로 돌아오다.

세종 24년 2월 2일 임금이 중궁과 함께 경복궁으로 환어하다.

세종 24년 5월 1일 두 전하께서 경복궁으로 돌아오다.

세종 24년 5월 25일 진양대군 이유 등에게 헌릉의 수리 보수할 곳과
  수릉의 땅을 살피게 하다

세종 25년 1월 24일 풍수설을 가지고 본문을 참고하여 의론을 결정할
  것을 명하다

세종 25년 1월 26일 왕세자가 여러 풍수들을 불러보고 수릉 산혈의
  길흉을 질의하다.

세종 25년 1월 30일 수릉의 혈 자리를 잘못 고른 서운 부정 최양선을
  의금부에 가두다.

세종 25년 2월 2일 의정부와 예조에서 최양선을 벌할 것을 청하였으나
  거절하다.

세종 25년 2월 3일 의정부와 예조에서 최양선을 벌할 것을 다시 청하다.

세종 25년 2월 7일 임금이 최양선의 파직이 불가함을 승정원에 말하다.

세종 26년 2월 28일 임금과 왕비가 청주 초수리에 거둥하다.

세종 26년 7월 15일 왕비와 함께 금성 대군 집에 거처하다.

세종 26년 7월 17일 좌찬성 하연 등을 보내 헌릉의 서쪽 혈을 보토하게
  하다.

세종 26년 윤 7월 6일 임금이 경복궁에 거둥하셨다가 조금 뒤에 이어소
  로 돌아왔다.

세종 26년 윤 7월 8일 승정원에 전지하여 최양선이 음양설을 가지고
  상언하지 못하도록 하다.

세종 26년 윤 7월 12일 거둥할 동안의 경복궁의 개폐에 관한 일은 수궁
하는 대군이 관장하게 하다.

세종 26년 윤 7월 12일 임금이 초수리에 거둥할 동안의 경복궁의 개폐에
관한 일은 수궁하는 대군이 관장하게 하다.

세종 26년 윤 7월 15일 임금의 행차가 낙생역에 머무르다.

세종 26년 9월 26일 임금이 환궁하다.

세종 26년 11월 7일 임금이 왕비와 함께 금성대군 집에 거처하다.

세종 26년 11월 19일 개천을 깨끗이 하는 일과 풍수설에 대해 의논하게
하다.

세종 26년 11월 26일 왕비가 광평 대군 집에 이어하다

세종 26년 12월 6일 광평대군이 창진을 앓으니 임금이 연창군 집으로
이어하다

세종 26년 12월 7일 임금이 동궁에 이어하다.

세종 26년 12월 15일 금성대군 집으로 거처를 옮기다.

세종 26년 12월 21일 풍수설에 반대하는 집현전 교리 어효첨의 상소.

세종 27년 1월 1일 부마 안맹담의 집으로 이어하였다.

세종 27년 1월 1일 풍수학의 승원로·안효례 등이 거처를 옮기기를
상서하였으나 윤허하지 않다

세종 27년 1월 2일 연희궁에 이어하고, 세자에게 명하여 서울로 돌아
가게 하였다.

세종 27년 1월 28일 거처를 연희궁에서 다른 곳으로 옮길 것을 승정원에
명하다

세종 27년 1월 16일 세자가 연희궁서 조회를 하다.

세종 27년 2월 13일 희우정으로 이어하다.

세종 27년 4월 4일 하연 김종서 등이 수릉을 살펴보고 상소문을 올리다.

세종 27년 4월 12일 연희궁으로 돌아오다.

세종 27년 4월 15일 세자가 연희궁에 문안하고 서울로 돌아오다

세종 27년 10월 6일 세자가 연희궁에 조회하다.

세종 27년 10월 8일 수양대군의 집에 이어하다.

세종 28년 1월 1일 세자가 백관을 거느리고 경복궁에서 망궐례를

행하다.

세종 28년 1월 15일 세자가 시어소(임금의 임시거처)에 조회하다.

세종 28년 1월 29일 임금이 연희궁으로 옮겨 거처하다.

세종 28년 3월 9일 수양 대군의 제택으로 이어하다.

세종 28년 3월 10일 중궁이 병환이 나다.

세종 28년 3월 24일 왕비가 수양대군의 저택에서 승하하다.

세종 28년 3월 24일 판예빈시사 신자근의 집에 이어하다. 다시 효령
　　　대군의 제택으로 거처를 옮기다.

세종 28년 3월 30일 서운관에서 왕비의 장례일을 7월 7일과 19일로
　　　정하여 아뢰니 풍수학관과 의논케 하다

세종 28년 4월 15일 장의문이 경복궁을 누르고 해하니 출입을 제한하다.

세종 28년 5월 11일 세자가 시어소에서 서무를 재결하다.

세종 28년 5월 16일 세자가 시어소에 조회하고 여막에 돌아오다.

세종 28년 6월 16일 세자가 시어소에 조회하고 여막에 돌아오다.

세종 28년 12월 15일 임금이 평양군 조대림의 집에 이어하였다.

세종 29년 2월 2일 경복궁으로 돌아와 거처하였다.

세종 29년 2월 2일 임금이 경복궁으로 돌아와 거처하였다.

세종 30년 7월 17일 문소전 서북에 불당을 설치할 것을 명하자 이사철·
　　　이의흡 등이 불가함을 아뢰다.

세종 30년 8월 4일 임영대군의 집에 이어하다.

세종 30년 8월 5일 수양과 안평대군이 궁궐 옆에 불당을 설치하다

세종 30년 9월 25일 경복궁에 환어하다.

세종 31년 6월 18일 한재로 임금은 임영대군 집으로 이어하고, 세자는
　　　인지당에 거처하게 하다.

세종 31년 7월 1일 임영대군 집으로 이어하다.

세종 31년 7월 28일 임금이 경복궁으로 환어하다.

세종 31년 9월 24일 임금이 불편하시어 금성대군 집으로 이어하다.

세종 31년 7월 28일 임금이 경복궁으로 환어함에 문안드리다.

세종 31년 11월 19일 임금이 영응대군 집으로 이어하고 세자는 금성대군
　　　집에 머물게 하다.

세종 31년 11월 29일 세자가 시어소로 옮기다

세종 32년 1월 16일 경복궁으로 환어하였다.

세종 32년 윤 1월 7일 전첨 이서의 집으로 거처를 옮기다.

세종 32년 1월 16일 경복궁으로 환어하다

세종 32년 1월 22일 효령대군 집으로 이어하다

세종 32년 윤 1월 24일 임금이 안숭선의 집으로 거처를 옮겼는데,
　　세자는 병으로 그대로 이서李墅의 집에 있게 하였다.

세종 32년 2월 4일 임금이 영응대군 집으로 거처를 옮기니, 세자도
　　이서의 집으로부터 또한 옮기었다.

세종 32년 2월 17일 임금이 영응대군 집 동별궁에서 승하하다.

　세종이 죽고 문종이 즉위하자 문종도 경복궁의 풍수에 대한 소문들을 떨칠 수 없었든지 문종 1년 4월 18일 경복궁 북쪽 산에 표를 세워 소나무를 심어서 산맥을 비보하게 하였다.

　　풍수학에서 아뢰기를, "경복궁은 백호가 높고 험준하나, 청룡이 낮고 미약하므로 가각고 북쪽 산의 내려온 맥에 소나무를 심어 길렀는데, 근년에 벌레가 먹어서 반이 넘게 말라 죽었으며, 그 마르지 않은 것도 근방의 무식한 무리가 가지와 줄기를 베어 쳤고, 혹 맥혈을 파고서 집을 짓기도 하였습니다. 이로 말미암아 청룡이 날로 더욱 쇠약하여지니, 청컨대 표를 세워서 한 계를 정하고 소나무를 심어서 산맥을 비보하게 하소서." 하니, 예조와 한성부의 풍수학에게 명하여, 함께 살펴서 표를 세우게 하였다.

　문종 1년 10월 16일 이현로가 다시 통행을 허락한 헌릉 천천현에 박석을 깔아 지맥을 보호할 것을 청하였다.

　　임금이 지경연사 정인지에게 이르기를, "헌릉의 천천현穿川峴[18] 에 다시 사

---

18) 청계산과 천림산의 중간고개로 달래내고개

람이 통행하도록 허락하고, 이어서 박석薄石[19]을 노상에 깔기로 의논이 이미 정하여진 것을 경은 아는가?" 하니, 정인지가 말하기를, "신도 이미 알고 있습니다." 하였다.

당초에 술자 최양선이 의견을 올리기를, 천천현은 바로 헌릉의 내맥이라고 하였으므로, 이곳을 막았는데, 이때에 이르러 정인지가 다시 개통할 것을 청하였다. 임금이 지난달에 영릉을 배알하고, 이어서 이 고개로 행차하여 바로 다시 개통하도록 의논을 정하였다.

이현로가 의견을 올리기를,
"다시 개통하여 사람이 통행하면 지맥을 상하게 할까 두렵습니다. 만약 박석을 노상에 깐다면 사람이 비록 통행하더라도 지맥은 끊어지지 않을 것입니다. 바로 풍수학에 의논하게 하소서."
하였으므로, 임금의 하교가 이와 같았다.

10월 22일 헌릉의 내맥인 천천현의 구로를 그전대로 통행하게 하다.

풍수학 제조 이정녕과 정인지 등이 아뢰기를,

"헌릉의 내맥인 천천현의 옛길을 풍수서에서 상고하니 진실로 해로운 바가 없으므로 그전대로 길을 통행하고 인하여 박석을 그 위에 깔고, 산맥 좌우 곁의 밭도 또한 많지 않으니 사람들이 경작하는 것을 금지하여, 초목이 무성하게 하소서. 건원릉의 내맥인 도로도 사람이 통행하는 것을 허용하고, 불암산 밑의 옛길에 구덩이가 된 곳도 또한 흙을 메우고 박석을 깔게 하소서." 하니, 그대로 따랐다. 이어서 명년 봄에 그 공사를 시작하도록 명하였다.

문종 2년 2월 21일 영릉 부근의 산맥을 보축하게 하다.

---

19) 박석薄石 : 엷고 넓적하며 표면이 울퉁불퉁한 돌

비석소 제조 정분 등이 비碑를 세우고 와서 복명하니, 임금이 말하기를, "지금 비석이 매우 커서 세우기가 가장 어려우므로 자나 깨나 잊을 수가 없었는데, 이제 일이 마쳐졌으니 내가 매우 기쁘다."

하였다. 거듭해 말하기를, "장지葬地에 이해利害가 있다는 설은 족히 믿을 것이 못된다. 그러나, 음양가는 반드시 산등성이를 보고 길흉을 정하게 되는데, 영릉 부근의 산맥은 예전부터 사람들이 왕래하여 마침내 좁은 길이 나서 산등성이가 끊어지게 되었으니, 나는 차마 볼 수가 없다. 지금 봄철에 방패方牌 60명과 당령 선군을 사역하여 산맥을 보축하려고 한다."

하니, 정분 등이 아뢰기를, "산등성이가 끊어진 것은 마땅히 산맥을 보축해야 되겠지마는, 3년의 상제를 마친 후에 여러 곳의 영선과 옛것을 수리할 곳도 자못 많으니, 경군은 사역하지 못할 듯합니다. 신 등은 생각하기를, 지금 선군船軍 1천 명 중에서 1백 명을 덜어내어 흥인문에 공사를 하고, 9백 명으로 천천현에 공사하기도 하고, 건원릉에 공사하기도 한다면, 인력이 나누어져서 아마 쉽사리 성취하지 못할 듯하니, 다른 공사를 제쳐놓고 영릉에 함께 부역시킨다면 일이 쉽사리 성취될 수 있을 것입니다." 하였다.

임금이 말하기를, "경 등의 말이 매우 옳다. 만약 백성의 노력이 모자란다면 천천현과 건원릉의 역사는 비록 올 가을을 기다려도 좋을 것이다. 또 장지葬地는 돌자갈을 기휘하게 되니 보토[20]에는 돌자갈을 사용하지 말라." 하였다.
정분이 아뢰기를, "돌이란 것은 산의 골격이므로 음양가에서도 또한 이를 기피하지는 않습니다. 그러나, 오로지 흙만 사용하여 쌓도록 하는 것도 또한 무엇이 어렵겠습니까?" 하니, 임금이 말하기를, "그렇다." 하였다.

3월 3일 풍수학 문맹검이 각릉과 각처의 풍수에 대해 상언하다.

---

20) 보토補土 : 패어 들어서 우묵한 땅을 흙으로 매워서 채움.

1. 헌릉(태종릉) 과 영릉(세종릉)은, 오방午方과 미방未方의 물이 명당(편편한 곳)으로 바로 들어오니, 비록 그것이 좋은 물일지라도 바로 들어오는 것은 미안합니다. 물의 흐름을 인도하여 도랑을 파서 현무방(뒤쪽)으로 안고 읍하는 형상을 만들고, 바로 들어오지 못하게 하소서.

1. 지금 우리나라의 도읍은 명당明堂의 물이 본디는 원류源流가 없었는데, 왼쪽으로는 호조의 샘물과 오른쪽으로는 사온서의 샘물이 실제로 명당의 원류가 되었으니, 깨끗하게 하지 않을 수가 없습니다. 지금 사복시 왼쪽 샘물의 가에 있기 때문에 말똥이 쌓여 있어 그 물을 더럽게 만드니 실로 미편합니다. 원컨대 사복시를 개천가로 옮겨서 더러운 것을 흘러보내게 해서 명당의 물을 깨끗하게 하소서.

1. 명당의 왼쪽물과 오른쪽 물이 모여서 흘러 충동하여 서로 부딪치는 형세가 있으니, 두 물의 사이에 마땅히 한 무더기의 작은 돌산을 만들어, 두 물이 서로 부딪치지 못하게 할 것입니다.

문종 2년 5월 21일 문종이 승하하다. 전월로부터 처음으로 병환이 발생하더니 5월 14일 병오에 경복궁의 정침에서 훙서하니, 향년 39세였다.

단종 즉위년 6월 13일 의정부 당상과 풍수학 제조가 창덕궁에 가서 살피다.

의정부 당상과 풍수학 제조가 창덕궁에 가서 살피었다. 처음에 세종이 불당을 경복궁의 성 북쪽에 세우니 술자가 금지사항으로 상서하여 중지하기를 청하였으나, 세종이 들어주지 않았다. 몇 해가 못되어 세종이 승하하고 문종이 또 훙하여 연하여 대고(죽음)가 있으니, 술자들이 다투어 불길함을 말하였다. 의정부에서는 곤란하게 여기어 곧 창덕궁을 수리하고 이사하자는 의논이 있었다.

7월 18일 정인지·이사철·박연 등을 영릉에 보내어 다른 혈을 살피도록 하다.

　　정인지·이사철·민신·이사순·박연·이순지·강맹경 등이 왕명을 받들고 영
　　릉에 가서 두 대군 및 정승과 같이 의논하여 다른 혈을 살폈는데, 영릉의
　　서혈이 길하다 하였다.

7월 21일 수양·안평·황보인 등에게 다시 영릉의 서혈 천광을 살피도록 하다.

7월 24일 수양과 안평 대군·황보인 등에게 명하여 건원릉에 가서 동혈을 살펴보고 정하게 하다

　　영릉의 서혈(서쪽혈)을 파니 돌이 있어서, 세조와 이용·황보인·김종서·정
　　분·이정녕·정인지·이사철·민신·이사순·이순지 및 풍수학 낭관에게 명하
　　여 건원릉에 가서 동혈을 살펴보고 정하게 하였다. 처음에 영릉 남혈에 물
　　이 있으므로 정인지가 다시 다른 혈을 상지相地[21] 하려 하지 않고, 위의 천
　　광穿壙[22]에 가깝게 하려 하니 여러 대신들이 따르지 아니하고서 다시 서혈
　　을 상지相地하였다. 정인지가 기꺼이 행하려 하지 않으니, 세조가 강제한 다
　　음에 이를 상지하여 광壙을 팠는데, 또 돌이 있었다.
　　정인지가 말하기를, "이것은 하늘이 그렇게 한 것이다." 하였다. 이보다 앞서
　　관뚜껑을 뜨는데 무지개가 곧 나타나서 건원릉에 닿았는데, 이때에 이르러
　　사람들이 모두 이상하게 여겼다.

단종 1년 9월 13일 대사헌 박중림 등의 상소문

---

21) 땅의 생김새를 살펴보고 길흉을 판단하는 일
22) 묻을 곳을 파는 것

사헌부 대사헌 박중림 등이 상소하기를,

"신 등이 삼가 한두 가지 관견을 가지고 우러러 임금님의 귀를 번거롭게 하오니, 엎드려 바라건대, 성찰하시면 다행하겠습니다.

1. 예로부터 제왕이 공사를 일으키면 반드시 먼저 방위를 살피고 경관을 헤아려서 도성을 쌓고 궁궐을 세워서 자손에게 물려 주면 자손은 반드시 대대로 지켜서 이어 사는 것이지, 차례를 이은 이로서 갑자기 이를 버리는 것은 듣지 못하였습니다. 경복궁은 우리 태조께서 터를 닦아 창조한 땅인데 자손 만세를 위하여 계획한 것입니다. 태종께서 즉위하여 비록 때로는 창덕궁에 납시었으나, 모든 큰 예의는 반드시 여기에서 행하였으니, 그 심모 원려深謀遠慮[23]가 지극하였습니다.

세종께 이르러서는 왼쪽에 문소전을 세우고 오른쪽에 간의대를 세워서 유구한 계획을 하여, 비록 일로 인하여 잠시 옮겼을지라도 즉시 환궁하셨고 조금도 동요되지 아니하였습니다. 문종께서 왕위를 이어받아 졸곡[24]을 마치자 예전처럼 들어가 사셨으니, 이것이 어찌 오랜 궁궐을 자손이 대대로 지켜서 하루라도 떠날 수 없다는 것이 아니겠습니까?

이제 술사의 말로 인하여 거가[25]를 동쪽으로, 혹은 서쪽으로, 여러 번 옮겨서 정한 바가 있지 아니하여 인심이 흉흉한 뿐만 아니라 선대 임금이 하늘에 계시는 영혼이 편하지 못하실까 두렵습니다. 그러나, 그들의 말은 불당으로써 말하는 데 불과할 뿐입니다. 불당은 비록 세종께서 명하신 바이나, 이로 말미암아 경복궁을 폐하는 것은 또한 세종의 뜻이 아닙니다. 만약 세종께서 오늘의 변에 처하셨으면 불당을 헐라는 명이 어찌 오늘을 기다렸겠습니까? 말하는 이는, 이제 장차 창덕궁 수리가 끝나면 거소를 마땅히 옮길 것이므로 불당을 헐 필요가 없다고 하나, 이는 크게 그렇지 않습니다. 창덕궁이 비록 이미 수리가 되었을지라도, 이 경복궁을 폐하여 버리고 다스

---

23) 깊은 계획과 먼 미래에 대한 생각
24) 삼우제 후의 첫 제사
25) 임금의 행차

리지 아니하는 것은 불가합니다.

하물며 이 궁은 이미 바른 자리에 있고, 정전正殿을 설치하였으니, 이것이 바로 근본이 되는 땅입니다. 전하께서 비록 다른 곳에 계실지라고 어찌 크게 멀겠습니까? 술사의 말을 족히 믿을 수는 없으나, 국가의 만세를 꾀하는 자가 어찌 감히 무심하게 쓸데없는 불당으로 인해 허탄한 말을 이루어 조종의 본궁을 폐하겠습니까? 엎드려 바라건대, 전하께서는 급히 불당을 철거하기를 명하여 신민의 바라는 바에 부응하고 그 저장한 물건은 개경사開慶寺 등에 옮겨 두면 거의 시의에 적합할 것입니다.

전교하기를, "승정원에서 의논하여 아뢰어라." 하였다.

단종 1년 9월 25일 이예장이 불당을 옮겨 세우기를 청하다.

사인 이예장이 당상의 의논을 가지고 와서 아뢰기를,
"듣건대 올 겨울에 시어소에 그대로 머물게 되어, 군사가 숙직하는 막사를 짓도록 명하셨다고 하나, 터가 없고 또 공사할 힘이 넉넉하지 않으니 경복궁 충순당으로 이사하심이 마땅하며, 아니면 수강궁으로 환어할 것입니다. 황보인·김종서·이양·이사철이 불당을 허는 일을 의논하기를, '세종·문종께서 도모하고 의논하여 함께 이룩하였고, 백관이 번갈아 간하였으나, 윤허하지 아니하였으며, 선대 왕께서 마음과 힘을 다하여 한 것인데 갑자기 헐 수 없다.' 하고
한확이 의논하기를, '처음 불당을 창건할 때에 술자가 불가하다고 고집하였는데 그 말은 비록 믿지 못할 것이나, 술자의 말로써 경복궁에 거처하지 못한다면 헐어 버리는 것이 어떨까?' 하고,

허후는, '경복궁은 선대왕께서 도읍의 명당을 살펴서 창건하여 이룩한 것인데, 그 뒤에 태종께서 비록 때로 창덕궁에 거처하시는 일이 있었으나, 무릇 큰 일이 있으면 모두 경복궁에 나아가서 행하였으니, 대저 근본이 되는 곳이기 때문이다.

세종 때에 간의대를 세우고 원묘[26]를 두고, 백관들의 모든 관청을 모두 갖추었으니, 만세의 법궁이 되는 까닭이다. 불당을 창건하는 처음에 술자들이 모두 불가하다고 고집하였는데, 뒤로부터 국가에서 연달아 대고(임금의 승하)가 일어나니, 이로 말미암아 사람들은 모두 이것을 빙자하여 탓하는데, 하물며, 법사에서 불당을 철거하기를 청하는 그 형적을 철거하라는 것이 아니고 다른 곳으로 옮겨 세우려고 한 것이다. 이제 마침 개경사를 옮기게 되니, 마땅히 불당도 아울러 옮겨 세울 것이다.' 하였습니다."

하니, 전교하기를, "불당의 일은 마땅히 중론에 따를 것이며, 수강궁(창덕궁 동쪽궁전)에는 내가 가고 싶지 아니하니, 장차 경복궁으로 이어하겠다." 하였다. 한확은 비록 학문은 짧으나, 논의가 정직하여 매양 경전과 사책에 부합하니, 이때 사람들이 복종하였다.

단종 1년 10월 12일 정양이 이용(안평)의 부자를 벨 것과 불당을 헐 것을 청하다.

"처음에 주상께서 경복궁에 환어하시고자 하니, 황보인 등이 불가하다 하고 창덕궁에 옮기어 새 별실에서 아침 보고를 받고 종친을 접하는 것이 좋다고 청하였습니다. 신 등은 생각하기를, 별실은 쓸쓸하고 외로운데 무슨 까닭으로 이어하시기를 청하는가 하였습니다. 지금에 와서 보면, 이것도 또한 뜻이 있던 것입니다. 모름지기 법사의 말을 따라 불당을 헐으소서."

단종 1년 10월 23일 최양선이 영추문에 이르러 봉장을 올리기를 청하다.

최양선이 영추문에 이르러 밀봉 상소장을 올리기를 청하였다. 승정원에서 묻기를, "무슨 일인가?" 하니, 대답하기를, "영릉(세종릉)에 대한 일입니다." 하였다. 처음에 세종이 하명하기를, "최양선은 금후에는 음양 화복의 일에

---

26) 왕실 사묘

대하여 상소하지 못하게 하고, 무릇 풍수 논의에 참여하지 못하게 하라."
하였는데, 이때에 이르러 승정원에서 이전 명에 의거하여 아뢰어 청하기를,
"최양선은 우선 의금부에 붙이고, 당직관이 상소한 일은 의정부에 의논하
소서." 하니, 그대로 따랐다.

단종 2년 1월 6일 유성원 등이 불당 철거를 청하다.

장령 유성원 등이 상소하기를,
"신 등이 그윽이 생각하건 데, 불당이 높다랗게 궁성을 억눌러서, 더러운
승려와 불경의 소리가 원묘原廟를 시끄럽게 뒤흔들고 궁궐 내에까지 이르
니, 진실로 불가하였습니다. 그런데 술사가 말하기를, '불당은 국가에 이롭
지 못하다.' 하였는데, 그 후에 잇달아 대고(임금의 죽음)를 당하고, 또 불의의
변이 생기니, 술사의 말을 비록 족히 믿을 수 없다고 하나, 이미 이를 말하
였고 마침 이러한 따위의 변고가 있었습니다. 비록 신 등도 또한 의심스러
운 점이 없지는 아니하나, 인하여 그윽이 생각해 보건대, 비록 한 두 차례
이어하는 곳이라 하더라도 반드시 술사로 하여금 방위를 고르고 날짜를 고
르게 하는 것은 신하가 임금에 대하여 그 삼가는 바를 다하지 아니함이 없
게 하여 조금이라도 후회하지 않도록 하려는 것인데, 하물며 경복궁은 자
손 만세의 법궁인데 술사의 말이 저와 같지 아니합니까? 경복궁이 만세의
법궁이 된다면 불당을 하루라도 그대로 둘 수가 없습니다. 엎드려 바라건
대, 철거하라고 빨리 명하여서 한 나라 신료들의 소망에 부응하신다면 지극
히 소원을 이기지 못할 것입니다."

"신 등이 술수를 가까이 하여서 말씀드리는 것은 아니나, 옛날의 인군은 조
그마한 거동이 있더라도 반드시 길吉한 방위를 골랐고, 또 그 문과 도로에
제사지냈습니다. 지금 불당이 주산의 맥을 끊고 법궁을 임압(臨壓 : 기를 억누
름) 하니, 청컨대 신 등의 뜻을 의정부의 대신들에게 명하기를, '지금 대간에
서 말하기를, 「임금을 위하는 일은 비록 작은 일이라 하더라도 반드시 삼가
야 한다.」고 하니, 모름지기 깊이 생각하고 멀리 염려한 다음에야 가可할 것
이다.'고 한다면 대신들도 아마 혹시 깨닫게 될 것입니다."

1455년 세조 1년 윤 6월 11일 단종이 세조에게 왕위를 선위하였다. 세조는 근정전에서 즉위하고, 주상을 높여 상왕으로 받들게 되었다. 세조 취임 이후에도 왕실에서는 연이은 사건들이 이어져 발생하였다. 세조 1년 7월에 원자 이장을 왕세자로 삼고, 한씨(후 인수대비)를 왕세자빈으로 삼았는데, 세조 2년 9월에 세조의 장자이자 세자인 도원군이 죽었다. 이듬해 세조 3년 10월에는 단종이 죽었다.

세조는 왕실의 잦은 우환을 걱정하며 세조 4년 6월에 우참찬 성봉조 등을 헌릉과 영릉에 보내 사토가 무너진 왕릉을 살펴보도록 하였다.

우참찬 성봉조·예조 참판 조효문·행 첨지중추원사 김구·중추원 부사 김개·도승지 조석문을 보내어 헌릉·영릉에 가서 사토莎土[27] 가 무너진 곳을 살펴보게 하였다.

세조 3년 12월 15일 둘째 아들 황을 세자로 책봉하였고 세조 6년 4월 11일 한명회의 셋째 딸을 왕세자빈으로 책봉하였다.

세조 7년 11월에 왕세자빈이 아들을 낳았는데 세조 8년 10월에 원손 이분이 죽었다. 이때 한명회는 황해· 평안· 함길 체찰사로 나가 있었는데 세조는 별도로 한명회에게 사람을 보내 원손이 죽은 것을 알렸다. 왕실 적장자의 잦은 변고가 일어나고 있을 무렵 그동안 잠잠하던 최양선이 다시 상소를 올렸다.

세조 10년 3월 11일 지리학 최양선이 늙어서 서산군에 살고 있었는데, 이때에 이르러 상소하여서 천천현로穿天峴路[28]를 막도록 청하였다. 임금이 좌의

---

27) 봉분의 흙

28) 천천현로穿天峴路 : 광주廣州.

정 구치관·형조 판서 김질·공조 판서 김수온·행 상호군 임원준 및 승지 등
을 불러서 의논하고, 이어 어서御書를 내리어 이르기를,

"지리학 최양선이 천천현로를 막도록 청하였는데, 천천령穿川嶺을 적당하게
두터이 보토補土하고 돌을 펴서 성城을 쌓고 길을 폐지하자는 것이다. 대저
일기一氣는 음양陰陽이 없는 것이고 둘로 나뉘어짐으로써 음과 양이 되는 것
이며, 음양이 있기 때문에 천지天地·일월日月·사시四時·주야晝夜가 있는 것
이다. 이로 말미암아 길흉이 형성되는 것이니, 이를 '하나의 근본에 만 가지
의 다름이라.'고 이르는 것이다. 인간의 일신의 향배에도 스스로 음양이 있
고, 말하고 침묵하는 것과 동정에도 모두 다 길흉이 있는데, 하물며 산천의
향배에 음양·길흉이 없겠느냐? 이런 고로 길한 것을 따르고 흉한 것을 피
하는 것이 인사의 큰 것이니, 어리석게 지키고, 몽매하게 두어서 스스로 흉
과 화를 되돌리게 할 수는 없는 것이다. 그렇기 때문에 지리·복서의 설이
있고, 경권經權[29]을 변통하여 세상에 재액을 없게 하는 것이며, 이른바 패설
稗說에 이르러서도 지극한 이치가 있지 아니한 것이 없는 것이다. 경권이란
무엇이냐? 천지天地가 상경常經하지 아니하여 한서寒暑가 차례를 대신하고,
인도人道가 상경하지 아니하여 문무文武를 바꾸어 쓰게 되고, 이치가 상경하
지 아니하여 길흉이 섞이어 일어난다.

지리의 설은 착한 것을 상주고, 악한 것을 벌주며, 약한 것을 붙들어 주고,
강한 것을 누르는 데에 지나지 아니할 따름이다. 마치 나라의 치적을 내는
데에, 다스림에 정한 정치가 없고, 사람의 병을 다스림에 병에 정한 증세가
없는 것과 같다. 사람은 산천을 의지하고 산천은 사람을 우러러보며, 사람
으로 인하여 존재하기도 하고 상喪하기도 하고, 산천으로 인하여 화禍가 되
기도 하고 복福이 되기도 한다. 흙은 살에 비하고 물은 피에 비하며 돌은 뼈
에 비하는 것이니, 육골인 자는 살고, 골육骨肉인 자는 죽으며, 양혈養血[30]
하는 자는 건장해지는 것이다. 그런데, 사고로 인하여 변邊이 생기어 혹은

---

29) 경법經法과 권도權道를 아울러 이르는 말. 언제나 변하지 않고 원칙과 상황에 따라 취하는 임기
응변을 비유적으로 이르는 말.
30) 양혈養血 : 약을 먹어서 피를 도와 보함.

골육骨肉으로서 살고, 육골肉骨로서 죽으며, 피를 버림으로써 편안하게 되는데, 이것이 곧 경권經權이다. 비록 하나로 하는 자도 모름지기 경권經權을 변통한 뒤에 세상에 재액이 없는 것이다. 만약 일가의 설에 국한한다고 하면 보토하는 것도 또한 군살이다. 이제 두텁게 보토를 하고자 하는 것은 조종祖宗의 끊어질뻔한 맥脈을 이어지게 하는 까닭이며, 이것이 보은報恩의 땅에 포석布石하는 것을 이르는 것이다. 만약 성성城을 쌓고 길을 폐한다면 돌이 비록 아름다운 물건이 아니라 하더라도 석강石岡도 또한 천성天成으로 있는 것이요, 또 두터운 흙 위에 쇄쇄(碎碎)한 돌로 쌓는 것이 어찌 끊어진 것을 잇는 데에 관계가 있겠느냐? 후세에 망령되게 의논하는 자가 쉽게 길을 열까 봐 깊이 염려하는 것이다. 단산법斷山法에는 교로交路에 장사지내는 것을 불가하다 하였으므로 산가山家의 금기하는 바이니 어찌 중하게 여기지 않겠느냐?

최양선의 설이 이것인데, 이치로 말하면 마치 나무의 뿌리와 같아서 북돋우어 주면 지엽枝葉·화과花果가 번식할 것이요, 선골先骨[31]이 편안함을 얻으면 자손·종손이 번창할 것이니, 이것도 필연의 이치로서 사람이 쉽게 볼 수 있는 것이다. 저 번식하는 가운데에도 편고偏姑[32] 하는 자가 있고, 번창하는 가운데에도 타락하는 자가 있으며, 편고하다가도 혹 다시 무성할 수가 있고, 곤궁하다가도 혹 다시 부귀할 수가 있는 것은 어떠한 까닭일까? 이것도 또한 경권이 한결같지 않고 분수分受가 가지런하지 않고 수폐修廢가 같지 않은 까닭이다. 그런즉 이치는 반드시 하나가 될 수 없고, 일도 항상 같을 수가 없으며, 중요한 것은 인사人事에 있는 것이다. 하물며 다시 본 뿌리는 말랐으되 옮겨 심는 것은 지엽枝葉이 무성하고, 부모는 죽었으되 자손은 생생하게 살아 있으니, 어찌 음양의 설에 구애하겠느냐? 비록 길은 막지 않더라도 또한 가한 것이다. 가령 천천현을 파서 끊는다고 하면 대모大母의 산山에 초목이 없겠느냐? 반드시 깊은 도리를 찾지 말 것이다." 하였다.

---

31) 선골先骨 : 선조의 뼈.

32) 편고偏姑 : 은택이 한쪽으로 치우침.

이어 전지하기를, "최양선은 망령된 사람으로 비록 술법은 알지 못한다 하더라도 나도 또한 막고자한 지 오래이니, 우선 그 의견에 따르겠다."

하고, 드디어 최양선을 불러서 여러 재추宰樞에게 명하여 변힐辨詰하게 하였더니, 능히 굴복시키는 자가 없었다. 임금이 이르기를,

"길을 막는 의논은 내가 이미 정하였다."

하고, 인하여 최양선에게 물어 이르기를, "너는 내전(內典 : 불경)을 읽었느냐?"

하니, 대답하여 이르기를, "알지 못합니다. 다만 벽곡辟穀[33]·치심법治心法을 배웠고, 나이 60에 적은 견성見性[34]을 하였으며, 70에 큰 견성을 하였고, 80에 능히 대천 세계大千世界[35]를 보았습니다마는 구구한 경문經文이 무슨 이익이 있겠습니까?"
하고, 또 말하기를, "요즈음의 중들이 승상繩床에 앉아서 이름하기를 참선을 한다고 하나 실상인즉 하나도 그 도道를 행하는 자가 없습니다." 하였다.

김수온이 견성 성불見性成佛의 설설說을 물으니, 최양선이 대답하지 못하였다. 임금이 크게 웃으면서 의복을 하사하고 그를 보내었다.

사관은 최양선에 대해 이렇게 평하고 이렇게 평하고 있다. 최양선은 성질이 우활하고 기괴하며 험악하여 자기의 소견이 옳다 하고, 문자文字를

---

33) 벽곡辟穀 : 곡식은 안먹고 솔잎·대추·밤 등을 조금씩 먹고 사는 일.

34) 견성見性 : 모든 망혹妄惑을 버리고 자기 본연의 천성을 깨달음.

35) 대천 세계大千世界 : 삼천 세계三千世界의 세째. 수미산須彌山을 중심으로 하여 해·달·사대주四大州·육욕천六欲天·범천梵天을 합하여 한 세계라 이르고, 이것을 천배 한 것을 소천 세계小千世界, 소천 세계를 천배 한 것을 중천 세계中千世界. 중천 세계를 천배 한 것을 대천 세계大千世界라 하며, 이를 다시 천배 한 것을 삼천 대천 세계三千大千世界라 함.

알지 못하면서도 정주학程朱學을 비난하며, 망령되게 불법佛法을 엿보고 견성見性을 말하고, 술법術法을 잘못 풀면서 음양·지리에 정통하다고 하니, 천하의 망인妄人이다.

세조 10년 4월 22일 풍수학에서 천천현의 새로를 막는 일의 편부에 대해 논의하여 아뢰었다.

풍수학에서 왕명을 받들고 지리서를 참고하여 천천현의 새로塞路[36]를 막는 일의 편부를 의논하여서 아뢰기를,

"1.《금낭경》[37]에 이르기를, '기氣가 형체로 인하여 나오므로 단산斷山[38]에는 장사지낼 수가 없다.'고 하였으며,

1.《지리통림》의《조담홍기편》에 이르기를, '옛 길의 끊겨져 땅이 파여지는 것은 흩어져 망할 상이라.'고 하였으며,

1. 또《도로편》에 이르기를, '사신四神이 교차하는 데 길을 내는 것은 상상傷하여 망한다.'고 하였으며,

1.《지리신서》에 이르기를, '산등성이가 일찍이 땅이 파여져 끊어진 적이 있거나 혹은 옛 길이 깊이 파여진 것은 기맥을 끊어지게 한다.'고 하였으며,

1.《이순풍소권》에 이르기를, '성城이 끊어지고 길이 끊어지고 도랑을 파는 이와 같은 유類는 기氣를 상할 혈穴이라.'고 하였는데, 위의 5조목은 조종祖

---

36) 길을 막는 일
37) 중국 당나라 곽박郭僕이 지은 지리서
38) 끊어진 산

宗의 내맥來脈을 이르는 것이 아니고, 바로 도국圖局[39]안의 명당에서 보이는 곳을 말한 것입니다.

1.《지리신감가》에 이르기를, '단산斷山에 가로질러 땅이 파여지면 기氣가 연달으기가 어렵고, 만약 잘록하게 생겼으면 도리어 자연스러울 것이다.'고 하였으며,

1.《지리문정》의《양성협》에 이르기를, '주산主山의 과맥(過脈[40]하는 조그마한 곳에 돌이 나오는 것이 이것이다. 인적의 왕래가 많고 적은 것을 가지고 성쇠의 크고 적을 것을 징험하게 된다.'고 하였다.〈하략〉

어서御書로 결단하여 예조에 내리기를,

"풍수학에서 인쇄한 여러 책이 의논에 합치하지 않는 점이 있으나, 취할 만한 것은 그 의논이 전일에 내린 서찰과 합치한다. 지리인 등이 한갓 최양선의 망령된 것을 꺾고자 하면서 종문의 대의를 연구하지 않는데, 홀로 이순지의 설說만은 바로 나와 합치한다. 그 내린 서찰의 처음 설에 따라 새로塞路를 보토補土하라." 하였다. 새로塞路의 의논은 최양선에게서 나와서 이순지에 의해 이루어진 것이다.

　4월 5일 신숙주·구치관 등에게 세종왕릉인 영릉의 개장을 의논하게 하다

　고령군 신숙주·능성군 구치관·상당군 한명회·공조 판서 임원준·형조 판서 서거정 등에게 다시 명하여 영릉을 개장할 것을 의논하게 하고, 신숙주 등에게 명하여 경기에 가서 땅을 가려 정하게 하였었는데, 이에 이르러 돌

---

39) 무덤의 경내境內를 일컫는 말임.
40) 맥이 모이지 않고 흘러가는 것

아오니, 불러 보고 새로 만든 자금배紫金杯[41]를 내다가 술을 잔에 따라 마시었다. 또 영릉의 산형도를 보고 이내 안효례·최호원 등을 불러 길흉을 변론하게 하였더니, 안효례가 흉하다고 하면 최호원도 또한 흉하다고 하고, 안효례가 길하다고 하면 최호원도 또한 길하다고 하여, 모두 우물우물하고 길흉을 분명하게 말하지 못하므로, 명하여 의금부의 옥에 가두게 하고 아울러서 파직시켰다.

4월 6일 사방지를 신창현의 노비로 소속시키고, 안효례·최호원을 국문하게 하다. 의금부에 명하여, 사방지를 신창현의 종으로 소속시키게 하고, 또 그 고을로 하여금 위로하게 하여 타당치 못함이 없게 하였다. 의금부에 전지하기를, "천릉(遷陵 : 왕릉의 이전)은 대사大事인데, 안효례와 최호원 등은 스스로 자상하게 살피지 아니하고 길흉을 경솔하게 말하니, 그 정상을 국문하여 아뢰라." 하였다.

5월 28일 임금이 경복궁 충순당으로 이어하다

임금이 장차 충순당으로 이어하고자 하여, 좌승지 이극증에게 명하여 공사를 감독하여 수리하게 하고, 한낮에 후원에 나와, 영순군 이부·귀성군 이준과 아종(兒宗 : 숙직자), 호조 판서 노사신·사헌부 집의 이극돈·훈련원 판관 최호원·전 판사 안효례를 불러, 술자리를 베풀었다. 임금이 말하기를, "내가 잠저로부터 일어나 창업의 임금이 되어 사람을 죽이고 사람을 형벌한 것이 많이 있었으니, 어찌 한 가지 일이라도 원망을 취함이 없었겠느냐? 《주역》에 이르기를, '소정小貞은 길吉하고 대정大貞은 흉凶하다.' 하였는데, 이제 이주·군적·호패 등의 대사大事를 한꺼번에 아울러 거행하니, 비록 국가에는 매우 이롭다 하더라도 어찌 대정大貞인데 원망함이 없겠느냐? 또 내가 모든 국무에 비록 심히 작은 일이라 하더라도 반드시 극진한 데에 이르러서

---

41) 최고의 금으로 만든 술잔

야 행하였으니, 이것이 대정大貞의 흉이라 이르는 것이다. 나의 허물은 이에 불과하니, 내가 어찌 숨기겠느냐? 나는 숨기는 것이 없다.” 하고, 인하여 충순당에 나아갔다.

8월 1일 임금이 수릉을 만들고자 하였으나 재추들이 반대하다

임금이 내종친과 하동군 정인지·능성군 구치관, 중추원 지사 윤사흔·한계희, 호조 판서 노사신·양천군 허종·병조 판서 박중선과 당직하는 여러 장수와 승지 등을 불러 안에 들게 하고 술을 내려 주었다. 임금이 노사신에게 말하기를,

“이제 수릉을 만들고자 한다.”

하고, 드디어 눈물을 뿌리었다. 노사신이 여러 재추들에게 말하니, 여러 재추들도 모두 눈물을 흘렸다. 정인지가 이르기를,

“이제 만약 능을 만든다면 인심이 놀랄 것이니 불가하다.“

예종 즉위년 9월 7일 세자가 수강궁 중문에서 즉위하였다. 다음날인 9월 8일 세조가 수강궁의 정침에서 승하하였다.
9월 13일 하동군 정인지 등이 영릉에 가서 장지를 살펴보고 돌아오다.

하동군 정인지 등이 영릉에 가서 장지를 보고 돌아와서 아뢰기를, “영릉 근방에는 쓸 만한 땅이 없습니다.” 하니, 임금이 말하기를, “경 등이 수고하였으나, 다시 가서 살펴 보는 것이 좋겠는데, 다만 높은 곳은 필요하지 않다.” 하였다.

문종 때 세종대왕릉인 영릉의 풍수가 적절치 않다는 논의가 일어났고 또 단종 때에도 논의가 줄어들지 않았다가 세조 때에도 다시 거론되었

다. 결국 최양선이 주장했던 영릉의 풍수상 위치를 극력 만류하며 '손이 끊어지고 맏아들을 잃는다.'絶嗣損長子는 주장이 적중했던 것이다.

세종은 생전에 아버지 태종이 묻힌 헌릉 서쪽에 수릉壽陵을 정했다. 수릉을 정한지 1년 후 소헌왕후가 승하하여 땅을 파보니 물이 나왔다.

지관들의 반대를 무릅쓰고 세종은 부모님 묘 근처보다 더 좋은 명당이 어디 있겠냐며 고집했다. 4년 후 세종대왕이 54세로 승하하여 수릉에 묻히게 된다. 세종의 장남 문종이 즉위하였다가 2년 후 죽고, 단종이 즉위했으나 수양에게 왕위를 찬탈당하고 비명에 죽었다. 수양이 왕이 됐으나 재위 13년 동안 피부병에 시달렸다. 장남 의경세자는 잠을 자다가 갑작스럽게 죽었다. 둘째 예종이 세자에 책봉되고 원손 이분(인성군)이 태어났으나 3년 만에 죽고 말았다. 세조가 죽고 예종이 즉위하였는데 세종 사후 19년 동안 왕이 4번 바뀌고 세자와 원자가 죽는 등 흉사가 끊이지 않았던 것이다.

예종은 즉위하자 마자 1469년 11월 29일 대신들에게 영릉 천장에 대한 이로움과 해로움을 의논하게 하였다.

임금이 고령군 신숙주·상당군 한명회·영성군 최항·창녕군 조석문·좌의정 박원형·도승지 권감 등에게 명하여 영릉을 천장(이장)할 편부를 의논하게 하니, 신숙주가 말하기를,

"처음에 영릉을 복지卜地할 때 사람들이 이를 많이 논의하였습니다. 그 문구文具가 있으니, 이것을 취하여 보면 판단하기가 쉬울 것입니다."

하니, 모두 말하기를, "옳습니다." 하였다.

마침내 조정은 세종왕릉을 이장하기로 정하고 뛰어난 지관을 선발해 명당을 찾도록 했다. 그때 상지관인 안효례의 눈에 발견된 곳이 여주의 영릉 자리다. 이곳은 본래 대제학과 영중추원사를 지낸 한산 이씨 이계전의 묘역이었다고 실록에 기록하고 있다. 묘역 내에는 세조 때 우의정을 지낸 이인손의 묘도 포함되어 있어 함께 이장하게 된다.

예종 즉위년 12월 26일 노사신·임원준·서거정 등이 영릉을 천장할 땅을 여흥에 정하고 복명하니, 보경당에 나아가서 불러 보고 술자리를 베풀었다. 12월 27일 천릉할 땅을 여흥 성산의 이계전의 분묘로 정하고 술자리를 베풀었다.

선정전에 나아가서 하동군 정인지·봉원군 정창손·고령군 신숙주·상당군 한명회·인산군 홍윤성·좌의정 김질과 육조 참판 이상과 승지 등을 불러 보고, 천릉할 땅을 의논하여 정하였다. 또 상지관 안효례 등을 불러서 각각 여흥 성산의 이계전 분묘와 강금산과 용인의 금령산의 길흉을 각각 아뢰게 하고, 이계전의 분묘의 땅으로써 정하였다. 이어서 술자리를 베푸니 정인지 등이 아뢰기를,
"강금산 권총 부모의 분묘는 실로 장생 수파長生水破가 아니었는데도, 안효례가 신토과 더불어 함께 이 산을 점지하고서 그 흉한 것을 말하지 않았고, 용인으로 가는 도중에 있을 때에야 이에 장생 수파를 말하고 쓸 수가 없다고 하였습니다. 신 등이 즉시 가서 보고자 하였으나, 역마길이 쇠약하였기 때문에 예조 판서 임원준 등으로 하여금 상지관을 거느리고 다시 살피게 하니, 조금도 장생 수파에 대한 의심이 없었습니다. 이로써 보건대, 안효례의 이러한 말은 실상을 빈틈없이 준비하여야하니, 청컨대 유사에 회부하여 국문하게 하소서."

하니, 전지하기를, "여러 재상들의 말이 옳다. 그러나 만약 안효례를 죄 준다면, 후일에 터를 정할 자들이 두려워하여 반드시 그 나쁜 것을 밝혀서 말하지 아니할 것이니, 죄를 줄 수가 없다." 하였다.

12월 28일 정인지·구치관·최항·심회 등을 천릉 도감 제조로 삼으니 관련 사목을 아뢰었다.

하동군 정인지·능성군 구치관·영성군 최항·청송군 심회·창녕군 조석문·좌의정 김질·좌찬성 김국광·무송군 윤자운·호조 판서 노사신·예조 판서 임원준·형조 판서 강희맹·중추부 지사 어효첨·공조 판서 김예몽·이조 판서 성임·한성부 윤 서거정을 불러서 천릉 도감 제조로 삼고, 여러 가지 일을 나누어 맡게 하였다. 임원준·강희맹·김예몽·성임에게 신주를 두는 임시장막을 맡아 보게 하고, 최항·조석문·윤자운·어효첨에게 의장과 완복을 맡아 보게 하고, 정인지·구치관·심회·김질·김국광·노사신·서거정 등에게 산릉을 맡아 보게 하였다. 정인지 등이 사목을 지어서 아뢰기를,

"1. 이계전의 분묘는 모름지기 즉시 파내어서 수기水氣가 있는지 없는지를 보소서.
1. 석실과 잡상은 옛날 것을 쓰소서.
1. 영악청(신주 임시장막)은 정자각을 쓰소서."

하니, 임금이 그대로 따랐다. 이인손의 분묘는 이계전의 분묘 옆에 있었는데, 천장할 때를 당하여 임금이 승정원으로 하여금 급한 편지를 써서 그 아들 평안도 관찰사 이극배를 부르고, 행 호군 송문림으로써 그를 대신하게 하였다.

예종 1년 1월 1일 명나라 사신이 근시일 내로 오기 때문에 이극배의 부모묘의 이장을 늦추었다.

권감에게 명하여 일찍이 정승을 지낸 사람들에게 전지하기를, "부모를 이장하는 것은 인정에 있어 매우 애절한 일이니, 평안도 관찰사 이극배를 임기 만료로 교체하는 것이 어떻겠는가?"

하니, 고령군 신숙주 등이 아뢰기를, "지금 명나라 사신이 오는 것이 이미

가까이 다가왔고, 이인손의 무덤은 왕릉의 청룡(왼쪽) 북쪽에 있으니, 마땅히 명나라 사신이 서울에 당도하기를 기다려서 교체하고 이장하게 하소서."

하니, 임금이 승정원으로 하여금 이극배에게 급히 편지글로 보내기를, "경의 부모의 무덤이 이장하게 되었으므로, 저번에 경에게 유시하여 속히 돌아오게 하였으나, 명나라 사신이 또한 이를 것이니 경은 그 곳에 우선 머무르며 여러 가지 일들을 조처하고 준비하며, 사신에 대한 제반사를 공급하도록 하라." 하였다.

천장 논의는 소헌왕후를 대모산 자락 헌릉 곁에 묻으려 할 때 이미 시작된 것이었다. 장사 지내려고 미리 만들어 둔 터인 수릉을 파 보니 물길인 수맥水脈이 있어 대신들은 강력히 반대하였다. 하지만 세종은 부모 곁에 묻히겠다면서 모든 반대를 물리치고 부인 소헌왕후를 대모산 자락에 묻었다. 세종의 효심은 꺾기 어려워 "다른 복지福地를 마련해서 사후에 복을 얻는다고 해도 어찌 부모 곁보다 더 좋겠느냐"는 명분으로 반대론을 물리친 세종은 자신이 죽으면 바로 이곳 소헌왕후가 잠든 능에 "봉분은 같이 하고 석실은 다르게 만들도록 하라"는 명도 내렸다. 이렇게 해서 동릉이실同陵異室로 봉분이 하나인데 속에 석실을 둘로 하는 형식의 조선 최초의 합장릉이 탄생했다.

세종왕릉 이장지로 결정된 여주의 영릉 자리에는 이계전의 묘와 이인손의 묘가 있었는데 이인손 가문에는 다음과 같은 이야기가 전설처럼 전해지고 있다.

이인손이 세상을 뜨자 자식들은 유명한 지관을 초빙해 지금의 영릉 자리에다 장사를 지냈다. 이 자리를 잡아 준 지관이 당부하기를 가문이 번창하더라도 재실과 묘지 입구에 다리를 놓지 말라고 했다.
이인손의 아들들은 '오극'이라고 불리는 다섯 아들이 있었다. 큰아들 이극배는 영의정, 둘째 이극감은 형조판서, 셋째 이극증은 좌참찬, 넷째 이극돈은 좌찬성, 다섯째 이극균은 좌의정에 올랐다.

뿐만 아니라 그들의 자손들도 정승 판서를 비롯해 고관대작이 줄줄이 배출됐다.

이처럼 가문이 번창하자 자손들은 묘지 발복인 선조의 음덕이라고 생각했다. 그러면서 재실도 없이 허름하게 묘지를 놔두는 것은 도리가 아니라고 의견을 모았다. 곧이어 대대적인 묘지 정비를 했다. 묘지로 가는 길이 개울을 건너야 했는데 이곳에 튼튼한 돌다리를 놓았다. 묘지를 화려하게 정비하고 그 아래에는 재실을 큼직하게 지었다.

이때를 전후하여 세종왕릉인 영릉을 천장하기 위하여 선발된 지관들은 한양 인근의 땅을 모조리 찾아다녔으나 마땅한 자리가 없었다. 왕릉은 임금이 하루 만에 성묘하고 돌아 올 수 있는 거리여야 했기에 도성에서 100리를 넘지 않아야 했다. 이때 지관 안효례는 여흥으로 갔다. 여흥은 100리가 넘지만 한강 뱃길을 이용하면 하루 만에 왕복이 가능했기 때문이다.

그가 여주에서 제일 높은 북성산에 올라 주변을 살피는데 갑자기 천둥번개가 치더니 소낙비가 내리기 시작했다. 산속에서 비를 피할 데가 없었다. 그런데 저 멀리 재실이 보이는 것이었다. 달려가보니 폭우에 개울물이 불어나 건널 수가 없었다. 포기하고 다른 곳으로 가려고 하는데 튼튼한 돌다리가 보였다. 다리를 건너 재실의 처마 밑에서 비를 피하고 있자 묘지에서 밝은 서기가 비치는 것이었다. 올라가 보니 천하 대 명당이 자리하고 있었다.

그길로 상경해 명당을 찾았다고 보고하였다. 곧바로 이장이 결정되었다. 왕릉으로 정해지면 반경 10리 내에 있는 모든 묘들은 파묘를 해야 한다. 영릉을 조성하기 위해 땅을 파보니 '당장동방성인當葬東方聖人'이라는 글귀가 적힌 표석이 나왔다고 한다. 당연히 동방의 성인이 묻힐 자리라는 뜻이다. 그리고 또 다른 표석이 나왔다. 거기에는 왜 지관 말을 안 들었냐며 탄식한 후, '이제 어쩔 수 없으니 연을 날려 보내 떨어진 곳에 묻어 달라'는 내용이었다. 후손들은 후회스럽지만 그대로 할 수밖에 없었다. 연이 떨어진 곳에 이인손의 묘를 이장하였고, 그곳은 연하리라는 지명이 생겼다 한다.

세종 능인 영릉을 물러주고 다른 곳으로 이장한 대신들의 기록은 다음과 같다.

　　이계전李季甸의 본관은 한산, 자는 병보이고 호는 존양재이다. 이색李穡의 손자로 아버지는 이종선이며 어머니는 권근의 딸이다. 1447년 동부승지, 1450년 좌부승지를 거쳐 3개월 후에 도승지로 승진하였다. 1453년(단종 1) 계유정난에 참여해 정인지 등과 정난공신 1등에 녹훈되었다. 1455년 세조 1년에 이조판서를 제수받았고, 다음 해 판중추부사에 임명되었다. 1459년 7월 경기관찰사로 나갔다가 9월에 죽었다. 아들이 셋 있으니, 첨지중추원사를 지낸 이우李堣·좌찬성을 지낸 이파李坡·형조판서를 지낸 이봉李封이었다.

　　이인손(李仁孫,의 본관은 광주, 자는 중윤이며 호는 풍애楓厓로 우의정을 지냈다. 둔촌 이집의 손자이자 형조참의를 지낸 이지직의 아들이다. 아들이 다섯 있으니 이극배·이극감·이극증·이극돈·이극균인데, 모두 과거에 올랐다. 해마다 그 부인에게 쌀 20석을 내려 주었다. 아들들은 이극배가 영의정에 올랐고, 이극감은 형조판서, 이극증은 한성판윤, 이극돈은 좌찬성, 이극균은 좌의정에 오르는 등 화려한 가문을 이어 나갔다.
　　이인손은 1454년 단종 2년 수양대군이 계유정난을 일으켜 정권을 잡게 되자 호조판서에 승진되었고, 이듬해 세조의 즉위와 함께 원종공신 2등에 봉해졌다. 1459년 세조 5년 우의정에 오른 뒤 1463년에 죽었다.

　예종 1년 2월 30일 영릉을 파서 여니, 현궁은 물기가 없고, 재궁과 복어가 새 것과 같았다.

　　영릉을 파서 여니, 현궁(玄宮 : 지하궁전)은 물기가 없고, 재궁(梓宮 : 관)과 복어(의복)가 새것과 같았다.

　3월 6일 세종 장헌 대왕과 소헌 왕후를 여흥 새 능으로 옮겨 안장하다.

이날에 세종 장헌 대왕과 소헌 왕후를 여흥 새 능으로 옮겨서 안장하였다.
각 관사에서 각각 한 사람씩 회장(會葬: 장례식에 참석)하였다.
3월 9일 장의문을 이제부터 열지 못하게 하다.

병조에 전교하기를, "장의문壯義門은 이제부터 열지 못하게 하라." 하였다.

11월 28일 진시에 임금이 자미당에서 승하하였다. 12월 18일 경인 2월
에 대행 대왕(예종)을 창릉에 장사하다.

병이 생겨서 날로 심하였는데, 11월에 무신에 경복궁의 정침에서 훙하니,
향년 20세였다.

성종 즉위년 11월 28일 예종이 돌아가시니 대비의 명에 의해 경복궁에
서 즉위하였다. 성종 3년 6월 16일 예조에서 장의동의 냇물을 경복궁으
로 끌어들이는 것을 정지하도록 청하였다.

예조에서 아뢰기를,
이제 전교를 받으니, 장의동의 냇물을 끌어서 경복궁으로 흘러 들어오게
하는 것의 편리 여부를 의논하여 아뢰도록 하였는데, 신 등이 관상감 제조
와 더불어 영추문 안의 냇물을 살펴보니, 이는 곧 대궐 안의 명당의 물이라
그 흐름을 끊게 할 수 없습니다. 그러나 장의동의 냇물을 아울러 흘러 들어
오게 하면 여름달 장맛비가 올 때에는 범람하고 둑을 들이받아 대궐의 정
원을 파손할 염려가 있습니다. 청컨대 자수궁 이동以東의 냇물을 끌어서 영
추문 수구水口에 흘러 들어오게 하는 것을 정지하여, 명당의 수맥을 보존하
게 하소서." 하니, 그대로 따랐다.

성종 4년 3월 2일 경복궁의 북쪽 주산에서 내려온 산맥에는 잡인의 통
행을 금하라고 하다. 성종 10년 1월 13일 예조 판서 이승소가 임금의 무

덤을 미리 정하는 것은 불가하다고 아뢰다.

주강에 나아갔다. 예조 판서 이승소가 아뢰기를,
"수릉壽陵을 미리 정하는 것은 신의 뜻으로는 불가하다고 생각됩니다. 예전
에 문종이 승하하심에 영릉 곁에 산릉을 정하였다가 개광開壙을 하였는데,
물이 있어 쓸 수가 없으므로, 다시 복지[42] 하였으니, 지금의 현릉顯陵이 이
것입니다.

경복궁의 명당설과 쇠잔설 4편은 광해군조에서 다시 이어집니다.

박원형의 졸기

1469년[59세] 예종 1년 1월 22일 영의정 박원형의 졸기

영의정 박원형이 졸하였다. 박원형은 자字가 지구之衢이며, 갑인년 임금이 친히 과거
시험을 보게 한 친시親試에 제삼인第三人으로 합격하여, 여러 번 벼슬을 옮겨 사복 판
관이 되었는데, 이때에 문종께서 세자가 되어, 밤에 제군들과 더불어 경회루의 못에
서 낚시질을 하며 사복관 박원형을 불러 들어오게 하여 보게 하였다. 문종이 좌우를
돌아보며 말하기를,

"처음에 '겸직관리에게 숙직하게 하라.'고 이른 것이 이 사람이다."

하였는데, 임금께서도 존경하고 우대하였기에 더불어 놀 수가 없으므로, 곧 물러가
게 하여 보내었다. 문종이 즉위하자 판사복시로 옮겼으며, 세조를 섬겨서 정난에 참
여하여 동부승지에 제수되었고, 세조가 선위받자 도승지로 승진시키고 좌익공신의
호를 내려 주었으며, 이조 참판으로 옮기어 연성군에 봉해졌고, 호조·형조·이조·예

---

42) 좋은 곳을 가려 정함

조의 4조 판서를 역임하고 의정부 우찬성에 올랐고, 1466년에 우의정에 제수되었으며, 이듬해에 역적 이시애의 난을 평정하고, 박원형을 보내서 백성들을 위로 하여, 좌의정에 올랐으며, 예종이 즉위하자 또다시 익대 공신에 참여하였다. 이때에 이르러 병이 나서 매우 위독하였는데, 그 아들 박안성을 불러서 술을 올리게 하고, 입으로 시詩 한 귀절을 부르기를,

"오늘 밤 등불 앞에서 한 순배 술을 드니,
네 나이 서른 여섯 청춘이라.
우리집의 대대로 내려오는 것은 오직 청백뿐이니,
이를 잘 지녀 무한히 전해 다오."

하였다. 졸한 나이 59세였다. 부음이 들리니, 임금이 몹시 슬퍼하여, 조회를 3일 동안 정지하고, 조제를 내려 주었다. 박원형은 기량과 도량이 크고 중후하여, 평생 동안 말을 빨리 하고 얼굴에 당황하는 빛을 띤 적이 없었으며, 일을 처리하고 의심스런 것을 해결함에 의연히 정도를 지켜서, 매양 여러 사람이 각기 소견을 고집할 때마다 천천히 한 마디 말로써 이를 결정하되, 행동이 일의 형편에 합당하였다. 또 외교 응대를 잘하여 명나라 사신이 우리나라에 오게 되면, 반드시 접반사가 되었는데, 그 위엄있는 몸가짐이 매우 법도가 있었다. 일찍이 어머니를 여의었는데, 계모를 섬기기를 생모와 같이 섬겼다. 그러나 마음속에 쌓은 담이 매우 깊어서, 남들이 엿볼 수가 없었으며, 또 능히 마음을 잘 헤아려서 뜻을 맞추고, 세상과 더불어 나아갔다. 성격이 깨끗한 것을 좋아하여, 매양 관아에 나아갈 적에는 비록 바쁜 때라 하더라도 반드시 의복을 거울에 비추어 보고 먼지와 더러운 것을 털어 버리고서야 나갔다. 시호를 문헌文獻이라 하였으니, 식견이 넓고 많은 것을 문文이라 하고, 인재를 천거하는 것이 마땅하여 바꿈이 없음을 헌憲이라 한다. 아들이 둘이 있으니, 박안명과 박안성이다.

[승진과정]

1432년[22세] 세종 14년 사마시 합격
1434년[24세] 세종 16년 3월 알성시 문과급제, 예빈직장
1442년[32세] 세종 24년 4월 병조좌랑
1443년[33세] 세종 25년 7월 사복판관, 겸 전라도 경차관
1446년[36세] 세종 28년 12월 사복판관
1450년[40세] 문종즉위년 12월 겸 충청도 경차관, 조봉소윤, 수시윤
1452년[42세] 단종즉위년 8월 겸지사간원사
1453년[43세] 단종 1년 10월 승정원 우부승지, 11월 좌부승지
1454년[44세] 단종 2년 2월 우승지, 8월 좌승지
1455년[45세] 단종 3년 윤 6월 11일 세조의 왕위 등극
1455년[45세] 세조 1년 9월 추충 좌익공신 승정원 도승지
1456년[46세] 세조 2년 10월 이조참판
1457년[47세] 세조 3년 2월 호조판서, 7월 형조판서
1458년[48세] 세조 4년 3월 겸 함길도 도체찰사, 중추원사,
        5월 형조판서, 6월 좌익 3등 공신으로 책훈
1459년[49세] 세조 5년 3월 명나라 사신 원접사(접대사),
        7월 명나라 사은사(왕복 3개월 가량 소요)
1460년[50세] 세조 6년 2월 명나라 사신 원접사
1462년[52세] 세조 8년 7월 이조판서
1463년[53세] 세조 9년 3월 예조판서, 11월 겸 홍문관 대제학
1464년[54세] 세조 10년 7월 우찬성 겸 판예조사
1466년[56세] 세조 12년 4월 우의정, 9월 겸 경상우도 군용 체찰사,
1467년[57세] 세조 13년 9월 겸 함길도 존무사
1468년[58세] 세조 14년 3월 20일 좌의정 겸 예조판서(겸판서)
        4월 명나라 사신 접대 원접사가 되다.
1468년[58세] 예종즉위년 9월 7일 예종즉위, 9월 21일 좌의정 겸
        원상, 10월 정난 익대공신, 경연영사,
        12월 20일 영의정 겸 예조판서
1469년[59세] 예종 1년 1월 13일 난신 변영수의 처를 박원형에게
        내려 주다.
1469년[59세] 예종 1년 1월 22일 영의정 박원형이 죽다.

32. 홍윤성洪允成

장비 같은 세조의 측근 장수

생몰연도 1425년(세종 7) ~ 1475년(성종 6) [51세]
영의정 재직기간 (1469.8.22~1470.4.6) (7개월)

본관	회인懷仁
초명	우성禹成
자	수옹守翁
호	영해領海, 경해傾海, 경음당鯨飮堂
시호	위평威平
공훈	정난공신, 익대공신, 좌익공신, 좌리공신
출생지	충청도 보은군 회인
묘소	충남 부여군 은산면 경둔리
신도비	김수온이 지음
기타	장비 같은 세조의 측근 장수

증조부	홍연보洪延甫
조부	홍용洪容
부	홍제년洪齊年 - 동지중추원사
형	홍대성洪大成
본처	남씨
후처	고령 김씨

영의정이 된 근원 - 세조의 측근, 정난·익대·좌익·좌리공신

홍윤성은 1425년 충청도 보은군 회인에서 홍제년의 둘째 아들로 태어났다. 증조부는 홍연보이고, 조부는 홍용이며, 아버지는 홍제년이다. 초명은 우성禹成이고 자는 수옹守翁이며 뒤에 윤성으로 이름을 고쳤다.

홍윤성의 초기 삶에 대한 기록은 전하지 않는다. 소문에 의하면 세종 때 충청도 회인에서 살던 그는 형 홍대성은 주점을 하는 설패두의 데릴사위로 들어가고, 홍윤성은 군관이 되어 공주감영에 근무하면서 토포군관까지 승진하였다. 태만석의 유혹에 넘어간 형수 설씨가 병든 그의 형 홍대성을 독약으로 독살하자 홍윤성이 돌아와 형수 설씨와 태만석을 죽여 복수를 한다. 이 사건으로 홍윤성은 충청도 관찰사에까지 잡혀 올라가 심문 끝에 사형은 면하여 양산으로 유배형을 받았다. 유배에서 풀려나 공주감영 교도로 재직 중 1450년[26세] 문종 즉위년 식년시 문과 병과로 급제하여, 승문원 부정자에 임명되었다. 무술에 재주가 있어 특별히 사복시 주부를 겸임하였다.

1451년[27세] 한성부 참군· 통례문 봉례랑에 임명되었다. 수양대군이 문종의 명을 받아 진서를 찬술할 때 홍윤성은 좌랑으로 참여하면서 수양과 가까워졌다. 문종이 죽고 단종이 즉위하자 수양대군에게 임금의 나이가 어리다며 수양대군에게 집권을 건의하였다. 1452년 단종즉위년 7월 25일 홍윤성은 수양대군에게 변에 대처할 준비를 하도록 건의를 하게 된다.

홍윤성이 수양대군을 뵙고 말하기를.

"공은 영웅의 재질로서 명문이 평소에 드러났는데, 세종·문종께서 잇달아 승하하시고, 어린 임금이 왕위에 있어서 충신과 간신이 뒤섞여 조정이 문란하니, 공이 비록 부질없이 사소한 예절을 지킨다 하더라도 한 번 악명을 얻게 되면 후세에 누가 알겠습니까? 때는 부득불 변에 대처해야 할 때입니다." 하니, 수양이 말하기를,

"하늘의 도는 겸허함을 더하고 사람의 도는 겸허함을 좋아하니, 바른 것을 순순히 따르는 것만 같지 못하다. 만일 의병을 일으켜 하늘이 순리를 도운다면 반드시 바람을 좇아서 뒤따르는 자가 있을 것이니, 느림과 빠름의 변화는 어느 형세인들 가하지 않겠느냐? 자네는 능히 나를 따라서 처자를 잊고 사직을 위해 죽겠는가?" 하니, 홍윤성이 말하기를,

"이게 제 마음입니다. 선비는 자기를 알아주는 사람을 위하여 죽는 것이니, 처자의 누를 어찌 족히 논하겠습니까?" 하니, 수양이 말하기를, "자네와 농담하였을 뿐이다." 하였다

-단종실록 즉위년 7월 25일-

1453년[29세] 단종 1년 3월 김종서가 충청도에서 돌아오니 민신·조순생·홍윤성 등이 김종서의 집에서 맞이하였다.

김종서가 충청도에 갔다가 돌아왔는데, 민신과 조순생은 모두 사복시 제조로서 술과 안주를 갖추어 김종서의 집에서 맞이하여 위로하였다. 사복시 직장 홍윤성도 함께 참석하였다. 주연이 한창 벌어질 무렵 김종서가 민신·조순생에게 이르기를,

"전날에 안평대군께서 누추한 우리 집에서 위로해 주었으며, 또 굳은 맹세를 약속하였으나, 보답할 길이 없었으니, 청컨대 안평대군께서 친애하는 사람들을 모두 요직에 있도록 하고, 내구마의 하사가 있을 때에 특별히 천거해 보내라." 하니,
민신과 조순생이 대답하기를, "우리들은 이미 이러한 뜻을 알고 있습니다." 하고, 인하여 국가의 불안과 인사·국경수비에 관한 일들을 의논하다가 술이 취하여 파하였다.

이튿날 밤중에 김종서가 사람을 시켜 홍윤성을 불러, 홍윤성이 도착하니, 이현로는 뒷문으로 나가고 김승규도 따라서 나간 후에야 홍윤성을 들어오도록 하였다. 김종

서는 비스듬히 누웠고, 세 첩은 뒤에 앉고, 억센 활잡이 2명은 그 곁에 서 있었다. 홍윤성을 불러 앞으로 오게 하고 말하기를, "너는 문하생이므로 친자식같이 대접하니, 어제 우리들이 논한 것을 누설하지 말라." 하고, 그 첩을 불러 말하기를, "이 사람은 술을 잘 마신다." 하며, 술을 부어 마시게 하였다. 첩이 작은 잔에다 술을 부어 가지고 오자 김종서는 웃으며 말하기를, "이 사람은 술고래다. 큰 사발에 부어와야 한다." 하고, 이어서 세 번 큰 사발에 부어 마시게 한 다음 또 웃으면서 말하기를, "너는 바로 유경승의 큰 소가 아니냐?" 하고, 활을 당기게 하니, 홍윤성이 힘껏 잡아당겨 활이 부러졌다. 김종서가 말하기를, "네가 술을 마시고 활을 당기는 것은 한나라 때 무장 번쾌요, 어버이를 잃은 것은 초나라 충신 오자서이다.

수양대군은 엄하고 어질지 못하여 전혀 사람을 구제하지 못하니, 윗사람이 되기에 족하지 못한데도 너는 그를 섬기고 있다.
안평대군은 거칠고 더러운 무리를 포용하며 도량이 크고, 뜻을 남에게 벼슬을 주는 데 두었다. 백성을 다스리게 한다면 천하에서 우월할 것인데, 너는 섬기지 아니하니 무슨 까닭이냐? 또 이현로는 음양지리학에 정통한데 매양 안평대군을 일컬어 '끝까지 대군의 지위에서 늙을 분이 아니라.'고 하였다. 하물며 지금 임금은 어리고 국가는 불안하니, 마땅히 삼가야 할 것은 진퇴이다. 섬기는 데 마땅한 사람을 얻게 되면 공명을 누리는 데 무슨 걱정이 있겠는가? 너는 문하생인 까닭에 감히 경계하는 것이다. 만약 이 말이 누설된다면 오직 나뿐만 아니라 너도 역시 면하기 어렵다." 하고, 한 개의 활을 주니, 홍윤성이 거짓으로 응하는 체하며 받아 가지고 물러났다.

-단종실록 1년 3월 22일-

1453년 단종 1년 수양대군이 영의정 황보인·좌의정 김종서 등 원로대신을 척결하는 등 계유정난을 일으키자, 이에 적극 가담하여 협력하였다. 그 공으로 정난공신 2등에 책록된 데 이어, 사복시판관·장령을 거쳐 1455년 판 사복시사가 되었다. 1월에 수충협책 정난공신 홍윤성에게 포상과 교서를 내렸다.

1455년[31세] 세조 1년 세조 즉위 후 예조참의에 임명되고, 세조의 즉위를 보좌한 공으로 좌익공신 3등에 책록되었다. 예조참판으로 승진하면서 인산군에 봉해졌다.

1457년[33세] 세조 3년 예조판서에 올랐고, 경상우도 도절제사, 도진무를 거쳐, 문·무과의 초시를 주관하였다. 6월 모친상을 당하여 관직을 사직하였으나 7월에 기복(상중에 임금이 특명으로 발령)시켜 경상우도 도절제사에 제수하였다. 이때 홍윤성은 고향 홍산에 있었는데, 어찰로 유시하기를,

"내가 남도에 뜻을 두어 경에게 바야흐로 중한 책임을 맡기려는 때에 갑자기 대상을 당하였으니, 어찌 그리 불행한가? 전국이 막히고 멀어서 때때로 안부가 결여된 지 오래이다. 내가 경의 상제의 일에 혹시라도 미비한 점이 있을까 염려하여 이미 관가에서 경비를 지출하도록 명령하였다.
또 명하여 경을 기복하여서 경상우도 병마 도절제사에 제수하니, 이러한 큰 뜻을 경은 알 것이다. 국가의 대사를 경이 아니면 누구에게 맡기겠는가? 경은 나의 마음을 몸받아서 사적인 정을 억누르고, 장례가 끝난 뒤에는 마땅히 속히 부르는 곳에 나와서, 친히 계략을 받고 기거하는 것이 어떠하겠는가? 나라를 위하여 자애하라." 하였다.
그때 국방으로 인하여 기복하고, 병들어 쇠약하다고 고기를 권하도록 하니, 상례가 침체되어 옛날과 같지 아니하였다. 때론 조그마한 병으로 스스로 고기를 먹도록 허락하니, 자신이 꺼려하는 것도 처음과 같지 아니한 자도 있었다.

−세조실록 3년 7월 21일−

1457년 9월 도절제사 홍윤성에게 대장의 신표를 주어 좌상 대장으로 발령하고, 곧 지중추원사로 삼았다. 10월 경회루에 나아가 활쏘기를 하였는데 지중추원사 홍윤성이 쏜 것은 명중하지 않은 것이 없으니, 임금이 사복시에서 기르던 말을 내려 주었다. 1458년 6월에는 홍윤성에게 좌익공신 3등으로 책훈하는 교서를 내려주었다.

규수를 강제로 범하려다 탄핵을 받다

1458년[34세] 7월 사헌부에서 아뢰기를, "홍윤성이 고故 김한의 딸을 간통하려고 강제로 김한의 집에 묵었는데, 김한의 처가 딸을 데리고 이웃집으로 도망하여 숨었습니다. 홍윤성이 큰 재상으로서 상중임을 무릅쓰고 혼인하려고 도모하였으니, 강상을 더럽히고 허물어뜨렸습니다. 청컨대 그를 문책하소서." 하고 아뢰니

사인 이익이 의정부의 의논을 가지고 아뢰기를,
"신하와 자식된 자의 죄는 불충·불효보다 큰 것이 없는데, 홍윤성이 어미의 상중에 있으면서 혼인을 이루려고 도모하였으며, 사헌부의 관리들은 상소장을 받고도 여러 날이 지나도록 아뢰지 아니하고, 심지어 홍윤성의 집에 왕래하는 자까지 있었습니다. 대저 임금이 스스로 다스리지 못하는 것은 기강으로 바로잡게 맡기는데, 지금 사헌부는 이와 같은 지경에 이르렀으니, 청컨대 홍윤성을 파직하고, 의금부로 하여금 국문하게 하고, 아울러 사헌부의 관리들도 문책하게 하소서." 하니,

임금이 의금부에 명하기를,
"홍윤성이 어미의 상중에 있으면서 김한의 딸을 위협하여 간통하려고 그 집에 투숙하였고, 대사헌 어효첨·집의 이파·지평 황윤원 등은 김한 처의 상소장을 받고도 조사하여 묻지 아니하고, 홍윤성의 집을 왕래하면서 며칠 동안 미루어 지연시키다가 아뢰었으니, 아울러 국문하여서 아뢰라." 하였다.

－ 세조실록 4년 7월 11일 －

7월 12일 의금부에서 박중손·홍윤성·권공 등을 불러서 홍윤성에게 김한의 집에 묵은 일을 물으니, 홍윤성이 대답하기를, "신이 술에 취하여 잘못 들어간 것뿐입니다. 나머지 일은 신의 한 짓이 아닙니다." 하였다. 임금이 의금부에 명하기를, "홍윤성을 문책하지 말고, 김한의 아들 김분 등을 국문하라." 하였다.

7월 13일 의정부 사인 이익이 의정부의 의논을 가지고 아뢰기를, "대소 신민들이 홍윤성이 범한 죄를 듣고 모두 마땅히 법대로 다스릴 것이라고 생각하였는데, 이제 문책하지 말도록 명하시니, 실망하지 않는 이가 없습니다. 만약 절제사의 직임을 바꾸지 않는다면 그는 군민들의 마음을 무시할 터이니, 청컨대 그를 파면하소서." 하였다.

사헌부에서도 직무를 소홀히 한 죄로 사직을 청하고 직무를 떠났다.
임금이 대사헌 어효첨·집의 이파·지평 황윤원 등을 불러서 모두 직무에 나아가게 하니, 어효첨 등이 사양하면서 말하기를, "홍윤성의 죄는 관계된 바가 가볍지 아니한데, 신 등이 일찍이 거론하여 문책하지 못하였고 가서 홍윤성을 만났으니, 감찰직의 본분을 잃었는데도, 특별히 죄를 너그러이 면하여 주시는 은혜를 입었습니다. 본 사헌부는 백관을 규찰하는 곳인데, 신 등이 먼저 스스로 법을 범하고도 뻔뻔스럽게 직무에 돌아가는 것은 마음 속에 부끄러우니, 청컨대 신 등의 관직을 거두어 주소서." 하므로 명하기를, "이것은 다만 작은 잘못일 뿐이다. 속히 직무에 나아가라." 하였다.

사간원에서 아뢰기를, "홍윤성의 죄를 논하지 말도록 명하였으니, 신 등은 불가하다고 생각합니다." 하니,
임금이 명하기를, "내가 친히 물었더니, 모두 실제 있었던 일이 아니었고, 고소한 자가 거짓말하였기 때문이었다." 하였다.
또 아뢰기를, "홍윤성의 사건은 사헌부에서 고소장을 받고도 즉시 따져서 문책하지 않았으니, 청컨대 그 사유를 묻게 하소서." 하였으나, 윤허하지 않았다.

지평 권이경이 의정부의 의논을 가지고 아뢰기를, "가령 홍윤성이 혼서婚書[43]를 준 것이 상을 당하기 전에 있었다고 하더라도 김한의 집에 가서 묵은 것은 상중에 있었으니, 그 범한 바가 지극히 무거워서 심문하지 아니할 수가 없습니다." 하니,
임금이 명하기를, "네가 홍윤성이 어디에서 잤다고 말하였느냐?" 하므로, 권이경이 아뢰기를, "신은 홍윤성이 김한의 집에서 잤다고 말하였습니다." 하였다.

또 아뢰기를, "대체로 형사소송은 반드시 양쪽에서 갖춘 다음이라야 이에 증거를 대

---

43) 사주단자를 적은 글

며 물어서 실정을 캐낼 수 있습니다. 지금 홍윤성을 고발한 자들만이 오로지 옥에 갇혀 있고, 홍윤성은 한 번도 신문하지 않으니, 신 등은 불가하다고 생각합니다." 하니.

임금이 글로 답하기를, "임금인 내가 능히 수령들의 선악을 다 알지 못하기 때문에 관찰사로 하여금 수령들을 포상하고 퇴출하게 하는 것이다. 만약 임금이 능히 수령의 선악과 공과를 다 알 수 있다면 어찌 관찰사의 힘을 빌겠는가? 필시 임금으로 하여금 관찰사의 권한에 구애되고 사헌부의 말에 제지되어 하나라도 조치할 바가 없게 될 것이니, 아랫사람에게 권세를 맡긴 다음이라야 조정이 당당해지고 국가가 반석 위에 서겠는가? 홍윤성의 일은 신문할 만한 것이 있으면 어찌 신문하지 아니하겠는가? 내가 이미 상세히 이를 말하였는데, 네가 전일에 말하기를, '의금부 제조가 일부러 홍윤성의 일을 지체시키고 있습니다.' 하기에, 내가 무슨 일이냐고 물었더니, 네가 아무 말이 없었다. 지금 또 와서 말하는데, 무슨 일을 신문할 만하다는 것인가? 또 누가 먼저 이러한 의논을 내었는가?" 하였다.

– 세조실록 4년 7월 18일 –

이어 명하기를, "너희들은 홍윤성이 무슨 죄가 있다고 말하는가? 어찌 죄를 헤아려서 청하지 않는가?" 하였다.

김국광이 다시 아뢰기를, "일전에 본부에서 홍윤성에게 물었더니, 대답하기를, '노부모께서 내가 자식이 없다고 하여, 지난해 3월에 김한의 집과 약혼하였는데, 마침 어미의 상을 당하여 장가를 들지 못하였는데, 그 후 아비가 자주 글을 보내고 속히 장가들도록 하였으나, 기년이 아직 지나지 않았기 때문에 감히 장가들지 못하고 있었습니다. 지금 곧 함길도로 멀리 부임해 갈 것이니, 아비의 명을 거듭 어기게 되고, 또 김한의 아내의 오라비 김인이 좋아하지 않는다는 말을 들었기 때문에 김한의 집에 가서 그들을 일일이 타이르니, 그 어미와 딸이 나에게 술을 대접하였는데 마침내 밤이 깊게 되어 머물러 잤습니다.' 하였습니다. 이 말로써 보건대, 그의 죄를 알 수가 있습니다."

– 세조실록 4년 7월 22일–

하였으나, 윤허하지 않고 명하기를, "너희들이 사건의 실마리와 이유를 규명하지도 아니하고 나에게 묻는 것은 심히 무례하다. 속히 물러가라."
하였다. 또 명하기를, "전일에 권이경이 말하기를, '신이 일 때문에 의금부에 갔더니,

모든 홍윤성에 관계된 사건은 의금부에서 모두 덮어 두고 묻지 않았습니다.' 하였으므로, 내가 묻기를, '무슨 일을 덮어 두었는가?' 하니, 권이경이 대답하기를, '일일이 열거할 수가 없습니다.' 하였는데, 대개 덮어 두고 있다고 하는 것은 권이경이 사실이 아닌 말을 가지고 가볍게 이를 말한 것이었다. 내가 즉시 그를 죄주려고 하였으나, 다만 김분·김인을 신문하는 일이 아직 끝나지 않았는데 갑자기 권이경을 죄준다면 법을 굽힌다고 할 것을 혐의스러워하여, 그 사건이 끝나기를 기다렸다. 지금 김분 등이 이미 말하기를, '혼서婚書가 지난해 3월에 있었고, 또 홍윤성이 술에 취한 것이 너무 심하여 인사불성이어서 우연히 잔 것입니다.' 하였으니, 홍윤성의 사건은 모두 사실이 아닌 데에서 나왔기 때문에 권이경을 죄준 것이다. 너희들에게 관계된 것이 아니니, 속히 직무에 나아가라." 하였다.

- 세조실록 4년 7월 27일 -

1458년[34세] 8월 승지 윤자운이 김분·김인의 옥사를 아뢰니, 사형을 감할 것을 명하였다.

승지 윤자운이 김분·김인 등의 옥사를 아뢰니, 명하기를, "김분 등은 홍윤성이 그 누이에게 장가들려고 한다고 무고하여 홍윤성을 모함하였다. 그 죄가 가볍지 않으니, 모름지기 죽여야 하고 용서하지는 못한다."하였다.

윤자운이 말하기를, "김분 등이 본래 적자와 첩의 구별이 있는 양반인데, 이를 구별하고자 하였기 때문에 그러하였던 것입니다. 또 죄가 국가에 관계된 것이 아니니, 죄의 등급을 낮추도록 하소서." 하니,
명하기를, "원훈 대신은 나라와 더불어 기쁨과 슬픔을 같이하니, 무릇 백성들이 마땅히 그를 국가와 일체로 보아야 한다. 만약 김분 등이 말한대로 한다면 공신은 어떻게 보전하겠으며, 국가를 어떻게 유지하겠는가? 하였다.

조금 있다가 중궁이 언문으로써 아뢰기를, "근래에 사람들 가운데 죽을죄에 연좌된 자가 많았는데, 김분 등이 범한 죄도 진실로 같은 유에 해당한다면, 성상께서 모름지기 극형에 처하여야 할 것입니다. 그렇지 않다면, 먼 곳으로 유배하여서 살 길을 구해 주소서" 하니, 임금이 즉시 그 글을 승정원에 내려 보내어 특별히 사형을 감하게 하였다.

- 세조실록 4년 8월 24일 -

세조실록의 기록만으로 보아 사건의 전모가 홍윤성이 김한의 딸을 간통하기 위해 간 것인지 결혼을 성사시키기 위해 간 것인지는 명확하지 않다. 세조가 판단하기로는 홍윤성이 결혼을 성사시키기 위해 김한의 집에 가서 술을 얻어 마시고 취해서 그 집에서 잠을 잔 것으로 판단하였으며, 국가의 원종공신이기에 사헌부와 사간원, 의정부의 탄핵에도 불구하고 무죄로 여겨 직무를 수행하게 하였고, 홍윤성을 신고한 사람에게는 국가 공신을 무고한 죄로 의금부에 투옥시켜 사형 직전까지 간 사람을 중궁전의 청으로 감형한 것으로 기록하고 있다. 아무런 권력과 배경도 없는 사람이 홍윤성을 상대로 무고죄를 고하기 위해 목숨을 건 채 한밤중에 대궐 앞에서 울부짖을 국민이 있을 수 있을까. 유권무죄 무권유죄[44] 판결을 받았으니 조선시대나 550년이 지난 오늘이나 전혀 변하지 않는 현실이다. 죄를 짓고도 권력만 가지면 무죄가 되는 세상이 몇 백년 동안 쌓이고 쌓여 유독 권력을 잡으려는 집착이 우리 민족의 DNA로 깊숙이 뿌리내린 것은 아닐까.

홍윤성의 성추행 미수사건이 종결된 이후 1458년 8월 세조는 마음이 편치 않았든지 신숙주·한명회·황수신을 불러서 홍윤성의 일에 대해 물었다.

임금이 신숙주·황수신·한명회 등에게 이르기를, "근일에 사헌부에서 홍윤성의 사건을 심하게 논의하였는데, 과연 이것이 옳은가? 그른가?"
하니,
신숙주 등이 대답하기를, "홍윤성은 실로 옳지 못하였습니다." 하였다.
임금이 말하기를, "경 들은 어찌 이와 같이 말하는가?" 하고 즉시 술로써 벌을 주고, 한참 있다가 다시 말하기를, "권이경을 파직하지 않았다면 홍윤성은 온전하지 못하였을 것이다." 하였다

— 세조실록 4년 8월 24일 —

---

44) 권력을 가진 자는 무죄가 되고 권력이 없는 자는 유죄가 되는 세상

이처럼 임금은 홍윤성의 잘못을 알고 있었지만 임금을 도운 공신이라 어찌할 수 없었음을 실토한 것이다. 이후에도 홍윤성에 대한 총애는 무한히 베풀어진다. 그해 10월 승정원에서 임금의 명을 받들어 충청도 관찰사에게 글을 내리기를, "지중추원사 홍윤성이 부모를 뵙기 위하여 홍산에 가니, 그 아비에게 연회를 베풀어 위로하고 그 어미의 무덤에 제사를 올리게 하라." 하였고, 또 10월 13일에는 홍윤성의 서울집에 주악을 내려 주고, 종친과 재상 이상으로 하여금 연회에 참석하도록 하였다. 이는 그동안 간관들의 탄핵을 견디어 내느라 마음고생이 심했던 홍윤성을 달래기 위함이었다.

끊이지 않았던 홍윤성의 권력형 비리

1468년[44세] 세조 14년 2월 20일 밤 2시에 어떤 사람이 행궁의 북문 밖에서 곡을 하여, 곡성이 대궐 내에 통하니, 임금이 사람을 시켜 물어보게 하였더니, 바로 홍산 정병 나계문의 아내 윤덕녕이었다. 윤덕녕은 성균 사성 윤상은의 딸이니, 그의 말에 이르기를, "소생의 지아비 나계문은 인산군 홍윤성의 노비의 남편 김석을산에게 해를 당하였는데, 관리의 엄호로 인하여 즉시 원수를 갚지 못한 까닭으로 먼 거리를 수고로움을 무릅쓰고 조금씩 걸어서, 원통한 호소를 성상 앞에 상서하려고 합니다." 하였다.

그 글에 이르기를,
"홍윤성의 노비 남편 김석을산은 세도 가문을 빙자하여 시골을 짓밟고, 눈을 치뜨면서 흘김으로 인하여 첩의 지아비를 곤욕하게 하였으나 감히 항거하지 못하였습니다. 지난해 12월에 첩의 지아비를 길에서 만나 무례함을 책망하고, 엄동설한의 얼은 땅에 의복을 발가벗겨 홍산 역원인 윤동질삼 등 6명을 불러다가, 수없이 구타하게 하여 끝내 운명하기에 이르렀는데, 현감 최윤은 오히려 홍윤성의 위세에 협박되어 단지 윤동질삼 등 3명만을 가두고, 김석을산 등은 다 불문하여 두었습니다.

홍윤성의 종 귀현·동질삼이 또 폭력으로 윤동질삼 등을 탈취하여서 돌아갔기 때문에, 누누이 고소하였더니 겨우 잡아 가두었는데, 관찰사 김지경은 또 사면을 칭탁하여 모두 방면하여 주고, 도리어 첩의 형 한산교수 윤기와 첩의 지아비의 종형 나득경 등에게 정승을 모해하였다고 어거지로 얽어서 죄를 만들어 잡아다가 공주의 옥에 가두었습니다.

권세하는 집이 자못 위협을 가해 소재지에 잔인하게 해를 끼쳐 백성이 의지하여 살 수가 없고, 위협당하여 쌓이는 것을 상하가 서로 용납하여서 임금님의 총명에 화를 이루는 것을 점점 자라게 할 수 없으니, 첩은 그윽이 통절하게 여기옵니다." 하니, 곧 윤기의 소행이었다.

임금이 이를 보고 윤덕녕을 불러 친히 물으니, 윤덕녕이 그 원통함을 역력히 진달하되 말이 심히 통절하니, 임금이 가엾게 여기었다. 관찰사 김지경·홍산 현감 최윤을 불러, 김지경에게 묻기를,

"너의 직임을 한 지방을 통찰함에 있으므로 일의 크고 작은 것이 없이 네가 당연히 알 것인데, 홍윤성의 노비 남편 김석을산이 교만하고 횡포하며 방자하고 잔학함이 사람을 죽이는데 이르렀어도 너는 무엇을 두려워하고 용서하여 놓아 주기를 이렇게 하였느냐?"

하니, 김지경이 대답하기를, "신은 이 일을 곤장을 치며 신문한 형방에게서 들었고, 또 최윤을 문책하여 잡게 하였으며, 죄인은 비록 도망하였더라도 나머지 무리를 가두게 하였습니다. 또 신은 일찍이 세종과 전하를 섬긴 이래로, 20여 년이나 사헌부의 직책을 역임하면서 항상 억지로 제어하는 것을 두려워하지 않는 것으로 자처하였던 까닭에, 임금이 있는 것만 알고 대신이 있는 것을 알지 못했으니, 어찌 오늘날에 홍윤성만을 두려워 하겠습니까?"
하니, 임금이 말하기를, "그렇다면 네가 사면령으로 살인자를 방면한 것은 어째서이냐?"

하니, 김지경이 대답하기를, "이것은 고의로 살인한 것이 아닌 까닭으로, 신이 방면

하게 하였습니다."

하므로, 임금이 말하기를, "그렇다면 너는 이것을 잘못하여 죽인 것이라 생각하느냐? 장난질하다가 죽인 것이라 생각하느냐?"

하니, 김지경이 율문에 의거하여 대답하였으나, 그러나 말이 자못 궁하였다. 최윤에게 묻기를,

"홍윤성의 노비 남편이 살인을 했는데도 네가 즉시 잡지 아니하고 도망해 달아나게 하였으니, 너는 누가 두려워서 그랬느냐? 지난번에 강안중이 실지로써 대답하지 않았다 하여 죽인 것을 너는 듣지 못하였느냐? 너는 마땅히 바른대로 진술하여라."

하니, 최윤이 대답하기를, "신은 즉시 아전을 보내 잡았습니다마는, 김석을산이란 자는 스스로 그 죄를 알고 도망하여 숨어서 단지 윤동질삼 등만 잡아 가두었습니다."

하므로, 임금이 말하기를, "귀현·동질삼 등이 탈옥시킨 일을 너는 알지 못하였느냐?"

하니, 최윤이 대답하기를, "귀현·동질삼이 처음에 신에게 고하지 않고 사사로이 탈옥시켜, 신은 진실로 알지 못하였습니다."

하니, 임금이 말하기를, "네가 알지 못하였으면 어떻게 감사에게 옥을 뛰어 넘어 도망하였다고 보고하였느냐?" 하니, 최윤의 대답에 뒤섞임이 많았다.

임금이 말하기를, "너는 홍윤성을 몇 번이나 뵈었느냐?" 하니, 대답하기를, "두 번뿐이었습니다." 하므로, 임금이 말하기를, "네가 본 것은 무슨 일 때문이었느냐?" 하니, 최윤이 대답하기를, "대신이 고을에 이르렀으니, 보지 않을 수 없었습니다." 하니, 임금이 말하기를, "너는 수령이 되었으니, 또 글자도 알 것이다. 옛말에 이르기를, '한 사람을 섬긴다.'고 하였는데, 네가 왕으로 섬기는 이는 누구이냐?" 하니, 최윤이 대답할 수 없었다.

또 김지경에게 묻기를, "백기 등이 고발한 바의 나득경 등이 정승을 모해하였다는 일은, 너는 처음부터 믿고서 가두었느냐?" 하니, 김지경이 대답하기를, "신은 처음에 믿지 않았으나, 그러나 다시 생각하니, 대신을 모해하였다는 것은 일이 작은 의리가 아니어서 우선 들어주었습니다."

하므로, 임금이 말하기를, "처음에 믿지 않은 것은 무엇이며, 뒤에 들어준 것은 무엇이냐?"

하니, 김지경이 대답하지 못하므로, 명하여 모두 목을 옭아매어 밖으로 내보내고, 명하여 영순군 이부·고령군 신숙주·호조판서 노사신·중추부 지사 임원준·이조판서 성임·행 호군 안철손·동부승지 한계순·사헌 집의 이극돈·사간원 헌납 조간 등에게 국문하게 하고, 진술에 관련된 자 수십 인은 의금부 진무 이윤손·이종산에게 명하여, 정병·나장 20여 인을 거느리고 역말을 주어 찾아 잡게 하고, 또 남포 현감 이우에게 명하여, 김석을산의 부모·처자·형제와 멀고 가까운 족친, 삼절린三切隣 ⁴⁵⁾ 등을 잡아, 남포의 옥에 가두게 하였다.

-세조실록 14년 2월 20일-

1468년 세조 14년 2월 22일 윤덕녕이 홍윤성의 비리를 밝혔다. 임금이 고령군 신숙주 등을 불러 입궐하여 옥사를 의논하게 하고, 또 윤덕녕을 불러 김석을산이 권세를 빙자하여 횡포한 짓을 방자하게 하고 그 지아비를 구타하여 죽인 일을 다시 물으니, 윤덕녕이 진언하기를,

"첩이 홍윤성의 불법한 일을 다 말하려 하여도 모두 말할 바가 아니나, 첩의 지아비를 죽인 일은 하루아침 하루저녁의 연고가 아닙니다. 지난해 가을에 홍윤성이 처음 정승이 되니, 고을 사람이 모두 한 시골에서 드물게 있는 일이라 하여 관노비 2구를 주었는데, 당시 첩의 지아비는 유향소의 사령이 되어, 홍윤성에게 튼실한 노비를 주지 않았다 하여 첩의 지아비를 곤장을 때려 거의 죽게 되었습니다.

또 지난해 홍윤성이 아비의 초상을 당하여 시골에 와서는, 군인 2백여 명을 청하여 첩의 집 뒷산의 소나무를 거의 다 벌목하고, 수일이 못되어 또 사람을 보내어 첩의 집 동산 안의 나무를 밝게 기록하여 장차 다 벌목하려 하므로, 그때 홍윤성의 첩 복지가 홍윤성의 여막에 있어, 첩의 마음으로 생각하기에는 복지에게 청하여 홍윤성에게 말하면 동산 안의 나무가 온전하겠기에, 즉시 술과 음식을 갖추어 가서 먹이고 이를 청탁하였더니, 복지가 응낙하므로 마음이 스스로 기쁘고 다행하였는데, 얼마 아니되어 군인 1백여 명을 보내어 동산 안의 잡목도 다 베어 냈습니다. 첩의 지아비

---

45) 범죄 사건이 났을 때 그 사건이 난 바로 이웃에 사는 세 집을 말함.

가 누추한 집에서 수십 년을 기른 나무가 하루아침에 권세하는 이에게 탈취 당하였어도 궁벽하고 황폐한 먼 땅에서 호소할 데가 없고, 또 도망한 장정과 숨은 군졸은 모두 그 집에 있으며, 홍산 한 고을의 태반이 붙좇고 그 붙좇지 않은 자는 궁한 백성뿐입니다." 하였다.

임금이 최윤에게 묻기를, "네가 관노비를 사람에게 준 것은 어째서이냐?" 하니, 최윤이 대답하기를, "이것은 시골의 풍습인 까닭으로 신이 부득이 따랐습니다." 하므로, 임금이 말하기를, "도망한 장정과 숨은 군졸은 무슨 말이냐?"

하니, 최윤이 역력히 헤아리므로, 명하여 이를 쓰게 하였다. 처음에 김지경이 충청도 관찰사가 되니, 홍윤성이 가서 전송하려는데, 김지경은 마침 선친의 기일이고 또 병이 들어 보지 못하여, 홍윤성이 혐의를 머금고서 돌아갔다. 그날 저녁에 하동군 정인지·봉원군 정창손이 또 와서 전송하려 하였는데, 모두 병이라 하여 보지 않았다. 이에 이르러 윤덕녕이 임금에게 진언하기를,

"관찰사의 화합하지 않음이 이와 같은데도 단지 윤동질삼 등만을 가지고 고의로 살인한 것이 아니라 하여 방면하였으니, 이것은 그의 실책인 것입니다."

하니, 임금이 김지경에게 이르기를, "홍윤성은 대신인데, 너는 어찌하여 보지 않았느냐?"

하니, 김지경이 대답하기를, "신은 바야흐로 풍병이 들었으니, 대신의 연고라 하여 무릅쓰고 참고서 일어났다가 병이 혹시 더 발하게 되면, 끝내 전하의 위임한 뜻을 저버릴까 두려웠던 까닭으로 신은 나가 보지 못하였습니다."

하므로, 임금이 다시 묻지 아니하였다. 또 명하여 홍윤성의 노비 남편 백기·소남 등을 궁궐에 잡아 와서 윤기 등이 대신을 모해한 일을 무고한 것을 고신하게 하고, 즉시 윤기 등을 방면하여 보냈다.

-세조실록 14년 2월 22일-

2월 24일 임금이 홍윤성에게 이르기를, "경은 김석을산의 살인한 일로 염려하지 말라. 일이 사직에 관계될 것 같으면 말겠거니와 제가 스스로 살인한 것이니, 경이 어찌 참여하겠느냐?" 하니, 신숙주가 대답하기

를, "살인한 것은 비록 김석을산에게 있더라도, 죽이게 한 것은 진실로 홍윤성의 권세에 인연하였으니, 홍윤성은 책임을 피할 수 없습니다." 하였다. 임금이 말하기를, "홍윤성은 죄가 없으니, 다시 말하지 말라."하고, 명하였다. 홍윤성이 급히 그의 장막으로 돌아가고, 잠깐 후 유도 장상 등이 김석을산을 잡아 형틀에 매었으므로, 의금부의 옥에 내려 단단히 가두게 하였다. 2월 29일 이극돈·조간 등이 홍윤성의 불법한 일로 벌을 줄 것을 청했으나 불허하였다.

집의 이극돈·헌납 조간 등이 번갈아가며 상소하기를,
"신 등은 홍윤성의 불법한 일 등을 가지고 죄를 다스릴 것을 여러 번 청하였으나, 지금까지 윤허를 입지 못하였습니다. 신 등은 듣건대, 신하가 임금에게 아들이 아비에게 잠깐이라도 일호의 분수를 넘는 일이나 거짓을 꾸민 정상이 있다면 비록 자애로운 아비일지라도 오히려 그 아들을 용납할 수 없다고 하였는데, 하물며 임금이 명분을 바루어 상벌을 분명히 하는 것이겠습니까?

사사로이 사람의 목숨에는 화해가 되어도 법에는 죄가 있는 것인데, 홍윤성은 두 번이나 서신을 통해 염치없는 글로 화해를 청하여도 거절당하였고, 아전으로 하여금 벼 10석, 포 3필을 주었어도 또 거절당했으니, 여러 번 물품으로 달래고 협박하며 욕하였습니다. 이런 정상은 이치를 알지 못하는 자라도 차마 하지 못하는 것이나, 어떠하든 죄는 하나에 그칠 따름입니다. 사람의 죄와 허물을 얽어 매어서 위세를 과장하고 나의 그릇된 사실을 교묘하게 꾸며서, 임금님의 귀를 속이는 데에 까지 이르러서는 일이 위엄에 관계되어 용서함이 마땅하지 않으니, 신하의 죄로써 누가 이보다 큰 것이 있겠습니까?

전하께서는 정권의 강령을 총람하여 한결같이 명분을 바르게 하시고서 유독 홍윤성에게만 용납하시니, 이것이 신 등이 여러번 왕의 위엄을 번거롭게 하며 시끄럽게 하여 마지않는 까닭입니다. 어제 전교하기를, '홍윤성이 죄상은 나타나지 않았으니, 국문함은 마땅하지 않다.'고 하시니, 신 등은 무엇을 이르심인지 알지 못하겠습니다. 이효생을 유인하여 고발하는 초안을 작성하게 하고, 두세 번이나 더하고 덜어서 온 갖가지로 거짓을 꾸몄으며, 그 사이에 오고간 증거가 명백합니다. 우양·안극사가 그 하나이고, 전후의 상소장에 나타나 있는 자가 그 둘이며, 임금님께서 직접 문초하실 때 초안을 가지고 친히 아뢴 것이 그 셋이니, 이것은 모두 전하께서 깊이 통촉하신 것이고 신 등이 한가지로 본 것인데 청천 백일의 아래에 어찌 숨김이 있겠습니까? 경전에 말하기를, '열 손가락이 가리키고 열개의 눈이 바라보는 바이며, 그 엄정함이여!' 하였으니, 이것을 이름입니다. 신 등은 또 듣건대, 착한 것을 상주고 악한 것을 징계함은 왕도의 법전이라 하였습니다.

윤덕녕은 고독하고 한미한 필부로서 권세에 억압되었어도 물질로써 꾀임이 되지 않고 위협이 되지도 않았으며, 마침 임금께 상소하여 능히 지아비의 원한을 복수할 수 있었으니, 이것은 비록 남의 아내가 된 자의 분수안의 일이라 하더라도 또한 어찌 평범한 아낙네가 할 수 있는 것이겠습니까?

옛사람이 '한 사람을 상 주어서 천만 인을 장려하고, 한 사람을 벌 주어서 천만 인을 경계한다.' 함도 그 마땅한 것을 상줌으로써 벌이 범람하지 않게 함이니, 엎드려 바라건대 홍윤성의 죄를 밝게 처단하여 한 나라의 법을 어기는 자를 징계하고, 윤덕녕의 절개를 포장하며, 한 나라의 착한 일을 하는 자를 장려하시면, 누가 얼굴을 고치며 뜻을 노력하여 착한 것을 좋아하는 데 스스로 서지 않겠습니까?"

하니, 임금이 보고 말하기를, "너희들의 말은 심히 간절하여, 내가 매우 가상하게 여긴다."

임금이 신숙주에게 이르기를, "김석을산의 살인에 당초 홍윤성이 간여하지 않았는데도, 대간이 연명으로 상소하여 그 죄를 극언하고, 경도 또 그 일을 문초하여 홍윤성을 추궁하였는데, 내가 홍윤성을 사랑하여 무죄로 하려 함이 아니라, 법에 의거하여 논한다면 홍윤성은 죄가 없다."

하니, 신숙주가 대답하기를, "김석을산이 사람을 죽인 것을 처음에 어찌 알았겠습니까? 몰래 아전에게 부탁하여 윤씨 등을 해치려고 한 정상을 생각해 보면, 어찌 죄가 없을 수 있겠습니까?

하므로, 임금이 말하기를, "홍윤성은 매우 무식한 자가 아니니, 어찌 슬그머니 부탁하여 해치려고 하였겠느냐? 이는 그 무리가 한 것이니, 경은 어찌 홍윤성을 죄주기를 이와 같이 하느냐?"

하고, 술로써 벌하고, 이극돈·조간에게 이르기를, "내가 너희들의 말을 가상하게 여긴다. 대간의 이름을 한갓 이야기로만 듣고 사람을 보지 못하였는데, 이제 너희들을 보았다."

하고, 명하여 술을 마시게 하고, 이어 홍윤성을 불러 이르기를, "김석을산이 권세를 빙자하여 사람을 죽이고 횡포한 일을 자행하고 거리낌이 없었으니, 호랑이와 들소가 짐승의 우리 밖으로 나오거나 궤 속에 넣어둔 보석이 깨어졌다면, 이것은 누구의 허물이겠느냐? 경은 그 책임을 피할 수 없다. 또 부귀한데도 고향에 돌아가지 아니하고 비단 옷을 입고 밤에 다니는 것같이 하였으며, 경이 홍산을 왕래하면서 수령과 고을 사람들로 하여금 알현하게 하였으니, 이것은 인정의 상사이겠지만, 경이 연호군(농민으로 조직된 군대)을 발동하여 남의 동산에 있는 나무를 베어다가 개인 집을 짓고, 도망한 장정을 숨김으로써 군 인원을 줄인 것은, 경에게 진실로 죄가 있다. 이제 대간이 연명으로 상소하여 극진하게 간하였는데, 내가 경에게 죄를 가하지 않는 것을 문책하는 말이 심히 절실하고 지극하여, 내가 이미 책망을 받았으니, 경도 또한 마땅히 달게 받아라."

하고, 인하여 홍윤성에게 명하여 술을 올리게 하였다.

홍윤성은 홍산사람이다. 젊었을 때에 빈천하여 홍산 향교에서 독서하면서 괴로워도 부지런하고 게을리 하지 않았으며, 사람됨이 호협하고 용맹하며 힘이 있어서 활을 잘 쏘고 그 기운이 뛰어나 사람에게 지나는 것이 있었다. 과거에 급제하여 벼슬하게 되니, 세조가 사저에 있으면서 이미 그 위인의 그릇이 기이한 것을 알았다. 1453년에 정난공신되고, 뒤에 또 좌익공신에 참여하여 임금의 뜻하는 바가 날로 두터워서, 몇 년이 안되어 권세와 지위가 극진하였다. 드디어 부귀를 이루었는데, 부귀하여서는 억세고 사나우며 포악하고 어그러져서, 의를 행할 것은 돌아보지 않고 오로지 기세로써 사람을 능멸하며 부귀한 것을 스스로 자랑하였고, 논밭과 집을 널리 세우고 첩을 많이 두었다. 평생에 부족한 것을 보상하였으니, 비록 부형의 존귀라도 또한 멸시하듯 보는 까닭으로 위세와 기염이 전국에 왕성하여, 사람들이 두려워하고 꺼리는 바가 많았으니, 그 위엄을 쌓아 극진함이 수행인이 살인하는 데 이른 것이었다. 임금이 일찍이 이르기를,
"경이 실수하는 것은 스스로 시비하는 사람에게 기세를 가지고 사람을 업신여기는 데 있으니, 경은 스스로 삼가라." 하니, 홍윤성은 단지 관(모자)만 벗고 사례할 따름이었다.

-세조실록 14년 2월 29일-

1468년[44세] 세조 14년 3월 5일 이효생을 국문하고 홍윤성의 변론을 들은 후 김석을산 등에 대한 처벌을 하였다. 홍윤성을 제외한 모든 관련자가 처벌을 받았으나 홍윤성만은 이번에도 빠져 나갔다. 누가 봐도 객관적이지 않은 판결이었지만 세조의 성품을 아는 대신들인지라 결과에 대해서는 굳게 입을 다물었다. 최종 판결이 있은 이후에는 더 이상 이 일에 대해 간언하는 헌관도 없었다.

고령군 신숙주·능성군 구치관·영성군 최항·인산군 홍윤성·예조 판서 임원준·호조 판서 노사신 등이 와서 은혜에 사례하니, 불러 들여 술자리를 베풀고, 또 경상도 관찰사 김겸광·충청도 관찰사 안철손을 불러 술을 먹이고, 이르기를,

"그대들은 한 지방을 위임하였으니, 각각 삼가서 일을 하라. 속언에 말하기를, '좋은 일은 없는 것만 같지 못하다.'고 하였으니, 경들은 모름지기 번거롭게 일을 만들지 말라. 또 아름다운 법은 좋은 약과 같아서 그 병이 되는 근원을 살펴서 다스리면 병이 나을 수 있다. 약은 비록 좋다고 하더라도 사용하는데 지나치면 병은 도리어 더치게 되니, 경들은 아름다운 법을 가지고 일을 다스리고, 백성에게 번거로운 일을 내지 말라."

하고, 또 홍산 호장 이효생을 불러 묻기를, "무고한 주모자는 누구이냐?"

하니, 이효생이 대답하기를, "신이 홍산에 있을 때, 홍윤성이 수행인 윤생을 시켜서 부르고, 신에게 이르기를, '홍산 사람으로 윤씨를 몰래 사주할 자는 누구인가? 네가 마땅히 이름을 열거하여서 오라.' 하므로, 신이 부득이 몇 사람을 기록하여 보였는데, 홍윤성이 신 이효생을 가지고 대신을 모해하였다고 기술하여, 신으로 하여금 써서 고발하게 하였으니, 신은 처음 모의에 참여하지 않았습니다."

하므로, 임금이 홍윤성에게 이르기를, "경은 마땅히 스스로 변명하라." 하니, 홍윤성이 말하기를, "신은 항상 서울에 있었으니, 어찌 홍산에 있는 모모인을 알겠습니까? 또 윤생이란 자는 그 당시 매鷹를 가지고 도망하였으니, 신은 실로 알지 못합니다."

하니, 이효생이 다시 말하기를, "윤생은 그 당시 도망하지 않았고, 홍윤성은 윤생을

시켜서 신을 불렀으므로 신은 부득이하여 따랐습니다."

하니, 임금이 명하여 밖에 내다가 국문하게 하였다. 집의 이극돈 등이 또 홍윤성에게 죄주기를 청하니, 전교하기를, "무고한 일은 모두 그 아래에 있는 무리들이 한 짓이고, 홍윤성은 아는 것이 아니니, 이런 작은 글로써 공신에게 죄를 가함은 옳지 않다. 금후로는 다시 말하지 말라."

하고, 즉시 의금부에 전지하기를, "김석을산은 능지처사하되, 처자는 강원도로 옮기고, 윤동질삼·귀현·동질삼은 모두 참형에 처하며, 백기·소남은 각각 장 1백 대를 때리게 하고, 이효생은 장 1백 대에, 유배 3천리에 처하고 전 가족을 강원도로 옮기어 관노비에 소속시키며, 김지경은 직첩을 거두고, 이복진·최중산 등은 뒤를 쫓아가 잡게 하며, 최윤은 서울 감옥에 가두게 하라."

하고, 또 예조에 명하기를, "홍산 사람 나계문의 아내 윤씨는 위세를 두려워하지 않고 지아비의 원수를 갚았으니, 절개와 의리가 가상할 만하다. 관에서 쌀 10석을 주고, 특별히 그 집을 부역을 면제하게 하라. 김석을산은 홍윤성의 위세를 빙자하여 시골에서 위엄을 부려도 감히 누가 어찌하지 못하였다. 나계문을 죽여서 그 아내 윤씨가 홍산 현감 최윤에게 호소하였는데도, 최윤은 홍윤성과 마을을 한가지로 하여 홍윤성을 따라 홍산 현감이 되었으므로 즐겨 송사를 듣고 심리하지 않았고, 또 감사 김지경에게 호소하니, 김지경은 처음 듣고는 놀라서 그 사건에 간여한 사람을 가두었다가, 마침내는 홍윤성에게 아부하여 사면기간이 지났다고 칭탁하여 방면하고는 이에 이르러 모두 죄를 인정하였으니, 차등 있게 죄주라." 하였다.

−세조실록 14년 3월 5일−

33세된 관찰사를 과음시켜 죽게하다

1471년[47세] 6월 관찰사 이수남이 사망하니 사헌부 지평 김수손이 이수남에게 술을 권한 홍윤성을 국문할 것을 청하였다. 이수남은 성종이 즉위하여 병조 참의에 제수되고, 1471년에 좌리공신의 호를 주어, 황해도 관찰사에 제수하였더니, 하루 전 저녁에 홍윤성의 집에 가서 지나치게 술을 마시고 이튿날로 바로 사망하였으니, 나이는 33세였다.

사헌부 지평 김수손이 와서 아뢰기를, "이수남이 홍윤성이 집에 이르자, 홍윤성이 소주를 강권하여 죽게 하였으니, 청컨대 국문하게 하소서." 하니 전교하기를, "이수남이 만리에서 돌아왔기에 홍윤성이 술을 권한 것인데, 무엇이 불가함이 있겠느냐?" 하였다.

– 성종실록 2년 6월 3일 –

그러자 이번엔 지평 김이정이 술을 금지하는 영을 어긴 홍윤성을 국문할 것을 청하였다.

"술을 금하고, 분경을 금하는 영이 엄격하지 않은 것이 아닌데도 홍윤성은 대신으로서 제일 먼저 금령을 범하였으니 마땅히 국문하게 하소서." 하니 명하기를,
"훈구 대신의 그릇된 일을 어찌 반드시 국문하겠느냐? 분경奔競[46]을 금하고 술을 금하는 것은 책임이 어느 관청에 있는데, 어찌 금단하지를 못하고는 이에 이르렀느냐?"
하니 김이정이 말하기를, "분경을 금할 곳은 한 군데가 아닌데다 관리가 적어 미처 보내지 못하였습니다." 하였다.

– 성종실록 2년 6월 5일 –

홍윤성이 와서 아뢰기를, "신이 이질을 앓아, 항상 소주를 복용하는데, 하루는 이수남이 술 취한 김에 와서 담소하는 사이에 단지 두어 잔을 권한 것이, 이에 이를 줄은 뜻하지 못하였으니, 청컨대 대죄하게 하소서." 하니 명하기를, "비록 술을 금하더라도 복약하는 것이 어찌 해롭겠는가? 비록 분경을 금하더라도 찾아오는 자는 볼 것이니, 대죄하지 말라."
하고 또 전교하기를, "경이 이질을 앓는 까닭으로 소주를 내렸으니, 마

---

46) 벼슬을 얻기 위하여 권문 세가를 찾아다니며 엽관 운동을 벌이던 일.

시고 가는 것이 옳다." 하니 홍윤성이 공경히 받들어 사례하였다.

홍윤성의 졸기

1475년[51세] 성종 6년 9월 8일 인산 부원군 홍윤성이 졸하니, 조회를 철하고·조문을 하고·장례 예의하기를 예와 같이 하였다. 홍윤성의 자字는 수옹守翁이니, 회인현 사람이다. 1450년에 문과에 급제하여 승문원 부정자로 보임되었고, 무재武才가 있다 하여 특별히 사복직을 겸하였다. 1451년에 한성 참군을 뛰어 배수하고, 통례문 봉례랑·사복 주부를 역임하였으며, 세조가 사저에 있을 때, 문종이 명하여 진나라 사서를 편찬하게 하니, 홍윤성은 낭좌로 참여하였다.

문종이 승하하자 세조는 주상이 젊으므로 나라가 위태함을 근심하였었는데, 홍윤성을 보고는 기이하게 여기어 은미한 뜻을 나타내니, 홍윤성이 제일 먼저 권남에게 천거되었다. 1453년에 세조가 정난하여서는 수충 협책 정난 공신의 호를 내려 주고, 본시 판관으로 승직하였으며, 1454년에 또 소윤에 오르고, 얼마 있다가 사헌 장령으로 천전하였다. 1455년에 판사복시사가 되었다가 세조가 즉위하니, 통정 대부 예조 참의를 제수하고, 또 좌익 공신의 호를 내려 주었다. 1456년에 자품이 가선 대부에 참판으로 올라, 인산군을 봉하였고, 얼마 있다가 병조에 천직하였다가 또 가정 대부에 올라 다시 예조에 제배되었다. 1457년에 자헌대부 판서에 오르고, 이 해에 모친상을 당하였는데, 임금이 특지[47]하여 경상우도 도절제사를 삼았다. 1459년에 다시 예조판서에 제배되었고, 1460년에 정헌대부를 더하였다. 당시에 모련위 낭보군이 반란하니, 세조께서 신숙주를 장수로 삼고, 홍윤성을 부장으로 삼아 토벌하게 하였으며, 돌아오자 숭정대부를 더하였다. 1464년에 인산군 겸 판예조를, 1467년에 대광 보국 숭록 대부 의정부 우의정을 제배하였다.

---

47) 기복起復 : 기복 출사起復出仕 준말로, 상중에는 벼슬하지 않는다는 관례를 깨고 상제의 몸으로 벼슬길에 나아감을 가리킴.

1469년에 좌의정에 오르고, 예종이 고명을 받음에, 사은사가 되어 북경에 갔다가 돌아오자 영의정에 올랐다. 1470년에 인산 부원군으로 봉해지고, 1471년에 순성 명량경제 홍화 좌리 공신의 호를 내려 주었는데, 이에 이르러 발에 종기를 앓다가 졸卒하니, 나이는 51세이다. 시호는 위평威平이니, 용맹하여 강인한 결단력이 있음이 위威이며, 능히 화란을 평정함이 평平이다.

홍윤성은 용모가 웅위하고, 체력이 남보다 뛰어났으며, 젊어서는 가난하였는데 힘써 배워서 급제하니, 사람들이 재능이 있는 웅걸로 기대하였다. 세조를 만나게 되자, 총애하여 돌봄이 매우 융숭하였고, 홍윤성이 본시 빈궁하였음을 알고 많은 밭을 내려 주었다. 홍윤성이 재화를 늘리는 데 힘써 홍산 농장에 쌓인 곡식은 아주 많았고, 노복은 세도를 믿고 함부로 방자하여서 조금이라도 어기고 거슬리는 것이 있으면 혹 매를 쳐 죽이기도 하였다. 세조가 온양에 거동하여 목욕할 제, 사족의 부인 윤씨가 상언하여, 그 지아비가 홍윤성의 노복에게 살해되었음을 호소하니, 명하여 관할사에 국문하게 하여, 그 노복을 수레에 묶어 몸을 찢어 처형하고 홍윤성은 국문하지 않았다. 사헌부에서 탄핵하여 아뢰기를, "홍윤성의 거칠고 광망한 태도와 교만하고 제 마음대로 날뛰는 형상을 깊은 안목으로 통찰하소서."

하니, 당시에 이르기를, "그의 잘못을 똑바로 맞추었다."고 하였다. 시첩·노복이 조금이라도 어기고 거슬리면 문득 용서하지 않고, 궁검을 쓰기까지 하였으며, 아내 남씨에게 자식이 없어서 같은 고을의 선비 김자모의 딸을 강제로 취하여 장가들었다.

호조에 전지하여, 인산 부원군 홍윤성에게 부의로 미·두 각각 20석, 종이 1백 권, 백저포10필, 백면포 10필, 정포 50필을 주게 하였다. 성질이 사나워 권세를 얻은 뒤에는 주변을 돌아보지 않고 오로지 기세로써 다른 사람을 능멸하고, 집안 노비를 놓아 사람을 죽이기도 하였으며 자신의 숙부까지 살해했으나, 세조는 가볍게 처벌하였고, 그가 정난공신과 좌익공신으로 세조반정의 원훈인 이유로써 단지 책망만 하고 처벌은 가하지 않았다. 그의 유해는 충청남도 부여군 은산면 경둔리에 있다.

[승진과정]

세종 때 문음으로 출사, 군관, 공주 토포관

1450년[26세] 세종 32년 식년시 문과 병과급제. 권지승문원 부정자.
　　　　　사복시 주부, 한성부 참군, 통례문 봉례 등 역임

1451년[27세] 문종 1년 한성부참군·통례문 봉례랑

1453년[29세] 단종 1년 계유정난. 정난공신 2등

1454년[30세] 단종 2년 6월 장령

1455년[31세] 세조 1년 윤 6월 예조참의. 11월 좌익공신 3등
　　　　　12월 예조 참의

1456년[32세] 세조 2년 6월 예조참판. 9월 병조참판. 10월 예조참판

1457년[33세] 세조 3년 1월 도진무, 1월 예조판서, 6월 모친상
　　　　　7월 기복하여 지중추원사, 9월 좌리공신 1등.
　　　　　경상우도 도절제사

1458년[34세] 세조 4년 7월 홍윤성이 간통하려 한 일을 국문하게 하다.
　　　　　8월 신숙주 등에게 홍윤성의 일을 묻다.

1459년[35세] 세조 5년 1월 예조판서, 7월 겸 경상도 도순찰사

1460년[36세] 세조 6년 2월 겸 함길도 조전원수

1462년[38세] 세조 8년 10월 판중추원사

1463년[39세] 세조 9년 3월 인산군, 4월 세자 좌빈객

1464년[40세] 세조 10년 3월 겸 판예조사
　　　　　11월 8일 홍윤성의 아버지 홍제년에게 관직을 제수하다

1467년[43세] 세조 13년 1월 겸 오위도총관. 5월 우의정. 9월 인산군

1468년[44세] 세조 14년 2월 22일 홍윤성의 비리를 밝히다.
　　　　　2월 25일 사헌부·사간원에서 홍윤성을 치죄하라는 상소.
　　　　　3월 이극돈이 홍윤성에게 치죄할 것을 청하니 불허하다.
　　　　　9월 원상으로 삼다.

1469년[45세] 세조 15년 윤 2월 좌의정. 4월 명나라 사은사

1469년[45세] 예종 1년 8월 22일 영의정

1470년[46세] 성종 1년 4월 6일 영의정 면직. 인산군
　　　　　6월 관찰사의 임기를 3년으로 늘릴 것을 청하니 허락하다

1471년[47세] 성종 2년 3월 좌리 1등공신

1475년[51세] 성종 6년 9월 8일 인산 부원군 홍윤성이 죽다

1506년[사후] 연산 12년 2월 홍윤성의 집 등을 장숙용에게 주게 하다.

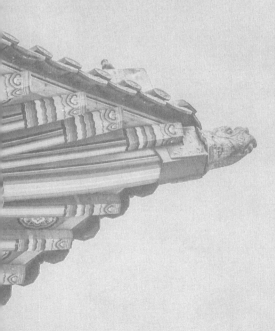

성종 시대

33. 윤자운 尹子雲
신숙주의 처남, 세조의 총애를 받다

생몰연도 1416년(태종 16) ~ 1478년(성종 9) [63세]
영의정 재직기간 (1470.4.6~1471.10.23) (1년6개월)

본관	무송茂松
자	지망之望
호	낙한재樂閑齋
시호	문헌文憲
공훈	좌익공신, 좌리공신
묘소	경기도 양주시 백석읍 홍죽리 산27번지
출신	전북 고창 출신
신도비	판서 서거정이 짓고, 판서 정난종 글씨
기타	신숙주의 처남, 세조의 총애를 받은 대신

증조부	윤소종尹紹宗 –	고려 병조전서, 위화도 회군공신 3 등
조부	윤회尹淮	– 예문관 대제학
부	윤경연尹景淵	
모	이백인의 딸	
장남	윤한尹瀚	– 첨지중추부사
손자	윤화명尹化溟	– 사헌부감찰
손자	윤곤명	– 적순부위
차남	윤해尹瀣	– 상서판관
누이	신숙주에게 시집가다	

영의정이 된 근원 - 2대공신(좌익·좌리공신)에 신숙주의 처남

윤자운의 자는 망지望之이고, 호는 낙한재樂閑齋로, 본관은 무송茂松이다. 증조부는 태조 때 동지춘추관사를 지낸 윤소종이며, 조부는 집현전 학사 출신이자 병조판서와 대제학을 지낸 윤회이고, 아버지는 부정을 지낸 윤경연이다. 윤자운의 누이가 신숙주에게 시집을 감으로써 세조와 가까워 질수 있는 기회를 잡았고, 세조 또한 신숙주를 자기 사람으로 붙잡아 두기 위해서는 신숙주의 주변 사람을 회유할 필요가 있었다. 세조가 신숙주의 처남 윤자운을 총애함으로써 두 사람이 서로 우호적인 관계를 유지하는데 한 발짝 더 다가설 수 있었다.

세조의 인사정책은 지지세력들에게 벼슬을 통해 보은했으며 한번 믿은 사람은 끝까지 총애하여 그 누구도 이 정책에 반기를 들지 못했다. 그를 믿고 따랐던 모든 1급 공신들에게는 영의정 자리를 부여하여 보훈하였다. 조선 왕조 대부분의 왕들이 펼친 인사정책은 영의정 자리는 병이 들어 물러나야 사직허가를 받아 주었지만, 세조는 영의정의 임기를 짧게 하여 많은 공신들이 한번씩 돌아가며 영의정이 되게 했고, 영의정에 물러난 후에는 군호를 부여하여 녹봉을 주며 출근하게 하였다. 윤자운은 신숙주를 세조 곁에 붙들어 두기 위한 차원에서 등용한 대표적인 인물로 성종 등극과 함께 영의정에 올랐다.

조선시대 인물들에 대해 편찬한 「국조인물고」에는 윤자운에 대한 기록이 없다. 재직중 불명예 퇴직한 인물들 외에는 대부분이 수록되어 있는 국조인물고에 재직기간 중 단 한 차례도 사헌부나 사간원으로부터 탄핵을 받은 적이 없었던 영의정 윤자운의 기록이 등재되어 있지 않은 것은 특이한 일이다.

1453년[38세] 단종 1년 8월에 윤자운이 이조좌랑으로 있을 때 수양대군이 계유정난을 일으켜 정권과 병권을 장악하자, 참모로 활약하였다. 1454년 2월 사간원 좌헌납이 되었다가 수양대군이 즉위하자 추충 좌익공신이 되어 대호군으로서 지사간원사를 겸하고, 1456년 동부승지, 우부승지, 좌부승지를 거쳐, 9월에는 공신의 덕으로 난신에 연좌된 부녀 원구의 누이 심이, 조완규의 딸 가이를 포상으로 물려받았다.

이시애의 난에 치욕을 당하고 살아 돌아오다

1467년[52세] 5월에 함경도에서 이시애의 난이 일어나자, 윤자운은 함길도 체찰사 겸 오위도총부 도총관으로 임명되어 난을 진압하도록 명을 받았으나 이시애의 군사력이 워낙 강해 관찰사, 절도사 등 여러 장수들이 죽었다. 진압하러 간 윤자운 마저 성이 포위당하여 7일 동안 성안에 갇혔다가 이시애가 조정을 속이는 문서에 서명을 하면 풀어준다는 조건을 내 밀자 이에 굴욕을 무릅쓴 채 서명하고 살아 나왔다. 다른 장수 같으면 군율에 따라 목을 잘렸어야 마땅하나, 윤자운이 살아서 돌아오니 임금이 기뻐하고 정인지·박원형도 따라 칭송하며 하례하였다.

윤자운이 함흥에서 돌아와 알현하였는데, 슬픔을 스스로 이기지 못하고 땅에 엎드려 소리내어 슬프게 우니, 임금도 눈물을 떨구고, 대궐 사람들도 모두 울었다. 윤자운이 상세하게 함길도의 사정을 아뢰고, 말하기를,
"신이 데리고 온 조여규·이승언 2인은 곧 신을 보호하여 살린 자입니다."

하니, 임금이 조여규 등을 불러 묻기를, "함길도의 백성은 이시애에게 속임을 당하여

무고한 이를 많이 죽였다. 이시애가 모반한 상황이 이미 드러났는데도 아직 정신을 차리지 못하고 깨우치지 못하느냐? 너희들은 어떻게 생각하느냐?" 하니, 조여규 등이 엎드려 재배하며 말하기를,

"일찍이 이를 알았으면 한 사내라도 족히 이시애의 목을 베었을 것인데, 그렇게 하지 못한 것은 순리를 알지 못한 때문이었습니다. 순리를 안다면 군중이 반란하여 친히 떨어질 것이니, 이시애는 솥단지 안의 고기가 될 뿐이니, 어찌 살기를 엿보겠습니까?"

하니, 명하여 의복과 양식을 주고, 논공행상의 글 20통을 주어 보냈다.

하동군 정인지·연성군 박원형·남양군 홍달손 등이 윤자운의 생환함을 듣고는 모두 입궐하여 칭하고, 도성 사람도 또한 모두 즐거워하며, 눈물을 흘리는 자도 있었다. 윤자운이 함흥에서 구속되었을 때에 죽이려는 자가 많았으나, 윤자운의 안색이 아무렇지도 않았으며 형세를 잘 응변하였다. 마을의 갑사 조여규·이승언이 호위하며 지켜주어 죽지 않았고, 임금이 글로써 윤자운을 불렀는데 마을 사람이 방면하는 것을 반대하여, 윤자운이 글을 지어 이시애에게 임금의 부름의 뜻을 주었더니, 이시애가 머뭇거리지 않고 글을 지어 대답하기를, "속히 서울로 돌아감이 옳다." 하니, 마을 사람이 들판에서 전송하는데, 윤자운이 평온하게 술잔을 주고받으며 두려운 빛을 드러내지 않았다. 경계를 벗어나 길가에서 글을 지어서 아뢰기를, "신은 이 달 25일에 방면되어, 27일에 회양에 도착하였습니다." 하니, 임금이 글을 보고는 크게 기뻐하였고, 여러 신하도 놀라고 기뻐하지 않는 이가 없었다.

– 세조실록 13년 6월 1일 –

중국사신 접대요령과 대처방법

1467년[52세] 8월에 명나라 사신 원접사가 되어 사신을 접대하였다.
1468년 2월에 다시 원접사로 봉하여 의주까지 마중 나가니 승정원에서 임금의 교지를 받들어 원접사 윤자운에게 글을 내리기를,

"여기에 동봉하는 절목을 잘 살펴서 시행하되, 또 각처의 선위사 등에게 보관하는 문서와 주머니에 소지한 것을 보이어, 견고하게 힘써서 이제는 빠뜨림이 없게 하라." 하고, 그 절목에 이르기를,

"1. 명나라 사신인 강옥이 그 어미의 안부를 묻거든, 대답하기를, '우리가 올 때 듣건 대, 전하께서 대인을 위하여 대인의 본향을 방문하게 하였더니, 그 어미는 1454년 5월 초 1일에 죽었다 하며, 그 나머지 친척에게는 물건을 내려 주거나, 벼슬을 제수하 거나, 혹은 잘 보전하게 하였다.'고 하라. 만약 어찌하여 외교문서를 보내지 않았느냐 고 묻거든, 대답하기를 '사는 곳의 관청에서 아뢰지 않았던 까닭으로 문서를 보내지 못하였다.'고 하되, 승문원·예조의 외교문서를 살펴보아서 만약 이미 문서를 보냈다 면, 모년 모월 모일에 이미 문서를 보낸 것으로써 대답하게 하라.

1. 무릇 공무에 관계되거든, 모두 대답하기를 '마땅히 전하에게 아뢰겠다.' 하고, 긴 요하게 관계되는 절목에 이르러서는 더욱 예단하여 대답함은 불가하니, 모든 관찰 사·수령과 더불어 함께 현장에서 의논하게 하라.

1. 명나라 사신 앞에서 고소하는 사람과 굶주린 자·빈궁한 사람을 금지하게 하라.
1. 지나가는 여러 고을과 여러 역의 법령과 문서는 관찰사·수령과 더불어 미리 먼저 조치하여, 남김없이 철거하게 하라.

1. 무릇 행사의 예에 관계되는 절차는 착오가 있어서는 불가하니, 관찰사와 더불어 마음을 다하여 고찰하게 하라.

1. 만약 건주위(여진족)를 정벌한 일을 묻거든, 대답하기를 '칙서가 이르던 날로 즉시 강순·어유소·남이에게 명하여, 본도의 군사 1만 명을 거느리고 정벌하러 들어갔다.' 하고, 만약 다시 자세하게 묻거든, 대답하기를 '우리의 소관이 아니니 자세히 알 수 없다.'고 하라.

1. 만약 이시애의 반역한 일을 묻거든, 대답하기를 '이시애는 함길도에 살면서 절도 사와 더불어 원한을 품고 난을 일으켰다.'고 하되, 자세하게 묻거든, 대답하기를 '한 번에 장수에게 명하여 토벌하였다.' 하고, 그 장수가 누구냐고 묻거든, '귀성군 이 준·조석문·강순 등이다.' 라고 하라. 또 자세하게 묻거든 소관이 아니라 알지 못한다 고 대답하라.

1. 원접사·선위사는 전례에 따라 교외에서 맞이하는 것을 제외하고는 조칙이 도착한 뒤에 예식하게 하라.

1. 기녀가 있는 곳은 여악사를 쓰되, 물리치거든 쓰지 말게 하라.
1. 관원에게 물품 공급하는 모든 일은 한결같이 전례에 의하게 하라.

1. 도로변의 군사는 옛 예에 의하여 앞에 3 부대, 뒤에 3 부대로 하고, 갑옷을 구비하지 못한 자는 관에서 주되, 공용과 사용의 갑옷은 다른 빛깔로 하지 말게 하며, 기마병은 서로 빌려 주더라도 메마르고 수척한 것은 하지 말게 하라.

1. 명나라 사신의 의복·갓·나무 구두의 체제는 번거로워 자세하게 알지 못하니, 미리 먼저 아뢰게 하라.
1. 우리나라의 의식 절차 1건을 가지고 가게 하라.
1. 역사 말이 부족하거든 역을 지나게 하라." 하였다.

— 세조실록 14년 2월 26일 —

사신의 북경 행차시 사치를 금하는 조항

1475년[61세] 7월 윤자운이 무송군 겸 예조판서직을 겸하였는데, 승정원에서 사치와 참람함을 금하는 규정을 초안해 올리니, 임금이 명하기를

"우리나라는 토지가 척박하고 백성은 가난한데도 젖어 온 풍속이 사치하고 참람하여 금령의 조건이 이미 대전에 갖추어져 있고, 또 여러 번 검소해야 한다는 교지를 내렸는데도 오히려 소박하고 순후한 데로 돌아가지 않고서 다른 지방의 물건을 다투어 숭상하여, 북경에 간 사람이 비단과 그릇을 함부로 사서 짐바리에 실어 운반해 오니, 역로가 피폐해졌다.

돼지가죽과 쥐가죽의 경우는 비록 토산물이라 하지마는, 유독 평안도와 함경도에서만 생산되는데, 지금 상인들이 한 곳으로 모여서 이익을 도모하고, 수령과 장수들도

또한 백성에게서 취하며, 심한 경우는 저 사람들과 더불어 서로 물건을 팔고 사기까지 하니, 이로 말미암아 함경도와 평안도가 시끄럽다. 그래서 내가 매우 염려하니 다시 조칙을 정해서 천박한 경쟁을 근절시켜 실제로 백성의 폐해를 제거하도록 한다."

하고, 그 조칙에는,

"1. 비단은 시중에서 매매하는 것을 일체 금지시킨다. 중국과 이웃 나라의 대소 사신을 접견할 때나 본 조정의 연회 이외에는 비록 당상관일지라도 금하고, 당상관의 아내 이외의 여자 복장에도 금한다. 비록 창기일지라도 어전에서 나올 때 이외에는 또한 금하고, 관청 아전과 서인과 노비의 주머니·망건의 장식과 자질구레한 물건도 역시 금한다.

1. 북경에 가는 행차에 만약 정한 수량 이외의 재물을 가지고 가는 사람이 있는데도 검찰하는 관원이 능히 검거하지 못하면 퇴출시키고 서용하지 않는다.

1. 돼지가죽과 쥐가죽은 당상관 이외의 조정 선비의 의복과 귀마개에는 일체 금하고, 당상관의 아내 이외의 의관에도 또한 금한다.

1. 상기의 비단·돼지 가죽·쥐가죽 등의 물건을 편안도와 함경도에서 교역하는 사람은 장형 1백 대를 집행하고 변방의 먼 곳에 충군하며, 있는 곳의 수령도 또한 제서유위율制書有違律[48]로 논죄하여 파직시키고 서용하지 않는다.

1. 사저의 금그릇과 은그릇은 일체 모두 금단하고, 만약 연회를 할 때에 사용하게 되면, 손님과 주인을 모두 중죄로 논정한다." 하였는데,

이를 명하여 원상에게 보이게 하니, 정인지·정창손·한명회·김국광이 의논을 드리기를,

"세종조에는 비록 당상관일지라도 비단을 입는 사람이 매우 적었는데, 근래에는 사라와 능단의 의복이 매우 많으니 진실로 적당하지 못한 일입니다. 마땅히 금단해야 할 것이지마는, 그러나 당상관은 이미 착용하도록 허락했으니, 사신 접견과 본 조정

---

48) 임금의 교지와 세자의 명을 위반한 자를 다스리는 율.

의 연회 이외에는 착용하지 못하게 한 것과 시중에서 매매하는 것까지 금하는 것은 너무 지나친 듯합니다.

북경 가는 행차에 검찰하는 관원이 능히 검거하지 못한 것과 평안도와 함경도에서 교역한 사람은 진실로 마땅히 중죄로 논정해야 할 것이지마는, 그러나 서용하지 않는 것은 너무 지나친 듯합니다." 하였다.

홍윤성·김질·윤자운·윤사흔은 의논드리기를, "성상의 교지가 진실로 적당합니다."

하였고, 조석문은 의논드리기를,

"폐해가 많은 풍속을 제거하려고 한다면 법은 엄중하지 않을 수가 없으니, 상기 항의 교지에 의거하여 시행하는 것이 편리할 것입니다."

하였다. 임금이 사저의 금그릇·은그릇에 관한 조목은 모두 지워버리고, 비단에 관한 조목은, 다만 '창기가 어전에서 나올 때 이외에는 또한 금한다.'는 것만 남겨두고, 북경에 가는 행차 조목에, '서용하지 않는다'는 두 글자를 지워버리고, 돼지가죽과 쥐가죽을 금한다는 조목은, '쥐가죽과 의관 역시 금한다' 란 글자를 지워버리고, 또 '쥐가죽은 서인은 금한다'고 썼다.

– 성종실록 6년 7월 17일 –

사대부집 자녀의 혼인 연한을 정하다

1477년[63세] 성종 8년 6월 임금이 정승들을 불러서 사대부 집의 혼인하는 연한을 정하는 것을 의논하게 하였다. 심회·윤자운이 의논하기를,

"대전大典에는 남자 나이 15세, 여자 나이 14세라야 혼인을 허락하게 되어 있는데, 이제 사대부의 집에서는 나이가 겨우 5, 6세, 또는 7, 8세이면 납채納采[49]하였다가

---

49) 중매가 잘되어 혼인하기로 결정하면, 신랑 측에서는 사주단자와 예단을 신부 집에 보내는 것. 신부를 채택하는 예이다. 사주는 신랑의 생년월일시를 적은 단자를 말하고, 예단은 남자 집에서 여자 집 식구들에게 예의를 차리기 위해 보내는 옷감이나 옷가지를 말한다.

나이가 차기를 기다려서 혼인하니, 정히 재물을 보고서 그러는 것입니다. 대체에 어그러짐이 있으니, 이제부터는 납채를 혼기 여섯달 전에 정할 수 있도록 하고, 어기는 자는 중죄로 논하는 것이 어떻습니까?"

하고, 정인지·정창손·한명회·김국광이 의논하기를,

"세종조에서는 혼기 전 1년의 한정이 있었으니, 이것에 의하여 시행함이 어떠합니까?" 하니, 전교하기를, "다시 세종조의 고사를 상고하라." 하였다.

- 성종실록 8년 6월 16일 -

윤자운의 졸기

1478년[64세] 성종 9년 5월 14일 윤자운이 64세의 일기로 졸하였다.

우의정 윤자운이 졸하니, 조회를 철하고, 조제·예장을 예와 같이 하였다. 윤자운의 자字는 지망之望이며, 무장 사람이다. 증조부는 윤소종이고, 조부는 윤회인데, 모두 문장으로 이름이 드러났다. 윤자운은 나면서부터 영리하고 총명하여 1438년 세종 20년에 진사에 합격하고, 1444년 세종 26년에 문과에 뽑혀서 예문관 검열에 보임되었다가, 여러 차례 승진되어 집현전 부수찬에 이르렀고, 이조 좌랑과 사간원 좌헌납·집현전 응교를 역임하였다.

1453년 단종원년에 세조가 정난하고, 전국의 모든 군사를 통솔하여 부府를 설치하고 참모를 두자, 윤자운을 삼군통제부 경력으로 삼았고, 즉위할 때에 공훈을 찬양하여 추충 좌익공신의 호를 내리고, 대호군으로서 지사간원사를 겸하였다가 곧 승정원 동부승지에 오르고, 다시 승진되어 도승지에 이르렀다. 1460년에 조모의 상을 당하였는데, 이때 세조가 모련위를 정벌하려고 사유를 갖추어서 중국에 아뢰려고 하였는데, 적당한 사람을 얻기가 어려워서, 좌우에서 한두 재상을 천거하니, 세조가 말하기를,

"윤자운보다 나은 이가 없다."

하며, 곧 상중에 있는 사람을 불러 가정대부 이조참판을 삼고, 무송군으로 봉하여 보내니, 윤자운이 두 번이나 사양하였으나 허락하지 아니하였다. 돌아올 때에 인수부 윤으로 옮겼는데, 상제를 마치기를 청하였으나, 또한 허락하지 아니하였다. 1462년에 자헌대부 병조판서에 오르고, 1465년에 정헌대부 의정부 우참찬이 되었다. 이때에 윤자운의 매부 신숙주가 영의정이 되었는데, 조정에서 의논하는 자들이 모두 말하기를,

"윤자운은 피하는 것이 마땅하다." 하였으나, 세조가 말하기를,

"의정부는 마땅한 사람이 아니면 불가하다. 윤자운을 두고 누가 할 것인가?" 하였다.

1466년에 좌참찬에 오르고, 1467년에 우찬성에 올랐다. 이때에 조정에서 함길도에 사변이 있음을 듣고, 윤자운을 체찰사로 삼아서 진압하게 하였는데, 윤자운이 이르니, 이시애가 이미 반역하여 절도사와 여러 수령을 죽였으며, 함흥 사람이 관찰사의 관리를 죽이고, 또 윤자운을 죽이려고 하여 칼날을 드러내며 둘러서니, 윤자운이 조용히 타일러서 해산시켰다. 도적들이 병력으로 지킨 것이 무릇 7일이었는데, 윤자운이 살아서 돌아왔을 때에 세조가 대궐내에서 만나고 위로하였다.

1469년에 우의정으로 제수되었다가 곧 좌의정에 옮기고, 1470년에 영의정에 올랐는데, 1475년에 면직되어 부원군에 봉해지고, 예조판서를 겸하였다가 1476년 성종 7년에 다시 우의정이 되었는데, 이때에 이르러 졸하니, 나이가 63세이다. 시호는 문헌文憲인데, 충신하고 예에 의거함이 '문文'이고, 사물을 널리 들어 많이 알고 다능함이 '헌憲'이다. 윤자운은 사람됨이 단아하고 세밀하여 처음 벼슬할 때부터 영의정에 이르기까지 일찍이 헌부의 탄핵을 입지 아니하였다. 아들이 둘인데, 모두 어리석고 미련하였다.

사관은 논평하기를, "윤자운은 성질이 편협하고 다른 재능이 없는데, 두 번이나 정승으로 들어가서 새로운 정책을 건의한 바가 없었고, 이시애의 난에 도적이 조정을 속이고자 하여 거짓문서를 지어서 협박하여 서명하게 하니, 윤자운이 머리를 숙이고 그대로 따랐으며, 도적을 대하여 대인이라고 일컬었으니, 듣는 자가 비루하게 여겼다. 아침·저녁으로 일찍이 어머니의 집을 지나면서 보살피지 아니함이 많았으므로, 그 마을 사람이 서로 이르기를, '이 할머니는 아들이 없다'"고 기록하고 있다.

[승진과정]

1438년[23세] 세종 20년 진사에 합격
1444년 [29세]~1450년[35세] 세종 26년~세종 31년 문과 병과로 급제.
　　　　예문관 검열, 집현전 부수찬·이조좌랑·좌헌납, 응교 등
1451년[36세] 문종 1년 6월 사경司經
1453년[38세] 단종 1년 8월 이조좌랑
1454년[39세] 단종 2년 2월 사간원 좌헌납, 추충 좌익공신, 겸지사간원사
1456년[41세] 세조 2년 1월 동부승지, 6월 우부승지, 8월 좌부승지
1457년[42세] 세조 3년 8월 좌승지
1458년[43세] 세조 4년 6월 좌익 3등 공신
1459년[44세] 세조 5년 3월 도승지
1460년[45세] 세조 6년 모친상, 8월 기복하여 이조참판
1461년[46세] 세조 7년 3월 경기·충청·전라·경상도 4도순찰사
1462년[47세] 세조 8년 1월 병조판서
1463년[48세] 세조 9년 2월 겸 충청 전라도 군용순찰사
1464년[49세] 세조 10년 5월 병조판서
1465년[50세] 세조 11년 4월 의정부 우참찬
1466년[51세] 세조 12년 의정부 좌참찬, 6월 좌참찬 겸 의금부 판사,
　　　　9월 겸 경상좌도 체찰사, 12월 평안도 목장 급전사
1467년[52세] 세조 13년 의정부 우찬성, 5월 함길도 체찰사 겸 오위
　　　　도총부 도총관, 7월 좌참찬, 8월 명나라 사신 원접사
1468년[54세] 세조 14년 2월 다시 원접사, 7월 무송군, 8월 팔도 군적사
1469년[55세] 예종 1년 윤 2월 우의정, 8월 좌의정
1470년[56세] 성종 1년 4월 영의정, 좌리공신, 무송부원군 겸 예조판서,
　　　　6월 그의 못난 아들 윤한은 그해 6월에 파직되었다.

　　윤한의 파직을 두고 사관이 논평하기를, 윤한은 영의정 윤자운의 아들이었는데,
어리석어서 콩과 보리를 분별할 줄도 몰랐으니, 일찍이 종묘 령令이 되어서 관청
에 나아가는 날에 아전이 공좌부(출근부)[50]를 가지고 가서 서명하기를 청하자, 윤

---

50) 공좌부公座簿 : 관리가 관청에 출근할 때 그 이름을 적던 장부. 고공사考功司에서 이것을 기준으
　　로 관리의 근태를 평가하였으며, 1443년 세종 25년부터 아일衙日에도 이를 설치하였다고 함. 제
　　조가 날마다 공좌부를 점검하여 이유 없이 출근하지 않는 자는 각각 그 이름 밑에 동그라미를
　　쳤음.」

한이 손을 흔들면서 굳이 거절하고 말하기를, '관청의 문서에 서명하는 것은 진실로 작은 일이 아니니, 마땅히 아버지에게 물어보고 말씀을 들은 다음에야 서명하겠다.' 하니, 아전이 웃으면서 물러갔다.

1471년[57세] 성종 2년 10월 23일 영의정 면직, 무송부원군
1475년[61세] 성종 6년 7월 무송군 겸 예조판서
1476년[62세] 성종 7년 5월 우의정, 12월 명나라 사은사
1478년[64세] 성종 9년 5월 14일 윤자운이 64세의 일기로 죽다.

34. 윤필상 尹弼商

무오사화를 주도하고, 갑자사화로 죽다

생몰년도 1427년(세종 9) ~ 1504년(연산군 10) [78세]
영의정 재직기간 (1485.3.28~1493.11.6) (8년7월)

본관   파평坡平
자   탕좌湯佐, 양좌陽佐, 양경陽卿
공훈   원종공신, 적개공신, 좌리공신
기타   폐비윤씨와 관련 연산군에 의해 사약을 먹고 처형당함
        세종과 세조, 성종 4대에 걸친 외척
        영의정을 지낸 후 무오사화를 주도하여 권력을 연장하고
        갑자사화로 모든 것을 잃다

증조부 윤곤尹坤   – 이조판서, 파평군
조부   윤희제尹希齊 – 첨지 통례문사
부   윤경尹坰   – 참판
모   이목의 딸
처   창녕 성씨   – 성허의 딸
장남   윤간尹侃   – 참의
2남   윤숙尹俶   – 승지
장녀   신조의에게 출가 – 목사
2녀   김진에게 출가 – 군수
3녀   지준에게 출가 – 현감
사촌형 윤사로尹師路 – 세종대왕의 서녀 정현옹주의 남편

영의정이 된 근원 – 재치있는 답변으로 세조의 총애를 입다

윤필상의 자字는 양좌陽佐이고 본관은 파평이다. 증조부 윤곤은 세종 조 이조판서를 지냈고, 조부 윤희재는 한성판윤을 지냈으며, 아버지 윤경 은 배천 군수를 지냈다. 윤필상의 사촌형 윤사로가 세종의 부마이며, 세 조비 정희왕후의 9촌 조카이자, 성종의 장인 우의정 윤호도 당질로 왕실 과 깊숙한 인척 관계를 맺고 있었다.

윤필상은 사가私家의 촌수로 성종과도 6촌간인 셈이다. 훌륭한 가문에 왕실과의 인척, 총명한 두뇌로 일찌감치 출세길을 예약한 셈이다. 이러한 출세길에도 불구하고 그의 재물욕은 이를 물거품으로 만들고 만다. 재물 을 모으는 일이라면 물불을 가리지 않았던 윤필상은 재상이 되어 재물 을 밝힌다는 삼사의 탄핵을 받아 관직에서 잠시 물러나게 된다.

영의정이 되어 또다시 삼사와 성균관 유생들의 탄핵을 받게 되자 윤필 상은 사림들에 대한 좋지 않은 감정을 가지게 되고, 사초문제가 드러나 자 김종직 일파를 척결하는 무오사화의 중심인물이 된다. 수많은 사림들 을 죽음으로 몰고간 무오사화는 윤필상과 사림 간의 적대관계를 만들게 되었고, 갑자년에 폐비 윤씨 사건이 밝혀지자 사림들은 윤필상을 6간신 [51]으로 몰아넣어 관작을 삭탈시키고 가산몰수는 물론이고 사약을 내린 후 시체의 뼈를 갈아 바람에 날리는 수모를 당하게 된다.

갑자사화로 그의 아들들도 모두 사형당하고, 족친까지도 형벌을 받고 유배를 가는 종말을 맞게 된다. 무오사화와 갑자사화는 당파싸움의 불씨 가 된 셈이다. 훈구파와 사림파로 나누어져 한쪽의 잣대만으로 다른 세

---

51) 6명의 간신.

력을 척결하는 피의 보복이 이미 연산조 부터 시작된 것이다. 중종 때 신원회복이 되었지만 무슨 소용이 있으랴. 이미 풍비박산난 가문인 것을.

윤필상의 출세과정을 살펴보면 1455년[29세] 세조 1년 12월에 호조좌랑으로 원종공신 2등에 녹훈되었다. 1457년 세조 3년에 재직자들의 시험인 중시重試에 합격하여 승지가 된다. 어느 날 숙직을 하다가 밤 날씨가 극도로 추워지자 세조가 옥중의 죄수에 대해 질문할 것을 예측하고, 서울과 지방의 죄수들이 범한 죄의 경중을 조그만 책자에다 기록하여 책상에다 두고 누워 있었다. 밤 오경이 되자 내시가 빨리 입궐하라는 명을 전하면서 대궐 내 임금의 침전 곁채로 데리고 들어갔다.

임금이 창가에 나와 하교하기를, "오늘 밤 날씨가 매우 추우므로 옥중에 있는 죄수가 얼어 죽을까 염려된다. 현재 갇혀 있는 죄수가 몇 명이나 되는지 빨리 기록하여 고하도록 하라." 하니, 윤필상이 아뢰기를, "신이 지금 형방을 맡고 있으며 형옥은 신의 직책입니다." 하고, 죄수기록을 아뢰었다. 윤필상의 말이 끝나기도 전에 임금이 창문을 열고 들어오라고 하여 술과 고기를 하사하고 정희왕후에게 이르기를, "이 사람은 나의 보배로운 신하이다."고 하였는데, 윤필상이 황공하여 어쩔 줄을 몰라하고 물러 나왔다.

1457년[31세] 세조 3년 3월 세조가 윤필상 등을 세자에게 소개하며 추후 등용하여 쓸 것을 말하였다. "옛날에 당나라 태종이 고종에게 이르기를, '내가 훌륭한 재간과 공로가 있는 사람을 다 임용하지 않은 것은, 네가 이들을 임용해서 너의 은혜를 입도록 하게끔 하는 것이다.' 했는데, 후세에 당나라 태종을 논하는 사람이 태종을 책망하기를, '먼 앞일을 생각함이 너무 심하니 그릇된 일이다.'고 했다 한다. 내가 공로가 많은 사람을 다 임용하지 못했다면 네가 알아서 이들을 임용해야 할 것이니, 최선복과 윤필상과 같은 무리가 이들이다." 하였다.

이때부터 품계를 따지지 않고 발탁하였는데 얼마 안 되어 높은 품계로 뛰어올랐다. 이시애의 난이 평정되자 일등공신이 되었는데, 어떤 사람이 문제를 삼자 임금이 하교하기를, "은밀히 짠 계획은 모두 이 사람이 건의한 것이다." 하니, 외부의 사람들이 비로소 그 내막을 알았다.

1467년[41세] 세조 13년 8월 이시애의 난 때 왕명을 출납하고, 정보를 파악한 공으로 적개공신 1등이 되다.

> 윤필상은 자헌대부로 승진하여 우참찬 겸 도총관으로 삼고, 아들 2명의 자급을 올려 주고, 인하여 금 허리띠 1개를 내어서 윤필상에게 내려 주고, 도승지 일을 그대로 보게 하였다. 윤필상의 사람됨이 슬기롭고 총명하여 사리를 알았고, 또 말을 잘하여 모든 임금이 묻는 일이 있으면 대답하는 것이 문득 임금의 뜻에 맞으니, 임금이 중하게 여기는 바가 되어서, 매사를 그에게 반드시 위임하였다. 이시애의 반란 때부터 군무는 홀로 품지를 받들고 출납하는 데 착오가 없어서 항상 궁궐의 기밀한 데 있었으므로, 다른 사람이 알지 못하는 일에 반드시 참여하여 들었다. 임금이 일찍이 그를 '윤사재尹四宰'[52]라고 불렀는데, 이때에 이르러 그에게 품계를 제수하였다.
>
> – 세조실록 13년 8월 20일 –

권신들의 인사권개입으로 이조판서직을 내던지다

1474년[48세] 성종 5년 10월 이조판서 직을 사임하여 허락을 받았다. 한명회·노사신 등의 권신들이 인사권에 개입하여, 간섭이 심해지자 이에

---

52) 사재四宰 : 정2품 우참찬

반발하여 사직을 하고 직무에서 일시 은퇴하였다.

겸 이조판서 윤필상이 오래도록 인사권을 맡고 있었다며 사직을 하니, 임금이 이를 윤허하였다.

사관이 논평하기를, "이보다 앞서 노사신이 이조판서를 겸직하고, 한명회가 병조판 서를 겸직하였다. 연변 및 함경도·평안도의 수령은 이조와 병조에서 반드시 함께 의논하여 추천하는 것인데, 노사신은 수령을 제수하는 일은 이조의 업무라 하여 반 드시 자기가 가려서 천거하였지마는, 한명회는 제수하고자 하는 자가 있으면 곧 이 조에 청하였는데, 노사신이 어떤 때는 이를 논박하기 때문에 한명회가 마음대로 할 수가 없었다. 노사신이 여러 번 인사권을 사양하므로 윤필상이 대신하였는데 윤필 상은 먼저 한명회에게 여쭈었으므로, 임명하는 일의 대부분이 한명회의 손에서 나 왔다. 후에 한명회가 겸 병조판서를 사직함에, 이로부터 윤필상이 주의注擬(3망 추 천)[53]를 결단하여 행하였다. 하루는 판서 정효상이 한 사람을 임명하고자 하였으나 윤필상이 응하지 아니하였으므로, 정효상이 그의 친구에게 말하기를, '나는 자리만 채울 뿐이다.' 하였다."

– 성종실록 5년 10월 22일 –

어우동과 간통한 관리들의 처리

1480년[54세] 성종 11년 9월 간통한 어을우동과 구전·홍찬·이승 언·오종련 등의 죄를 의논하다.

의금부에서 아뢰기를,
"태강수 이동이 버린 처 어을우동이 수산수 이기와 방산수 이난, 내금위 구전, 학유 홍찬, 생원 이승언, 서리 오종련, 감의형, 생도 박강창, 양인 이근지, 사노비 지거비

---

53) 관원을 임명할 때 먼저 문관은 이조, 무관은 병조에서 후보자 세 사람을 정하여 임금에게 올리 던 것을 말함.

등과 간통한 죄는 법률에 장杖 1백 대에, 유배 2천 리에 해당합니다." 하니, 임금이 의논하게 하였다.

정창손은 의논하기를, "어을우동은 왕실 종친의 처이며 양반가의 딸로서 음욕을 자행한 것이 창기와 같으니, 마땅히 극형에 처해야 합니다. 태종과 세종 때에 양반가의 부녀로서 음행이 심한 자는 간혹 극형에 처했다 하더라도 그 뒤에는 모두 법에 의하여 단죄하였으니, 어을우동 또한 법에 의하여 단죄하소서." 하였고,

심회는 의논하기를, "어을우동의 죄는 법을 고찰하면 사형에는 이르지 않으나, 양반가의 부녀로서 음행이 이와 같은 것은 삼강오륜에 관계되니, 청컨대 극형에 처하여 뒷 사람의 거울이 되게 하소서." 하였다.

김국광과 강희맹은 의논하기를, "어우동은 종실의 부녀로서 음욕을 자행하기를 뜻에만 맞게 하여, 친척과 귀천을 가리지 않고 즐겨 서로 간통하여, 사람이 지켜야 할 도리를 손상시킨 것이 이보다 심함이 없습니다. 마땅히 역대 왕실의 상황에 따른 법에 따라 무거운 법에 처하여, 내실 깊숙한 속의 음탕하고 추잡한 무리들로 하여금 이것을 듣고서 경계하고 반성하게 함이 옳겠습니다. 그러나 제왕의 형벌 적용은 신중함을 제일로 삼아서, 역대 왕실에도 윤수와 이귀산의 처만을 사형에 처하고, 그 뒤로는 양반가의 부녀로서 품행을 잃은 자는 모두 법을 사용하여 처단했습니다. 더구나 법에 정해진 바는 임의로 올리고 내릴 수 없는 것이니, 만약에 일의 자취가 가증스럽다고 하여 법 밖의 형벌을 쓰게 되면, 마음대로 법을 변경하는 단서가 이로부터 일어나게 되어, 임금님의 살상을 싫어하는 어진 마음에 해됨이 있을 것입니다. 청컨대 중국 조정의 예에 의하여 저자거리에 세워 도읍의 사람들로 하여금 모두 보고서 징계가 되게 한 연후에, 법에 따라 멀리 유배하소서." 하였고,

윤필상은 의논하기를, "어을우동은 삼강오상을 무너뜨리고 임금님의 덕화에 누를 끼쳤는데, 이런데도 죽이지 않으면 음풍이 어떻게 그치겠습니까? 남녀의 정은 사람들이 크게 탐하는 것이므로, 법이 엄격하지 않으면 사람들이 장차 욕정을 자행하여 춘추 시대 정나라·위나라의 풍속이 이로부터 일어날 것이니, 청컨대 이 여자를 무거운 법전에 처하여 나머지 사람들을 경계하소서." 하였고,

홍응·한계희는 의논하기를, "국가에서 죄를 정할 적에는 한결같이 법률에 따르고, 임의로 가볍게 하거나 무겁게 할 수 없는 것입니다. 하물며 성상께서 취임하신 이래

로 무릇 형벌을 강등하여 관대한 법전에 따르시고, 법 외로 논단한 것이 없으셨습니다. 어을우동의 추악한 것은 진실로 마땅히 극형에 처해야 되나, 임금의 인덕은 마땅히 죽는 가운데에서도 살릴 길을 구해야 하는 것인데, 하물며 본래 사형에 해당하는 자가 아닌 것이겠습니까? 청컨대 법에 의하여 논단하소서." 하고,

이극배는 의논하기를, "태종조에 승지 윤수의 처가 맹인 하천경과 간통을 하고, 세종조에 관찰사 이귀산의 처가 승지 조서로와 간통을 하여, 모두 사형에 처하였으나, 그 후 판관 최중기의 처 감동이 창기라 칭하면서 활보하며 음행을 자행하였는데, 사형을 감하여 논단하였습니다.
지금 어을우동은 종실의 처로서 음욕을 자행하기를 꺼리는 바가 없었으므로, 비록 극형에 처하더라도 가하나, 법이 사형에는 이르지 않으니, 청컨대 사형을 감하여 먼 곳으로 유배하소서." 하고,

현석규는 의논하기를, "어을우동은 양반가의 딸이며 종실의 아내로서 음란하고 추잡함을 자행하여 임금님의 덕화를 더럽혔으니, 마땅히 극형에 처하여 온 나라의 이목을 경계해야 합니다." 하였다.

임금이 승지에게 이르기를, "경들의 뜻에는 어떠한가?" 하니,

도승지 김계창은 대답하기를, "어을우동은 귀천과 친척을 논하지 않고 모두 간통을 하였으니, 마땅히 극형에 처하여 나머지 사람을 경계해야 합니다." 하고,

좌승지 채수와 좌부승지 성현 등은 아뢰기를, "어을우동의 죄는 비록 무겁지만, 법을 헤아려보면 사형에는 이르지 않습니다. 옛사람들이 이르기를, '법을 지키기를 금석金石과 같이 굳게 하고 봄·여름·가을·겨울과 같이 믿음이 있게 하라.'고 하였으니, 지금 만약 극형에 처한다면 법이 무너질까 두렵습니다." 하자,

임금이 말하기를,

"어을우동은 음탕하게 방종하기를 꺼림이 없게 하였는데, 이런데도 죽이지 않는다면 뒷사람이 어떻게 징계되겠느냐? 의금부에 명하여 사형법을 적용하여 아뢰게 하라." 하였다.

- 성종실록 11년 9월 2일 -

사림파의 탄핵을 받고 사림파와 등을 지다

1492년[66세] 성종 23년 12월 성균관 유생 이목 등 8명의 사림들이
윤필상의 죄를 논하자 그들을 의금부에 가두게 하였다

이목 등이 글로 아뢰기를,

"윤필상이 수상이 됨으로부터 그 마음을 쓰는 것과 행하는 일이 간교하지 아니함이
없는데 나라 사람으로 귀와 눈을 가진 자는 듣지 않은 이가 없으니, 낱낱이 들기는
어려우나, 지금의 시점에서 보건대 성균관에서부터 사학四學의 모든 생도까지 말하
기를, '간사한 귀신'이라고 하니, 이들도 나라 사람입니다."

하니, 전교하기를,

"이른바 간교한 태도는 어떤 일을 가리키며 또 어찌하여 귀신이라고 이르는가? 수
상은 내가 존경하는 바이니 간교한 귀신이라는 실상을 모름지기 지적하여 말하도록
하라. 만약 바로 말하지 아니하면 이는 마주 보고 속이는 것이다."하였다.

이목 등이 글로 아뢰기를,

"공자가 말하기를, '그 나라에 살면서 그 대부를 비난하지 아니한다.' 고 하였는데, 하
물며 수상이겠습니까? 신이 존경하는 것을 알지 못함이 아닙니다. 그러나 윤필상은
욕심이 많고 마음이 흐려 재물을 늘리므로 논박을 당한 적이 한 번이 아닌데, 하물
며 이제 뜻을 맞추려고 힘을 쓰고 아첨하여 기쁘게 하며 성상을 불의로 인도하므로
이를 간사하다고 이르는 것이고, 그 은총을 굳게 하려고 하여 왕의 애민한 마음에서
내린 교지에 억지로 따르니 이를 교묘하다고 이르는 것이며, 행하는 바가 이와 같은
데도 사람들로 하여금 알지 못하게 하니 이를 귀신이라고 이르는 것입니다. 그 의논
한 바가 유교의 도리에 크게 어긋나기 때문에 신 등은 말이 여기에 이르렀음을 깨닫
지 못하였습니다. 만약 조정의 신하에게 물으시어 신 등의 말과 같지 아니함이 있으
면 신 등은 마땅히 면전에서 속인 죄를 받겠습니다." 하였는데,

승정원에 전교하기를,

"'그 나라에 살면서 그 대부大夫를 비난하지 않는다.' 고 하였는데 더구나 수상이겠는가? 또 뜻을 맞추려고 힘을 쓰고 아첨하여 기쁘게 하며 임금의 애민한 마음에서 내린 교지에 억지로 따른다는 것으로써 간교하다고 한다면, 이극배와 노사신도 이 의논에 참여하였는데 어찌하여 홀로 윤필상만 지적하는가? 또 이것이 어찌 간교함이 되겠는가? 행동하는 바가 이와 같으면서도 사람으로 하여금 알지 못하게 하는 것을 귀신이라고 이른다면 이극배·노사신도 역시 귀신인가? 이는 반드시 듣고 본 바가 있어서 그것을 말할 것이며, 아니면 몰래 부추긴 자가 있을 것이다. 대간이 대비의 전교를 보고 이르기를, '대비가 대신을 능욕하였다.' 고 하였는데 이제 유생이 도리어 대신을 능욕하니, 이는 대신이 도리어 유생 밑에 있는 것이다. 이목 등을 의금부에 내리도록 하라." 하였다. 이목과 심순문·최광윤·조원기·남곤·송여려·이수함·이윤탁 등이 갇히었다.

— 성종실록 23년 12월 4일 —

1493년[67세] 성종 24년 초 이목은 불교를 숭상한다는 이유로 다시 영의정 윤필상을 탄핵하는 상소를 올린다. 1493년 10월 윤필상이 상소를 올려 사직하기를,

"신이 그윽이 생각하건대, 삼정승의 벼슬은 한 평범한 범인이 비난하더라도 있기 어려운 것입니다. 더구나 지금 사헌부에서 불가하다 하고 사간원에서 불가하다 하며, 홍문관에서 불가하다 하고 여러 재상들도 불가하다 하니, 이는 온 나라가 비난하는 것입니다. 간사하고 아첨하며 간교하여 대신의 절조가 전혀 없고, 재물을 탐하고 뜻을 맞추어 소인의 일을 갖추었음은 고금에 찾아보아도 신과 같은 자는 진실로 듣지 못한 바입니다. 성상께서 비록 곡진히 보전하게 하시려고 하시더라도 그 공론에 어떻게 하겠습니까? 신은 그릇이 작고 보잘것없는 재능으로서 정승의 자리에서 처벌을 기다린 지 지금 17년이 되었는데, 국가에 털끝 만한 보탬이 없고 한 몸에 산과 같은 비방이 쌓였으니, 신이 비록 용렬하고 비루하더라도 홀로 부끄러움을 알지 못하겠습니까? 신은 그윽이 마음이 아픕니다. 낭패하여 몸둘 바를 잃었는데, 성상께서 어찌 한 소인을 아껴서 큰 덕에 누를 끼치려 하십니까? 또 아비가 수상이 되고 아들이 승지가 되어 세상을 속이고 공명이 이처럼 지극함에 이르렀으니, 사람들이 누가 의논

하지 아니하겠습니까? 지조 없이 시속에 아첨하면서 은총을 굳게 한 죄는 만 번 죽어도 오히려 가볍습니다. 삼가 바라건대 마땅히 공론으로 결단하시고 노신老臣을 사사로이 하지 마시어 신을 파직하기를 명하여 여망에 보답하게 하소서." 하였는데,

전교하기를,
"영상이 잘못을 뉘우치기를 이처럼 극진함에 이르렀는데, 내가 들어주지 아니하면 대간이 반드시 없는 허물을 찾아서 말할 것이니, 영상에게도 어찌 편안하겠는가? 이런 까닭에 마지못하여 그대로 따르니, 이 뜻으로 그 윤허하는 답변을 지어서 답하라." 하였다.

사관이 논평하기를, "윤필상이 이미 정승을 사면하며 말하기를, '내가 못난 재주로 오래 지위가 극한 자리에 있었으니, 날이 가물면 나를 허물하고 겨울에 천둥이 치면 나를 허물한다. 능히 아들도 가르칠 수 없는데 하물며 하늘을 가르치겠는가? 차라리 큰 작위를 바치고 세상 일을 모두 잊어버리는 것이 가하다.' 고 했다." 하였다.

– 성종실록 24년 10월 29일 –

1493년 성종 24년 11월 6일 윤필상은 영의정을 사직하고 파평부원군이 되었다. 사림파는 삼사를 장악한 뒤 상소 등의 방법으로 훈구파에 공격을 가했다. 윤필상을 공격한 사람은 김종직의 제자인 성균관 유생 이목이었다. 이 일로 윤필상은 정치적 타격을 입게 되었고, 훗날 무오사화 때 윤필상이 사림파의 제거에 참여하는 계기가 된다. 윤필상은 무오사화 때 세조의 왕위 찬탈을 비판하는 구절을 문제삼아 김종직의 제자들을 제거하는 데 일조했으며 이로인해 윤필상이 갑자사화 때 희생되었어도 동정을 받지 못했다. 사림파 외에도 윤필상은 임금의 뜻에만 잘 영합하였다고 비판의 대상이 되기도 하였다.

무오사화를 주도하다

1498년[72세] 윤필상이 이극돈·유자광과 함께 무오사화를 주도하여, 김일손·정여창 등 신진사림파를 숙청하였다.

7월 사초 사건에 관해 임금이 친필로 글을 내려 김일손에게 묻기를,

"1. 실록이라는 말이 무엇을 이른 것이냐? 만약 실록이라 한다면 마땅히 사실을 써야 하는데, 너의 사초는 모두가 헛된 것이니, 어떻게 실록이라 이르겠느냐?
1. 탄탄이라는 스님이 정분의 시체를 넣은 관을 보호한 일을 썼는데, 그 의도가 어디에 있느냐?
1. 소릉(단종 어머니 능)을 복구하기를 청하고, 난신들을 절개로 죽었다고 쓴 것은 네가 반드시 반심을 내포한 것이다.
1. 세조께서 중흥하신 그 공덕은 천지보다 더하여 자손들이 서로 계승해서 지금까지 왔는데, 네가 이미 반심을 품었으면서 어찌 우리 조정에 종사했느냐?" 하였다.

윤필상 등이 임금의 글을 받들고 국문하니, 김일손은 진술하기를,

"신의 사초史草에, 세조조에 관한 일은 혹은 허반에게도 들었고 혹은 정여창에게도 들었고 혹은 최맹한·이종준에게 들었는데, 이 무리들이 모두 믿을 만한 자들이기 때문에 실지라 생각하고 쓴 것입니다. 신이 한낱 서생으로서 성종의 후한 은혜를 입었사옵고, 또 성상께서 즉위하신 후에는 외람되이 왕을 가까이 모시는 영광을 입었사온데, 어찌 반심이 있사오리까. 소릉의 복구를 청한 것과 난신 등을 사절死節[54]로 쓴 것은, 황보인·김종서·정분 등이 섬기는 바에 두 마음을 갖지 않았으니, 제왕이 마땅히 추앙하고 권장할 일이기 때문에 정분을 들어 고려조의 정몽주에게 비하였고, 또 황보인·김종서를 쓰면서 절개로 죽었다 한 것입니다. 세조께서 영웅호걸이신 임금으로서 혼란을 소제하고 중흥의 업을 이룩하셨고, 성종 대왕께서 대마다 나

---

54) 절개를 위해 목숨을 바침

지 않는 영걸한 임금으로 성취한 것을 수성을 하셨는데, 전하께서 성종의 업을 계승하셨으니 오늘날 사람들이 모두 조정에 서고자 합니다. 그러므로 매우 극진하여 직職에 죽겠다는 것이 바로 신의 마음이기 때문에 종사한 것입니다." 하였다.

– 연산일기 4년 7월 13일 –

임금이 명하기를, "김종직의 제자를 끝까지 추궁할 필요는 없다. 그러나 내가 그 사람됨을 알고자 하니, 모조리 써서 아뢰라." 하매, 윤필상 등이 아뢰기를,

"김종직의 제자는 이미 김일손의 사초에 모두 기록되어 일찍이 대궐로 들어 갔습니다."
하니, 전교하기를, "그 사초에 기록된 김종직의 제자 신종호 등 약간 명도 과연 김일손 처럼 수업을 하였느냐. 그렇지 않은 자도 있느냐? 또 그의 말에 '나머지 사람도 오히려 많다.' 하였는데, 누군가 물어보라." 하였다.
윤필상 등이 물으니, 김일손이 대답하기를, "신종호는 김종직이 서울에 있을 적에 수업하였고, 조위는 김종직의 처제로서 젊어서부터 수업하였고, 채수·김전·최보·신용개·권경유·이계맹·이주·이원은 제술로 과거 급제 등급을 받았고, 정석견·김심·김흔·표연말·유호인·정여창도 역시 모두 수업하였는데, 어느 세월에 수업했는지는 알지 못합니다. 이창신은 홍문관 교리가 되었을 적에 김종직이 응교로 있었는데, 이창신이 사기史記의 의심난 곳을 질문하였으며, 강백진은 삼촌 조카로서 젊었을 적부터 수업하였고, 유순정은 중국어를 배웠고, 권오복은 김종직이 동지성균 시절에 성균관에 거접하였고, 박한주는 경상도 유생으로서 수업하였고, 김굉필은 김종직이 상을 만났을 때에 수업했습니다. 그 나머지도 오히려 많다고 한 것은, 이승언·곽승화·장자건 등입니다." 하였다.

– 연산일기 4년 7월 17일 –

임금이 실록청에서 올려온 사초를 내보이니, 바로 권경유가 기록한 것이었다. 그 사초에 이르기를, "김종직이 일찍이 조의제문을 지었는데, 충의가 분발하여 보는 사람이 눈물을 흘렸다. 그 문장은 그다지 중요하지 않다." 하였다. 임금이 명하기를,

"이 무리들의 기롱과 논평이 이 지경에 이르고 있으니, 무릇 제자라 하는 자는 모조리 구금하여 국문하는 것이 어떠하냐?" 하매.

윤필상이 아뢰기를, "성상의 하교가 지당하시옵니다." 하니,

노사신·한치형이 아뢰기를. "그 수업했다 이르는 자도 만약 김종직의 평일의 논을 들었다면 구금하여 국문하는 것이 또한 가하겠으나. 제술에서 과거 등급을 받은 자는 분간하는 것이 어떠하옵니까?" 하고, 김일손이 써낸 수업하고 과거 등급을 받은 제자들의 명단을 올리니, 전교하기를, "권경유는 단지 과거 등급자 인데도 그 사초가 이러하니, 비록 과거 등급자에 있어서도 역시 국문하지 않을 수 없소. 나는 사악하고 더러움을 깨끗이 씻을 작정이니, 경 등도 이 뜻을 알아주오." 하매, 윤필상 등이 모두 아뢰기를. "성상의 하교가 지당하옵니다." 하매, 마침내 잡아 가두었다.

-연산일기 4년 7월 17일 -

갑자사화를 당하다

1504년[78세] 4월 18일 유순·허침 등이 폐비의 일에 관련된 자들의 처벌을 의논하다.

임금이 명하기를.
"폐비 때에 이파가 옛일을 인용하여 찬성했으니 그 죄가 난신과 다름이 없다. 널을 쪼개 시체를 베고 가산을 적몰하며, 자손을 등용하지 말아야겠다. 신하로서 인군을 섬길 때는 죽든 살든 한 절개를 가져야 하는 것인데, 윤필상이 전에는 그렇게 의논하고, 지금 추숭할 때에는 의논을 이렇게 하여 반복하며 뜻을 순종하니, 그 죄를 논하지 않을 수 없다.
은나라 주왕이 비록 무도하였지만 죄악이 가득 찬 뒤에야 정벌하였는데, 차마 괴로움을 주지 않고 제 스스로 불에 타 죽게 한 것은 주나라 무왕이 신하로서 임금을 쳤기 때문이다. 대저 신하로서 임금에게 간하다가 듣지 않으면 도끼 아래서 죽기를 청해야 할 것인데, 정창손 등은 힘써 간하지 아니하여, 북을 던지는 의심을 이루게 하

였다. 그 몸은 이미 죽어 장사지냈지만 서인의 준례에 의하여 그 아들들을 나누어 유배하는 것이 가하다. 의정부·한성부·대간·홍문관·육조를 불러 의논하라." 하였다.

유순·허침·강귀손 등이 의논드리기를,

"이파는 널을 쪼개 시체를 베며 가산을 적몰하고 자손을 금고하고, 윤필상은 직첩을 다 빼앗고 가산을 적몰하며 아들과 함께 외방에 유배하며, 정창손·한명회·심회·정인지·김승경은 직첩을 추탈하고, 장례를 서인의 준례에 의하여 묘의 석물을 제거하며, 그 아들도 직첩을 빼앗고 나누어 유배하는 것이 사세에 합당합니다." 하고,

성세명·신숙근·이충걸·김준손·김숭조·김지·이현보는 의논드리기를, "성상의 하교가 지당하십니다. 다만 윤필상의 죄는 심회보다 중하니, 경하게 논할 수 없습니다." 하였다.

-연산일기 10년 4월 18일-

1504년 4월 22일 이파·윤필상의 재산을 몰수하게 하다.

호조가 아뢰기를,
"이파는 한 집, 윤필상은 다섯 집인데, 재물이 매우 많으니, 한성부와 함께 의논하여 몰수해 들이고, 또 일꾼 20명을 정하여 옮기게 하소서." 하니, 전교하기를,
"노비 도감과 함께 의논하여 거두어들이되, 일꾼 30명을 정하라." 하였다.
의금부 도사 안처직이 아뢰기를,
"윤필상의 집이 다섯인데 모두 재산이 가득 차 있으며, 살던 집에는 무명이 3만여 필, 양곡이 1천여 섬이고, 이파는 죽은 지 오래이고, 그 집의 재산도 매우 적습니다." 하니,

전교하기를,
"윤필상은 지위가 높고 나이가 많기는 하나, 지금 듣건대 가산이 매우 많다 하니, 청렴 간결한 사람이 아니다. 이렇게 마음을 쓰고서 나라를 위하여 목숨을 내놓을 수 있겠는가?" 하자,

승지 권균·성세순이 아뢰기를,
"윤필상이 원래 재물을 모았으므로 성종 중년에 대간이 논박하여 '식화 재상殖貨宰相[55]이라 하였습니다." 하였다.

노비 도감 제조 박숭질·김수동을 불러서 명하기를,
"무릇 재상이, 내가 나이 늙고 지위가 높으며 부유하다 하여 임금의 자리를 업신여기는 마음이 있다면 어찌될 것인가? 마음가짐이 이렇다면 임금을 충성으로 섬길 수 있겠는가? 신하로서 그 집만 부유하게 하려고 하여 여념이 없다면 어느 겨를에 마음을 다하여 나라에 바칠 것인가? 전일 어세겸이 죽었는데, 내가 환관을 보내어 그 집을 가 보니, 창호지가 다 찢어져 종이가 없었다. 이를 본다면, 신하의 마음가짐이 원래 같지 않다." 하니, 박숭질 등이 아뢰기를, "성상의 하교가 지당하십니다." 하였다.

–연산일기 10년 4월 22일–

1504년 연산 10년 임금이 명하기를, "이극균의 아들·사위를 모두 장 1백에 처하여 먼 변방으로 분배하고, 윤필상의 아들 역시 장 1백에 처하라." 하였다.

윤필상은 결국 폐비 사건의 관련자로 지목되어, 윤씨의 폐위를 막지 못했다는 죄로 지난 일을 다시 다스려 죄를 받아 진도에 유배되었다가 윤 4월 19일 사약을 받게 된다.

충훈부 당상 유자광 등이 아뢰기를,
"세조조에 양정이 북도 절도사로 조회에 들어와 무례한 말을 아뢰었으므로, 그때 충훈부에서 중형에 처하기를 청하였으니, 윤필상도 그 죄가 매우 크므로 역시 중형에 처함이 어떻겠습니까?" 하니, 전교하기를,

"윤필상이 세조조의 공신이기는 하지만, 성종조에 세자가 엄연히 있는데, 사직의 안위를 생각지 않고 말하였으니, 죄가 매우 크다. 율로 죄를 과하라." 하였다.

---

55) 재화를 늘리는 재상

승지 이계맹이 아뢰기를, "사사하리까? 참형에 처하리까?" 하니, 명하기를, "사사하되, 이극균의 예에 의하여, 죄명을 써서 내려보내라." 하였다.

윤 4월 13일 윤필상의 몰수한 재산을 아뢰게 하다.

전교하기를, "윤필상의 집에서 몰수한 미곡과 포화布貨 등 물건을 추쇄 도감으로 하여금 수량을 적어 아뢰게 하라. 내가 변방의 수자리하는 군사들에게 주련다." 하였다.

사사賜死하는 교지에 이르기를,
"윤필상이 여러 조정을 내리 벼슬하고 몸이 영의정이 되었으니, 사직을 지키는 계책을 고수하여 제 몸을 잊고 임금을 섬겨야 할 것인데, 선왕조에서 큰일을 의논할 때, 후임 왕은 생각지 않고 오직 임금의 뜻을 순종하기만 하여, 큰 변을 가져오게 하였으니, 대신으로서 나라와 기쁨과 슬픔을 함께하는 의리가 없다. 이에 사약을 내려 대신으로서 아부하고 제 몸만을 생각하는 자의 경계를 삼게 하겠다. 전국에 널리 알리게 하라." 하였다.

-연산일기 10년 4월 13일-

윤 4월 15일 정미수·김수동 등이 이극균·이세좌·윤필상의 아들에 대한 처리를 물었다. "이극균의 첩 아들 이연명이 이미 유배지에 따라갔는데, 지금 잡아와야 하겠으며, 이세좌·윤필상의 아들은 이미 형장을 때려 유배하였습니다만, 대역죄로 논한다면 법에 의당 교수형에 처하여야 하는데, 그렇게 처리하리까? 이파의 자손 역시 대역죄로 연좌시키리까?" 하니,

전교하기를, "이파의 자손은 대역죄의 예에 의하여 연좌하고, 윤필상·이극균·이세좌의 아들의 죄를 결정하는 일은 정승들에게 물으라." 하였다. 유순·허침이 아뢰기를, "윤필상 등의 아들은 법에 당연히 교수형에 처하여야 합니다. 그러나 세조조에 있어서 양정이 무례한 말을 범하고 큰 죄를 입었는데, 그 아들은 중한 형벌을 하지 않았으니, 임금께서 재량

하시기에 달려 있습니다." 하니, 전교하기를, "윤필상 등의 아들은 유배하는 것이 가하다." 하였다.

윤 4월 16일 의금부에서 이파·윤필상 등의 족친의 처리를 물었다.
"이파·윤필상·이극균·이세좌의 처첩 자녀와 자부 및 손자는 법에 의당 종이 되어야 하는데, 어느 곳에 속하게 하리까? 그 족친으로 연좌된 사람들은 모두 안치하리까? 이파와 혼인한 집은 그 사람이 이미 죽었으니, 어떻게 죄를 정하리까? 이파의 첩과 사위도 법에 의하여 죄를 과하리까?" 하니, 전교하기를, "각 고을에 속하게 하라. 그리고 이파의 혼인한 집은 죽였더라도 모두 직첩을 거두고, 친척도 모두 유배하라. 서녀·사위 역시 법 조문에 의하여 죄를 주라." 하였다.

윤필상의 졸기

1504년[78세] 연산 10년 윤 4월 19일 파평 부원군 윤필상의 졸기

의금부 낭청 전양필이, 윤필상을 진도에서 사사하고 돌아와서 아뢰기를,

"신이 윤필상을 불러 어명을 선포하니, 윤필상이 읽기를 마치고는 '신이 이미 이렇게 될 것을 알았다.' 말하고, 종을 불러서, 주머니 속의 비상가루를 꺼내어 술에 타서, 두 번 절하고 마셨습니다. 그러나 한참 있어도 효과가 없으므로, 곧 명주 이불 한 폭을 가져다가 제 손으로 목매어 죽었습니다." 하였다.

윤필상은 파평 윤씨인데, 총명 기민하여 일에 능하였다. 젊어서는 가난했는데, 과거에 급제하고는 세조가 등용하여 승지가 되고, 매우 총애를 받았다. 일을 민첩하게 하여 왕의 뜻을 맞추니, 세조가 항상 빠른 매라고 불렀으며, 공훈에 책정되어 적개좌리 공신이 되었다.

정승이 된 지 수년이었지만 재변과 잘못이 없었다. 다만 성품이 욕심이 많고 인색하여 재산을 모으기 위해 옷감과 양곡의 값이 올라가고 내려가는 틈을 타서, 장사꾼

들을 끌어다가, 사고 바꾸었으므로 그의 집 문 앞이 저자와 같았다. 그리하여 재산이 수만이었는데, 일찍이 자녀들에게 나누어 주지 않고, 한 되, 한 말을 내고 들이는 것도 모두 자신이 다 간섭하였다. 국사를 의논하는 데 있어서는 반드시 임금의 뜻이 지향하는 것을 찾아 아첨하며 쫓는 말을 하므로 사람들이 비루하게 여겼다. 그러나 죄없이 죽었으니 슬픈 일이다.

진도 유배지에서 윤필상이 죽었을 때 그의 시체를 열흘 동안이나 들판에 버려두고 방치하였는데, 까마귀와 솔개가 먹지 않았고 이웃 개도 돌아보지 않았다는 말이 전해진다. 진도의 지식인들조차 지나가며 그의 시체를 보고 조롱했다고 한다.

[승진과정]

1447년[21세] 세종 29년에 사마시에 합격
1450년[24세] 문종 1년에 과거에 합격
1453년[27세] 단종 1년 9월에 홍문관의 정8품 저작
1455년[29세] 세조 1년 12월 호조좌랑, 원종공신 2등에 녹훈
1457년[31세] 세조 3년 재직자들의 시험인 중시重試에 합격
1462년[36세] 세조 8년 6월 호군護軍, 12월 서연관
1463년[37세] 세조 9년 9월 승정원 동부승지 지형조사
1464년[38세] 세조 10년 3월 겸 명나라 사신 선위사, 10월 수궁守宮승지,
        12월 좌부승지
1465년[39세] 세조 11년 5월 좌승지
1467년[41세] 세조 13년 4월 도승지
1467년[41세] 세조 13년 4월 승정원 승지의 관장 업무 조정

    도승지 윤필상으로 형조를 관장하게 하고, 좌승지 어세공으로 호조를 관장하게
하고, 우승지 이봉으로 예조를 관장하게 하고, 좌부승지 한치형으로 이조를 관장하
게 하고, 우부승지 권맹희로 공조를 관장하게 하고, 동부승지 이극증으로 병조
를 관장하게 하였다. 이전에는 도승지가 이조를 관장하였었는데, 지금 형조를 관
장하게 명한 것은 형조를 중하게 여겼기 때문이다.

1467년[41세] 세조 13년 8월 이시애의 난과 관련 적개공신 1등
1467년[41세] 세조 13년 8월 중국 명나라 사신 평안도 선위사,
        9월 의정부 우참찬 파평군
1470년[44세] 예종 1년 3월 3년간 세조능의 능지기로 발령(광릉)
1470년[44세] 성종 1년 8월 숭록대부 의정부 우찬성
1471년[45세] 성종 2년 2월 겸 경상도 진휼사, 3월 좌리 4등 공신
1472년[46세] 성종 3년 4월 우찬성 겸 경상도 관찰사, 12월 우찬성
1473년[47세] 성종 4년 8월 우찬성 겸 이조판서
1474년[48세] 성종 5년 10월 이조판서 사임. 한명회·노사신등 권신들이 인사권
        개입과 간섭이 심해 사직하고 일시 은퇴하였다.
1477년[51세] 성종 8년 삼사의 탄핵을 받고 파직 당하다.
1478년[52세] 성종 9년 6월 보국숭록대부 영중추부사, 11월 우의정
1479년[53세] 성종 10년 8월 좌의정 겸 서정 도원수

1481년[55세] 성종 12년 5월 중국 명나라 사은사
1482년[56세] 성종 13년 7월 삼정승이 심한 가뭄으로 사직을 청하다
1485년[59세] 성종 16년 3월 28일 영의정
1492년[66세] 성종 23년 12월 이목 등 8명이 윤필상의 죄를 논하자
          그들을 의금부에 가두게 하다
1493년[67세] 성종 24년 11월 6일 영의정 사직. 파평부원군
1495년[69세] 연산 1년 5월 원상을 폐지할 것을 아뢰다.
1495년[69세] 연산 1년 11월 원상직 사임
1498년[72세] 연산 4년 이극돈·유자광과 함께 무오사화를 주도하다.
          김일손·정여창 등 신진사림파를 숙청하다.
1504년[78세] 연산 10년 4월 18일 갑자사화를 당하다.
          4월 22일 재산 몰수
1504년[78세] 연산 10년 진도 유배, 윤 4월 19일 사약을 받다.
          5월 23일 아들 윤숙·윤위·윤준 등이 모두 참형당하다.
          친척까지도 연좌되어 파직 또는 임용제한당했다.
1506년 중종 1년 10월 윤필상·성준·이극균 등의 제사를 올리게 하다.
          10월 7일 죄없이 죽은 이들을 예장하고 제사지내게 하다

35. 이극배李克培
여주 세종왕릉 자리를 물려준 이인손의 아들

생몰년도 1422년(세종 4) ~ 1495년(연산군 1) [74세]
영의정 재직기간 (1493.11.6.~1495.3.20) (1년 11개월)

본관   광주廣州
자   겸보謙甫
호   우봉牛峰
시호   익평翼平
공훈   좌익공신 좌리공신
출생   서울 종로구 신문로
묘소   서울 강동구 암사동 산12-4번지 광주이씨 광릉부원군파 묘역
기타   사후 연산군에 의해 보복
       엄격하고 정중하며 풍채가 의젓했던 공평무사한 영의정

증조부 이집李集   – 판전교시사
조부   이지직李之直 – 이조참의
부   이인손李仁孫 – 우의정
모   노신盧信의 딸
부인   최유종의 딸
장남   이세필李世弼
2 남 이세광李世匡
동생   이극증李克增 – 우찬성, 광천부원군
동생   이극돈李克墩 – 좌찬성, 광원군
동생   이극균李克均 – 좌의정
사촌   이극규李克圭 – 병조참의, 대사헌
사촌   이극기李克基 – 참판
사촌   이극견李克堅 – 통례원 좌통례

영의정이 된 근원 - 청백리에 좌익·좌리공신

이극배의 자는 겸보謙甫이고, 호는 우봉牛峰으로 본관은 광주廣州이다. 증조부는 고려조에 판전교시사를 지낸 이집이고, 조부는 이조참의를 지낸 이지직이며, 아버지는 우의정을 지낸 이인손이다. 정승집 집안 출신답게 자녀 교육을 잘 시켜 이극배의 형제들이 모두 과거에 올라 광주이문 5극五克이라는 말이 세간에 널리 퍼졌다. 영의정이 된 이극배 아래로, 둘째 이극감은 형조판서, 셋째 이극증은 좌참찬, 넷째 이극돈은 좌찬성, 다섯째 이극균은 좌의정을 지냈으니, 모두 당상관 이상의 벼슬을 지내 한 세대를 풍미했다.

이극배는 평생에 남의 허물을 말하는 것을 듣지 않으려 했다. 남의 단점을 말하는 이가 있으면 화를 내면서, "단점이 있더라도 마땅히 그 장점을 취해야 될 것인데, 하물며 그 단점도 확실히 알기 어려운 것임에랴 !" 하며 말을 못하게 했다. 이극배는 가문이 너무 번성함을 염려하여, 두 손자의 이름을 겸謙·공恭이라 짓고, 자제들에게 경계하기를 "물物이 성하면 반드시 쇠하니 자만하지 말라. 항상 겸손하고 공손해야 한다."고 하였다. 그가 젊었을 때 문경공 허조許稠는 이극배의 비상함을 알고 외손자 사위로 삼았다.

이극배는 속이 깊은 청백리였다. 좌찬성인 아우 이극돈이 물욕이 있음을 알고 '부질없이 재물을 탐한다.'고 자주 질책을 하였다. 어느 해 이극돈의 생일잔치에 초대받은 이극배가 퇴청 길에 아우의 집에 들렀다가, 담장에 걸쳐있는 궁중에서나 쓰는 말 끈 줄을 보고, "궁중에서 쓰는 말 매는 끈줄이 왜 이집에 걸려 있단 말인가?"하고, 선 걸음에 되돌아 나와 버렸다. 문제의 말 끈줄은 사복시 관원들이 빨랫줄로 쓰라며 이극돈의 집에 보내준 것이었다. 사소한 관청의 물품도 아꼈던 이극배의 단면을 보여주는 일화이다.

1442년[21세] 세종 24년 이극배가 성균관 유생시절 사찰에 놀러가 승려들과 마찰을 일으키자 의금부에서는 교관과 학관들을 구금시켰다. 이에 생원들이 의금부에 수감된 스승을 풀어달라고 상소를 하였다.

성균 생원 박충문 등 90인이 상소하기를,
"엎드려 듣자오니. 금년 8월 초 10일에 교관과 학관들이 유생들의 사고 때문에 연유되어 의금부에 구금되었다고 하니. 신 등은 속으로 감회가 절박하고 참람되어 지나침을 꺼리고 싫어하지 아니하고 죽음을 무릅쓰고 아뢰나이다. 간절히 이르노니, 사악함과 올바름은 양립할 수 없고, 향기나는 풀과 악취나는 풀은 서로 조화될 수 없는 것입니다. 그런 까닭에 우리의 도道가 밝아지면 이단은 희미하게 되고, 이단이 흥왕하면 우리의 도는 쇠미하게 되는 것은 예나 지금이나 변하지 않는 이치입니다. 이에 우리 태조께서는 천운에 순응하여 나라를 여시어 유교 도덕을 높이 숭상하고 먼저 이단을 배척하였으며, 태종은 이를 잘 이어 서술하여 밝히고 더욱 문교文敎를 높였습니다. 또 우리 주상 전하에 이르러서는 돈독히 도학의 바름을 믿고 옳은 것 같으면서 그른 것을 통찰하시어, 그 사사로이 중이 되는 것을 금지하고 그들의 노비를 몰수함으로써, 성현의 도를 익게 하고 그릇된 말의 해독을 물리치시니, 신 등은 유교의 도덕이 날로 상승하는 것을 얼마나 다행으로 여기었는지 모릅니다.

전일에 학도 수십인이 광망함을 이기지 못하여 사찰에 놀러 갔을 때에. 중의 무리들이 입산의 금령이 있음을 빙자하고 자신들의 힘이 강한 것을 믿어, 동구까지 쫓아와서 구타하여 모욕을 주고, 또 거짓으로 망령된 고소를 제기하였습니다. 우리 전하께서 우선 그 정상을 심문하기 위하여 담당 관원에게 넘겨서 그 까닭을 물으시고 처리하심이 매우 타당합니다. 그러나 유생과 중이 공판정에서 동등한 위치에서 같이 송사한다는 것은, 비록 미친 아이들이 자초한 일이기는 하나 유교의 도덕을 생각할 때에는 진실로 유감됨이 있습니다. 더욱이 그 사고가 스승에게 미치게 하여 구금된 채 추국을 당하게 되니 신 등의 심정은 답답합니다. 장차 죄를 입을지라도 감히 호소하는 것입니다.

성균관은 풍속 교화의 근원이고 예악의 갈피입니다. 이 직책을 맡은 자는 비록 사소한 과실이 있을지라도 용서하는 것은 중하게 대우하기 때문입니다. 신 등이 삼가 학궁 기록을 상고해 보니, '무릇 학學의 도道는 스승을 엄하게 여기는 일이 어렵다. 스승을 엄하게 여긴 뒤라야 도를 존중하게 되며, 도를 존중한 뒤라야 백성들이 배움을 존경할 줄 안다.'고 하였습니다. 지금 용렬한 중의 무고를 가지고 교관과 학관을 불러다가 옥에 가두어서 만세의 스승을 중히 여기는 도리를 더럽혔으니, 신 등은 장차 어디로 돌아가야 하겠습니까. 신 등의 생각으로는, 전하께서 스승을 높이고 선비를 중하게 여기는 일을 하고자 하지 않음이 아니나, 이와 같은 상태에 이르게 한 것은 교관으로 하여금 그 규찰할 바를 반성하고, 학자는 그 엄중한 다스림을 두려워하게 하기 위한 처사로서, 지나간 일을 징계하여 뒷일을 경계하시는 뜻이 진실로 얕지 않습니다.

그러나, 무식한 승도들이 망령되게 말하기를, '전하가 우리 도道를 숭상하고 믿는다.'고 하면서, 금지하는 법망을 돌아보지 않고 의義 아닌 것을 함부로 감행하여 아니하는 일이 없습니다. 신 등은 이단의 해독이 이 일로 인하여 확장되고, 우리의 유도는 이로부터 잠자고 미약하게 되지나 않을까 염려됩니다.

역경에 이르기를, '일을 만드는 데에는 처음을 꾀하라.'고 하였고, 시경에서는 '처음 조그마한 새가 훨훨 날아 큰 새가 되는구나.' 라고 하였습니다. 진실로 그러합니다. 처음을 삼가지 아니하면 마침내 금할 수 없을 것입니다. 엎드려 생각하옵건대, 전하께서는 처음을 더욱 삼가실 것입니다.

또 본 성균관은 생원과 진사가 상주하는 곳입니다. 유학의 무리는 다만 동·서재에 기숙하여 서로 번갈아 들어오고 나가고 할 뿐입니다. 더군다나 2백 인이나 되는 유생 가운데에 어찌 사당에 고하는 자가 없겠습니까. 이제 유학 이극배·서강 등 두어 사람이 속일 수 있는 방법으로 여러 가지로 고한다면, 스승이 어찌 그 진정과 허위를 알고 허락하지 않는 일이 있을 수 있겠습니까. 기숙하는 여러 유생들이 죄다 자리를 비우고 놀러 나갔다면, 이것은 진실로 제어하지 않은 책임이 스승에게 돌아갈 수 있겠지만, 오직 그 중의 한두 명의 아이가 학당의 생도들과 함께 가서 장난한 것을 스승이 어떻게 알 수 있겠습니까. 신 등은 거듭 생각하여 보아도 그 죄를 알지 못하여 더욱 유감스럽습니다.

엎드려 바라옵건대, 주상 전하께서는 신 등의 도를 넓히려고 하는 마음을 어여삐 여기시고, 신 등의 스승을 존경하는 성심을 살피시어 특별한 명을 내려 스승을 구금

중에서 풀려 나오게 해주십시오. 그리하여 사악함이 올바름을 어지럽게 하지 못하게 하여 신 등이 의지해 돌아갈 곳이 있게 하십시오." 하였으나, 윤허하지 아니했다.

- 세종실록 24년 8월 12일 -

세조가 등극하기까지 격동기를 거치면서 이극배는, 드러나지 않은 직위에 있었으나 세조가 등극하자 즉위하는 데 공로가 인정되어 1455년[34세] 세조 1년 9월 좌익공신 3등 가선대부로 승차하여 광릉군에 봉해지고, 원만한 성격으로 벼슬길이 극히 순조로워 명망이 드러났다.

수령의 범법행위 조사를 위한 항목

1469년[48세] 예종 1년 5월에 겸 경상도 문폐사問弊使[56]가 되어 수령의 범법행위와 행정의 폐해를 조사하기 위해 가니 그 절목을 내려 시행하게 하였다. 그 절목에 이르기를,

1. 경차관은 도적을 체포하여 가두고 밝게 조사하여 석방할 만한 자는 석방할 것.
1. 연변의 방어하는 상황의 부정여부를 살필 것.
1. 탐오하여 백성을 학대하는 수령과 만호는 공신·의친·당상관을 논하지 말고 가두어 국문해서 아뢸 것.
1. 자기의 원통하고 억울한 사정을 듣고 심리할 것.
1. 연변의 수령과 만호는 군무의 착오한 일을, 군법에 의하여 공신과 의친·당상관을 논하지 말고, 그 경중에 따라서 죄를 줄 것.

1. 여러 고을, 여러 진영, 여러 포구의 군기를 살펴 적발할 것.
1. 연변의 여러 진영, 여러 포구의 당번 군사의 숫자를 조사할 것

---

56) 조선시대에 수령의 범법 행위나 행정의 폐해 등을 조사하기 위하여 파견한 임시관직.

1. 전에 있었으나 폐지한 연변의 여러 진영. 여러 포구 가운데 다시 복구할 만한 것을 아뢸 것.
1. 봉수대와 성을 살펴 적발할 것.
1. 여러 고을의 진상품 가운데 줄일 만한 물건을 뽑아서 아뢸 것." 하니, 임금이 그대로 따랐다.

— 예종실록 1년 5월 29일 —

상피제도와 4명의 형제들

1462년[41세] 세조 8년 1월에 이조판서에 제수하니 장령 유계번이 이극배의 이조판서 임명은 불가하다고 아뢰니 임금이 직접 답하다가 도승지를 불러 타일러 보내게 하였다.

사헌부 장령 유계번이 의정부의 의논을 가지고 아뢰기를, "병조판서 김사우의 처남 이극배를 지금 이조판서로 임명하였는데, 정권이 한 집안에 있는 것은 매우 불가하니, 청컨대 이를 고치소서." 하니,

전지하기를,
"이조에서는 병조를 다스릴 수가 없고 병조에서는 이조를 다스릴 수가 없으므로, 양쪽이 서로 간섭함이 없는데, 무슨 불가함이 있겠느냐?" 하였다.

유계번이 아뢰기를,
"이조판서와 병조판서는 그 권위가 가볍지 않으니, 사람을 쓸 즈음에 또한 같이 의논할 때가 있을 것입니다. 일가一家의 형제를 이러한 관직에 임명한 경우는 옛부터 없었습니다." 하니,

전지하기를, "내가 이미 익히 헤아려서 한 일이니, 그것을 말하지 말라." 하였다.

다시 유계번이 아뢰기를, "신 등이 되풀이하여 생각해 보건대, 김사우가 이미 병조의

우두머리가 되었는데, 그 처남 이극배를 또 이조의 우두머리로 삼으니, 정권이 한집 안에 모이게 되므로 실로 미편합니다." 하니,

전지하기를, "너희가 스스로 살피지 못한 때문이니, 그것을 자세히 생각해 보라." 하였다.

조금 있다가 도승지 김종순을 불러서 말하기를,

"대간에서 그 말할 만한 일들을 골라서 말한다면 임금이 듣고 채용하여 간언을 받아들인다는 명성을 얻을 것이고, 대간에서도 또한 권선징악의 명예를 얻을 것이다. 만약 큰 뜻은 돌아보지 않고 우연히 생각하여 즉시 말한다면, 임금은 들어주지 않고 간언을 거절한다는 명성을 얻을 것이고, 대간의 명성도 또한 따라서 낮아질 것이다. 또 대간에서 말하여서 내가 들어주지 않을 때에는 내 마음이 항상 편안하지 못한데, 대간에서도 그 말이 받아들여지지 못할 때에 또한 어찌 스스로 편안하겠는가? 이렇게 되면 양쪽이 편안하지 못한 것이다.

일전에 사헌부에서 황치신이 웃어른에게 버릇없이 함부로 한 죄를 청하였고, 또 봉석주의 탐오한 재물을 취한 죄를 청하였을 때 그 말이 옳았으므로 내가 모두 들어주었는데, 그렇다면 나에게 간언을 받아들이지 않는다고 이를 수는 없을 것이다. 사간원에서 말하기를, '심미沈湄가 평가의 하위에 있으니, 관직을 그대로 두는 것은 마땅하지 않습니다.' 하므로,
내가 말하기를, '이것은 특지(특별 임명)이다.' 하니, 사간원에서 다시 말하기를, '비록 특지라고 하더라도 또한 옳지 않습니다.' 하였다.
이와 같은 일에 내가 어찌 대간의 말을 꼭 들어줄 수 있겠느냐? 이전에 김사우가 병조판서가 되었고, 이극배가 겸 사복장이 되었고, 이극감이 도진무가 되었는데, 이것은 병권이 한집안에 모인 것이었다. 그 때는 이와 같이 말하는 것이 마땅한데도 말하지 않았다가, 지금와서 이극배를 이조판서로 삼으니 불가함이 있다고 번거롭게 말하는가? 만약 이조와 병조의 권력이 무겁고 크기 때문에 형제가 이를 맡는 것이 불가하다면, 가령 이극배의 아비 이인손이 의정부의 정승에 자리하게 한다면 그 아들은 이조와 병조의 관직을 맡을 수가 없다는 것인가? 그것을 사헌부의 관원에게 곡진하게 타일러서 보내라." 하였다.

— 세조실록 8년 1월 6일 —

세월이 지나 1469년[48세] 예종 1년 7월에 이극배가 병조판서에 제수되었다. 예종이 승하하고 성종이 즉위하자 12월에는 동생 이극돈이 대사헌이 되고, 동생 이극증은 도승지가 되었는데, 형제가 모두 고위직의 장관이므로 상피를 청하였으나 들어주지 않았다.

사헌부 대사헌 이극돈이 와서 아뢰기를,
"신이 대사헌이 되었는데도 신의 형 이극배는 병조판서가 되고, 이극증은 지금 도승지에 승진되어 이조의 일을 보게 되었습니다. 이조·병조의 정무가 잘못된 것은 사헌부에서 마땅히 규찰 탄핵해야 하는데, 신이 대사헌이 되었으니 마음이 사실 편안하지 못합니다. 하물며 한집안의 형제 3인이 모두 고위직의 장이 된 것도 또한 편안하지 못하니, 신의 관직을 체임시키소서." 하였다.

이극배도 또한 사직하기를 청하니, 원상院相에게 전교하기를,
"이극배와 이극돈의 말이 모두 옳으니, 이를 처리하기를 어떻게 하겠는가?" 하니 신숙주와 한명회가 대답하기를,

"3인의 재주가 각기 그 직책에 알맞습니다. 사헌부의 옛 기록에는 비록 대사헌일지라도 만약 과실이 있으면 부하의 관원도 또한 능히 탄핵할 수가 있으며, 이조·병조의 정무가 잘못된 것은 집의 이하의 관원도 또한 규찰 탄핵할 수가 있습니다. 지금 비록 대사헌을 바꾸지 않더라도 해로울 것은 없습니다." 하니 전교하기를, "그렇다면 모두 사직하지 말도록 하라." 하였다.

– 성종실록 즉위년 12월 30일 –

1474년[53세] 성종 5년 7월에 이극배가 세 번째 병조판서가 되었다. 11월에 들어 4형제가 육조六曹에 모두 임명되니 이극배가 벼슬을 사양하며 해임을 청하였다.

병조판서 이극배가 글을 올려 벼슬을 사양하여 말하기를,
"신은 성품이 본디 현실과 거리가 멀고 졸렬하여 재능도 없는데, 그릇 성상의 알아주심을 입어 세 번 본 병조의 판서가 되었으니, 성은이 비록 높을지라도 놀라고 두려운 마음은 더욱 간절합니다. 더구나 신의 아우 이극증은 호조판서가 되었고 이극

돈은 예조참판이 되었으며, 이극균은 형조참판이 되어 형제 네 사람이 함께 육조六
曹에 임명되었습니다. 총애를 입어 번영이 이미 극진하니 신이 매양 생각하기를, 작
은 그릇은 쉽게 차므로 번성하고 가득함을 두려워합니다. 빌건대 신의 벼슬을 해임
하여 보전하게 하여 주소서."

하니, 명하기를, "병조는 책임이 중하여 경에게 맡겼는데, 어찌 갑자기 사양하는가?"
하였다.

-성종실록 5년 11월 1일-

이극배의 졸기

1495년[74세] 연산 1년 6월 2일 광릉 부원군 이극배가 죽었다.

이극배의 본관은 광주廣州요, 자는 겸보謙甫다. 증조부 이집의 호는 둔촌이요, 조부
이지직은 형조참의요, 아버지 이인손은 우의정이다. 이극배는 과거에 급제하여 승문
원 부정자에 보직되었다가 사헌부 감찰로 옮겼다. 검찰관으로 명나라 서울에 갔는
데, 통역사 한 사람이 금법을 범한 일이 있어 법에 의거하여 처단하고, 본국에 돌아
오기 전에 사간원 정언·지제교에 제수되었다. 사헌부에서 아뢰기를 '이극배가 중국
서울에 갔을 적에 능히 일행 중에 범법한 자를 검찰하였으니, 청컨대 포상하소서.'
하니, 문종은 가상히 여기며 이르기를 '당연히 승진시켜야겠다.' 하고, 얼마 안 되어
병조 겸 좌랑을 제수하고 후에 정랑으로 승진시켰다.

세조가 내란을 진정시키고 겸판 이병조사로 일할 적에 보고서 깊이 알아 주었다. 세
조가 즉위하자 책훈하여 추충 좌익공신이 되었다. 1459년 세조 3년에 예조참의에
제수되어 경상도 관찰사를 겸직하였다. 이윽고 가선대부로 승급하여 광릉군을 봉하
고 병조판서·예조참판 겸 집현전 제학을 역임하고, 또 가정대부로 승급하였다. 신
숙주를 따라서 여진족 낭보아한을 정벌하고 돌아와서 자헌대부에 올라 경기 관찰사
가 되고, 이조·병조·형조·예조의 판서를 역임하고, 지방직으로 평안도 절도사가 되
어, 백성을 어루만지고 적을 방어하는 데에 마땅함을 얻음으로써 임금은 글월을 내
려 포장하고, 정헌대부로 승급됨과 동시에 평안도 관찰사로 옮겨 제수하였다. 예종

조에 의정부 우참찬에 제수되고, 성종조에 여러 정승의 보좌한 공을 논하게 되어, 순성 명량 좌리의 호를 내리고 숭정대부로 승급하고, 또 숭록대부로 승급하여 판중추부사를 제수하였다. 주상이 성균관을 시찰하면서 여러 정승에게 본디 풍부한 학식을 진술하라고 청하자, 공은 홀로 중용 구경의 요지를 논하니 임금은 아름답게 여겨 받아들였다. 1476년 성종 10년에 보국 숭록 영중추부사를 제수하였다. 1481년·1482년에 흉년이 들자 공은 진휼사가 되어 백성을 많이 살렸다. 호조 판서를 겸직할 것을 명하였다. 1485년 성종 16년에 우의정을 제수하였다.

병오년 가을에 임금이 홍복산에 거둥하여 사냥을 구경하였는데, 몰이꾼이 사면으로 늘어서서 포위하자, 소낙비가 갑자기 쏟아지므로 임금은 사냥을 파하려 하니, 윤필상이 아뢰기를 '짐승을 몰이하여 이미 활터 근처에까지 왔으니, 애워싸고 구경하시는 것이 옳습니다.'고 하는 것이었다. 이극배는 당연히 진을 파해야 한다고 하자, 윤필상은 여전히 고집하니, 이극배는 준절한 어조로 윤필상에게 말하기를 '임금의 귀중하신 몸으로 비를 무릅쓰고 오랫동안 들판에 계실 수 없는데, 지금 이같이 고집하는 것을 보니 과연 사람들이 그대더러 약삭빠르다고 한 것이 과연 그렇구나.' 하였다. 중국 황제가 즉위할 적에 등극사로 임명되자 노환으로 사면하였다. 부원군을 봉하였다. 1488년 성종 19년 봄에 한림 시독 동월과 급사중 왕창이 우리나라에 와서 등극에 대한 조서를 반포하고 돌아갈 적에 백관이 교외까지 전송하는데, 동월 등은 이극배의 앞에 나와 말하기를 '참으로 경륜있는 재상이다.' 하였다. 1491년에 여러 번 사직하겠다고 애걸하였으나, 임금께서 허락하지 않는다는 친필을 내리고 환관을 보내어 궤장을 내렸다. 1493년에 영의정을 제수하니, 노환으로써 사양하므로 또 허락하지 않는다는 친필을 내렸다. 이에 이르러 병으로써 뼈라도 선산에 묻히게 해 달라고 애걸하는 상소장을 3,4차나 올렸다. 명하여 부원군을 봉했는데 미구에 죽으니, 나이는 74세다.

기개가 우람하고 도량이 깊고 사상이 확고하며, 평소에 말과 웃음이 적고 경학에 독실하고, 또 행정 재능에 능하며, 조복의 차림새로 조정에 서면 위의가 엄연하여 사람들이 바라만 보고도 두려워하였다. 그래서 당상관을 달기 전부터 이미 재상의 물망이 있었다. 정치권력이 손아귀에 들어 있은 지 오래였으나, 문앞에는 개인적 방문객이 없었고, 재물에 있어서도 별로 좋아하는 것이 없었으며, 일찍이 가무나 풍악으로써 오락을 삼지 않았다. 그리고 국가의 일을 의논함에 있어서는 근본을 잃지 않을 것을 힘쓰며, 까다롭고 세쇄한 것은 캐지 않았고, 평생에 남의 과실을 말하기를 좋아하지 않았다. 항상 가문이 크게 성한 것을 염려하여 자제들을 훈계하되 '무릇 무슨 물건이고 성하면 반드시 쇠하는 법이다. 너희들은 혹시라도 자만하지 말라.' 하고, 두 손자의 이름을 이수겸, 이수공으로 지어주며, '처세하는 길은 이 두 글자보다 더 나은 것이 없다.' 하였고, 아우 이극균이 손님 대접하기를 좋아하는 것을 보고 매양 경계하였다. 다만 성품이 인색하여 집에 있으면 비록 한 되 한 말의 소소한 것일지라도 참견하지 않는 것이 없었다. 시호는 익평翼平인데, 사려가 깊은 것을 익翼, 일을 집행하는데 절제가 있는 것을 평平이라 한 것이다.

이극배의 아들 이세필은 대사헌, 손자 이수공은 도승지에 올랐다. 선조때 영의정에 오른 명상 이준경은 이극감의 증손, 임진왜란수습에 큰 공을 세운 명재상 이덕형은 이극균의 6대손, 광해군 때 폐모론을 주장, 부정적인 이름을 남긴 이이첨은 이극돈의 현손이니, 이극배 형제의 후예들은 한때 역사의 중심에서 이름을 날렸다.

[승진과정]

1447년[26세] 세종 29년 사마시에 합격.
　　　　　　식년시 문과에 정과로 급제. 승문원 부정자.
1450년[29세] 문종즉위년 10월 사헌 감찰. 명나라 사신단 부정 검찰관.
　　　　　　정언·지제교
1452년[31세] 2월 겸 좌랑
1454년[33세] 단종 2년 병조정랑
1455년[34세] 세조 1년 9월 좌익공신 3등 가선대부, 광릉군
1457년[36세] 세조 3년 1월 예조참의, 6월 겸 경상도관찰사.
　　　　　　7월 공조참의 겸 경상도 관찰사
1458년[37세] 세조 4년 윤 2월에 첨지 중추원사 겸 경상도 관찰출척사.
　　　　　　6월 중추원 부사 겸 경상도 도관찰사 6월 좌익 3등 공신
1459년[38세] 세조 5년 6월 광릉군 겸 경상도 도관찰사.
　　　　　　 7월 병조참판.
　　　　　　 8월 한성부윤, 11월 경창부윤, 12월 예조 참판
1460년[39세] 세조 6년 1월 명나라 성절사. 7월 명나라 선위사.
　　　　　　10월 인순부 윤, 11월 광릉군
1461년[40세] 세조 7년 1월 경기도 관찰사. 4월 경기 관찰사
1462년[41세] 세조 8년 1월 이조판서, 5월 겸 충청 경상도 도군적순찰사.
　　　　　　7월 형조판서, 8월 광릉군, 10월 예조판서
1463년[42세] 세조 9년 2월 겸 경상도 도순찰사. 3월 평안도 도관찰사.
　　　　　　6월 광릉군, 윤 7월 부친상(우의정 이인손)으로 3년상
1467년[46세] 세조 13년 3월 충청 전라 순찰사. 6월 병조판서.
　　　　　　7월 평안도 절도사. 9월 광릉군
1468년[47세] 예종즉위년 8월 평안도 관찰사
1469년[48세] 예종 1년 1월 의정부 우참찬. 5월 겸 경상도 문폐사
1470년[49세] 성종 1년 8월 의정부 좌참찬.
1471년[50세] 성종 2년 2월 전라도 진휼사. 3월 좌리 3등공신.
　　　　　　윤 9월에는 좌참찬
1474년[53세] 성종 4년 7월 병조판서
1475년[54세] 성종 5년 6월 숭록대부로 승진. 병조판서
1477년[56세] 성종 7년 윤 2월 숭록대부 판중추부사.
　　　　　　10월 충청·전라·경상도의 하삼도 순찰사

1479년[58세] 성종 9년 8월 숭록대부 영중추부사
1481년[60세] 성종 11년 영중추부사 겸 진휼사. 10월 호조 겸판서
1484년[63세] 성종 14년 10월 대광보국 숭록대부 승진. 10월 광릉부원군
1485년[64세] 성종 15년 3월 우의정
1486년[65세] 성종 16년 6월 우의정 겸 병조판서
1487년[66세] 성종 17년 9월 광릉부원군 10월 겸 병조판서

1493년[72세] 성종 23년 11월 6일 영의정.
1495년[74세] 연산 1년 3월 20일 영의정 사직
1495년[74세] 연산 1년 6월 2일 광릉 부원군 이극배가 죽다
1504년[사후] 연산 10년 10월 22일 폐비 윤씨와 관련된 일로 동생 이극돈이 연관되자
　　　　　 이극배 등의 자손들을 먼 변방으로 축출하게 하였다.

연산군 시대

36. 노사신盧思愼

세종의 처조카로 세조의 총애를 받다

생몰년도 1427년(세종 9) ~ 1498년(연산 4) [72세]
영의정 재직기간 (1495.3.20.~1495.10.4) (1년 6개월)

본관   교하交河
자   자반子胖
호   보진재葆眞齋, 천은당天隱堂
시호   문광文匡
공훈   익대공신, 좌리공신
묘소   경기도 파주시 파주읍 백석리
기타   외조부 심온, 왕실과 인척
        높은 학구열과 대제학을 지낸 학자

증조부 노균 - 대호군
조부   노한盧閈 - 우의정
조모   여흥민씨 - 태종의 정비 원경왕후 민씨 자매
부   노물재盧物載 -동지돈녕부사, 심온의 사위
모   청송심씨 - 세종의 정비 소헌왕후 심씨 자매
부인   청주경씨 - 경유신의 딸
장남   노공필盧公弼 - 우찬성
손녀   청안군(광평대군의 손자)의 처
손녀   영산군(성종의 서자 12남)의 장모
2 남   노공저盧公著
3 남   노공석盧公奭
4 남   노공유盧公裕
손자   노종盧樅 - 임사홍의 사위
        제13대 대통령 노태우의 직계 조상

영의정이 된 근원 – 탄탄한 실력에 왕실과의 인척

노사신의 자는 자반子胖이고, 호는 보진재葆眞齋로 교하현 사람이다. 증조부 노균은 대호군을 지냈고, 조부 노한은 우의정을 지냈으며, 아버지 노물재는 동지돈녕부사를 지냈다. 조부 노한은 민제의 딸을 아내로 맞아 태종과는 동서지간이었고, 아버지 노물재는 심온의 딸을 아내로 맞아 세종비 소헌왕후의 여동생으로 세종과 동서지간이자, 이종 4촌간이었다. 이처럼 노사신은 대를 이어 군왕과 동서 관계를 맺은 보기 드문 특이한 문벌 출신이었다.

노사신은 화려한 명문가에서 자랐으나 비단옷을 입지 않을 만큼 검소하였고, 학구열이 강해 남이 가르쳐 주기 전에 먼저 찾아가 깨우치려 애를 썼다. 예문관 대제학을 지낼 만큼 학문이 깊고 문장이 탁월했으며, 왕실에 대한 충성심도 남달랐다. 이처럼 노사신의 뛰어난 재질과 학자로서의 명성과 남다른 충성심에 왕실과의 든든한 인연이 어우러져 벼슬길은 순탄하기보다 가파르게 높아졌다.

1451년[25세] 문종 1년 생원시에 합격하고, 1453년 단종 1년 식년시 문과에 병과로 급제하여 집현전 박사로 선임되었다. 이어 집현전 부수찬·성균관 직강·예문관 응교 등을 역임하며 국가의 사명詞命[57]을 관장하였다.

1459년[30세] 세조 5년에는 세자 우문학, 이듬해는 사헌부 지평이 되

---

57) 외교문서를 작성하거나, 사신을 응대하면서 쓰는 말이나 문장

었고, 1462년에 세조의 총애로 세자 좌문학에서 5품계를 뛰어넘어 승정원 동부승지에 제수되었다. 우부승지를 거쳐 1463년에 도승지에 제수되어 국가의 기무를 관장하였다. 이때 홍문관 직제학을 겸하여 세조가 주석한 『역학계몽』의 주석서 『요해要解』를 증보하여 찬집하고 불경을 한글로 번역하기도 하였다.

1465년[39세]에 호조판서가 되었고, 최항과 함께 『경국대전』 편찬을 총괄하며 충청도 가관찰사를 겸하여 지방 행정의 부정을 낱낱이 조사했고, 이듬해에는 숭정대부에 올랐다. 또한, 1466년에 실시된 발영拔英·등준登俊 양시험에 응시하여 각각 1등과 2등으로 합격하는 영예를 얻었다.

1469년[43세]에 의정부 우참찬·좌참찬을 거쳐 우찬성에 올랐다. 우찬성 재임 중 접반사로서 명나라의 사신 강호姜浩와 예교를 맺어 외교적 성공을 거두기도 하였다.

1470년[44세] 성종 1년 좌찬성에 올라 이조판서를 겸직하였으며, 1471년에는 성종 즉위를 보좌한 공으로 좌리공신 2등에 책록되었다. 1476년에 영돈녕부사가 되어 사서와 시문을 찬집하고 성균관에서 강의 등으로 성종의 문치를 도와, 1482년에는 선성부원군으로 책봉되었다.

1485년[59세]에는 영중추부사로서 평안도와 경기도의 재해를 극복하기 위한 진휼사 겸 호조판서가 되어 임무를 수행하였다. 1487년[61세]에 우의정에 승진하였고, 1491년 영안도(함경남도) 도체찰사를 겸해 국가의 사민정책徙民政策을 담당하였다.

1492년[66세]에 좌의정, 1495년에는 영의정에 올랐다. 과거시험 독권관으로서 처족을 합격시켰다는 사유로 탄핵을 받아 영의정을 사직하였다.

1498년[72세] 무오사화 때는 훈구파의 중신 중 정승으로서 유자광과 함께 김종직의 문하생을 추국하는 추국관이 된다. 무오사화의 주모자인 유자광이 나서며, "이 놈들은 한 놈도 남겨서는 안 된다." 하니, 노사신이 말리며, "당초 우리들이 이일을 상감께 아뢴 것은 사초에 관한 것 뿐이었는 데, 이제와서 마치 사사로운 원한을 푸는 것 같이 되었으니, 이는 우리의 본뜻이 아니오! 어쩌다 일이 이 지경까지 되었오!"라 하자 연산군도, 훈구대신들을 비판하여 신진 선비들을 막무가내 죽일 수 없었으니, 이로써 목숨을 건진 인재들이 많았다.

1498년 연산 4년 9월에 집에서 졸하니, 향년 72세였다. 처음 병이 나자 임금이 내의에게 명하여 치료하게 하고 대궐 환관으로서 문병을 하는 자가 줄을 이었다. 병이 깊어지자 승지를 보내 남길 말을 묻게 하니, 대답하기를, "신은 할 말이 없고 다만 원하는 것은 경연에 자주 나아가고 형벌과 상이 공정을 얻게 하는 것뿐입니다." 하였다. 부음이 알려지자 임금이 슬퍼하여 3일간의 조회를 파하고 부의를 예보다 더 내렸으며, 봉상시에서는 문광文匡이라는 시호를 내렸다.

세조의 각별한 총애를 받은 노사신

1455년[29세] 세조 1년 12월에 세조 즉위에 협조한 공로로 원종공신 3등에 녹훈되어 부수찬에 승진하였고, 여러 번 전보하여 성균 직강에 이르러 예문관 응교를 겸하였는데, 응교는 문장력이 뛰어난 자에게 주어지는 직책이었다. 1460년[34세] 2월 세조가 노사신을 현명하고 재간이 있다고 각별히 총애하여 1년 동안 5품계나 승급시켰다. 1462년[36세] 세조 8년 1월 승정원 동부승지에 발탁하니 실록에서는 노사신에 대해 다음과 같이 평하고 있다.

> 노사신은 성질이 진실하고 솔직하며 기개가 있고 뜻이 커서, 왕실의 외척으로 생장하였으나 호사스런 생활을 일체 버리고 배우기를 좋아하여 남에게 두루 물었고, 시문을 짓는 데 고어古語를 쓰기를 좋아하였다. 과거에 뽑혀서 집현전 박사가 되었는데 날마다 장서각에 나아가서 깊숙이 쌓인 책들을 어지러이 뽑아내어 매양 뜻을 기울여 읽다가 문득 식사를 폐하고 이를 외우니, 사람들이 모두 진짜 박사라고 하였다. 임금이 그와 더불어 고금의 일을 논하여 이야기하면 말이 임금의 뜻에 드는 것이 많았는데, 이 때에 이르러 이러한 인사가 있었다.
>
> — 세조실록 8년 1월 17일 —

1463년[37세] 세조 9년 6월 도승지로 승진시키니, 국가의 기무를 모두 노사신에게 위임한 것이다. 1464년 2월 세조는 도승지 노사신을 특별히 신임하여 대비전과 중궁전의 족친인 이씨·윤씨·심씨 중에서 쓸만한 자를 천거하게 하였다.

> 이조에 명하기를, "윤씨의 족친으로서 아직 서용되지 못한 자를 이제 모두 녹용하도록 하라." 하고, 도승지 노사신을 불러서 이르기를, "내가 중궁의 족친으로서 서용되지 못한 자를 다 쓰고자 하였더니, 중궁이 내게 이르기를, '관작은 마땅히 어진 사람을 선택하여 제수하여야 하는 것인데, 윤씨가의 자제는 하나가 아닌데 어찌 현명함과 그렇지 못함을 가리지 않고서 다 쓰겠습니까? 또 이씨·심씨의 족친으로서 아직 서용되지 못한 자도 많은데, 홀로 윤씨의 족친만 쓰겠습니까? 마음에 실로 미안합니다.'라고 하였다. 이 말은 매우 옳은 것이므로 나는 기꺼이 받아들인다. 너는 구치관 등과 더불어 이씨·심씨·윤씨의 족친 중에 가히 쓸 만한 자를 널리 의논하여서 아뢰어라." 하였다.
>
> — 세조실록 10년 2월 4일 —

1465년[39세] 세조 11년 4월에 도승지 노사신이 임금에게 나아가 말하기를, "뒤에 온 승지는 모두가 이미 옮겨 갔는데 신 만이 옮기지 못하였으니, 청컨대 신도 다른 관직을 제수하여 주소서." 하니,

한명회와 이구·이염이 아뢰기를, "노사신이 스스로 벼슬을 제수하기를 청함은 심히 불가하니, 청컨대 술로써 벌하소서." 하므로,

임금이 말하기를, "옳다." 하였는데, 노사신이 즉시 가득찬 잔을 마시니, 임금이 명하여 윤자운의 허리띠를 취하여 노사신에게 주며 즉시 호조판서에 제수하고 그 도승지의 직을 그만두게 하였다.

이에 4월에 호조판서로 제수되었다.

재상에 임명되어서는 세조가 자문하기 위해 늘 내전으로 불러들였고 경전과 사서를 강론함에 있어 노사신의 확고한 대답이 소리의 울림과 같았다. 임금이 밤중에도 권태를 모르고 책을 봄으로서 노사신은 궁궐에서 유숙하는 날이 많았고, 때론 휴가를 갔다가도 곧 부름을 받고 들어와 하루도 집안에서 쉬는 일이 없었다. 임금이 비용 및 병무를 중요하게 여겨서 호조판서에 발탁, 제수하고 이어 도진무(군직)를 겸하게 하였다. 또한 상정국詳定局을 개설하여 경국대전을 편찬하게 했는데 대신들에게 분장해서 제정하라 하니, 호조 편은 노사신이 맡았다. 임금이 일찍이 재상의 재목을 논함에 있어 노사신을 지목하여 '활달 제일豁達第一'이라 하였다.

명나라 사신 접대와 건배 횟수

1470년[44세] 성종 1년 3월에 노사신은 중국 명나라 사신 원접사가 되

어 사신 접대를 하였다. 5월에 성종이 태평관에 거둥하여 중국 사신에게 연회[58]를 베풀고 하사품을 내렸다.

임금이 술을 돌리고, 다음으로 청송 부원군 심회, 영성 부원군 최항, 인산 부원군 홍윤성, 영의정 윤자운이 차례로 술을 돌렸다. 중국 사신이 통역사를 시켜 아뢰기를, "오늘 술을 돌린 것이 다섯 순배에 이르렀습니다. 청컨대 전하께서는 노사신에게 명하여 술을 돌리게 한 뒤에 우리들이 잔을 돌리게 하소서." 하니 임금이 대답하기를, "명대로 하겠으니, 청컨대 대인은 조용히 예가 이루어지기를 기다려서 파하소서." 하니 중국 부사副使가 말하기를, "천자天子의 술은 아홉 순배이고, 제후의 술은 일곱 순배이며, 보통 예는 세 순배 또는 다섯 순배에 끝나는데, 이제 술이 다섯 순배에 이르렀으니 예도 다하였고, 또 우리의 주량이 얕아서 더 마실 수가 없습니다." 하니 임금이 곧 음식을 올리도록 명하고, 중국 사신들이 각각 잔을 돌려 올리고 파하였다. 도승지 이극증을 그 자리에 머물러 있게 하고, 중국 사신에게 각각 기념품을 주었다. 상사는 사례하고, 부사는 답례품을 받았다.

— 성종실록 1년 5월 2일 —

5월 2일 중국 사신이 노사신의 승직을 청하는 일에 대해 임금이 신하들과 논의하였다. 임금이 명하기를,

"중국 부사가 내일 노사신의 승진을 다시 청할 것이다. 노사신은 본래 승직시켜야 할 사람이다. 어찌 중국 사신으로 청으로 승진시키겠느냐? 그렇지만 그 청대로 승급시키는 것이 어떠하냐?" 하니, 원상 최항·홍윤성이 아뢰기를, "성상의 말씀이 지당합니다." 하였다.

우찬성 노사신을 불러 전교하기를,
"중국 부사가 경의 벼슬을 올리기를 간절하게 청하기에 내가 그대로 따랐으니, 경은 부끄럽게 생각할 것이나, 경은 본래 승급되어야 마땅한 것이니 사신이 청한 때문이 아니다. 중국 사신에게 가서 사례하라." 하고, 또 감제관 정자양과 통역사 김계박 등

---

58) 익일연 : 중국 사신이 우리나라에 도착한 다음날에 나라에서 사신에게 베풀던 연회. 사신이 도착하는 날 하마연下馬宴을 베풀어 대접하고, 다음날 임금이 거둥해 익일연을 베풀고, 물러가면 다시 전별연餞別宴을 베풀어 전송하였다.

벼슬을 수여받은 자로 하여금 중국 사신에게 가서 사례하게 하였다.

이를 두고 사관이 논하기를, "이전에 많은 예빈시禮賓寺[59] 관리가 중국 사신의 청으로 인하여 벼슬을 얻었는데, 이후부터 중국 사신이 온다고 하면 세력가의 자제들이 다투어 접대하기를 간청하여, 드디어 다반사가 되어 조금도 부끄러워하지 아니하니, 더러움이 심하도다." 하였다.

– 성종실록 1년 5월 2일 –

5월 17일 태평관에 거둥하여 사례하고 중국 사신에게 물품을 하사하였다. 도승지 이극증에게 명하여 두 중국 사신에게 선물을 주게 하였다. 〈중략〉 부사는 굳이 사양하며 받지 아니하였고, 상단의 두목들은 모두 받고는 대궐을 향해 머리를 조아렸다. 부사가 말하기를, "노사신이 우리의 접반장으로 시종여일하였으니, 청컨대 전하께 아뢰어 특별한 은혜를 주고, 통역사 장자효도 매우 수고하였으니, 청컨대 계급을 올리소서." 하였다.

5월 24일 사신 요청에 의해 노사신은 숭록대부 의정부 우찬성에 올랐다.

사관이 논하기를, 노사신은 유명한 재상인데 중국 사신으로 인해 계급이 올랐는데도 굳이 사양하지 아니하니, 당시 사람들이 비난하였다.

– 성종실록 1년 5월 24일 –

명나라 사신 강호는 노사신이 접반사를 하는 동안 교제에 법도가 있었으므로 강호가 '노사신이 예를 안다'고 일컬었다. 임무를 마치고 임지에서 돌아오게 되어서는 노사신이 길에서 치질을 앓아 말을 탈 수 없었는

---

59) 조선시대 빈객의 연회와 종실 및 재상들의 음식물 공급 등을 관장하기 위해 설치되었던 관서. 정3품 아문으로 내려오다가 조선 후기에 종 6품 아문으로 격하되었다.

데, 강호가 자신이 타던 수레를 노사신에게 주고 자신은 말을 타고 가니 그 정중히 대함이 이러하였다.

영의정 소임과 탄핵상소

1495년[69세] 연산 1년 7월 대사헌 최응현, 대사간 이감 등이 노사신이 재상의 소임을 다하지 못한 것에 대해 상소하였다.

대사헌 최응현·대사간 이감·집의 이수언·사간 반우형·장령 민이와 강경서·지평 권유와 남세주·헌납 최세걸·정언 홍경창과 임유겸이 상소하기를,

영의정 노사신이 본래 유교 경서로써 겉치레를 하고 관원을 잘 진정시킨다고 자부했기 때문에 큰 자리를 얻어서 조정의 으뜸이 되어 당세의 물망을 걸머진 지 오래였습니다. 그러다가 근래에 와서는 그 정책이 매우 어긋나서 도리를 위배한 것이 많으며, 더욱 심한 것은 전 대사헌 이의李誼 등이 직접 간하여 전하의 분부를 거스렸다 하여 그 죄를 다스리려고 대신에게 명령하셨는데, 노사신이 수상의 몸이 되어 간하여 말리지 못하고 도리어 '지당하십니다' 하였으니, 노사신의 생각이 어찌하여 이 지경에 이르렀는지 알 수 없습니다.

무릇 임금이 대간이란 벼슬을 두어 귀와 눈의 귀중한 책임을 맡긴 것은 국가의 병이 되고 이익됨과, 민생의 안락하고 걱정됨을, 보고 듣는 대로 다 말하게 한 것이니, 임금이 혹 그 말을 받아들이지 않는 일이 있으면 이미 사직의 복이 아닌데, 더구나 목에 칼을 채워 옥에 가두는 것은 어찌 훌륭한 덕을 가진 분의 처사이리까. 이런 경우에는 정승이 된 자가 마땅히 분주하여 바로잡기에 겨를이 없어야 할 것인데, 도리어 종용하고 아첨하여 그 그름을 수행하게 하는 것은 오척 동자도 불가함을 알 것인데, 노사신의 지혜로써 이에 미치지 못한단 말입니까.

노사신이 여러 왕조를 내리 섬겨, 나이 이미 70세가 되었고, 부귀도 이미 극에 달했으며, 자손도 이미 높고 훌륭한 직위의 열에 있는데, 다시 무슨 미련이 있어서 여러

관료들 가운데 우뚝 솟지 못하여 백성의 소망을 끊어버리는 것이 이 지경에 이른단 말입니까. 이른바 나라와 더불어 기쁨과 슬픔을 같이 한다는 자가 진실로 이와 같습니까.

더구나 전하께서 처음으로 즉위하시어, 선천적 자질은 비록 아름다우시나 학문이 지극하시지 못한데, 언어와 동작이 어찌 다 잘하실 수 있으리까. 이야말로 선악의 분기점이오니, 진실로 과실에 따라 간하여 어질고 너그러운 품성을 완성하시게 하는 것이 바로 그의 책임인데, 하는 행동이 이와 같으니, 이는 전하를 가르치기를 잘못을 수행하고 간하는 말을 꺼리며, 앞으로는 오직 내 말을 어기지 말라 하게 한 것이 노사신의 이 말에서 기인되지 않는다고 단언할 수 없으니, 두려워하지 않아서 되겠으며, 조심하지 않아서 되겠습니까.

노사신은 전하의 막중하신 부탁을 받고 전하의 원로가 되었으니, 전하께서 안락과 걱정을 같이 하려고 생각하시는 바인데, 이제 이 지경에 이르렀으니, 전한시대 성제가 장우를 스승으로 삼아 은전만 헛되게 베풀고 그 보답을 얻지 못한 것과 무엇이 다르리까. 신들이 전하를 성제에게 비하는 것이 아니라, 바로 노사신의 이번 실수가 장우와 같은 점이 있기 때문에 처음과 끝을 말하는 것입니다. 또한 재상의 직이란 온갖 책임이 모두 집중된 자리이므로, 의연하여 뽑히지 않는 절조가 있지 않으면 스스로 일어서는 자도 적은데, 어찌 임금을 바르게 할 수 있으리까.

그러므로 전하께서 노사신을 신뢰하시다가 세 가지 실책이 있음을 면하지 못하게 되었으니, 첫째, 대비전의 외척 윤탕로의 죄를 규명하시지 않은 것, 둘째, 불경 박아내는 잘못을 간하지 않은 것, 셋째, 관작을 남발하시고 벼슬자리를 가벼이 쓰신 것 등입니다.

전자에 무인 박원종이 도승지가 되매, 말하는 자가 그 자리가 과하다 하여 열흘 동안을 두고 다투니, 허종이 우의정이 되어 맨 먼저 정의를 말하여 대간의 말을 따르기를 원하므로 성종은 이를 받아들여 박원종을 교체하였고, 성종께서 승려가 되는 예전 법을 없애려 하시는데, 대비전과 중궁전이 불가하게 여기시므로 말하는 자가 그것을 그르게 여겨 상소를 하여 달이 넘도록 항쟁하니, 허종이 왕대비전·대비전·중궁전의 사이를 주선하여 조용히 일깨워, 마침내 대비전과 중궁전의 마음을 돌려 성종의 뜻을 성취시켜 드렸습니다.
슬프게도 국운이 불행하여 허종은 먼저 죽고, 성종께서 승하하시어 전하로 하여금 영원히 아버지를 잃게 하고 조정에도 모범이 될만한 분이 없어서 믿는 바는 오직 노사신 한 사람 뿐인데, 윤탕로의 죄를 알고도 탄핵하지 않고, 불경을 박아냄의 잘못을 듣고도 간하지 않아 전하의 첫 정무에 흠을 만들었으니, 만약 허종만 살아 있었더라도 이 지경에 이르지는 않았을 것입니다.

또 말하면, 관작이란 임금이 어진 이를 격려하는 자본이요, 제사를 내려주는 것은 임금의 떳떳한 은전이며, 분주하게 사무를 보는 것은 신하의 직책인데, 무슨 보상이 있으리까. 노사신은 불가한 줄을 알면서도 힘껏 말을 하지 않아 마침내 임금님의 뜻을 돌이키지 못하였으니, 전자의 두 가지 실수에 비하면 저것이 이것보다 낫다 하겠지만, 저 이항李沆이 노사신을 대하여 임금의 명령서를 불태운 것을 비하면 역시 그 책임을 사면할 수 없을 것입니다.

바라옵건대, 빨리 노사신을 국문하시어 조정을 엄숙하게 하고 모든 관료로 하여금 생각을 바꾸게 하며, 전하께서도 빨리 세 가지 과오를 버리시어 모든 사람의 소망을 시원하게 하소서."

하니, 듣지 않으매, 대간이 다시 아뢰기를,

"신들이 노사신을 국문하기를 청하였는데, 전하께서 말씀하시기를 '노사신을 국문하려 하는 것은 바로 나를 국문하자는 것이다.' 하셨으니, 전하의 이 말씀은 일부러 임금에게 관련을 시켜서 간언을 드리는 길을 막으려 하시는 것입니다.

옛사람이 이르기를 '말이 임금에게 미치면 천자도 얼굴 빛을 고친다.' 하였으니, 옛날 성군은 비록 임금의 과실을 지적하였을지라도 오히려 즐겁게 들어 주는데, 하물며 재상의 과실을 말하는데 이런 말씀을 하신단 말씀입니까. 이는 간하는 것을 막아버리시려는 조짐이오니, 신들은 통분합니다.

윤탕로의 강상을 무너뜨린 죄는 추궁하지 않을 수 없고, 대전께서 불경 박아냄의 잘못은 간하지 않을 수 없으며, 사무를 보는 자에게 승급한 것은 지나친 상이 너무도 심하여, 두어 달 사이에 거푸 세 품계씩 올랐고, 당하관으로서 가장 높은 직인 자궁資窮과 준직準職〈?〉이 된 자는 당상으로 올리기에 이르렀으니 이는 성종조에 없던 일인데, 전하께서 감히 하신단 말씀입니까. 다시 깊이 생각하시어 여론에 따라 주소서." 하니,

전교하기를, "아무리 여러모로 말하여도 끝내 들어 줄 수 없다." 하였다. 노사신이 수상으로서 '대간의 주장과 반론은 임금의 위엄을 떨치지 못하게 하는 것이요, 대간을 잡아 가둔 것은 영특하고 기상이 걸출한 임금의 위엄이 되는 것입니다.'고 하여, 마침내 간하는 신하를 거의 다 죽이는 지경까지 이르렀으니, 노사신이 그르쳐 놓은 것이다.

- 연산일기 1년 7월 8일 -

이 때가 연산이 왕이 된 지 1년이 지난 시점이었으니, 대간들의 간언을 임금의 위엄으로 눌러버린 결과를 가져왔다. 연산초에는 많은 대간들이 임금의 결정에 대해 간언하였으나 후기로 갈수록 건언하는 대간들은 줄어들었다.

1495년 연산 1년 10월 4일 노사신은 영의정 사직하고 선성부원군이 되었다. 그해 10월, 노사신은 과거시험을 관장하는 문과 독권관이 되었는데 처가쪽 사람을 억지로 합격시켰다는 의심을 받아, 탄핵까지 논의되니 자진하여 사퇴하고, 파주 탄현에 노정盧亭이란 정자를 짓고 은거하며 집필에 몰두하였다.

노사신의 졸기

1498년[72세] 연산 4년 9월 6일 선성부원군 노사신이 졸하였다.

사신의 자字는 자반이요, 재호는 보진葆眞이다. 교하交河 사람인데, 동지돈녕부사 노물재의 아들이며, 우의정 노한의 손자이다. 젊어서 글을 읽으매, 하루에 수백 단어를 기억했으며, 1453년에 문과에 급제하여 집현전 학사에 제수되었다가 수찬으로 승진하였다.

을해년에 어머니 상을 만났으며, 상복을 벗고 사헌부 감찰에 제수되어, 군자감을 감찰하였는데, 말을 되느라고 분요하여 먼지와 티끌이 눈을 가리니, 공은 책상에 쓰기를,
'장부의 뇌락한 평생 뜻이 어찌 한 말 한 되 출납하는 속에 있을까 보냐' 하였다.

무인년에 사간원 좌정언에 제수되어 예문관 응교를 거쳐 세자 문학으로 전임되었다. 휴가를 얻어 진위현을 지나다가 투숙하고 이튿날 일찍이 일어나 출발하여 두어 마장을 갔는데, 지방관리가 달려오며 불러댔다. 노사신은 멈추고 기다리니, 관리가 말하기를 '갑 속에 둔 붓을 잃어버려 원님이 나를 시켜 찾아오라 했다.'고 하니, 노사신은 웃고 차고 있던 주머니 속에서 붓을 내어 주었다.

임오년에 승정원 동부승지로 뛰어올라 도승지로 전임되었다. 을유년에 호조판서에 제수되고 병술년에 발영시·등준시 두 시험에 합격하였다. 무자년에 남이·강순 등이 반역을 도모하다가 처벌되자, 추충 정란 익대공신에 책봉되었고, 누차 승진되어 좌찬성에 이르렀으며, 신묘년에 성종께서 등극하는데 협조한 공을 기록하여 순성 명량 좌리공신에 책봉되었다.

병신년에 선성 부원군으로 승진되고, 정유년에 우의정으로 승진되고 임자년에 좌의정에 오르고, 갑인년에 영의정으로 승진되고, 가을에 부원군으로 발령되었으며, 12월에 고령으로 사직서를 내었는데 윤허하지 아니하였다.

무오년 9월에 병이 위독하자 왕이 승지 홍식을 보내어 하고 싶은 말을 물으니, 사신은 아뢰기를 '신은 말씀드릴 것이 없사옵고 다만 상과 벌을 적중하게 할 것과 부지런히 경연에 납시기를, 원할 뿐이옵니다.' 하였다. 나이는 72세였다. 시호를 문광文匡이라 하니, 박문 다견을 문文이라 하고, 마음이 곧고 생각이 큰 것을 광匡이라 한다.

노사신은 흉금이 소탈하여 겉치레를 일삼지 않고 경계를 생략하였으며 재물을 경영하지 않았다. 뜻이 활달하여 사서와 역사를 박람하여 관통하지 못한 것이 없었으며, 불경·도학서까지도 역시 모두 보았다. 만년에 거처하는 당을 천은당天隱堂이라 이름하고 옛사람의 서화를 모아 그로써 스스로 즐겼다. 다만 세조가 일찍이 용문사에 거둥하여 손으로 구름 끝을 가리키며 여러 신하들에게 이르기를 '백의를 입은 관음이 나타났다.' 하니, 여러 신하들은 쳐다보기만 하고 능히 대답을 못하는데, 사신만이 크게 '관음이 저기 있다.'고 외치니, 사람들이 그 아첨을 미워하였다.

성종조에 정승이 되었으나 정책을 건의한 바는 없었고, 연산이 즉위한 처음에 수상이 되었는데, 왕이 대간에게 노여움을 가져 잡아다가 국문하려 하니, 노사신이 아뢰기를 '신은 기뻐서 하례하여 마지 않는다.' 하였고, 태학생이 부처에 대해서 간하자 귀양보내려고 하니, 노사신이 또한 찬성했으므로, 사림들이 이를 갈았다. 그러나 그 성품이 남을 해치는 일은 없었다.

사화가 일어나자, 윤필상·유자광·성준 등이 본시 잘잘못을 논하는 선비를 미워하여, 일망 타진하려고 붕당이라 지목하니, 노사신은 홀로 강력히 구원하면서 '중국 후한에서 이름난 선비들을 등용하지 않다가 나라조차 따라서 망했으니, 잘잘못을 논하는 것이 아래에 있지 못하게 해서는 아니된다.' 하였다. 그래서 선비들이 힘입어 온전히 삶을 얻은 자가 많았다.

노사신의 아들 노공필은 학식이 있고 또 경력이 많아서 세무에 숙달하였다. 그러나 그 살림을 하는 데는 아주 작은 것도 버리지 않아 많은 선박을 만들어서 세를 거두어 들였다. 그리고 또 서얼족 노종선과 짝이 되어, 사방 공사간의 천인으로 누락되었거나 숨어 있는 자를 찾아내어 아전에게 소청하여 상을 받아서 나누었다. 또 유자광·임사홍과 더불어 인척의 벗을 맺으니 사람들이 이로써 그 심술이 부정함을 알았다.

노사신은 첨지 경유근의 딸과 혼인하여 4남 1녀를 낳으니, 맏이 노공필은 문과에 급제하여 노공필은 6조의 판서를 모두 역임하고, 중종때 우찬성을 거쳐 영중추부사에 이르렀다. 다음 노공저는 현릉 참봉이며, 다음 노공석은 사마시에 입격하여 호조 정랑이요, 다음 노공유는 사마시에 입격하여 돈령부 도정인데, 노공저와 노공석은 노사신보다 앞서 졸하였다. 딸은 종친부 전부 구장손에게 출가하였다. 측실에 2남 1녀를 두니, 맏이는 노계년이요, 다음은 노계종이며, 딸은 정인년에게 출가하였다. 20세기 건국이후 권좌에 올랐던 노태우 대통령은 노사신의 16대 손으로 알려진다.

[승진과정]

1451년[25세] 문종 원년에 생원시에 합격

1453년[27세] 단종 원년에 문과에 급제, 집현전 박사에 선출

1454년[28세] 단종 2년 7월에 사헌부에서 각 관청에서 기녀를 불러 술을
마신 죄로 탄핵을 받았는데 임금의 명으로 훈방조치 된다.

1455년[29세] 세조 1년 12월에 세조즉위 원종공신 3등에 녹훈, 부수찬

1460년[34세] 세조 6년 2월 사헌지평·세자 우문학

1462년[36세] 세조 8년 1월 승정원 동부승지, 4월 우부승지

1463년[37세] 세조 9년 6월 도승지

1464년[38세] 세조 10년 9월 강무 선전관

1465년[39세] 세조 11년 4월 도승지, 4월 호조판서, 겸 도진무(군직),
경국대전 편찬, 8월 충청도 가관찰사

1466년[40세] 세조 12년 현직관료를 대상으로 한 과거제도인 발영시·
등준시에서, 노사신이 양과에 연이어 급제하였다.

1467년[41세] 세조 13년 4월 행 호조판서 겸 홍문관 대제학

1468년[42세] 세조 14년 9월 세조 승하, 예종 즉위

1468년[42세] 예종즉위년 10월 익대공신 숭정대부 호조판서, 선성군

1469년[43세] 예종 1년 2월 난신의 처첩과 자녀를 노비로 하사받다.

1469년[43세] 예종 1년 7월 우참찬, 8월 좌참찬, 8월 22일 우찬성

1470년[44세] 성종 1년 3월 명나라 사신 원접사.
5월 24일 중국 사신의 요청에 의해 숭록대부로 승급

1471년[45세] 성종 2년 3월 성종 즉위에 협조한 공으로 좌리공신 3등.
8월 숭록대부 의정부 좌찬성 겸 이조판서

1472년[46세] 성종 3년 3월 이조판서

1473년[47세] 성종 4년 8월 숭록대부 의정부 좌찬성

1476년[50세] 성종 7년 1월 명나라 사신 원접사(중궁책봉).
8월 보국 숭록대부 영돈녕부사

1480년[54세] 성종 11년 3월 명나라 사신 개성부 선위사

1482년[56세] 성종 13년 2월 진휼사

1483년[57세] 성종 14년 12월 입거 순찰사

1485년[59세] 성종 16년 3월에 보국 숭록대부 영중추 부사.
6월 겸 호조판서

1487년[61세] 성종 18년 9월 대광보국 숭록대부 우의정.

명나라 황제 축하 사신

1491년[65세] 성종 22년 우의정 겸 영안도(함경도) 도체찰사

1492년[66세] 성종 23년 5월 좌의정

1494년[68세] 연산 1년 3월 20일 영의정

1495년[69세] 연산 2년 7월 대사헌 최응현. 대사간 이감 등이 노사신이
　　　　　　재상의 소임을 다하지 못한 것에 대해 상소하였다.

1495년[69세] 연산 2년 10월 4일 영의정 사직, 선성부원군

1498년[72세] 무오사화 때 유자광 등과 함께 김종직의 문하생을
　　　　　　추국하는 추국관

1498년[72세] 연산 4년 9월 6일 선성부원군 노사신이 죽다.

37. 신승선愼承善

연산군의 장인

생몰년도 1436년(세종18) ~ 1502년(연산 8) [67세]
영의정 재직기간 (1495.10.4.~1497.3.29) (1년 6개월)

본관	거창	
자	계지繼之·원지元之	
호	사지당仕止堂	
군호	거창부원군	
공훈	익대공신 3등, 좌리공신 3등	
기타	딸이 중전(연산군의 장인), 재위 당시 거창부원군에 봉함	

증조부	신인도愼仁道	– 한성부윤
조부	신이충愼以衷	– 형조판서
부	신전愼詮	– 황해도 관찰사
모	안씨安氏	– 안강安剛의 딸
장인	임영대군 이구	
처	전주이씨	– 임영대군의 딸
장남	신수근愼守勤	– 좌의정, 익창부원군
며느리	안동 권씨	– 길창부원군 권람의 딸
며느리	청주 한씨	– 한충인의 딸, 인수대비 사촌
손녀	단경왕후 신씨	– 중종비
2 남	신수겸愼守謙	– 형조판서
3 남	신수영愼守英	– 형조판서
장녀	이형李泂에게 출가	– 회원군 이쟁의 장남
2 녀	남경南憬에게 출가	– 선산부사
3 녀	안환安煥에게 출가	
4 녀	거창군부인 신씨	– 연산군비
사돈	조선 9대 국왕 성종	

영의정이 된 근원 – 2대 공신(익대·좌리공신)에 연산군의 장인

신승선의 자는 계지繼之이고, 호는 사지당仕止堂으로 본관이 거창이다. 증조부 신인도는 한성부윤을 지냈고, 조부는 태종때 형조판서를 지낸 신이충이고, 아버지 신전은 황해도 관찰사를 지냈다. 대대로 벼슬을 한 문벌 집안 출신에다가 혼맥마저 왕실과 인척을 맺으니 앞날이 보장되어 있었다.

신승선의 처는 세조가 아꼈던 임영대군의 딸이니 세조의 조카사위가 된 것이다. 거기다가 신승선의 넷째 딸이 연산군에게 시집을 가서 왕의 국구가 되었고, 장남 신수근이 연산군의 처남으로 좌의정까지 오른 데 이어, 차남 신수겸도 형조판서까지 올랐으며, 삼남 신수영도 형조판서를 지내게 되어 그야말로 신승선의 집안은 연산조에 산천초목이 벌벌 떨던 집안이 되었다.

게다가 중종이 왕이 되기 전 신수근의 딸에게 장가를 갔는데 중종반정으로 왕위에 등극함으로써 단경왕후에 올랐다.

호사다마라 했든가. 중종반정으로 연산이 폐위되자 신수근은 연산과 처남 매부지간이라는 죄를 쓰고 동생 신수겸, 신수영과 함께 처형당하였고, 딸은 중종비에서 폐위를 당하게 되어 일가가 멸문지화를 당하니 후손들이 전국으로 흩어져 숨어 살게 되었다.

영의정 이극배가 출중한 능력을 바탕으로 5형제가 모두 재상에 올랐다면, 영의정 신승선의 4부자는 종실 외척의 힘으로 재상에 올랐다가 멸문의 화를 입은 것이다. 신승선의 벼슬과정을 살펴보면

1454년[19세] 단종 2년 사마시에 급제하고 돈녕부승, 정랑 등을 거쳐 1466년[31세] 세조 12년 1월 당상관에 승진하면서 병조참지에 발탁되었다

1466년 세조 12년 3월에 신승선은 문음으로 관직에 진출한 지 6년 만에 현직관리를 대상으로 한 중시에 장원급제하여 이조참판에 승진하였고, 그 해에 다시 발영시에 3등으로 급제하여 예문관 제학을 겸임하였다

이때 이조판서 한계희가 병으로 인하여 집에 있고, 이조참판 신승선이 인사를 관장하였는데, 임금이 후보추천에 정당함을 잃었다 하여 선택 단자를 회수하고, 윤필상, 어세공, 이봉 등만 제수하였다.

1469년[34세] 예종 1년 5월에 익대공신 3등의 교서를 내려주고, 술을 하사하였다

1473년[38세] 성종 4년에 충청도 관찰사가 되었고, 명나라 천추사, 지돈녕부사를 거쳐 1481년[46세] 성종 12년에 공조판서, 1486년[51세] 성종 17년에 병조판서에 올랐다.

1487년[52세] 성종 18년 3월에 신승선의 딸을 세자(연산)빈으로 삼았다. 1491년[56세] 성종 22년 12월에 숭정대부 이조판서에 이르니 딸을 세자빈으로 출가시킨 이후부터 승진 승급되는 속도가 확연히 달랐다. 이때 사관이 신승선에 대해 평하기를, "신승선이 이조판서가 되어 자못 뇌물을 많이 받았다."고 기록하고 있다.

1494년[59세] 성종 25년 2월 특별히 한 품계 승급되어 숭록대부 거창군이 되었고 11월에는 다시 승급과 승진이 되어 대광보국 숭록대부 우의정에 올랐다. 사관이 다시 논평하여 "신승선은 어리석고 못나 무능하며

남의 뜻을 거스르지 않아 구차하고 비굴하니, 참으로 이른바 죽반승〈?〉이다." 하였다. 실록에는 유난히 신승선이 승진할 때마다 사관의 비판 기록을 많이 남겨두고 있다. 12월에 대간의 탄핵을 받은 우의정 신승선이 사직을 청하였다.

> 우의정 신승선이 와서 아뢰기를.
> "삼정승의 임무는 조금이라도 물망에 적합하지 못하면 무릅쓰고 있을 수 없습니다. 하물며 신은 논란이 번갈아 일어나서 대간이 논박하기를 그치지 아니하니, 사면하기를 청합니다." 하니, 전교하기를, "조종조로부터 허물이 없는 재상을 하루아침에 대간이 그 잘못을 배척해 말하니, 이와 같으면 선대 조정의 옛 신하가 모두 배척당할 것이다." 하였다. 신승선이 재삼 굳이 사직하였으나, 들어주지 아니하였다.
> – 성종실록 25년 11월 26일 –

1494년 12월 24일 성종이 승하하고 연산이 즉위하니 신승선은 국구되었고 이듬해 10월 영의정이 되었다.

1497년[62세] 연산 3년 4월 3일 영의정을 사직하고, 거창부원군 겸 영경연사가 되었다. 이후에 연산군은 처가에 대한 예우로 자주 식량을 내렸다. 연산 5년 9월 17일 친필로 승정원에 내리기를, "백면포 30필과 상면포 50필을 신승선의 집에 실어 보내라." 하였고, 9월 21일에 왕비가 신승선의 집에 갔는데, 승지 권주를 명하여 궁온(술)을 가지고 갔다. 아울러 "쌀 40석과 누른 콩 20석을 거창 부원군집에 하사하라." 하였다.

연산군이 즉위하여 대간의 말을 문제삼다

1495년[60세] 연산 1년 8월에 대간이 중국 사신단으로 함께 온 환관 정동을 보고 간흉이라고 하자 임금이 대간들을 벌하려 하였다. 그러자 신승선이 대간의 말이 지나쳤다고 하여 가둘 수 없음을 아뢰었다.

신승선이 아뢰기를, "대간이 좀 지나친 말이 있더라도, 이것은 말이 잘못된 것입니다. 전일 중국 사신단으로 정동(鄭同 : 환관출신)이 왔을 때에 간흉〈?〉이라고 일컬었을 뿐 아니라, 지금까지도 나쁜 말과 욕설이 입에서 떠날 사이가 없으니, 말의 실수로 대간을 잡아 가둘 수는 없습니다. 음식상을 의정부·충훈부에 하사하시고, 또 술을 하사하시기도 하였는데, 이제 국상을 당한 때이니, 마음에 매우 미안합니다." 하니,

전교하기를, "무릇 사람이 남의 종을 때리고 싶어도 감히 못하는 것은 그 주인을 존경하여서이니, 속담에 이른바 '쥐를 때려 잡으려 하면서도 그릇을 조심하여 못한다.'는 것이다. 황제의 명을 받은 자를 문득 간흉이라고 하니, 이것은 중국 황제를 업신여기는 것이다.
정동이 왔을 때에 욕설한 일이 있다고 하지만, 이것이 어찌 옳은 일이겠는가. 이런 풍속은 바로잡지 않으면 안 될 것이다. 또 대간이라고 하여 임금이 제어하지 못한다면, 재상에게 작은 실수가 있어도 대간이 공격으로 일을 삼아서 상습이 될 것이니, 안 될 일이다. 이것은 모름지기 통렬히 징계하여 후인들을 깨우쳐 주어야 하겠다.
또 음식과 술을 하사한 것은 나의 생각으로는 무방하다고 본다." 하매, 신승선이 다시 아뢰었으나, 들어 주지 않았다.

좌승지 권경우가 아뢰기를,
"대간이 간흉이라 한 말은 실로 말이 잘못된 것입니다. 어찌 다른 뜻이 있어서이겠습니까. 만일 죄주신다면, 신은 후일 일을 간언하는 자가 생각하는 바를 다 말하지 못할까 염려됩니다. 대간의 대접을 이렇게 해서는 안 됩니다." 하니,

전교하기를, "임금이 대간을 제어하지 못한다면, 위엄과 권세가 대간에게만 있고 임금에게는 없는 것이니, 이러고서 무슨 기강이 있겠는가. 그대들은 나를 어린 임금이라 하여 이런 말을 한 것이리라. 그대들이 '대간의 대접을 이렇게 해서는 안 된다.'고 하는데, 그 직위에 있다면 대간이라고 칭하겠지만, 지금은 교체되었으니, 어찌 다시 대간이라고 할 수 있으랴." 하였다.

— 연산일기 1년 8월 9일 —

사간이 3정승을 논평하며 요순 같은 임금이 될 책략을 올리다

1497년[67세] 연산 3년 2월 14일 사간 최부 등이 삼정승을 교체하고 인사를 일신하여 요순 같은 임금이 될 5가지 책략을 상소하다.

사간 최부 등이 상소하기를,

"신 등이 삼가 살펴보건대, 옛날 주나라의 성왕이 상례를 마치고 처음으로 사당에 알현하면서 말하기를, '국가가 이루어지지 못한 때를 당하여 외로운 마음 병이 되었다.' 하였고, 사당에 알현 후 말하기를, '나의 시초를 찾아 밝은 선왕를 따른다.' 하였으며, 여러 신하들의 경계를 받고는 말하기를, '학문이 밝아 광명이 있으리라.' 하였습니다.

주나라는 성왕 때에 이르러 왕업이 이루어졌다고 할 수 있지만 성왕은 오히려 왕업을 이루지 못하였다고 한 것은 그 마음이 항상 이루지 못한 것 같이 여긴 것이며, 상례가 끝났는데도 병이 된다고 했던 것은 사모하는 그 마음이 아직도 평안할 수 없었던 것이며, 사당에 알현하고도 또 밝은 선왕을 따른다고 말한 것은 선왕의 성덕을 우러러 추모하여 무엇인가 바삐 구하는 것이 있음을 뜻합니다.

그리고 선대를 찾아 알현한 다음 여러 신하들이 나와서 경계했고, 경계를 받고서는 학문을 스스로 권면했으니, 이것이 큰 덕화의 근본을 이룬 것이며 잘 계승하고 잘 이어간 것으로서, 주나라의 역사가 장구한 근원이 된 것이니, 어찌 오늘날 본받을 것이 아니겠습니까.

삼가 생각하건대, 전하께서는 성인의의 자질을 가지고 이루어 놓은 사업을 지키면서 예절로 부친상을 치루었고, 효도로 세 대비전을 받들며 인으로 백성을 위무하였습니다. 대신에게 부탁하여 위엄으로 대간을 제재하도록 권하면 능히 그 간악함을 알아내고, 임금의 인척인 경대부가 거짓으로 울면서 애걸하여 사사로운 감정을 풀려고 하면 능히 그 거짓을 분변하니, 이것은 곧 요임금처럼 사람을 알아보는 데에 밝은 것입니다.

그리고 여러 번 형벌을 신중히 하라는 전교를 내렸으니, 이것은 순임금처럼 죄수를 신중히 다루는 마음인 것입니다. 못낸 세금을 감해주었으니, 이것은 문왕처럼 품안에서 보호하는 정사입니다. 또 불교를 쇠하게 하고 공자의 도를 흥하게 하려는 전지는, 한나라나 당나라의 어진 인군도 미치지 못할 것입니다. 훌륭한 덕을 가진 임금이 크게 일할 것이 있을 때를 만났으니, 태평한 정치를 머리를 들고 기다릴 수 있습니다.

그런데 근년 이래로 천재가 자주 일어나고 도적이 횡행하며 풍속이 날마다 박하여져 심지어는 대낮에 큰 도성 한가운데서 행인을 쳐죽이는 자까지 있으니, 나라에 기강과 법도가 있다면 그렇겠습니까. 그것은 전하와 같은 인군을 만났어도 좌우에서 도와 인도하는 자가 마땅한 사람이 없기 때문인 것입니다.

전하께서는 상중에 있던 3년간에, 새 왕릉을 모셨고, 명나라의 칙사가 왔으며, 3년상 후 신주를 모시는 의식을 거행하였으니, 큰 일이 많았다고도 할 만합니다. 임금을 보필하는 후보자 명단이 오로지 삼정승에게로 돌아가고, 백관들이 자기의 직무를 단속하여 명령을 듣는 것도 삼정승에게만 기대하는 것이니, 그 소임이 중하지 않겠습니까. 지금 삼정승의 우두머리가 된 자는 신승선인데 그 사람됨이 나약하기가 여자와 같아서 나라의 큰 일을 당하여도 막연히 가타부타 하는 일이 없으며, 게다가 질병이 몸을 감싸서 자리를 비우고 집에 있은 지 수년이 지났습니다. 이러므로 경륜을 의논하고 음양을 다스리는 자리가, 죽 쑤어 중이나 먹이고 병을 보양하는 곳이 되었습니다.

신승선의 다음은 어세겸인데 재주와 학문은 칭송할 만더라도 선왕조에서부터 관직에 임하는 것을 부지런히 하지 않았기 때문에, 당시 사람들이 지목하기를 오고당상午鼓堂上[60]이라고 하였습니다. 전하께서 처음으로 정사를 하면서 발탁하여 정승 자리에 두었는데, 한 번이라도 아름다운 계교를 드렸다거나 한 번이라도 선한 정사를 협찬하였다는 말은 아직도 들을 수 없으며, 날마다 술 마시는 것으로 일을 삼으니, 이것이 왕실에 마음을 두는 대신이겠습니까.

또 그 다음은 한치형인데 자질은 아름답지만 배우지 못한 자입니다. 정승이 된 후 의정부에서 건의한 것으로는, 대궐 내에 담을 쌓는 것을 정지시키고, 새 묘소에 사대석 설치하는 것을 정지시킨 경우 두 가지의 일뿐입니다. 이 두 가지 일도 반드시 한치형을 기다려서야만 되었으니, 전일 삼공이 녹만 축내고 있던 죄를 알 수 있습니다.

---

60) 오고당상이란 정오 종을 칠 때쯤 출근하여 일을 시작하는 관리란 뜻으로 게으른 관리를 말한다.

또 전하께서 조세를 감하려 하면, 호조의 판서로 있는 자는 저지하기를 그치지 않아서, 실지 혜택이 백성에게 미치지 못하게 하였으니, 이것은 재물을 탐내는 신하입니다. 전하께서 종묘에 제사를 드리려 하면, 예부의 장이 된 자가 예문을 알지 못하여 서로 맡은 일을 피하니, 이것은 인원 수나 채우는 신하입니다.

심지어 전형하는 책임을 맡은 자는 인척에 사정을 두어 탐람 부정한 사람을 천거하였고, 궁중의 말과 수레를 관장하는 자는 동료 관속에 사정을 두어 승진시켜 서임하는 법을 세워, 국가가 어진 이를 대접하는 공공한 기구를 가지고 자기 한 몸이 인심을 쓰는 개인 물건으로 만들었으니, 이는 모두 권세를 농간하는 신하입니다.

아아, 불초 무재한 자는 원래 취할 것이 못 되지만, 유식한 자도 또 애매모호 합니다. 권세를 농간하는 자는 정권을 훔치고, 인원수나 채우는 자는 국록을 소비하고, 재물을 탐내는 자는 전하의 적자들을 쇠잔하게 하고 맙니다. 전하께서 사당에 알현하고 시초를 의논할 때를 당하여, 아직 한 사람도 선한 도리로 경계를 드리기를, 주나라의 여러 신하들과 같이 하였다는 말을 듣지 못하였으니, 이에 신 등은 조정을 위하여 애석히 여기는 것입니다.

지금 전하께서 조정을 바로잡으려면 먼저 몸에서부터 시작하여 성왕처럼 맞이하여 의논하고, 성왕처럼 밝혀 빛내시고, 성왕처럼 밝은 선왕을 따르신다면, 몸을 보존할 수 있고 역년을 연장할 수 있을 것입니다. 신 등이 이즈음 전하께서 하는 일을 볼 때에 미진한 것이 있어 천지간에 유감이 없을 수 없으므로, 삼가 한 조목씩 들어 아래에 말씀드립니다.

첫째, 심술心術을 바로하는 것입니다. 신 등이 가만히 생각해 본건대, 임금의 한 마음은 정치를 하는 근원입니다. 그러므로 사부의 지위를 마련하고 간쟁하는 관원을 두어 길러 가면서, 이 마음이 혹시라도 그 바른 것을 잃을까 두려워하는 것입니다. 마음이 한번 바른 것을 상실한다면, 명령의 어렵고 쉬움과 일의 옳고 그름과 인재의 사특하고 바른 것을 멍청하게 알지 못하여 멸망을 자취하는 것이니, 두려운 일이 아닙니까.

지금 전하께서 즉위한 이래로 경연에 참여한 날을 손가락을 꼽아 헤일 수 있으니, 임금님의 학문이 근면하신지 신 등은 아직 알지 못합니다. 대간이 공론을 가지고 나서면 반드시 굳게 막으려 하시며 마지못해 들을 때에는 반드시 구실을 만드니, 간언을 따르는 성의를 신 등은 아직도 알지 못합니다. 명령을 내리어 특별히 서용했던 것은 외척을 아끼는 것이며, 법을 굽히고 은혜를 펴게 한 것은 환관의 간계입니다.

아침에 아무 관직을 교체하라는 하교가 있다가 저녁에는 도로 거두며, 어제 아무 죄를 다스리라는 명이 있다가도 오늘은 고치는 말을 하였다가 다시 거두어 삼키니, 어찌 아랫사람들에게 신뢰를 얻겠습니까. 이것이 모두 마음에 치우친 점이 있어 그러는 것입니다. 원컨대, 전하께서는 성학을 좇아 행하고 간하는 말을 받아들여, 그 마음을 수양하되 조금이라도 소홀히 하지 마소서.

둘째, 사소한 오락을 멀리하는 것입니다. 신 등이 가만히 생각하건대, 제나라에서 주유의 풍악을 지었는데, 공자가 배척하였고, 한나라에서 마술사의 유희를 하였는데, 진선陳禪이 간하였습니다. 참으로 음란하고 공교스러운 놀이는 임금으로서 마땅히 멀리해서 끊어버려야 합니다.

그런데 전하께서는 악공인을 궁중에 모아 크게 병풍을 만들게 하였으며, 또 정월 초하루에는 얼음을 새겨 산을 만들어서 구경거리를 삼았습니다. 진실로 이런 일이 있게 된 것은 아첨하고 귀여움을 받는 신하가 벌써 전하의 마음 속을 엿본 것이니, 반드시 다음에는 그 술수를 드러낼 것입니다. 지금 신주를 모신 의식을 거행한 것은 국가의 경사입니다. 수레를 재촉하여 환궁하여서 세 대비전께 하례를 드리는 것이 효의 온전한 것입니다.
그리고 남은 슬픔이 아직도 다 가시지 않았으니, 역시 외로운 마음이 병이라도 있는 것처럼 다른 겨를이 없어야 할 것인데, 곧 광대놀이와 기생 풍악을 큰 길거리에 성대하게 베풀고 조용히 수레를 멈추고 보셨습니다. 이것이 예전부터의 일이기는 하지만 제왕의 아름다운 일은 더욱 아니니, 임금님의 덕에 누가 됨이 매우 큽니다. 전하께서 어찌 뉘우치고 깨우치는 마음이 없겠습니까. 원컨대, 지금부터는 눈 앞의 노리개를 다 철거하시어 진실된 덕을 끝까지 보존하도록 하소서.

셋째, 사면을 가볍게 여기지 않는 것입니다. 신 등이 가만히 생각하건대, 다섯가지 형벌을 성인이 어찌 사람에게 즐거워서 시행하였겠습니까. 하늘은 죄가 있는 자를 벌하는 것이니, 그렇게 하지 않을 수 없는 것입니다. 후세에 너그럽고 어짊을 말하는 자가, 간특함을 금하지 않는 것을 관寬이라 하고, 죄 있는 자를 함부로 놓아 주는 일을 인仁이라 한다면 어떻게 되겠습니까.
나라에 경사가 있어 크게 너그러운 은혜를 내릴 때에는, 우연히 과오를 범한 자는 사면해 줄 수 있지만, 만일 강상綱常[61]을 패륜하고 재물을 탐한 죄를 범한 자에게도 은혜를 베풀어 용서해 준다면, 이것은 악을 기르고 선을 해치며 이치를 거스리는 것

---

61) 삼강 오상의 줄임말, 윤리와 도덕

일 뿐만이 아니라, 강상과 염치가 다 없어져 남지 않게 되고 인류가 멸망할 것이니, 조심해야 하지 않겠습니까.

전하께서 처음 즉위하여 사하였을 때에 중한 죄를 범한 자가 모두 석방되었으므로, 악한 일을 하는 자가 더욱 방자하여 가볍게 규범을 범하여, 부자가 서로 능멸하거나 형제가 서로 송사를 하며 부부가 서로 살상하고 노비와 주인이 서로 간통하는 일이 어지럽게 엉클어져 일어났으니, 참으로 사소한 일은 아닙니다. 엄하게 금하여 방지하더라도 오히려 막지 못할 것입니다.

그런데 지금 신주를 모신 사면령에 또 강상을 패륜한 죄나 재물을 탐한 죄를 가리지 않고 다시 놓아준다면, 선왕이 다져 놓은 강상과 효제충신과 예의 염치가 여기서 다 무너질까 두렵습니다. 전하께서는 깊이 이런 폐단을 살피시어 가볍게 사하여 용서하지 말으시며, 강상을 패륜한 죄나 재물을 탐한 범한 죄 같은 것은, 용서하기 전에 있던 것을 가리지 말고 다스리기로, 길이 항구한 법식을 삼게 하소서.

넷째, 내치內治를 엄히 하는 것입니다. 신 등이 듣건대, '밖의 말은 문지방 안에 들이지 않고 안의 말은 문지방 밖에 내보내지 않는다.' 하였습니다. 이것은 안과 밖을 엄히하여 청탁을 막으려던 방법입니다. 사대부의 집도 이러한데 더구나 제왕이 거처하는 것에서는 어떠해야 하겠습니까. 지금 궁정 안에는, 거실의 문안하는 여종의 왕래가 번잡하고 유모의 집안과 후궁의 친족이 거침 없이 출입하니, 안을 엄히 한다고 할 수 없습니다. 또 내수사 5품 전수典需의 유를 임명하는 것이 중궁전을 여러번 경유하였으며, 동평관의 창고지기에 이르기까지 명을 내리어 임명하려 하였습니다. 창고지기나 전수는 천한 자가 하는 일인데, 밖의 말이 문지방 안에 들어가지 않았다면 천한 자의 성명이 어찌 궁중에까지 알려졌겠습니까. 이것을 금하지 않으면 안의 청탁이 궁문으로 밀려 들어서, 처음에는 작은 일을 간섭하다가 뒤따라서는 거짓으로 속이고 고자질 하는 것을 모두 마음대로 하게 될 것이니, 그 폐해가 이루 다 말할 수 없을 것입니다.

또 환관의 소임은 궁중에서 청소나 하는 것인데, 이제 와서는 사모를 쓰고 금 은 띠를 두르고, 아내를 맞아들여 가정을 이루는 것이 사대부와 다름이 없습니다. 이래서 교만하고 친압함이 날로 방종해서 심지어는 법을 어지럽히려는 자까지 있으니, 한나라의 환관직 상시와 당나라의 환관마을 북사가 이로부터 일어날 것입니다. 전하께서는 내치를 엄히 하여 은밀히 찾아오는 것을 방지하시며, 중국 조정의 제도에 따라 환관에게 환관의 복식을 착용하게 하여, 벼슬아치 사대부와 서로 혼동되지 말게 하시며, 또 아내를 맞아 들이는 것을 허락하지 마시고 사람의 도리에 맞게 하여, 교만 방종하는 조짐을 막으소서.

다섯째, 쓰고 버림을 조심하는 것입니다. 신 등이 가만히 생각하건대, 제왕은 사람을 쓰는 데에 있어 그 사람됨이 쓸 만하면 원수라도 버리지 않고, 그 사람됨이 불초하면 친근한 자라도 반드시 멀리하는 것이니, 어렵게 여기고 조심하여야 할 것은 공정한 것뿐입니다. 그런데 전번 전하께서는 미친 사람인 유승양의 말에 근거하여 이조에 정성근·조지서 등을 추천망에 올리지 못하게 명했고, 반드시 아뢰어 명이 있은 후에야 서임하게 하였습니다. 만일 두 사람이 참으로 버릇없는 행실이 있다면 종신토록 폐기시킬 수도 있습니다. 그 사람됨이 모두가 고집이 있고 우직하여 세태에 맞지 않으므로 시대 풍속에 시샘을 당한 자들입니다. 그러나 정성근은 효행과 염치가 남음이 있고, 조지서는 지조를 취할 만하니, 어찌 그들이 온갖 것의 아래 있겠습니까. 그런데도 미친 사람의 말에 근거하여 폐기해 버렸으니, 이것은 성대한 치적에 누가 되는 것입니다. 한 사람을 쓰고 버리는 것은 매우 작은 일 같지만 정치하는 체모에 관계되는 바가 매우 큽니다. 원컨대, 전하께서는 사람을 쓸 때에 그 사람이 어진가 그렇지 않은가를 살피고 사특한가 바른가를 살피어 쓰거나 버리십시오. 이것이 국가의 복입니다.

신 등이 구구하게 임금을 사랑하고 나라를 근심하는 생각은, 민간에 있으면서도 일찍이 조금도 잊은 적이 없었는데, 하물며 지금 말할 만한 지위에 있으니, 말해야 할 일을 보고 사실을 말하지 않을 수 있겠습니까. 그러므로 전하께서 한 일 중에 미진한 것을 두루 들어서 임금님의 귀를 번거롭게 하게 된 것입니다.

전하께 바람이 성왕과 같은 데에 그칠 뿐이 아닙니다. 삼황오제의 제순帝舜과 같은 성군이 되기를 전하께 바랍니다. 지금 전하께서 상례가 다 끝났으니, 이것은 순임금의 요임금의 삼년상을 입은 것과 같습니다. 태묘에 제사 드렸으니 이것은 순임금이 요임금의 시조에 정성을 드렸던 일과 같습니다. 법복을 입고 법궁에 나와서 남쪽을 바라보며 정사를 들으시어 나라와 함께 개혁하였으니, 이것은 순임금이 문을 다 열고 널리 드렸던 일과 같습니다. 또 정사를 도모하고 관리에게 명령을 하는 것도 순임금을 모범으로 삼아야 할 것입니다.
따라서 정승 직위가 중함을 아신다면, 빨리 영의정 신승선의 관직을 갈고, 조정의 어진 자를 택하여 정승 자리에 두어, 순임금이 우를 명하여 모든 관원 위에 있게 했던 같이 하여야 할 것입니다.
백성들의 굶주림을 아신다면 빨리 백성을 핍박하는 신하를 물리치고 조정의 어진 자를 택하여 호조를 맡게 하여, 순임금이 후직[62]을 명하여 농사를 맡는 벼슬로 했던 것같이 하여야 할 것입니다. 제례가 나라의 큰 일임을 아신다면, 빨리 인원 수나 채우는 신하를 파면하고, 조정의 어진 자를 택하여 예부에 있게 하여서, 순임금이 백이를 명하여 제례담당으로 삼았던 같이 하여야 하겠습니다. 그리고 권세를 농간하는 신하를 모두 버려, 순임금이 아첨하는 사람을 멀리 하였듯이 한다면 준걸한 자가 관직에 있게 되고 모든 관료가 서로 도울 것입니다.

이렇게 함으로써 사시사철과 땅을 달랠 것이니 어찌 천재지변이 생기겠습니까. 백성은 중용에 화협할 것이니 어찌 도적이 생기며, 사방이 바람처럼 따라 움직일 것이니 어찌 풍속이 경박해지겠습니까. 신 등은 전하께서 순임금과 같이 되기를 바라니, 이것은 우리 임금을 요·순이 되도록 하려는 지극한 심정입니다. 전하께서도 순임금과 같은 마음을 가지고 순임금과 같은 정치를 행한다면 이 역시 순임금이 될 것입니다. 삼가 바라건대, 전하께서는 내려 살피소서."

하니, 전교하기를,

"상소한 말은 옳은 말이다. 이것은 반드시 나를 요·순으로 만들려는 것이다. 그러나 가득 차면 넘치게 되는 것이니 상소가 지나치다. 영의정은 오래도록 병을 앓아 기력이 쇠하여졌으니 부녀자 같다는 말은 괴이할 것이 없다. 좌의정은 집에 있으며 술이나 마신다는 것은 내가 아직 모르지만, 평상시에 대궐에 나오면 대접했던 것이다. 그러나 어찌 과음하기까지야 했겠느냐. 털을 불어 흠집을 찾아가면서 재상의 실수를 헤아리는 것은 바로 나의 죄를 헤아리는 것이다. 신주를 모신 제사 후 환궁할 때에 구경했던 일은, 눈이 있으면 보게 되는 것이니 어찌 눈을 가리우고 보지 않을 수 있겠는가. 더구나 모시는 신하와 경비하는 사람이 앞을 메웠으니, 내가 수레를 독촉하려 했더라도 될 수 있었겠는가. 환관이 아내를 맞아들이는 일은 그 유래가 오래었으니 지금 갑자기 금할 수는 없다." 하였다.

이때 이세좌가 호조판서였고 박안성이 예조판서였다. 왕실 외척에게 사적인 정을 둔다는 것은 이조참판 안침이 신종흡과 인척 집인 것을 지목한 것이요, 낮은 직책에게 사적인 정을 둔다는 것은 노사신이 남혜를 지방직에 보임하지 말도록 청한 것을 지목한 것이다.

― 연산일기 3년 2월 14일 ―

---

62) 신농과 함께 중국의 곡식의 신을 말한다.

신승선의 졸기

1502년[67세] 연산 8년 5월 29일 거창 부원군 신승선이 죽었다.

시호를 장성章成이라 내리니, 온화하여 올바른 몸가짐을 하는 것이 장章이요, 임금을
보필하여 끝맺음을 잘하는 것이 성成이다.

신승선은 젊었을 때에 용모가 아름다워서 뽑혀 임영 대군의 사위가 되었다. 일찍이
문과에 응시하였으나 합격하지 못했는데, 세조께서 중시(재직자 시험)에서 수석으로
뽑았다. 여러 관직을 거쳐 이조판서에 이르렀는데, 성종께서 그 딸을 맞이하여 세자
빈으로 삼았다. 갑인년 겨울에 우의정에 발탁되었다가 연산군이 즉위하매, 영의정이
되었다. 사람됨이 연약하기가 부녀자와 같아서 아무런 건의한 일이 없고 직무에 게
으르고 녹만 먹으며 있으나마나 하므로, 당시 사람들이 죽반승粥飯僧[63]이라 하였다.

아들 세 사람이 있었으니, 수근·수겸·수영이다. 수근은 성질이 음험하여 남을 해치
고 세력을 믿고서 거만하여 자기에게 거슬리는 사람이 있으면 문득 배척하고, 남의
재물 빼앗기를 자기 것처럼 하여, 심지어 남의 가옥·전답 등을 빼앗고도 뻔뻔스럽
게 부끄러워하지 않았으며, 세력이 불꽃처럼 대단하니 조정 사람들이 눈흘겨 보았
다. 수겸은 용렬하고 경망하며 무식하였으니, 다만 한 젖내나는 어린애였으며, 수영
은 욕심많고 방종하며 음험하고 교활함이 수근과 비등한데, 성질내고 거스르며 남을
해침은 수근보다도 더하였다.

**1506년 중종 1년 9월 2일 중종반정이 일어나자 신승선의 아들 신수근
과 신수영이 처형되었고, 9월 24일에는 연산군의 아들이자 외손인 폐세
자 이황·창녕 대군 이성·양평군 이인·이돈수 등에게 사약을 내렸다.**

영의정 유순·좌의정 김수동·우의정 박원종·청천 부원군 유순정·무령 부원군 유자
광·능천 부원군 구수영 및 여러 재상 종실 1품 이상이 빈청에 모여, 의논하여 아뢰
기를,

---

63) 죽과 밥만 것는 승려라는 뜻으로 무능한 사람을 조소하는 말이다.

"폐세자 이황·창녕 대군 이성·양평군 이인 및 이돈수 등을 오래 두어서는 안 되니, 모름지기 일찍 처단하소서. 또 연산군의 폐비 신씨가 지금 정청궁에 있는데 선왕의 후궁과 함께 거처하는 것은 옳지 않으니, 동대문 밖 광평 대군 집에 옮겨 안치하는 것이 어떠합니까?"

하니, 전교하기를, "이황 등은 나이가 모두 어리고 연약하니, 차마 처단하지 못하겠다. 폐비는 스스로 허물이 없는데, 문밖으로 내쳐 보내기가 정의상 몹시 가련하니, 성안에 옮겨 안치한다고 무슨 안 될 일이 있겠는가?" 하였다.

정승들이 다시 아뢰기를, "이황 등의 일을 전하께서 측은한 마음으로 차마 결단하지 못하고 계시지만 그 형세가 오래 보존되지 못할 것이니, 혹 뜻밖의 일이 있어서 재앙이 죄 없는 이에게까지 미치면 참으로 작은 일이 아닙니다.
지금 비록 인심이 이미 정하여졌으나, 원대한 염려를 하지 않으면 안 되니 모름지기 대의로써 결단하여 뭇사람의 마음에 응답하소서. 폐비는 신승선의 집을 수리해서 옮겨 두는 것이 어떠합니까?" 하니, 전교하기를,

"폐비는 그렇게 하고, 이황 등은 나이 연약하고 형세가 고단하니, 비록 있은들 무슨 방해가 되겠는가?" 하였다. 정승들이 다시 아뢰기를,

"이는 국가의 큰일이니, 차마 못하는 마음으로써 근본에 누가 있게 하여서는 안 됩니다. 모름지기 대의로써 결단하여야 합니다. 이는 신 등의 뜻일 뿐만 아니라 곧 일국 신민의 뜻입니다. 신 등이 전하께서 차마 못하시는 것을 알지 못하는 것이 아니라, 여러 사람의 뜻이 이와 같으므로 마지못하여 감히 아뢰옵니다." 하니, 전교하기를,

"이황 등의 일은 차마 처단하지 못하겠으나, 정승이 종사에 관계되는 일이라 하므로 과감히 좇겠다." 하였다. 명하여 이황·이성·이인·이돈수를 아울러 사약을 내렸다.

— 중종실록 1년 9월 24일 —

1506년 중종 1년 11월 9일 딸 연산비를 신승선의 집에 거처하게 하다

전교하기를, "신승선의 집을 수리하여 연산군의 비로 하여금 옮겨 거처하게 하고 빈의 예에 따라 음식 등을 지급하라." 하였다.

— 중종실록 1년 11월 9일 —

[승진과정]

1454년[19세] 단종 2년 사마시에 급제, 돈녕부승

1461년[26세] 세조 7년 3월에 형조정랑

1463년[28세] 세조 9년 2월에 한성소윤, 4월에 사헌부 장령.

1466년[31세] 세조 12년 1월 당상관에 승진, 병조참지.
　　　　　현직관리를 대상 중시에서 장원으로 급제, 이조참판,
　　　　　발영시에 3등으로 급제하여 겸 예문관 제학

1467년[32세] 세조 13년 8월 공조참판

1468년[33세] 세조 14년 6월 병조참판

1468년[33세] 예종원년 10월에 정난 익대공신, 병조참판, 거창군

1469년[34세] 예종 1년 윤 2월 거창군, 5월 익대공신에 책봉

1472년[37세] 성종 3년 4월 자헌대부 거창군

1473년[38세] 성종 4년 5월 자헌대부 거창군 겸 충청도 관찰사

1475년[40세] 성종 6년 1월 자헌대부 거창군

1476년[41세] 성종 7년 4월 명나라 천추사, 황후 탄신 축하 사신

1478년[43세] 성종 9년 4월 지돈녕부사

1479년[44세] 성종 10년 윤 10월 명나라 사신 접대를 위한 평양 선위사

1481년[46세] 성종 12년 3월 자헌대부 행 동지돈녕부사.
　　　　　4월 공조판서 겸 의금부지사
　　　　　8월 죄수를 잘못 사형시켜 의금부 지사직 파직

1484년[49세] 성종 15년 8월 자헌대부 거창군

1486년[51세] 성종 17년 3월 자헌대부 병조판서. 이 때에 사관은 신승선이
　　　　　세조 때의 중시에 장원한 것을 두고 다음과 같이 논평하여 기록하고 있다.

　　사관이 논평하기를, '세조조에 신승선이 남의 손을 빌려 장원을 차지하였는데,
　　남이 지은 것을 빌려서 장원壯元하는 일이 어느 시대엔들 없겠는가?' 하였다

1486년[51세] 성종 17년 12월 자헌대부 병조판서

1487년[52세] 성종 18년 3월 신승선의 딸을 세자(연산)빈으로 삼았다.
　　　　　3월 정헌대부로 승급, 병조판서, 9월 좌참찬

1488년[53세] 성종 19년 2월 숭정대부 좌참찬, 9월 한성부 판윤

1489년[54세] 성종 20년 11월 행 예조판서

1491년[56세] 성종 22년 12월 이조판서

1492년[57세] 성종 23년 11월 숭정대부 거창군
1494년[59세] 성종 25년 2월 특별 승급 숭록대부 거창군.
　　　　11월 대광보국 숭록대부 우의정.
　　　　12월에 대간의 탄핵을 받아 사직을 청하다.
1494년[59세] 연산 즉위년 12월 24일 성종 승하. 연산 즉위
1495년[60세] 연산 1년 3월 좌의정
1495년[60세] 연산 1년 10월 4일 영의정.
　　　　딸이 세자빈이 된 후 8년만에 영의정이 된 것이다.
1497년[62세] 연산 3년 1월 22일 신승선이 상서하여 사직하기를 청하다
1497년[62세] 연산 3년 4월 3일 영의정 사직. 거창부원군 겸 영경연사
1502년[67세] 연산 8년 5월 29일 거창 부원군 신승선이 죽다

38. 한치형韓致亨

공녀로 바쳐진 고모가 중국 황실의 후궁이 되다

생몰년도 1434년(세종16년) ~ 1502년(연산 8) [69세]
영의정 재직기간 (1500.4.11~1502.10.3) (2년 5개월)

본관	청주
자	통지通之
시호	질경質景
훈공	좌리공신 3등
묘소	경기도 양주군 장흥면 삼상리
기타	인수대비의 사촌으로 갑자사화 때 관작이 추탈되고 부관참시

증조부	한영韓寧	- 신호위 녹사
조부	한영정韓永酊	- 상당부원군
조모	의성 김씨	- 의성군 김영렬의 딸
부	한질韓硉	- 청성부원군 추증
모	조씨	- 중군총제 조서의 딸
처	양녕대군 이제의 딸	
장녀	임유침에게 출가	
고모	여비한씨	- 명나라 영락제의 후궁
고모	공신부인	- 명나라 선덕제의 후궁
백부	한확韓確	- 인수대비의 친정 아버지
사촌누이	소혜왕후(인수대비)	
당질	월산대군	
당질	성종	

영의정이 된 근원 – 좌리공신 3등, 인수대비의 사촌오빠

한치형의 자는 통지通之이고 본관은 청주이다. 한치형은 고려말 상당부원군으로 가문을 빛낸 한악의 후손이다. 증조부는 신호위 녹사를 지낸 한영이고, 조부는 한영정으로 순창군사를 지냈으며, 아버지는 한질인데 청성부원군에 추증되었다. 한치형의 처는 양녕대군 이제의 딸로 세조와는 4촌 처남 매부지간이었다.

한치형의 고모가 있었는데 중국 황실에 공녀로 뽑혀 들어가 선종 황제의 후궁이 되었다. 이때 마침 모후를 잃은 선종의 아들 헌종을 보육하여 헌종 황제에게 극진한 대우를 받았다. 이런 연유로 황제의 뜻을 조선 조정에 내려 한씨 일가를 중국에 왕래하게 요청하였다. 이로 한씨 일족은 누차 중국 사신단으로 들어갔는데, 명나라 헌종 연간에 한치형이 주청사로 선발되어 가서, 명쾌하고 자세하게 대답하며 행동과 태도가 예법에 맞으니, 황제가 특별히 서대(허리띠) 한 개를 하사하였다. 한치형이 서대를 허리에 두르고 돌아오자 온 조정 사람들이 부러워하고 찬탄하면서 "우리나라 사람이 중국 천자에게 선물을 받은 것은 고금을 통틀어 한 사람뿐이다."고 하였다.

한치형은 영의정 한상경·한명회 등과 모두 한 집안 출신이었고, 성종의 어머니이자 세조의 맏며느리였던 인수대비(소혜왕후) 한씨가 한치형과 사촌간 이었으니, 성종의 외가 족친이었다.

한치형은 화려한 배경 못지않게 무던한 인품과 능력이 함께 어우러져, 재상까지는 승승장구했다. 또한, 중국의 요청으로 여러 번 명나라 사신으로 나아가 황제와 접촉하며, 대명 외교 일선에서 크게 활약하니, 그의 승진이 남다르더라도 누구 한사람 토를 달 수가 없었다.

한치형은 타고난 자품이 보통 사람들과 달라서 모든 것에 통달하고 지혜가 밝아서 확실하였으며, 일을 추진함이 주도면밀하고 기미를 알아챔이 귀신같았다. 벼슬에 나선 이후로 숱한 관직을 맡아 지내면서 한 번도 스스로 잘못한 적이 없었고, 영의정이 되어서는 무릇 국가의 일을 밤낮으로 걱정하고 헤아려, 쪽지를 적어서 벽에다가 붙여놓고, 앉거나 누울 때에 바라보았고, 마음에 얻은 것이 있으면 번번이 임금에게 아뢰어 시행하였다. 그러므로 한치형이 정승의 지위에 있는 뒤부터 폐단은 열거하지 않은 것이 없었고, 이로움은 일어나지 않은 것이 없었으므로 백성들이 매우 편하게 여겼다. 한치형의 승진과정을 살펴보면 다음과 같다.

1451년 문종 1년 18세로 군직에 음보된 뒤 감찰·장령·사복시소윤을 거쳐, 1467년[34세] 세조 13년 장례원 판결사가 되었다. 같은 해 5월 좌부승지에 오르고 이어 우승지·좌승지를 거쳐, 12월에 이조참판에 특별 승진되었다.

1468년[35세] 예종이 즉위하자 함길도 관찰사로 나갔다가 이듬해 다시 호조참판이 되었으며, 성종이 즉위한 뒤, 동지중추부사를 거쳐 대사헌이 되었다. 1471년[38세] 성종 2년 좌리공신 3등에 책록되고 청성군에 봉하여졌으며, 형조판서로 승진되었다.

그 뒤 개성부 유수·경기도 관찰사·한성부 판윤, 호조와 병조판서를 거쳐, 1481년[48세] 좌참찬에 올랐다. 연산군이 즉위한 직후 좌찬성으로 대사헌을 겸하였고, 우의정을 역임한 뒤 1498년[65세] 연산 4년 무오사화 때에는 좌의정으로서 유자광·노사신 등과 함께 사화에 깊이 관여하였다.

1500년[67세] 영의정에 올랐다. 1502년[69세] 한치형이 죽은 뒤인 1504년에 갑자사화가 일어나자, 그가 연산군의 생모인 윤비를 폐출시키는 모의에 가담하였다 하여 윤필상·한명회 등과 함께 부관참시되고 일가가 몰살되었으며, 중종반정 후 신원되었다. (한국민족문화대백과, 한국학 중앙연구원)

명나라에 오는 사신은 한씨로 보내라고 요구하다

1478년[45세] 7월에 한치형이 명나라 성절사가 되어 중국을 다녀왔다. 이듬해 7월에 한치형의 사촌 한치례가 성절사로 임명되어 사직을 청하자 불허하니 사관이 이때 다음과 같이 논평하고 있다.

한치례가 와서 아뢰기를, "신은 평소에 병든 나머지 천식을 앓고 있는데, 이제 성절사로 충원하시니, 가을이 깊어져 날씨가 추워지면 중도에서 병이 나서 가기 어렵게 될까 두렵습니다." 하니, 전교하기를, "비록 병이 있더라도 그 몸을 삼가고 보호하면 염려할 것이 없고, 또 지금 상납하는 물건이 많으니, 경이 가지 않을 수 없다." 하였다.

이를 두고 사관이 논평하기를, "한치례는 한확의 아들이며, 한확의 누이는 중국 조정에 뽑혀 들어가 선종 황제의 후궁이 되고, 헌종을 보호하고 양육한 공으로 성화 황제(헌종)에게 총애를 받았다. 환관 정동鄭同과 더불어 서로 결탁하여, 황제께 권하여 자주 정동을 사신단과 함께 본국에 보내니, 황제 칙지로 옷·노리개·음식 등의 물건을 올리게 하고, 자질구레한 것까지 다 갖추어 혹독하게 거둬들이기를 싫어함이 없어, 백성들의 큰 병폐가 되었다.

또 칙령으로 한씨의 족친을 해마다 성절사로 충원하여 명나라 조정에 입궐 요청하게 하므로, 한치례 및 그의 형 한치인·한치의, 사촌인 한치형·한충인, 조카인 한한·한찬·한건이 서로 바꾸어 가며 사신으로 갔다.

그리하여 금대金帶와 서대犀帶를 띠는 것이 모두 황제의 칙지에서 나왔으며, 금은·채단의 상납이 다함이 없어, 한씨의 일족은 환관 정동으로 인하여 앉아서 부귀를 취하고 해害를 나라에 끼침이 이루 말할 수 없었다." 하였다.

– 성종실록 10년 7월 4일 –

1480년[47세] 5월에 한치형이 중국 명나라 사은사가 되었다. 8월에 귀국시 가지고 온 중국 조정의 한씨가 보낸 물건 목록은 다음과 같다.

한치형이 싸가지고 온 한씨가 보낸 물건은 대왕 대비께 대홍大紅저사 1필, 녹綠저사 1필, 흑黑녹라 1필, 녹라綠羅 1필, 가화색라色羅 1필, 금상보석 진주 기정 1근, 금상보석 진주 엄빈 1대, 금상보석 진주 규화잠 1근, 법랑진무 1준이고,

전하께 대홍저사 1필, 녹저사 1필, 흑녹라 1필, 명녹라 1필, 명녹사 1필이고, 인수 왕대비께 대홍저사 1필, 남저사 1필, 흑녹라 1필, 명녹라 1필, 총백갈사 1필, 금상보석 진주 화염 1근이고, 왕비께 금상보석 진주 치자화 1근이고, 세자에게 명녹사 1필이었다.

– 성종실록 11년 8월 17일 –

1481년[48세] 7월에 다시 명나라 성절사로 가게 되니 7월 16일 임금이 한치형을 성절사로 뽑는 것이 옳은지를 의논하라고 명하였다.

한치형을 성절사로 차출하는 것이 옳은지를 영돈녕 이상에게 의논하라고 명하였는데, 정창손·심회·윤사흔·윤호가 의논하기를, "중국 사신이 황제 교지를 핑계하여 말하니 보내지 않을 수 없겠습니다." 하니, 그대로 따랐다.

– 성종실록 12년 7월 16일 –

그해 12월 22일 성절사 한치형이 중국 황제의 칙서를 받들고 북경에서 돌아왔다. 임금이 모화관에 거둥해서 칙서를 맞고, 수레를 타고 돌아와서 인정전에서 칙서를 받기를 의식과 같이 하였다. 그 칙서에 이르기를,

"짐은 생각하노라. 그대는 대대로 동쪽 변방을 지키면서 성실하게 공물을 바치고 있으니, 돌아보건대 충성을 다함이 있으므로 이에 대우하기를 소홀히 하지 아니하니, 피차에 서로 믿음은 고금에 드문 일이다. 지금 이후로는 짐이 탄신을 맞으면 한씨의 친족을 한 사람씩 보내어 돌려가며 특산물을 가지고 와서 하례하게 하라. 한치형은 왕래하느라 근로하였으니, 왕은 직급을 높여 보답하고, 이어서 그 집안의 자제 가운데 어진 자를 한두 사람 녹용하도록 하라.

왕의 나라에서 제조한 것과 생산되는 기물로서 진상할 만한 것은 예를 만들어 해마다 중국 조정에 공헌하여, 왕이 중국을 섬기는 지극한 뜻을 나타내도록 하라. 그 물목은 아래와 같으니 각종의 조각한 상아 등의 물건은 유의하여 조작하도록 힘쓸 것이며, 세밀하고 교묘히 하기를 법대로 하여 거칠어짐이 없게 하라.

자색 면주 30필, 녹색 면주 30필, 대홍색 면주 20필, 황색 면주 20필, 다갈색 면주 25필, 유청색 면주25필, 초록색 면주 20필, 수록색 면포 10필, 백색 세저포 30필, 저사 겸직포 10필, 자색 면포 20필, 녹색 면포 20필, 대홍색 면포 20필, 황색 면포 20필, 다갈색 면포 20필, 유청색 면포 20필, 초록색 면포 20필, 백색 저포 삼아 30건), 흑색 마포 삼아 50건, 상품 백색 후지5건, 중품 백색 후지 5건, 갑을 갖춘 중양 연석 5사와 소양 연석 20사, 용향 원묵 1백 홀, 용향 장묵 1백 홀, 강궁 15장, 중궁 15장, 약궁 20장, 대고도리 20매, 두을언고도리 1백 매, 소고도리 60매, 거리전 60매, 서보자 60매, 우골 호로 1백 류, 황양목 호로 1백 류, 진호로 소적 30류, 진호로 표아1백 개, 호아 아각 용두 1백 류, 장아 아각 용두 1백 류, 산양각 각용두 1백 류, 각양 수랑아 20개, 관음제 5백 류, 세교문합 5백 류, 회합 5백 류, 반합 5백 류, 세교 문합과 관음제를 함께 걸어 놓은 것 1백 류, 가대아 20류, 각양 고랑아 20개, 각양 첩랑아 20개, 호로 침가아 10개, 침가 1백개, 청과아 3백 류, 청구아 50류, 녹압아 50류, 능각아 20류, 연화아 20류, 고아 50류, 가아 50류, 체비 5백 파, 화면선 3백 파, 원파 각양 화면선 1백 파, 삼사도 50부, 오사도 50부, 대양 단도 1백 파, 중양 단도 2백 파, 초서피 5백 장, 토표피 30장, 상아파 찬화채장 단도30파, (그 가운데 대양이 10파, 중양이 10파, 소양이 10파이다) 상아 조각 채장 사자 필가 3좌, 상아 조각 채장 파산 출수 용필가 3좌, 상아 조각 채장 각양 인물 조수 화과 합아, 춘성매양 4개, 삼층 사계 과합아, 사층 용합아, 해당화 합아, 화과 합아, 칠층 화과 영모 춘성 수초 금어 은정 합아, 고하 방해 요자 합아 금조 화과 합아, 모란화 합아, 화과 요자 합아, 화과 영모 합아, 인물 고사 방승 합아, 화과 영모 팔각 합아, 운룡 서우각 합아, 화편 합아, 초수 상아, 화과 합아, 보상 화회문 쇄구 합아, 상아 조각 채장 각양 완희아 매양 5건, 수왜왜, 요왜왜, 진보 파사 회회, 판괴 선인 소화상 향중 파사 질교 왜왜, 토아 수주병, 파사 기린 초재 회회, 기린 사자 해치 쇄모 사자 녹롱 금섬 인원 의마 향로, 상아 조각 채장 각양 인물 조수 팔보 화초 조괴 매양 7류, 귀학 경수 화합, 사상 백화 인마 평안 백사 대길 산선 봉수 파사 봉주 팔보 인물, 봉수성 인물, 포로 인물, 팔보 인물, 해당화 각양 요희 인물, 팔보 인물, 오색 융전 각양 화초 춘분 매양 4분, 보압 모란화 하화 금어 하화 교초 영지 초수 하화 계칙 철간금 각양 환제휴 매양 5부, 수초 어조 환제휴, 모란화조 환제휴, 사룡조 환제휴, 화과조 환제휴, 마조 환제휴, 철간금 각양 구자 매양 5파, 번신수 구자, 초수 구자, 천록 장춘화 구자, 하화 계칙 구자, 행화아 구자, 각양 흑칠 나전 대소 합아 30개, 등개 11괘, 관음제 문합 반합 회합 산적 매양 1두, 대록포 15속, 녹편포 2백 개, 건문어 2 백 미, 건대구어 3백 미, 건전복어 2백 속, 건오징어 8백 미, 건광어 2백미, 건수어 2백 미, 곤포 2백 근, 다시마 2백 근, 김 1백 근, 해채용 1백 근, 향신 1백 근, 홍소주 10병, 백소주 10병, 송자2백 근, 인삼 50근이다.”하였다.

– 성종실록 12년 12월 22일 –

1481년[48세] 12월 임금은 “한치형은 황제의 칙령으로 품계를 올렸으니, 의정부 참찬으로 제수하고 또 자제 두 사람을 서용하라.” 하였다. 품계를 더하고 직위까지 올리라는 임금의 명이 있자 12월 25일부터 이듬해 1월 13일까지 하루도 빠짐없이 대간들의 반대 상소가 줄을 이었다.

1481년 12월 25일 지평 유문통이 와서 아뢰기를, “한치형에게 품계를 올려준 것도 이미 지나친 것인데, 또 참찬을 제수하고 자제 두 사람을 서용하게 명하셨습니다. 이는 모두 황제의 본의는 아닐 것이고, 한씨의 요청에서 나온 것이거나 환관 정동의 요구인지도 알 수 없습니다만, 포상이 지나치옵니다.”

– 성종실록 12년 12월 25일 –

1482년 1월 9일 “한치형은 이미 학문이 없고 또 덕망도 없는데, 전하께서 굳이 제수하고자 하심은 황제의 명이 있기 때문입니까? 비록 황제의 명이 있다 하더라도 진실로 마땅히 그 재주를 헤아리고 그 기량을 생각해서 다른 관직을 제수해야 할 것인데, 더구나 황제의 명이 없는 것이겠습니까?”

– 성종실록 13년 1월 9일 –

1482년 1월 13일 좌참찬 한치형이 와서 아뢰기를, "신은 본래 재주와 덕망이 없는데 다가 또 언관의 논박을 받고 있으므로, 직임에 나아가기가 미안하니, 감히 사양합니 다." 하였으나, 윤허하지 아니하였다.

– 성종실록 13년 1월 13일 –

1483년[50세] 7월 9일 명나라 사신 정동이 한찬韓儧을 성절사로 보내 라고 요청하자 도승지 이세좌를 보내 한찬은 성절사로 보내기 어려움을 말하다.

도승지 이세좌를 보내서 명나라 상사 정동에게 말하기를,
"우리나라에서는 관작을 중하게 여기므로 한 자급이라도 감히 쉽사리 줄 수 없는데, 이제 대인의 말을 듣고 또 한씨의 명을 존중하여 한찬을 당상관으로 올렸습니다. 그 러나 성절사는 우리나라에서 중국 조정을 존중하여 반드시 재상을 임명하여서 보내 야 하는데, 한찬은 벼슬이 낮으므로 명대로 하기 어려울 듯합니다. 대인의 족친 중 에서 친애하는 자가 누구입니까? 그 벼슬을 올리려 하니, 대인은 말해주시기 바랍니 다. 신천 군수는 대인의 명에 따라 이미 당상관으로 올렸습니다." 하니,

정동이 말하기를,
"한씨의 족친인데 어찌 벼슬의 높낮이를 헤아리겠습니까? 재상이 아니라도 무방합 니다. 이제 한찬을 성절사로 삼으면 한씨가 어찌 기뻐하지 않겠습니까? 그리고 본국 에도 기쁜 일이 있을 것입니다. 이것은 사사로운 말이 아니라 한씨의 청입니다. 나에 게 친애하는 사람이 있더라도, 한찬의 일을 아직 허락받지 못하였는데 어떻게 자기 의 일을 아뢸 수 있겠습니까? 다만 부모가 사는 고을의 수령이 벼슬을 올려 받았으 니, 감히 엎드려 사례하지 않을 수 있겠습니까?" 하였다.

사관은 논한다. "한씨의 족친으로 한치형·한치례·한한·한찬·한충인 같은 무리가 번 갈아 북경에 가서 선물을 경쟁하여 바치니, 평안도·황해도의 백성이 나르는 고역을 견디지 못하였다." 하였다.

– 성종실록 14년 7월 9일 –

1484년[51세] 8월 24일에 한치형을 다시 성절사로 보냈다.

1493년[60세] 11월에 숭정대부 좌찬성에 제수되었는데 이때에 사관은 다음과 같이 논평하고 있다.

> 사관이 논평하기를, "사람들이 말하기를, 한치형은 외척으로 이름이 알려졌는데, 천성이 순하고 넉넉한데다, 마음가짐이 조용하고 엄격하고 의젓하여, 여러 번 기밀업무를 맡았으나 사사로움으로 공정함을 굽히는 일이 없었다." 하였다.
>
> - 성종실록 24년 11월 6일 -

1494년[61세] 성종 25년 12월 성종은 한치형의 사람됨은 사관의 평가처럼 사사로움이 없고 엄정하다고 여겼을지 모르나 중국 황실의 입김으로 승급시키는 게 싫었던 모양이다. 10년 전인 1484년에 숭정대부에 제수한 후 더 이상의 품계 승급은 시키지 않았다. 20세에 7품직에 벼슬을 시작한 후 61세가 되도록 40년이 지났는데도 정승의 자리에 오르지 못한 것이다.

성종조에는 더 이상 승진을 못하다가 연산군이 즉위하고서야 정승에 오르게 된다. 1496년[63세] 9월에 우의정에 올랐고, 1498년[65세] 7월에 좌의정에 올랐다. 1500년[67세] 연산 6년 4월에 영의정에 오르니 관직에 오른 지 47년 만이었다.

연산군에게 소비절약과 시정폐단을 건의하다

연산조에 한치형은 기회 있을 때마다 비틀어진 왕을 바로 세워 보려고 애를 썼다. 1502년[69세] 연산 8년 1월에 영의정 한치형이 사직서를 제출하며 소비를 절약하여 쓰기를 청하였다.

"신 등이 사직하는 까닭은 또한 전하께서 더욱 하늘을 공경하고 백성에 성실하는 마음을 힘쓰기를 원해서일 뿐입니다. 공자는 말하기를 '제후의 나라를 다스리되 소비를 절약하고 백성을 사랑해야 된다'고 하였는데, 근래에는 소비가 대단히 많아져서 대궐내 물품 관할 창고 풍저창이 텅 비어, 일체의 국용 조달과 각 관사의 무역하는 물품이 모두 군수품 저장 창고 군자창에서 나오게 됩니다. 세종이 재위한 30년 동안에 군자창 저축이 30만 석이 넘었는데, 지금까지 개국한 지가 거의 백년이나 되었는데도 백만 석도 차지 못하니 이것은, 소비를 절약하는 방법이 아직 미진해서 그런 것이옵니다.

세자를 책봉하는 일이 올 가을에 있게 된다면 내년 봄에는 명나라 사신이 오게 될 것인데, 만약 태감이 나온다면 청구하는 물품이며 제공하는 물자를 어찌 헤아릴 수 있겠습니까. 또 일본의 사신도 해마다 나오게 될 것인데, 국가에서 장차 무엇으로써 이들에게 응대하는지 알지 못하겠습니다. 신 등은 모두가 보잘것없는 인품으로 오랫동안 중임을 맡아 음양을 조화시키는 직무를 다하지 못했으니, 하늘의 도가 순조롭지 못한 것은 신 등이 초래한 것 아님이 없습니다. 근일에 또 전하께서 경연에 납시지 않은 지도 벌써 여러 달이 되었으니, 만약 옥체가 편안하지 못하시다면 억지로 납실 것은 없겠지만, 그렇지 않으시다면 마땅히 경연에 납시어 어진 사대부를 접견하소서. 그런 뒤에야 성상의 학문이 계속하여 빛나서 고명한 지경에 이르게 될 것이니, 굳이 전교하기를 아무 날엔 마땅히 행할 것이라 할 것까지는 없습니다.

신 등이 어제 듣건대, 오늘은 마땅히 경연에 납시겠다고 하였는데, 저녁에는 도로 정지하시니, 신 등은 성상의 옥체가 불편하시어 밤에 편안히 주무시지도 못했으리라고 생각하지만, 지방의 조정 선비들이야 갑자기 경연을 정지한다는 말을 들으면 누가 놀라고 의심하지 않겠습니까."

- 연산일기 8년 1월 24일 -

1502년 연산 8년 3월 영의정 한치형 등이 시정폐단 10조목을 올렸다.

영의정 한치형, 좌의정 성준, 우의정 이극균이 대궐에 나아가 시정폐단 10조목을 올렸는데,

1. 경연과 정사 보는 일을 폐지한 일입니다.

2. 나뭇갓(땔감)에 관한 일입니다. 신 등이 전일에 누차 그 폐단을 아뢰니, 비록 그 면적을 줄이도록 하셨지만, 경기 지방의 백성들은 부역이 배나 많아 비록 논밭이 있더라도 능히 힘을 다해 짓지 못하고 오로지 땔감으로써 생계를 이어가는데, 공주와 대군은 반드시 나무갓이 있어야만 땔나무와 말먹이를 장만해 쓸 수 있는 것은 아닙니다. 옛말에 '백성이 넉넉하면 임금이 누구와 더불어 넉넉하지 못하겠는가.' 했습니다. 세종께서 여덟 대군과 일곱 군君을 두셨는데, 각각 나무갓을 주었더라면 남는 땅이 있었겠습니까. 세조께서 또한 경국대전에 사용 나무갓의 금지 조항을 실었으니, 모두 민폐를 헤아린 것입니다. 성종께서 처음 하신 것이나, 어찌 그 폐단이 이럴 줄이야 생각했겠습니까? 만약 성종께서 그 폐단이 있을 것을 알고 했더라도 옛말에 '만약 그것이 도리에 어긋난다면 어찌 3년을 기다리겠는가.' 했으니, 단연코 주지 말아야 하는데, 무엇 때문에 난처하게 여기십니까?

3. 후원에서 여러 신하들을 접견하지 않는 일입니다. 성종께서는 후원에서 더러 여러 신하들을 접견하기도 하고 더러는 무사의 활쏘는 것을 관람하기도 하였으므로 후원 안에 모두 출입할 수가 있었는데, 지금은 여러 신하들은 접견하지 않고 다만 환관들과 더불어 그 가운데서 장난과 놀이를 하며, 후원에 사사로운 잔치를 하는 깊숙한 비밀 처소를 두어, 바깥사람이 무엇을 하는지 모르게 하셨습니다. 다행히 활쏘기를 관람할 때에도 혹은 경복궁에서 하고 혹은 모화관에서 하는데, 대체로 무사들이 활쏘기 시험에 힘쓰는 것은 오로지 자기 재주를 어전에서 보여 위에서 자기가 재주 있음을 알게 하려는 것이요, 위에서도 또한 그 재주만 시험하는 것이 아니라, 아울러 그 인물을 살펴보아 탁월한 사람을 뽑아서 쓰는 것이니, 어찌 좋은 일이 아니겠습니까. 지금은 관원을 시켜 시험하도록 하고, 무사는 나머지 일같이 보아 도무지 격려하는 뜻이 없으므로, 재주 있는 사람이 반드시 스스로 분발하지도 않고 재주 없는 사람도 뒤섞여 서로 같게 되니, 이 어찌 옳은 일입니까?

4. 공무를 많이 지체하는 일입니다.
5. 모든 아뢴 일을 내시부가 출납을 지체하는 일입니다. 무릇 아뢴 일을 환관이 그때그때 출납하지 않으므로, 지방관리들이 혹은 공무를 올렸다가 결정을 듣지 못하고 그대로 하루를 마치는 일이 자못 많이 있습니다.
6. 후원의 수리를 그치지 않는 일입니다. 이미 담장이 있는데 어찌 꼭 울타리를 더 만들 필요가 있겠습니까.

7. 잘 달리는 말馬이 소용 없는 일입니다. 신 등이 듣건대, 잘 달리는 말을 구해서 대궐

내로 들여오게 하셨다는데, 잘 달리는 말은 구득하기가 매우 어려워서 비록 무예를 업으로 하는 사람도 또한 남의 것을 빌어 타고서 익히고 있으니, 만약 잘 달리는 말이라면 면포 2백, 3백 필로도 값을 계산할 수가 없습니다.

8. 도화원과 온갖 악공인들이 대궐 안에 머무는 일입니다. 무릇 온갖 공인들이 만드는 물건은, 그 관사가 있고 담당이 있으니, 만약 만들 것이 있으면 마땅히 담당에게 맡겨야 할 것입니다. 지금은 온갖 공인과 화원의 무리가 대궐 안에 모여드니, 전하께서 그 일에 간섭하시느라 정사에 태만하실까 두렵습니다.

9. 소비가 한이 없는 것입니다. 지금 국가의 소비가 매우 번거로워 외간에서는 군자감이 변하여 풍저창이 되었다는 말까지 있는데, 이것은 전일에 이미 아뢰었습니다.

10. 경기 지방에 때 없는 진상으로 백성에게 폐가 많은 일입니다. 진상은 매우 많고 기한은 심히 촉박하므로 수령들이 사람을 시켜 미리 물건 값을 가지고 오랫동안 서울에 있다가 명령이 내리면 물건 값을 배로 주고 다투어 시장에서 사서 바치는데, 그 배정한 공문이 더러는 물품을 봉해 올린 5, 6일 뒤에야 비로소 그 고을에 도착하게 됩니다.

하니, 전교하기를,

"나무갓은 여러 군君들에게 주지 말라. 후원의 일은, 옛사람이 이르기를 '비록 대와 못, 새와 짐승이 있더라도 어찌 혼자 즐길 수 있으랴.' 하였으니, 경들의 말이 옳다." 하였다.

– 연산일기 8년 3월 25일 –

한치형의 졸기

1502년[69세] 연산 8년 10월 3일 영의정 한치형이 죽었다.

그의 자는 통지通之요. 소혜 왕후(인수대비)의 사촌 오라버니다. 약관 20세 때 세조께서 불러 보고 군직에 임명하였고, 여러 번 전직하여 사헌부 감찰·장령·사복시

소윤이 되었다. 1467년 세조 13년에 장례원의 판결사에 임명되었으며, 얼마 안 되어 승정원의 좌부승지로 발탁되었다가 좌승지로 전임되고, 이조참판으로 승진되었다. 1468년에 함길도 관찰사에 임명되고, 돌아와서 사헌부 대사헌으로 임명되었다. 1471년에 좌리공신(성종 즉위공신)으로 책록되고 잠시 후에 형조판서로 승진되었으며 여러 차례 호조판서·병조판서로 전임되었다가 의정부 좌찬성으로 승진되었다. 1496년 연산 2년에 우의정에 승진하고 전임되어 영의정에 이르렀다. 이때에 죽으니 나이가 69세. 시호는 질경質景이니, 충성스럽고 정직하여 간사함이 없어서 질質이라 했고 의리에 의하여 성사하여서 경景이라 했다.

성품이 순박하고 침착하여 말이 적었으며 실지를 속여 겉을 꾸미는 것을 일삼지 않았다. 관직에 있어서는 부지런하고 조심하여 사심으로써 법을 굽히지 않았다. 인사권자가 일찍이 한치형을 위하여 그의 외손에게 벼슬을 주려고 하니, 이를 제지해 말하기를 '이 늙은 것 때문에 벼슬을 어리석은 아이에게 줄 수는 없다.' 하고는 마침내 허락하지 않았다. 네 조정을 내리 섬겨 벼슬이 영의정에 이르렀는데, 비록 큰 공적은 없지마는 또한 드러난 과실도 없었다. 연산군이 정치를 어지럽힐 때를 당하여 누차 검소와 절용할 것을 아뢰다가 이로 인하여 비위를 거스렸고 화禍가 죽은 뒤에까지 미쳤으니, 슬픈 일이다. 다만 배우지 못하여 학술이 없어서 일을 만나면 막히는 것이 많았다.

사후에 연산에 앙갚음을 당하고 중종에 의해 복관되다

연산군은 한치형이 정승으로 재직중에는 어떤 듣기 싫은 상소도 함부로 여기지는 못하였다. 연산이 집권 후기로 갈수록 광폭해져 사간들의 간언이 모두 사라질 무렵에도 한치형은 연산의 잘못을 지적하는 상소를 올릴 만큼 기품이 당당하였다. 여기에는 한치형이 연산의 할머니 인수대비(소혜왕후)의 사촌 오빠라는 보이지 않는 배경도 작용했을 수 있다. 그러다가 1502년 69세의 일기로 한치형은 세상을 하직하였고, 연산이 집권 후기가 되자 어머니 폐비윤씨 사건이 전면으로 부각되어 갑자사화가 일어났다. 이 일에 직접 연관된 인수대비에 대한 증오와 그에 관련된 모든 사람들은 연산에게 복수의 대상이 된다. 당연히 한치형에 대한 분풀이도 함께 이루어져 그가 올렸던 상소문과 시국 선언문등의 내용을 문제삼아 처절한 보복을 단행하였다.

1504년 연산 10년 윤 4월 승정원에 전교하기를, "한치형이 정승이 되어, 대궐 안에 울타리를 두르는 것 및 말타는 일 등에 대하여 진언하였는데, 무릇 궁궐 안의 일은 원래 엿보거나, 짐작으로 생각해서 말하는 것이 아니며, 환관이 왕명 출납을 더디 출입하는 것을 말하였는데, 환관이 대궐 안에 있음을 외간사람으로서 어찌 무슨 일을 하는지 알고서 이 말을 꺼낼 것이랴? 이것이 모두 그 윗사람을 믿지 않고 하는 일을 의심하여 말하는 것이다. 이런 사람에 대해 고찰해서 아뢰라. 끝내는 형벌을 주어야겠으니 승정원은 정승들과 의논하여 아뢰라." 하니, 승지들이 아뢰기를, "업무기록을 고찰하니, 죄주는 것이 마땅합니다." 하였다.

― 연산일기 10년 윤 4월 26일 ―

연산 10년 5월 3일 " 한치형은 부관 능지하고 가산을 몰수하며, 분묘와 비석 등 물건을 다 부수어 버리라. 장차 사람을 보내어 가 보게 하리라. 자식이 있으면 역시 죄를 다스리도록 하고, 이극균도 역시 가산을 몰수하라."

5월 4일 한치형이 올린 시정폐단 10조서를 불태우게 하였다.
5월 4일 의금부가 아뢰기를, "한치형의 머리가 이미 왔으니, 역시 효수할까요?" 하니, 전교하기를, "그리 하되, 그 죄명을 쓰기를 '한치형은 본래 세상을 구제할 재주가 없는데, 지위가 여러 관원보다 높으면서 도리어 이극균의 술책에 빠져들어 불초한 일을 많이 하였다.' 하라." 하였다.
5월 15일 의금부 당상 김감·정미수·이계남이, 이극균·이세좌·윤필상·성준·한치형·어세겸의 동성과 이성의 팔촌 족친을 써서 아뢰니, 전교하기를, "무릇 내가 쓰는 물건은 모두 불가하다고 하여 중지시키며, 심지어는 면복 같은 것까지도 범람하다고 말을 하였으니, 이는 아랫사람이 위에 계산하여 주려 한 것이다. 이는 모두 정사를 어지럽힌 신하이기 때문에 이렇게 죄주는 것이다. 이런 사람들을 그 뿌리를 다 뽑아 버린다면, 뒤에 신하로서 자손이 번성한 것을 믿고 자기 마음대로 행동하려는 마음을 가지는 자가 반드시 경계삼아 방자하지 못하게 될 것이다. 〈중략〉

어세겸은 '대비의 쓰는 것은 사찰에 쓰는 데 지나지 못한다.'고 하였으니, 이는 또한 억측으로 말한 것으로서 그 죄가 원래 중하다. 그러나 한치형 등에 비하면 좀 경하기 때문에, 증손까지만 죄를 주게 한다. 한치형과 성준의 죄는 어세겸보다 중하므로, 동성이나 이성이나 사촌까지 죄를 주어 모두 각 포구의 방어하는 곳으로 나누어 보내며, 그 중 법에 의당 연좌될 사람은 모두 형장 때리라."

또 이극균·한치형·성준이 의정부에 있을 때 만들고 고친 법이 많았을 것이요, 또 변방에 출입이 많았으므로 무사에게 편하게 하려 하여 그들이 아뢰어 세운 법이 더욱 많았으리라 생각되니, 지금 사관의 기록을 상고하여 다 삭제해 버리는 것이 어떠한가? 만일 내가 잘못한 것이라면, 걸주桀紂[64]라고 썼더라도 진실로 삭제할 것이 없다. 그러나 만일 하지도 않은 일을 무함하여 쓰기를 무오년 일과 같이 하였다면, 역시 삭제하는 것이 가하다. 더구나 이극균 등이 어기고 그르친 일이겠는가." 하니, 김감과 승지들이 아뢰기를, "성상의 하교가 지당하십니다." 하였다.
5월 21일 전교하기를, "성준·한치형의 족친 역시 이극균의 준례에 의하여 동성 팔촌까지 정배하고, 또 각도 감사를 불러 효유하여, 고통스런 일을 정해 주어 고생하게 하는 것이 어떤가?" 하니, 유순이 아뢰기를, "성준·한치형이 이극균과 같이 모두 중한 죄를 입었으니, 그 족친을 죄주는 것은 불가함이 없겠습니다." 하였다.

연산 10년 10월 7일 승정원에 어서를 내리기를, "한충인은 소혜 왕후의 족속이니, 특히 장 1백에 처하여 제주에 종으로 삼으라."하였다. 또 이르기를, "한치형·한충인은 모두 소혜 왕후의 족속이나 그는 이미 죽어 다시 더 논죄할 수 없으므로 죄를 다르게 한 것이다."하였다.
12월 15일 "이극균·이세좌·윤필상·한치형·이파의 시체를 일찍이 들판에 버려두고 매장하지 못하도록 하였으나 반드시 거두어 매장하였을 터이니, 지금 다시 파내어

---

64) 폭군으로서 주색에 빠져 충신들의 간언을 짓밟은 군주. 중국 하나라의 걸왕桀王과 은나라의 주왕紂王을 가리키는 말. 포악무도의 대명사로 쓰임.

해골을 분쇄하여 형적을 없애는 것이 어떠할까?" 하였다. 승지들이 아뢰기를, "이는 모두 죄가 중한 사람이니 의당 그렇게 해야 합니다." 하니, 또 어서를 내려 이르기를, "간신의 해골을 바람에 날려 천지간에 의지하지 못하게 하는 것은, 땅에는 영험스러운 풀이 있고 하늘에는 신통한 새가 있어서이다." 하였다.

12월 18일 전교하기를, "한치형의 첩 아들 한수는 참형에 처하라." 하였다.
연산 11년 7월 2일 전교하기를, "한치형·성준·이극균 따위가 건의한 것은 비록 좋은 법이라 하더라도 모두 거행하지 말라." 하였다.

중종반정으로 연산이 처결되고 중종이 등극하자 원상대로 관작은 회복되고 시호까지 내려졌으나, 분쇄하여 날려버린 유골과 이미 목숨을 앗아간 친족들의 억울함은 어쩔 도리가 있겠는가.

[승진과정]

1453년[20세] 단종 1년 6월 음직으로 종7품 사온서 직장.
　　　　　　7품은 장원급제자만 갈 수 있는 자리를 한치형은 20세의
　　　　　　젊은 나이에 힘들이지 않고 들어간 셈이다.
　　　　　　이후 10년간 실록에는 감찰을 지낸 기록만 남아 있다.
1463년[30세] 세조 9년 9월 사헌부 장령
1467년[34세] 세조 13년 3월 장례원 판결사, 4월 좌부승지, 5월 우승지,
　　　　　　8월 좌승지, 12월 이조참판, 12월 호조참판
1468년[35세] 예종 즉위년 10월 함길도 관찰사
1469년[36세] 예종 1년 7월 중추부 동지사 겸 도총관
1469년[36세] 성종 즉위년 12월 가선대부 중추부 동지사
1470년[37세] 성종 1년 초에 사헌부 대사헌
1471년[38세] 성종 2년 좌리공신 3등에 책록, 청성군. 6월 대사헌,
　　　　　　10월 형조판서
1473년[40세] 성종 4년 12월 자헌대부 개성부 유수
1475년[42세] 성종 6년 11월 경기 관찰사
1478년[45세] 성종 9년 7월 명나라 성절사
1479년[46세] 성종 10년 윤 10월 한성부 판윤
1480년[47세] 성종 11년 5월 명나라 사은사.
1480년[47세] 성종 11년 5월 자헌대부 지중추부사
1481년[48세] 성종 12년 7월 명나라 성절사. 7월 16일 임금이 한치형을
　　　　　　성절사로 뽑는 것이 옳은지를 의논하라고 명하였다.
1481년[48세] 성종 12년 12월 황제의 칙령으로 의정부 참찬에 제수
1483년[50세] 성종 14년 7월 9일 명나라 사신 정동이 한찬을 성절사로
　　　　　　보내라고 요청하다.
1484년[51세] 성종 15년 8월 숭정대부 청성군, 8월 24일 명나라 성절사.
1485년[52세] 성종 16년 6월 겸 경상도 진휼사
1486년[53세] 성종 17년 5월 숭정대부 한성부 판윤 9월 형조판서
1487년[54세] 성종 18년 7월 숭정대부 청성군, 12월 경상도 관찰사
1488년[55세] 성종 19년 1월 숭정대부 청성군
1489년[56세] 성종 20년 7월 겸 유도대장
1490년[57세] 성종 21년 의금부 당상
1491년[58세] 성종 22년 12월 병조판서 겸 선공감 제조

1493년[60세] 성종 24년 11월 숭정대부 좌찬성

1494년[61세] 성종 25년 12월 겸 종묘 행향사

1495년[62세] 연산 1년 8월 겸 사헌부 대사헌, 10월 겸 판의금부사

1496년[63세] 연산 2년 9월 우의정

1498년[65세] 연산 4년 7월 좌의정, 무오사화

1500년[67세] 연산 6년 4월 11일 영의정

1502년[69세] 연산 8년 7월 겸 세자사

1502년[69세] 연산 8년 10월 3일 영의정 한치형이 죽다.

1506년[사후] 중종 1년 10월 5일 예조에 명하기를,

　　　"한치형을 예로 장사지낸 뒤 전을 올리라." 하였다

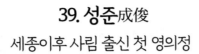

39. 성준成俊
세종이후 사림 출신 첫 영의정

생몰년도 1436년(세종 18) ~ 1504년(연산 10) [70세]
영의정 재직기간 (1503.1.4~1504. 윤4.4) (1년 5개월)

본관   창녕昌寧
자   시좌時佐
시호   명숙明肅
기타   폐비윤씨와 관련 연산에 의해 극형
        임사홍의 아들 부정시험을 지적하여 미움을 사다.

증조부   성석인成石因 – 참판
조부   성엄成揜   – 동지중추부사
부   성순조成順祖 – 참판
모   이씨   – 동지총제 이난의 딸
부인   이씨   – 이계기의 딸
장남   성중온成仲溫 – 사헌부 지평
2 남   성경온成景溫
장녀   한절에게 출가

영의정이 된 근원 - 예종·성종·연산군의 곧은 스승

성준의 자는 시좌이고, 본관은 창녕이다. 증조부는 영의정을 지낸 성석린의 아우 성석인으로 예조판서를 지냈다. 조부는 지중추부사를 지낸 성엄이며, 아버지는 형조참판을 지낸 성순조로 대를 이어 벼슬을 한 명문가 집안이다.

성준은 어려서부터 도량이 넓고 총명하였으며, 소학을 즐겨 읽었고 자라면서 학문이 더욱 발전하였는데 나이 들면서 활쏘기와 말달리기에도 능해, 문무를 겸한 촉망받는 인재로 여겼다. 당시 아버지는 형조참판이었고, 백부는 지중추원사, 숙부는 세조임금과 동서간인 지돈녕부사로 3형제의 위세가 조정에서 입김이 거세었다.

1456년[21세] 세조 2년 사마시에 합격하고, 1459년[24세] 식년시 문과에 병과로 급제하였다. 1467년[32세] 7월에 문무 겸비한 장수에 재질있는 30인에 선발되기도 하였으며 1469년[34세] 예종 1년 윤 2월에는 사헌부 장령에 임명되어 언사로 파직이 되었다가 곧 임금이 특명으로 다시 임용하였다. 이조와 병조에서 빈자리가 없다고 아뢰자 명하기를, "세자시강원은 비록 문을 닫았으나 성준을 위해 필선 자리를 만들어 제수하라." 하였다. 이는 임금이 세자로 있을 때 성준이 시강관으로 있었던 바, 성준에게 세자를 보필할 재능이 있음을 알았으므로 이러한 명이 있게 된 것이다.

1479년[44세] 성종 10년 전라도 관찰사가 되고, 1481년[46세] 이조참의·우부승지·좌부승지를 거쳐, 다음 해 우승지·형조참판·동지중추부사를 지냈다. 1484년[49세] 한성부 우윤·경기도 관찰사가 되고, 이듬해 형조판서로 승진하여 세자시강원 좌빈객을 겸하였다.

1488년[53세] 대사헌·이조판서를 거쳐 우참찬이 되고, 1490년 성절사가 되어 명나라에 다녀왔다. 이듬해 영안도 절도사로 나아가 북정 부원수로서 도내에 쳐들어온 야인을 정벌하였다. 1494년[59세] 성종 25년 병조판서를 거쳐, 이듬해 우찬성이 되고, 1498년[63세] 우의정에 올랐다.

이듬해 삼수군에 야인들이 침범하자 서정장수가 되었다. 1500년[65세] 좌의정에 올라 영의정 한치형, 우의정 이극균과 함께 시정폐단 십조를 주청하여, 연산군의 폭정을 바로잡으려 했으나 이루지 못하였다. 또한 우의정으로 있으면서 연산군을 경계시키기 위해 『국조보감』의 열독을 권고하기도 하였다.

1503년[68세] 영의정에 올라 세자사를 겸했으나 갑자사화가 일어나자 앞서 폐비 윤씨의 폐위와 사사에 관여한 죄로 직산에 유배되었다가 유배지에서 잡혀와 교살되었다. 중종 때 복관되었고, 시호는 명숙明肅이다.

세종조에도 없던 공신 수여의 부당함을 아뢰다

1470년[35세] 성종이 즉위하자 12월에 사간원 사간으로 발령받아 이듬해 4월에 좌리공신의 부당함을 아뢰었다.

사헌부 집의 손순효 등과 사간원 사간 성준 등이 상소하기를,
"신 등이 엎드려 듣건대 하·은·주 3대 이전에는 공신功臣이란 명칭이 있지도 않았

는데, 한나라·당나라 시대에 내려와서 이에 기린麒麟·운대雲臺·능연凌煙의 칭호가 있게 되었으니, 대개 천하가 몹시 어수선한 때를 당하고 국세가 위태한 때를 당하여 모신謀臣[65]의 계책을 결단하고 지사志士가 힘을 다하여 혹은 대업을 일으키기도 하고 혹은 중흥을 가져오기도 하였으므로, 그 논공행상은 형세상 부득이 그렇게 하지 아니할 수가 없었던 것입니다. 그러나 천하가 크고 모신謀臣이 많았지만 그 공신의 숫자는 불과 11인, 18인, 24인, 28인에 그쳤을 뿐입니다.

우리 왕조에서도 태조께서 국운을 일으킨 이래로 개국공신·정사공신·좌명공신·정난공신·좌익공신·적개공신·익대공신이 있는데, 이러한 7공신은 모두 위란을 평정하고 종사를 보위한 공으로 인하여 공신으로 삼았던 것이니, 또한 부득이 그렇게 하지 아니할 수가 없었던 것입니다.

지금 우리 주상 전하께서 왕위를 이어받아 나라를 다스리시는 것이 바로 세종대왕과 서로 같으시니, 세종대왕께서 사저에서 들어와서 대통을 계승하신 지 33년 동안에 태평스러운 정치를 이룩하였으나 좌리공신이란 칭호가 없었는데, 그 사이에 어찌 한두 번 정도 봉할 만한 공훈이 없었겠습니까?

이른바 공신이라고 하는 자는 반드시 그 공이 사직에 있으며 그 덕을 백성에게 입힌 다음이라야 나라에서 이론이 없게 되며, 사람들도 더불어 다투지 않는 것입니다.

금일의 좌리공신 70여 명과 같은 자들은 과연 무슨 공이 있었는지를 신 등은 알지 못하겠습니다. 아무런 드러난 공훈도 없는데도 공훈을 4등으로 논하여 숫자가 70인이 넘으니, 비단 신 만이 그 까닭을 알지 못할 뿐만 아니라, 백성들도 몹시 놀라워하는데, 하물며 좌리공신 이라 일컫는 명칭도 신 등이 그 까닭을 더욱 알 수 없는 것입니다. 전하께서 즉위하신 지 얼마 되지 아니하여 이러한 일이 있으신데, 세종대왕께서 30여 년 동안의 정치와 교화에 한 번도 공신이 없었던 사실과 비교하여 어떠하다고 하겠습니까?

성인이 크게 공정하고 사정이 없이 천하를 다스린다는 것은 「서로 친근함을 나타낸다」는 글에서 볼 수 있다.'고 하였습니다. 옛날에는 혹은 재난 때문에 삼공(태사·태

---

65) 책사 또는 모사로 일을 이루기 위하여 꾀를 내는 데에 능한 사람

부·태보 3정승)을 파면하기도 하였는데, 지금은 도리어 은총의 상전을 내리시니 신 등의 의혹은 더욱 심합니다. 엎드려 바라건대 전하께서는 빨리 내리신 명령을 거두신다면 국가에 심히 다행할 것입니다." 하였다. 상소가 들어가니 상소장을 궁중에 머물러 두었다.

– 성종실록 2년 3월 28일 –

사간원 사간으로 시정 17개조를 또 논하였는데, 내용이 매우 간절하고 곧았으므로, 임금이 아름답게 여겨 받아들이고 통정대부의 품계로 특진시켰으며, 좀 뒤 대사간에 제수하였다.

지방에 원정가서
부정시험을 치룬 임사홍의 아들을 적발하다

1488년[53세] 성종 19년 2월 사헌부 대사헌이 되어, 9월에 향시에 부정합격한 임사홍의 아들 임희재를 적발하여 재시험을 치르게 하고 그 부형과 시험관을 국문하기를 청하였다.

사헌부 대사헌 성준 등이 상소를 올려 아뢰기를.
"임희재·구숭경·정승충이 충청도 향시鄕試[66]에서 13인의 합격자 수에 끼었는데, 재상의 아들은 나이가 들고 경서經書에 통한 자라도 법을 어기고 들어가서 합격하면 사람들이 오히려 의심하게 됩니다. 더구나 임희재는 나이가 겨우 20이고 학문이 방도에 통달하지 못한 것이겠습니까?

나라 사람이 떠들며 누구나 다 매우 분하게 여겨 '국가의 인재를 뽑는 바른 길은 과거가 있을 뿐인데 재상 집 젖비린내 나는 아이가 이처럼 끼어드니, 초야의 미천한 선

---

66) 조선 시대 지방에서 실시하던 과거의 초시

비는 영달할 길이 없다.' 합니다.

경국대전에서 살펴보면, 제 시험 조목에 '그 도에 사는 자나 현재 벼슬에 있는 조정 선비가 아니면 향시에 나아가는 것을 허가하지 않는다. 생원·진사로서 늙고 병든 어버이 때문에 허가를 받은 자는 향시에 나아가는 것을 허가한다.' 고 하였습니다.
임희재 등 3인은 재상의 아들로서 늘 서울에 사는데 누가 이들을 그 도道에 산다고 하겠습니까? 정승충은 정승조가 공신의 적자이기 때문에 정8품 사맹에 제수되었으니, 조정 선비로 현재 벼슬에 있는 자가 아니겠습니까?
그들의 아비인 임사홍·구수영·정숭조 등은 다 나이 젊은 재상이고 그 아내와 함께 병이 없으니, 이를 늙고 병든 어버이 때문에 허가를 받은 자라고 하겠습니까? 임희재 등 나이 젊은 무리가 어찌 서울에서 응시하면 합격할 수 없고 시골에서 응시하면 합격할 수 있다는 것을 헤아렸겠습니까? 그 부형이 시험관과 교통하고 제 아들을 보내어 법을 어기고 들어가 응시하게 하였을 것입니다. 만약에 '중앙에서 치르는 복시가 또 있으므로 재시험할 수 없다'고 한다면, 대전의 향시를 치르는 법은 세우지 않았을 것입니다. 또 무릇 총명한 아이들은 외우기를 잘하니, 임희재 등이 향시의 일을 미덥게 만들려고 겨울 동안에 부지런히 외어서 오는 봄에 다시 시험하여 어쩌다가 합격한다면 이 향시도 아울러 부정이 없는 것이 되겠습니까? 대저 부정을 몰랐다면 그만이겠으나, 알고도 용서한다면 간사한 사람이 어찌 징계되겠습니까?

이제 이 향시는 부정이 이미 드러났으니, 다시 시험하여 법을 어겨 어지럽힌 것을 징계하지 않을 수 없습니다. 만약에 '다시 시험하는 것은 전례가 없다.'고 한다면 당나라의 묘진경이 시험관을 맡았을 때에 장의의 아들 장석이 으뜸을 차지하였다 하여 현종이 다시 시험하였는데 장석이 종이를 지닌 채 붓을 놔버리고는 종일 한 문자도 이루지 못하였으므로 그 때 사람들이 이를 예백(曳白: 백지답안제출)이라 하였고 묘진경은 좌천되었으며.
송 태조 때에 도곡의 아들 도병의 이름이 세 번째 있었는데 태조가 좌우에게 '도곡은 아들을 잘 가르치지 못하였다 한다. 학문을 성취한 선비의 시험관은 사적인 은혜를 심는 것이 아니다.' 하고 중서성에 명하여 다시 시험하게 하였으니, 이것으로 보면 어찌 다시 시험한 전례가 없겠습니까?

물의는 또 '충청도의 향시가 외람한 것은 문과뿐이 아니라 생원시·진사시도 그러하다.' 합니다. 이제 그 방목(榜目: 합격자 명부)을 살펴보니 이귀수도 생원시에 들었는데, 이귀수는 이덕숭의 아들이고 이덕숭은 현임 감사로서 제 아들을 시켜 그 도의 향시에 응시하게 하였으니, 또한 어찌 외람된 것이 아니겠습니까? 신들의 생각으로는, 임희재 등을 다시 시험하게 하고, 부형이 법을 어겨 응시하러 보낸 죄와 시험관이 법을 어겨 응시를 허가한 죄를 아울러 국문하고, 감사 이덕숭도 아울러 문초하여야 하겠습니다. 그러면 더없이 다행이겠습니다."

사관이 논평하기를, "충청도 향시의 시험관 최연은 임희재의 할아비인 임원준과 가까운 겨레붙이이고, 김효정은 정승충의 숙부인 정경조와 가까이 사귀는 사이이다. 이 두 사람이 서로 가까운 사이이기에 글제를 누설하여 알렸으므로, 임희재·정승충·구숭경 등이 모두 시험에 합격하였으나, 세 사람은 경서經書를 읽지 않았을 뿐더러 글도 지을 줄 모르는 한낱 어리석은 아이니, 물의가 시끄러워서 대간이 논하여 아뢰었다." 하였다.

— 성종실록 19년 9월 23일 —

1488년 9월 27일 향시의 부정이 심하니 다시 시험하게 하다

사헌부 대사헌 성준 등이 상소를 올려 아뢰기를,
"신들이 요즈음에 생원 진사시가 외람하므로 다시 시험하여 징계할 것을 두 번 상소로 아뢰고 윤허하시는 분부를 엎드려 기다렸으나, 전지에는 향시에 외람되게 나아간 죄만을 국문하게 하시고, 합격자를 폐기하고 다시 시험한다는 명이 없으니, 서운함을 금할 수 없습니다. 신들의 생각으로는 과거의 시험관은 공기公器[67]인데, 올해에 서울·지방에서 시험하여 뽑은 것은 다 사적인 은혜를 심은 것입니다.

외방에서는 충청도의 감시·문과뿐이 아니라 경기좌도의 감시가 그러하였고, 경기우도의 문과 향시의 시험관은 출제를 삼가 비밀히 하지 않고 무릇 책에서 글제를 뽑아내는 일을 수행 관리에게 맡겨서 수행원이 몰래 그 글제를 써서 과거응시자에게 보였으므로, 이 때문에 강독에 합격한 자가 30여 인이 되도록 많았으며, 서울에서는 최세보·신영철 등이 법을 어겨 어지럽힌 일이 지금까지 듣지 못하던 것이니, 신들이 들은 것으로 미루어 보면 다른 도에서도 반드시 이와 같았을 것입니다.

올해의 시험에는 생원·진사로서 기숙하여 출석점수가 차서 성균관시에 나아갈 자

---

67) 공공의 기관, 공무를 띤 공익요원

39인이 다들 향시에서는 부정이 용납될 수 있다는 것을 알고 떼지어 다투어 갔으니, 그 외람된 것을 알만합니다.

고시장이 외람한 것은 올해부터 비롯한 것이 아닙니다. 지난 1488년에 임희재·구숭경·정승충이 다 생원시·진사시에 입격하였는데, 물의가 떠들썩하며 '올해에 남의 손을 빌어 글을 지은 생원·진사는 임·구·정이다.' 하였고, 시를 지어 비평한 자까지 있어 '임동이 이제 장원랑 되니, 이로의 문장은 빛을 나타내지 못하네.'라 하였는데, 이른바 임동은 임희재를 가리키고 이로는 임원준·임사홍 부자를 가리킨 것입니다.

세종조에서는 과거의 법이 지극히 엄밀하였는데, 임원중이 맨 먼저 대리 작문을 시작하였다가 일이 발각되어 죄를 받고 종신 금고되었으나, 다행히 세조께서 사면하게 하신 은혜를 입어 벼슬길에 통할 수 있었는데도, 옛 버릇을 고치지 않고 집안에 대대로 전하여, 비평하여 풍자하는 시가 전국에 퍼져 읊어지게 하여 성대한 조정의 지극한 공기公器에 누를 끼쳤으니, 신들의 마음이 아픕니다. 또 청주 목사 최연은 임원준의 사촌으로서 그 도의 향시에서 선거를 감독하였는데 임원준의 손자인 임희재가 끼었고, 구숭경은 임희재의 처형이며, 정승충은 정숭조의 아들인데, 학술이 없이도 끼었으니, 다시 시험하여 간위를 깨뜨리지 않는다면 문형의 공기는 어찌되겠습니까?

엎드려 바라건대, 임희재 등을 다시 시험하고 아울러 부형을 국문하고, 올해의 경중·외방의 문과 감시도 세종조 1444년의 전례에 따라 일체 폐기하고 내년 봄에 다시 시험하여 선비의 풍습을 바루소서. 그러면 더없이 다행이겠습니다."

하니, 전교하기를,

"서울은 홍문관의 관원을 가려서 고시관으로 삼고 또 대관을 시켜 살피며, 외방도 문신인 수령을 가려서 고시관으로 삼는데, 어찌 간사하게 속이는 일이 있겠는가? 다만 출석점수가 찬 생원·진사로서 관시에 나아가야 할 자가 법을 어겨서 관청 증명서를 받아 인재가 없는 향시에 나아가기를 바랐으므로, 이 일은 과연 외람되니, 그 사람을 다시 시험하는 것이 어떠한가? 또 차자 가운데에 임동이 장원하였다는 글귀가 있는데, 누가 지은 것인가?" 하였다.

– 성종실록 19년 9월 27일 –

폐비윤씨 문제로 갑자사화를 당하다

1504년[69세] 연산 10년 윤 4월에 폐비 윤씨에게 사사할 때에 명을 받들고 세 대비전에 가서 아뢴 일이 죄가 되어 직산현에 유배되었고, 정승 재직시 임금의 허물을 논하며 아뢴 사실이 또 다시 논의되어 사형에 처하게 되었다. 연산군의 학정이 날로 심해지자 성준은 한치형·이극균과 같이 재상의 지위에 있으면서 임금의 잘못을 막는 데 주력하였으며, 궁중의 은밀한 일일지라도 알고는 말하지 않는 일이 없었으므로 연산군은 겉으로는 존중하는 체하였으나 속으로는 꺼리었다. 연산 10년 이후 간신의 종용으로 해서 살육을 크게 벌이었는데, 성준이 첫 번째로 큰 화를 입었다. 죽음에 임하여 전혀 흐트러짐이 없었고 오히려 나라 일을 염려하였다. 연산군 일기에 기록된 그 과정을 살펴보면 다음과 같다.

1504년 연산 10년 윤 4월 5일 유순·허침 등이 폐비의 일을 고찰하여 아뢰다

유순·허침·이집·김수동이, 실록을 상고하여 아뢰기를,
"폐비 윤씨가 폐위당할 때, 언문 글을 쓴 자는 나인內人이기 때문에 고찰할 수 없으며, 실록에 오르지 않은 것은 고찰할 근거가 없습니다. 나인으로서 그 일에 간섭한 자는 권숙의·엄숙의·정숙원이며, 일을 의논한 사람은 전에 고찰하여 아뢰었고 빠진 자는 없습니다. 다만 언문을 가지고 온 자는 노공필·성준이었습니다." 하니, 전교하기를, "성준과 노공필의 죄는 윤필상과 벌칙이 같을 것이다." 하였다. 유순 등이 아뢰기를,

"윤필상은 그 일에 참여하여 의논하였으니, 성준과 노공필은 차이가 있습니다. 폐비 윤씨가 폐위되어 사가에 거처할 때에 대사헌 채수가 불가함을 간했습니다. 그리고 성종께서 의논하여 그 죄를 다스리고자, 노공필에게 명하여 가서 세 대비께 아뢰게 하니, 세 대비께서 언문 편지를 붙여서 성종께 아뢰게 하였으며, 성준은 대사를

다 정한 후에 명을 받들어 세 대비께 고하니, 세 대비께서 언문 편지를 성준에게 주어 아뢰게 하였습니다. 두 사람은 다만 세 대비 및 성종의 명으로 왕복하며 보고했을 뿐이요 건의한 일이 없으니, 그 죄는 윤필상과 차이가 있습니다."

하니, 전교하기를,

"그 죄가, 윤필상과 함께 벌줄 수는 없다 하더라도, 역시 경하게 논할 수 없는 일이니, 그들의 죄를 의논해서 아뢰라."

하였다. 유순 등이 아뢰기를,

"성준과 노공필은 직첩을 거두고, 외방에 귀양하며, 그 아들도 함께 직첩을 거두소서. 또 노공필은 전에 외방에 귀양시켰으니 먼 고을로 옮겨 정배하소서."

하니, 그대로 따랐다. 그리고 유순 등에게 전교하기를,

"성준은 국가에 유익한 자이다. 재상과 조정 선비에 죄를 입은 자가 매우 많아 조정에서 임용함이 부족하기는 하지만, 큰일을 처리하는 데는 그렇게 하여야 하겠다. 금년에 가뭄이 너무 심한 것을 보니, 내가 어질지 못하기 때문에 천심이 화협和協하지 않아 그런 것이다.

예전에 이르기를 '한 여인이 원망하면 6월에도 서리가 내린다.' 하였으니, 재상과 조정 선비로 죄를 입고 귀양간 자가 매우 많으므로, 사사로이 근심하고 원망하기 때문에 이런 가뭄이 있는 것이다."

하니, 유순이 아뢰기를,

"큰일을 처리하는 데에는 그러하여야 합니다. 또 죄 있는 사람이 어찌 감히 원망하겠습니까? 혹 원망하더라도 죄 있는 자의 원망이 어찌 이런 가뭄을 가져오겠습니까? 이것은 신 등이 어질지 못하기 때문입니다. 신이 의당 사면을 청할 것인데, 근자에 일이 많아서 미처 못하였습니다." 하자, 승지 권균이 유순의 말을 듣고 말하기를,

"어찌 공구수성恐懼修省[68]의 일을 아뢰지 않습니까?"

하였다. 전교하기를, "조정이 모두 어질고 유능한데, 내가 어질지 못하기 때문에 그렇게 되는 것이다." 하였다. 또 전교하기를, "권숙의도 엄숙의·정숙원과 같이 죄주고, 또 그 가산을 몰수하게 하라." 하니,

승지 이계맹이 아뢰기를,
"엄·정은 아비를 참형에 처하고, 형제를 장 1백을 처하여 아주 먼 변방으로 보내어 종이 되게 하였습니다. 권 숙의는 부모와 동생이 없고 다만, 성 다른 삼촌 조카 유지형과 허밀이 있는데 어떻게 죄를 주어야 하겠습니까?"
하자, 전교하기를, "3등을 감해서 형장 때려, 아주 먼 변방으로 보내어 종이 되게 하라." 하였다.

— 연산일기 10년 윤 4월 5일 —

1504년[69세] 윤 4월 5일 의금부가 아뢰기를, "성준은 금구에 유배하고, 노공필은 무장으로 옮겨 유배하였습니다." 하니, 전교하기를, "성준은 나이 늙고 병이 중하니, 충청도의 가까운 고을로 유배하게 하라." 하였다. 윤 4월 29일 친필로 이극균·윤필상·성준·한치형 등을 써서 내리며,

전교하기를, "세좌·극균은 그 죄가 중첩하고, 필상의 죄 또한 크다. 또 성준은 어전에서 무례했을 뿐만 아니라, 또 폐비 윤씨 사건에도 모의에 참여하였으니, 그 죄가 역시 크다. 이들의 족친으로서 서울에 있는 자는 노소를 가리지 말고 빠짐없이 적어서 아뢰라. 또 반역죄에 연좌한 예로 모두 아뢰어라."

— 연산일기 10년 윤 4월 29일 —

5월 3일 성준을 정승과 의금부 당상으로 하여금 국문케 하다

의금부 낭청이 성준을 직산 유배소에서 잡아 오니, 급히 삼정승과 의금부 당상 및

---

68) 하늘을 두려워하며 수양하고 반성함

승지 박열·권균·이계맹을 불러 빈청에서 국문하였다. 당초 성준을 잡아올 때에, 의금부에서 법에 의거하여 목에만 칼을 씌웠는데, 왕이 환관을 시켜 가만히 살펴보고, 승정원에 전교하기를,

"전번에 사형수로 잡아 오도록 하였는데, 목에만 칼을 씌운 것은 어쩐 일이냐? 의금부에 물어보라." 하였다. 의금부가 아뢰기를,

"법률의 공신의친조功臣議親條에 '당상관이나 선비족의 부녀자로서 사형받을 자는 목에 칼을 씌운다.' 하였으므로, 지금 사형수로 가두기 때문에 그렇게 한 것입니다."

하니, 전교하기를,

"법의 주에 '종묘사직에 관계된 것은 이 한계에 부재하다.' 하였으니, 법대로 하여 가두게 하라. 또 들은즉 성준의 기운이 매우 지쳤다니 만일 신문하다가 조지서 처럼 곧 죽게 되면 안 되니, 모름지기 조리 보호하게 하고 뒤에 형벌을 행하게 되면 속히 시행하라."

하였다. 얼마 있자 성준이 병들어서 걷지 못하므로, 떠메 얹고 대궐 문 밖에 왔는데, 전교하기를, "대궐 안까지 떠메 오는 것은 불가하니, 끌고 들어와서 국문하라."

하였다. 이때 성준이, 형틀을 차고 목과 발에 칼과 차꼬를 찼는데, 늙고 병들어 걷지 못하므로 옥졸 5인이 끼고서 빈청 서문 밖으로 들어왔으나, 지쳐서 앉지도 못하므로, 옥졸 3인이 함께 부축하여 앉혔다. 도사 김양언으로 앞에 나가 그가 이극균·한치형 등과 함께 아뢴 시정폐단 10조를 읽었다. 그리고 하교하기를,

"네가 여러 조정을 섬겨 왔으므로 정승을 삼았는데, 무사가 활 쏘고 말 타는 것 같은 일을 어찌 궁중의 일로 지레짐작하고서 말했느냐? 아래 있는 사람이 혹 말하더라도 정승된 자로서 당연히 중지시켜야 할 것인데, 도리어 말을 하니 어쩐 일이냐? 그때 주창한 자가 누구냐? 정승된 자는 인군을 섬기는 데 있어 악한 일을 숨기고 선한 일을 널리 알려야 하는 것이다. 네가 비록 바르게 보필하는 것이라 하지만, 정말 바르게 보필하려면 공순하여야 하는 것이요, 그렇게 하는 것이 아니다.

전일 이극균이 병들었을 때에, 혹은 별감을 보내고 혹은 환관을 보내어 줄을 이어

문병하고, 여러 번 음식을 하사하였었다. 또한, 임금의 녹을 먹으니 은혜 역시 지극한데, 도리어 흉악하고 사특한 마음을 가지고 무사들을 집에 불러들였으니, 변방의 준비를 위한 것이라면 가한 일이지만, 집에 있으면서 무인들을 모아들였으니, 이는 다름 아니라 인심을 수합하여 반역을 하려 한 것이다. 너도 이극균의 술책 속에 빠져 그런 짓을 하였느냐? 신하로서 임금 섬기기를 진실하게 하여야 하는데, 밖으로는 임금을 섬기는 체 하면서, 안으로는 그렇지 않다면 될 일이냐. 너를 정승이 되게 한 것이 누구냐?"

하고, 드디어 승전 내관 김새를 명하여, 성준을 국문하는 상황을 가 보게 하였다. 정승 및 금부 당상들이 아뢰기를,

"성준이 눈이 어둡고 정신이 혼미하여 전교하신 말씀을 보지 못하므로, 신들이 낭청을 시켜 앞에 가서 읽어 들려주게 하였습니다."

하고, 드디어 문초한 말을 아뢰었는데, 진술에 이르기를,

"신이 젊었을 때부터 친구나 친척 간에 서로 왕래하여 만나보지 않았고, 집에 있을 때도 손님을 접하지 않았기 때문에 모든 일을 들어 아는 것이 없습니다. 한치형·이극균이 때로 궁중 일을 말하였는데, 신이 곧 그 허실을 물어보고도 싶었지만, 궁중 일을 자세히 묻기가 미안하므로 듣고서도 일찍이 대답하지 않았습니다. 전번의 일은 생각건대, 한치형과 이극균이 역시 신에게 아뢰자고 한 것이 여러 번이었습니다. 그래서 신이 혼자서 중지시키지 못하고 그대로 아뢰었으니, 신이 실로 죄가 있습니다. 또 이극균이 항시 무사를 불러 접한 일은 신 역시 마음에 매우 싫었습니다. 그래서 이극균과 뜻이 맞지 않아 일찍이 그 집에 왕래한 일이 없는데, 이는 여러 사람들이 다 아는 일입니다.

위의 시정폐단을 조목조목 아뢴 일은, 역시 이극균이 먼저 주창한 것이요, 한마디 말도 신의 입에서 나오지 않은 것은 천지신명이 다 아는 일입니다. 신이 본래 재주와 덕이 없으면서 외람되게 성상의 은혜를 입어 지위가 정승에 이르고 은총과 대우가 제일 중하여 감격 됨이 망극하였으니, 금중의 일을 주창하여 말할 리가 만무합니다."

하였다. 전교하기를,

"법률에 따라 아뢰라. 한치형은 부관 능지하고 가산을 몰수하며, 분묘와 비석 등 물건을 다 부수어 버리라. 장차 사람을 보내어 가 보게 하리라. 자식이 있으면 역시 죄를 다스리도록 하고. 이극균도 역시 가산을 몰수하라." 하였다.

- 연산일기 10년 5월 3일 -

5월 4일 의금부 당상이 남빈청에 나가니, 전교하기를, "성준을 급속히 조율하여 아뢰라." 하였다. 유순 등이 아뢰기를, "지금 성준의 진술에, '전일 논술한 일들은 모두가 한치형·이극균에서 나온 것이요, 저는 한마디 말도 하지 않았고 서명을 한 것 뿐이다.'고 하니, 어떻게 조율할 것인지 감히 품합니다. 하니,

전교하기를, "이철균 같은 자는 자수하였기 때문에 모두 사형을 감하여 종이 되게 한 것이다. 성준은 한마디 말도 하지 않았다 하지만 반드시 모의에 참여했을 것이니, 교수형에 처하는 것이 어떤가. 또 그 손자는 직첩을 거두고 서울에서 살지 못하게 하며, 그 아들 역시 외방으로 내보내야 한다." 하였는데, 유순 등이 아뢰기를, "교수형에 처함이 지당합니다." 하였다.

전교하기를, "성준을 교수형에 처하되, 성준에게 이르기를 '네가 경연에서 김인후와 자기 일을 가지고 서로 힐난하여 말지 않았으며 심지어 포악하다고까지 말하였으니, 그 죄가 하나요, 중금中禁⁶⁹⁾ 노형손의 사형을 의논할 때, '바로 임금의 자리에 속한 일이 아니다.'고 말하였으니, 그 죄가 둘이요, 또 궁중의 일을 짐작으로 억측하여 말하는데, 가령 다른 사람이 말하더라도 네가 금하고 막았어야 할 것임에도 불구하고 감히 말하였으니, 그 죄가 셋이다.'고 하라."

---

69) 임금을 시종하며 전갈하는 일을 맡은 하례

성준의 아들 성경온·성중온은 외방에 부처하고, 그 손자와 한형윤 역시 이극균의 아들의 예에 의하여 형장을 때려 내보내는 것이 가하겠다. 이렇게 하는 것은 반드시 중죄로 논한 뒤에야 통쾌하기 때문이다."

5월 4일 의금부가 아뢰기를, "성준을 문 밖에서 교수하되, 낭청에게 처형을 감독하게 하리까?" 하니, 전교하기를, "아뢴 대로 하라. 그런데 이계남으로 하여금 의금부에 가서 성준에게 전교하도록 하라." 하였다. 이계남이 돌아와서 복명하니, 전교하기를, "성준을 군기시 앞에서 교수하되, 백관들이 차례로 서서 보게 하라." 하니, 이계남이 아뢰기를, "성준이 나간 지 이미 오래니 벌써 교수한 것 같습니다. 그러나 곧 낭청과 옥졸을 달려 보내면 혹 될 수도 있을 것 같습니다." 하고, 곧 낭청·옥졸을 달려 보내어, 성준을 노량까지 쫓아가서 군기시 앞으로 돌려다가 교수하였다. 전교하기를, "성준은 재상이라 후히 장사할 리가 없지 않으니, 어느 곳에서 어떻게 장사하는지를 알아서 아뢰라." 하였다.

1504년 5월 8일 전교하기를, "성준이 교수된 지 며칠 만에 시신을 거두었는지, 염습하여 장사한 상황을 모두 상고하여 아뢰라. 그 밖에 참형된 사람의 시신을 장사한 상황도 상고하라. 난신이라도 나중에는 묻어야 하나, 이런 죄인의 시체는 구렁 속에 버리고 그 죄명을 돌에 깊이 새겨 후세 사람들이 그 사람의 죄악을 알게 하여야 한다." 하였다

5월 성준·한치형의 족친을 이극균의 예에 따라 처벌하도록 하다

9월 유순·허침 등이 불공한 사람들을 뽑아서 아뢰니, 한치형·성준·김천령 등이었다. 성준은 또 탐하는 욕심이 한이 없어 이조와 병조판서로 있을 때 공공연히 뇌물을 받아 크게 지은 저택이 5, 6채나 되는데, 자산과 재물이 가득찼으며, 또 관찰사·절도사로 함경도에 오래 있으면서, 지

방호족들을 불러들여 척속으로 호칭하여 요사스럽게 은혜를 베풀 뜻을 보였으며, 또 함경도 모든 읍을 본고향이라 칭하여 경재소京在所[70]의 일을 관장하며, 많은 양민을 차지하여 반당(호위병)이라 칭하고 관청 노비를 골라 사역시키니, 온 도민들이 다투어 아부하여 도당상都堂上이라 하였었다.

성준이 이조에 있을 때, 낭관이 서극기를 효행이 있다고 추천하여 좋은 관직 제수를 청하니, 성준이 큰소리로 배척하기를 '대체로 효자라는 사람은 모두가 고루하고 오활하여 임용하기에 적합하지 않은 사람이다.' 하고, 마침내 써 주지 아니하였다. 그러나 성질이 과단성 있어 일에 다다라 흔들리지 아니하고, 정승이 되어서는 여러 차례 진언하여 바로잡고자 힘쓰므로 사람들이 좋게 여겼었다.

  − 연산일기 10년 9월 30일 −

1505년[사후] 10월 "성준·이극균의 외손을 아울러 국문하라." 하였다. 1504년 이후의 모든 명령이, 홍청·운평에 관한 일이 아니면 반드시 사람을 형벌하고 죽이는 일이라, 인심이 날로 이반하였다.

1506년[사후] 6월 성준의 아들 성중온·성경온 및 이총의 아비 이종과 그 형제에게 중형을 주도록 의논하게 하고, 이어 전교하기를, "성중온 형제가 죄는 가볍지만 근본을 없애야 한다." 하였다. 영의정 유순, 우의정 신수근이 아뢰기를, 성준의 아들 성중온·성경온을 중한 형을 주라는 성상의 하교가 지당하십니다." 하니, 전교하기를, "밀위 낭청을 보내어 처형하고 가산을 몰수하라." 하였다.

6월 명하기를, "이종 등은 교수하고, 성중온 등은 처참할 것을 승정원에 물으라." 하였는데, 승지들이 아뢰기를, "성상의 하교가 지당하십니

---

70) 지방에 있던 유향소를 통제하기 위해 서울에 경재소를 두었다. 정부의 고관은 자기 출신지역의 경재소를 관장했다.

다." 하였다.

7월 명하기를, "성맹온은 비록 죽었으나, 그를 참하라." 하였는데, 맹온은 바로 성준의 조카이다.

8월 명하기를, "성준의 집 3채를 귀성군 이준의 처와 신수영·윤탕로에게 나누어 주라." 하였다.

중종이 등극하자 첫 번째로 그 충직을 포장하여 공의 직첩을 되돌려주라 명하고, 이어 예로 장사를 지내게 하라고 명하였다.

1506년[사후 2년] 중종 1년 10월 8일 죄없이 죽은 이들의 녹용 등을 의논하게 하다

영의정 유순이 의논드리기를,
"무릇 죄 없이 피살된 자, 부관 참시된 자는 아울러 관작을 추증하고 자손은 녹용해서 원혼을 위안하여야 하며, 정인지·정창손·한명회·심회·한치형·어세겸 등은 관위가 이미 극도에 달해서 관작을 추증하기가 어려우니, 관을 쪼갤 때 철거한 석물을 도로 세워 예로서 개장改葬[71]하고, 윤필상·성준·이극균과 같이 관위가 예장禮葬[72]으로 장사지내야 할 자는 아울러 예장하는 것이 마땅하며, 그 마땅히 관작을 추증하여야 할 자는 당하관이면 당상의 관작을 추증하는 것이 어떻습니까?
― 중종실록 1년 10월 8일 ―

임금이 의정부에 전교하기를,
"하늘이 변이變異를 보이는 것은 임금으로 하여금 깨우쳐 살핌이 있게 하고자 하여서다. 내 즉위한 이래 이른 아침부터 늦은 밤까지 공경하고 두려워하여 하늘에 죄를 얻을까 두려워하였는데 금월 초사흘 밤에 우레

---

71) 다시 장례를 지냄
72) 나라에서 지내주는 장례

와 번개가 있었고, 이렛날 밤에 또 우레가 울리고 번개가 쳤다. 전국의 대소 인민으로 하여금 만약 말하고 싶은 사람이 있으면, 아울러 조목을 들어 개진하도록 허락함으로써 결함된 것을 보충하고 우러러 하늘의 꾸 짖음에 보답하여 우리 유신維新의 정치를 넓히도록 하라." 하였다.

성준의 묘비명

성준은 영의정 재직중 연산에 의해 참변을 당해 졸기가 남겨져 있지 않다. 그의 묘비명에는 성준을 이렇게 평가하고 있다.

성준은 2남 1녀를 두어 아들 맏이는 도총부 경력 성중온이며, 다음은 공조정랑 성 경온인데, 모두 문과 출신으로 한때 명성이 널리 알려졌으나 공과 더불어 참혹한 화 를 입으니, 원통하다 하늘이여! 딸은 사섬시 부정 한절에게 출가하여 1남을 낳으니 곧 한형윤이다. 부인 이씨는 공조 참의 이계기의 딸로서, 공보다 먼저 졸하였다. 한형 윤이 어려서 어머니를 잃고 외가에서 자랐는데, 어루만져 기르기를 직접 낳은 경우 와 같이 하였고, 한형윤 역시 외가로 섬기지 않았다.

성준이 장將과 상相[73]으로 출입함에 있어 결의하여 일을 수립하고 아름다운 지모 와 좋은 정책이 빛나 전할 만한 것이 국사에 기록되어 있지만, 심덕이나 행적이 신도 비의 명에 없다면 이승이나 저승에 선을 드러내 아름답게 할 수 없다. 성준의 천성 은 엄하고 굳세고 정직하고 기품이 있어 가까이하기 어려울 듯 싶으나 사람과 사물 을 접함에 있어서는 화평하고 너그러웠으며, 구족[74]에게 친목하여 어리거나 장성함 과 멀거나 가까움의 구분 없이 고루 어루만지고 돌보았다. 그리고 심지가 과단성 있 고 확실하여 아첨에 현혹됨이 없었고 권문귀족에게 위축됨이 없었다.

---

73) 장수와 재상
74) 고조로부터 현손玄孫까지의 친족의 범위. 자기를 기준으로 직계친은 위로 4대 고조, 아래로 4 대 현손까지이며, 방계친은 고조의 4대손인 형제·종형제·재종형제·삼종형제가 포함됨.

네 번 대간이 되어 곧은 말로 두 번씩이나 파직이 되었고, 세 도道의 감사가 되어 법도와 규칙이 통하고 인화가 이루어졌으며, 북방을 지킴에 있어 오랑캐가 두려워하여 복종하였다. 그리고 엄정한 모습으로 조정에 서서 바르게 행하고 굽힘이 없었으니, 이 모두가 비명을 할 만한 것들이다.

세상 사람들은 악착같이 마음을 다스리고 겉을 꾸미지만, 공의 마음은 너그러워 천성대로 행동한다네. 세상 사람들은 부드럽고 약하여 굽히고 우러르며 오르내리는데, 공의 마음은 굳세고 곧아 홀로 우뚝 선 호걸이라네.
경술에 바탕을 두어 백성을 다스리는 데 빛이 나게 하였고, 문무를 겸한 인재로 장상의 그릇이었네. 가슴에 굳게 심어둔 것이 있어, 밖으로의 유혹이나 두려움에 굽힘이 없었다네. 네 차례 언관이 되어 일을 논함에 실에 힘썼고, 나에게 정직이 있으니 잠시나마 그른 일에 굽히겠는가?
세 도의 감사가 되어 백성을 아끼던 마음을 남겼고, 이조에서 인사를 다룸에 있어 진나라 무제 때 인사담당자 산도가 나을 것이 없다네.
가슴에 품은 전략은 용과 범처럼 뛰어났는데, 임금이 공에게 맡겨 북방을 지키게 하였도다. 위엄이 오랑캐에게 행해지매, 조용히 앉아 하는 일이 없었으며, 조정에 들어와 상신이 되어 뜻은 잘못된 시대를 바로잡는 데 있다네.

사람에겐 영수가 있고 나라에는 지표가 있는데, 잘못을 지적하여 시정하는 데 험난하기 쉽다 하여 변함이 없었다네. 한 문제 때 승상 주아부가 무슨 죄이며 한나라 애제 때 승상 왕가는 억울함을 지녔다네. 사람은 죽고 일은 잘못되어 가는데, 임금의 어두움을 누가 깨칠 것인가? 말은 화를 부르는 길이지만 명성은 길이 남는다네.

성스러운 해 다시 밝아 충혼에 모두 비추어지자, 벼슬은 옛대로 회복되었고 일은 모두가 새로운 은혜를 입었도다. 훈공과 덕업은 몸과 함께 없어지는 것이 아니니, 글을 비석에 새겨 아름다운 명성 멀리 드날리리.

- 국역 국조인물고, 성준, 세종대왕기념사업회-

[승진과정]

1456년[21세] 세조 2년 사마시에 합격

1459년[24세] 세조 5년 식년시 문과 4위로 급제. 승문원 정자·저작

1462년[27세] 세조 8년 9월에 승정원 주서

1463년[28세] 세조 9년 윤 7월 승문원 정자

1464년[29세] 세조 10년 7월 이조좌랑

1467년[32세] 세조 13년 7월 문무 겸비한 장수에 재질 있는 30인에 선발

1469년[34세] 예종 1년 윤 2월 사헌부 장령. 3월 세자시강원 필선

1470년[35세] 성종 1년 1월 집사. 7월 성균관 사예. 12월 사간원 사간

1471년[36세] 성종 2년 4월 좌리공신의 부당함을 아뢰다.

1471년[36세] 성종 2년 6월 절충장군 행 대호군. 9월 사간원 대사간

1473년[38세] 성종 4년 5월 부호군 오백창의 서용이 불가함을 간언하다.
　　　　　　6월 간언한 내용에 문제가 있다 하여 오백창과 성준 둘 다
　　　　　　파직시키고, 나머지는 논하지 말게 하였다.

1473년[38세] 성종 4년 부친상

1476년[41세] 성종 7년 7월에 통정대부 이조참의

1477년[42세] 성종 8년 모친상. 상복기간을 마치자 전라도 관찰사에 임명

1480년[45세] 성종 11년 8월 절충장군 첨지중추원 부사

1481년[46세] 성종 12년 2월 통정대부 이조참의. 4월 우부승지.
　　　　　　12월 좌부승지

1482년[47세] 성종 13년 6월 우승지. 8월 가선대부 형조참판.
　　　　　　12월 동지중추 부사

1483년[48세] 성종 14년 1월 우부빈객

1484년[49세] 성종 15년 3월 한성부 우윤. 5월 병조참판.
　　　　　　6월 경기도 관찰사

1485년[50세] 성종 16년 윤 4월 자헌대부 승급. 형조판서겸 세자 좌빈객

1486년[51세] 성종 17년 3월 영안도 관찰사 겸 영흥 부윤

1488년[53세] 성종 19년 2월 사헌부 대사헌. 10월 이조판서

1490년[55세] 성종 21년 1월 자헌대부 의정부 우참찬.
　　　　　　4월 의정부 우참찬 겸 도총관 4월 명나라 성절사

1491년[56세] 성종 22년 영안도 절도사

1492년[57세] 성종 23년 숭정대부 영안도 관찰사

1494년[59세] 성종 25년 5월 숭정대부 병조판서

1496년[61세] 연산 2년 10월 우찬성. 11월 도총부 도총관
1497년[62세] 연산 3년 9월 인재 등용의 폐단과 대비책에 대해 논하다
1498년[63세] 연산 4년 7월 우의정
1499년[64세] 연산 5년 서정장수에 임명되어 야인들을 토벌하다.
1500년[65세] 연산 6년 4월 좌의정
1502년[67세] 연산 8년 겸 세자부, 1월 영의정 한치형과 함께 1년 동안
            쓴 잡처 용도의 수량을 조사하여 아뢰며 8월에는 비용을
            절약하는 방안을 아뢰었다.
1503년[68세] 연산 9년 1월 4일 영의정 겸 세자사世子師.
            4월 23일 왕명으로 폐비에 관련된 자를 조사하게 하다.
1504년[69세] 연산 10년 윤 4월 4일 영의정 사직.
            윤 4월 5일 폐비에 관련되어 충청도로 유배 되다.
            5월 3일 성준을 국문케 하다.
            5월 4일 성준을 교수형에 처하다.

1506년[사후 2년] 중종 1년 10월 8일 죄없이 죽은 이들의 녹용 등을
            의논하게 하다

40. 유순柳洵

주상의 말씀이 윤당하시옵니다

생몰년도 1441년(세종 23) ~ 1517년(중종 12) [77세]

영의정 재직기간 1차 (1504.윤4.13~1509.윤9.27)

2차 (1514.10.1.~1516.4.6) (6년10개월)

본관	문화文化
자	희명希明
호	노포당老圃堂
시호	문희文僖
출생지	경기도 포천 출신
묘소	경기도 남양주시 진접읍 팔야리 독점말
기타	연산조 마지막 영의정으로 죽음의 칼날을 피하다.
	윤당영의정

고조부	유만수柳曼殊	– 개국원종공신(정도전 계열)
증조부	유원지柳原之	– 중추원 부사
조부	유종柳淙	– 한성부 판관
부	유사공柳思恭	
모	홍상직洪尙直의 딸	
아들	유응룡	– 문원군

영의정이 된 근원 - 임금의 비위를 잘 맞추어 윤당재상이 되다

유순의 자는 희명希明이고, 호는 노포당老圃堂으로 본관은 문화이다. 태조 때 개국공신으로 이름을 남긴 유만수의 현손으로, 증조부 유원지는 중추원부사를 지냈고, 조부 유종은 한성부 판관을 지냈다. 아버지 유사공은 세자호위를 맡은 세자익위사의 종9품 세마로 경기도 김포에서 태어났다.

어려서부터 독서를 좋아하여 일찍이 「금릉사」를 지었는데, 의미가 장중하고 건실해 널리 회자되었다.

1459년 19세 때 사마시에 장원으로 뽑힐 만큼 시문에 특기가 있었던 유순은 1462년[22세] 세조 8년 식년시 문과에 정과로 급제하여 예문관에 들어갔다. 1466년[26세] 문과 중시와 발영시에 각각 3등으로 급제하여 이조정랑이 되었다.

1470년[30세] 성종 1년 홍문관 부제학으로 임명되어, 4월에 예문관 업무를 겸무하게 되어 경연 시강관으로 활약했는데 특히 시문에 능하여 성종의 총애가 돈독하였다.

1476년[36세] 7월에 통정대부 이조참의가 되어, 10월 성종에게 시를 지어 바쳤는데 그 시에 이르기를

부초에서 혈전하여 성공하고 돌아와,
미녀들을 데리고 높은 대에 노닐었네.
너울너울 춤추는 소매 하늘로 올라가고,

구성진 노래 소리 기러기에 섞여 오네.

그 당시 미인들은 적막하게 되었는데,

지금 강 위에는 달만이 배회하네.

가련타, 그 옛날 동문에 눈을 매달라는 오자서도,

성난 파도 되어 언덕을 치며 맴도네.

1484년[44세] 성종 15년 공조참판을 거쳐 대사헌이 되어 오랫동안 관기 확립에 힘쓰고, 동지중추부사를 거쳐 형조참판이 되었다.

1487년[47세] 천추사로서 명나라 사신으로 다녀온 뒤, 동지중추부사·형조참판·공조참판·병조참판을 두루 역임하고 다시 대사헌에 임명되었다. 그 뒤 개성부유수를 거쳐 공조판서에 올랐다. 1494년[54세] 성종이 죽자 산릉도감제조로서 산역을 다스렸고, 1495년 연산 1년 형조판서가 되어 지춘추관사·동지경연사를 겸임하였다.

이어 이조판서와 도총관을 거쳐 1498년[58세] 연산 4년 한성부 판윤이 되고, 이 해에 『성종실록』 찬수에 참여하였다. 이듬해 다시 형조판서가 되어, 압록강 연안에 노략질을 일삼는 야인의 정벌 계획이 있자 신수근과 함께 때가 아님을 적극적으로 논해 중단시켰다.

그 뒤 좌참찬·호조판서를 역임했으며, 1502년[62세]에는 시문에 능한 10인에 선발되어 시수상詩首相이라는 칭찬을 들었다. 연산군의 폭정이 날로 심해지자 관직에서 물러나고자 하였으나 허락되지 않은 채, 우의정·좌의정에 승진되었고, 1505년 연산 11년 65세의 나이로 영의정에 올랐다.

1506년[66세] 9월, 박원종 등이 연산군을 몰아내고 중종을 옹립하여 권력을 잡았는데, 유순은 반정에 참여하지는 않았으나 반정기미를 알고도 묵인한 공을 인정하여, 정국공신 2등에 책록되고 문성부원군에 봉해져 영의정 자리를 그대로 유지하게 하였다.

그러나 유순도 양심은 있어 사직을 원했고, 대간들도 폭군시대의 수상이었다는 탄핵을 가해 결국 물러났다. 1514년 중종 9년 10월, 혁명주체 세력들이 차례로 영의정까지 올랐다가 모두 단명으로 죽으니, 중종은 유순을 다시 발탁하여 영의정에 재등용하였다. 그러나 대간들의 눈총을 견디지 못한 유순은 이듬해 5월 77세로 세상을 떠나니, 문희공으로 시호가 내려졌다.

유순은 연산조와 중종조에 걸쳐 두 차례 6년 동안 영의정 자리를 지켰다. 정치적으로 사명감이 결여되고 지조가 없어, 매사에 왕이 하자는 대로만 하며, 몸만 보존한 무능한 영의정으로 기록되었으나, 시문에 능하여 시 재상이란 칭호가 붙었고 재산을 축적했다는 말은 없어, 인품은 유지 된 셈이다. (한국민족문화 대백과, 한국학 중앙연구원)

종친의 과거응시 문제와 부녀자의 사찰 출입문제를 논하다

1484년[44세] 12월에 대사헌 유순이 종친에게는 과거시험을 보게 하지 말 것과 황효원의 첩에게 죄줄 것을 청하다.

사헌부 대사헌 유순 등이 상소를 올리기를, "신 등은 종친에게 시험보임이 옳지 못함과 황효원의 첩인 이씨의 죄는 용서할 수 없다는 일을 가지고 여러 번 임금님의 귀를 번거롭게 하였으나 윤허를 얻지 못하여 답답한 심정을 금할 수가 없습니다. 신 등의 망령된 생각으로는 핍박됨은 의심에서 생기고 참람함은 핍박에서 생기는데, 핍박과 참람함의 근심은 대체로 재주와 힘이 걸출한 데에서 생긴다고 여겨집니다.

일반 사대부로서 재주를 믿고 망령되게 행동하는 자는 있습니다만, 세상에 쓰여짐에 있어서는 문학이 아니면 불가하므로 시험보지 않을 수 없습니다. 그러나 재능을 지닌 왕실 종친의 경우에는 세상에 쓰여질 것도 없으니, 굳이 시험보일 필요도 없는 것입니다.
내실이 없는 과장된 글은 사실상 이익은 없고 손실만 있는 것인데, 신은 옳은 일인지 알 수가 없습니다.

신이 보건대, 공자는 그 아들을 훈계할 적에도, '시경을 읽지 않았으면 입언立言[75]을 할 수가 없다. 예경을 읽지 않았으면 입신立身[76]을 할 수가 없다.'고 하는 데에 불과하였습니다. 그러니 시경을 읽고 예경을 읽으면 진실로 의리를 알 수 있는 것인데, 어찌 시험보이는 항목을 만들어 그 몸을 화려하게 하고 그 마음을 교만하게 할 필요가 있겠습니까?
명銘·잠箴·송頌·부賦·서序·책문策問[77] 따위를 종실이 아무리 잘한다고 하더라도 신은 어디에 쓰이게 되는지 모르겠습니다.

조정에 가득한 선비들 중에서 더 훌륭한 자를 선발하여 나라를 빛내고 사대事大를 한다고 하더라도 사람이 모자라지는 않을 것입니다.
지금 만약 종친 중에서 인물을 선발하여 차마 그 재능을 버리지 못하였다가 조화를 부릴 수 있는 권세를 잡고 임금을 두렵게 할 수 있는 위엄을 갖게 되면, 이는 호랑이에게 날개가 더해지고 꼬리가 커서 흔들기조차 어렵게 될 것인데, 임금이 어찌 두려워하지 않을 수 있겠습니까?

---

75) 자기 주장을 내세우는 것

76) 몸을 바르게 세워 세상에 나아가는 것

77) 명銘은 공적을 송축하는 글 또는 고인의 일생이나 사물의 내력을 적은 글. 잠箴은 자기 자신이나 타인을 경계하는 글. 송頌은 왕이나 기타 인물의 성덕을 칭송하는 글. 부賦는 문학적인 글. 서序는 책의 서문. 책문策問은 사회적 현안의 대책을 논하는 글

성城에다 비유하고[78] 백족百足에 비유한 것[79]이 어찌 재능을 두고 한 말이겠습니까? 소중한 것은 올바른 방법으로 교육시켜 간사한 데 빠지지 않게 하여 그들로 하여금 영구히 보존하고 싫어함이 없게 하는 것입니다.

신이 보건대 경국대전에, '부녀가 누구를 맞이하고 전송한다는 핑계로 산이나 계곡에서 놀이하는 자는 행실을 지키지 못한 죄로 논하여 정한다.'고 하였습니다. 산이나 계곡은 중생이 사는 곳이 아니며, 대낮에 놀이한 것은 하룻밤을 자고 온 것에 비할 것이 아니니, 아마 큰 해가 없을 듯한데도 오히려 행실을 지키지 못한 것으로 논정하고 있습니다.

이씨가 절에 가서 자고 온 것은 그 방자함을 논하면 놀이한 것보다 더 심하며, 정욕을 규명해 보면 담장을 넘어 외간 남자를 만나는 것보다 더 심합니다. 그러니 행실을 지키지 못한 것으로 죄준다 하더라도 오히려 속시원하지 못할 것인데, 그대로 두고 논죄하지 않으니, 참으로 여망에 어긋납니다.
이씨가 노상에 다닐 때에는 비단으로 낮을 가리어 스스로 재상의 적실인 것처럼 행세하고서 절에서는 얼굴을 드러내고 중과 마주앉아 마치 친속을 대하듯 하였으니, 겉과 속이 같지 않고 음흉한 행동을 한 것입니다.

온 나라 사람이 모두 이를 갈고 침을 뱉으며 꾸짖으면서 논죄하기를 기다리고 있는데 전교하시기를, '이미 내버려둔 것이니, 다시 추국할 수 없다.'고 하셨습니다. 이것은 이씨에게는 진실로 다행스러운 일이겠습니다만 풍속을 교화함에 있어서는 불행함도 큽니다. 한 부인을 비호하기 위하여 나라의 풍속을 무너뜨렸으니, 그 경중에 있어서 어느 것을 택해야 하겠습니까?

바라건대 예단을 내리시어 시험을 정지시키고 죄를 다스려서 친친의 도리를 온전히 하고 주나라 주남과 소남의 풍속을 돌이키게 하소서."

---

78) 성城에다 비유하고 : 시경詩經 대아大雅 생민지습生民之什에 이르기를, "덕 있는 이가 나라를 편안하게 하여 임금님의 자손을 성이 되게 하네."라고 한 말에서 인용한 것으로, 성처럼 호위한다는 말임.

79) 백족百足에 비유한 것 : 백족百足은 마육馬陸이라는 벌레의 이명異名인데, 마디마디 끊어져도 다시 다닐 수 있으므로, 도와주는 사람이 많은 자는 쉽게 멸할 수 없다는 비유로 쓰인 것임.

하니, 전교하기를,

"승려 극명은 뜬구름처럼 정처가 없어 간 곳을 알지 못하는데, 어디에다 질문을 한단 말인가? 또 지금 사면령을 내린 때인데, 어떻게 사람을 오래 구속시켜 놓고 국문하겠는가? 그래서 이씨의 일은 윤허하지 않는 것이며, 종친에게 시험보이는 것은 일에 해될 것이 없으므로 역시 윤허하지 않는다." 하였다.

- 성종실록 15년 12월 11일 -

사직서 제출과 유순에 대한 평가

1496년[56세] 연산 2년 11월에 이조판서 유순이 스스로 사면시켜 줄 것을 청하였다.

관직에 제수된 관계로 이조판서 유순 등을 국문하려다가 마침내 명하여 버려 두었다. 유순이 아뢰기를,

"신이 재주 없는 몸으로 오래도록 이조를 맡아 있었습니다. 근일의 일은 논박할 일이 아닌데, 사간원에서 신이 이조에 합당하지 않다고 하여 이것으로 구실을 만든 것입니다. 청하옵건대, 사직처리하여 주소서." 하니, 들어주지 않았다.

사관은 논한다. "유순이 사면을 청하는 동기가 어찌 진심에서 였으랴. 이조의 우두머리로서 합당하지 못한 사람을 주천하였는데, 겉으로는 사면을 청하면서 속으로는 임금의 총애를 굳혀서, 도리어 대간의 말을 그르다고 하면서 자기의 죄를 엄폐하려 하니, 이것은 권세를 잡고 몸을 용납하려는 계교에서 나온 것이다."라 하였다.

1497년 2월 20일 이조판서 유순이 상소하여 사직하기를,
"엎드려 생각하건대 이조의 소임은 인물의 근본이 되는 곳이기 때문에, 변론하고 진퇴시킬 때에는 허물과 원망이 함께 모이는 것이니, 원래가 중후한 덕망이 없으면 인심을 감복시키고 조정 중론을 정할 수 없습니다. 신이 재주가 없는 몸으로 이곳에서 죄를 기다리고 있은 지 벌써 2년인데, 생각하는 바는 그저 욕됨을 없게 하고저 하는

것뿐입니다.

그런데 근일 임명 추천에 대하여 대간이 걸핏하면 논박을 하고 심지어는 핵문하기를 위에 청하기까지 하며, 사헌부의 상소에는 '이조를 맡은 자는 대부분이 탐람하고 염치없는 무리다.'고 했으니, 이것은 신이 변명하지 않을 수 없습니다.

대개 문견이 넓지 못하여 사람을 천망하는 데에 있어서 그 당연함을 잃는 일 같은 것은, 신이 감히 없다고 보장할 수는 없습니다. 그러나 탐람하다고 지목한 것은 어디에서도 생길 수 없는 일이라고 하겠습니다. 그런데 대간의 논함이 이러하니 신은 마음이 아픔을 금할 수 없습니다.

그리고 상소 중에 또 이르기를, '3인 추천하는 데에 적당한 사람이 아닌 것이 많으니, 처가간이 아니면 반드시 근친이다.'고 하였습니다.

신은 원래 한미한 집안의 외로운 몸으로 다행히 거룩한 조상에 몸을 의탁하여 지위가 현달하게 되었는데, 무슨 인아간이 있으며 무슨 근친이 있어 신이 감히 천거하여 등용시켰기에, 이런 말을 하여 신을 끌어 넣습니까. 신이 사실 마음이 아픕니다.

상소 중에 또 이르기를, '제 마음대로 권세를 농간하고 따로이 새 법을 세웠다.'고 하였습니다. 신의 성품이 본래 세정에 어두워서 건의하여 자주 고치는 일같은 데는 원래부터 마음이 없고, 소임을 맡은 이래로 삼가 옛 제도를 지키면서 혹시라도 실수가 있을까 두려워 하였는데, 어찌 특별히 따로이 새 법을 세우고 권세를 농간하는 일을 했겠습니까. 신은 참으로 마음이 아프니, 신의 관직을 파면하시고 해당 관청에 내리어 끝까지 다스리고 분변하여 바로 잡아 신의 마음을 쾌하게 하여 주소서." 하였다. 이조참판 안침도 상소하여 사직하였는데, 모두 들어 주지 않았다.

1503년[63세] 연산 9년 1월 우의정이 되니 사관이 논했다. "유순은 문장에 능하고 성질이 순박하고 조심성이 많아, 모든 일을 자기 혼자 처리하지 않고 남에게 미루었으므로 처음부터 끝까지 실패한 일이 없었다. 그러나 기개와 지조가 없어 다만 결단성 없이 남의 비위만 맞추었으며, 성질이 또 욕심 많고 비루하여 재산을 많이 모아 그 집을 넉넉하게 했다.

일찍이 이조판서가 되어서는 공공연하게 뇌물을 받아 꺼림이 없었고, 여러 해 동안 재상이 되었으면서도 일찍이 한 가지 일을 건의하고 한 마디 말을 발의하여 공론을 고취한 일이 없었으며, 날마다 왕에게 아첨하고 기쁘게 함으로써 총애와 녹봉을 굳헀으므로 그때 사람들이, '향원노적鄕愿老賊[80]'이라고 했다. 이때에 왕이 마음대로 주색에 빠지려고 했으나, 대신들을 두려워하여 감히 일을 벌이지 못했으므로, 먼저 처형을 행하여 반대하는 사람을 제거하고 또 자기의 뜻에 순종하는 사람을 얻으려고 했는데, 유순이 기개가 없어 제어하기 쉬운 줄을 알고 특별히 정승으로 삼았다. 유순도 또한 구차하게 왕의 야욕을 따랐으므로, 총애와 대우가 날로 더하여 끝내 화환이 없었던 것이다." 하였다.

– 연산일기 9년 1월 3일 –

1504년[64세] 연산 10년 9월 영의정 유순이 주상의 물음에 대한 대답은 일상적으로 '주상의 분부가 지당하십니다.'라고 대답하여 윤당재상이 되다.

유순·허침·박숭질·김감·이손이 아뢰기를, "오랜동안 음산한 비가 그치지 않아 길이 너무도 질고, 또 사직제와 강무제(군사훈련을 위한 사냥대회)를 정지하는 것이 지당합니다."
하니, 전교하기를, "경들의 말이 옳도다." 하였다.

전교하기를, "요즈음 효자·열녀라고 명칭하는 자 중에 손가락을 끊거나 살을 베는 것이라면 사람마다 미치지 못할 바이나, 삼년상을 이행한 자까지도 정표旌表[81]하니, 이는 비록 권장하는 도리이기는 하나, 자식이 어버이에게나 아내가 지아비에게는 다 떳떳한 도리가 있으므로 삼년상을 입어서 마땅히 그 예절을 다해야 할 것이요 특이한 일이 아니다. 요사이 송영의 아내가 삼년상에 예절을 다함으로써 정표하는 열에 들었으니, 이것이 어찌 옳은가."

하매, 유순 등이 아뢰기를, "주상의 분부가 윤당하십니다." 하였다.

명하기를, "심원은 능지처사하고, 그 형제들은 모두 장 1백에 처하여 먼 지방으로 정배하는 것이 어떨까? 정승들에게 묻노라." 하니,

---

80) 겉만은 군자인 척하고 행동은 그에 반하는 늙은 도적
81) 착한 행실을 세상에 드러내어 널리 알림

유순 등이 아뢰기를, "성상의 하교가 지당하십니다." 하였다.

"범상한 사람은 분이 속에 쌓이면 못할 짓이 없다. 익명서를 던진 것은 반드시 죄인의 족친으로서 찬축竄逐[82]된 자의 소행이다. 그러므로 이미 관찰사로 하여금 직접 감독하여 형틀로 심문하게 하고, 아울러 그 원족遠族[83]까지 굳게 가두고 실정을 자백할 때까지 형신하도록 하였다. 이는 모두 임금을 속이고 윗사람을 속이는 무리이니, 살아도 나라에 유익할 것이 없다. 정승에게 물어 보라."

하니, 영의정 유순 등이 아뢰기를, "성상의 하교가 지당하옵니다." 하였다.

화려하고 진기한 경치를 천년 뒤에도 유연히 상상할 만하다. 이제 장의문 밖에 산 밝고 물이 고와 참으로 한 조각 절경이므로, 금표를 세워 이궁 수십 칸을 지어 잠시 쉬는 곳으로 하고자 하니, 의정부와 의논하여 지형을 그려서 바치라."

하매, 영의정 유순 등이 아뢰기를, " 주상의 분부가 윤당하십니다." 하였다.

승정원에 전교하기를, "종학을 세운 것은 종친들로 하여금 임금을 섬기고 어른을 공경하는 길을 알리고자 한 것인데, 불초한 무리들이 문관들과 교제하면서 하여서는 안 될 일을 하기 좋아하므로 지금 이미 종친들에게 들어가 배우지 말게 하였다. 종학은 쓸데 없는 관청이니 혁파하는 것이 어떠한가? 예관을 불러 물어보고, 사관을 시켜 정승에게 수의하여 아뢰도록 하라."

영의정 유순이 의논드리기를, "종실에게는 일을 맡기지 않으므로 비록 배운다 하더라도 쓸 곳이 없으니, 종학을 혁파하신다는 위의 분부가 지당하옵니다."

– 연산일기 10년 9월 21일 –

이로써 유순은 윤당재상이란 비아냥스런 칭호를 얻게 되었다. 1509년 [69세] 중종 4년 윤 9월 27일 영의정에 면직하고, 연산조의 총신이었다

---

82) 죄인을 멀리 귀양 보내어 쫓음
83) 촌수가 먼 일가

는 대간들의 탄핵을 받아, 관직을 극구 사양해 마침내 은퇴하였다.

유순의 졸기

1517년[77세] 중종 12년 5월 30일에 문성 부원군 유순이 졸하였다.

부음을 듣고 임금이 고기를 사용하지 않는 간소한 반찬을 들이도록 명하고, 이어 전교하기를, "이제 문성文城이 졸하였다는 말을 들었다. 그는 덕이 높은 인물이라 내가 매우 슬퍼한다. 특별히 부의를 보낼 일을 상고하여 아뢰어라." 하였다.

사관은 논한다. 유순은 위인이 나약하고 줏대가 없으며, 젊어서부터 오직 공명에만 마음을 써서, 여러 대를 섬기며 화려하고 중요한 직책을 지냈어도 한번도 실수를 한 일이 없었다. 그가 재상이 되었을 때는 오직 성명을 보전할 것만 힘쓰고 정사를 건의한 것이 없었으며 연산군 말년에 수상이 되어서는 연산의 무도가 극에 이르렀는데도 그 눈치만 살피고 두려워하여 감히 한 마디 바로잡는 말을 해 본 일이 없었다.

또 물러가 피하려는 생각도 없어 연산이 무엇을 물으면 아무리 사나운 말에도 반드시 '주상의 말씀이 윤당允當하십니다.' 하고 답하여, 사람들은 그를 '윤당 재상允當宰相'이라 불렀고 또 중국의 지조없는 인물 풍도馮道[84]에 비하는 이도 있었다. 반정하던 날에는 박원종·성희안 등이 거사한다는 말을 듣고는 어쩔 줄을 몰라 말도 못하다가 집사람에게 이르기를 '박공朴公이 임금이 되었는가, 성공成公이 임금이 되었는가?' 하였다.

그리고 정국공신에 올라 계속 그 자리에 있으니, 사림 가운데 그를 경멸하고 욕하는 이가 많았는데도 물러갈 줄을 몰랐다. 다만 독서를 좋아하고, 만년에는 더욱 사부詞賦를 잘하여 그의 저술 가운데는 볼만한 것이 많이 있다. 그러나 사림에서는 그를

---

84) 중국 오대 때의 사람. 역사상 지조없는 인물의 대표로 꼽힌다. 처음 진을 섬기다가 진이 거란에게 망하자 거란의 태부가 되었고, 한漢이 일어난 뒤에는 다시 한의 태사가 되었다. 한이 주에 망한 뒤에는 또 주의 태사 겸 중서령이 되는 등, 그는 모두 4성 10군을 섬겼다.

마땅치 않게 여겨서 그의 문장까지도 취하지 아니하였다. 또 당초에 그를 때려죽이
자는 논의가 있었는데 도리어 공훈록에 끼었고, 그 아들 유응룡도 녹훈되었으니, 그
때 공을 기록하는 일이 얼마나 지나쳤는가를 알 만하다.

유순의 아들 유응룡은 아버지 후광으로 중종 반정공신 4등에 녹훈되
었으나 크게 벼슬한 흔적은 없었고, 중종 19년 조광조 등의 위훈삭제 주
장으로 공신록을 재편할 때, 그들 부자의 훈록도 삭제되고 말았다.

[승진과정]

1459년[19세] 세조 5년 2월 사마시 장원
1461년[21세] 세조 7년 1월 제술에서 우수한 성균 생원 유순을 직부전시
1462년[22세] 세조 8년 식년시 문과 정과로 급제. 예문관에 들어갔다.
1463년[23세] 세조 9년 6월 주서
1465년[25세] 세조 11년 5월 성균 주부, 도청
1466년[26세] 세조 12년 재직자 중시와 발영시에 각각 3등으로 급제.
            이조정랑
1469년[29세] 예종 1년 4월 신천 군수

1470년[30세] 성종 1년 홍문관 부제학. 4월 예문관 겸무 경연 시강관
1472년[32세] 성종 3년 5월 이조정랑
1474년[34세] 성종 5년 1월 예문관 부응교
1475년[35세] 성종 6년 11월 예문관 응교
1476년[36세] 성종 7년 7월 이조참의. 10월 성종에게 시를 지어 바쳤다.
1477년[37세] 성종 8년 6월 전한
1478년[38세] 성종 9년 6월 홍문관 부제학. 9월 동부승지.
            11월 우부승지
1479년[39세] 성종 10년 3월 노비송사 문제로 우부승지에서 파직되다.
1482년[42세] 성종 13년 5월 병조참지
1483년[43세] 성종 14년 2월 홍문관 부제학. 8월 전라도 관찰사
1484년[44세] 성종 15년 9월 공조참판. 11월 대사헌. 형조참판
1485년[45세] 성종 16년 6월 예조참판
1486년[46세] 성종 17년 1월 동지중추부사. 7월 형조참판
1487년[47세] 성종 18년 4월 동지중추부사. 명나라 천추절 하례사
1487년[47세] 성종 18년 9월 지중추부사. 10월 동지중추부사.
            11월 형조참판
1488년[48세] 성종 19년 5월 황해도 관찰사
1489년[49세] 성종 20년 5월 공조참판
1490년[50세] 성종 21년 2월 사헌부 대사헌. 9월 동지중추부사.
            10월 가정대부로 승급. 개성부 유수
1492년[52세] 성종 23년 3월 성균관 대사성. 11월 동지중추부사
1493년[53세] 성종 24년 5월 첨지중추부사. 윤 5월 동지중추부사.

10월 자헌대부로 승급, 공조판서
1495년[55세] 연산 1년 3월 형조판서, 4월 지춘추관사,
　　　　　5월 형조판서 겸 동지경연사, 8월 이조판서
1496년[56세] 연산 2년 11월에 스스로 사면시켜 줄 것을 청하다.
1497년[57세] 연산 3년 8월 도총관
1498년[58세] 연산 4년 무오사화. 김종직의 조의제문을 실은 김일손의
　　　　　사초를 보고하지 않았다 하여 파직, 12월 한성부 판윤
1499년[59세] 연산 5년 1월 형조판서
1500년[60세] 연산 6년 7월 의정부 좌참찬
1501년[61세] 연산 7년 5월 호조판서, 7월 겸동지경연사, 11월 호조판서
1502년[62세] 연산 8년 8월 의정부 우찬성.
　　　　　시문에 능한 10인에 선발되어 시수상詩首相이라는 칭찬을
　　　　　듣다.
1503년[63세] 연산 9년 1월 우의정
1504년[64세] 연산 10년 4월 좌의정, 4월 27일 인수대비 졸.
　　　　　윤 4월 13일 영의정, 윤 4월 23일 경연을 정지하다.
1506년[66세] 연산 12년 9월 13일 중종반정, 정국공신 2등, 문성부원군
1506년[66세] 중종 1년 10월 17일 유순이 해직을 청하니 불허하다
1509년[69세] 중종 4년 윤 9월 27일 영의정 면직, 문성부원군
　　　　　연산조의 총신이었다는 대간들의 탄핵을 받아 은퇴하다.
1514년[74세] 중종 9년 10월 다시 영의정
1516년[76세] 중종 11년 4월 영의정 면직, 문성부원군
1517년[77세] 중종 12년 5월 30일에 문성 부원군 유순이 죽다

중종
시대

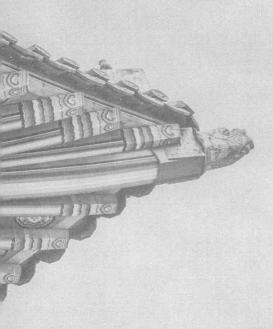

41. 박원종朴元宗
중종반정의 주역, 무관출신 영의정

생몰년도 1467(세조 13)~1510(중종 5)[44세]
영의정 재직기간 (1509.윤9.27~1510.3.6) (5개월)

본관	순천順天
자	백윤伯胤
시호	무열武烈
군호	평성부원군
공훈	정국공신
묘지	경기도 남양주시 와부읍 도곡리 안골
배향	중종 묘정에 배향
기타	월산대군의 처남
	윤임과 장경왕후의 외숙부

증조부	박석명朴錫命 – 평양군 (황희를 세종에게 천거한 도승지)
조부	박거소朴去疎 –부지돈녕부사
조모	청송 심씨(세종비 소헌왕후의 동생)
부	박중선朴仲善 –판돈녕부사, 순성명량좌리공신, 평양군
모	허곤의 딸
누나	승평부부인 박씨 – 월산대군의 처
매형	월산대군(성종의 친형)
여동생	순천부부인 박씨(장경왕후의 모친)
매제	윤여필(윤임과 장경왕후의 아버지, 인종의 외조부)
여동생	박씨 – 제안대군(예종의 아들)에게 출가
외증조부	심온 – 영의정

월산대군의 처남으로 성종과 연산군의 총애를 받다

1506년 연산 12년 40세 나이로 중종반정을 일으켜 연산군을 몰아내고 진성대군을 왕으로 추대하는데 주역을 맡았던 박원종은 자가 백윤伯胤이고, 본관이 순천이다.

증조부는 황희를 태종에게 천거한 박석명으로 지의정부사와 평양 부원군을 지냈고, 조부 박거소는 영의정 심온의 사위로 세종의 동서이자 세조의 이모부로 지돈녕부사를 지냈다. 조부 박거소가 일찍 세상을 뜨니, 아버지 박중선을 세종이 각별히 보살펴, 음서직으로 벼슬을 주니, 후에 무과에 장원하여 병조판서가 되었고 성종즉위와 함께 좌리공신 3등에 책록되고 판돈녕 부사에 이르렀다.

박원종은 어려서부터 건장하고 골격이 보통 아이들과 달랐는데, 한명회가 보고 기특하게 여기며 말하기를, "장차 큰 그릇이 될 것이다."고 하였다. 글을 읽어 뜻을 통달하였고 공신가문 출신에 선천적으로 무술에 뛰어나, 아버지와 같은 무관으로 벼슬을 시작하였는데, 누이가 성종의 형 월산대군에게 시집을 가니, 성종은 형의 처남 박원종을 각별히 총애하였다.

1486년[20세] 성종 17년에 선전관에 임명되었고 이해에 무과에 급제하여 선전 내승으로 승진하였다. 1490년 8월 훈련원 첨정, 부정이 되었는데, 전직할 때마다 항상 선전宣傳[85]과 내승內乘[86]의 직책을 겸직하여 임

---

85) 선전관청에 속한 무관 벼슬

86) 내사복시에 속하여 말과 수레를 맡아보던 벼슬아치

금을 오래도록 모셨다. 성종이 박원종을 큰 그릇으로 여기며 말하기를, "그의 재주는 큰 임무를 맡아 급한 데 쓸 수 있다."고 하였다.

1492년[26세] 성종 23년 8월에 승정원 동부승지로 뛰어올라 통정대부가 되었는데, 언관이 연소하다고 논박한 바람에 공조참의로 발령되었다.

조위를 통정 대부 승정원 우승지로, 신수근을 통정 대부 좌부승지로, 김심을 통정 대부 우부승지로, 박원종을 통정 대부 동부승지로, 윤간을 통정 대부 여주 목사로, 홍임을 통정 대부 안동 대도호부사로 발령을 내렸다.

사관이 논평하기를, "박원종은 월산대군(성종의 형)의 처남인데, 월산대군이 아들이 없어 박원종을 친동생처럼 사랑하였다. 월산대군이 죽자, 성종은 월산대군이 일찍 돌아간 것을 슬퍼하여 박원종을 탁용하여 승지로 삼으니, 대간들이 박원종은 연소한 소년으로 승지의 직임에 합당하지 않다고 합문(편전)을 지키면서 간쟁하였다.
좌부승지 신수근이 동료에게' 농담으로 말하기를, '대간이 비록 고생스럽게 간쟁하더라도 승평 부부인이 대궐에 건재한다.' 하였다. 후에 대간이 조정에 널리 논의하기를 청하였는데, 육조와 한성부에서는 모두 대간이 논계한 것과 같이 주장하였으나, 영의정 윤필상과 좌의정 노사신은 친척이라 하여 사양하고 논의에 참여하지 않았고, 의정부에서 처음 논박하던 날도 자신은 친척의 혐의가 있다 하여 참여하지 않았으므로, 우의정 허종 혼자서만 그 의논을 주장하였다. 윤필상은 박원종의 장인 윤인의 먼 친족이고, 노사신은 박중선의 외사촌 형으로 모두 직책이 없어 피하지 않아도 되는 친척이었다." 고 기록하고 있다.

– 성종실록 23년 8월 7일 –

의정부에서 아뢰기를, "동부승지 박원종은 재주는 쓸 만하나 일에 익숙하지 못한 사람입니다. 승지는 시험삼아 할 수 있는 직임이 아니니, 업무를 두루 시험해 본 뒤에 맡기더라도 늦지 않습니다." 하니,
전교하기를, "박원종은 일찍이 내사복시였고 응대를 잘하며, 또 장수의 재질이 있어 조정의 제도와 문물을 연습시키려고 쓴 것일 뿐이다." 하

였다.

사간원 대사간 안호 등이 상소를 올리기를 "승정원은 바로 옛날의 납언(승지)으로서 안으로는 육조六曹로부터 밖으로는 여러 도에 이르기까지 모든 기밀을 관장하지 않는 것이 없으니, 그 임무가 지극히 중요합니다. 그런데 박원종은 문자도 해득하지 못하는 어리고 무식한 사람으로 선비류에 끼이지도 못하며, 그가 주로 하는 일도 말달리고 격구하는 것 등에 불과합니다.

그가 역임한 바로는 선전관이나 훈련원뿐이었는데, 이번에 갑자기 승지의 직임에 올려 어진이들이 진출할 길을 방해하니 인사명이 내려지던 날 조정의 의논이 분분하고 시중의 의논도 많았습니다.

성상께서는 박원종을 장수로 선발하기 위하여 승정원에 두고 조정의 제도와 문물을 익히게 하려 한다고 하십니다만, 그렇다면 전하께서는 승정원을 사람을 시험하는 자리로 생각하십니까? 전일 승정원에 발탁되어 들어온 사람 중에는 혹 외척도 있었고, 궁실의 친인척도 있었고, 혹 무인武人도 있었는데, 그 선발이 이때부터 가볍게 되었습니다. 그러나 공론에 불합하기가 박원종과 같은 자는 없었습니다. 청컨대 속히 성명을 거두시어 여론을 쾌하게 하소서." 하니,

임금이 친필로 이르기를, "문무를 아울러 등용하는 것은 장구한 정치 도의이다. 인물의 어질고 어질지 못함은 내 안목에 있으니, 그대들이 미리 논할 일이 아니다." 하였다.

8월 11일 동부승지 박원종이 아뢰기를 "신은 본래 능력이 없는 데다가 또 이력까지 없으니, 어떻게 외람되게 중임을 맡은 자리에 있을 수 있겠

습니까? 청컨대 사직하게 하소서." 하였으나, 윤허하지 아니하였다.

8월 28일 동부승지 박원종에게 전교하기를 "그대는 젊고, 맡은 승정원내 공방工房[87]의 일도 긴급한 것은 아니니, 문관 승지에게 글을 배우라." 하고, 또 여러 승지에게 명하여 가르치게 하였다. 사관이 논평하기를, "옛것을 배우고 나서 벼슬한다고 들었지 벼슬한 다음에 배운다는 것은 듣지 못하였다. 박원종이 어찌 글을 배울 자인가?" 하였다.

9월 9일 사헌부 대사헌 이세좌가 와서 아뢰기를 "의정부에서 박원종의 일을 논하여 대궐을 지키니, 공무가 늦어질 뿐만 아니라 새로 제수된 수령이 서경(대간의 서명)[88]을 받지 못한 것이 많습니다. 사헌부에서는 스스로 사직하였다고 이르면서 모두 출근하지 아니하니, 신이 감히 홀로 출근할 수가 없습니다. 박원종의 일은 대간·시종·의정부·육조에서 모두 옳지 못하다고 하니, 이는 공론인데, 전하께서는 스스로 옳다고 하시면서 들어주지 아니하시니, 임금이 스스로 옳다고 하면 나라 일이 날마다 잘못될 것입니다. 이를 두려워합니다." 하니,

전교하기를, "이미 경의 뜻을 모두 알았다. 내가 스스로 옳다고 하는 것이 아니라 일이 들어줄 수 없는 것이기 때문에 들어주지 아니할 뿐이다." 하였다.

반대 상소가 빗발치자 성종은 9월 10일에 박원종을 공조참의로 발령하였다. 이를두고 사관은 논한다. 임금이 문무일체를 주의로 삼아 무관을 발탁하여 승지로 삼았는데, 이계동·김세적·이조양·조극치 같은 이가

---

87) 승정원에 속한 육방六房 가운데 공예·건축·토목 공사 따위에 관한 일을 맡아보던 승지
88) 관리의 임명이나 법령의 제정 등에 있어 대간臺諫의 서명을 거치는 제도

그랬던 것이다. 그런데 박원종이 승지가 됨에 미쳐서 조정 의논이 적합하지 못하다고 논박하자 바꾸어서 병조참의로 삼았는데, 이로부터는 다시 무신을 써서 승지로 삼지 아니하였다.

성종 23년 10월 29일 사헌부 대사헌 이세좌 등이 병조참지 박원종의 무식함을 이유로 들어 자리를 바꿀 것을 상소하였다.

> "육경六卿[89]은 하늘과 땅, 사시사철에 응하므로 임무가 막중한 것입니다. 그런데 본 조정에서는 의정부가 의결하는 것을 폐하였으므로 육조六曹의 임무가 예전보다 더욱 중요합니다. 그런데, 공조판서 여자신·참판 민영견·참의 박원종은 모두가 학력이 없는데도 함께 한 관사에 같이 있으니, 일의 기미에 어두워 그 관직을 병들게 할까 두렵습니다. 여자신은 비록 경술經術[90]은 없으나 평소 품행은 있습니다. 그러나 민영견의 해학같은 것은 경박하며, 박원종은 연소하여 무식하므로 공론에 용납되지 못할 바이니, 어찌 육조의 임무에 합당하겠습니까? 청컨대 교체하소서." 하였으나, 들어주지 아니하였다.

세월이 흘러 성종이 죽고 연산군이 즉위하였다. 1502년[36세] 연산 8년 2월에 평성군에 봉해지고, 6월에 특지로 강원도 관찰사로 발령내기 위해 의정부에 그 의사를 묻자 의정부에서는 모두 찬성을 하였는데, 사헌부와 사간원에서는 천망(추천)이 없는 것을 들어 불가하다는 논쟁을 하였다.

> 임금이 명하기를, "어제 대간이 아뢴 박원종의 일은 인품이 적당하니 어찌 천거가 있고 없는 데 구애하겠는가. 지금 비록 감사가 되었지마는, 뒷날 위급한 경우에 어찌 변방으로 전임시킬 수 없겠는가? 정승에게 물어보라." 하였다.

이에 파평부원군 윤필상, 영의정 한치형, 좌의정 성준, 우의정 이극균이 의논드리기를

---

89) 6조판서
90) 경서經書에 관한 학문

윤필상은, "박원종은 무재가 뛰어나고 또 학식과 역량이 얕거나 좁지 않으니 그는 감사의 임무에 여유가 있습니다. 다만 추천이 없으니 어찌하오리까?" 하고,

한치형은, "대간의 논한 것이 당연한 듯합니다. 그러나 박원종이 일찍이 승지와 병조·공조의 참의, 한성부 우윤과 경상도 절도사를 지내어 경력이 이미 오래되었는데도 한 가지도 결함된 일이 없었으며, 우윤 때에는 송사를 결단함이 공평하므로 송사한 사람들이 칭찬하였습니다. 무재가 지금 그보다 나은 사람이 없고 또 문필도 우수하며 부지런하고 조심스럽게 직무에 종사하고 있으니, 신의 생각으로는 감사의 임무를 감당할 만한데, 하물며 강원도 같은 송사가 간단한 지역이겠습니까? 무신으로 이덕량·여자신·신주·하숙부 같은 사람도 모두 감사가 되었으며, 또 승지로 감사에 제수된 사람은 천거가 없었으니, 만약 그가 쓸모 있는 사람이면 천망(추천)에 구애될 필요는 없습니다." 하였고,

성준은, "신이 박원종과 전에 같은 관직에 있었는데, 처사가 부지런하고 조심스러우며 문필이 넉넉했으니, 그가 감사의 임무에 무슨 부족이 있겠습니까? 사람됨이 이와 같으니, 어찌 추천에 구애할 필요가 있겠습니까?" 하였으며,

이극균은, "대간의 아뢴 말이 모두 옳습니다. 그러나 박원종은 무재가 뛰어날 뿐만 아니라 문필도 넉넉합니다. 전에 한성부 우윤일 때 송사하는 사람들이 그의 공평함을 칭찬하였는데, 강원도는 송사가 지극히 간단하니, 어찌 감당하지 못하겠습니까? 여자신과 신주도 모두 본도 감사를 지냈으나 천거가 있었는지 없었는지 모르겠습니다. 임금이 인재를 쓸 때에는 구차하게 예를 따를 것이 없고 현명한 인재라면 모두 소용에 맞추어야 하므로, 임금이 밝게 알아서 할 뿐입니다." 하였다.

– 연산일기 8년 6월 21일 –

그러자 사헌부 지평 정환, 사간원 정언 윤경이 아뢰기를, "박원종의 일을, 정승들이 의논한 것은 그 뜻을 알 수가 없습니다. 의정부에서 감사 천거를 주관하는데도 정승이 일찍이 박원종을 천거하지 않고서, 지금의 의논은 모두 쓸 만하다 하니, 이것은 경국대전의 법을 무너뜨리는 것입니다. 박원종은 나이 젊으니 추천을 기다려 제수하더라도 아직 늦지 않을 것이니, 개정하시기 바랍니다." 하였다.

사헌부 사간원의 반대에도 불구하고 임금은 박원종을 강원도 관찰사

로 발령하였다. 그러자 이번에는 박원종의 처신을 두고 다시 탄핵하였다.

사헌부 장령 이맥이 아뢰기를, "왕명을 받든 신하는 낮은 관직이라도 하직한 다음에는 머물러 지체하지 못하는 것입니다. 박원종은 대신으로 한 지방의 책임을 받은 사람으로서, 성 밖에 나가자마자 창녀를 데리고 머물러 지체하였으니, 의당 죄를 다스려서 뒷사람들을 징계하여야 할 것인데, 내버려 두고 서용하시니, 매우 합당하지 못합니다.

임금이 사헌부에 전교하기를,
"창녀와 간음한 것은 박원종만이 아니니, 광패하다 할 것 없고, 문밖에서 머물러 자는 것은 무방하다. 하였다.

윤필상·성준·이극균·유순 등이 의논드리기를,
"박원종이 어전에서 하직하고 성밖에 머물러 잤으니 참으로 사신으로서의 체모를 잃었습니다. 그러나 처음 왕명을 받아 교서를 받들고 가는 자와는 차이가 있을 것 같습니다."

하고, 신용개·정광필·한형윤 등이 의논드리기를,
"박원종이 처음 한 지방의 중한 소임을 맡은 사람으로 말미를 받아 부모를 찾아뵈었으니 성상의 은혜가 지극히 중합니다. 하직하고 돌아갈 때에는 예에 의당 빨리 가야할 것인데, 음란한 창녀에게 미혹되어 왕명을 좇지 못한 곳에 묵혔으니, 대간의 논박이 너무도 당연합니다. 신 등의 생각으로는 중한 것은 임금의 명에 있으니, 처음 명을 받은 것이 아니라 하여 가볍고 무거움을 말하는 것은 불가합니다." 하였는데, 의논이 들어가자 임금이 내려보내지 않았다.

– 연산일기 9년 11월 13일 –

박원종이 강원도 관찰사로 나가, 백성을 구제하는 데 뜻을 두어 폐단을 제거하고 명분없는 공물을 절감해 줄 것을 요청하여 많이 줄여 주었다. 도내의 명산에 큰 사찰이 많아 불교를 배우는 자들의 늪이 되었는데, 사람을 속여 꾀어서 시주하게 함이 없도록 금하고 그들을 체포하거나 고발한 역졸들에게 상을 주니, 촌락에 승려들의 발자취가 사라졌다.

1506년[40세] 연산 12년에 지중추부사로 경기 관찰사를 겸임하였다. 갑자년 여름부터 도성의 동북으로 넓이 백리의 거리에다 금표를 세워 꿩과 토끼의 사냥터로 조성하려고 관가와 민가를 철거하고 사람의 출입을 금지하였다. 이를 범한 사람은 사형을 시키고 그 일에 대해 간언한 사람을 소급해 처벌하는 등 법망을 크게 벌려 놓고 살육의 정치를 하니, 안팎이 숨을 죽이고 명령을 따르기에 바빴다.

박원종이 항상 친지에게 말하기를, "임금이 도를 잃어 명령에 법도가 없어서 비록 한 사람의 힘으로 난폭한 정사를 늦출 수는 없으나 이모저모로 주상을 계도하면 어찌 한두 가지 일은 구제할 수 없겠는가?"라고 하였다. 어느 날 또 서남쪽에도 동북처럼 금표를 세우라고 어명이 내렸는데, 광주廣州로부터 서쪽 양천, 김포, 부평까지 모두 사냥터로 만들어 갔다. 박원종이 불가함을 아뢰어 양천 등 고을이 금표 안으로 들어가지 않았으므로 안팎의 사람들이 박원종에게 의지하였다. 금표를 세운 뒤로 불시에 사냥을 나가는 바람에 명나라 사신이 들어왔을 적에 사신의 영접 일정을 대부분 놓쳤다.

박원종이 두려움을 무릅쓰고 그 일에 대해 말하니, 연산군이 좋아하지 않으며 말하기를, "저번에는 나의 뜻을 거역하는 자가 없었는데, 박원종 혼자 감히 그런 것은 무엇 때문인가? 지난번 그의 말에 따라 금표를 가까이 세우도록 허락하고 나서 후회하고 있는 참이었는데, 지금 다시 그런 말을 한단 말인가."라고 하였다.

박원종은 조정에 있으면서 난폭을 구제하지 못하고 화만 초래할 줄로 알고 서둘러 외직을 요구하니, 함경북도 절도사로 임명하고 숭정대부로 승진시켰다. 박원종이 부임의 길에 올랐을 때 누이 승평 부인의 병환이 위독하자 갑자기 소환하여, 머물러 상사를 주관하도록 하고 평성군에 봉하여 도총부 도총관을 겸임시켰다. 이런 중 누이 승평부인은 남편을 일찍 여의고 홀로 사는데, 조카 연산군이 덮쳐 몸을 빼앗고 자기의 비빈처럼 대하니, 부끄러움에 자결해 버린 일 때문에 박원종은 속이 뒤틀려 있었다. (국역 국조인물고, 박원종, 세종대왕기념사업회)

영의정의 된 근원 – 중종반정의 주역

박원종이 국정을 구제할 계책이 없어 상심해 하다가 종묘사직과 백성이 중하다고 생각되어 분연히 뜻을 품고 성희안, 유순정과 같이 반정을 모의하고 의거를 일으켜 1506년[40세] 연산 12년 9월 2일 중종을 옹립하고 연산군을 폐하여 교동현에 옮겼다.

[연산군의 죄목]

처음에 연산군의 어머니 폐비 윤씨가 성질이 모질고 질투하였다. 정희왕후(세조비)·소혜왕후(인수대비)·안순왕후(예종비) 세 왕후가, 윤씨의 부도한 짓이 많음을 보고 매우 걱정하여 밤낮으로 훈계하였으나, 더욱 순종하지 않고 악행이 날로 심하므로, 성종이 할 수 없이 대비의 명을 아뢰어 위로 종묘에 아뢰고 왕비를 폐하였다.

연산은 그때 아직 강보 속에 있었는데, 성장함에 따라 성종은 그가 어머니 여읜 것을 불쌍히 여기고, 또 적자 장손이기 때문에 왕세자로 세웠다. 그런데 시기와 모짐이 그 어미와 같고 성질이 또한 지혜롭지 못하므로 성종은 당시의 단정한 선비들을 골라 뽑아 동궁의 스승으로 두어 훈육하고 양육함을 특별히 지극하게 하였다.

연산이 오랫동안 스승 곁에 있었고 나이 또한 장성했는데도 문리를 통하지 못했다.

하루는 성종이 시험삼아 일반 업무를 결재시켜 보았으나 혼암하여 분간하지 못하므로 성종이 꾸짖기를 '생각해 보라. 네가 어떤 몸인가. 어찌 다른 왕자들과 같이 노는데만 힘을 쓰고 학문에는 뜻이 없어 이같이 어리석고 어둡느냐.' 하였는데, 연산이 이 때문에 성종 뵙기를 꺼려 불러도 아프다고 핑계하고 가지 않은 적이 많았다.

하루는 성종이 소혜왕후(인수대비)에게 술을 올리면서 세자를 불렀으나, 또한 병을 칭탁하고, 누차 재촉해도 끝내 오지 않으므로, 성종이 시종을 보내어 살피게 하였더니, 병이 없으면서 이르기를 '만약 병이 없다고 아뢰면 뒷날 너를 반드시 죽이겠다.' 하매, 시종은 두려워서 돌아와 병이 있다고 아뢰었다. 성종은 속으로 알고 마음을 언짢게 여기며 그만두었다. 이로부터 세자를 폐하고 싶은 마음이 많았으나 연산이 아직 어리고, 다른 적자가 없고, 또한 약하여 의지할 곳이 없음을 불쌍히 여겨 차마 못하였다.

성종이 승하하자 연산은 상중에 있으면서도 서러워하는 빛이 없었으며, 후원의 순록을 쏘아 죽여 그 고기를 먹으며 놀이 즐기기를 평일과 같이 하였고, 심지어 군신들을 접견하고 명을 내리면서도 숨기고 가리며 거짓 꾸미기를 힘썼는데, 외부 사람들은 알지 못했었다. 재임 초에는 성종의 옛 신하들이 많이 남아 있어 정무가 문란하지 않았는데, 무오사화로 살상이 있는 뒤부터는 왕의 뜻이 점차 방자해져, 엄한 형벌로 아랫사람들을 억제하매, 선비의 기개가 날로 꺾여져 감히 정언 극론을 하는 사람이 없으므로 왕이 더욱 꺼릴 것 없어 멋대로 방탕해졌다.

임술·계해년 무렵에 이르러서는 장녹수에게 빠져 날로 방탕이 심해지고 또한 광포한 짓이 많으므로 소혜왕후가 걱정이 되어 누차 타일렀지만 도리어 왕의 원망만 사게 되었다. 외부에까지 알려져 서로 보며 귓속말을 하며 그윽이 근심하게 되므로, 소혜왕후가 몰래 대신들에게 유시를 내려 간절히 간하게 하니, 왕이 더욱 분해했다. 그리하여 조정에 얽매여 항상 하고 싶은대로 못하는 것을 불만스럽게 여겼으나 드러낼 수 없었다.

이때, 음험하고 간사한 임사홍이 성종 때부터 30년간 조정에서 쫓겨나 지내며 항상 이를 분히 여기다가, 그의 아들 임숭재가 옹주에게 장가를 감으로 인해 궁중을 출입할 수 있게 되자, 왕의 뜻을 짐작하고 마침내 조정을 위협하는 술책으로써 뜻을 갖추니, 왕이 크게 기뻐하여 종1품에 발탁하고, 아무 때나 불러 보았으며, 하고 싶은 일이 있으면 묻지 않는 것이 없었는데, 임사홍이 부름을 받으면 평복차림으로 어둠을 타 편문으로 들어갔고 왕은 항상 '내 벗 활치옹이 왔다' 하였으니, 임사홍이 이가 부러져 사이가 넓었기 때문이라.

왕은 광포하여 크게 사형을 자행하였는데 언관들을 문초하여 대신으로부터 대간·시종들까지 거의 다 죽이거나 귀양 보내어 조정이 텅 비었고, 폐비시킨 일을 원망하여 성종의 후궁을 매로 때려 죽이고 그 자녀를 귀양 보내거나 죽이고, 그 며느리를 남의 첩으로 보내거나 종실 왕자·부마에게 나누어주게 하였고, 소혜왕후를 욕설을 하여 마침내 근심과 두려움으로 병나 죽게 하고서는 그 상례 기간을 단축하되 날짜를 개월로 치는 제도로 행하였고, 승하한 왕이 아직 빈소에 있는데도 풍악을 그치지 않았다.

폐비 의논에 참여한 자와 추존(왕후복위)을 불가하다고 의논한 자를 모두 중형에 처하되, 죽은 자는 그 시체를 베고 가산을 몰수하며, 그 족속을 연좌하고, 살아 있는 자는 매로 다스려 멀리 귀양보냈는데, 교리 권달수는 먼저 주창하였다 하여 죽임을 당했다.

그리고 역대왕조들의 옛 제도를 모두 고쳐 혼란케 하였는데, 먼저 홍문관과 사간원을 혁파하고 또 사헌부의 지평 2인을 없애므로서 언로를 막았고, 손바닥 뚫기·당근질하기·가슴빠개기·뼈바르기·마디마디 자르기·배가르기·뼈를 갈아 바람에 날리기 등의 이름이 있었으며, 언사가 조금만 뜻에 거슬리면 명령을 거역한다 하고, 언사가 궁궐에 미치면 임금을 범하는 것이라 지적하여, 얽어 죄를 만들되, 기제서棄制書[91]를 규율로 삼고 족속을 멸하는 것을 영구법으로 여겨 한 번만 범하면 부자 형제가 잇달아 잡혀 살륙되고 일가까지도 또한 유배를 당했고, 익명서 및 다른 죄로 잡힌 자가 사연이 서로 연루되어 옥을 메웠는데, 해를 넘기며 고문하여 독한 고초가 말할 수 없었다.

심지어 옛 당직청이 협소하다 하여 이내 복야청으로 옮겨 넓히되 밀위청이라 하고 감옥의 관원을 더 두었으며, 죄수를 신문함에 있어서도 반드시 삼정승과 승지·금부 당상이 섞여 다스리게 하였는데, 사대부로서 매를 맞는 자가 빈 날이 없었으나 모두 죄가 있어서가 아니었고, 또 비방하는 의논이나 두 사람이 마주보고 이야기하는 것

---

91) 기훼제서율棄毁制書律의 줄임말로 임금이나 세자가 조서로 내린 명령을 손괴시키는 죄를 처벌하던 법규

을 금하는 법을 만들어 감찰로 하여금 날마다 방방곡곡을 사찰하였다가 초하루 보름으로 아뢰게 하였고, 온갖 관청과 여러 부서도 또한 초하루 보름으로 시정을 비방하는 자가 있나 없나를 적어 아뢰게 하여, 비록 부자간이라도 관에 보고한 뒤에라야 서로 만나도록 하므로, 모두 서로 손을 저어 말을 막았고, 사람마다 스스로 위태롭게 여겨 길에서 눈짓만 했다.

또 도성 사방에 백 리를 한계로 모두 금표를 세워 그 안의 주·현과 군·읍을 폐지하고 주민을 철거시켜 비운 뒤에 사냥터로 삼고, 만약 여기에 들어가는 자는 당장 베어 조리를 돌리고, 수도권 수백 리를 한 없는 풀밭으로 만들어, 금수를 기르는 마당으로 삼았다. 그리고 내수사 종 중 부유한 자를 가려 들어가 살게 하여 몰이하는 데 편리하게 하니, 본래 살던 사람들이 뿔뿔이 흩어지고 사망하여 길에 즐비하였고, 능침이 다 금표 안에 들어가 지키는 사람이 없어 향불 역시 끊겼다.

또 도성 안 대궐에 가까운 인가를 철거하고 동서로 돌성을 쌓아 한계를 정하고 성균관 문묘의 신위를 옮긴 뒤 그 안에 짐승을 길렀으며, 수리 도감을 두고 크게 공사를 일으켜 사방의 악공을 모으고 민가를 징발, 모두 서울에 집중시켜 궁실을 넓히고, 정자를 더 지어 강가나 물구비에 그들먹하게 벌여 놓으며, 높은 곳은 깎고 낮은 곳은 메워 큰 길을 이리 저리 내고, 밤낮으로 시녀들과 오가며 놀았다. 그중에서 가장 큰 것은 삼각산 밑 장의사동에 있는 탕춘정인데, 시냇물이 구비쳐 흐르는 위에 위치하여 단청이 수면에 현란하고, 시내를 가로 질러 난간을 벌여 지었는데 규모가 극히 웅장하였다. 일찍이 강물을 끌어 정자 밑에 이르게 하고 또 산을 뚫어 다른 시냇물을 끌어 정자 밑에 합류시키려 했는데, 모두 이루지 못했다.

창덕궁 후원에 있는 것은 서총대라 하는데, 높이가 수십 길이며 넓기도 높이와 걸맞았다. 그 아래 큰 못을 파는데 해가 넘도록 공사를 마치지 못했다. 또 임진강 가 툭 내민 석벽 위에 별관을 지어 바깥 거동하는 장소를 만들었는데, 굽이진 건물과 빙 두른 방이 강물을 내려다 보아 극히 사치스럽고 교묘하다.

또 이궁을 장의사동과 소격서동에 짓게 하여 바야흐로 재목을 모아 공사를 하는데, 모든 공사를 감독하는 벼슬아치들이 독촉하기를 가혹하고 급하게 하여 때리는 매가 삼단과 같으며, 조금만 일정에 미치지 못하면 또한 반드시 물건을 징수하므로, 원망과 신음이 길에 잇달았다.

축장군·축성군·서총정군·착지군·이궁 조성군·인양전 조성군·재목 작벌군·유하군이라고 부르는 따위의 징발하는 명목을 다 셀 수가 없다. 그러므로 전국이 모두 지치고 공인과 사인이 몸과 마음을 다 쏟아 멸망이 서로 잇달아 온 고을이 거의 비게 되었으며 서울에서 부역하는 자는 주리고 헐벗고 병들어서 죽는 자가 태반이었다. 마을과 거리에 시체가 쌓여 악취를 감당할 수 없는데, 더러는 굶주리고 지친 나머지 길가에 병들어 쓰러진 자가 아직 숨이 붙어 있지만, 그 근방에 사는 사람들이 시체를 버려두었다는 죄를 입을까 겁내어 서로 끌어다 버리므로 죽지 않는 자가 없었다.

구수영은 영응 대군의 사위이고, 그 아들은 또 왕의 딸 휘순공주에게 장가들어, 아첨과 간사로 왕에게 귀여움을 받았는데, 그는 미녀를 사방으로 구하여 바치니, 왕이 매혹되어 구수영을 발탁, 팔도 도관찰사를 삼으니 권세가 전국을 기울였다.

이때부터 궁녀에 대한 총애가 점차 성하였는데, 그중에서 가장 귀여움을 받은 것이 전숙원과 장소용이다. 왕이 두 후궁에게는 하는 말을 따르지 않음이 없고, 하려는 것을 해주지 않는 것이 없으므로, 옥사獄事를 농간하고 벼슬을 팔며 남의 재물·노비·가옥을 빼앗는 등 못하는 짓이 없었고, 조금이라도 자기 뜻에 거슬리면 반드시 화로써 갚으므로 종실 친척이나 경대부들이 그들의 침해와 모욕을 받지 않는 사람이 없으니, 주인을 배반하고 이익을 노리는 무뢰배로서 일가라 일컫고 세력에 기대는 자가 다 셀 수 없었다. 두 집의 도서나 서찰을 가진 자가 사방에 널려 이르는 곳마다 소란을 피우며 수령을 업신여기고, 백성들에게 못살게 굴어 기세가 넘쳤으나 아무도 감히 범접하지 못하고 조심스럽게 빌며 사양하고 움츠려 피할 뿐이었다.

왕이 이들을 위하여 큰 집을 짓되, 대관에게 감독하게 하여 지어 주었는데, 그들이 만약 부모를 뵈러 출입할 때면, 환관 및 승지·기록·재상들이 모두 따라가며 앞에서 인도하고 뒤를 감싸 마치 왕비의 행차와 같았다. 또 시녀 및 공·사천과 양가의 딸을 널리 뽑아 들이되, 사령을 팔도에 보내어 빠짐없이 찾아내어 그 수효가 거의 만 명에 이르렀으며, 그들의 급사(심부름꾼)·수종(몸종)과 방비(노비)라고 일컫는 자도 그 수와 같았으며, 7원院 3각閣을 설치하여 거처하게 했는데, 운평運平·계평繼平·채홍採紅·속홍續紅·부화赴和·흡려洽黎 따위의 호칭이 있었으며, 따로 뽑은 자를 흥청악興淸樂이라 하고 악에는 세 과科가 있었는데, 귀여움을 거치지 못한 자는 지과地科라 하고 귀여움을 거친 자는 천과天科라 하며, 귀여움을 받았으되 흡족하지 못한 자는 '반천과半天科라 하고, 그중에서 가장 귀여움을 받은 자는 작호를 썼는데, 숙화·여원·한아 따위의 이름이 있으며, 그 기세와 귀여움이 전숙원이나 장소용과 더불어 등등한 자도 또한 많았다.

왕이 그 속에 빠져 오직 날이 부족하게 여기며 흥청 등을 거느리고 금표 안에 달려 나가 혹은 사냥, 혹은 술마시며 가무하고 주색에 빠졌다.

성질이 정신병적이어서 한 곳에 오래 머물지 못하고 내달려 동쪽에 있다 서쪽에 있다 하므로 비록 가까이 모시는 시녀라도 그 행방을 헤아리지 못했다. 또 어머니를 효도로 받든다 하고 날마다 연회를 베풀되 때로는 밤중에 달려가 연회를 베풀기도 하고 때로는 시종들을 핍박하여 험한 곳에 놀이를 나가기도 하였는데, 대비전 또한 능히 감당치 못하면서도 두려워 감히 어기지 못하였으며, 언제나 연회를 베풀되 반드시 종친·사대부의 아내를 참석하도록 하였는데, 대궐에서 밤낮으로 나오지 못하는 자가 있으므로 추문이 파다하였다.

이때 대비는 경복궁으로 옮겨 거처하였는데, 왕은 대비를 위하여 경회루 연못에 관용과 사용의 배들을 가져다가 가로 연결하고 그 위에 판자를 깔아 평지처럼 만들고 무대를 만들었으며, 바다에 있는 삼신산을 상징하여 가운데는 만세산, 왼쪽엔 영충산, 오른쪽엔 진사산을 만들고 그 위에 전당·사찰·인물의 모양을 벌여 놓아 기교를 다하였고, 못 가운데 비단을 잘라 꽃을 만들어 줄지어 심고 용모양의 배를 띄워 서로 휘황하게 비췄는데, 그 왼쪽 산엔 조정에 있는 선비들의 득의양양한 모양을 만들고 오른쪽엔 귀양간 사람들의 근심되고 괴로운 모양을 만들었다.

왕은 스스로 시를 지어 걸고 또 문관들도 짓되, 모두 세 산山을 명명한 뜻을 서술하게 하고 날마다 즐겁게 마시며 놀되, 화초와 인물의 형상이 비를 맞아 더러워지면 곧 새 것으로 바꾸었다. 대비가 억지로 잔치에 참석은 하였지만 연회가 파하면 늘 한숨 쉬며 즐거워하지 않았다.

또 궁궐내에 조준방을 두어 매와 개를 무수히 기르므로 먹이는 비용이 걸핏하면 1천을 헤아렸고, 사방의 진기한 새와 기이한 짐승을 모아 들여 역시 그 속에 두되, 따로 응군鷹軍이란 것을 두어 내응방에 소속시키고 번갈아 바꾸도록 하여 1만 명이나 되는데 두 대장에게 나누어 소속시키고, 또 경비대장이 있어 여러 장수들의 수를 서로 통솔하게 하고, 고완관과 해응관을 두어 매와 개를 몰아 사냥하는 일을 살피도록 하는데, 모두 미치고 방종한 무뢰한이었다. 왕이 사냥을 하려 하면 대장 이하가 각기 응군을 거느리고 달려오는데 이것을 내산행이라 했다. 또 사방의 준마를 모아 용구·인구·운구·기구·신준방·덕기방·봉순사를 따로 두어 기르되, 사복시의 관원을 더 두어 오로지 목장을 감독하게 하여, 거둥·사냥할 때 썼다.

왕은 스스로 자신의 소행이 부도함을 알고 내심 부끄러워하여 인도人道를 혼란시켜 자기와 같게 만들려고 하여, 사대부의 부모상을 단축하였으며, 효행이 있는 사람을 궤이하다 하여 죽였고, 형제들을 핍박하여 그 첩을 서로 간범하게 하니, 삼강이 끊어지고 사람의 도리가이 소멸되었다. 그래서 모든 사람이 배반하고 친척들이 이탈하여 전국이 다 원망하는데, 오직 임사홍·구수영 및 간사하고 아첨하는 군소 무리들이 세력을 믿고 스스로 방자하므로, 당시 대신의 반열에 있는 자들은 방관할 뿐 어찌 할 수 없었다. 총애를 탐내며 화를 두려워함이 날로 더하여 사직을 보전할 계책을 도모하는 자는 아무도 없었다.

왕은 항상 귀양간 사람들이 원한 때문에 일을 일으킬까 염려하여 모두 외딴 섬에 유배시켜 고역을 치르게 하고, 2품 당상을 진유근리사라 칭하여 보내되 각기 종사관 1명씩을 거느리고 가서 검찰하고 구류당한 죄수들을 얽매어 자유롭지 못하게 하니, 사람들이 모두 죽음이 조석간에 있음을 알았다.

왕은 오랠수록 더욱 의심하여 모두 없애려고 하였으며, 이장곤이 가장 용맹한 사람이니 마침내 변을 일으킬까 싶다 하여, 서울로 잡아 보내게 하여 먼저 죽이려고 하므로 이장곤이 듣고 곧 망명하니, 왕은 크게 노하여 상금을 걸고 체포를 서둘되, 중앙관리를 보내어 모든 도에 있는 관원과 함께 군대를 풀어 찾게 하니, 서울이 흉흉하여, 혹자는 이장곤이 망명하여 무리들을 모아 거병한다 하였다.

[중종반정 계획 및 거사]

평성군 박원종과 전 참판 성희안이 한 마을에 살았는데, 서로 만나 시사를 논할 적마다 '이제 정치법령이 혼암 가혹하여 백성이 도탄에 빠졌으니 종묘사직이 장차 전복될 것인데, 나라를 담당한 대신들이 한갓 임금의 명령을 쫓아 따르기에 겨를이 없을 뿐, 한 사람도 안정시킬 계책을 도모하는 자가 없다. 우리들은 함께 성종의 두터운 은혜를 입었는데, 어찌 차마 앉아서 보고만 있겠는가. 천명과 인심을 보건대 이미 촉망된 바 있거늘, 어찌 추대하여 사직을 바로 잡지 않을 수 있으랴' 하고, 드디어 큰 계책을 정했는데 모의에 참여할 자가 있지 않았다.

부정 신윤무는 왕의 총애와 신임을 받는 이로서 평소에 늘 근심하고 두려워하기를 '일조에 변이 있게 되면 화가 장차 몸에 미치리라.' 생각하고, 박원종 등에게 가서 말하기를 '지금 전국이 원망하여 배반하고 왕의 좌우에 가까이 믿는 사람들도 모두 마음이 떠났으니, 환란이 조석간에 반드시 일어날 것이오. 또 이장곤은 무용과 계략을 가진 사람인데, 이제 망명하였으니 결코 헛되이 죽지는 않으리. 만약 귀양간 사람들을 불러 모으고, 군·읍에 격문을 보내어 군사를 일으켜 대궐로 쳐 들어온다면, 비단 우리들이 가루가 될 뿐 아니라, 사직이 장차 다른 사람의 손에 넘어갈 것이니, 일이 그렇게 된다면 비록 하고자 한들 미칠 수 없게 될 것이오.' 하니, 박원종 등이 뜻을 결정하였다.

이조판서 유순정은 함께 일할 수 있다 하고, 그 계획을 말하자 따르므로 이어 장정·박영문을 불러 신윤무와 더불어 무사를 모을 것을 언약하였다. 또 임금의 말을 기르던 용구龍廐의 모든 장수들과 각기 응군鷹軍을 거느리고 오기로 약속하였다.

이윽고 9월 1일 저녁에 모두 훈련원에 모여 성희안이, 김수동·김감에게 달려가 함께 가자고 하니, 김감은 즉시 따랐고 김수동은 두려워 망설이다가 결국 따랐다. 또 유자광이 지모가 많고 경력이 많다고 하여, 역시 불러 함께 하는 한편 용사들을 임사홍과 신수근·신수영의 집에 보내어 처결하고, 또 사람을 보내어 신수겸을 개성부에서 베니, 이를 들은 단체의 대소인들이 기약도 없이 모여들어 잠깐 동안에 운집하자 즉시 모든 장수들을 편성하고 용구마를 내어 주어 각기 군사를 거느리고 궁성을 에워싸고 지키게 하였으며, 또 모든 옥에 있는 죄수들을 놓아 종군하게 하니, 밤이 벌써 3경이었다.

윤형로를 중종의 사제에 보내어 그 사유를 아뢰고 그대로 머물러 모시게 하고, 이어서 운산군 이계와 무사 수십 명을 보내어 시위하여 비상에 대비하게 하였다. 성희안 등은 모두 돈화문 밖에 머물러 날새기를 기다리니, 숙직 경비하던 장사와 시종·환관들이 알고 다투어 수채 구멍으로 빠져 나가 잠시 동안에 궁이 텅 비었다.

승지 윤장·조계형·이우가 변을 듣고 창황히 들어가 왕에게 아뢰니, 왕이 놀라 뛰어나와 승지의 손을 잡고 턱이 떨려 말을 하지 못하였다.

윤장 등은 바깥 동정을 살핀다고 핑계하고 차차 흩어져 모두 수채 구멍으로 달아났는데, 더러는 실족하여 뒷간에 빠지는 자도 있었다.

박원종 등은 내시를 시켜 장사 두어 명을 거느리고 왕에게 가서 옥새를 내놓고 또 동궁에 옮길 것을 청하였으며, 전동·심금손·강응·김효손 등을 군중에서 베었다.

여명에 궁문이 열리자 박원종 등이 경복궁에 나아가 대비에게 아뢰기를 '주상이 크게 임금의 도를 잃어 종묘를 맡을 수 없고 천명과 인심이 이미 진성대군 이역李懌에게 돌아갔으므로, 모든 신하들이 대비의 뜻을 받들어 진성대군을 맞아 대통을 잇고자 하오니, 청컨대 명을 내리소서.' 하니,

대비는 전교하기를 '나라의 사세가 이에 이르렀으니 사직을 위한 계책이 부득이하다. 경 등이 아뢴 대로 따르리라.' 하였다.

유순정이 전지를 받들고 즉시 중종의 사제로 가서 아뢰니, 중종이 굳이 사양하기를 '조정의 종묘사직을 위한 큰 계책이 진실로 이러해야 마땅하나 내가 실로 부덕하니 어떻게 이를 감당하겠는가.' 하고, 재삼 거절한 뒤에야 비로소 허락하였다.
유순정이 호종 시위하여 경복궁에 들어가니, 길에서 우러러보는 백성들이 모두 눈물을 흘리며 모두들 '성군을 만났으니 환란 속에서 벗어나게 되었다.'고 하였다.

오후 4시에 근정전에서 즉위하여 백관의 하례를 받고 대사면령을 전국에 내렸으며, 대비의 명에 의하여 전왕을 폐위 연산군으로 강봉하여 교동에 옮기고, 왕비 신씨를 폐하여 사제로 내쳤으며, 세자 이황 및 모든 왕자들을 각 고을에 유배시키고, 전비·녹수·백견을 군기시 앞에서 베니, 서울 사람들이 다투어 기왓장과 돌멩이를 그들의 국부에 던지면서 '일국의 고혈이 여기에서 탕진됐다.'고 하였는데, 잠깐 사이에 돌무더기를 이루었다.

공훈 책정을 논하게 하자, 박원종 등이 여러 종실·재상들과 공을 나눔으로써 뭇사람의 마음을 안정시키려 하니, 처음부터 모의에 참여하지 않은 유순 등 수십 인이 다 정국공신에 참여되었다. 당초에 박원종 등이 돈화문 밖에 모여 유순에게 사람을 보내어 부르니, 유순이 변이 있는 줄 알고 어찌할 바를 몰라 나와 문틈으로 엿보다가 도로 들어가기를 너덧 차례나 하였으며, 또 문틈으로 말하기를 '나는 사람들이 많은 곳에서 죽고 싶지 않으니, 이번 일이 가하오. 마음대로 하오.' 하고, 오랫동안 다른 일이 없음을 알고서야 나왔다. 그리고 구수영은 당초 박원종 등이 거사했다는 말을 듣고, 즉시 훈련원에 달려가 제장들을 보았다. 여러 장수들이 서로 돌아보며 놀랐지만, 벌써 몸바치기를 허하였으므로, 마침내 논공행상에 참여할 수 있었다.

이때 귀양간 유빈·이과·김준손 등은 무리들을 불러 모아 전라도에서 거병하기로 하고, 조숙기 등은 또한 경상도에서 거병하기로 의논하여, 모두 중종을 추대하려 하였다가 주상이 이미 즉위했다는 말을 듣고 곧 중지하였다.

처음에 왕이 백관에게 충忠 자·성誠 자를 새겨 사모의 앞뒤에 붙이게 하였으니, 대개 충성으로써 채찍질로 격려하려 한 것이요, 모든 유행(遊行 : 각처로 다님)과 출입을 행행(行幸 : 대궐밖 출입)이라 일컬음을 금하고 거동이라 하게 하였으며, 또 흥청을 설치하되 기필코 1만 명을 채우려고 했었는데, 교동으로 폐하여 추방되어 가시 울타리 안에 거처하게 되자 백성들이 왕을 뒤쫓아 원망하여 속된 노래를 지어 부르기를,

충성이란 사모요
거동은 곧 교동일세
일 만 흥청 어디 두고
석양 하늘에 뉘를 좇아 가는고
두어라 예 또한 가시의 집이니
날 새우기엔 무방하고 또 조용하지요

하였으니, 대개 사모紗帽와 사모詐謀, 거동舉動과 교동은 음이 서로 가깝고, 방언에 각시와 가시는 말이 서로 유사하기 때문에 뜻을 빌어 노래한 것이다.

폐비 신씨는 어진 덕이 있어 화평하고 후중하고 온순하고 근신하여, 아랫사람들을 은혜로써 어루만졌으며, 왕이 총애하는 사람이 있으면 왕비가 또한 더 후하게 대하므로, 왕은 비록 미치고 포학하였지만, 매우 소중히 여김을 받았다. 매양 왕이 무고한 사람을 죽이고 음난, 방종함이 한없음을 볼 적마다 밤낮으로 근심하였으며, 때론 울며 간하되 말 뜻이 지극히 간곡하고 절실했는데, 왕이 비록 들어주지는 않았지만, 그렇다고 성내지는 않았다. 또 번번이 대군·공주·유모·노복들을 경계하여 타일러 함부로 방자한 짓을 못하게 하였는데, 이때에 이르러서는 울부짖으며 기필코 왕을 따라 가려고 했지만 되지 않았다.

– 연산일기 12년 9월 2일 –

중종반정이 있자 온 나라 사람들이 메아리처럼 호응하고 만인의 마음이 일치되어 흉악한 무리만 처벌하고 무고한 사람을 한 명도 죽이지 않으

니, 조정과 재야가 깨끗해져 신神과 사람이 안정되었다.

이에 비록 변방의 백성이나 미천한 노예들도 박원종의 성명을 칭송하여 입에서 떠나지 않고 있는가 하면, 혹은 박야朴爺로 부르면서 '박야가 아니었으면 내가 죽은 지 오래 되었을 것이라'고 말하였다.

임금이 박원종의 공훈을 제일로 기록하고 병충분의 결책익운 정국공신의 호칭을 하사함과 아울러 1506년 중종 1년 9월에 의정부 좌참찬으로 임명하였다가 2, 3일 만에 대광보국 숭록대부의 품계로 올려 9월 13일에 우의정 겸 영경연사 감춘관사에 임명하고 평성 부원군으로 봉하니, 박원종이 사양하기를, "삼정승은 임무가 중하므로 신 같은 무인이 앉을 자리가 아닙니다." 하고 날마다 두서너 번 아뢰면서 굳이 사양하고 취임하지 않았으나 주상이 돈독히 유시하였으므로 취임하였고, 10월 11일에 좌의정으로 승진하였다. 10월 19일에는 공로로 재산을 하사하니 박원종·유순정·성희안·유자광이 사양하였다.

박원종·유순정·성희안이 아뢰기를, "이제 듣건대, 신들이 받은 집은 아울러 재산까지 내린다 하시니, 신 등이 입은 성은이 이미 무거운데, 어찌 감히 거듭 받겠습니까? 물의를 일으킬까 두렵습니다." 하였다.
성희안이 독대하여 아뢰기를, "계책을 정할 때 천명과 인심이 모두 한곳으로 돌아가는 데가 있어서 비록 한 동자로써 몰아갔더라도 일을 곧 성취할 수 있었을 것입니다. 창졸간에 한번 외치자 유식한 사람이나 무식한 사람이나 모두 팔을 걷어붙였으니, 어찌 어떤 사람의 공은 크고 어떤 사람의 공은 작았다고 하겠습니까?

신이 받은 집은 극히 웅장하고 사치스러워 신하로서 편안히 거처할 곳이 아니어서 마음에 항상 감격하고 두려웠는데, 이제 또 재산까지 아울러 받는다면 물의가 신을 어떠한 사람이나 할지 모르겠습니다. 너무나 황공하여 몸둘 곳이 없으니, 이 명을 거두시기를 빕니다." 하였다.

유자광은 한참만에 아뢰기를, "신의 뜻도 또한 세 사람과 같습니다." 하니, 전교하기를, "경 등은 큰 공이 있는데 그 누가 의심하여 의논하랴?" 하였다.

- 중종실록 1년 10월 19일 -

1507년[41세] 중종 2년 봄에 김공저 등이 '조정의 정사를 어지럽힌다.' 는 명목을 들어 박원종을 해치려고 모의하였다가 처형되었다. 박원종은 '명망을 쌓지 않고 정승의 자리에 앉은 바람에 인심에 차지 않아 간계를 초래하였다.'고 여기어 상소를 올려 물러가겠다고 간곡하게 요청하였으나, 주상이 비답을 내려 윤허하지 않았다. 가을에 이과李顆를 국문하는 옥사에 참여하였고 그 공로로 추성 보사 우세 정난공신 1등의 호칭을 받았다.

1508년[42세] 중종 3년 4월에 연경에 가서 황제에게 고명[92]을 하사한 것을 사례하고 돌아와 염치없이 정승의 자리에 오래 있었다는 이유로 상소를 올려 물러갈 것을 청하니, 주상이 또 비답을 내려 윤허하지 않았다.

1509년[43세] 중종 4년 윤 9월 27일에 영의정으로 승진하여 영경연 홍문관 예문관 춘추관 관상감사를 겸임하였다. 박원종이 의정이 된 뒤로 상소나 구두로 사양한 바가 한두 번이 아니었는데, 수상에 임명되자 더욱 스스로 우려하여 수일간 대궐 앞에 엎드려 사양하고 또 상소를 올려 충심을 피력하였으나 결국 승낙받지 못하고 말하기를, "대신이 상소를 올려 사직하면 관례에 따라 비답을 내리는데, 우대하는 말이 많았다. 나처럼 보잘것없는 자는 더욱더 감당할 수 없다." 하고 이에 조그만 종이에다 소회를 기록하여 왕명을 출납하는 자의 망각에 대비하였다.

---

92) 중종등극 승인

그 조목이 여섯 가지였는데, 말뜻이 절실하여 사람들이 말하기 어려운 것이 있었다. 주상이 말하기를, "경이 수상이 된 것은 나라의 여론이 모아졌기 때문이다. 그런데 경이 기어코 물러나려고 하니, 나는 그 연유를 모르겠다."고 하자, 박원종은 겨울에 다리에 부종이 나서 봄철 내내 낫지 않았다며, 음식과 잠자리는 심하게 지장을 받지 않아 조회를 거르지 않았지만 벼슬을 그만두고 요양하고자 한다며 물러날 것을 간청하였다.

1510년[44세] 중종 5년 3월 6일에 비로소 영의정 직에서 사직의 윤허를 받고 평성부원군에 봉해졌으나 병이 여전히 낫지 않다가 4월에 이르러 더 심해졌다. 주상이 내의를 보내어 간병하게 하고, 또 승지를 보내어 무슨 말을 하고 싶은지 물어보니, 박원종이 병을 참고 일어나 사례하며 말하기를, "주상께 어찌 말할 만한 것이 있겠습니까? 만 다만 인재를 아껴야 할 것입니다." 하고 말을 마치자 기가 다하여 인사불성이 되었다가 이날 밤 4경에 세상을 떠났는데, 때는 4월 17일이었고 향년은 44세였다.

박원종의 부음을 아뢰자 주상이 매우 슬퍼하면서 3일간 조회를 중지하고 관례보다 더 후하게 부조를 하사하였다. 그리고 별도로 승지를 보내어 제사를 드리고 무열武烈의 시호를 내렸다. 선비와 서민들이 도로에서 서로 애도하였고 조문하는 백관들이 너나없이 슬퍼하고 애석해하면서 하늘이 빨리 공을 데려간 것을 원망하였다.

박원종의 졸기

1510년[44세] 중종 5년 4월 17일 평성 부원군 박원종이 졸하였다.

승정원에 전교하기를, "지금 평성의 죽음을 들으니 애통함을 이기지 못하겠다. 예전에 대신이 죽으면 친림하여 조상하였는데, 고금이 비록 다르나 원훈 대신이니 곡하는 것이 어떠한가를 의정부에 물으라." 하자.

영의정 김수동이 아뢰기를, "박원종의 죽음은 신 등도 애통하고 아깝게 여깁니다. 성종조에 대신의 죽음으로 인하여 곡하고자 하였으나 상전이 계시므로 행하지 않았습니다. 지금 역시 상전이 계시고 또 출근하는 때를 당하여 흉사를 거행하지 않는 것이 예전 예입니다. 이것이 아름다운 일이기는 하나 이때에는 불가합니다." 하니, 전교하기를, "성종조 일은 나도 들었으나, 내뜻이 그러하기 때문에 물은 것이다." 하고, 고기 반찬을 들지 않고 무릇 부의하는 은전을 보통 예보다 갑절이나 더하였다.

박원종은 순천사람이며, 무과로 입신했는데 풍모와 자태가 아름다웠고, 연산 말년에 직품이 정2품에 이르렀다. 박원종의 맏누이는 월산대군 이정의 아내로 연산이 간통하여 늘 궁중에 있었는데, 연산이 특별히 박원종에게 숭정대부의 품계를 주니 박원종이 분히 여겨 그 누이에게 말하기를 '왜 참고 사는가? 약을 마시고 죽으라.' 하였다.

박원종이 국사가 어찌할 수 없음을 보고 일찍이 엎드려 세상을 굽어보고 하늘을 우러러 보며 탄식하였는데, 한번 성희안의 말을 듣고 임금을 폐립할 결심을 하였다. 거사를 하자 나라 사람들이 모두 말하기를 '의논을 주장한 이는 반드시 박원종일 것이다.' 하였다.

1507년 여름에 조정에서 유자광을 논쟁 배척하니, 유자광이 박원종에게 기대어 원조를 얻고자 하여 편지로 두려워 동요하게 하기를 '나와 공은 모두 무인으로서 높은 벼슬에 올랐으므로 문사들이 좋아하지 않는 자가 많다. 입술이 없어지면 이가 시린 것이니 내가 쫓겨나면 다음에는 공에게 미칠 것이다.' 하였다. 박원종이 웃고 대답하기를 '조정이 이를 간 지가 오래니, 공이 일찍 물러가지 못한 것이 한스럽다.' 하니 유자광의 간담이 부숴졌다.

삼정승이 되자 자기는 무인이라 하여 간곡히 사양하였고, 병이 급하여지자 주상이 승지를 보내어 '하고 싶은 말이 있는가?' 물으니 박원종이 일어나 앉아 사례하기를 '주상께서 인재를 아끼시기를 원할 뿐입니다.' 하였다. 그러나 배우지 못하여서 학술이 없고 참소하는 말을 믿었다.

일찍이 어떤 사람이 고하기를 '여러 문인들이 박원종을 논박하려 하고 또 공훈이 있는 사람을 없애려고 꾀한다.' 하니, 박원종이 그 말을 믿고 문인을 모조리 제거하려 하다가 처가 인척인 김세필이 힘써 변호하여 그만두었다. 성질이 또 이기기를 좋아하여 임금 앞에서도 얼굴빛에 나타내는 것을 면치 못하였다. 뇌물이 사방에서 모여들고 남에게 주는 것도 마땅함을 지나쳤다. 연산이 쫓겨나자 궁중에서 나온 이름난 창기들을 많이 차지하여 후비를 삼고 별실을 지어 살게 했으며, 거처와 음식이 참람하기가 한도가 없으니, 당시 사람들이 그르게 여기었다. 시호를 무열武烈이라 주었다.

[승진과정]

음서직으로 무반에 임용. 호군

1486년[20세] 성종 17년 선전관, 무과 급제. 선전내승

1490년[24세] 성종 21년 8월 훈련원 첨정, 부정. 선전내승 겸임

1492년[26세] 성종 23년 8월 승정원 동부승지. 통정대부 승진.

9월 공조참의

10월 대사헌이 박원종의 자리를 바꿀 것을 상소하다.

1493년[27세] 2월 병조참지 연임.

1495년[30세] 연산 원년 경상좌도 병마절도사. 2월 첨지중추부사

1498년[32세] 연산 4년 이조참의, 병조참의, 동부승지, 좌부승지

1500년[34세] 연산 6년 2월 평안도 병마절도사. 동지중추부사.

5월 겸 부총관 6월 한성부 우윤겸 도총부 도총관

1502년[36세] 연산 8년 2월 평성군. 6월 특지로 강원도 관찰사

1503년[37세] 연산 9년 평성군 겸 동지의금부사

1504년[38세] 연산 10년 봄 부친상

1505년[39세] 연산 11년 특지로 동지중추부사. 정헌대부로 승진.

10월 임금이 사냥할 때 군사가 도착하지 아니하여

늦추기를 청한 대장 박원종을 국문하게 하였다.

1506년[40세] 연산 12년 지중추부사. 경기 관찰사 겸임

1506년[40세] 연산 12년 9월 2일 중종반정. 연산군을 교동현에 옮겼다

1506년[40세] 중종 1년 9월 의정부 좌참찬, 대광보국 숭록대부

9월 13일 우의정 겸 영경연사 감춘관사, 평성 부원군.

10월 11일 좌의정

1507년[41세] 중종 2년 정난 공신 1등

1508년[42세] 중종 3년 4월에 중국 사신으로 가서 고명 사례를 하다.

1509년[43세] 중종 4년 윤 9월 27일에 영의정.

영경연 홍문관 예문관 춘추관 관상감사 겸임

1510년[44세] 중종 5년 3월 6일 영의정 사직. 평성부원군

1510년[44세] 중종 5년 4월 17일 평성부원군 박원종이 죽다.

42. 김수동金壽童

연산의 총애를 받았으나 시류를 잘 타다

생몰년도 1457(세조 3)~1512(중종 7) [56세]
영의정 재직기간 (1510.3.6~1512.7.7) (2년4개월)

본관	안동安東
자	미수眉叟
호	만보당晚保堂
시호	문경文敬
공훈	정국공신 2등
묘소	경기도 포천군 내촌면 음현리
기타	연산의 총애를 받음, 민첩한 행동으로 시류를 잘 탐

고조부	김사형金士衡	– 개국1등공신, 좌정승
증조부	김승金陞	– 동지밀직사사
조부	김종숙金宗淑	– 동지중추부사
부	김적金磧	– 형조판서
모	안질安質의 딸	– 동부승지
백부	김질	– 사육신 밀고, 좌의정
아들	김혼金渾	– 부사용副司勇

영의정이 된 근원 – 중종반정에 가담한 정국 2등공신

김수동의 자는 미수眉叟이고, 호는 만보당晩保堂으로 본관이 안동이다. 증조부는 동지중추부사를 지낸 김승으로 개국공신 상락부원군 김사형의 아들이다. 조부는 동지중추부사를 지낸 김종숙이고, 아버지는 첨지중추부사를 지낸 김적이다.

김수동은 어릴 때부터 온화하며 명석하고 영리하여 뛰어난 기질이 있었다. 5세에 아버지를 잃었는데, 7세 때 글을 배워서 문장을 지으니, 사람들이 그 빼어남을 기특히 여겼고, 백부 김질이 매우 귀히 여기고 말하기를, "이 아이는 세업을 실추시키지 않고 장차 우리 가문을 다시 크게 일으킬 것이다." 하였다. 또한, 예서에 능하여 표문·주문 등 외교문서를 잘 쓰는 것으로, 동료들이 모두 높이 평가하여 재주의 첫째로 삼았으므로, 통정대부에 오를 때까지 늘 승문원의 벼슬을 겸직하였다.

1474년[17세] 성종 5년 생원시에 합격하였고, 1477년[21세]에 식년시 문과에 병과로 급제하여 예문관 주서·홍문관 정자·사인을 거쳐 장령에 올랐다. 연산군이 즉위하자 홍문관으로 자리를 옮겨 전한·직제학·부제학을 역임하였다.

1497년[41세] 연산 3년에 정3품 동부승지에 올랐다가, 이듬해 좌승지를 거쳐, 여름에 외직인 전라도 관찰사를 역임하고 예조참판이 되어 돌아왔다. 이듬해에 성절사로 명나라에 가서 『성학심법』네 권을 구해 왔다. 그 후 경상도 관찰사·이조참판·경기 관찰사·형조판서 겸 지춘추관사, 제학 등의 요직을 두루 역임한 후, 1504년 47세에 이조판서에 올랐다.

이 해 갑자사화가 일어나니 폐비 윤씨의 회릉추숭을 주장하고, 시행하여 연산군의 신임을 받아 정헌대부로 승급되었다. 1506년[50세] 모친상을 당해 사직하고 물러났으나, 왕의 명으로 상례 기간을 줄여 3개월 만에 우의정에 부임하였다.

이 때 중종반정이 일어나니, 모의과정에 참여하여 좌의정에 오르고 정국공신 2등에 책록되어 영가부원군에 봉해졌다. 사림들로부터 연산군에게 충성을 했다고 비난받았으나, 1510년[54세] 영의정에 올랐다.

김수동의 총명하고 민첩한 자질과 단정하고 근신한 성품은, 학문으로 나타나고 정사를 잘 베풀었다. 큰 일과 작은 일을 가리지 않고 자신을 돌보지 않았으니, 요직에 출입하여 인망이 무겁고 명예가 높았다. 연산군 시절 국운이 어지러워지고 종묘·사직이 의지할 데를 잃어 갈 때, 김수동이 임금을 받들어 위난을 바꾸고 안정시켜 많은 문신들의 화를 면하게 하였다. 시호는 문경文敬이다. (한국민족문화 대백과, 한국학 중앙연구원)

연산의 총애를 받았던 김수동

1482년[26세] 성종 13년 6월에 세자시강원 사서를 지내면서 연산과 가까워지는 계기가 되었다.

1496년[40세] 연산 2년 특별히 세 품계를 승급하여 7월에 홍문관 직제학이 되었고, 8월에 부제학으로 승진하였으며, 1497년[41세] 2월에 정3품 동부승지에 오르고, 여러 번 승급하여 1498년 2월에 좌승지가 되고 가선대부로 승품되었다. 1499년[43세] 1월 연산군은 특별히 동궁시절 서

연관의 명단을 제출하라 하였는데 김수동을 생각해서였다.

옛날 동궁의 소속들을 써서 아뢰도록 명하였다. 왕이 동궁에 있을 적부터 학문의 강독을 즐겨 하지 아니하였고, 간언을 듣지 않고 자기 생각대로 처리하는 조짐이 말씨와 얼굴에 나타났다. 동궁 소속 중에 굳세고 강직한 이가 이를 바로잡아 간접적으로 깨닫게 간하면 곧 얼굴을 찌푸렸다. 조지서·황계옥·이거·정여창 등을 늘 좋아하지 않았고, 김수동의 사람됨을 매우 좋아하였다. 즉위한 후, 일찍이 세자 때 서연을 모시던 사람이 말하기를, "왕이 김수동을 좋아함은 다른 관원과는 다르니 그는 멀지 아니하여 발탁될 것이다." 하였는데, 얼마 되지 아니하여 그렇게 되었다.

– 연산일기 5년 1월 11일 –

1502년[46세] 연산 8년 6월에 특지로 경기관찰사가 되었고 이듬해 연산 9년 3월에 특별히 자헌대부에 승급하여 형조판서 겸 홍문관제학 지춘추관사에 제수되었다. 이때 연산군의 생모 폐비 윤씨를 왕후로 추존하고, 윤씨의 무덤인 회묘를 회릉으로 높이자는, 회릉 추숭론을 주장하고, 이를 성사시켜 연산군의 신임을 얻었다.

1504년[48세] 연산 10년 5월에 정헌대부 이조판서에 제수되어 지의금부사·도총부 도총관도 겸직하였다. 연산군이 생모의 죽음에 관련된 대신들을 처형하여 갑자사화로 조정이 온통 아수라장이 되었으나, 이조판서 김수동은 기민한 처신으로 벼슬이 자꾸만 높아져 갔다. 1504년 여름에 정헌대부에 승급되고, 겨울에 숭정대부에 승급되었다.

1505년[49세] 연산 11년 1월에 겸 지춘추관사를 맡았고, 2월에 이조판서직을 사직하니, 명하기를, "어진이를 버리고 간사한 자에게 맡기는 것은 내가 취하지 않는 바이다." 며 반려하였다. 가을에 숭록대부에 오르고 의정부 우찬성에 제수되어 이조판서를 겸직하였다. 이 무렵 임금의 마음이 광포해지고 조정이 문란하였거니와, 갑자년 여름부터는 죄의 그물망이 넓어져서 벗어나는 사람이 드물었다. 언사가 엄정한 대신과 대간을 벌주어 거의 다 죽이고 귀양 보내어 천한 백성일지라도 당시에 금하는 것을 조금만 저촉하면 모두 죽여서 뭇사람에게 내다 보였으므로, 사람들이 어쩔 줄을 몰라하고 두려워하며 기다릴 뿐이었다. 이때 김수동은 추국관이 되어 가급적 너그럽게 하기를 힘써서 김수동에게 힘입어 목숨을 부지한 자가 또한 많았다.

1506년[50세] 7월에 연산은 김수동을 우의정에 제수하면서 전교를 내렸는데, 살인광풍을 일으키던 연산도 김수동에 대한 믿음이 깊었음을 알 수 있다.

전교하기를, "하늘의 도는 지극히 공평하여 비와 이슬의 혜택이 누구에게나 다름이 없는 것이지만, 그러나 그 사이에 여기는 비오고 저기에는 가물어 만물의 번성함과 쇠퇴함이 갈라지는 것이니, 만물이 어찌 이것으로 하늘을 원망할 수 있으리오. 임금이 벼슬과 상을 주는 것도 비유하면 천도와 같아, 올리고 내리며 주고 빼앗음이 한결같이 임금에게서 나오는 것이니, 은혜를 입은 자는 의당 감격해야 하는 것이요, 은혜를 입지 못했을지라도 의당 그대로 받아들일 뿐이어야지 어찌 털끝만치라도 불만이 용납될 수 있으리오. 내가 듣건대, 전일 성준이 의정이 되었을 때 이극균이 자기보다 먼저 된 것을 분하게 여겨, 이 때문에 성준이 원망하여 말에 나타나기까지 하였다 한다. 무릇 윗사람이 아랫사람에게, 이 사람한테서 빼앗아 저 사람에게 주더라도 감히 원망이나 분을 품지 못하는 것인데, 하물며 벼슬과 상은 임금의 관직임에랴. 근래에 김수동이 의정이 되었는데, 전에 김수동보다 윗자리에 있던 사람일지라도 이같은 마음을 가져서는 안 될 것이니, 백관에게 깨우치라." 하였다.
— 연산일기 12년 7월 25일 —

김수동의 졸기

1512년[55세] 중종 7년 7월 7일 영의정 김수동이 졸하였다.

김수동은 성품이 단정 정중하고 온아하며, 젊어서부터 글에 평판이 있었고 예서를
잘 썼으며 또 정사에 숙달했다. 연산군 때에 우의정이 되었는데 갑자사화를 당하여
선비들이 거의 다 주륙을 당하게 되었을 때 김수동이 그 사이에서 주선하여 온전히
살아나게 된 사람이 또한 많았다. 반정한 뒤에 또한 수상이 되었으나, 병이 있으므로
청하여 그 녹봉을 사양하였으니, 그의 근신함이 이와 같았다. 그러나 기개와 절조가
모자라고 일을 드러내서 밝힌 것이 없다. 시호를 문경文敬이라 하였는데, 일을 하여
사리에 맞는 것이 문文이요, 낮이나 밤이나 경계한 것이 경敬이다.

사관은 논한다. 김수동이 연산군 말년에 어머니의 상사를 당하여, 단상하는 제도에
따라 평복으로 벼슬하였고, 반정한 뒤에도 편안히 조정에 나와 나라 일을 의논하고,
담소하기를 전과같이 하여 조금도 슬퍼하는 기색이 없었고, 열흘이 되어도 사직하지
않았었다. 공훈록에 참여하여서는 제 아제비 김무와 아우 김수경을 공훈록에 기록
되게 하고서야 비로소 사직을 청하였다. 대신들이 김수동의 뜻을 알아차리고 상중
에 벼슬하기를 청하였는데, 유자광이 홀로 '전쟁이 있지 않은데 상중에 벼슬함은 불
가하다.'고 하여, 주상이 유자광의 의논을 따르므로, 김수동이 부득이하여 물러갔다.
아아, 정국1등공신은 무관으로서 비록 억지로 당시의 제도를 따랐으나, 반정하는 날
에 즉시 집으로 물러가 거상하였는데, 김수동은 한 때의 명망을 지녔던 자로서 절조
에 있어서 이러하였으니, 어찌 무관의 죄인이 되지 않겠는가.

[승진과정]

1474년[17세] 성종 5년 생원시 합격
1477년[21세] 성종 8년 식년시 문과 병과 급제. 권지 승문원 부정자.
　　　　예문관 검열
1478년[22세] 성종 9년 6월 홍문관 정자. 겸 승문원
1479년[23세] 성종 10년 승정원 주서, 군기시 주부, 사헌부 감찰
1482년[26세] 성종 13년 6월 예조좌랑·호조 좌랑, 세자시강원 사서
1483년[27세] 성종 14년 11월 홍문관 부수찬.
1484년[28세] 성종 15년 11월 홍문관 수찬
1485년[29세] 성종 16년 9월 검토관
1486년[30세] 성종 17년 3월 사간원 정언, 수찬
1488년[32세] 성종 19년 교리
1489년[33세] 성종 20년 이조정랑, 의정부 검상, 사인
1491년[35세] 성종 21년 가을 모친상, 사도시 첨정
1493년[37세] 성종 23년 10월 사헌부 장령 겸 세자시강원 필선
1494년[38세] 성종 24년 겨울 성종 승하
1495년[39세] 연산 1년 명나라 문례관. 5월 홍문관 전한, 직제학
1496년[40세] 연산 2년 특별히 세 등급 승급, 7월 홍문관 직제학,
　　　　8월 홍문관 부제학
1497년[41세] 연산 3년 2월 동부승지
1498년[42세] 연산 4년 2월 좌승지, 가선대부로 승급
1498년[42세] 연산 4년 7월 전라도관찰사, 10월에 예조참판 겸
　　　　동지춘추관사, 가정대부로 승급
1499년[43세] 연산 5년 4월 중국 명나라 성절사 9월 경상도 관찰사
1500년[44세] 연산 6년 6월 병으로 경상도 관찰사 사직, 동지중추부사
1501년[45세] 연산 7년 형조 참판, 5월 이조 참판
1502년[46세] 연산 8년 6월 특지로 경기 관찰사
1503년[47세] 연산 9년 3월 특별히 자헌대부에 승급, 형조 판서 겸
　　　　홍문관 제학 지춘추관사,
　　　　폐비윤씨 회능 추숭론을 주장 연산군의 신임
1504년[48세] 연산 10년 5월 정헌대부 이조판서, 지의금부사 겸
　　　　도총부 도총관

1504년[48세] 여름 숭정대부에 승급
1505년[49세] 연산 11년 1월 겸지춘추관사. 2월 이조판서 사직.
　　　　　　가을 숭록대부 승급. 의정부 우찬성. 이조판서를 겸직
1506년[50세] 연산 12년 2월 계모상. 5월 우찬성. 7월 우의정
1506년[50세] 중종 즉위년 9월 2일 중종 즉위 9월 6일 좌의정.
　　　　　　9월 13일 영가 부원군
1508년[52세] 중종 3년 10월 겸 판의금부사. 겸 영경연사
1510년[54세] 중종 5년 3월 6일 영의정
1512년[56세] 중종 7년 봄에 병에 걸려 사직하였으나 윤허되지 않다.
1512년[56세] 중종 7년 7월 7일 영의정 김수동이 죽다.

43. 유순정柳順汀
문무 겸비한 인재, 사림파로 공신에 들다

생몰년도 1459년(세조 5) ~ 1512년(중종 7) [54세]
영의정 재직기간 (1512.10.7~1512.12.20) (2개월)

본관	진주晉州
자	지옹智翁
시호	무안, 문성
공훈	중종반정 정국 일등공신
묘소	서울시 구로구 오류동 안오류골
초상화	경기도 용인시 모현면
기타	점필재 김종직의 문인으로 무오사화를 빗겨가다.
	문관이면서 띄어난 무재실력을 인정받은 인재

증조부	유이柳怡	– 형조참의
조부	유자해柳子偕	– 지돈녕부사
조모	영의정 심온의 딸	
부	유양柳壤	– 광주목사, 세종대왕과 이종사촌
모	정집의 딸	
처	권효충의 딸	
장남	유홍柳泓	– 동지중추부사겸 부총관
2 남	유자柳滋	– 선전관

영의정이 된 근원 – 중종반정 정국공신

유순정의 자字는 지옹智翁으로 본관은 진주이다. 증조부 유이는 형조 참의를 지냈고, 조부 유자해는 지돈녕부사를 지냈으며, 아버지는 광주목 사를 지낸 유양으로 세종대왕과 이종 사촌간이다. 어머니 정씨는 집현전 부수찬 정집의 딸로 1459년 세조 5년에 유순정을 낳았다.

유순정은 천성이 침착하고 후덕하며 너그럽고 온화하여 어릴 때부터 책을 권하지 않아도 글읽기를 좋아하였고, 장성하여서는 문장이 넓고 깊었다. 일찍이 김종직 문하에서 수업하면서 많은 천거를 받았다.

이후 재주가 나날이 진전되었고, 원숭이 같이 팔이 길어 활쏘기를 잘하여, 백근이나 되는 활을 당기니 무인으로서 용맹하다고 하는 이도 감히 경쟁하지 못하였으나, 유순정은 그 재능을 내세우지 아니하였다.

사마시에 합격하여 성균관 생활을 하면서 그 재능과 명성을 더욱 떨쳤다. 요직에 있는 어떤 사람이 성종에게 추천하여 선전관에 제수하려 하였으나 유순정은 응하지 않았다.

김종직의 문하에서 학업을 닦고 활을 잘 쏘아서 무인 중에서도 비교할 자가 드물었다. 1487년[29세] 성종 18년 별시 문과에 장원급제하여 성균관 전적으로 임명되었다. 그 뒤 훈련원 정으로서 전라도 지방에 침투한 왜적을 수색하고, 포획하는 데 힘썼고, 1491년[33세] 함경도 평사로서 도원수 허종의 막료가 된 뒤 평안도 평사를 역임하였다.

1494년[36세] 연산군이 즉위하자 사헌부 헌납으로서 임사홍의 잔악함을 논박하고, 평안도 절도사 전림의 권력 남용을 추궁하는 한편, 야인 문제에 대한 대책을 올리기도 하였다. 그 뒤 홍문관 교리가 되었는데, 문신으로서의 활 솜씨가 돋보여 특별히 부응교에 임명되었다.

이어 집의를 거쳐 의주목사로 부임하여 압록강 연안의 야인을 정벌할 때 도원수의 종사관으로 적정 탐지에 공을 크게 세웠다. 1503년[45세]에는 공조참판으로서 명나라 하정사가 되어 중국에 다녀왔으며, 이듬해 평안도 관찰사가 되었다. 이 때 연산군에게 밤사냥 놀이의 지나침을 진언했다가 임사홍의 모략으로 추국당하였다.

1506년[48세] 이조판서로서 박원종·성희안 등과 함께 중종반정을 모의하고, 거사에 참여하여 그 공으로 정국공신 1등에 책록되고, 청천부원군에 봉해졌으며, 숭정대부에 올랐다.

일찍이 박원종·성희안 두 공신과 말하기를, "우리들이 지금 비록 거사에 성공하였으나 일이 안정된 후는 모든 처리를 일체 조정에 되돌리고 우리들은 관여하지 말아야 한다." 고 하였다.

반정이후 병조판서로서 영경연사를 겸임해 폐지한 경연 부활에 앞장섰다. 1506년[48세]에 우의정으로 승진하고 병조판서를 겸임하였다.

1507년[49세] 이과 등이 견성군을 추대해 역모를 꾸미자, 이를 처리한 공로로 정난공신 1등에 다시 책록되었다. 이듬해 평안도 인산·강계에 둔전을 설치해 군수품을 강화하였다.

1509년[51세]에 좌의정이 되어 박영문·유담년을 포도대장으로 삼아, 당시 경기도 인천·김포·통진 일대에 횡행한 강도를 처리하고 유민의 안 집책을 마련하기도 하였다.

1510년[52세] 경오왜변이 일어나자 도체찰사가 되어 병사를 총괄하였 으며, 다시 도원수로서 현지에 출동해 삼포의 난을 평정하고, 각 포의 왜 구대비방략을 마련하였다. 1512년[54세] 대간들로부터 재물을 축적했다 는 탄핵을 받았으나 오히려 군공을 인정받아 영의정에 올랐다. 2개월 후 병으로 죽자 문정文定이라는 시호가 내려졌으며 이후 성렬成烈로 고쳐졌 다. 중종의 묘정에 배향되었다.

경전과 사기에 널리 통달하였으며, 시문은 웅장 호방하였고 사륙문이 특히 훌륭하였다. 성품이 화려함을 좋아하지 않았고 만년에는 더욱 공 손하고 검소하여 재산은 모으는데 일삼지 않았고 만일 남는 것이 있으면 일찍이 친우에게 베풀어주고 빈 것 같았으며, 비록 지위는 신하로서 극도 에 이르렀지만 마음은 늘 즐겁지 못하여 어떻게 하면 무거운 짐을 벗어버 리고 여유있게 즐기며 남은 날을 마칠 수 있을까?를 생각하였다 한다.

(한국민족문화 대백과, 국역국조인물고, 유순정 편)

문관이면서 무관 징수로 추천받았던 문무겸비한 인재

1490년[32세] 8월에 의정부 당상관 이상·무신 재상 등이 추천한 장래 의 장수 27인의 명단에 포함되었다.

영돈녕 이상과 의정부·병조 당상관, 변방 일을 아는 무신 재상 등이 빈청에 나아가 장래의 장수 27인을 뽑아서 아뢰니, 병조에 지시하기를, "이제 장래의 장수로 간택한 훈련원 부정 이영희, 전 부사 김수정 〈중략〉 선전관 정홍손·장정, 전 평사 유순정, 정언 유빈 등은 혹 변방의 수령을 제수하고, 혹 변장의 막료로 차견하며, 혹 대신이 순변할 때에 대행사로 하여서 변사를 갖추어 알고 그 재능을 성취하게 하라." 하였다.

그해 10월에 경차관으로 임명되어 전라도로 가 해적을 사로잡아 목을 베고 변방의 백성을 편안하게 하고 돌아오니 수찬에 승진되었다.

1491년[33세] 성종 22년에 북쪽 오랑캐가 변방을 침입하니 임금은 우의정 허종을 북정 도원수로 삼아 그 죄를 묻게 하니, 허종은 유순정을 뽑아 막료로 삼고 소중히 여기며, 항상 말하기를, "후일에 세상을 구제하고 백성을 편안하게 할 재상은 반드시 이 사람이다." 하였다.

1492년[34세] 대신들이 차례로 입을 열어 임금께 추천하기를, "유순정은 문무를 겸한 재목이고 장상의 그릇이니 지금 세상에 견줄 이가 적습니다. 임금께서 어진 인재를 높여 장려하는 시기에 이 사람을 낮은 관직에 오래도록 굽혀 둠은 마땅치 아니하니 바라건대 등용하여 인망에 부응하게 하소서." 하였다. 1493년 11월에 특진관 유자광도 유순정의 특진을 아뢰었다.

유자광이 또 말하기를. "장수의 재질은 얻기 어려운 것입니다. 그런데 유순정은 문과 출신이지만 무사에 능하고 활쏘는 힘이 강하여, 비록 무사라고 하더라도 능히 그보다 뛰어난 자가 없습니다. 그리고 여러 의견이 모두 마땅하게 여기고 있으니 순서에 구애받지 말고 탁용하여 변방 장수의 임무를 맡겨야 할 것입니다. 세조 조에 강효문은 1, 2년 사이에 당상관에 올랐는데, 대저 무사란 젊고 기력이 강할 때 수용해야 할 것이니, 비록 자급이 낮다고 하더라도 순서에 구애받지 말고 탁용해야 할 것입니다. 지금 유순정은 나이가 거의 마흔이니 꼭 쓸 만한 때입니다." 하니.

임금이 말하기를,

"언젠가 우의정도 또한 유순정의 사람됨을 말한 적이 있는데, 과연 문무의 재주를 겸비했다면 마땅히 순서를 뛰어넘어 써야 할 것이다. 그러나 하루아침에 탁용하여 중임을 맡긴다면 혹 교만하고 오만한 폐단이 있을 것이다." 하였다.

- 성종실록 24년 11월 8일 -

1496년[38세] 연산 2년 8월에 영의정이 무사와 문관의 이름을 써서 품계를 올려 탁용하기를 아뢰었다.

영의정 신승선이 무사 장정·이윤종·권중신·유담년·유경·권현령·정은부·허함·남책·박자범·유미·이권·이지 및 문관 유순정·박삼길 등의 이름을 기록하여 아뢰기를,

"이제 만약 서쪽을 정벌한다면 장수될 만한 자가 없는데 위에 적은 사람들은 다 뛰어난 재주이니, 청하옵건대, 품계를 올려 탁용하여 그들 마음을 격려하소서." 하니, 곧 승정원에 명하여 장정 등의 품계를 써서 아뢰게 하였다.

- 연산일기 2년 8월 17일 -

유순정이 훈련원 첨정으로 자리가 옮겨졌는데 그때 관서지방의 변방 백성이 몰래 여진국으로 가서 관서의 산천과 요새를 일러주며 도적질을 하게 되니 여진족이 이를 기회로 기쁘게 여겼다. 이에 조정에서는 현상금을 걸고 사람을 찾았으나, 기꺼이 나서는 자가 없자 여러 대신이 걱정하며 말하기를, "오직 유순정 만이 해낼 수 있다." 하므로, 과연 유순정을 보내니 가서 계책으로 이들을 체포하여 해결하였다.

1498년[40세] 7월에는 영의정 윤필상이 사초 사건 관련자 등의 죄목을 논하여 아뢰었는데 유순정이 이에 포함되었다.

유순정이 변방에서 미처 돌아오지도 못한 채 무오사화를 만났다. 이에

조정에서는 포졸을 출동시켜 찾아가 체포하려는데 유순정은 마침 변방 일을 수행중에 있어 마무리 시점에 왔기 때문에 화를 모면하게 되었으니 이는 유순정에게는 천운이었고 연산에게는 후에 닥칠 재앙의 씨를 자라 나게 한 것이다.

1498년 9월에 홍문관 교리가 되었는데, 연산군이 살곶이에 행차하여 호종한 문신들에게 각각 화살 세 개씩을 주며 작은 표적을 맞히게 하였 는데 유순정만이 두 개를 명중시켰다. 연산군이 기뻐하며 즉시 관서지방 의 공로를 거론하여 두 품계나 차례를 넘어 승급시켜 주었다.

1500년[42세] 5월 영사 이극균이 경변사로 발령되니 유순정을 막료로 발탁 요청하였다.

영사 이극균은 아뢰기를, "정사 일을 보시는 등의 일은 대간의 아뢴 말이 참으로 옳 습니다. 중국에서는 황제가 날마다 조회를 받는데, 만일 하루라도 조회를 폐지하면 사람들이 모두 놀라고 괴이하게 여겼습니다. 부지런히 정사 일을 보시며 여러 신하 들을 접견하소서.
또 역사학은 전대에 행한 일들의 자취를 보는 것으로서 그 지혜와 생각을 감하게도 되고 보태게도 되는 것입니다. 세종께서 일찍이 하교하시기를, '내가 송사에 있어서 더러 결단하기 어려운 곳이 있었는데, 통감강목을 읽는 후로는 환하여 막힘이 없게 되었다.' 고 하시며, 인하여 대신들에게 두루 강목을 하사하시어 모두 읽게 하셨으니, 그 역사학이란 것이 어진 임금 대에 다스려진 시대의 유익함이 이러한 것입니다.

단, 경학經學이란 것은 마음을 다스리는 근본으로서, 경학을 읽으시며 항상 본심을 잃지 않도록 착한 성품을 기르고 성찰하는 공부를 하여 가신다면 임금님의 덕이 날 로 새로워질 것입니다. 옛사람이 이르기를, '3일을 글 읽지 않으면 혓바닥이 굳어진 다.' 하였는데, 학문은 결단코 폐지할 수 없는 것입니다. 또, 세조 조에는 장수가 매우 많았는데 지금은 장수가 너무도 적습니다. 신이 재상의 자리를 채우고 있으니, 인물 을 천거하여 올리는 것이 바로 소임인데, 유순정이 슬기로운 지혜가 있고 또 변방 일을 잘 알아 참으로 쓸 만한 인재이오니, 빨리 발탁하여 등용하소서." 하였다.

- 연산일기 6년 5월 19일-

막료는 모두 당세의 띄어난 인재였으니 이극균은 정책을 논의하는데 있어서는 모두 유순정에게 넘겨주었다.

1501년[43세] 4월 임금이 영의정 한치형 등에게 '적진에 나아가서 굴하지 않을 사람을 뽑으라.'고 아뢰니, 무신 이영산·이윤검·남책·유미·장정·유계종·신공·정은부·조승돈·방윤·정종과 문신 유순정·이수형·윤언함 등을 아뢰었다. 1501년 가을에 평안도 절도사가 되었다.

1502년[44세] 10월에 군사들의 봉급으로 갑옷을 사는 일에 대하여 문제점을 아뢰니 조정에서는 이를 의논하여 유순정이 아뢴 대로 결정하였다.

영의정 윤필상이 의논드리기를, "군사들의 봉급으로 갑옷을 사서 보내주는 일이 온당하지 못하다는 것은 신이 경연에서 이미 아뢰었습니다." 하고, 좌의정 성준은 의논드리기를,

"유순정은 젊었을 때부터 혹은 병마평사가 되고 혹은 종사관이 되어서 그 도에 출입한 지가 오래되었으므로, 군사들의 진정한 소원을 자세히 알고 있을 것이니, 어찌 허망하게 추측해서 아뢰었겠습니까? 유순정이 아뢴 바에 따르소서." 하고, 우의정 이극균은 의논드리기를,

"유순정이 아뢴 바, 봉급으로 갑옷을 사는 일은 허망하게 추측해서 아뢴 것이 아니니, 경솔히 고칠 수는 없습니다. 다만 갑옷을 사고 남는 쌀을 군사들 자신이 와서 가져가는 일은 조옥곤이 아뢴 것이 적당할 것 같습니다. 시가에 따라 면포를 사서 내려 보내면 군사들이 은혜에 감동함이 반드시 깊을 것입니다." 하니, 성준의 의논을 좇았다.

- 연산 8년 10월 19일 -

1509년[51세] 윤 9월 27일에 좌의정 겸 판병조사가 되었다. 연산을 폐

위하고 반정으로 정권을 잡은 터라 병조판서의 자리는 정승 직에 있으면서도 항상 겸하여 따라 다녔다.

1510년[52세] 중종 5년 4월에 삼포의 왜인이 변을 일으켜 제포성을 공격하여 함락하고 변방 장수를 죽이는 등 노략질한 사실이 알려지자 임금이 진노하고 유순정을 추천하여 겸 경상도 도원수로 삼아 진압하게 하였다. 전투용 수레가 출발하자 승전보가 보고되었다. 임금은 남쪽 변방의 소요로 유순정에게 명령하기를 남방을 살펴보고 혁파할 것과 수립할 것을 아뢰게 하였으니 인심을 진정시키려는 것이었다. 유순정이 돌아와 편의책을 아뢰니 임금이 모두 받아들였다. 1511년 10월 18일 대간이 합사하여 이전의 일로 유순정을 탄핵하니 불허하였다.

> 대간이 합사하여 아뢰기를, "유순정의 일은 전에 아뢴 일 뿐만이 아닙니다. 최미동의 손녀를 첩으로 삼았는데, 최미동은 부유한 상인으로 연산조 때 많은 불법을 행했으며, 지금 또 유순정의 세력을 빙자해서 작폐가 심하니, 이 어찌 대신이 할 일입니까. 이 한 가지 일로써도 정승을 파면함이 옳거늘, 하물며 그가 지은 과실이 이렇듯 많은 데 이겠습니까." 하고, 또 이전의 일을 아뢰었으나, 모두 윤허하지 않았다.
> – 중종실록 6년 10월 18일 –

연산군이 강요한 충성 서약문(경서문)

1506년[48세] 연산 12년 7월 유순정이 이조판서로 특진되었고 도총관을 겸하였다. 이때에 연산군은 신분의 위협을 감지했든지 신하들에게 경서문(존경서약문)을 제출하라고 종용하였다. 경서문 속에 유순정의 이름을 빠뜨린 채 바치자 명하기를, "경서문에 이조판서 유순정을 써 넣으라." 하였다. 7월 29일 영의정 유순이 백관을 거느리고 경서문을 올렸다.

왕이 인정전에 납시었다. 영의정 유순 등이 백관을 거느리고 경서문敬暫文을 올리니, 그 글에 이르기를,

"그윽이 생각건대 역경에 이르기를 '하늘은 높고 땅은 낮으니, 건과 곤이 제 자리를 정한다.' 하였고, 또 이르기를 '건은 주관하여 만물을 낳게 하고, 곤은 만물을 성취시킨다.' 하였으니, 그 본체로 말하면 귀하고 천한 것은 바꿀 수 없는 일정한 자리가 있는 것이고, 그 자취로 말하면 양은 베풀고 음은 변하여 음양의 교합으로 만물이 생성되는 것입니다.

오직 사람이 천지와 더불어 병립하여 그 가운데 자리 잡았으므로 이에 군신이 있게 된 것인데, 그 분수가 질서 있고 그 위세가 절연하여 천지가 서로 바꿀 수 없는 것과 같습니다. 그러나 반드시 위 아래가 서로 협력하여 마음이 합하고 뜻이 같아야 정치의 도를 이루는 것이니, 비유하건대, 하늘과 땅의 형체는 서로 합할 수 없지만 기는 만물과 서로 합하여 통하는 것과 같습니다. 대체로 천지의 기가 교합하여 천둥으로 울려주고 바람과 비로 적셔주며, 한 번 춥고 한 번 더워 생성시키고 기르고 거두고 저장시키는 것이 조화의 자취인데, 그렇게 유구토록 쉬지 않는 것이 성誠인 것입니다.

임금으로서 하늘을 본받아 법 쓰기를 후하게 하고 예를 떳떳이 하며, 덕 있는 사람을 쓰고 죄 있는 자를 다스려, 악을 변화시켜 선하게 만드는 정치의 도를 이루는 것이 정사와 교화의 성공인데, 실지는 임금이 정성을 다해 신하를 신임하고 신하도 정성을 다해 임금을 섬겨, 상하가 서로 믿어 정성과 전일이 간단없게 함으로써 이루어지는 것입니다.

삼가 생각하건대, 우리 전하께서 양이 강하신 덕으로 문명한 운수를 타고 조종 대대로 쌓은 국기와 훌륭한 정치의 뒤를 이어 받아, 그대로 하여 온 지 오래되매 잠시 한숨을 돌리는 일이 많았는데, 이에 정연히 분발하여 백성을 가르치고 세상을 다스리는 일을 개혁하되, 간교한 무리를 없애고 폐습을 바로 잡아 거칠고 고집스러운 것을 선량하게 감화시키매, 풍속이 바뀌고 기강이 엄숙해져 조정이 높아지고 종사가 안정되며, 예악이 갖춰지고 변방이 평온해져 모든 정사가 일변하고 천만 가지가 모두 새로워졌습니다.

신 등은 모두 보잘것없는 사람으로 공경의 자리만 차지할 뿐 어진 임금을 도와 만분

의 일도 보필하지는 못하고, 다만 분주하게 힘쓰기를 아침부터 밤까지 게으름 없이 하여 겨우 성상의 계책을 받들며, 눈을 씻고 다스리시기를 바라보고 있었는데, 모두 태평성대의 복을 누리게 되었으니, 천년만에 한 번 있는 일이라 하겠습니다. 그러나 시작을 잘한다고 반드시 종결을 잘하는 것이 아니요, 말을 잘한다고 반드시 실행을 잘하는 것도 아닙니다.

신하가 임금에게 누군들 시종일관 변함이 없겠다고 하지 않으며, 누군들 순탄함과 험악함을 한결같다고 하지 않겠습니까마는 충군애국이 입에만 넘치고 서로 조심하여 공무를 받들고, 마음을 합쳐 공경을 실천하지 못한다면 하늘을 저버리고 자신을 속이는 것이니, 어찌 신하로서 임금을 섬기는 도리겠습니까.

대 성인 순임금이 말하기를 '너희는 면전에서 순종하고 물러가선 뒷말을 하지말라.' 하였으니, 면전에선 순종하고 돌아서선 비방하는 것은 반역하는 신하입니다. 제나라 대부 안영은 말하기를 '임금은 명령을 내리고 신하는 받든다.' 하였으니, 신하가 임금의 명령을 따르지 않는 것은 어기고 거역하려는 것입니다.

하늘과 땅이 교합하지 않는 것이 천지의 막힘이요, 상하가 교합하지 않음은 상하의 막힘입니다. 신 등이 변변치 못하오나 위로는 하늘을 받들고 아래로는 땅을 밟으며 속에 마음을 지니고 있으면서 어찌 차마 반역하는 신하가 되어 어기고 거역하는 짓을 하겠습니까. 성상께서 위에 계시며 만대에 태평을 가져오기 위하여 믿고 의심하지 않으시는데 어찌 차마 성상의 은덕을 저버리고 정성을 다하여 보답하지 아니하고 막혀서 통하지 않을 일을 하겠습니까.

진실로 이 마음이 변한다면 천지와 귀신을 두고 맹세하겠습니다. 견마犬馬의 정성이 간절함을 견디지 못하오니 삼가 바라건대, 굽어 살피소서. 신 등은 격렬하고 절실하여 황공하옴을 억누를 길 없어 삼가 죽음을 무릅쓰고 아뢰옵니다.

신 김감 지음. 영의정 유순·좌의정 신수근·우의정 김수동·무령군 유자광·판윤 구수영·좌찬성 신준·판중추 김감·우찬성 정미수·좌참찬 임사홍·판중추 박건·예조판서 송질·공조판서 권균·도승지 강혼·우찬찬 민효증·호조판서 이계남·형조판서 신수영·좌승지 한순·병조판서 이손·이조판서 유순정·우승지 김준손·좌부승지 윤장·우부승지 조계형·동부승지 이우."

– 연산일기 12년 7월 29일 –

연산군 폐위와 중종 즉위에 대한 명나라 승인 대처방안

　1506년[48세] 중종즉위년 9월 중국 주청사로 사신을 보냄에 있어서, 중국에서 연산을 폐위하고 중종을 등극시킨 데 대한 질문이 있을 것에 대비하여 그 대처방안을 재상들이 모여 함께 마련하였다.

　승정원이 아뢰기를, "왕위 승습사ㆍ 왕위 사위사가 가지고 갈 목록을 삼정승ㆍ육조판서 및 재상들이 함께 의논하여 마련하는 것이 어떠합니까?" 하니, 유순ㆍ김수동ㆍ신준ㆍ정미수ㆍ이손ㆍ김감ㆍ유자광ㆍ권균ㆍ성희안ㆍ이계남ㆍ이집ㆍ유순정ㆍ송일 등을 불러 그들로 하여금 함께 의논하게 하였다.

　유순이 사목내용을 내용을 아뢰기를.

　1. 폐왕은 '전왕前王'이라 칭한다.
　1. 만약 전하가 전왕의 동복 아우인가 여부를 물으면, 사실대로 대답한다.
　1. 만약 전왕의 소재처를 물으면, 별궁에 있다고 대답한다.
　1. 만약 전왕의 병 증세를 물으면, 어릴 때부터 풍현증風眩症[93]이 있었는데, 세자가 죽은 뒤 애통과 상심이 정도를 지나쳐서 전의 증세가 다시 도져 심신이 안정되지 못하며, 공연히 놀라고 가슴이 두근거리며 혼미하고 현기증이 나며 방안에 깊이 거처하면서 창문도 열지 않는다고 대답한다.

　1. 만약 세자의 병 증세를 물으면, 역질 마마로 요절하였다고 대답한다.
　1. 만약 전하가 왕비를 책봉했는가 여부를 물으면 전하가 잠저 때 부인이 병으로 죽었는데 아직 왕비를 들이지 않았다고 대답한다.

　1. 만약 전하의 춘추를 물으면 사실대로 대답한다.
　1. 만약 성종의 아들이 몇이냐고 물으면 사실대로 대답한다.
　1. 만약 전왕의 아들이 몇 사람이냐고 물으면, 다만 딸 하나가 있는데 나이가 어리다

---

93) 풍증으로 어지럽고 답답하여 정신이 혼미해지는 증세

고 대답한다.'

이로써 의논하여 아룁니다." 하니, 왕이 허가 하였다.

- 중종실록 1년 9월 21일 -

연산군이 죽자 장례식 범위를 정하다

1506년[48세] 중종 1년 11월 8일 연산군이 사망하니 대신들과 장례문제를 논의하였다.

교동 수직장 김양필·군관 구세장이 와서 아뢰기를. "초 6일에 연산군이 역질로 인하여 죽었습니다. 죽을 때 다른 말은 없었고 다만 신씨(처)를 보고 싶다 하였습니다." 하였다.

주상이 애도하고 환관 박종생을 보내. 수의를 내리고 그대로 머물러 장례를 감독하도록 하고, "연산군을 후한 예로 장사 지내라."고 전교하였다.

또 의정부와 모든 부원군 이상. 증경정승. 육조판서. 한성부 판윤, 예조 참의 이상으로 하여금 의논하게 하였는데. 영의정 유순·무령 부원군 유자광·좌의정 박원종·우의정 유순정·능천 부원군 구수영·고양 부원군 신준·연창부원군 김감·해평 부원군 정미수·창산 부원군 성희안·좌찬성 박안성·우찬성 노공필·좌참찬 이손·공조 판서 권균·예조판서 송일·호조판서 이계남·형조판서 이집·한성부 판윤 전임·예조참판 김전·예조참의 박의영 등이 아뢰기를. "연산군의 상례는 마땅히 왕자군의 예를 사용하소서." 하니, 주상이 윤허하였다.

유순 등이 또 아뢰기를. "시장을 정지하는 일은 거행할 수 없고, 묘지기도 없어야 합니다." 하니, 정승 등이 아뢰기를. "예로부터 폐위된 왕의 경우에 혹 사세 부득이한 이도 있었지만. 연산군은 그렇지 않습니다. 비록 군으로 봉하였다 하지만 그 죄가 종사에 관계될 뿐만 아니라 위로 선왕에게 득죄하고 아래로는 신민에게 득죄를 하였는데, 시장을 정지하는 것은 곡을 의미하는 것이어서 예에 맞지 않습니다. 그래서 거행해서는 안됩니다. 그리고 묘지기는 공론이 또한 불가하다고 합니다." 하니,

명하기를,

"시장정지·묘지기 등의 일을 예를 어겨서는 안되나, 그 지방 관원으로 하여금 불의 사용을 금지하고·벌초를 금지하게 하라." 하고, 예관을 보내 본도 감사·도사와 더불어 염장하는 여러 가지 일을 곡진히 조처하여 왕자군의 예로 강화에 장사지내게 하고, 수행 시녀는 3년, 수행 방자는 백일 동안 복을 입게 하는 한편, 조석 상식과 삭망전은 백일만에 그치게 했으며, 수행 내관은 백일 기한으로 서로 교체하여 왕래하면서 상복으로 제사를 지내게 하였으며, 주상은 소찬으로 수라를 올리게 하고 경연을 정지하였다.

- 중종실록 1년 11월 8일 -

죄수의 보석금 제도를 곡식으로 대체하다

1512년[54세] 중종 7년 6월 29일 좌의정 유순정이 죄수가 곡식을 바치고 죄를 면하는 것을 임시로 시행하기를 건의하였다.

좌의정 유순정·우의정 성희안이 아뢰기를, "정광필이 아뢴 방학放學하는 일은, 비록 다른 도가 흉년이 들더라도 모두 방학하고, 수령들에게도 아권衙眷[94]을 데리고 가지 못하게 하였습니다. 지금 남도 절도사의 아권이 아직 가지 아니하였으니, 우선 들여보내지 말도록 하고, 다른 고을의 아직 가지 아니한 아권도 역시 들여보내지 말도록 하소서."

나이 장성한 향교 유생을 충군하는 것은, 비록 경기 이남이라도 나이 장성하고 재주

---

94) 지방 관아에 와 있는 수령의 내권內眷. 수령의 내아內衙에 있는 권속眷屬. 전하여 아내를 가리킴

가 없는 자는 역시 향교 유생에 충당합니다. 함경도의 유생이라고 하는 자들은 한갓 유생이란 이름만 차지하고 늙도록 학업을 배우지 않습니다. 국가의 군인수는 매우 긴요한데, 함경도는 장정이 매우 적어 달리 충군할 도리가 없으니, 나이 장성한 유생을 모두 충군하소서[95]. 곡식을 바치고 죄를 면하는 것은 아름다운 일이 아니나, 함경도는 곡물을 변통할 길이 없으니 임시변통으로 이를 시행하면, 이로써 백성들의 생명을 살릴 수가 있습니다. 성종 때에도 성담명 같은 사람에게 역시 곡식을 바치고 죄를 면하게 하였으니, 이 두어 가지 일은 모두 시행할 만합니다." 하니, 전교하기를 '아뢴 대로 하라.' 하였다.

- 중종실록 7년 6월 29일 -

지방관청 각종 폐단 대처방안

1512년 중종 7년 7월 2일 좌의정 유순정이 흉년을 슬기롭게 대처하는 방법을 건의하다.

좌의정 유순정이 의논드리기를, "흉년이 들어 국가의 용도가 넉넉지 못하니, 헛된 비용을 줄이고 저축을 늘리는 것이 가장 시급한 일입니다. 녹봉을 감하고 독서당을 임시로 폐지하는 것도 비용을 덜고 저축하는 한 가지 방법이니, 마땅히 시행해야 합니다. 지방직 전보시 하직인사와 문안 인사는 비록 옛 풍속이기는 하나 또한 폐단이 적지 아니하니, 금하는 것이 좋겠습니다."
하고, 우의정 성희안·좌찬성 이손·우찬성 김응기·좌참찬 홍경주 등의 의논도 역시 같았으며,

---

95) 조선시대 때 병역의 의무를 져야 하는 나이는 16~60세였다. 1년에 2~6개월씩 교대하기는 했지만 60세까지 병역의무를 감당해야 했다. 병역의무대상자는 양인계급 남자들로 천민은 병역에서 제외되었다. 군적에 속했다고 모두 일반병으로 입대하는 것은 아니었다. 군인이 되어 병역의 의무를 치르는 이를 정군正軍이라 했고, 대상자 중 가정 경제를 뒷바라지 해야 하는 부류를 보인保人이라 했다. 지체장애인, 현직 관료, 학생(성균관과 사학 유생, 향교 생도)과 2품 이상의 전직 관료 등은 병역 면제 혜택을 받았다. 도첩(승려자격증)을 받은 승려들도 군역을 감당하지 않아도 되었다. 병역 기피 수단으로 도첩을 받는 사례가 많았는데, 성종 때 승려가 40만명을 웃돌아서 가짜 중을 색출하기도 했다.

우참찬 정광필은 의논드리기를, "독서당에 문학하는 선비를 모아 강습 토론하게 하는 것은 학문의 성취를 기다려서 크게 쓰자는 것이니, 경솔하게 혁파하여 이랬다저랬다 하지 말아야 하며, 우리나라의 사대부의 녹봉이 본래 박하고 적은데, 한번 흉년을 만나서 또 경솔하게 재감하는 것도 청렴을 양성하는 도리가 아닙니다. 그러나 근래에 흉년이 들고, 올해 경기와 함경도 평안도의 가뭄은 예전에 없는 일로서, 관할청에서 군수품이 부족해서 고생하고 있는데, 성종 조에 있어서는 을사년 무렵에 쓸데없는 비용을 재감하는 데 면밀하지 않은 것이 없었으니, 관할청으로 하여금 그때의 예를 상고하게 하여 마련해서 시행하는 것이 마땅하겠습니다.

모든 관청의 전출과 부임시 하직인사 및 문안인사 등의 일은 매우 명분 없는 일이요, 새로 부임한 수령은 요구에 응할 수가 없어, 항상 아전들로 하여금 경비를 내게 하여 바쳤습니다. 그래서 각 고을 아전들의 잔악한 폐단이 여기서 말미암지 않은 것이 없으니, 감찰로 하여금 단속 적발하여 금단하도록 함이 역시 온당합니다." 하니, 주상이 유순정의 의논을 따랐다.

- 중종실록 7년 7월 2일 -

1512년 중종 7년 8월 4일 유순정이 각 고을의 쌀 재고 파악을 주도면밀하게 하여 효율적인 방안으로 수송하기를 건의하였다.

유순정이 의논드리기를, "윤순이 아뢴 것을 보니, 군량과 백성의 식량은 절반 이상이 부족합니다. 농사 형편을 순찰하여, 어느 고을은 완전 실농하고 어느 고을은 다음으로 실농한 것과 아울러 각 고을의 현재 남아 있는 쌀의 수량 및 굶주린 백성의 호수를 고찰하여, 완전 실농한 데는 어느 달부터 시작하여 굶주린 집마다 하루에 쌀 몇 말 몇 되씩 주면 어느 달에 이르러 다 되고, 다음 고을은 어느 달부터 구휼하면 어느 달에 이르러 다 되게 되며, 내년 가을까지 구제하려면 아무아무 고을은 부족한 쌀이 몇 석이라는 것을 조사하여 이것으로 헤아려 부족한 수량을 총계하여 아뢰면, 조정에서 자세하게 그 수량을 알고 미리 조치하게 될 것인데, 지금 그 수량은 표시하지 아니하고 범연히 부족하다고만 아뢰니, 쌀 몇 석을 실어가야 쓸 수 있게 되는지를 알지 못하겠습니다. 또 지금 수송한 미곡의 수량을 고찰하건대, 경상도의 축성군이 실어간 것이 7천 4백 12석, 강원도의 회양 등 다섯 고을에서 실어간 것이 4천 50석, 충주 및 경창에서 실어간 것이 각각 3백 석인데, 이제 또 황해도 등의 수병으로 적당하게 헤아려 더 실어 보내라는 일로 결재하였습니다. 그러나 인력이 이미 지쳐서, 설을 쇠기 전에 다시 인력으로 수송하기는 어려우니, 관찰사로 하여금 현재 남아 있는 것과 지금 수송한 곡식 수량을 가지고 종자 및 군량을 제하면, 백성의 식량이 얼마나 부족한지를 참작하여 아뢰도록 하되, 혹 운송하기 전에 부족할 폐단이 있으면, 해당 조정 및 전운사로 하여금 같이 의논하여 오는 봄부터 시작해서 육로로 운반하여 뒤를 대도록 함이 마땅합니다." 하니, 주상이 '그리하라.' 하였다.

- 중종실록 7년 8월 4일 -

유순정의 졸기

1512년[54세] 중종 7년 12월 20일 영의정 유순정이 졸하였다.

부음을 듣고 전교하기를, "부의와 관곽·회장 등의 일을 한결같이 박원종의 예대로 하라." 하였다.

유순정의 자는 지옹智翁인데 진주 사람이다. 풍채가 의연하여 문·무의 자질을 겸했고, 성격도 무게가 있고 과묵하며 너그럽고 도량이 있어 젊어서부터 사람들이 모두 정승이 될 것으로 기대했다.

성종 때에 갑과에 장원하여 누차 변방 장수가 되었었는데, 대개 추천에 의한 것이었다. 연산군 말년에 박원종·성희안 등과 함께 거사하여 나라를 안정시키니, 당시 사람들이 삼대장이라 일컬었다. 그러나 성격이 우유부단하여 과단성이 적었으며, 또한 뇌물을 좋아하며 논밭을 많이 차지했었다.
일찍이 겸 병조판서로 있으면서 무릇 관원을 임명하는 권한은 모두 그의 수중에 있어서, 첨사나 만호 자리를 구하는 사람이 있으면, 뇌물이 많고 적음을 보아 임명했고, 판서는 자리만 채우고 있을 뿐이었다.

장녹수의 집을 하사받아 이사하게 되었는데, 어떤 손이 찾아가자 유순정이 말하기를 '유자광은 복이 있어 그가 받은 집은 재물이 매우 많아 장독이 30개나 되는데, 내가 받은 집은 빈 듯하니 복있는 사람은 따라갈 수 없는 것이다.' 하였으니, 그의 비루하고 인색함이 이러했다. 만년에는 또 여색에 방탕하여, 열한 약을 먹다가 실명했으며 천명대로 살지 못했다. 시호를 문정文定이라 했다.

시호는 처음에 무안武安으로 했다가 문정공文定公으로 고치고, 뒤에 중종의 묘정에 배향되었다.

임금이 애도하며 3일을 조회를 하지 아니하고 환관을 보내어 처자에게 죽을 권하고 조제와 부의를 특별히 후하게 하였으며 그를 위하여 다음 해 정초 회례연을 정지하고 백관에게 명하여 장례를 도문 밖에 전송하여 그 끝마침을 영광의 슬픔이 되게 하였다.

유순정은 정실과 측실에서 아들 여섯을 두었는데, 부인은 별좌 권효충의 딸로 두 아들을 낳았다. 장남은 유홍으로 무과에 합격하여 아버지의 그늘로 정국공신 3등에 올라, 수군절도사를 거쳐 동지중추부사겸 부총관으로 진산군에 봉군되었고, 차남 유자는 선전관이었다. 측실에서 유연·유위·유항·유변 등 네 아들이 있었다. 유순정의 친 조카 유부는 유순정의 힘을 배경으로 성장, 뒤에 좌의정까지 오르니, 숙질간에 정승자리를 이은 셈이다.

[승진과정]

1487년[29세] 성종 18년 성균관 선비시험에서 문과에 장원급제하여
　　　　　　성균관 전적에 임명
1489년[31세] 성종 20년 7월 함경도 평사로 전보되었는데 여진족이
　　　　　　유순정의 활솜씨를 보고 탄복하고 귀순하였다.
1490년[32세] 성종 21년 8월 장래의 장수 27인의 명단에 포함되다.
　　　　　　사복시 주부, 홍문관 부수찬, 10월 경차관, 수찬
1491년[33세] 성종 22년 북정 도원수 허종의 막료
1492년[34세] 성종 23년 3월 겸 선전관, 내간상, 의영고 주부
1493년[35세] 성종 24년 11월 평안도 평사, 성종 승하, 부친상
1496년[38세] 연산 2년 8월 종묘서 영, 사간원 헌납, 훈련원 첨정
1498년[40세] 연산 4년 7월 사초 사건 관련자에 포함되다.
　　　　　　9월 홍문관 교리, 윤 11월 홍문관 부응교
1499년[41세] 연산 5년 5월 사헌부 집의, 성균관 사성
1500년[42세] 연산 6년 5월 경변사 이극균의 막료
1501년[43세] 연산 7년 4월 봉상시 부정, 특별히 통정대부에 승급,
　　　　　　의주 목사, 가을 평안도 절도사
1503년[45세] 연산 9년 5월 공조참판, 10월 호조참판, 명나라 정조사
1504년[46세] 연산 10년 4월 평안도 관찰사, 지중추부사, 이조참판
1506년[48세] 연산 12년 7월 이조판서, 겸 도총관,
　　　　　　7월 29일 경서문을 올리다.
1506년[48세] 중종 1년 9월 2일 연산군 폐위, 중종반정, 9월 숭정대부,
　　　　　　청천부원군, 9월 20일 병조판서, 9월 26일 겸 병조판서
　　　　　　영경연사, 10월 우의정

1507년[49세] 중종 2년 1월 우의정 겸 병조판서, 9월 정국공신,
　　　　　　보국 숭록대부로 승급, 청천부원군 행 병조 판서 겸
　　　　　　영경연사, 의정부 우의정 겸 판병조사
1509년[51세] 중종 4년 윤 9월 27일 좌의정 겸 판병조사
1510년[52세] 중종 5년 4월 삼포의 왜인의 변, 겸 경상도 도원수
1512년[54세] 중종 7년 10월 7일 영의정
1512년[54세] 12월 20일 영의정 유순정이 죽다.

44. 성희안成希顔

연산조에 좌천되어 중종반정에 앞장서다

생몰년도 1461년(세조 7) ~ 1513년(중종 8) [53세]
영의정 재직기간 (1513.4.2~1513.7.27) (3개월)

본관	창녕
자	우옹愚翁
호	인재仁齋
시호	충정
공훈	중종반정 정국 1등공신
배향	중종 묘정에 배향
묘소	경기도 양주시 장흥면 일영리

고조부	성사달成士達	– 예문관 대제학
증조부	성부成溥	– 첨지중추원사
조부	성효연成孝淵	– 사온서 직장
부	성찬成瓚	– 돈녕부 판관
모	이후생의 딸	– 덕천군(정종의 손자)
형님	성희증成希曾	– 좌랑
부인	조익상의 딸	
장남	성율成瑮	– 동지돈녕부사

영의정이 된 근원 – 중종반정 정국공신

성희안의 자는 우옹愚翁이고, 호는 인재仁齋로, 창녕 사람이다. 고조부가 예문관 대제학을 지낸 성사달로 학문이 깊었으며, 증조부 성부는 첨지중추원사를 지냈고, 조부 성효연은 사온서 직장을 역임하였고, 아버지 성찬은 돈녕부 판관을 지냈다. 어머니는 정종의 서자 덕천군 이후생의 딸이다.

성희안은 벼슬가 집안에서 태어났으나 화려한 배경은 아니었고, 문무를 겸비한 인재로 지략도 있어 성종의 총애를 받았다. 연산군이 세자로 있을 때 세자 시강관으로 재직한 것이 연산과 인연이 되어 초임 시절엔 관직 임용의 혜택을 입은 것으로 보여진다.

성희안은 사람과 사귐에 있어 충성과 신의를 권장하였고 선하지 않는 자를 벗으로 삼지 않았다. 학문을 통해 스스로 성취한 것이 크고 깊어, 의지와 기개를 길러 덕성을 연마하였고, 이를 발휘해서 일과 논의에 적용하니 명백하고 정대하였으며 위엄에 위축이 되거나 사사로움에 흔들림이 없었다.

검소함으로 가정을 다스려 재산을 불리지 않았고 논밭을 넓히지 않았다. 비록 지위가 의정부의 수반이었으나 부와 귀를 마음에 두지 않았고 늘 맑고 소박함으로 스스로를 지켰다. 어머니를 섬김에 있어 뜻을 잘 받들어 어김이 없었고 아침저녁으로 보살핌에 게으름이 없었으니, 효성이 순수하고 지극하였다. 또한, 종족을 도타이 돌보아 먼 친척의 경우라 하더라도 모두 은혜를 입었다.

연산 후기에 연산의 광폭한 정치는 성희안의 정의감을 자극시켰고, 이것이 풍자시로 나타나 문관 성희안을 무관 말단직으로 3년간 좌천 발령을 내게 된다.

연산 말기에는 이보다 심한 조치가 무수히 많았으나, 성희안은 이것이 발판이 되어 주변의 우호세력을 모으게 된다. 연산군으로 인해 누이를 자결하게끔 만들어 원한을 품었던 무관 박원종, 사초 문제로 동료들을 모두 잃은 문무 겸비한 유순정이 바로 그 세력이다. 이 세력에 의해 연산군 시대는 종결되었고 이들 3인은 공교롭게도 연산이 총애했던 신하들이었고, 무관이거나, 문무겸비한 출신들이었다.

연산군이 간언하던 신하를 다수 살해하면서부터 선비들의 마음은 좌절이 심했다. 역사가 아무리 바뀌어도 나라가 어지러울 때 등장하는 세력은 항상 무인들인지. 고려, 조선, 대한민국 할 것 없이 국정 혼란기에는 항상 무인들이 등장하였다. 중종반정을 성공시킨 이들은 모두 영의정에 올랐다.

성희안의 행장에는 어린 시절을 이렇게 기록하고 있다.

출산에 임해서 모부인의 꿈에 한 노인이 찾아와 지팡이를 주며 말하기를, "이것을 짚도록 하라. 너의 집안에 복록이 흥창하리라." 하였다. 태어나 울음을 터뜨리는데 보통 아이와 달랐다. 지식이 있게 되자 총명이 뛰어나고 뜻이 크고 굳세어 멀리 달려나갈 기상이 있었다. 늘 놀이를 함에 있어 스스로 대장이라 일컬으면서 진을 펴고 령을 다지며 지휘하니, 뭇 아이들이 모두 따르며 감히 어기지를 못하였다. 어린 나이에 독서할 줄을 알아 학문은 날마다 진전하였고 문장은 숙성하였다.

(국역 국조인물고, 성희안)

성희안의 경력과정을 살펴보면 다음과 같다.

1480년[20세] 성종 11년 생원시에 합격하고, 1485년[25세] 별시 문과에 을과로 급제, 홍문관 정자가 되었다. 이어 부수찬으로 승진했으며, 당시 성종의 숭유정책에서 성희안에게 많은 자문을 구할 만큼 학문이 깊었다.

1494년[34세] 성종 25년 교리로서 한어이문漢語吏文의 질정관이 되어 명나라에 다녀왔다.

연산군이 즉위해서도 문무의 요직을 거쳤다. 1499년 연산군 [39세] 5년에는 군기시 부정으로서 서정도원수 이계전의 종사관이 되어 활약하였다.

1503년[43세] 동지중추부사로서 사은 부사가 되어 명나라 왕세자 책봉에 대한 하례를 하고 돌아왔다. 1504년에는 이조참판으로서 오위도총부 도총관을 겸하고 있었다.

이때, 연산군이 양화도의 망원정에서 유락을 즐길 때, 풍자적이고 훈계적인 시를 지어올렸다가 연산군의 노여움을 사서 무관 말단직인 부사용으로 좌천되었다.

연산군의 폭정이 날로 더하고 민심 또한 더욱 흉흉해지고 있던 1506년, 박원종과 함께 반정을 도모하였다. 명망가이던 유순정을 참여시키고, 신윤무·박영문·홍경주 등에게 군대를 동원시켜 진성대군을 옹립하고, 거사하였다.

반정이 성공하자 거사의 주역으로서 병충분의결책익운 정국공신 1등에 책록되고, 창산군에 봉해졌다. 관직은 형조판서에서 곧 이조판서를 제수받고 숭록대부에 올랐다.

이듬해에는 창산부원군으로서 판의금부사를 겸임하여, 반정의 뒷 처리를 하였다. 거사에 앞장서서 큰 공을 세웠으나, 벼슬은 차례가 있다며 박원종·유순정에게 양보하고, 자신은 세 번째 서열에 섰다.

중종 즉위시에 명나라 고명(승인)이 어렵게 되자, 청 승습사로 명나라에 가서 일을 성사시키고 돌아왔다.

1509년[49세] 우의정에 올랐고 이듬해 삼포왜란이 일어나자 도체찰사와 병조판서를 겸임하여 군무를 총괄하였다.

그 뒤 반정공신의 다수를 차지하고 있는 무관들을 옹호하여 사풍士風을 능멸했다는 대간의 탄핵을 받기도 했으나, 오히려 좌의정으로 승진하였다.

1513년[53세] 영의정에 올랐다. 사후 시호는 충정忠定으로 제수되었고, 중종 묘정에 배향되었다. (한국민족문화 대백과, 한국학 중앙연구원)

연산군에게 지어 바친 시詩, 중종반정의 씨앗이 되다

1504년 연산 10년 5월 6일에 형조참판에 승진하였는데 품계는 가선대부였다. 3일 뒤인 5월 9일에 가정대부로 승진하여 이조참판이 되면서 오위도총부 부총관을 겸하였다. 이 때에 성희안은 연산의 폭정이 심해지자 이를 못마땅하게 여기고 있었는데, 8월에는 임금이 서교에서 농사짓는 것을 관람하고, 양화도에 있는 월산대군의 정자 망원정에 들러 문무 대관들로 하여금 각각 시를 지어 올리라고 하였다.

> 임금이 '화선은 돌아가고 어주만 남아 있네'
> 라는 운을 띄며 이 싯구로 각자 시를 지어 올리도록 하였다. 이때 성희안은
> "성심원불애청류聖心元不愛淸流"
> "우리 임금께서 원래 청류를 좋아하지 않았는데…"
>
> 라는 뜻으로 연산군의 폭정을 비화한 풍자적 시를 지어 올리니 연산군은 자신을 비
> 꼬는 훈계조의 시가 분명하다는 괘씸한 생각에서, 명하기를, "성희안이 지은 것은 제
> 목의 뜻에 합당하지 못하니, 환궁하여 다시 지으라." 하였다.
>
> – 연산일기 10년 8월 3일 –

대궐로 돌아와, 연산은 성희안의 시에 풍자적인 뜻이 담겨져 있다며 심히 꾸짖자 사람들은 무슨 변이 있을지 두려워하였으나 성희안은 겸손한 말로 대답하니, 연산은 화를 늦추었다. 10월에 성희안이 오위도총부 우상대장을 겸직하고 있었는데, 군사들의 보인保人[96]들이 금표를 범하자 좌상대장과 우상대장을 문책하게 하여 장 1백대를 때리게 하였다. 죄를 지은 보인들을 벌주지 않고 그 책임자를 찾아 벌을 주었으니, 풍자시에 대한 보복이었다.

[10월 19일]
임금이 명하기를, "금표를 범한 자는 바로 군사들의 보인保人들이다. 금표 안에 진을 쳤으면서도 좌·우상 대장이 이를 단속하지 못하여 금표 안에 함부로 들어오게 하였으니, 문책하라." 하니, 좌상대장 전임과 우상대장 성희안이 처벌을 기다렸다. 임금이 명하기를, "차차 국문하라." 하였다.

---

96) 조선시대 군역에 징발된 군인을 경제적으로 돕도록 편성된 장정

[10월 20일]

임금이 명하기를, "좌상 대장 전임과 우상 대장 성희안은 즉시 대장에서 파면하고 의금부로 하여금 그들을 국문하게 하고, 이손과 오순을 대신 대장으로 삼으라." 하였다.

[10월 23일]

의금부가 아뢰기를, "성희안은 대장으로서 군율을 어겼으니, 죄가 장 1백에 해당합니다." 하니, 명하기를, "죄가 전임과 같으니 그 율로써 죄주라." 하였다.

- 연산일기 10년 10월 -

12월 이조참판 성희안을 무관 말단직인 행 부사용으로 좌천시키고, 3년 동안 불러 주지 않았다. 결국 풍자한 시가 원인이 되어 문관을 무관 말단직에 임용하니, 연산은 자신을 폐위시킬 적敵을 만든 셈이었고, 성희안은 이를 계기로 반정의 꿈을 키운 셈이다. 이 세상의 모든 인관관계의 흐름은 상대를 적으로 만드는 데서 불행의 씨앗이 만들어지게 된다.

공신책정 과정의 사연과 연산군의 처남 신수근의 처결

1506년[46세] 중종 1년 9월 3일에 성희안은 연산군의 처남 신수근·신수겸·신수영과 간신 임사홍의 자제들을 귀양 보내도록 청하였고, 9월 4일에는 형조판서에 올라 공신 책정을 논하였다. 공훈이 책록되니 성희안에게는 병충분의 결책익운 정국공신의 호가 내려지고 품계는 정헌대부로 뛰었다.

박원종·성희안·유순정 등이 의로운 일을 일으킨 공을 의논하여 3등으로 나누었는데, 유자광·신윤무·박영문·장정·홍경주를 1등으로, 운수군 이효성·심순경·변수·최한홍·윤형로·조계상·유순·김수동·김감·운산군 이계·이계남·구수영·덕진군 이활을 2등으로, 이세응·장한공·윤희평·이창·최유정·채수 등등을 3등으로 책정하여 아뢰었다.

영의정 유순·우의정 김수동이 아뢰기를, "박원종· 성희안· 유순정은 감히 스스로 자기의 공을 의논할 수 없으므로, 아뢴 바가 아와 같습니다. 박원종·성희안·유순정은 제일 먼저 큰 계책을 결단하여 큰 공을 이루었으니, 그 서차가 마땅히 유자광의 위에 있어야 합니다." 하니,
'알았다.' 고 전교하였다.

이때의 결정을 두고 사관은 이렇게 논하고 있다. 신수린은 성희안의 매부다. 공을 논할 때, 성희안이 그의 어머니에게 고하기를, '박원종·유순정과 저 세 사람의 자제들이 모두 공신등록에 참여하였으되, 저희 자제가 가장 많았습니다. 신수린은 나이가 젊어서 분위기상 입을 열 수 없습니다.'라고 하니, 그 말을 듣고 그 어머니가 노하여 누우며 '내 다시는 네 낯을 보지 않으리라.' 하였다.
이튿날, 성희안이 어머니의 말을 박원종 등에게 청하여 덧붙여 기록하였다. 그 이웃 마을이나 친족들이 신수린을 지목하여, 노와공신怒臥功臣[97]이라 하였다. 이처럼 외람되게 참여한 자 또한 이와 같은 것이 많았다.

또 논한다. 연산 말년에 장차 복을 덮을 화가 있었으나, 조정에 있는 뭇 신하는 한 사람도 계교를 내어 의를 외치는 일이 없었으되, 전라도에서는 유빈 등이 거사할 것을 같이 모의하여 서울과 지방에 격문을 띄웠고, 경상도에서는 조윤손 등이 가까운 친척인 윤탕로와 더불어 기병할 것을 모의했으나 거사하기에 미치지 못하였는데, 마침 박원종 등이 먼저 대의를 세움에 힘입었으니, 삼공 육경은 목숨을 보전할 수 있었던 것만으로도 족하다 할 수 있다.
그런데 공훈록에 참여해서는 부끄럽게 여기지 않고 또 자제로 하여금 훈적에 참여하게 하였으니, 이른바 그 공이 무슨 일인지 알지 못하겠다. 그뿐만이 아니라 연줄로 인하여 참여하기를 청한 자가 얼마인지를 모르겠으니, 이와 같은 류는 족히 말할 것도 못된다. 우의정 김수동은 한때의 명망있는 인사로 어머니의 상복 중이었으니, 임금을 추대한 뒤에는 곧 돌아가 상제 노릇하는 것이 옳거늘, 공을 논한 뒤에 조용히 집으로 물러나 유자광에게 묻기를, '내 아우 김수경은 어떤 등급의 공에 기록되었느

---

97) 성희안이 나이 어린 매부를 차마 공신으로 넣지 못했음을 실토하자 그의 노모가 "내 다시는 너의 얼굴을 보지 않겠다"며 노하여 드러눕자 하는 수 없이 공신으로 책록했다는 데서 나온 말

냐?'라고 하였다. 김수동은 지식이 있으면서도 탐욕스러움이 이와 같았는데, 하물며 다른 사람이겠는가.

- 중종실록 1년 9월 3일 -

1506년 9월 9일에는 연산의 처남 신수근은 누이 덕으로 연산조에서 좌의정까지 올라 권력을 휘두르고 있었는데, 신수근의 딸도 진성대군(중종)에게 시집가서, 연산군을 폐하고 진성대군이 왕이 될 경우 그의 딸이 중전이 될 입장이라, 박원종이 신수근에게 넌지시 누이와 딸 중 그 어느 편이 더 중하냐고 물어보자, 신수근은 자리를 차고 일어서면서 임금은 비록 포악하나 총명한 세자를 믿고 살겠다고 하였다. 이에 그의 마음을 움직일 수 없음을 알고 맨 먼저 신윤무를 보내어 신수근과 그 형제들을 처형하였다. 반정을 일으킨 주역들이 신씨 형제를 모두 처형한 터라 신수근의 딸을 중전으로 받아들일 수가 없었다. 후환을 없애기 위하여 중종의 조강지처를 궁밖으로 내칠 수밖에 없었던 것이다.

유순·김수동·유자광·박원종·유순정·성희안·김감·이손·권균·한사문·송일·박건·신준·정미수 및 육조 참판 등이 같은 말로 아뢰기를, "거사할 때 먼저 신수근을 제거한 것은 큰 일을 성취하고자 해서였습니다. 지금 신수근의 딸이 대궐내에 있습니다. 만약 중전으로 삼는다면 인심이 불안해지고 인심이 불안해지면 종사에 관계됨이 있으니, 온정을 끊어 밖으로 내치소서." 하니, 중종이 전교하기를, "아뢰는 바가 심히 마땅하지만, 그러나 조강지처인데 어찌하랴?" 하였다. 모두 아뢰기를, "신 등도 이미 요량하였지만, 종사의 대계로 볼 때 어찌겠습니까? 머뭇거리지 마시고 쾌히 결단하소서." 하니, 전교하기를, "종사가 지극히 중하니 어찌 사사로운 정을 생각하겠는가. 마땅히 여러 사람 의논을 좇아 밖으로 내치겠다." 하였다. 얼마 뒤에 전교하기를, "속히 하성위 정현조의 집을 수리하고 소제하라. 오늘 저녁에 옮겨 나가게 하리라." 하였다.

- 중종실록 1년 9월 9일 -

승승장구한 승진가도

1506년 반정으로 9월에 형조판서가 되어 반정공신 1등에 책봉되고 3품계를 뛰어 올랐다. 곧 이조판서가 되었고 10월에 보국 숭록대부로 승진하고 오위도총부 도총관을 겸직하였다. 1509년 중종 4년 1월 시국 수습이 어느 정도 이루어지자 수령의 선발과 천거 및 인재 등용에 대해 논하였다.

대사간 유세침이 아뢰기를, "수령의 선발은 한 읍의 기쁨과 슬픔이 달린 것이며, 수령의 책임을 맡은 것이니, 그 책무가 큽니다. 그런데 지금 이조에서는 인물의 현명함의 정도를 묻지 않고 으레 직급이 해당되면 추천하므로 수령이 적합하지 않은 사람이 많으니, 청컨대 이조로 하여금 직급에 구애되지 말고 신중히 선발하여 벼슬에 임용토록 하소서. 수령뿐만 아니라, 첨사·만호도 또한 마땅히 인재를 골라 임명해야 하는데, 지금은 거의 나이가 많고 재주가 없는 자를 선발하니, 만약 불우의 변이 있으면 장차 어떻게 방어하겠습니까? 지난번 웅천에서 왜변이 있었으니 이 또한 걱정스러운 일입니다. 또 천거하는 것은 마땅한 사람을 쓰려는 것인데, 이조에서 거의 등용치 아니하니, 천거란 것이 한갓 문구가 될 뿐입니다." 하니,

주상이 이르기를, "이 말은 마땅하다. 무릇 백성의 고락은 수령에게 달린 것이라서, 사람을 골라서 추천하도록 이미 명하였는데, 이조에서 잘 봉행하지 아니함은 매우 잘못이다." 하였다.

영사 성희안이 아뢰기를, "신이 일찍이 이조와 병조에 있을 때에 사람

을 골라서 임용하고자 아니함은 아니었으나, 다만 인재들 가운데에 어진 자가 몇이나 되겠습니까? 만약 큰 과오가 없으면 직질을 보아 불러 쓰고, 또 천거된 자는 마땅히 시험을 하여 임용하되 어진 자는 직급을 초월하여 임용하는 것이 가합니다. 그리고 동일한 사람을 천거하는 자가 많으면 그 사람은 반드시 어질 것입니다." 하였고, 주상이 이르기를, "그 천거 단자 안에 동일한 사람을 천거하는 자가 많으면 그 사람은 과연 어질 것이니, 이조는 임용하도록 하라." 하였다.

1509년 윤 9월에 우의정에 오르고, 1512년[52세] 10월에 좌의정에 오른 후 1513년 중종 8년 4월 2일 53세로 영의정으로 승진되었다. 임금이 성희안을 아끼고 의지함이 더욱 무거웠으나 성희안은 최고직에 오른 만큼 흥성함을 두려워하여 벼슬을 그만두고 물러나서 쉴 생각을 하고 해직을 청하기 여러 번이었으나 윤허를 받지 못하였다. 여름에 병에 걸려 점점 깊어지자 다시 글을 올려 사퇴하였으나 임금은 비답을 내려 불허하고 계속 환관을 보내 문병하였으며, 임금이 위독하다는 말을 듣고 승지를 달려 보내 말하고자 하는 바를 물으므로 답하기를, "성상께서는 현명한 인재를 임용하고 간언을 받아들이소서." 할 뿐이었다.

환관이 이어 도착하여 친필로 유시하기를, "지금 경의 말을 들으니 내 매우 슬프다. 경의 아들 성율을 특별히 당상관의 품계로 승진시켜 나의 망극한 뜻을 보이리라." 하였다. 이때 성희안은 거의 운명할 단계였는데, 어서를 보고 겨우 입을 열어 말하기를, "벼슬은 신중을 기해야 합니다. 그런데 성은이 어찌 이렇게 깊을 수 있습니까?" 하였다. 환관이 겨우 문지방을 넘자 성희안은 졸하였다. 나이는 53세였다.

성희안의 졸기

1513년[53세] 중종 8년 7월 27일 영의정 성희안이 졸하였는데, 부고를 듣고 조회정지 3일을 명하면서 전교하기를, "영상이 졸하매 내 몹시 애통하노니, 하늘은 어찌 이처럼 빨리 원훈 대신을 빼앗아 가는가!" 하고, 곧 유사를 명하여 부의와 제물 등이 일을 당부하고, 승지 조원기를 보내어 그 상사를 조문하였다.

사관은 논한다. 성희안이 젊었을 때 호방하고 의협심이 있어 뛰어난 절조가 많았고 벼슬에 올라서는 강개하여 뜻이 구차하지 않았으며, 성품 또한 소탈하여 모나지 않았고, 어진이를 좋아하고 착한 일을 즐겨함이 타고난 천성이었다. 중종반정을 할 즈음에 실로 대의를 주창하여 조종하고 계획하므로 사람들은 다 그를 우러러 성공을 기대하였다.

정승이 되어서는 오로지 사기를 북돋우고 임금을 보양하는 것을 전심하여, 온 나라는 그를 의지하고 애중하였다. 그러나 끝내는 옛 은인 유자광을 끌어들여 공훈의 반열에 참여시키고, 연산조에서 총애를 받던 사람들에게 모두 공신을 주는가 하면, 자질구레한 인척과 어리석은 사람까지 모두 훈적에 기록하여 후일의 무궁한 화의 단서를 열어 놓으므로 식자들은 그를 대단찮게 여겼다.

1등공신 박원종·유순정 및 성희안이 연이어 죽으므로 사람들은 모두 당황하였는데, 대저 박원종은 차분하지 못한 잘못이 있었고, 유순정은 우매한 잘못이 있었고, 성희안은 경솔한 잘못이 있어 모두 나라를 다스리는 원대한 꾀에 어두웠으며, 호화로움을 믿고 의리를 받들어 사는 집은 그 사치를 극도로 하고 시중드는 첩은 그 곱고 아름다움을 극도로 하여 마음대로 방종하다가 생명을 잃는 데까지 이르렀으니, 좁은 국량으로 큰 공을 탐한 것이 스스로 분에 넘쳐 이와 같은 낭패를 일으킨 것이 아니겠는가! 성희안은 연산이 총애하던 이굉의 첩의 딸을 길러 시론이 중히 여기지 않아 명망이 완전하지 못하였다.
성희안이 일찍이 과거에 올라 임금을 가까이 모시는 시종신으로 참여하였는데, 홍문관 정자로 있을 때 어버이의 상을 당하여 그 복제를 마치자 성종이 즉시 불렀다.

편전에 이르자 성종이 내관으로 하여금 사냥매를 주면서 하교하기를 '너의 얼굴을 오래 보지 못하니 늘 생각해 마지 않았노라. 듣건대 노모가 있다 하니 이것으로 잘 봉양하라.' 하였으니 그를 중시함이 이와 같았다. '사람을 알아보면 명철하다.' 하였는데 성종은 과연 이것을 지니셨다.

연산 때는 대의를 주창하여 친히 나라를 붙들어, 온 나라 신민이 다 유신되었으니 이른바 사적의 신하이다. 공이 체구는 작으나 아름다운 수염에 말을 잘하여 좌중을 놀라게 만들었으며, 천성이 민첩하여 문무의 재질을 갖춘 데다가 판단력이 매우 높았는데, 그가 졸하자 임금도 슬퍼하였고 사림이 다 통석해 하였다. 충정忠定으로 시호를 내렸다. 몸을 위태롭게 하면서도 임금을 받드는 것을 충忠이라 하고, 백성을 안정시키기에 생각을 원대히 하는 것을 정定이라 한다.

학문을 연마하던 그는 공신적에 올랐음에도 사치하거나 여러 기녀를 곁에 두고 황음무도한 짓을 하지는 않았다. 좌의정으로 있던 어느 날 오랜 친구인 신당 정붕에게 편지를 보냈는데 "청송 고을에는 응당 잣과 꿀이 많을 터이니 조금만 나누어 보내달라"는 내용이었다. 편지를 보고 난 정붕은 태연한 자세로 즉석에서 답장을 보내기를 "잣은 높은 산 위에 있고 꿀은 백성 집 벌통 속에 있으니 내가 어찌 이것을 마음대로 취할 수 있으리요"라 하였다. 정붕의 답장을 받아본 성희안은 자기의 실수를 깊이 뉘우치고 사과하였다고 한다.

[승진과정]

1480년[20세] 성종 11년 생원시 합격, 성균관 입학
1485년[25세] 성종 16년 별시문과 을과 급제. 예문관 검열.
　　　　　춘추관 기사관 겸직. 홍문관 정자, 부수찬
1488년[28세] 성종 19년 윤 1월 전경. 10월 저작. 12월 전경
1489년[29세] 성종 20년 11월 설경
1490년[30세] 성종 21년 9월 사경
1491년[31세] 성종 22년 부친상
1492년[32세] 성종 23년 3월에 무재가 있는 문신으로 뽑혀 겸 선전관
1493년[33세] 성종 24년 7월 사간원 정언, 세자시강원 사서
1494년[34세] 성종 25년 2월 검토관, 3월 수찬, 12월 교리
1495년[35세] 연산 1년 5월 세자 시강관. 6월 부교리, 9월 교리,
　　　　　12월 겸 시독관
1496년[36세] 연산 2년 병조 정랑
1498년[38세] 연산 4년 사섬시 첨정, 한성부 서윤·광흥창 수,
　　　　　윤 11월 함경도 종사관
1499년[39세] 연산 5년 5월 군기시 부정. 내섬시 정
1501년[41세] 연산 7년 11월 유구국 사신 선위사
1502년[42세] 연산 8년 8월 형조참의
1503년[43세] 연산 9년 4월 동지중추부사. 여름에 세자 책봉고명으로
　　　　　명나라 사은사로 연경을 다녀오다. 가을에 예조참의
1504년[44세] 연산 10년 5월 6일 형조참판, 가선대부.
　　　　　5월 9일 가정대부로 승진하여 이조참판.
　　　　　오위도총부 부총관 겸직. 12월 이조참판, 무관 말단직
　　　　　행 부사용으로 좌천시키고. 3년 동안 불러 주지 않았다.

1506년[46세] 연산 12년 9월 2일 박원종, 유순정과 함께 중종반정
1506년[46세] 중종 1년 9월 4일 자헌대부 형조판서.
　　　　　9월 8일 병충 분의 결책 익운 정국공신, 정헌대부.
　　　　　9월 10일 반정공신 1등, 3자급을 뛰어 수여
　　　　　9월 이조판서, 창산군. 10월 숭정대부, 판의금부사 겸직.
　　　　　10월 보국 숭록대부로 승진, 창산 부원군,
　　　　　겸 영경연사·이조 판서·오위도총부 도총관

1507년[47세] 중종 2년 9월 중국 고명 사신.
　　　　　연산군일기 수찬 총재, 감춘추관사
1509년[49세] 중종 4년 윤 9월 우의정. 대광보국 숭록대부
1510년[50세] 중종 5년 4월 병조 판서 겸직
1512년[52세] 중종 7년 10월 좌의정
1513년[53세] 중종 8년 4월 2일 영의정
1513년[53세] 중종 8년 7월 27일 영의정 성희안이 죽다

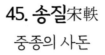

45. 송질宋軼
중종의 사돈

생몰년도 1454년(단종2)~1520년(중종15) [67세]
영의정 재직기간 (1513.10.27~1514.7.27) (9개월)

본관	여산礪山
자	가중可仲
시호	숙정肅靖
공훈	중종반정 정국공신 3등에 책록
	묘소 및 신도비 경기도 양주시 은현면 선암리
기타	중종반정 1등공신들의 너무 이른 죽음에 발탁되다.

증조부	송진생宋辰生 – 내자소윤
조부	송만달宋萬達 – 경원 부사
부	송공손宋恭孫 – 훈련 도정
모	박겸형朴謙亨의 딸
부인	남원 양씨 – 이조판서 양성지의 손녀
장남	송지한宋之翰 – 부사
손자	송인宋寅 – 중종의 부마(1526년)
손자며느리	정순옹주 – 중종의 딸
2 남	송지간宋之幹 – 호군
3 남	송지정宋之禎 – 사옹원 참봉
장녀	이형간에게 출가 – 덕산 현감
2녀	신거이에게 출가 – 내자시 정
3녀	홍언필에게 출가 – 영의정

영의정이 된 근원 - 중종반정 정국공신 3등, 중종의 사돈

송질의 자는 가중可仲이고 본관은 여산이다. 증조부 송진생은 내자시 소윤을 지냈고, 조부 송만달은 경원부사를 지냈다. 아버지는 훈련도정을 지낸 송공손이다. 부인은 남원 양씨로 이조판서 양성지의 손녀이자 전첨 양원의 딸이다.

1477년[24세] 알성시 문과에 을과로 급제하여 관직에 나가 1485년[32세] 성종 16년 6월에 사헌부 지평에 올랐다. 이때 나라에서 재정확보를 위해 지방 수령들로 하여금 토호들이 가진 고리대여 곡식을 철저히 조사하여, 주인들의 필요량을 제외한 나머지는 모두 관청에서 관리하도록 하는 시책을 펼쳤는데, 송질이 이 일을 총괄하였다. 이때 충청도 진천 지방을 조사했던 바 재상 신균과 상장군 오유종의 집 창고에 수만 석의 곡식이 쌓여 있었는데 반해 관청 창고에는 겨우 100석뿐이므로 진천 고을의 관리들을 징계하였다. 아울러 각 지방에 토지를 가진 재상들에게 생산된 곡물의 일정량을 스스로 나라에 바치도록 하는 방안을 실시하여 조정의 재정운영에 크게 기여하였다. 권력을 잡았던 인물일수록 재산을 많이 비축하고 있었으니 재물을 쌓고 권력을 잡으려는 인간의 욕구는 시대가 아무리 흘러도 변치 않는 불변의 욕구인 것일까.

1496년[43세] 연산 2년에 우승지가 되었다. 이 때 왜인들의 불법적 약재무역이 횡행하자 이를 단속하기를 청하여 실행하였다. 이어 황해도 관찰사로 부임했는데 때마침 역질이 유행하여 이를 치유함으로써 지방민으로부터 찬사를 받았다. 그 뒤 평안도 관찰사로 옮겨 오랫동안 북방의 국방을 다스렸다. 1501년에는 도민 임지성의 변란을 사전에 파악하여 진압

했으며, 그 공로로 형조참판에 승진되었다. 동지춘추관사와 지의금부사를 겸임하며, 경재소의 당상관 별감을 토성조관으로 임명시켜 풍속을 바르게 하고, 왕자와 제군이 이에 간여하지 못하도록 하였다. 50세 때 정헌대부 예조판서가 되었고, 이어서 형조판서와 경기도 관찰사를 지냈다.

1506년[53세] 중종반정 때 참여하여 예조판서로서 정국공신 3등에 책록되고, 여원군에 봉군되었다. 1512년[59세] 이조판서를 거쳐 우의정에 오른 후, 이듬해에는 좌의정으로 승진되었다가 영의정까지 올랐다. 영의정 재직시 대간들로부터 탐오하다는 탄핵을 받아 교체되었다.

공신자의 부모 승급에 대해 논쟁이 벌어지다

1508년[55세] 1월 중종반정이 끝난 후 공신들의 부모에게 음직으로 승품한 것에 대해 대간과 대신이 논쟁이 벌여졌다.

장령 김극픽이 아뢰기를, "분수에 넘치는 포상은 태평성대의 정치에 크게 누가 되는 것입니다. 신의 아비 김겸광은 자헌대부로서 좌리공신에 참여했지만 품계는 오르지 않았으며, 그 후에 수리 도감 제조가 되었을 때에야 논공행상되어 정헌대부로 승진되었습니다. 비록 좌리의 공이 어지럽던 정치를 바로잡은 정국靖國[98]의 중함과는 같지 못하지만, 그러나 다 함께 공신인데도 오히려 승진을 하지 못했었습니다. 그러다가 후에야 정헌대부가 되자, 그 때의 대신들이 모두 와서 하례하기를, '품계의 중함이 세종조에 비하면 오히려 존귀하지 못한 편이다.' 하였으니, 그 당시 포상과 인사의 중함을 볼 수 있습니다." 하고는, 손으로 송질을 가리키면서 말하기를,

---

98) 정국공신으로 중종반정에 공을 세운 박원종 등 1백 7명에게 내린 공훈의 호.

"송질의 아비에게도 음직으로 승급을 주었으니, 송질이 무슨 공이 있기에 그 아비에게 미치는 것입니까? 이 한 사람의 예를 보아도 그 외람됨을 대개 알 수 있습니다." 하였다.

정언 김안로는 아뢰기를, "이것뿐만이 아닙니다. 성종조에 허종은 큰 공이 있었는데도 음직으로 제수하지 않았습니다. 그러나, 이 일은 대신에게 혐의스러우므로 더불어 의논할 수가 없으니, 원컨대 전하께서 재단하소서." 하니,

주상이 이르기를, "대간이 관작을 소중히 여겨 아끼라고 말하는 것은 옳지만 음직으로 품계를 올린 것은 개정할 수 없다." 하였다.

영사 박원종은 아뢰기를, "음직으로 가자(승급)한 일은 신 등이 어찌 사사로운 뜻이 있어서 아뢴 것이겠습니까? 송공손은 비록 무신이지만 조정에 벼슬한 지가 이미 오래 되었으며, 송질도 대신으로서 국사를 맡은 지 여러 해가 되었으니, 음직으로써 그 아비의 계급을 올리는 일이 무엇이 아까울 것이 있겠습니까. 하물며 의장儀章법이 이미 오래 되었으니, 소급하여 개정할 수는 없습니다."

하니, 주상이 이르기를, "이것은 평상시의 상으로 품계를 승급하는 예는 아니다." 하였다.

이를 두고 사관은 논한다. 박원종이 이미 큰 의견을 아뢰었으니, 마땅히 큰 계책을 생각했어야 될 것인데, 도리어 공로 없는 사람을 훈적에 기록하고는 공로가 있다고 인정하고, 또 음직을 부자에게 미치게 했으니, 그 외람됨이 심하다. 그리고 공론을 어겨 가면서 임금에게 간언을 거절하도록 인도했으니, 그 구차스럽고 임시변통적인 것이 또한 너무 심하다. 어찌 식자識者의 비난을 면할 수 있겠는가?

– 중종실록 3년 1월 14일 –

백성들이 홍색 옷을 입는 것에 대해 논하다

1512년[59세] 중종 7년 2월에 송질이 백성들의 홍색 옷의 착복에 대

해 논의를 하였다.

송질이 의논드리기를, "조종조에도 홍색紅色을 금하지 아니하여 속옷를 지어 입은 지 이미 오래인데, 어찌 한 가지 일 때문에 갑자기 법을 세울 수 있겠습니까. 자주색 명주·명주비단 같은 것은 빛깔 있는 것 중에서도 제일이니 진실로 금단해야 마땅하나, 다만 검소한 풍속을 숭상하면 사대부들이 사치를 부끄럽게 여겨 저절로 입으려 하지 않을 것이니, 이것은 금하지 않아도 크게 금해지는 일입니다. 또한 조정 제복과 조정 하례복도 홍색이나 역대왕조 때에 제작한 뜻이 있는 것이니, 지금 와서 고치기는 어려울 듯합니다." 하였고,

김수동·유순정·성희안·이계남·이자건·안윤손 등은 의논드리기를,
"의복 빛깔은 이미 대전大典에 나타나 있으니, 다시 추가로 조문을 세울 것이 없습니다. 다만 홍색은 사치스럽고 참람하여 입기를 숭상함은 마땅치 않으니, 제복과 하례복 이외에는 겉옷은 모두 일체 금단하는 것이 온편하겠습니다."하였고,

이손·김응기·홍경주·신윤무·장순손·정광필·박열·신용개·안윤덕·최한홍 등은 의논드리기를, "대전에는 홍색을 것옷만 금했고, 정묘년의 결재에는 당하관의 속옷도 홍색을 금하여 그 법이 자세하게 되어 있으니, 다시 조문을 만들 것이 없습니다. 더구나 제복과 하례복도 모두 홍색인데 어찌 모두 폐지할 수 있겠습니까. 역대 왕조 때의 전례대로 함이 마땅합니다." 하니,

주상이 찬성 이손 등의 의논을 따랐다.

- 중종실록 7년 2월 17일 -

잦은 천재지변의 원인이 각 관서의 다스림에 관련한다고 하다

1513년[60세] 중종 8년 10월 21일 겨울 번개와 같은 재변이 잦자 임금이 그 대책에 관해 백관들과 함께 모두 모여 직위를 풀어 놓고 대토론회를 열었다.

주상이 먼저 이르기를, "겨울 번개는 옛적부터 큰 변괴라 하였는데, 요사이 겨울 번개가 있었으므로 이미 잘못된 일을 듣기를 구하였는데도 어제 번개는 전일보다도 심하였다. 재변은 까닭 없이 생기지 않는 것이니 방도를 내가 모르겠다." 하매,

좌의정 송질이 아뢰기를, "주상께서 즉위하신 이래로 재변이 연달아 일어나매, 하늘을 두려워하며 수양하고 반성함이 지극한데도 재변이 아직 그치지 아니하니, 신은 항시 아랫사람이 임금의 뜻을 봉행하지 않는 까닭인가 합니다. 신이 외람되이 주상의 은혜를 입어 삼공의 자리에 끼어 있으면서도, 법령이 많이 시행되지 못하여 주상의 뜻대로 봉행하지 못하니, 신의 직을 바꾸신다면, 이는 천변에 응하는 첫째 일이될 것입니다. 지금은 아랫자리에 있으나 현명한 사람이라면 즉시 발탁하여 상위 자리에 맡기면 반드시 마음을 다해 봉행할 것입니다.

지금 형조에서 사람을 신문할 때에 고문하여 반드시 자복하도록 하니, 죄 없이도 더러 잘못 사형을 받게 된 자가 어찌 한둘 뿐이겠습니까! 법사에 있어서는, 법망에 걸린 사람들을 끝내 벗어나지 못하게 하고, 만일 법사에서 지방에 이관시키면 지방 관리들은 무수히 형벌을 가합니다. 또한 하늘의 도道도 10년이면 변하거니와, 혹 일시의 죄로 귀양갔다가 석방되지 못한 사람도 또한 많이 있는데, 죄 받은 사람이 상소할 때마다 해당 관서가 그렇게 하지 말도록 하니, 매우 옳지 못합니다. 신의 생각에는, 재변이 생기는 것이 이 두 가지 일에 달려 있지 않은가 합니다." 하니,

주상이 이르기를, "대저 재변은 모두가 인사의 잘못으로 말미암아서 일어나는 것인데, 지금 백성의 원망이 있을 터인데도 형벌이 너무 무거우니, 매우 옳지 못하다. 죄있는 자가 요행히 면하고, 죄 없는 자가 억울하게 죄를 받게 하면 어찌 옳으랴! 그러나 이런 일은 모두 사람이 하기에 달린 것이니, 형율을 맡은 자가 실정과 법을 헤아려 처리하면 될 것이다." 하였다.

형조판서 윤순이 아뢰기를, "소신과 같은 자가 형옥의 판서를 맡아서 능히 그 직임을 다하지 못하므로 이러한 재변이 생긴 것입니다. 요사이 평민으로서 군역에 충당된 자나 유배된 자가 상소하여도 법사에서 임금에게 알리지 못하게 한 것은 죄를 단정할 때에 자기가 지은 죄로 죄를 주었기 때문입니다." 하니,

주상이 이르기를, "형벌이라는 것은 잘 다스리기 위하여 돕는 도구로써 부득이하여 쓰게 되는 것이다. 쓰지 아니하면 우악스럽고 사나운 자들이 제멋대로 행동하게 되

므로 형벌을 쓰지만, 형벌을 쓰더라도 절도에 맞도록 해야 한다." 하였다.

이 두 사람의 말을 두고 사관은 논한다. 윤순은 본디 재주와 덕이 없는 사람으로 연산군에게 아첨하여 갑자기 종1품에 올랐다. 육경이 되매 논평을 용납하지 않았다. 비록 다른 사람으로 하여금 천변으로 인하여 조정의 인물을 일일이 논평하게 하였더라도 반드시 이 말을 하였을 것인데 윤순이 스스로 말하였으니, 밝은 하늘의 이치가 마음속에 없어지지 아니하여, 평소에 처신하는 중에 스스로 부끄러이 여기는 바가 있었음을 알 수 있다.

송질은 본디 품행이 없고 탐오가 비할 데 없었다. 굶주리고 춥고 딱한 속에서 자랐는데, 재상이 되어서는 제택과 노비가 당대에 가장 부유하였으므로, 선비들이 천하기 여겼다. 그가 삼공의 자리에 있으매, 어떻게 음양을 조섭하여 화기를 만들어서 재변을 그치게 할 수 있었겠는가? 재변이 일어날 때마다 인책하고 사직한 것은 역시 물의를 짐작하고 미안한 마음이 있었기 때문이다.

우의정 정광필이 아뢰기를, "신이 순서를 뛰어넘어 정승이 되었으니 어찌 음양을 조섭하는 자리에 합당하리까! 음양을 조섭하는 자리를 병 요양하는 장소로 삼았으니, 이것이 어찌 정승을 두는 뜻이겠습니까! 지금 신을 갈면 실지로 하늘의 견책에 응한다고 할 수 있습니다.

지금 형벌이 너무 중하여, 신수근의 자손들과 윤구의 자식 등 아무것도 모르는 어린 것이 죄를 받았는데, 이들이 무슨 딴 마음이 있었으리까! 조정에는 임용할 수 없더라도 편의한 대로 할 수 있게 함이 어떠하리까? 하원수를 족보에서 삭제한 일은 율법과는 어긋나고, 그가 이미 죽었는데도 소급해서 삭제하니, 이는 율문에 없는 일입니다. 신복의의 심부름꾼 종산부정의 일은 알 수는 없으나 어찌 억울한 일이 없으리까! 대간·시종이 모두 여기에 있으니, 널리 물음이 어떠하리까? 각사의 정원외의 하인은 감함이 마땅합니다." 하니,

주상이 이르기를, "정국 후에 연좌된 사람들이 누차 상소를 하였으나, 법사가 이를 막고 올리지 않았다. 윤구의 자식은 조정에서 당초에 큰 계책 때문에 죄를 준 것이니 어찌 억울하지 않으랴! 전일에 그의 상소에 따라 이미 논의하게 하였다. 하원수의 호적 삭적에는 어찌 억울함이 없으랴! 대신들과 다시 의논함이 마땅하다." 하매,

예조판서 김응기가 아뢰기를, "조계형·이탁·김윤호 등의 심부름꾼 20여 인이 모두 전일의 진술을 번복한 까닭으로 이번에 신문할 것을 아뢰었으니, 어찌 억울하지 않으리까!"하고,

좌참찬 윤금손이 아뢰기를, "지금 형옥이 너무 중하니, 죄 없이 죽으면 어찌 억울하지 않으리까! 또 나이 찬 처녀들이 혼인하지 못하고, 사대부들이 혹 죄 없이 직무없는 산직으로 수용되지 못하니, 이런 일들이 또한 족히 화기를 손상할 수 있습니다. 그러나 재변을 만나 몸을 조심하여 행실을 닦는 것은 성상의 마음에 달렸습니다."하고,

병조판서 신용개가 아뢰기를, "옛 사람은 겨울의 우레는 법령이 한결같지 않고 형옥이 지나친 데에 대한 징조라고 여겼습니다. 이를 구제할 방법은 굶주린 자를 먹이고 형옥을 가볍게 하는 데에 있을 뿐입니다. 옛사람은 '사면령이 양민에게 해롭다.' 하였으나, 이제 죄가 가벼운 자에게 석방을 의논함이 어떠하리까?
올 농사가 조금 잘된 듯하나, 해마다 흉년든 끝이므로, 시작하지 않아도 될 일까지 모두 시작하려면 폐단이 적지 않으니, 급하지 않은 일을 정지하면 백성이 은혜를 입을 것입니다. 또, 수령이 혹 사사로운 노여움으로 사람을 해치는데, 다행히 드러나는 자가 있으면 일체 죄를 주어야 합니다. 지금 큰 죄를 받아 평안도와 함경도에 강제 이주한 자들은 비록 그 죄에 해당되기는 하나, 혹 일을 처리하기 위하여 서울서 파견된 경차관의 위엄에 겁이 나서 거짓 자복한 사람도 있습니다.

전에는 군정 실무자를 거의 농사를 권장하는 사람으로 사무를 맡겼는데 지금은 유향소로 사무를 맡기기 때문에, 마땅히 이주해야 할 자 중에서 혹 큰 공로가 있으면 면하게 되나, 조상의 음덕이 없는 자는 이주를 면하지 못하니, 억울함이 적지 아니합니다. 신은, 백성들의 원망이 또한 여기에 있을 듯합니다." 하고,

공조판서 정광세가 아뢰기를, "성종 때에 구영안이 남의 여자를 간음하였다가 일이 발각되어 먼 지방에 유배됨으로써 영구히 과거길이 막혔다가, 그 뒤에 상소하여 과거 보는 것을 허가받아 급제했었습니다.
근자에 궁녀에게 빌붙었다가 죄받은 사람이 매우 많은데, 그 죄가 강상을 무너뜨리는 데에 이르지 않아서 애매한 자가 있으니, 그 중에는 등용할 만한 사람도 있습니다.

또한 사형이 결정 된 옥사가 매우 많으나, 형방승지(형조를 담당하는 승지)가 세 번을 아뢴 뒤에야 사형에 처합니다. 이 때문에 더러는 7~8년이 되도록 옥중에서 굶주리므로 빨리 죽고자 하는 사람이 매우 많으니, 그 억울함이 적지 않습니다. 이제부터는 형방승지가 아니라도 날마다 빨리 아뢰어서 시행함이 어떠하리까?"하고.

이조판서 김전이 아뢰기를, "신은 본래 용렬한데 인사 전형하는 권한을 맡았으니, 하늘의 재변은 반드시 사람 쓰기를 잘못한 데에서 생겼을 것입니다."하니.

주상이 이르기를, "정사를 잘하는 것은 사람 얻기에 달려 있다. 소소한 폐단은 모두 제거하지 못하더라도 사람만 잘 쓴다면 폐단이 저절로 제거된다. 사람을 쓰는 것은 임금에게 달려 있으나, 추천하는 일은 오로지 이조와 병조에 달려 있으니, 사람을 쓸 즈음에 바르게 선택해야 한다." 하였다.

예조참판 강징이 아뢰기를, "마음을 바로잡으려면 마땅히 경敬을 먼저 해야 합니다. 서경書經에 이르기를 '조심하고 밝게 한다.' 하고, 또 '조심하되 오직 형벌을 신중히 하라.' 하였으니, 요·순도 모두 경敬을 근본으로 삼았습니다. 지금 경연에서 오직 사기史記·논어·맹자·중용·대학·시경·서경만 강의할 것이 아니라, 때를 가리지 말고 만나게 하여 자주 대신과 접하여 정사를 자문하셔야 합니다.

대저 형옥만을 중히 여기면, 지방에서 형벌을 지나치게 하는 일이 없으리까! 각도의 관찰사에게 명하여 형벌을 지나치게 하는 자에게 죄를 주게 하시는 것이 마땅합니다. 중앙 창고의 채무는 해당 관서로 하여금 마련하게 해서 시행함이 어떠하리까?" 하였다.

이들의 견해를 두고 사관은 또 논한다. 강징은 잗단 하찮은 자로서 연산군에게 아첨하여 총애가 자못 지극하매, 의기양양하여 스스로 때를 만났다고 여겼다. 당시에 간신이나 임금을 보필하는 선비로서 법망에 걸려 죽게 되는 사람이 잇달으매, 원통한 기운이 하늘에 사무치니, 거리의 부녀자나 아이들까지도 그 사람들을 아깝게 여기지 않는 자가 없었는데, 강징은 한때 친구로서 친절하게 지내던 사람이 옥에 갇혀 있어도 알아보거나 불쌍하게 여기는 뜻이 거의 없었다. 승지가 되어서는 더러 명을 받고 나가서 죄수를 검증하였는데, 아는 사람을 보고도 사사로이 말하지 않고, 혹시 연산군의 의향을 알려고 하는 사람이 있어도, 말해서 벗어날 길을 가르쳐 주지 않았다. 반정한 뒤에는 오랫동안 서용되지 못하였으며, 참판이 되어서는 오래도록 논박당하였는데, 마침내 갈리지는 않았으나 논평이 용납하지 않았고 사림이 한으로 여겼다. 이와 같이 비루하고 천박한 사람을 조정의 참판으로 삼아 예禮를 맡는 관사에 있게 하여 소중한 부서를 더럽혔으니, 천변이 일어나는 것이 이 사람 때문이 아닌지 어찌 알겠는가! 그런데 도리어 입을 벌리고 혀를 놀려 재변을 그치게 하는 방도를 아뢰니, 좌우의 식견 있는 사람들이 누군들 조롱하고 꾸짖지 아니하라마는, 옛글을 인용하고 당시의 폐를 지적하여, 마치 정인군자인 듯이 꾸몄다. 옛말에 '소인이면서 군자 같은 자가 있다.'고 하였는데, 정말 그러하다.

임금이 신하들을 대할 적에 말만 듣고서 간사한지 올바른지를 분별하기는 어찌 매우 어렵지 않으랴! 근래에 재간과 지혜가 없어 일을 감당하지 못하는 사람은 반드시 예조로 돌려, 당장 눈앞의 급한 일이 없다 하여 예관을 병의 요양이나 하는 곳으로 삼는 것이 옳은가? 이 때문에 국가에 일이 있어도 당상이나 낭관이 처리할 방도를 모르니, 이것이 애석하다. 강징을 예조의 참판으로 삼아 예문을 마련하게 하니, 그가 할 수 있겠는가? 당시에도 이미 사림의 논란이 있었거니와, 후세의 비웃음을 더욱 헤아릴 수 없으리라. 그 뒤에 공론이 한번 일어나자, 징은 자리를 보존하지 못했으니, 전일에 징을 끝까지 논박하지 못한 사람들이 조금도 부끄러움을 알리라.

이조참판 이장곤이 아뢰기를, "실지로 하늘의 견책에 응하기를 밤낮으로 깊이 생각하여 생각이 언제나 여기에 있으면, 자연히 재변은 그치게 될 것입니다. 송나라 경공이 착한 말 한 마디를 하자, 불길함을 상징하는 형혹성이 물러갔으니[99], 말로만 해도 오히려 이러하였는데, 하물며 실행함에리까!"하고,

도승지 이사균이 아뢰기를, "옛말에 '조용히 혼자 있을 때에 부끄러움이 없다.' 하였으니, 항상 오늘 여러 신하를 대하는 때와 같이 하시면 됩니다. 또, 반정 이래로 국시가 정해지지 아니하여 각기 자기의 의견이 옳다고 여겨 모두들 내가 성자라고 하니,

---

99) 경공이 착한 말 한 마디를 하자, 형혹성이 물러갔으니 : 춘추 시대 송나라 경공의 고사. 경공 3 년에 형혹성(화성: 이 별은 재앙을 가져오는 불길을 상징했다)이 심수에 머무르니 심수는 송나라의 분야이므로 경공이 근심하였다. 천문을 맡아 보는 사성이 "재상의 탓으로 돌리시지요." 하니, 경공이 "재상은 나의 팔다리 같은 중요한 사람이다." 하고, "백성탓으로 돌리시지요." 하니. "임금은 백성을 잘 대우해야 한다." 하고, "해 탓으로 돌리시지요" 하니, "흉년들어 백성이 괴롭게 된다면 내가 누구를 위한 임금이 되겠느냐?" 하매, 자위가 "하늘은 높이 있으나 낮은 데의 일을 압니다. 임금이 임금다운 말 세 마디를 하였으니, 형혹성이 움직일 것입니다." 하였는데, 하늘을 살펴보니 과연 형혹성이 2도를 옮겨갔다고 한다.

마음이 화평하다고 할 수 없습니다.

어제 내리신 분부에 '마음이 화평하면 기운도 화평하다.' 하셨는데, 전하께서 이렇게 하시고 대신도 이렇게 하면 됩니다. 지금 주상께서 재변을 만나 두려워하시는 때이니, 해당 관사에서 상급부서로 일만 올림은 마땅치 아니합니다. 오늘의 신하들에게 자문을 구할 때에는 노성한 대신이 병든 몸을 부축해서라도 입궐하여야 마땅한데, 더러 병 때문에 나오지 않는 사람이 있으니, 신이 적이 마음 아프게 여깁니다." 하고,

직제학 윤은보가 아뢰기를, "남해에서는 본디 사슴이 나지 않아서 말린고기를 진상하려면 할 수 없이 연화·욕지에서 사냥해야 얻게 되는데, 해로가 험하여 사람이 풍파에 빠져 죽거나 왜구에게 살해당하는 자가 수없이 많으니, 관찰사에게 명하여 그 폐해를 물어서 대신들과 의논하여 요량해서 감하소서."

하고, 전한 한효원이 아뢰기를, "전년에 북도 백성이 기근으로 시달리는데, 감사와 수령이 미리 조치하지 못하여 죽게 된 사람이 많았으니, 재변이 일어나게 된 것이 무엇이 괴이하리까? 조정 신하가 죄를 지으면, 반드시 먼저 심부름꾼을 신문하기 때문에, 남의 죄로 형벌을 받다가 죽게 되는 사람이 많으나, 그 자신은 더러 죽음을 면합니다. 장물죄는 용서할 수 없으니, 장물의 액수에 맞추어 판결받지 않은 자를 법대로 죄를 가려내어 벌을 주면 백성들의 원망이 없어지게 될 것입니다.

신하들에게 자문을 구하시는 이때에 여러 신하가 모두를 전하의 마음 하나가 근본이 된다고 아뢰었는데, 이 말이 심상한 것 같으나, 평생의 학문으로는 마음을 바로잡고 몸을 닦는 것보다 나은 것이 없습니다. 그러므로 신도 마음을 바로잡는 것을 아뢰니, 전하께서는 심상하게 생각하지 말으소서. 큰 강령이 바로잡으면 엽관운동이나 쪽지질 같은 일들은 절로 없어질 것입니다." 하고,

사간 신상이 아뢰기를, "조계형은 풍기군수가 되어 부임하기도 전에, 마부를 시켜 나무와 돌을 실어 나르게 하매 그 고통을 견딜 수 없어 도망하니, 조계형이 노하여 도색리를 매를 쳐서 죽였는데, 법사가 알고서 추문하였으나, 조계형이 매를 친 흔적을 숨기려고 그 시체를 감추고 다른 시체를 파내어 대신 보였으니, 그 음흉하고 간사함이 이보다 더할 수가 없습니다. 국가에서 법을 마련한 것은 바로 이런 무리를 다스리기 위한 것인데, 그의 죄를 벗기려고 죄없는 심부름꾼에게 매를 칩니다.
지금 주상께서 재변을 만나 두려워하시며 신하들에게 자문을 구하시는데, 조계형의

심부름꾼 같은 것이 석방되지 않는다면, 형벌을 잘못 시행한 것이 이보다 심할 수 없으니, 어찌 하늘에 순응하는 실지라 할 수 있으리까! 현재까지 드러난 사실로 다스리소서." 하니,

주상이 이르기를, "장물죄를 범한 자는 죄가 중하여, 장물액이 가장 많은 자는 사형하고, 가벼우면 종신토록 등용하지 말며 폐가 자손에게 미치므로, 다시 추문하는 것이다. 전에는 장물죄를 범한 사람의 심부름꾼을 더러 다시 추문하여도 다른 말 없이 죄상을 틀어 놓았는데, 지금의 삼부름꾼은 모두 말을 바꾸니, 할 수 없이 형장을 가한다. 널리 의논하여 처리해야 하리라."하매,

교리 유관이 아뢰기를, "지금 한 관사에서 한 가지 법을 세우기를 청하고, 다른 관사에서는 이것을 폐지하기를 다시 청합니다. 법이 갖추어지지 않은 것이 없는데도 일을 당하면 곧 고치고, 사람을 잘 쓰는 데에는 힘쓰지 않고 오로지 법을 쓰는 데에만 힘쓰니, 이는 오늘날의 큰 폐단입니다. 형벌을 신중히 하려면, 사람을 가려 쓰는 일을 먼저 힘쓰고 쓸모없는 벼슬아치를 도태하여야 조정이 맑아질 것입니다." 하고,

부교리 최명창이 아뢰기를, "풍속을 돌이키는 기틀은 임금의 마음 하나에 달려 있고, 또 대신들이 모범을 보이기에 달려 있는 것인데, 역대의 임금들이 잗단 법령에만 뜻을 두고, 마음을 수양하는 학문을 실제와는 거리가 멀다고 여겼습니다. 주상께서도 그렇게 여기신다면 어찌 잘 다스려지는 효과를 볼 수 있으리까!

주상께서 깨끗하고 한결같은 학문과 경敬을 유지하는 공功에 늘 유념하여, 국정을 결단할 때에 경을 으뜸으로 삼는 공부가 조금이라도 해이하여질까 염려하시고, 대신도 자신이나 집안의 일을 능히 잊는다면 잘될 것입니다."하고,

헌납 윤인경이 아뢰기를, "재변을 그치게 하는 방법은 다만 임금의 마음가짐에 달려 있습니다. 대간은 눈과 귀의 관서이므로, 합당하지 않은 인물이 있으면 반드시 자세히 알아보아 잘못을 따지는 것인데도, 즉시 쾌하게 들어 주지 않고 반드시 대신들에게 물으시니, 눈과 귀의 관서를 믿는 뜻이 어디에 있습니까? 또, 전에는 사관도 정사에 참여하였는데, 지금은 따로 장막을 두니 매우 옳지 못합니다. 이제부터는 사관으로 하여금 추천의 시말을 참관하게 하는 것이 옳습니다."하였다.

지평 임추가 아뢰기를, "경상도는 매가 나지 않는 곳인데 진상하게 하므로 백성들이

매우 괴로우니, 나는 곳에서만 진상하도록 하소서." 하니,

주상이 좌우를 돌아보며 이르기를, "감해 줄 수 있는 곳은 요량하여 감해 줌이 어떠한가?" 하매,

송질이 아뢰기를, "진상하는 매를, 팔도에 모두 감하여 주도록 하면 가하거니와, 만일 죄다 감해 주지 못한다면, 역대왕조 때부터 있던 것을 감할 것이 없습니다."하였다.

수찬 정사룡이 아뢰기를, "신이 부모님을 뵈려고 경상도에 갔다가 방어하는 군사에 관하여 들으니, 아주 먼 곳에서 지키는 군사들은 쉬는 기일이 없어, 당번드는 날은 많고 당번에서 나오는 날은 적으므로 고통이 막심하다 합니다. 국가에서 어떻게 모두 그 사정을 알겠습니까? 방어하는 일은 늦출 수 없으나, 서북에 사변이 있으면 또한 반드시 남쪽에서 군사를 징집하여야 할 것이니, 그 당번드는 기일을 줄여서 쉴 수 있도록 함이 어떠하리까? 또, 역대왕조로부터 쓸모없는 관리를 도태하는 법이 있으나, 지금도 쓸모없는 관리가 역시 적지 않습니다. 대신에게 의논하여 도태함이 어떠하리까?"하였다.

부수찬 유돈이 아뢰기를, "지금 풍속이 위축되어 인심이 야박하고 충직하고 후한 마음이 부족하므로, 수령들이 탐욕심을 부려 형옥이 억울하고 지체되니, 원기를 보호하는 것을 앞세우고 절목을 시행하는 것을 다음으로 삼아야 장구하게 잘 다스리고 안정시키는 효과를 이룰 수 있습니다. 빠른 효과를 보려고 하면 반드시 폐단이 생겨서 풍속교화의 혜택은 보지 못합니다." 하니,

주상이 이르기를, "이는 선후가 있는 말이다. 반드시 인심이 충직 후덕해진 뒤에야 풍속을 바로잡을 수 있을 것이다." 하였다.

박사 이청이 아뢰기를, "대저 재변을 그치게 하는 방법은 임금의 마음 하나에 달려 있습니다. 옛말에 '하늘에 혜성이 있는 것은 설명할 수 있지만, 마음 속에 있는 혜성은 설명할 수 없다.'고 하였으니, 임금은, 재변을 기다리지 말고 늘 두려워하며 수양하고 반성해야 합니다." 하였다.

－중종실록 8년 10월 21일 －

사치스런 장례 풍속에 대해 꼬집다

1514년[61세] 중종 9년 2월 28일 사치스러운 장례 풍속 등에 대해 사관은 다음과 같이 꼬집었다.

사대부가 상례를 당하면 얻기 어려운 물건을 기어이 얻으려고 하여, 석회를 얻지 못하면 감히 매장하지 못하고 다투어 외관의 아름다움에 힘을 썼다. 이로 말미암아 항간의 백성들도 그 풍속을 사모하여 화려함을 힘쓰게 되고, 장사지내는 날에는 술과 과일을 풍성하게 갖추어 이웃과 친족들을 흡족히 접대하면서 술마시고 농담하였다.

그리고 모든 상례 도구에 대해서는 삼가서 정성을 다하지 아니하며 보는 자가 아름답게 여기도록 하기에만 힘써, 향리의 칭찬을 받으려고 하였다. 만약 가난하여 이를 갖추지 못하게 되면 때가 지나도 장사를 치르지 아니하고 논밭을 팔아서라도 준비하여, 기어이 부자들과 같이하려 하였다.

그리하여 혹 그 장례일을 물으면 아직 술과 과일을 장만하지 못했다고 말하며, 그 풍습의 낡은 구습을 이상히 여기지 않았다. 술과 과일을 풍성하게 준비하여 많은 사람을 취하고 배부르게 하면 고장 사람들이 서로 칭찬하기를 '아무개는 돌아간 어버이를 위하여 정성을 다하였다.' 하고, 그렇지 못하면 '그 정성이 박하다.' 하였다.

세상풍속의 불미함이 이와 같은데도 조정에서 이를 개혁하지 못하므로 정광필이 언급한 것이다. 시속이 또 은혜에 보답함을 숭상하므로, 어리석은 백성이라도 사당에 제를 올리는 날을 만날 때마다 그 선영에 제사하기를 폐하는 일이 없으니, 식자가 서로 이르기를 '우리나라의 좋은 풍속은 오직 이것뿐이다.' 하였다.

시강관 이언호가 아뢰기를, "사치스러운 풍속이 지금과 같은 때는 없습니다. 음식과 의복을 남과 같이 못함을 부끄럽게 여기고, 재상·사대부 집 부녀는 담비 가죽 것옷·모직의 옷이 없거나 지붕 있는 가마가 없으면 수치스러워 출행을 하지 못하며, 또 중국 비단이 품질이 좋지 않다 하여 자기 집에서 사사로 직조하기에 이르니, 사치가 습속을 이루고 물가가 등귀합니다. 예로부터 이를 전환시키는 기틀은 위에 있으니 임금이 먼저 검소로써 인도하면 자연히 따를 것입니다." 하였다.

- 중종실록 9년 2월 28일 -

탐욕스런 송질을 탄핵하다

송질은 젊었을 때와는 달리 나이 들고 직위가 높아지자 탐욕에 빠진 것 같다. 이로인해 대간들로부터 욕심이 많고 행동거지가 깨끗하지 못하다는 탄핵을 받게 되니, 누차 사직서를 제출하였으나 받아들여지지 않았다. 1514년 3월 대간이 송질의 일을 아뢰어 파직시킬 것을 아뢰었으나 임금이 윤허하지 않았다.

대간이 합사하여 전의 일을 일곱 번 아뢰고, 또 상소하였는데, 대략 이러하였다.

"송질은 국량과 식견이 평범하여 변변치 못하고 지조와 취향이 추잡하며, 자기 집만 생각하고 국사는 도모하지 않으며, 사사로움만 돌보고 공적인 것은 돌보지 아니하니, 재덕이나 공로도 없이 녹봉만 축내고 있을 뿐만 아니라 장차 반드시 소임을 다하지 못하는 흉함이 있을 것입니다. 빨리 그 관직을 갈아 조정을 깨끗이 하소서." 하였으나 윤허하지 않았다.

사관은 논한다. 송질은 원래 품행이 바르지 못하고 말을 함부로 하며 사리를 돌보지 아니하였다. 일찍이 부친상을 당하였을 때에 흥덕동에 집을 짓기를 지극히 굉장하고 화려하게 하여 상복을 입은 채 가마를 타고 백주에 왕래하면서 감독하였고, 또 평안도에 많은 전답을 마련하고 뇌물이 그 문간에 가득하니 사람들이 모두 더럽게 여겼다.

― 중종실록 9년 3월 22일 ―

대간들의 탄핵은 갈수록 거세어져 갔고 결국엔 의정부의 재상들 마저 임금에게 주청하여 사직시킬 것을 아뢰게 된다. 1514년 7월 16일 유순이 의논드리기를, "송질은 사세가 취직해서는 안 되니, 속히 명하여 교체하소서." 하고,

정광필·김응기·노공필·강혼·박열·김전·이계맹·신용개·장순손·유담

년·안당의 의논도 같으니, 임금은 송질을 면직시키라 명하였다. 영의정에 오른 지 1년 만에 자기를 모시던 대신들의 요청으로 만인의 손가락질을 받으며 권좌에서 밀려나는 신세가 된 셈이다. 초심을 잃은 탓이었다.

1514년 중종 9년 7월 27일 영의정 직에서 면직되어, 여원 부원군이 되었다.

사관이 이를두고 논했다. 대간이 송질을 두고, 배움이 없고 또 재산을 경영한다고 하여 번갈아 소장을 올려 극론하였기 때문에 파면되었다. 그러나 기개와 도량이 관대하고, 음험하거나 사특한 마음이 없으며, 그 연산조에 있어서도 벼슬이 높지 않은 것이 아니건만, 시류에 따라 자리를 보전했을 뿐, 화를 끼치거나 환란을 빚어낸 일이 없었기 때문에, 정국공신의 훈공에 참여함을 얻었고 정승의 지위에 오르기에 이르렀던 것인데, 이 때에 이르러서 대간들로부터 탐오하다는 탄핵을 받아 교체되었다. 고 기록하고 있다.

- 중종실록 9년 7월 27일 -

송질의 졸기

1520년[67세] 중종 15년 1월 6일 여원 부원군 송질이 졸卒하였다.

그런데 졸기를 기록하지 않았다. 사관의 평만 몇 줄 남아있을 뿐이다.
사관은 논한다. 송질은 성품이 비록 관후하였으나 평소에 청렴하지 못하였는데, 이 때문에 논박받아 재상에서 파면되었다.

또 사관은 논한다. 송질은 성품이 엄하고 세차서 기세가 있었다. 젊어서는 가난하였는데 귀하게 되자 주택을 대대적으로 건립하였으므로 자못 물의가 있었다. 임금은 도승지 윤희인을 보내어 여원 부원군 송질의 상사에 조문하게 하였다.

사림들의 배척

송질은 특별히 지은 죄가 없었는데도 국조인물고에서 빠진 인물이 되고 말았다. 따라서 신도비의 기록을 알 수가 없고 묘비명을 찾을 수가 없다. 왕조실록의 졸기도 평가만 남긴 것이다. 비록 대간들의 탄핵을 받아 영의정 직에서 물러났지만 그렇다고 국가 대역죄를 지어 처형당한 것도 아니다.

역대 영의정 중 송질보다 더 많은 부를 축재한 영의정도 많이 있었다. 그럼에도 유독 종종실록을 작성한 사관은 송질에게는 야박하게 기록한 셈이다.

송질은 3남 3녀를 두었는데, 아들은 부사 송지한, 호군 송지간, 사용원 참봉 송지정이다. 장남 지한은 영의정 남곤의 사위로 관직은 부사였다. 송지한의 아들로 곧 송질의 장손자가 되는 송인은 중종임금의 사위가 되어 명종 때 도총관에 이르렀다. 송질은 딸도 셋을 두었는데 막내딸이 훗날 영의정 홍언필의 아내였고, 홍언필이 낳은 아들 홍섬 또한 선조 때 세 번이나 영의정에 오르니, 송질은 임금과 사돈인 데다가, 본인, 사위, 외손자까지 영의정이 되어 화려한 기문을 이룬 인물이 되었다. 송질의 딸이자 홍언필의 아내를 두고, 사람들은 "영의정의 딸로 태어나 영의정에게 시집가더니, 영의정 아들을 낳았다"며 기특하고 있다.

[승진과정]

1476년[23세] 성종 7년 생원시와 진사시 합격, 성균관 입학
1477년[24세] 성종 8년 알성시 문과 을과 급제
1482년[29세] 성종 13년 진현시 급제, 발탁되어 홍문관 정자, 설경.
1483년[30세] 성종 14년 1월 검토관
1484년[31세] 성종 15년 6월 시독관.
1485년[32세] 성종 16년 6월 사헌부 지평
1489년[36세] 성종 20년 6월 봉렬대부 승급, 사헌부 장령,
　　　　　　　겸 세자 시강원 보덕
1492년[39세] 성종 23년 2월 홍문관 직제학.
1494년[41세] 성종 25년 2월 통정대부, 홍문관 부제학, 5월 동부승지,
1496년[43세] 연산 2년 3월 우부승지, 11월 우승지
1497년[44세] 연산 3년 2월 가선대부, 9월 황해도 관찰사
1499년[46세] 연산 5년 1월 평안도 관찰사
1501년[48세] 연산 7년 5월 형조참판, 윤 7월 동지중추부사,
　　　　　　　명나라 천추절 축하사, 9월 공조참판.
1502년[49세] 1월 호조참판, 5월 겸 동지춘추관사, 6월 이조참판,
　　　　　　7월 이조참판
1503년[50세] 연산 9년 1월 겸 지의금부사, 2월 이조참판 연임
1504년[51세] 연산 10년 5월 정헌대부 승진, 형조판서
1505년[52세] 연산 11년 1월 경기관찰사
1506년[53세] 연산 12년 1월 판중추부사 겸 시혜청 제조, 7월 예조판서
1506년[53세] 중종 1년 9월 2일 중종반정, 예조판서,
　　　　　　　정국공신 3등에 책록, 여원군
1507년[54세] 중종 2년 3월 의정부 우찬성
1508년[55세] 중종 3년 7월 좌찬성
1509년[56세] 중종 4년 함경도 체찰사
1512년[59세] 중종 7년 3월 보국숭록대부로 승진, 조판서 겸 판의금부사
1512년[59세] 중종 7년 10월 우의정
1513년[60세] 중종 8년 10월 27일 영의정
1514년[61세] 중종 9년 3월 대간이 송질을 파직시킬 것을 탄핵하다.
　　　　　　　7월 27일 영의정직에서 면직되어, 여원부원군이 된다.
1520년[67세] 중종 15년 1월 6일 여원부원군 송질이 죽다.

46. 정광필鄭光弼
능력과 인품으로 자수성가 하다

생몰년도 1462년(세조8) ～ 1538년(중종33) [77세]
영의정 재직기간 1차 (1516.4.9.～1519.12.17)
　　　　　　　　 2차 (1527.10.21.～1533.5.28) (총 10년 3개월)

본관	동래東萊
자	사훈士勛
호	수부守夫
시호	문익文翼
배향	중종 묘정에 배향
묘소	경기도 군포시 속달동, 신도비는 소세양이 짓고, 퇴계가 쓰다.
기타	능력과 인품으로 자수성가한 실력파, 조광조를 구하려다 영의정에서 밀려나다

증조부	정구령鄭龜齡	– 결성현감
조부	정사鄭賜	– 진주목사
부	정난종鄭蘭宗	– 이조판서, 우참찬
모	이지지의 딸	– 장사랑
처	송순년의 딸	
장남	정노겸鄭勞謙	– 주부
2 남	정휘겸鄭撝謙	– 참봉
3 남	정익겸鄭益謙	– 사재감 부정
4 남	정복겸鄭福謙	– 강화부사

영의정이 된 근원 - 능력과 인품으로 자수성가한 실력파

정광필의 자는 사훈士勳이고, 호는 수부守夫로 동래 정씨이다. 증조부 정귀령은 결성현감을 지냈고, 조부 정사는 예문관 직제학과 진주목사를 지냈으며, 아버지 정난종은 의정부 좌참찬을 역임하였다.

정광필은 훈구대신도 아니고 신진사류도 아니다. 그렇다고 화려한 문벌을 가진 것도 아님에도 영의정에 올랐고, 사후의 평가도 정광필처럼 극찬한 경우는 보기 드물다.

기록에 나타난 정광필의 성품은 관후하고 대범했으며, 맡은 바 일에는 최선을 다한 성실파로 보인다. 첫 관직인 성균관 학유시절 상급자인 이극균을 만난 것이 그에게는 행운이었던 것 같다. 직무능력과 인품 면에서 인정받은 바지만 그를 영의정까지 오르게 한 것은 대부분 주변 상급자의 천거에 의한 승진이었다.

영의정을 두 번씩이나 거치고도 재산을 증식하지 않았고, 어디를 가나 공정한 인사는 모든 사람들의 귀감이 되었고, 조광조를 비롯한 신진 사류들을 구하기 위해 온몸을 다해 변호해주었던 정성도 마음에서 우러나오는 진심이었다.

김안로 같이 왕실 혼척에 기대어 탐욕을 누리는 악한 자와는 타협할 줄 모르는 의로움이 그를 영의정 중의 영의정으로 평가받게 한 것이다.

정광필은 어려서부터 기질이 특출하여 모든 일에 생각이 깊었고, 행동이 무거웠으며 예의범절이 보통 아이들과는 달라, 아버지 정난종은 이를 기특하게 여겼다. 어려서 질병이 많아 밖에 나가 배울 수가 없어 고모인 정씨에게 글을 익혔는데, 정씨는 정난종의 누님으로 글을 깨친 대가였는데, 사람을 알아보는 식견이 있어서 정광필이 크게 성장할 것이라는 것을 알고는 정성을 다했다.

자라서는 배움에 힘써 경전과 제자백과서와 역사서를 전심하여 독송하였는데, 은미한 말과 깊은 뜻을 묵묵히 이해하고 환하게 연구하여 널리 통하지 않음이 없었다. 특히 좌씨춘추와 주자강목을 좋아하여 손에서 잠시라도 놓는 일이 없었다.

기국과 도량이 넓고 크며 공명정대한 데다가 학문으로 보충하여, 뜻하지 않은 좌절이나 굴욕에도 일찍이 조금도 흔들리지 않았다.

성품이 독실하고 효성스러웠는데, 약관의 나이에 부친상과 모친상을 연이어 당하자 6년 동안 여묘살이를 하며 상례를 갖추었으며, 슬퍼하여 몸을 훼손함이 상제에 벗어났으므로 사람들이 지극한 정성을 칭찬하였다.

부모상 6년을 마치고 30이 넘은 나이인 1492년 성종 23년에 진사시에 합격하고, 문과 을과에 급제하여 첫 관직으로 말직인 종9품 성균관 학유로 나아갔으니, 나이도 많은 데다 벼슬의 출발도 밝지가 않았다. 그러나 정광필은 직급이 낮은 자리를 하찮게 여기지 않았고 직무에 임하기를 더욱 부지런히 하였다.

종3품 정성근은 성격상 남을 인정하는 일이 드물었는데, 정광필을 보고는, "신중하고 후덕한 군자이다."라고 하였으며, 좌의정 이극균은 성균관직을 겸직하고 있었는데, 성종실록 편찬 총재관이 되어 정광필을 발탁하여 실록편찬 감독으로 앉히고 편수하는 일을 맡겼다. 이때 관원들이 여름철 고과평가에서 성적이 깎여 모두 중中을 맞았는데, 정광필도 이 상황을 면치 못하였다.

편찬국 동료들이 정광필이 출근하지 않을 것이라고 여겼는데, 이극균이 큰소리로, "정광필의 넓은 도량은 이렇게 잗단 일에 신경쓰지 않을 것이다."고 하였다. 조금 후 과연 정광필이 출근하였으니, 상급자에게 인정받아 귀하게 여김 받는 것이 이와 같았다.

1503년[42세] 연산 9년에 등급을 뛰어넘어 홍문관 직제학에 제수되었고, 곧 이조참의로 옮겼다. 10월에 연산의 잦은 야간사냥에 대해 정광필은 사냥을 중지할 것을 청하였는데, 연산의 노여움을 받아 옥에 갇히고 문초까지 당했으나 좌의정 이극균의 보호로 죄가 무마되었다.

참찬관 정광필이 아뢰기를, "지금 날씨가 점점 추워지는데 찬 기운을 무릅쓰고 아침에 떠났다 저녁에 돌아오시면, 성상의 몸이 수고로울 듯합니다." 하니,

왕이 이르기를 "금년에는 먼 도에서 군사를 불러 모으지 않고, 호종하는 군사만을 거느릴 것이며, 재인·백정 역시 모두 가까운 도의 사람이니, 곡식을 주어 식사를 하더라도 폐단이 있게 되지 않는다. 또 무예를 강습하려면 반드시 먼 교외에서 해야 하고 집안에서 할 수 있는 일이 아니다. 이것은 아무도 말하지 않을 일인데, 나는 스스로 편하려는 계책이라고 생각하는 것이다." 하였다.

임금이 좌의정 이극균에게 이르기를,
"정광필이 하는 말이 정직하지 못하오. 대저 임금의 일에 대하여 말하는 것은 매우 옳지 못하오. 누가 대궐 후원의 소나무에 대하여 묻더라도, 나는 모른다고 하여야 하는 것인데, 어찌 위의 일에 대하여 말할 것인가? 이것은 오로지 제 몸이 편하고 싶어 임금을 칭탁하여 말하는 것이다. 유숙하고 또 왕복하는 동안에는 간격이 있으니, 밤이 깊어 돌아오더라도 이튿날 오후에 다시 떠나면, 오히려 아침에 갔다가 저녁에

돌아오는 것보다 나을 것이다. 정광필을 옥에 가두고 국문하라." 하니.

이극균이 아뢰기를. "다만 아침저녁으로 모시어 임금을 사랑하는 생각이 조금이라도 해이 됨이 없기 때문에 감히 아뢴 것입니다. 어찌 다른 의사가 있겠습니까? 또한 정광필이 저 혼자서 아뢴 것이 아니라. 바로 관원들의 공론입니다." 하자.

명하기를. "나는 그렇지 않다고 본다. 정광필이 급제한 지 오래지 않아 당상관에 승진되어 그 몸이 편하기 때문에 그런 것이다."하니.

이극균이 아뢰기를. "신이 여러 번 정광필과 같은 관사에 있었는데, 그 마음이 조금도 바르지 못함이 없었으니. 생각하는 바가 있어 바른 대로 아뢴 것입니다. 사람이 세 가지(군·사·부)에서 생장하므로 섬기기를 한결같이 하는 것이니. 임금이나 아비가 무엇이 다르겠습니까? 마음에 정성으로 임금을 사랑하기 때문에 숨김이 없는 것이니. 옥에 가두고 묻더라도 이밖에 다른 것이 없을 것입니다." 하자.

명하기를. "신하로서 임금 섬기기를 지성으로 하여야 하는데. 감히 정직하지 못한 짓을 하니. 이래서 내가 국문하려는 것이다. 이의손은 벼슬한 지 이미 오래인데. '전의 일을 알지 못한다.'고 하였다. 내가 성종을 모시고 풍양궁에 나가 사냥하였는데. 당시의 일을 이의손이 모르는 것이 아니다. 홍문관이나 대간이 내가 할 만한 일은 정지시키고. 하지 못할 일은 권고하며. 몸이 혹 불편하여 경연에 나가지 못하면 반드시 권하면서. 사냥으로 군사조련은 하지 않으면 안될 일인데도 중지시키려 한다. 대저 여러 신하들이 겉은 조심하고 바른 것 같지만 속은 실지로 정직하지 못하니. 이세좌 같은 사람도 평시에는 참으로 순후 근실한 것 같았는데. 하사하는 술을 엎질러 쏟기까지 하였으니. 어찌 그 마음을 알 수 있겠는가?" 하였다.

– 연산일기 9년 10월 9일 –

이듬해인 1504년[43세] 연산 10년 6월에 좌의정 이극균이 폐비 윤씨와 관련되어 사약을 받고 죽자. 연산군이 다시 야간 사냥금지를 청한 문제를 들추어 내어 정광필을 아산현으로 귀양을 보냈다.

그때 연산이 언로를 막으려고 이전 일을 뒤좇아 거론하여 앞장선 사람을 따져내어 죽이니. 국문받는 자는 다 구차히 죽음을 벗어날 생각으로 으레 죽은 사람에게 미루었는데, 왕은 이를 알더라도, 이로써 위엄을 세우려고 죄가 가볍거나 무겁거나 따질 것 없이 관을 부수어 주검을 다시 죽이고, 혹은 재산을 몰수하고, 아내와 자식을 종으로 만드니, 억울함을 호소하는 소리가 하늘까지 닿았으나, 문초하는 벼슬아치는 그것이 그름을 알더라도 산 사람이 죽음 받는 것을 차마 보지 못하여, 또한 밝히지 않았다.

> 영의정 유순 등이 정광필 등의 죄를 아뢰기를, "밤까지 사냥하였다는 일 등을 아뢴 사람은 죄가 장杖 1백의 댓가에 해당합니다." 하니, 전교하기를, "앞장서서 주장한 자는 전례에 따라야 마땅하고, 그 나머지 좇아서 참여한 자는 장 80으로 결단하고, 정광필은 비록 좇아서 참여하였을지라도 두 번 범하였으니 장 1백으로 결단하여 귀양 보내라 하였다.
>
> — 연산일기 10년 6월 17일 —

이때 법령이 준엄하여 귀양 처벌을 당한 자는 자유롭게 지내지 못하였는데, 정광필은 빗자루를 들고 관문을 지키면서도 짜증내거나 싫어하는 기색이 없었다.

1506년[45세] 연산 12년에 정광필이 2년간 유배생활을 하고 있을 때 압송관이 서울에서 내려와 유배지에 이르자 온 집안이 두려워하고 걱정하였는데, 정광필은 태연하게 길을 나섰다. 고을 수령이 들판에서 따라와 결별하자 보는 자들이 안타깝게 여기며 말이 없었는데, 정광필은 말과 웃음이 태연자약하였다. 곧, 어떤 사람이 와서 지금 임금을 폐하고 새 임금을 세웠다고 말하자, 모여 있던 사람들이 박수를 치며 뛸 듯이 기뻐하였는데, 정광필은 말하기를, "이것은 종사를 위한 대계이다. 다만 주상의 생사를 아직 듣지 못하였다."고 하고는 고기를 물리치고 먹지 않으매, 사람들이 그 지조에 감복하였다.

1508년[47세] 11월 7일에 품계를 뛰어넘어 한성부 판윤에 제수되었고, 11월 10일에 예조판서로 옮겼다. 이조에서 예조에 이르기까지 경연 춘추관과 의금부 도총관의 직책을 항상 겸직하였다.

1510년[49세] 중종 5년 3월에 대사헌으로서 의정부 우참찬을 겸직하였다. 이해 여름에 삼포의 왜인들이 반란을 일으켜 남쪽 지방이 소란스러웠는데, 전라도 지역과 접한 곳이라 정이품 재상급을 보내서 제압해야만 하였다. 4월 정광필을 도순찰사로 삼아 백성들을 위로하고 달래게 시키자, 정광필은 바닷가 지역을 순찰하며 다녔는데, 진영의 멀고 가까움과 방비가 튼튼함과 허술함과, 사졸의 강하고 약함과 군기의 날카롭고 무딘 상태를 직접 발로 뛰면서 눈으로 조사하지 않음이 없었던바, 그 조치가 모두 그때그때 상황에 합당했으므로 남쪽 지방이 안정되었다. 임무를 마치고 돌아와서 6월에 병조판서가 되었는데, 인사 행정이 공평하고 성실해지니 군정이 이내 다스려졌다.

1513년[52세] 중종 8년 4월 15일에 우의정에 제수되었다. 우의정 성희안이 일찍이 정광필을 천거하여 마땅히 우의정에 앉혀야 한다고 하였으므로, 품계의 차례를 뛰어넘어 발탁 등용한 것이다.

이 인사조치를 두고 사관은 논한다. 정광필은 도를 즐기고 마음이 너그러워 재상의 기국이 있는데, 성희안이 일찍이 말하기를 '정광필 같은 이는 참으로 「형체가 없어도 보며, 소리가 없어도 듣고 공경하기를 신명이 있는 것처럼 한다.」고 할 수 있다.' 하였다. 주상이 일찍이 삼정승에게 추천케 하니 송질이 김응기를 추천하였고, 유순도 의향이 김응기에게 있었으나 성희안의 뜻을 어기기 어려워서 함께 정광필을 추천하니, 성희안이 공언하기를 '오늘날의 정승은 당연히 정광필이 되어야 하고 신용개가 다음이며, 김응기는 성품이나 글이 깨끗하고 아름답기는 하나 국가가 위급한 때를 당하면 능히 해내지 못할 것이며, 또한 지위가 중추부에 올라 국정에 참여하니, 다시 재상에 올릴 것 없다.' 하였는데, 김응기의 기력이 약하기 때문에 성희안이 저지하였다.

후에 정광필·신용개 두 사람이 명재상으로 불려지자 사람들은 또 그의 선견지명에 감복하였다. 또 정광필은 기질이 뛰어나고 지략이 원대한 데다가 재주와 국량이 있어 사람들은 모두 정승을 잘 골랐다고 하였으나, 김응기가 정승 되지 못함을 개탄하는 자도 있었다. 또 당시 영의정들이 연이어 죽으므로, 주상은 다시 현량한 보좌가 없음을 걱정하여 정광필을 뽑아 재상에 두었으나, 여론은 그리 흡족히 여기지 않았다.

– 중종실록 8년 4월 15일 –

1513년 중종 8년 10월 27일 좌의정으로 승진하였다. 중종 10년 3월에 겸 삼도감 총호사에 겸직되었고, 장경왕후가 원자 인종을 낳고 승하하자, 후궁 중에 임금의 총애를 받는 자가 있어 먼저 자식을 낳은 것을 믿고서 중전 자리에 오르려고 엿보았는데, 영의정 유순이 우물쭈물하면서 망설이기만 하므로 좌의정 정광필이 관료들을 거느리고 경전의 의리를 끌어대어 대전을 두드리며 강력히 아뢰자, 중전의 자리가 이내 바로잡혔다.

1516년[55세] 중종 11년 4월 9일에 영의정으로 승진하였다. 중종이 옛것을 좋아하고 선을 즐거워하여 조광조 등 경학하는 선비들을 장려하고 등용하자, 선비들이 분발하여 힘쓰면서 '요순시대의 치세를 조석 간에 이룰 수 있을 것이다.'고 하였는데, 개혁하는 일이 점진적이지 못하고 급진적이자 크게 풍속에 꺼림을 당하였다.

정광필은 임금에게 충성하고 나라를 걱정하는 마음이 늙어갈수록 더욱 깊었으므로 조정은 점칠 때 쓰는 시초蓍草와 거북[100]처럼 의지하였고 사림들은 태산북두처럼 우러렀다.

(국역 국조인물고, 정광필, 세종대왕기념사업회)

---

100) 시초와 거북 : 미래의 점을 치는 도구

위훈삭제 처리와 재상의 역할

　　1516년[55세] 중종 11년 12월 영의정 정광필이 공훈책봉 문제에 대해 문제점을 지적해왔던 터에 젊은 신진사류들이 훈구세력들의 공훈 책봉을 바로잡기를 청하니 정광필과 공동전선이 되었다.

　　영의정 정광필이 아뢰기를, "정난공신의 일은 당초 공신을 책정할 때 신이 예조 참판으로 마침 경연청에 있었는데, 임금께서 재상들에게 물으시게 되었습니다. 신이 일찍이 무정보감[101]에서 좌익공신[102]의 일을 보았고, 또 여러 원로의 말을 들었기 때문에 신이 곧 발언하기를 '정창손은 처음에는 3등으로 녹훈되었다가 나중에 2등으로 올라가고, 김질은 참모를 하였기 때문에 3등으로 녹훈된 것입니다.' 하니, 한 대신이 있다가 신을 책망하기를 '그때의 일을 잘 알 수 없는데 어찌하여 그렇게 발언하는가?' 하며, 곧 익대공신[103]의 예를 들어 아뢰었습니다. 신의 생각에는, 익대는 사체가 중한 것인데 이과의 일은 가벼운 듯하여 비록 온당하지 못하다 여겼으나, 그가 신을 그렇게 책망하였기 때문에 감히 입을 열지 못하였습니다. 그 대신의 뜻을 보니, 책훈에 참여하려고 그런 것이 아니라, 반정한 뒤를 당했기 때문에 인심을 진정시키려고 그런 것이었습니다.

　　반정은 큰 일인지라 녹훈을 많이 하지 않을 수 없는 일이었지만, 정난공신은 인심이 싫어하는 것입니다. 한갓 공신만 외람할 뿐이 아니라, 우리나라는 토지가 적은데 그 전지가 모두 공신의 직전職田[104]이 되어 버리면 나라에서 쓸 것이 없게 되어, 흉년 드

---

101) 조선조 개국초부터 예종 때까지의 내우·외환에 관한 사건을 수록한 책

102) 세조가 왕위에 오르는데 공을 세운 이들을 위해 책정한 공신.

103) 예종 즉위년에, 남이·강순 등의 모반을 수습하였을 때 책정한 공신.

104) 이전에는 과전科田이라 하여 현직 관리뿐만 아니라 산관(직책이 없는 벼슬)에게도 세금징수권을 나누어 주었지만, 점차 과전에 충당할 토지가 부족해짐에 따라 과전을 폐지하고 현직 관리만을 대상으로 하는 직전을 설치하였다. 과전은 원래 본인 일대一代에 한하는 것으로 원칙을 삼았지만 실제로는 처나 자식에게 전수됨으로써 일단 분급된 과전은 국가로 환수하기가 아주 어려웠다. 직전법의 실시로 현직 관리만이 직전이라는 명목의 세금징수 전답을 분급받았으며, 산관은 제외되었다.

는 해에 구제할 수 없을 것입니다. 신의 생각이 대간의 뜻과 다름없지만 감히 경솔하게 아뢰지 못한 것은, 임금이 하시는 일은 비록 희롱삼아 한 일이더라도 실없게 여기지 않을 수 없기 때문이었습니다. 그러나 공론이 나온 지 이미 오래니 마땅히 시급하게 개정하셔야 합니다. 더구나 당대의 일인데 어찌 개정할 수 없겠습니까?" 하니,

주상이 이르기를, "정난공신[105]은 당초에 익대공신을 본떠 녹훈한 것이다. 승정원에 있던 사람들과 거사를 알린 사람이 어찌 차이가 없겠는가마는, 다만 이미 녹훈하였다가 곧 삭제함은 사체에 합당하지 못하고 역대왕조에도 이런 일이 있었음을 듣지 못했다." 하매,

정광필이 아뢰기를, "신이 사기史記를 보건대, 한나라 고조가 5년에 왕업을 이루었고 공신도 그리 많지 않았는데, 선왕조의 녹훈 때는 부친이 녹훈되면 그 자제들이 으레 꼭 따라 기록되었으니, 이는 매우 예와 다르게 된 일입니다. 신이 정막개[106]의 일을 보건대, 변고가 이과의 일[107]보다 더 컸습니다. 그러나 녹훈할 수 없기 때문에 신 등이 천인을 양민이 되게 하여 6품이 되게 하기로 의논하여 아뢰었었는데 위에서 3품으로 올리셨으니, 대개 중히 여기신 것입니다. 노영손은 그의 공이 녹훈할 만하니 3품으로 책봉한 것은 그래도 가하지만, 상산군의 일은 너무 과람하며 종실의 미천한 사람을 2품의 반열에 끼이게 한 것은 진실로 옳지 못합니다." 하였다.

– 중종실록 11년 12월 17일 –

1517년[56세] 중종 12년 3월 24일 사헌부와 사간원의 대간들이 위훈 삭제 문제가 받아들여지지 않아 출근하지 않자 영의정 정광필이 재차 나서서 정난공신을 바로잡도록 아뢰니, 이에 따랐다.

영의정 정광필 등이 육조 참의 이상을 거느리고 와서 아뢰기를, "대간은 기강이 매

---

105) 단종 1년에 안평대군, 김종서, 황보인 등을 제거한 공로로 내린 훈호

106) 의정부 노비 정막개가 중종 8년에 승정원에 나아가, 박영문·신윤무가 모반하려 한다고 고변한 일.

107) 연산군에게 미움을 받아 전라도로 유배되었던 이과가 유빈·김준손 등과 유배지에서 거병하여 진성대군(중종)을 추대하려다가, 반정했다는 소식을 듣고 중지했었는데, 중종 2년에 정국원종공신으로 책정되고 전산군에 봉작되었으나 불만을 품고, 중종이 선릉에 친제하러 가는 틈을 타, 이찬·윤구수 등을 제거하려다가 노영손의 밀고로 발각되어 사형된 일.

인 곳으로 하루도 없을 수 없는데, 합동하여 사직한 지 이미 열흘이 넘었습니다. 기강이 해이되면 폐단이 장차 적지 않을 것이오니 시급히 통쾌하게 결단하시기 바랍니다." 하니, 전교하기를, "정난공신을 비록 옳다 그르다 하지만, 이미 10년이 지났으니 고치기가 너무도 어렵지 않은가? 평소에 하찮은 것이라도 주었다가 도로 빼앗는 것은 오히려 옳지 못한데, 하물며 공훈에 대한 상이겠는가. 그러나 온 조정이 모두 고쳐야 한다고 하니, 내가 스스로 결단할 수는 없다. 다만 누구는 마땅히 고치고 누구는 마땅히 고치지 않아야 할 것인지를 모두들 의논하여 아뢰라." 하였다.

정광필 등이 의논하여 아뢰기를, "노영손 이외에는 공을 기록할 만한 사람이 없습니다." 하니,

전교하기를, "조정 공론이 이러하니 고치는 것이 좋으나, 다만 노영손의 품계도 낮추어 제수해야 할 것인지, 홍숙의 일도 대간이 또한 마땅히 바꾸어야 한다고 하는데 과연 참찬 소임을 감당하지 못할 사람인지, 또 공훈으로 인해 품계를 제수받아 지금 육경에 오른 사람이 또한 있는데 어떻게 할 것인지 모두들 의논하여 아뢰라." 하니,

정광필 등이 의논하여 아뢰기를, "노영손은 천민으로 육경에 올라, 남들이 보기에 너무나 불만스럽습니다. 그러나 다른 공신을 고치게 된다면 노영손의 품계는 고치지 않아도 됩니다. 공훈으로 인해 육경에 제수된 사람이더라도 모두 합당한 사람이면 고칠 것이 없습니다." 하고,

김응기·한세환·이사균·정광국·김안로 등은 의논하여 아뢰기를, "노영손은 천민이니 육경의 반열에 끼임은 합당치 못하고, 가선대부로 봉군되는 것만도 영광스러운 일입니다." 하고,

정광필 등이 홍숙의 일을 의논하여 아뢰기를, "대간이 들은 말을 신 등은 알지 못하므로, 의정부에 합당하지 못한 사람인지 짐작하지 못하겠습니다." 하니, 임금이 모두 정광필의 의논대로 하였다.

— 중종실록 12년 3월 24일 —

1517년[56세] 중종 12년 7월 8일 대간이 개혁을 앞세워 3정승은 합당한 인물을 발탁할 것 등을 요청하는 상소를 올렸다.

대간이 상소하였는데, 대략, "주상께서 대통을 이으신 뒤로, 영재를 모아 아름다운 공렬을 이룩해 보고자 하신 지가 어느덧 십수 년이 지났습니다마는, 어질고 덕 있는 이는 항상 적고 모두가 어리석고 재주 없는 자들뿐이었습니다.

더구나 한번 연산조를 겪은 뒤로는 훌륭한 신하와 큰 선비들이 거의 모두 화를 입게 되었습니다. 그리하여 반정하실 때에 가까스로 그 나머지를 수습, 공소이니 경卿이니 하고 구차스럽게 지위를 만들어 주었던 것이니, 이들이 과연 그 기대에 부응하겠으며, 또한 그 직책을 다할 수 있었겠습니까?
그리고 난리를 겪은 뒤로부터는 사람마다 각각 제 한 몸만 아끼어서, 충성을 다하여 극론하는 것을 어리석은 일이라 하고, 시세를 보아 물러앉는 것을 현명한 일이라 하며, 술잔이나 마시는 것을 정취 있는 일로 여기고, 해학이나 일삼는 것을 고상한 것으로 보게 되었습니다.

그리하여 일할 때는 힘을 다하지 아니하고, 말해야 할 자리에는 감히 바른 말을 하지 아니하니, 이는 제 한 몸만 잘 보전하려는 계책에 지나지 않는 것입니다. 대신이라 하는 것은 뭇 신하들의 표본이니, 그를 사모하고 본받으려는 자가 어찌 한이 있겠습니까?

그러므로 삼공三公은 자리가 있어도 거기에 합당한 인물이 없고, 인물은 있어도 실적이 없어서 기강은 풀어지고 법령은 문란하니, 이른바 '음양을 섭리하고 천하를 경륜한다.'는 것에 대하여 아무런 가망이 없게 되었습니다. 이 때문에 식견이 높은 선비들은 깊이깊이 애석히 여겨 마지않는 것입니다.

좌의정 김응기는, 재목이 비하하고 기국이 용렬하며, 지혜가 어둡고 뜻이 약한 사람인데, 시비와 호오가 분명하지 않으며, 소심하게 살피고 침묵하며 결단하기를 즐기지 않으니, 이는 근신한 체하는 것이요, 일에 대해서는 가부를 결단하지 않으며 사람에 대해서는 옳고 그름을 가리지 않으니, 이는 후덕한 체하는 것입니다. 그러나 그 근신과 후덕함이 일신을 보전하고 작록을 유지하기 위한 방편으로 삼기에는 족하겠지만 나라에 대하여는 무슨 도움이 되겠습니까?
중임을 맡긴 지가 저렇듯이 오래되었는데도, 위로는 임금을 보좌한 공효가 없고, 조정에서는 자리만 지킨다는 비난을 듣습니다. 그러므로 백성은 그 은혜를 입은 것이 없으며, 크고 작고 간에 수립한 것이 아무 것도 없으니 그런 정승을 장차 무엇에 쓰겠습니까?

대저 재상의 도道는 세 가지가 있으니, 배워서 그 마음을 넓히고, 정성으로써 그 뜻을 지켜나가며, 허심탄회하게 남의 말을 받아들이는 것입니다. 그러므로 옛날의 재상 중에는, 훌륭한 말을 들으면 절을 한 사람도 있었고, 손님이 오면 입에 들어간 음식도 뱉아 내면서 맞이한 성력을 다한 사람도 있었습니다.

그런데 지금의 재상은 아름다운 글과 옛 싯구의 암송을 학문으로 여기고, 문서 기록부에 부지런한 것을 성실로 여기며 청탁을 받아들이는 것을 공평한 것으로 여기고 있습니다. 이것이 이미 풍습이 되어서 조정에는 실다운 정사가 없고 선비들에게는 아름다운 습속이 없는데도 도무지 돌이킬 줄을 모르고 있습니다.

간혹 의리義理를 궁구하고 힘써 나라를 근심하여 감히 공론을 말하는 사람이 있으면 이를 물정에 어둡고 괴상한 사람이라 하여, 속으로 꺼리고 겉으로 비난하지 않는 사람이 없습니다. 이는 실로 대신이 학문이 없고 성실치 않으며 공평치 않기 때문에 그런 것입니다.

아, 근년 이래로 나라에는 훌륭한 치적이 없고 하늘에서는 아름다운 상서로움을 내리지 않으며, 재변의 일어남은 이제 더욱 극심하여 신음하는 괴로움이 연산조 때나 다름없습니다. 그리하여 궁핍한 백성은 조석거리가 없고 국경에는 1년의 저축이 없는데 여기에 또 도적들은 중국을 범하여 군사가 서북에 이었고 불기운이 천지에 가득하여 만물이 살아날 기미가 없으니, 언제 흙더미같이 무너지는 사태가 이를지 모릅니다.

백성의 힘이 이와 같이 척박하고 병력이 이렇듯이 고갈되었으니 장차 어떻게 대처해야 할지 모르겠습니다. 더구나 요즈음은 전하께서 깊이 구중 심처에 계시어, 날이 가고 달이 가도 어진 사람은 접하지 않으시고 오직 부녀자·환관들만 함께하시니 임금님의 덕에 누를 끼치시는 일이 여기저기서 나타나고 있습니다. 이런 일들을 보고 들으매 뉘라서 낙심하지 않겠습니까?

대신은 마땅히 불을 끄듯이 애타게 들추어 내어, 우선 먼저 임금의 마음을 바로잡음으로써 하늘의 벌에 답하고 또 백성을 구제하며 국경에 대비하도록 하여야 하는 것입니다. 그런데도 아직 어느 실수를 바로잡고 어느 시책을 건의하였다는 말을 듣지 못하였습니다. 말이 이에 미치매 애닯고 슬픈 마음을 이길 수가 없습니다.

군신의 부합이 성실하지 못하면 실질적인 공효를 이룰 수 없고 현명함과 우매함의 구별이 명백하지 않으면 일을 이루기가 어려운 것입니다. 그런데 전하께서는 대신을 대할 때에 엄한 예로써 임하시고 친절과 믿음으로써 하지 않으시어, 때로는 몇 달이 지나야 겨우 한 번 보시니 이는 대신을 존중하는 도리가 아닙니다. 그리고 무능한 사람을 그 자리에 두어 두시니 이는 또 권면 장려하는 도리가 아닙니다. 존중하지 않으면 그 뜻을 실행할 수 없고, 권면 장려함이 없으면 그 공을 이루지 못하는 것입니다.

청하옵건대, 속히 김응기를 교체하시어 그 벼슬을 높이시고 예로써 존중하고 믿으시어 그 성적을 기대하시면 벼슬은 외람되지 않고 사람은 권면 장려하는 바를 알아서 정치 공력을 거의 기대할 수 있을 것입니다. 그런데 사람을 물리치는 까닭은 다른 사람을 진출케 하려는 것이니, 대신을 물색함에 있어서 성심으로 생각하시고 널리 물으시고, 또 자격에 구애됨이 없이 널리 자문하시어, 나라의 여망이 어느 곳에 있는가를 밝게 아신 뒤에 제수하시면, 아마도 합당한 사람을 얻을 수 있을 것입니다.

그러나 근래 대신을 제수함에 있어서는, 천거망에 오른 사람이 몇 사람에 지나지 않는 데다가 그것이 또한 이조와 병조에서 나온 의견이 아니어서 사람은 늘 부족하고 정치도 언제나 부실한 것입니다.

그리고 듣건대 '관직은 자리만 다 채울 필요가 없는 것이요 오직 거기에 합당한 사람이어야 한다.' 하였으니, 만약 합당한 사람이 없으면 차라리 그대로 비워둘 뿐인 것입니다." 하니.

전교하기를, "좌의정에게 무슨 허물이 있는가? 교체할 수 없다. 나머지도 아울러 윤허하지 않는다." 하였다.

사관은 논한다. 이때에 임금이 바야흐로 신진 사류에게 마음을 두고 조석으로 치적을 올리려 하매, 조광조 등 여러 사람이, 호조판서 안당이 일찍이 대사헌으로 있을 때 김정·박상을 구해 준 일을 가지고서 대신의 기량이 있다 하여 그를 추천해서 속히 삼공의 지위에 앉히고자 하였다. 그런데 그때 그 자리에 있던 사람 중에 정광필은 중망이 있고 신용개는 풍도가 있어 둘 다 문제삼을 수가 없었고 오직 김응기만이 지나치게 공손하고 조심하여 가부를 잘 말하지 않으므로, 그를 내쫓고 안당을 들여 보내는 길을 열어주고자 하였던 것이다.

- 중종실록 12년 7월 8일 -

1519년[58세] 중종 14년 11월 영의정 정광필·우의정 안당·좌찬성 이장곤·좌참찬 이유청·우참찬 이자가 아뢰기를, "정국공신은 이미 삽혈동맹(피를 나누어 마시며 충성맹세)하였으니, 추후 개정할 수 없습니다. 대간이 논한 지 이미 오래고 사직하기에 이르렀으니, 4등 중에서 물의가 시끄러운 자만을 특별히 재량하여 줄이게 하소서. 그러면 공론이 진정되고 조정이 안정될 것입니다." 하니, 임금이 이르기를, "이제 불러 만나보려 한다." 하였다.

기묘사화의 발발

1519년[58세] 중종 14년 11월 15일 기묘사화가 발발하였다. 두세 명의 신하가 거짓으로 벌레 먹은 나뭇잎과 거짓 글을 만들고는 후궁을 통해 몰래 임금께 아뢰어 임금의 귀를 의혹시켰다. 임금의 화가 진동하여 재앙을 장차 예측할 수 없었는데, 김전이 말하기를, "조정의 대사를 영의정인 정광필이 알지 못하게 해서는 안 됩니다."고 하자, 숙직하던 윤자임 등이 하옥되고 이자·김정·조광조 등을 잡아 가두게 한 후, 영의정 정광필 등을 불러들였다.

밤 10시에 대궐이 소요하므로, 승지 윤자임 공서린·주서 안정·검열 이구 [모두 승정원에 숙직했었다] 등이 허둥지둥 나가 보니, 연추문이 이미 활짝 열리고 병졸들이 정돈해 서 있었고, 근정전으로 향해 들어가며 바라보니 푸른 옷을 입은 군졸들이 대궐 계단 아래에 좌우로 옹립하여 있었다. 윤자임 등이 밀어제치고 들어가 곧바로 경연청으로 가니 대전의 안팎에 다 등불을 벌여 밝혔고, 대전 밖에는 병조판서 이장곤·판중추부사 김전·호조판서 고형산·화천군 심정·병조참지 성운이 앉아 있었다. 윤자임이 크게 외쳐 말하기를, "공들은 어찌하여 여기에 오셨습니까?" 하니, 이장곤 등이 답하기를, "대궐 내에서 표신[108]으로 부르셨기 때문에 왔소." 하였다.

[승정원일기에는 "임금이 편전에서 홍경주·남곤·김전·정광필을 비밀히 불렀고 이장곤·안당은 뒤에 도착하였는데, 조광조 등을 의금부에 가둘 것을 의논하였다." 하였다]

윤자임이 말하기를, "어찌 승정원을 거치지 않고서 표신을 냈는가?" 하고, 곧 승지에게 청하여 입궐하고자 하니, 승지 신순강이 나와서 성운을 불러 말하기를, "당신이 승지가 되었으니 들어가 전교를 들으시오." 하니, 윤자임이 외치기를, "이것이 무슨 일인가?" 하였으나, 성운이 일어나 들어가려 하니, 윤자임이 성운에게 외치기를, "승지가 되었더라도 어찌 사관史官이 없이 입대할 수 있겠소?" 하고, 기록관 안정을 시켜 성운을 말리게 하였다. 심정이 말하기를, "급한 일이 있더라도 사관은 참여하지 않을 수 없소." 하고, 드디어 성운의 띠를 잡고 함께 들어가려 하였으나, 성운이 심정의 팔을 치고 안으로 들어가니, 문을 지키는 5~6인이 심정을 밀어냈다. 얼마 안 지나서 성운이 도로 나와 종이 쪽지를 내보이며 말하기를, "이 사람들을 다 의금부에 내리라." 하였는데, 거기에 적힌 것은 승정원에 직숙하던 승지 윤자임·공서린·주서 안정·한림 이구 및 홍문관에 직숙하던 응교 기준·부수찬 심달원이었다. 윤자임 등이 다 옥에 갇히고, 또 의금부에 명하여 우참찬 이자·형조 판서 김정·대사헌 조광조·부제학 김구·대사성 김식·도승지 유인숙·좌부승지 박세희·우부승지 홍언필·동부승지 박훈을 잡아 가두게 하였다.

-중종실록 14년 11월 15일 -

[11월 15일 밤 10시 이후]

의금부의 당상들을 비현합에 불렀다. 정광필·안당·김전·남곤·이장곤·홍숙·성운·채세영·권예·심사순 등이 입실하니, 임금이 성운에게 명하여 조사하라는 명령서를 기초하게 하였다. 영의정 정광필·남양군 홍경

---

108) 궁문의 개폐, 야간의 통행이 금지된 시간 중의 통행 허가, 군국의 긴급할 일에 관한 지시, 관원·군사 등의 소집 등의 증명으로 쓰는 표.

주·공조 판서 김전·예조 판서 남곤·우찬성 이장곤·호조 판서 고형산·화천군 심정·한성부 좌윤 손주·병조 참판 방유령·참의 김근사·참지 성운·호조 참의 윤희인 등이 아뢰기를,

"조광조 등을 보건대, 서로 붕당을 맺고서 저희에게 붙는 자는 천거하고 저희와 뜻이 다른 자는 배척하여, 명성과 위세로 서로 의지하여 권력 요직의 자리를 차지하고, 위를 속이고 사정私情을 행사하되 꺼리지 않고, 후진을 유인하여 언행이 격렬함이 버릇이 되게 하여, 젊은 사람이 어른을 능멸하고 천한 사람이 귀한 사람을 방해하여 국세國勢가 전도되고 조정이 날로 글러가게 하므로, 조정에 있는 신하들이 속으로 분개하고 한탄하는 마음을 품었으나 그 세력이 치열한 것을 두려워하여 아무도 입을 열지 못하며, 곁눈으로 보고 다니며 비좁게 디딛고 섭니다.

사세가 이렇게까지 되었으니 한심하다 하겠습니다. 관할사에 붙여 그 죄를 분명히 바루소서."

하니, 임금이 이르기를, "죄인에게 벌이 없을 수 없고 조정에서도 청하였으니, 빨리 죄를 정하도록 하라."

하매, 정광필이 아뢰기를, "한 사람이 여러 사람의 뜻을 모아서 죄안을 만드는 것이 좋겠습니다."

하니, 임금이 이르기를, "남곤이 좋겠다." 하매, 남곤이 조금 앞으로 나아가 붓을 들고 엎드렸다. 정광필이 문안 가운데의 한 어구를 가리키며 아뢰기를, "위를 속이고 사정을 행사하였다는 것은 사실과 맞지 않는 듯합니다. 이 사람들이 과격하기는 하였으나, 위를 속이고 사정을 행사하였다는 것은 그 정상에 어그러질 듯합니다." 하니, 임금이 이르기를, "과연 고쳐야 하겠다. 사람이 죄를 받음에 있어서는 사실대로 해야 승복할 것이다. 조정의 뜻에 따라서 하라." 하였다. 그래서 조광조·김정·김구·김식·윤자임·박세희·박훈의 이름을 쓰니, 임금이 이르기를, "기준도 아울러 써야 한다. 심달원 같은 자는 셈할 것도 없다. 이구는 숙직한 한림인데 어찌 죄줄 수 있겠는가?"
하매, 정광필이 아뢰기를, "누구를 우두머리로 합니까?"

하니, 임금이 이르기를, "조광조를 우두머리로 하라."

하매, 정광필이 아뢰기를, "이 사람들에 대한 조사를 하라는 명에, 상층 사람에게는 격론하였다는 등의 말로 죄를 묻고, 그 다음 사람들에게는 부하뇌동하였다는 등의 말로 죄를 묻는 것이 마땅할 듯합니다." (김식 이상을 상층이라 하고, 윤자임 이하를 그 다음이라 한 것이다.)

하니, 임금과 좌우가 다 옳다 하매, 정광필이 아뢰기를, "이들이 늘 한 짓은 다 정의에 핑계대었으므로 그 죄를 이름붙여 말하기 어려우니, 짐작해서 해야 할 것입니다." 하였다.

-중종실록 14년 11월 15일 -

[11월 16일 오전 조정]

정광필·안당·신상이 아뢰기를, "말리지 못하였으니 신 등에게 워낙 죄가 있습니다. 그러나 저들은 위에서 말을 다하게 하시므로 알면 말하지 않는 것이 없고 생각이 있으면 반드시 아뢰었으며, 신 등은 그 언로가 막힐까 염려하여 감히 제재하지 못하였습니다. 임금께서 과격하다고 생각하여 그르게 여기신다면 옳겠으나, 이제 조정의 정사를 어지럽혔다고 지칭하여 죄주면, 사방의 인심이 듣고 합당하게 여기지 않을 것이고, 또 분명히 드러난 일 같지 않습니다. 지나친 일이 있기는 하나 뚜렷한 잘못이 없는데, 폐단을 바로잡으려다가 또 아랫사람이 다들 귀머거리나 소경처럼 잠자코 있게 만들게 되면 그 뒤에는 구제하기 어려울 것이니, 폐단이 없도록 해야 합니다."

하니, 임금이 이르기를, "언로를 막으려는 것이 아니라, 조정의 일이 크게 글러지면 안 되기 때문에 바로잡으려는 것이다. 조정이 이미 죄주기를 청하였거니와, 관할청이 문초하면 그 죄가 절로 드러날 것이다." 하매,

정광필 등이 다시 아뢰기를, "임금께서 분부하시기를 '조정이 청하였다.' 하셨으나, 이는 매우 온편치 못합니다. 신 등이 왔을 때에 먼저 와 있던 사람[홍경주·남곤·심정·김전·고형산 등]이 말하기를, '임금께서 죄를 청하라고 시키셨으니 이것은 다 임금의 뜻이다.' 하였는데, 임금께서는 이렇게 분부하시니, 참으로 신은 알 수 없습니다. 신이 대궐내에 들어와서도 이렇게 아뢰었거니와, 굳이 조정의 일을 그르쳤다고 한다면 임금께서 좋고 나쁨을 명시하셔야 합니다. 신 등은 저 사람들에게 죄가 없다

는 것이 아니라, 조정이 죄주기를 청했다고 한다면 옳지 않다는 것입니다. 신이 부름을 받고 달려오니 이미 죄를 청하는 단자가 만들어져 있었습니다. 이번 죄명에 대한 왕명은 인심에 합당하게 여겨지지 않을 것이므로 반복하여 아룁니다." 하였다.

사관은 논한다. 조광조를 죄주기 하루 전에 남곤이 갓을 쓰고 밀지를 가지고서 밤에 정광필을 만나러 갔는데 정광필이 접대하지 않았으며, 대전 문밖에 모였을 때 정광필이 남곤을 쏘아 보니 남곤이 무안해 하였고, 정광필이 질문하면 남곤이 스스로 대답하지 못하고 번번이 이장곤을 보고 '그대가 말씀드리시오.' 하였다. 정광필이 이처럼 엄중하였고, 임금 앞에서 혹 짧은 말로, 또는 정론으로 힘껏 아뢰어 느끼기를 바랐는데, 이것이 어찌 한갓 조광조의 무리를 위해서였겠는가! 국가를 위해서였다. 바른 사람이 없어지면 나라가 따라서 위험하게 된다고 하였으니, 대신의 나라를 근심하는 생각이 어떠하였겠는가? 이것은 정광필이 확연히 바른 것을 지켜서 끝내 변경하지 않기 때문이니, 참으로 이른바 사직의 신하이다.

임금이 이르기를, "조정의 일이 크게 글러지게 된 까닭을 대신은 깊이 생각하라." 하였다.

－중종실록 14년 11월 16일 －

[11월 16일 조정]
의정부·육조판서·한성부가 같이 아뢰기를, "이제 법률을 보니 지극히 놀랍습니다. 서로 붕당을 맺었다는 말은 저들이 승복하지 않고 증험도 없는데, 이 법으로 죄주면 임금님의 덕에 크게 누가 될 것입니다. 만나서 친히 아뢰게 하여 주소서." 하니,

임금이 이르기를, "조광조 등의 당초의 마음은 나라의 일을 그르치고자 하지 않은 것일지라도 조정에서 이와같이 죄주기를 청하였으니, 죄주지 않을 수 없다. 조광조·김정은 사약을 내리고, 김식·김구는 장 1백에 처하여 절도에 안치安置[109]하고, 윤자임·기준·박세희·박훈은 장에 해당하는 벌금으로 대신하고 직첩을 빼앗고 지방에 부처付處[110]하도록 하라. 이렇게 곧 결정하라." 하매,

---

109) 바닷가의 황무지 등에 보내어 가족이 모여 살 수는 있게 하나 그곳을 떠나지 못하게 하는 형벌
110) 비교적 가까운 도에 보내어 그곳 수령의 처치에 맡겨 살 곳을 정하게 하며, 가족이 모여 살 수는 있으나 그곳을 떠나지 못하게 하는 형벌.

기사관 채세영·이공인이 아뢰기를, "조광조 등에게 어찌 다른 뜻이 있었겠습니까! 나라의 일을 위하고자 하였을 뿐입니다. 대신에게 다시 물어서 결정하시는 것이 어떠합니까?"

하니, 임금이 이르기를, "이 일은 상세히 의논하였다. 이렇게 결정하라." 하였다.

김근사가 돌아보고 채세영의 초안을 빼앗아 결정문을 만들고자 하였으나, 채세영이 붓을 가지고 멀리 물러가서 허용하지 않으며 또 아뢰기를,

"이것은 큰 일이나, 임금의 말이 한번 내리면 고치기도 어려운 것이니, 대신을 불러서 의논하게 하소서." 하고, 김근사가 아뢰기를, "대신에게 다시 물어서 결정하시는 것이 어떠합니까?"

하니, 임금이 이르기를, "대신과 의논하여 결단해야 하겠다." 하였다.

정광필·안당·김전·이장곤·홍숙이 입궐하니, 임금이 이르기를, "조광조·김정·김식·김구 등의 법적용은 같다. 그러나 4인의 죄가 다 같은가 차이가 있는가?" 하매,

영의정 정광필이 아뢰기를,
"저 4인의 죄상이 같은지 다른지 모르겠으며, 임금께서 무슨 율로 죄주려 하시는지도 모르겠습니다. 법률에 따라 죄주려 하신다면 2~3등을 감하더라도 옳지 않습니다. 털끝만한 죄라도 실정보다 지나치게 벌준다면 크게 임금님의 명성에 누가 될 것입니다." 하고,

김전이 아뢰기를,
"매정한 일이므로 신 등이 법을 적용할 때에 서로 보면서 실색하였습니다."

하니, 임금이 법을 적용한 송사를 굽어보며 점검하는데 차마 말을 내서 하지 못하는 기색이 보이는 듯하더니, 한참 있다가 정광필에게 말하기를,

"이것은 조정에서 죄주기를 청한 일이므로 가볍게 죄줄 수 없다. 조광조·김정은 사약을 내리고, 김식·김구는 절도에 안치하는 것이 어떠한가?"

하매, 정광필이 놀란 빛으로 엎드려서 아뢰기를,

"확실한 일일지라도 임금님의 조정에서 어찌 이 법으로 선비들을 죄줄 수 있겠습니까? 성종조에서 임사홍의 죄가 이 법에 합당할 만하였는데도 이것으로 죄주지 않았습니다. 임사홍은 참으로 간교한 사람이니, 조광조에게 임사홍과 같은 마음이 있었다면 이 법으로 죄줄 수 있겠으나, 워낙 그렇지 않은데 어찌 다른 뜻을 가졌겠습니까? 다만 나라의 일을 위하였을 뿐입니다. 신이 비록 부족하여 선으로 인도하지는 못하나, 어찌 살륙하는 일로 임금을 인도하겠습니까! 저 사람들의 심지는 조금도 비뚤지 않은데 어떻게 사약을 내릴 수 있겠습니까?"

하고, 홍숙이 아뢰기를, "신이 추국관으로서 추국에 참여하였는데, 조광조 등이 말하기를 '임금을 믿고 국사를 위하고자 하였을 뿐인데 도리어 이렇게 되었다.' 하므로, 듣고서 매우 감동되었습니다." 하고,

안당이 아뢰기를, "임금님의 조정에서 어떻게 이런 일이 있겠습니까? 조광조 등은 다 젊은 사람이니 이는 어설프고 곧기만한 까닭인데 어찌 심한 죄를 줘야 마땅하겠습니까!" 하고,

정광필이 아뢰기를, "김정은 신에게 삼촌질이 되는데, 평생에 청류淸流로 자처하였습니다. 신이 저 사람을 감싸려는 것이 아닙니다. 임금님의 조정에서 이 법으로 사대부를 죄줄 수는 없습니다." 하고,

안당이 아뢰기를, "저 사람들에게는 조금도 위를 속이고 사를 꾀하는 마음이 없고, 임금을 믿고서 나라의 일을 위하고자 하였을 뿐입니다." 하고,

정광필이 아뢰기를, "임금이 살육의 꼬투리를 열면 국가의 기맥의 크게 상할 것이니, 더 짐작하셔야 합니다." 하니,

임금이 이르기를, "이것은 중한 일이므로 갑자기 결단할 수 없다. 반복하여 깊이 생각해서 결단하겠으니 대신들은 우선 물러가도록 하라." 하였다.

—중종실록 14년 11월 16일 —

11월 16일 조사관 김전·이장곤·홍숙 등이 조광조·김구 등이 문초하여 조광조 등의 죄를 조율하여 아뢰다.

11월 18일 영의정 정광필·우의정 안당 등이 조광조의 일에 관해 아뢰다.

영의정 정광필·우의정 안당·좌찬성 이장곤·좌참찬 이유청 등이 아뢰기를, "급히 아뢸 일이 있으니 면대를 청합니다."

"이장곤이 급히 아뢸 일이 있습니다." 하고, 이장곤이 은밀히 아뢰기를,

"전일 듣건대, 조광조 등이 자기들을 배척하는 데에 무사들이 몹시 분하여 원망하여 혹 해치려는 자가 있어 '저 사람들을 때려 죽인다면 장부가 죽더라도 무슨 회한이 있겠느냐.' 한다더니, 오늘 남곤이 신을 불러 말하기를 '듣건대, 전일 무사 30~40여 인이 모의를 맺어 「국가에서 저 사람들을 가볍게 죄주었고 또 빠뜨리고 죄주지 않은 자가 있으니 아직 억울하고 원통함이 시원히 풀리지 않는다. 오늘이나 내일 훈련원에 모여 거사하여 저들을 죽이자.」하였는데, 그 주모자는 박배근이라 한다.' 하였으며, 전일 송일·홍경주도 이 일을 듣고 '네가 아뢰라.' 하였으므로 신이 와서 아룁니다."

하니, 임금이 이르기를,

"이제 말의 단서가 나왔으므로 말한다. 근자에 홍경주가 지친이기 때문에 와서 '급히 아뢸 일이 있습니다.' 하기에 내가 물으니 홍경주가 말하기를 '무사들이 저 사람들을 분하게 여기고 미워하여 죄다 죽이려고 꾀하니, 조정에서 미리 처치하지 않으면 크게 어지럽게 될 듯한데, 조정에서 먼저 신진의 사람들을 죄주지 않으면 그 화가 그치지 않을 것입니다.' 하였다. 내가 '저 신진의 사람들을 억제하여 좋아하고 싫어함을 먼저 보이면, 저 무사들의 원망이 절로 풀리고 조정의 화도 없을 것이다.'라고 생각하였으므로 부득이 조광조를 죄주었으나, 이제 죄준 것이 오히려 가벼우므로 무사들이 아직 마음에 흡족하지 못해서 감히 그러는 것이다. 무사들이 먼저 일어나기 전에 조정에서 기미를 알고 먼저 죄준 것은 조광조 등에게 다행한 일이다." 하매,

정광필이 아뢰기를, "임금께서 그 폐단을 바로잡으려 하셨다면 그 틈을 타서 움직이신 것도 괜찮으나, 임금께서 그렇게 하고자 하지 않으셨는데 아랫사람이 틈을 엿보고 두려워 하여 이렇게 되게 하였다면 매우 아름답지 못합니다." 하니, 임금이 이르기를, "나도 과격하다고 생각하였으므로 그런 것이다." 하매, 정광필이 아뢰기를, "아랫사람이 틈을 타서 요동하는 것은 대단히 옳지 않습니다." 하였다.

하였다. 임금이 이르기를,

"무사들이 훈련원에 모였는가?"

하매, 이장곤이 아뢰기를,

"남곤의 말이, 그런 기미가 있다 합니다."

하였다. 안당이 아뢰기를,

"외간 사람은 다들, 아랫사람이 거짓 참소를 해서 사림이 이렇게 화를 당하였다고 생각합니다."

하고, 정광필이 아뢰기를,

"과연 외간 사람이 임금의 뜻을 잘 모르고 다들, 홍경주·남곤 등이 한 짓이라고 생각하니 세상에서 용납되지 않을 것입니다."

하니, 임금이 이르기를,

"내가 과연 홍경주가 아룀에 따라 깊이 생각하였는데, 사림의 화가 일어나면 종묘사직이 불안할 것이므로, 내 뜻은 먼저 저 사람들을 과격하다 하여 죄주어 내쫓으면 무인들의 마음이 절로 진정되고 조정이 편안하리라 하였던 것이다. 어젯밤에 대신 등이 신무문 밖에 모여 들어와 일을 아뢰고자 하였는데, 내 생각에는 바르지 못한 일 같으므로 연추문으로 들어오게 하였으니, 승정원은 모른다."

하매, 정광필이 아뢰기를,

"임금께서 먼저 일으킨 일이라면 명백하게 보여서 인심이 석연하게 하시는 것이 옳습니다."

하였다. 임금이 이장곤을 보고 이르기를,

"모의를 맺은 일을 당초에 어떻게 알았는가?"

하매, 이장곤이 아뢰기를,

"정귀아라는 무사가 남곤의 집에 와서 발설하기를 '하루는 내가 박배근의 집에 갔더니 박배근이 나에게 말하기를 「나는 훈련원 첨정인데, 한충이 제 삼촌숙의 말을 듣고 나를 도둑의 주모자라고 공박하니 어찌 이렇게 애매한 일이 있는가! 이제 한충을 쳐죽이면 나라의 일에도 좋을 것이다.」하더라.' 했다고 합니다. 남곤이 상세히 듣고 신에게 말하였습니다." 하였다.

기사관 이공인이 아뢰기를,

"박배근은 유생의 집에서 한 번 보았는데 그 위인이 아주 못났습니다. 비록 흉악한 모의가 있었더라도 조금만 지식이 있는 사람이라면 누가 구태여 그 말을 듣고 도리에 어긋난 일을 하겠습니까? 실로 박배건이 주모자라면 두려워할 것 없습니다. 정귀아와 박배근은 과연 다 나주 사람이니 상종했을 것입니다."

하니, 임금이 이르기를,

"두려워할 것은 없더라도, 모의를 맺고 일어난다면 어찌 사람을 해치는 데에서만 그치겠는가? 국가에도 그 화를 미칠 것이다."

하였다. 정광필이 추고하는 일에 대하여 의논하기를 청하니, 임금이 이르기를,

"이는 큰 일이니, 사정전의 월랑에서 친히 물어야 하겠다."

하매, 이장곤이 아뢰기를,
"남곤·홍경주가 이 일을 잘 압니다."

하니, 임금이 홍경주와 남곤을 불렀는데, 이미 궐밖에 와 있다가 곧 입궐하였다. 남곤이 아뢰기를,

"오늘 아침에 들으니, 조광조 등을 죄준 것이 아직 시원하지 못하기 때문에 무인들이 모의 맺고 거사하려 한다 합니다."

하니, 임금이 이르기를, "정귀아·박배근을 빨리 잡아오라."

하였다. 홍경주가 아뢰기를, "신이 전에 송일宋軼의 말을 들으니 '남곤이 말하기를 내 친족 중에 정귀아와 친한 하주河澍라는 사람이 있는데 정귀아가 하주에게 「무사들이 선비들을 해치려 하는데 그 괴수는 박배근이다.」 한 말을 하주가 나에게 말하더라 하니 이것은 두려운 일이다.' 하기에, 신이 답하기를 '박배근은 나와 동년인데 전에 훈련 첨정으로 있다가 논박받아서 갈렸으니 이 때문에 울분하여 해치려 할 것이다.' 하니, 송일이 말하기를 '이 말을 듣고 고변하려다가 인심이 소동할까봐 그만 두었다.' 하였습니다."
하니, 임금이 이르기를, "이제 조광조 등을 죄준 일을 대신은 아는가? 그 근원은 대개 여기서 나왔을 것이다."

하매, 남곤이 아뢰기를, "조정에서 근본을 모르면 안 되니, 대신에게 임금께서 그 일을 명백히 말하셔야 합니다."

하니, 임금이 이르기를, "이 일이 이렇게까지 된 것은 오로지 조정에서 미리 제재하지 않았기 때문이다. 이렇게 하지 않으면 아마도 큰 변이 일어날 것이므로 부득이 먼저 죄준 것이다. 이제 죄준 것이 오히려 가볍고, 빠져서 죄받지 않은 젊은 사람이 많으므로, 무인들이 제 뜻에 시원치 않아서 감히 그러는 것이다."

하매, 홍경주가 아뢰기를, "조정에서는 저 사람들을 죄를 논한 일을 모르므로 아주 답답하니, 분명히 안 뒤에야 인심이 안정될 것입니다. 임금께서 선비풍습의 폐단을

바로잡으려 하시고 신 등도 선비풍습이 크게 글러진 것을 가슴 아파하여 왔으므로 이번 일이 생긴 것입니다."

하고, 남곤이 아뢰기를. "이 일은 명을 만들어서 이르면 사람들이 다 환히 알게 될 것입니다."

하고, 정광필이 아뢰기를. "임금께서 하신 일은 혹 지나쳤을지라도 어찌 임금님의 덕에 심한 누가 될 만하겠습니까! 숨김없이 환히 알게 하셔야 합니다."

하니, 임금이 이르기를. "이제 대간의 말을 들으니 과연 아랫사람의 참소인 듯하다. 유생의 소에도 참언이 들어왔다고 여기고 있다."

하매, 정광필이 아뢰기를. "아랫사람들은 다 홍경주와 남곤이 한 것이라 합니다. 간사한 자로 지목되면 장차 사람들에게 용납되지 못할 것이니, 명백히 알리셔야 합니다."

하고, 홍경주가 아뢰기를. "사림을 해치려고 신이 앞장섰다고 한다면 옳지 않습니다. 오늘 김전金詮을 만났는데, 김전이 신에게 말하기를 '사람들이 다 우리들을 거짓말장이로 지목한다.' 하였습니다. 김전·남곤 등이 신 때문에 악명을 얻게 된다면, 어찌 이런 일이 있겠습니까! 임금께서 저들이 지나치다 하여 바로잡으려고 생각하시는 것을 신이 알았으므로, 신이 남곤·김전 등에게 말하여 와서 그 죄를 분명히 바루기를 청하였습니다. 당초 신이 가서 김전을 만나보고 선비풍습의 잘못을 논하고 바로잡아 구제해야 한다는 말을 꺼내니, 김전이 말하기를 '이제 국가의 일이 이토록 크게 잘못되었으니, 임금의 뜻을 안다면 아침에 아뢰고 저녁에 죽더라도 어찌 후회하겠는가마는, 아직 알지 못하는데 어떻게 경솔히 발설하겠는가?' 하기에, 신이 임금의 뜻을 말하였습니다. 또 남곤을 만나서 말하기를 '선비의 풍습이 온통 이토록 잘못되었고 임금의 뜻도 폐단을 바로잡고자 하신다.' 하니, 남곤이 말하기를 '나도 그 잘못을 환히 보았으므로, 임금의 뜻을 안다면 후세에서 소인이 군자를 해쳤다고 더라도 나아가 아뢰련다.' 하기에, 신이 임금의 뜻을 상세히 말하였습니다. 드디어 남곤과 의논하기를 '이 일을 조정의 삼정승이 하면 좋을 것이다. 조정의 일을 그르침을 알고 바로잡으시려는 임금의 뜻을 수상(정광필)이 어찌 알 수 있겠는가! 수상이 알고서 능히 바로잡으면 좋겠다.' 하고 곧 남곤이 정광필에게 가서 말하게 하였는데, 정광필이 말하기를 '내가 전에 조광조 등이 지나친 것을 보고 마음속으로 한두 사람이 경연에서 지나친 말을 하는 것을 제재한다면 그 잘못을 바로잡을 수 있겠으나, 형세가 할 수 없게 되었고 나도 어질지 못해서 해 낼 수 없다고 생각하였다. 이제 공언公言을 들었으나 나는 꾀를 낼 수 없으니, 그대들이 바로잡으려면 선처하도록 하라.' 하였습니다. 죄주기를 청하던 날 밤에는 '대신이 결단하면 좋겠다.'고 생각하였으므로, 대신을 불러서 의논하여 결단하기를 청하려 하였습니다. 또 이 일은 신이 임금의 뜻을 알았으므로 김전·남곤에게 임금의 뜻을 말해서 한 것이고, 신의 일신은 돌볼 것도 없던 일이었으나, 김전과 남곤이 신 때문에 군자를 모해하였다는 이름을 얻게 된다면, 어찌 이런 일이 있겠습니까? 환히 알게 하셔야 합니다."

하고, 정광필이 아뢰기를, "이 지나친 일에 대하여 신은 늘 '경연에서 한두 사람이 지나친 말을 한다 하여 단속한다면 그 과격한 폐단이 절로 없어지겠으나 신은 능히 선처하지 못한다.'고 생각하여 왔는데, 남곤이 와서 말하기에 신이 '내가 평소에 생각한 것은 이러하나, 이제 말한 일에 대하여 나는 못나서 꾀를 낼 줄 모르므로 감히 할 수 없으니, 그대들이 잘하라.' 고 말하였을 뿐입니다." 하였다.

- 중종실록 14년 11월 18일 -

1519년[58세] 중종 14년 11월 21일 영의정 정광필 등에게 정국공신을 개정하지 말도록 하는 일을 의논하게 하다

영의정 정광필·좌의정 안당·우의정 김전·이조판서 남곤·병조판서 이장곤·좌참찬 이유청·예조판서 신상·형조판서 홍숙 등에게 명하여 정국공신을 개정하지 말도록 하는 일을 의논하게 하였다. "정국 공신은 처음부터 다들 외람하다고 생각하였고 연산조에 아부한 자도 많으므로 신 등도 전에 아뢰었습니다. 처음부터 대간의 뜻에 부동해서 그런 것이 아니라 일이 매우 옳으므로 아뢰어서 개정하게 한 것입니다." 하고,

남곤이 아뢰기를,
"녹훈 때에 외람하게 했다 하더라도 삽혈동맹은 매우 중하니, 당초의 동맹을 개정하지 말아야 했습니다." 하니,
전교하기를,
"내가 반복하여 생각해 보았으나 저들의 녹훈을 추가로 개정하는 것은 매우 온편치 못하며, 또 추후에 개정할 것을 명한 지도 오래지 않은데 더구나 아직 개정하지 않

았음에랴! 70여 인의 녹공을 10년 뒤에 추가로 개정하는 것은 매우 어렵다. 좌리공신은 공이 없다고 하나 녹공이 이미 정해졌으므로 조종조에서 추후에 개정한 일이 없었다 한다. 그러므로 다시 묻는 것이다."

하매, 정광필 등이 아뢰기를,
"녹훈이 외람하다는 것은 대간이 물의에 의하여 아뢴 것이고 사사로이 한 것이 아닙니다. 그런데 이 사람들을 다 이미 죄주었고 또 그들이 아뢴 일을 고치면, 사람들이 반드시 '이 사람들이 아뢴 일이기 때문에 고쳤다.' 하여, 인정이 그것을 합당하게 여기지 않아 승복하지 않을 것이니, 개정하지 않을 것을 다시 의논해서는 안 될 듯합니다. 죄다 삭제하게 할 수는 없더라도 그 중에서 뚜렷이 드러나서 기롱을 받는 자는 역시 개정해야 합니다." 하였다.

- 중종실록 14년 11월 21일-

1519년 중종 14년 12월 16일 조광조에게 사약을 내리고 그 외 사람들에게 절도안치 또는 극변 안치를 명하였다.

전교하였다. "접때 조광조·김정·김식·김구·윤자임·기준·박세희·박훈 등이 서로 붕당이 되어 자기에게 붙는 자는 천거하고 자기와 뜻이 다른 자는 배척하여 성세로 서로 의지하고 권세있고 중요한 자리를 차지하고서 후진을 이끌어 과격 격렬함이 버릇되게 하여 국론이 전도되고 조정이 날로 글러가게 하였으나, 조정에 있는 신하가 그 세력이 치열한 것을 두려워하여 감히 입을 열지 못하였으니, 그 죄가 크다. 왕법으로 논하면 본디 죄를 조사하여 죄를 다스려야 하겠으나, 특별히 가장 가벼운 죄에 처하며 혹 안치하거나 부처한다. 대저 죄는 크고 작은 차이가 있는데 벌은 경중이 없이 한 조목으로 죄주는 것은 법에 어그러지므로 대신들과 경중을 상의하여 조광조는 사약을 내리고 김정·김식·김구는 절도에 안치하고 윤자임·기준·박세희·박훈은 극변에 안치하라."
사관은 논한다. 대간이 조광조의 무리를 논하되 마치 물이 더욱 깊어가듯이 아직 드러나지 않았던 일을 날마다 드러내어 사사하기에 이르렀다. 임금이 즉위한 뒤로는 대간이 사람의 죄를 논하여 혹 가혹하게 벌주려 하여도 임금은 반드시 남달리 죄를 공평히 하였으며, 임금의 뜻으로 죽인 자가 없었는데, 이번에는 대간도 조광조를 더 죄주자는 청을 하지 않았는데 문득 이런 분부를 하였으니, 당시의 의논의 실재가 무엇인지를 짐작해서 이렇게 분부하게 된 것이 아니겠는가? 전일에 좌우에서 가까이 모시고 하루에 세 번씩 뵈었으니 정이 부자처럼 아주 가까울 터인데, 하루아침에 변이 일어나자 용서없이 엄하게 다스렸고 이제 죽인 것도 임금의 결단에서 나왔다. 조금도 가엾고 불쌍히 여기는 마음이 없으니, 전일 도타이 사랑하던 일에 비하면 마치 두 임금에게서 나온 일 같다.

또 사관은 논한다. 조광조의 죽음은 정광필이 가장 상심하여 마지 않았으며, 남곤까지도 매우 슬퍼하였다. 성세창의 꿈에 조광조가 살아 있을 때처럼 나타나서 시를 지어 성세창에게 주었는데

'해가 져서 하늘은 먹 같고,
산이 깊어 골짜기는 구름 같구나.
군신의 의리는 천년토록 변치 않는 것,
섭섭하다 이 외로운 무덤이여!' 하였다.

이 말을 들은 사람들은 다 가엾이 여겼고 남몰래 눈물을 흘리는 사람까지 있었다. 그러나 당시의 논의는 성세창이 경솔하게 퍼뜨린 것을 옳지 않다고도 하였다. 조광조는 온아하고 조용하였으므로 적소에 있을 때 하인들까지도 모두 정성으로 대접하였으며, 분개하는 말을 한 적이 없었음으로 사람들이 다 공경하고 아꼈다.

의금부 도사 유엄이 사약의 명을 가지고 이르니, 조광조가 유엄에게 가서 스스로 '나는 참으로 죄인이오.'하고 땅에 앉아서 묻기를 '사약의 명만 있고 사약의 글은 없소?' 하매, 유엄이 글을 적은 쪽지를 보이니, 조광조가 '내가 전에 대부大夫 줄에 있다가 이제 사약을 받게 되었는데 어찌 다만 쪽지를 만들어 도사에게 부쳐서 신표로 삼아 죽이게 하겠소? 도사의 말이 아니었다면 믿을 수 없을 뻔 하였소.' 하였다.

아마도 유엄이 속지 않았을 것이라는 뜻이겠다. 조광조의 뜻은, 임금이 모르는 일인데 조광조를 미워하는 자가 중간에서 마음대로 만든 일이 아닌가 의심한 것이다. 따라서 누가 정승이 되었고 심정沈貞이 지금 어느 벼슬에 있는가를 물으매 유엄이 사실대로 말하니, 조광조가 '그렇다면 내 죽음은 틀림 없소.' 하였다. 아마도 자기를 미워하는 사람이 다 당직에 있으므로 틀림없이 죽일 것이라는 뜻이겠다. 또 묻기를 '조정에서 우리를 어떻게 말하오?' 하매, 유엄이 '왕망王莽의 일에 비해서 말하는 것 같습니다.' 하니, 조광조가 웃으며 '왕망은 사사로운 일을 위해서 한 자요. 죽으라는 명이 계신데도 한참 동안 지체하는 것은 옳지 않은 일이 아니겠소? 그러나 오늘 안

으로만 죽으면 되지 않겠소? 내가 글을 써서 집에 보내려 하며 분부해서 조처할 일도 있으니, 처치가 끝나고 나서 죽는 것이 어떻겠소?' 하기에 유엄이 허락하였다.

조광조가 곧 들어가 조용히 뜻을 죄다 글에 쓰고 또 회포를 썼는데 '임금을 어버이처럼 사랑하였고, 나라를 내집처럼 근심하였네. 해가 아랫 세상을 굽어 보니, 충정을 밝게 비추리. [愛君如愛父 憂國如憂家 白日臨下土 昭昭照丹衷]' 하였다. 또 거느린 사람들에게 이르기를 '내가 죽거든 관을 얇게 만들고 두껍게 하지 말아라. 먼 길을 가기 어렵다.' 하였다. 자주 창문 틈으로 밖을 엿보았는데, 아마도 형편을 살폈을 것이다. 글을 쓰고 분부하는 일을 끝내고, 드디어 거듭 내려서 독하게 만든 술을 가져다가 많이 마시고 죽으니, 이 말을 들은 사람들이 다 눈물을 흘렸다.

당초에 화순 능성綾城에 가자 고을 원이 관청의 아이를 보내서 청소의 일에 이바지하게 하였는데, 조광조가 죽을 때에 이들에게 각각 은근한 뜻을 보였다. 또 주인을 불러 말하기를 '내가 네 집에 묵었으므로 마침내 보답하려 했으나, 보답은 못하고 도리어 너에게 흉한 변을 보이고 네 집을 더럽히니 죽어도 한이 남는다.' 하였다. 관청의 아이와 주인은 스스로 슬픔을 견디지 못하여 눈물이 흘러내려 옷깃을 적셨고, 오래도록 고기를 먹지 않았으며, 지금도 조광조의 말을 하게 되면 문득 눈물을 흘린다.

또 사관은 논한다. 당시의 언론으로서는 정해진 의논이 있어 이의가 없었으나, 혹 죄를 공평히 하자는 논의가 있고 심정의 무리도 더욱 심하게 하지는 않을 뜻을 보여 가혹한 의논이 없을 듯하였는데, 아부하는 자들이 임금의 뜻을 맞추려고 팔을 걷어붙이고 나서서 날마다 새로운 의논을 내어 반드시 조광조를 죽이고야 말게 하였다. 조침은 조광조 등이 패하기 전에 서로 허여하지는 않았으나 불화하지도 않았는데, 정언이 된 뒤에 마치 원수의 집처럼 논쟁하여 숨은 흠을 찾아내어 죄에 빠뜨린 것은 심정 등도 너무 심하다 하였다. 그러나 이 때문에 드날릴 계제가 되는 길을 얻었다. 당초에 경세인이 조침의 이웃에 세들어 살았는데, 조침은 경세인이 당시 사람들에게 높이 받들어 귀히되는 것을 알고 드디어 사귀어 그 환심을 샀다. 경세인도 자기에게 후하게 대하는 것을 달갑게 여겨 조침을 추어 칭찬하였으므로 머지않아 이름이 드러날 뻔 하였는데 이윽고 이 변이 일어났으니 그 반복이 이처럼 말할 수 없었다.

또 사관은 논한다. 유용근은 병사로 있을 때에 형벌이 분명하고 호령이 미더우므로 군민이 경외하고 사모하였으며, 경흥에 흉년이 드니 군영의 먹을 것을 덜어 굶주린 백성에게 먹여서 흩어져 떠나지 않게 하였다.

— 중종실록 14년 12월 16일 —

1519년 중종 14년 12월 17일 정광필은 조광조를 구하려다 영의정에서 면직되어, 영중추부사로 좌천되었다. 이후 7년 동안 주요 직책은 기묘사화를 주도한 남곤과 심정 등이 장악한 채, 정광필은 영중추부사로서 국정 논의에만 참여하였다.

이후 정광필은 좌의정과 영의정을 한차례씩 더 역임하였는데 이때 중종과 사돈관계를 맺어 권력을 잡은 김안로의 미움을 받았다. 1537년 중종의 계비 장경 왕후가 죽은 뒤 정광필이 총호사로서 능을 불길한 터에 잡았다 하여 김해로 유배를 당하였다.

1537년[76세] 6월 5일 김안로는 정광필의 유배만으로 화가 풀리지 않아 그의 아들들도 금고형을 내려 벼슬길을 막아버렸다.

> 승정원이 아뢰기를, "대간의 의사는, 남은 사람들의 친아들도 빠짐없이 금고하려고 한 것이었는데, 위에서 정광필 등의 친아들을 금고하라 명하셨다 하니, 다만 전일에 금고한 자만 도로 금고해야 할지 남은 사람의 아들도 아울러 금고해야 할지 여쭙습니다." 하니, 전교하였다. "죄인 친아들은 빠짐없이 금고시키는 것이 옳다. 단, 김전은 산을 살필 때 참여하지 않았으니 그 아들을 아울러 금고시키는 것이 어찌 옳겠는가."
>
> — 중종실록 32년 6월 5일 —

정광필의 졸기

1538년[77세] 중종 33년 12월 6일 영중추부사 정광필이 죽었다.

사관은 논한다. "광필은 기량이 원대하여 아름답고 너그러운 마음으로 포용하는 것이, 모습을 드러내지 않는 것 같지만 나라의 큰 일을 당할 때에는 의젓한 기절이 있었다.

두 번이나 영상으로 있을 적에 바로잡아 보필한 공이 많았으니 조야가 의지하고 존경하였다. 기묘사화에 연좌된 사람들이 장차 중죄를 입게 되었을 때에는 머리를 땅에 부딪치며 극간하였고, 밤중에 손수 촛불을 잡고 거듭 나아가서 힘껏 변호하면서 임금이 뜻을 돌리기를 바랐기에 사림의 화가 참혹에 이르지는 않았으며, 국가의 원기가 이를 힘입어 유지하게 되었다.

그 뒤에 삼흉三兇[111]이 정권을 손에 쥐고 마음대로 하게 되어서는 삼경설三逕說[112]을 얽어 만들고, 능을 이전할 계략을 아뢰어 중죄에 빠뜨리고자 하였다. 그러나 그렇게 되지 않고 마침내 지방으로 귀양갔다. 김안로가 정광필의 친족을 통하여 위협하기를 '조정이 마침내 반드시 큰 화를 내릴 것이니 미리 자결하는 것만 못하다.' 하였다. 정광필이 듣고 말하기를 '죽고 사는 것은 하늘에 있다. 어찌 사람의 말로써 스스로 생명을 끊겠는가. 조정이 비록 주륙을 내릴지라도 나는 애석해 하지 않는다. 다만 주상의 명을 기다릴 뿐이다.' 하였다. 김안로가 복죄되었을 때, 맨 먼저 불리어 들어오니 조정이 서로 경하하였다. 그가 서울에 들어오던 날에는 시장의 아이들과 말을 모는 졸병에 이르기까지 그가 오는 것을 바라보며, 정 정승이 돌아왔다고 하면서 기뻐 춤추지 않는 자가 없었으며, 간혹 눈물을 흘리는 사람도 있었다. 장차 다시 정승으로 의망하려 하였는데 얼마 되지 않아 죽으니 시론이 애석해 하였다."

1538년 12월 6일 영중추부사 정광필의 사인을 묻고는 전교하기를, "지

---

111) 중종이후 김안로·허항·채무택을 아울러 일컫던 말
112) 중종 때 간신 김안로 등이 정광필 등을 죄에 빠뜨리기 위하여, 경빈 박씨를 일경一荊, 기묘년 간의 조광조 등 사류를 일경, 송순의 무리를 일경이라고 날조하여 모함하던 설.

금 들으니 정광필이 죽었다고 하니 지극히 놀랄 일이다. 정광필은 여러 번 수상을 지냈으며 모든 큰 일이 있을 때에는 더불어 같이 의논하였다. 이 사람은 바로 나라에 공로가 있는, 국가의 기둥이며 초석인 신하이다. 갑자기 부음을 들으니 더욱 슬프다. 이와 같은 원로가 병이 났을 경우 자제가 승정원에 와서 고하면 문병도 하고 약도 내렸을 것이다. 그는 병이 위독하여 죽었는가, 불의에 갑자기 죽었는가? 속히 그 집에 물어서 아뢰라. 또 부의의 전례도 써서 아뢰라." 하였는데, 승정원이, 정광필이 병으로 죽은 원인을 물어서 아뢰기를, "지난 11월 16일 주상께서 거처를 옮기실 때에 늙은 몸을 붙들고 임금을 수행하였다가 감기가 들어 자리에 누웠으나 그 뒤에 기운이 점차 회복되어 정신이 말끔하므로 온 집안도 그가 죽음에 이를 것으로 생각하지는 않았는데, 오늘 새벽부터 말이 통하지 않은 채 정신을 잃은 상태가 되더니 갑자기 죽었다고 합니다." 하니, 알았다고 전교하였다.

1538년 12월 7일 영중추부사 정광필의 상에 승지를 보내 조상하고 치제하다.

"정광필은 수상을 두 번 씩이나 지냈으며, 공로가 평소에 드러났으니 참으로 이른바 기둥 같고 주춧돌 같은 신하이다. 비록 현재 삼공 자리에 있지는 않았으나 다른 재상의 예와 비교할 수는 없다. 옛날의 제왕 중엔 친히 찾아가서 문병하고 조문한 자도 있었다. 이것이 대신을 대우하는 도리인 것이다. 지금은 비록 그렇게 할 수는 없으나 특별히 승지를 보내서 조상하고 제를 올리는 것이 좋겠다."

정광필이 숨을 거두자마자 신령스러운 광채가 지붕에서 곧장 하늘로 뻗쳐올라갔는데, 마치 무지개의 형상과 같았으므로 매우 기이하게 여겼다. 부음이 전해지자 주상이 매우 슬퍼하면서 3일 동안 철조·철시하였고, 규정에 정해진 대로 부의를 내려주었으며, 잇따라 측근을 보내어 상주를 조문하고 치제하였다. 동궁도 이와 같이 하였다. 태상시에서 시호를 '문익文翼'이라 정하였다. 관청에서 장사를 거들어주어 4월에 광주 성달리 해좌 사향의 언덕에 장사지냈으니, 선영을 따른 것이다. 명종 초년에 보상의 공적을 논하여 중종의 묘정에 배향되었다.

부인 송씨는 은진의 세족으로, 예조 정랑 송순년의 따님이다. 성품이 온화하고 은혜로워 노비를 부리고 친척들과 화목하게 지냄에 있어 은혜를 베풀면서도 예절이 있었으며, 종족 중에 가난하여 혼인이나 장례를 치를 수 없는 자에게 재물을 대주고 보살펴 주었으므로 모두 그들의 환심을 얻었다. 자손들 또한 가르침을 따르고 받들어 감히 나태하거나 거만하지 않아서 돈후한 습성을 이루었으므로, 세상에서 가법의 아름다움을 이야기하는 자는 반드시 정씨 가문을 최우선으로 삼았다. 정광필이 세상을 떠난 뒤로 부인은 지나치게 슬퍼하다가 병이 드는 바람에 다섯 달 후에 뒤이어 세상을 떠났으니, 향년은 78세였다.

정광필은 네 아들을 두었으니, 정노겸은 남부 주부이고, 정휘겸은 경기전 참봉인데 모두 정광필보다 먼저 죽었다. 정익겸은 사재감 부정이고, 정복겸은 강화 부사이다. 측실에게서 네 아들을 두었으니, 장남은 정순이고, 다음 정화는 사역원 정이며, 다음 정상은 율려 습독관이고, 다음은 정종이다. 증손은 남녀 모두 합하여 40명이다. 그들의 후손에 많은 인물들이 쏟아져 나왔다. 선조 때 우의정 정지연, 좌의정 정유길, 인조 때 영의정 정태화, 좌의정 정치화, 조선 말의 영의정 정원용 등 기라성 같은 인물들이 모두 정광필의 후손이었다.

[승진과정]

1492년[31세] 성종 23년 진사시 합격, 문과 을과 급제,
　　　　　　종 9품 성균관 학유
1496년[35세] 연산 2년 8월 사간원 정언, 11월 홍문관 수찬
1498년[37세] 연산 4년 7월 홍문관 부교리, 윤 11월 홍문관 교리 겸
　　　　　　지제교, 의빈부 경력, 성균관 사예
1501년[40세] 연산 7년 8월 사헌부 집의, 예빈시 정
1503년[42세] 연산 9년 홍문관 직제학, 이조참의
1504년[43세] 연산 10년 6월 야간 사냥금지를 아뢰다가 아산현으로 귀양
1506년[45세] 중종반정, 중종 1년 9월 부제학, 10월 우승지
1507년[46세] 중종 2년 5월 이조참판
1508년[47세] 중종 3년 2월 병조참판, 6월 대사헌
1508년[47세] 중종 3년 11월 7일 한성부 판윤, 11월 10일 예조판서 겸
　　　　　　경연 춘추관, 의금부 도총관
1510년[49세] 중종 5년 3월 의정부 우참찬, 6월 병조 판서
1512년[51세] 중종 7년 6월 우참찬, 9월 함경도 관찰사
1513년[52세] 중종 8년 4월 특별히 숭정대부로 승진, 의정부 우찬성 겸
　　　　　　함경도 관찰사
1513년[52세] 중종 8년 4월 15일 우의정
1513년[52세] 중종 8년 10월 27일 좌의정,
1515년[54세] 중종 10년 3월 겸 삼도감 총호사
1516년[55세] 중종 11년 4월 9일 영의정
　　　　　　12월 정광필이 공훈책봉 문제에 대해 문제점을 지적하다.
　　　　　　신진사류들이 공훈 책봉을 바로잡기를 청하니 공동전선이
　　　　　　되었다.
1519년[58세] 중종 14년 11월 15일 기묘사화가 발발,
　　　　　　12월 17일 조광조를 구하려다 면직, 영중추부사로 좌천
1527년[66세] 중종 22년 5월 좌의정, 10월 21일 영의정
1529년[68세] 중종 24년에 병으로 사직하였으나 불허
1531년[70세] 중종 26년에 나이를 핑계 대어 사직을 하자,
　　　　　　궤장을 하사하고 윤허하지 않았다.
1533년[72세] 중종 28년 5월 28일 홍여의 옥사를 늦추어 영중추부사
1535년[74세] 중종 30년에 과거 상소문을 들추어 관작 삭탈당하다.

1537년[76세] 중종 32년 중종의 계비인 장경 왕후 능을 불길한 터에
　　　　　잡았다 하여 김해로 유배되다.
1537년[76세] 중종 32년 11월 김안로가 문정왕후를 폐위를 기도하다가
　　　　　발각되어 유배되어 사약을 받고 죽자 정광필은 유배에서
　　　　　풀려났다.
1537년[76세] 중종 32년 11월 영중추부사, 영경연사
1538년[77세] 중종 33년 12월 6일 영중추부사 정광필이 죽다.

47. 김전金詮
청렴결백했던 영의정, 김안로의 삼촌

생몰년도 1458년(세조4) ~ 1523년(중종18) [66세]
영의정 재직기간 (1520.2.14~1523.2.13) (3년)

본관   연안延安
자   중륜仲倫
호   나헌懶軒·능인能人
시호   충정공忠貞公
묘소   경기도 고양시 원흥동
기타   기묘사화에 참여한 원종공신으로 청렴하고 술을 좋아했던 선비

증조부 김자지金自知 – 개성유수
조부   김해金侅   – 내자시윤
부   김우신金友臣 – 지중추부사
모   이천이씨
형   김흔金訢   – 장원급제, 요절
조카   김안로   – 좌의정 (삭탈관직 후 사사)
전처   풍천노씨   – 판관 노후盧昫의 딸
후처   진천송씨   – 감역 송환주宋環周의 딸
장남   김안도金安道 – 파직
손자   김오金祦   – 인목대비의 할아버지, 영창대군의 외증조부
2남   김안우金安遇
손녀   심우명沈友明에게 출가
손녀   김광국金光國에게 출가
3남   김안수金安邃 – 현감(조졸) : 윤원형이 장인
4남   김안달金安達

영의정이 된 근원 - 기묘사화 후 정승에 오르다

김전의 자는 중륜仲倫이고, 호는 나헌懶軒 또는 능인能人으로 본관은 연안이다. 증조부 김자지는 개성유수를 지냈고, 조부 김해는 내자시 윤을 지냈으며 아버지는 지중추부사를 지낸 김우신으로 김전은 세조 4년에 태어나 김종직의 문하에서 수학하였다.

성종 3년 15세 소년기에 진사가 되었고, 1489년[32세] 식년시에서 문과 장원급제한 수재였다. 첫 관직으로 사간원 사간에 제수되었고 이어 홍문관 수찬에 근무하였는데 관직에 진출한 지 얼마 안 된 김전을 지방 목민관인 예안현감으로 발령하여 남다른 경험을 하게 하였는데, 목민관으로서 선정을 베푸니 고을 사람들이 살아있는 사람의 생사당生祠堂[113]을 세워 그를 기려 주었다. 다시 홍문관 수찬으로 중앙직에 등용된 김전은 김일손 등과 함께 사가독서에 뽑혀 독서연마의 기회를 가졌으나, 김종직의 문하생인 죄로 무오사화에 휘말려 파직과 좌천을 거듭하며 남해로 유배를 당하였다.

1504년[47세] 성균관 대사성에 올랐으나 갑자사화로 다시 좌천되었다. 중종반정시 참여해달라는 요청을 받았으나 가담하지는 않았고. 반정 후 세상이 바뀌자, 김전은 예조참판 겸 동지경연사로 승진한 뒤 이조와 호조의 참판을 거쳤고 대사헌이 되어 국가 기강을 바로잡는 역할을 맡았다.

---

113) 생사당生祠堂은 살아 있는 사람을 제향하기 위해 건립된 사당을 일컫는다. 생사당에는 위판이 아닌 초상화가 봉안되는 것이 일반적이었다.

중종이 조광조를 중용하여 신진사림파들이 개혁을 주도할 1513년[56세]에서 1518년[61세] 사이에 김전은 이조와 형조판서, 공조판서, 한성판윤 등 요직을 거치며 조정중신으로서 직책을 수행하였는데, 사림파의 현량과 설치 등 급진적인 개혁에는 반대의 입장에 섰다.

1518년 찬집청 당상으로 신용개·남곤 등과 함께 『속동문선』을 편찬해 왕에게 올렸다.

1519년[62세] 판중추부사가 되었으며, 이때 사림파는 훈구파의 위훈삭제를 주장하며 대립하였는데, 중종이 급진적인 개혁에 대해 싫증을 느낄 무렵, 이를 간파한 훈구파 심정과 홍경주가 음모를 꾸며 조광조 등 신진세력들을 역모로 몰아붙였다. 김전은 이들과 뜻을 같이하며 조광조의 문초에 참여하여 기묘사화를 일으킴으로써 후에 사림파로부터 배척을 받게 된다.

남곤·심정 등이 조광조를 비롯한 사림파를 축출하고 정권을 장악하였다. 이때 김전은 임금께 영의정 정광필을 입궐토록 청하여, 정광필이 입궐하여 간곡히 간언함으로써 옥사가 조금 늦추어질 수 있었다. 기묘사화로 원종공신이 되어 우의정에 올랐고 1520년 [63세] 영의정 정광필이 조광조를 구명하다가 척결되어 유배를 가게 되자 후임으로 영의정에 올랐다.

김전은 김종직의 후학으로서 집 한 채도 없었고, 전답하나 남김없이 오직 거문고와 술로서 세상을 즐기며 살아갈 정도로 청렴결백하였으나, 조광조의 심문에 관여함으로써 기묘사화를 일으킨 배후 인물로 지목되어, 남곤과 함께 사림파로부터 배신자로 낙인찍히고 말았다.

조정에 나아간 지 30여 년 동안 사양하고 받는 것을 구차하게 하지 아니하여, 안으로 집을 가꾸지 않았고 밖으로 전답을 늘리지 않았다.

중종 18년 2월 김전이 66세 일기로 세상을 등지니 조정은 그에게 충정忠貞이란 시호를 내렸다. 경기도 고양시 원흥동에 묘소가 있는데, 1611년 후손인 청주목사 김래가 신도비를 세웠다. 비문은 영의정 신흠이 짓고, 김규가 전서를 새겼다. 김전은 어지러운 정치판에서 소인배들과 어울린 안타까움이 있었으나, 자신은 몹시 근검하여 청백리로 이름을 남겼다.

장원급제자를 목민관에 발령한 데 대한 논란

1490년[33세] 성종 21년 7월 11일 홍문관 수찬 김전을 지방 수령으로 보임하는 것에 대해 정1품 영돈녕 이상이 각자의 의견을 피력하였다.

대간臺諫이 수령으로 나가는 것이 합당한가에 대해 의논하게 하였는데.

심회는 의논하기를. "대간이 비록 중하다 하더라도 수령의 임무 또한 중하므로, 수령으로 나가는 것은 무방할 듯합니다."

하고, 윤필상은 의논하기를. "대간은 조정의 눈과 귀인지라 그 임무가 중합니다. 그러나 수령은 백성을 가까이하는 관직으로 한 고을을 분담하여 백성을 다스리는 것이니. 이 또한 어찌 가볍겠습니까? 대간을 좌천시켜서 수령으로 삼으면 대체에 어긋남이 있으나 올려서 서용하면 무엇이 해롭겠습니까? 만약 어질고 능함을 논하여 외직에 서용하지 아니하면 내직을 중하게 여기고 외직을 가볍게 여기는 폐단이 있을까 두렵습니다." 하고.

홍응은 의논하기를. "예전에는 언관言官이 말하는 책임을 다하지 못하면 낮추어서 외직을 주었지만, 지금은 수령의 임무를 중시하여 사람을 널리 골라서 대간에 관계없이 제수하게 합니다. 다만 이 법을 행하면 인사행정을 관장하는 사람으로 대간과 감정이 있는 경우 현량賢良[114]하다고 칭탁하면서 실상은 사사로운 원망을 행하는 자가 혹시 있을까 두렵습니다. 예전에 한나라 원제가 정사에 통한 자를 널리 골라서 군국의 수상으로 보하였는데, 소망지가 간의 대부로서 평원 태수로 되어 나가자 소망지가 말하기를, '폐하께서는 백성을 긍휼하는 데에 덕화德化를 다하지 못할까 두려워하시어, 간관諫官을 내어 보내어 군리郡吏[115]로 삼으니, 만약 조정에 간하는 신하가 없으면 허물을 들을 수 없으므로, 이른바 그 끝을 근심하고 그 근본을 잊는 것입니다.' 하니, 이에 소망지를 불러서 돌아오게 하였습니다. 신의 생각으로는 소망지의 근본과 끝을 논한 것이 사체에 매우 합당합니다.

또 홍문관은 학문이 박식하고 재행才行이 있는 선비를 골라서 두고는 문필을 다스리고 고문에 응하게 하며, 차례로 옮기는 법이 있어서 가볍게 다른 벼슬로 옮기지 못하게 하였으니, 이는 그 임무가 중하고 그 사람을 얻기 어려운 때문이었습니다. 그런데 이제 또 수령으로 천거하니, 수령이 비록 중한 임무이기는 하나 어찌 임금의 학문을 좌우에서 돕고 총명을 개발하는 것보다 중하겠습니까? 만약 말하기를, '임금의 학문이 이미 통달하였으니, 어찌 좌우의 도움을 힘입을 것인가?'라고 말하면 홍문관을 없애도 가합니다. 그러나 옛 제왕이 어찌하여 계속해 성덕을 밝히고 끝까지 학문에 힘썼겠습니까? 신의 망령된 생각은 이와 같습니다." 하고,

이극배는 의논하기를, "세종조에 정갑손은 대사헌으로서 함길도 관찰사가 되어 나갔고, 이의흡은 집의로서 이어 영흥 부사가 되었는데, 그 때 조정 의논이 모두 인사부서의 잘못이라고 하였습니다. 대간은 임금의 귀와 눈의 역할을 하는 기관이므로 쉽게 외직에 보임할 수는 없으나, 수령도 백성을 가까이 하는 관직이므로 맡은 바가 중대하니, 만약 특별히 명하시면 가합니다." 하고,

노사신은 의논하기를, "수령의 어질고 어질지 못함에 백성의 기쁨과 슬픔이 매어 있어, 그 임무가 지극히 중하기 때문에 한나라에서는 박사·간관諫官으로서 정사에 통한 자를 수령으로 삼아 때로 외직에 보하였습니다. 이미 이러한 고사故事가 있으니 옳지 못함이 없을까 합니다." 하고,

---

114) 어질고 착함
115) 지방 관청의 행정실무를 처리하던 하급 관리

이철견은 의논하기를, "대간은 조정의 기강이며 임금의 이목耳目이므로, 그 임무가 지극히 중합니다. 그 추천에 당하여서는 반드시 조정의 인재선발을 극진히 하였는 데 만약 수령을 중하다고 하여 예사로 대간을 가지고 추천에 채우면 대간이 도리어 가벼워질 것입니다. 그러하나 수령은 구중궁궐의 근심을 나누어 맡아서 백리로 나가 다스리니, 백성의 기쁨과 슬픔이 여기에 달렸으므로, 그 임무가 또한 중합니다. 간혹 대간을 우천(승진)하여 수령을 삼으면 본뜻에 무엇이 손상되겠습니까?"하고,

손순효는 의논하기를, "예전에 관官을 설치함에 있어 반드시 대관을 중히 여겼는데, 이는 대간이 중한 것이 아니라 조정을 중히 하는 까닭입니다. 대간은 모름지기 제 1 류의 사람을 써서 몸을 돌아보지 아니하고 분발하여 말을 다하여 숨기지 아니한 연 후에야 조정이 바르고 만백성도 바르게 될 것입니다.
옛날 한나라 소망지가 간의 대부로서 외직에 보임되자 상소하기를, '간관諫官을 내어 보내어 군수에 채우는 것은 이른바 그 끝을 근심하고 근본을 잊어버리는 것입니다. 조정에 간하는 신하가 없으면 임금이 허물을 듣지 못할 것입니다'라고 하였으니, 이 말이 그럴 듯합니다.
세종조에 집현전의 여러 선비가 대간에 나들었으며, 혹시 수령 가운데 청백하고 백 성을 사랑하는 자로서 특별히 간관을 제수하기도 하였으나 대관臺官을 외직에 채우 는 것은 듣지 못하였습니다. 수령이 비록 중하다 하더라도 어찌 대간보다 중하겠습 니까? 또 인재는 한도가 있는 것인데, 곧은 도道로 과감히 말하는 선비가 몇이나 있 겠습니까?
세종조에 하연이 이조판서로 있을 때에 정갑손은 대사헌이 되었고 이의흡은 집의가 되었는데, 하루는 아침회의에 하연과 정갑손이 같이 들어와서, 정갑손이 하연이 뇌 물을 받고 벼슬을 판 일을 곧게 말하자, 얼마 되지 아니하여 정갑손은 함길도 감사 가 되고 이의흡은 영흥 부사가 되었으니, 지금 말하는 자가 이르기를, '하연이 해친 것이다.'합니다. 만약 예사로 간관을 외직에 보하면 아마도 곧은 말을 하는 선비가 없 을 것이며, 비록 있다 하더라도 어찌 하연처럼 중상하는 일이 없겠습니까?

신이 원하건대, 언간은 외직에 보하지 말게 하소서. 신이 또 마음에 품은 바가 있어 진술하기를 원하는 것은, 근래의 정사에서 홍문관 수찬 김전을 예안 현감으로 삼았 는데, 신은 김전의 사람됨을 압니다. 능히 기르면 다른 날 문장의 재주가 될 만하니, 이같은 사람은 많이 얻을 수 없습니다. 육기(六期: 6년)를 외직에 있으면 반드시 그 학업을 잃을 것이니, 이는 그 재주를 버리는 것입니다. 세종께서 문장의 선비를 골 라서 집현전에 두고 양성하였는데, 정창손·신숙주·최항·홍응·노사신·이극감·서거

정·강희맹·이승소·어효첨·이파 등의 무리가 오래 집현전에 있으면서 그 학업을 오로지하고 그 마음을 수양하여 경연에 조용히 모시어 결함을 돕기를 의논하고 생각하였는데, 모두 수령을 지내지 아니하였으나 마침내 공신과 큰 재상이 되었으니, 어찌하여 반드시 수령을 지낸 뒤에야 어진 선비가 되는 것이겠습니까?

신이 또 듣건대, 노나라 계씨季氏가 자고(공자문하생)를 고을 원님으로 삼으니, 공자가, '남의 아들을 해친다.'라고 말하였으니, 이는 바로 자고가 바탕은 아름다우나 아직 배우지 아니하여, 갑자기 백성을 다스리게 하면 다만 해롭게만 할 뿐이었기 때문입니다. 지난번 이문좌는 나이가 젊고 재주가 있어 갑과에 합격하였는데, 갑자기 안협 현감으로 제수하자 유림에서 모두 애석해 하였는데, 이제 또 김전을 현감으로 삼았으니, 어진이를 기르는 뜻이 아닐까 두렵습니다. 재주를 구하고자 하면서 기르지 아니하는 것은 비유컨대 옥玉을 갈지 아니하고서 문채를 구하는 것과 같습니다. 주역에 이르기를, '성인聖人은 어진이를 길러서 만백성에게 미치게 한다.'고 하였으니, 신은 청컨대 김전에게 다시 홍문관의 직을 주어서 기르게 하소서. 신이 마음속에 품은 바가 이와 같으므로, 감히 덧붙인 말을 아룁니다." 하고,

이극균은 의논하기를, "수령은 백성을 가까이하는 직무인지라 백성의 기쁨과 슬픔이 매었으니 마땅히 청렴하고 유능한 이를 골라서 맡겨야 할 것인데, 대간은 모두 잘 선택한 사람이므로 수령으로 임명하는 데에 해될 것이 없습니다. 그렇지만 임금과 더불어 옳고 그름을 다투고 재상의 잘하고 못함을 탄핵하므로 임무가 지극히 중하거늘 만약 예사로 수령을 제수하면 대간과 보통 관원이 분별이 되지 않을 것입니다. 다만 고을은 크고 작음이 있고 일은 번거롭고 간략함이 있으니, 대간 가운데 능히 번거로움과 어려움을 다스리며 교화를 펴고 백성을 윤택하게 할 자가 있으면 번거로운 고을에 혹시 특별히 쓰더라도 일의 체모에 무방할까 합니다." 하였는데,

주상이 내린 글에 이르기를,

"내가 생각하건대, 예전에 나라를 세우매 모름지기 안과 밖이 서로 견제하도록 하고 경중을 서로 알맞게 하였는데, 주나라와 당나라는 밖을 중히 하고 안을 가볍게 하였고, 진나라와 위나라는 밖을 가볍게 하고 안을 중히 하였으니, 경중을 치우치게 하고 안팎을 차별하는 것이 어찌 가하겠는가? 국가에서 사람을 쓰는 데에 비록 안팎의 다름이 없다고 하더라도 사대부는 진실로 경중을 가리는 마음이 있다. 대간의 임무를 내가 어찌 가볍게 여기겠는가? 임금의 눈과 귀요 조정의 기강이 되어 임금의 잘

못을 바로잡고 재상의 실수를 공격하니, 이른바, '말이 임금이 타는 말에 미치면 천자가 얼굴을 고치고 일이 의정부에 관계되면 재상이 죄를 기다린다.'라는 것이다. 모름지기 그 날카로운 기세를 기르고 중한 권력을 빌려 주어서 간악한 싹을 꺾고 정치를 깨끗하게 해야 할 것이다.

그러나 우리나라는 땅이 좁고 인재가 많지 아니하므로, 학문이 넓고 지식이 풍부한 선비를 한때의 선발을 극진히 하여 조석으로 시종侍從시키니, 유익함이 매우 많았다. 그리고 그 가운데에는 반드시 세상 업무에 통하고 공무에 밝으며, 학문을 쓰고 교화를 펴며 풍속을 후하게 하고 향리를 편히 할 자가 있을 것이다. 백성을 가까이 하는 관리를 옛부터 누가 이를 중히 여기지 아니하였겠는가? 이제 관직에 구애되어, 그 어려서 배우고 장년에 벼슬하여 임금을 돕고 백성에게 은혜를 베푸는 공효를 이루게 하지 아니하면 장차 어디에 그 어질고 능함을 시험할 것인가? 나는 안팎을 고르게 하고 일의 체모에 통하여 현량한 사람을 뽑아서 수령에 보임하여 우리 백성을 편히 하려고 하는데 이제 여러 의논을 보건대, 내가 미치지 못하겠다. 그러나 특명에 있는 것은 무방하다." 하였다.

- 성종실록 21년 7월 11일 -

연산군과 단종의 후손을 세우는 문제와 점술에 대한 논의

1516년[59세] 중종 11년 10월 29일 연산군과 노산군의 후손을 세우는 일을 의논하도록 하였다. 비록 폐위된 왕이었지만 조정은 이들에 대한 제사를 이어 가기 위해 봉사손을 정하고 후대를 보살폈다.

임금이 선정전에 나아가 대신들을 연방하여 연산군과 노산군의 후손 세우는 일을 의논하도록 하니,

정광필이 아뢰기를,
"연산과 노산의 후손을 세우는 일은 전일에 예기禮記를 강론하다가 발론한 것인데, 신의 생각에는 주상께서 그의 제사가 끊기지 않도록 했으면 합니다. 중국 창읍왕 덕소와 정미의 일은 이와 달라, 그들은 오히려 자손이 있었기 때문에, 그 자손들로 하

여금 제사를 맡게 한 것입니다. 연산은 종사에 죄를 얻었으니, 후손이 없는 제후의 예로 대우하여 제사를 폐하지 않도록 하고, 또한 딸이 있으니 이로 하여금 제사하게 함도 가하니 후손을 세움은 옳지 않은 듯싶습니다. 노산은 선왕 때부터 신주神主가 없었으니, 이제와서 신주를 만들고 또 사당을 짓기는 사세가 매우 어렵습니다. 비록 좋은 일이기는 하지만 할 수 없을 듯 하니, 예관으로 하여금 마련하여 제사가 끊기지 않도록 한다면 국가의 뜻이 후한 일입니다."

하고, 김응기가 아뢰기를, "이 일은 창읍왕이나 정미의 일과는 다릅니다. 후손을 세운다면 마땅히 봉작[116]을 승습[117]하도록 해야 할 것인데, 이는 매우 어려운 일인 데다 또한 폐단이 있을 것이니 국가에서 제사 예전을 후하게 하도록 함이 가합니다."

하고, 신용개가 아뢰기를, "후손을 세워 봉작을 승습시킴은 어려운 일이니, 마땅히 무덤을 보살피는 사람을 내려 철마다 제를 올리는 날에 제사하도록 함이 사체에 공평하고, 노산의 일은 연산의 일과 달라 더욱 어렵습니다."

하고, 권균·강혼·김전·윤순·윤금손·김준손·이점·고형산·임유겸·황맹헌·조계상·이자견은 모두들 후손을 세울 수 없다고 하였다. 이계맹이 아뢰기를,

"연산은 종사에 죄를 얻어 스스로 하늘과 연을 끊었으니 후손을 세울 수 없으나, 만일 죄가 있고 없음을 헤아리지 않고 후손을 세운다면 옳습니다. 그러나 가까운 친속은 옳지 않고 소원疎遠한 친속으로 잇게 하되 봉작하지 말고 단지 제사만 받들게 함이 옳을 듯합니다."

하고, 홍숙이 아뢰기를,

"후손을 세우는 일은 중난한데, 의탁할 데 없는 외로운 혼령을 위해 후손을 세움은 어버이를 어버이로 대하는 도리에 지극히 좋은 일이니, 예관으로 하여금 의논해서 후손으로 세울 사람을 소원한 자로 하여 사대부와 같은 예로 하도록 함이 가할 듯합니다."

---

116) 작위를 봉함
117) 작위를 이어받음

하고, 안당이 아뢰기를,

"끊어진 대를 이어줌은 성덕의 아름다운 일이나, 다만 연산은 속적이 이미 끊어져 후손을 세워 봉작을 승습시키기 어려우니, 죄가 있고 없음을 논하지 말고 끊긴 대만 이어주는 것이 옳을 듯합니다. 무릇 예약에 관한 일은 모두 세종 때 것을 본받아야 하는데, 세종께서 방석의 후손을 세우셨으나 이 일을 자세히 알 수 없으니, 마땅히 실록을 고찰해 보아 죄가 있고 없음을 헤아리지 말고 후손을 세워야 합니다. 연산과 노산은 다르지 않습니다."

하고, 남곤이 아뢰기를,

"끊긴 대를 이어줌은 고금 제왕들의 공통된 의리이나 다만 제사를 맡겨 제사가 끊어지지 않도록 해야 할 뿐이니, 마땅히 제사 맡을 사람을 두되 봉작을 승습할 수 없도록 하고 예관으로 하여금 절목을 마련하게 함이 어떠하리까?"

하고, 한세환이 아뢰기를,

"연산은 후손을 세우지 말고 그의 족속으로 하여금 단지 제사만 지내게 함이 마땅합니다. 방석이 죽은 후 세종 때 와서야 그의 후손을 세웠으니, 지금 노산이 비록 오랜 해가 된 듯하지만 또한 할 수 있습니다."

하고, 김극핍이 아뢰기를,

"연산은 후손을 세움이 옳지 않으니, 단지 제사가 끊길 것을 위해 마땅히 사대부의 예로 제사하도록 해야 하고, 죄가 있고 없음은 헤아릴 것이 없습니다."

하고, 장순손이 아뢰기를, "마땅히 예관으로 하여금 짐작해서 하도록 해야 합니다."

하고, 조원기가 아뢰기를, "마땅히 널리 물어 의논을 거두어야 합니다."

하고, 승지 김안국이 아뢰기를, "이는 대신들이 의논할 일이지 소신小臣이 아뢸 일은 아닙니다. 그러나 천만 세의 의론에 관계될 일이기 때문에 감히 아룁니다. 연산과 노산이 비록 폐위되었지만, 성상의 몸으로 본다면 폐주는 곧 지친이요 노산도 또한 지친인데. 오래 임금으로 있다가 천지 사이의 제사를 받지 못하는 귀신이 되었으니 화기和氣가 펴지지 못하고 나쁜 기운이 된 것이 이 때문이 아닐 수 없습니다. 옛적에 정나라 양소가 죄 때문에 죽어 여귀가 되었는데. 자산이 그를 위해 후손을 세워주자 살기가 없어지고. 무왕이 천하를 얻자 주의 아들 무경을 봉하여 후손으로 세웠음은 끊어지는 대를 이어주기 위한 것입니다. 연산과 노산은 모두 성상의 지친이니. 제사가 끊기어 외로운 혼령이 되지 않도록 하심은 아름다운 일입니다. 이 일을 대신들이 모두 중난하게 여김은 반드시 폐조 때에 더러 참혹한 꼴을 보고 듣고 하였기 때문에 그러는 것입니다. 성상의 뜻에 하고 싶으시면 마땅히 하시되. 천만세의 의론에 관계될 일이니 경솔히 결단하실 수는 없습니다."

하고. 정광필이 아뢰기를. "후손이 없는 제왕을 제사함은 좋지만 후손을 세움은 옳지 않습니다. 지금 폐후 신씨가 생존하여 만일 후손을 세운다면 반드시 어머니로 섬길 것이니. 이래서 어렵게 여기는 것입니다. 또한 종사와 관계되는 일이어서 비록 하고 싶더라도 할 수 없습니다."

하고. 김응기가 아뢰기를. "만일 후손을 세우려면 마땅히 소원한 사람으로 해야 하는데 폐후 신씨를 어머니로 섬기기가 곤란할 듯하니. 사중삭四仲朔[118]에 제사를 거행하여 제사 끊기지 않도록 함이 옳습니다."

하니. 주상이 이르기를. "노산의 후손 세우는 일은 선조先朝 때 어렵게 여기셨지만. 다시 생각하건대. 비록 죄를 얻었다 하더라도 외로운 혼령이 의탁할 데가 없으니 차마 그대로 둘 수는 없다. 종친으로 후손을 삼음이 어떠하겠는가? 후손을 세움이 방해롭지 않다면 마땅히 세워야 한다. 어찌 이처럼 아름다운 일이 있겠는가?"

하매. 이계맹이 아뢰기를. "위에서 짐작하여 결단을 내리소서."

하니. 주상이 이르기를. "남의 후손이 되는 사람은 그의 아들이 되는 법인데. 후손을 세우기로 한다면 어느 종친으로 해야 할까?"

하매. 김응기가 아뢰기를. "종친은 불가하니 촌수가 넘은 소원한 사람으로 단지 네

---

118) 네 철의 각각 가운데 달. 음력으로 이월, 오월, 팔월, 십일월을 이른다

명절에 제사만 지내도록 하시되 노산과 연산을 같은 예로 하소서."

하고, 신용개가 아뢰기를, "일이 매우 중대하여 의논이 각기 다르니 잘 알아서 처리해야 됩니다."

하니, 주상이 이르기를, "널리 의논해도 귀일되지 않는데 후손을 세움이 무방하다면 세워야 하고 방해롭다면 하지 않아야 한다."

하매, 김안국이 아뢰기를, "후손이 되는 사람은 아들 노릇을 하게 되는 법인데, 만일 곤란하시다면 단지 제사만 맡도록 하면 됩니다."

하고, 김응기가 아뢰기를, "신자臣子의 사이에 어머니로 섬김은 곤란한 일입니다."

하고, 이계맹이 아뢰기를, "성상의 하교가 지당하십니다. 지하의 영혼들이 어찌 감동되지 않겠습니까?"

하고, 장광필이 아뢰기를, "비록 다시 생각해 보아도 지극히 어려운 일입니다." 하였다.

또 삼학三學[119]의 본 뜻을 구명하는 일을 의논하도록 하니, 장광필이 아뢰기를,

"삼학의 학설은 그 유래가 이미 오래고 대전에도 실려 있어 일체로 경솔하게 고칠 수 없으니, 다만 숭상하지 않음이 옳습니다."
하고, 김응기가 아뢰기를, "대전의 법을 일시에 고칠 수도 없고 천문과 지리는 곧 산을 보고 날을 택하는 일들이어서 폐할 수 없으니, 다만 숭상하지 않음이 옳습니다."

하고, 신용개가 아뢰기를, "천문은 무릇 별의 변화과 달의 변화를 모두 관찰하는 것이니 폐할 수 없습니다. 그러나 길흉을 점하고 지리를 가리는 것도 모두 없어서는 안되니, 다만 숭상하지 아니하여 민간에 폐풍이 없도록만 하면 됩니다."

하고, 김응기가 아뢰기를, "태종조에 지리 따위 잡서를 모두 불태웠으니, 이런 좌도左

---

119) 천문·지리·운명의 세 학문.

道의 것은 마땅히 숭상하지 않아야 합니다. 그러나 모두 없앨 수는 없습니다."

하고, 김전이 아뢰기를, "천문은 중요한 것이어서 예로부터 제왕들이 모두 다루었지만, 지리와 운명 길흉의 학은 모두 떳떳하지 못하고, 소격서와 도학류 같은 것은 더욱 허탄하여 유익함이 없는 것입니다. 그러나 강독하는 일은 대전에 실려 있으니 경솔히 고쳐서는 안 되고 마땅히 숭상하지만 않아야 합니다."

하고, 권균·윤순·안당·이계맹·조계상·한세환은 모두들 비록 다 폐할 수는 없지만, 주상께서 숭상하지 않아야 된다고 했고, 윤금손이 아뢰기를,

"천문 일은 단지 조심스럽게 농사 시기를 알리기만 하는 것이 아니라, 일월과 성신의 변에는 제왕이 마땅히 공구수성하여 감히 소홀하게 여기지 않는 것입니다. 듣건대, 조종조에서는 나이 젊은 문신을 가려 그 뜻을 강구케 하였다니 이는 중요한 것이지만, 지리나 명과 같은 것은 떳떳하지 못한 일이 많으니 폐지해야 합니다. 그러나 조종조로부터 해왔고 대전에 실려 있으니, 모두 다 폐지할 수는 없습니다."

하고, 이점·고형산·이자견의 의견도 또한 그러하였는데, 주상이 이르기를,

"지리·음양 같은 일은 잡된 일이겠지만, 천문은 매우 긴요한 것이니 폐할 수 없다."

하매, 남곤이 아뢰기를, "천문학 이외에 그 나머지 지리나 명과의 학문은 모두 폐해야 합니다. 맹인들은 보고 듣지 못하니 음양·사생·길흉·소장의 이치를 아는 사람이 없고, 지리의 학문도 또한 잘 아는 사람이 없는데 세속이 그런 속설에 현혹되어, 더러 시기가 지나도록 장사를 하지 않음은 매우 옳지 않으니, 모두 없애야 됩니다. 그러나 모두 대전에 실려있으니 마땅히 그대로 두고 천문에 있어서는 습독관을 세워야 하는데 성종조에도 또한 문신을 가려 강습하게 했었으니 이는 마땅히 거듭 밝혀 거행해야 합니다."

하고, 김안국이 아뢰기를, "천문은 조종조로부터 문신을 가려 습독시켜 권면한 일이 있었고, 지금에 있어서도 또한 나이 젊은 문신을 뽑았는데 신 역시 참여하였습니다. 비록 가려서 뽑기는 하지만 문신들이 모두 학습하지 않으니 지극히 옳지 않습니다. 다시 습독할 사람을 뽑아 권면시킴이 옳습니다."

하니, 주상이 이르기를, "요사이 보건대, 관상감에 천문을 잘 아는 사람이 없으니, 마땅히 권면해야 한다." 하였다.

— 중종실록 11년 10월 29일 —

서민들의 삼년상 시행 문제에 대한 논의

1516년[59세] 중종 11년 11월 6일 서민의 삼년상 실시 문제를 논의하다.

정광필·박열이 의논드리기를,

"삼년상은 공통된 상제로서 요순시대와 삼대에도 고친 일이 없었는데, 우리나라는 서인의 상기喪期를 단지 백일로 제한하였으니, 진실로 예경에 위배되는 일입니다. 성상께서 이를 마음에 개연히 여겨 옛 상제를 복구하시려 하는데 신이 역대왕조가 정해 놓은 제도에만 의거하여 시행할 수 없다고 하였으니, 받들어 순종해야 하는 도리에 어그러진 듯합니다. 그러나 우리나라 인심은 거짓이 많아, 조례皂隷나 나장羅將들이나 일수나 지방의 서리[120] 들이 실로 성실한 마음이 없습니다. 그래서 모두 함부로 이를 핑계하여 신역을 피한다면 할수없이 동류同類로 조번(助番 : 당번을 도와주는 군사)이라 이름하여 사역시키게 될 것이고, 선상노(選上奴 : 지방에서 뽑아온 노비) 또한 수가 차지 못하여 반드시 다른 당번을 끌어다 사역하는 폐단이 생길 것입니다. 조번을 서거나 끌려와 번을 설 때에는, 장차 신역을 감당하지 못해서 시름하고 고생하는 자가 반드시 많게 되어 그 폐단을 바로잡기 어려울 것이니, 선왕이 정한 법제를 경솔하게 고치기는 어려울 듯합니다. 다만 그 중에 비록 사역하는 대열에 있는 사람이라도 천성의 효도가 지극하여 현저하고 특이한 행실이 있는 자가 있으면 따로 의논하여 표창함이 지당합니다."

---

120) 조례皂隷나 나장羅將들이나 일수日守나 지방의 서리書吏 : 조례는 관아에서 부리는 하인, 나장은 의금부의 죄인 문초 때 매질하는 하례下隷 또는 군아郡衙의 사령, 일수는 지방 관아에 딸린 심부름하는 하례, 서리는 아전을 말한다.

하고, 김응기가 의논드리기를,

"부모의 삼년상은 귀천이 없이 전일하여 아래로 서인에 이르기까지 삼년상을 거행하려 하는 법이니, 성상의 하교가 지당하십니다. 다만 조례·나장 및 지방 공천들에게 준례로 삼년상을 거행하도록 한다면, 신역을 기피하거나 신역을 빼먹는 자가 이루 셀 수 없어, 마침내는 사세가 반드시 거행할 수 없게 될 것입니다. 대전에 군사들도 삼년상을 거행하기 원하는 자는 들어주게 되어 있으니, 이 법을 준행함이 합당합니다."

하고, 신용개가 의논드리기를,

"삼년상은 천하의 공통된 상제인데, 한 문제가 상기를 단축한 뒤로 상제가 크게 무너져 복구되지 못했습니다. 다만 삼대 이후로는 허위가 더욱 심해져 효성할 마음은 없이 다만 이것을 핑계삼아 신역을 기피하는 자들을 금할 수 없으므로, 부득이 임시 변통으로 서인들의 백일 상제를 세운 것입니다. 그러나 상제는 지극히 중한 것이고 성상의 하교도 지극히 옳은 분부이시니, 우선 귀천을 막론하고 모두 삼년상을 거행하게 함이 합당합니다."

하고, 김전이 의논드리기를,

"우리나라 서인들의 백일 상제는 참으로 근거가 없는 것이니, 단지 군사들의 삼년상 거행하기 원하는 사람만 들어줌이 어찌 공통된 상제의 의의이겠습니까? 천민노예도, 일부 신역 기피하는 자들 때문에 성효를 다하지 못하게 하는 것은 역시 잘못 되는 일인 듯싶습니다. 신역 빠지는 사람을 보충하기 어려움은 작은 폐단이요, 공통된 상제가 차이 있음은 관계되는 바가 중하니, 서인들에게도 모두 삼년상을 허하여 상제대로 거행하도록 함이 합당합니다."

하고, 이계맹이 의논드리기를,

"이번에 서인이나 천례들을 모두 삼년상을 거행하도록 함은, 한갓 한 시대의 좋은 법일 뿐이 아니라 진실로 삼대의 상제에 합치되는 일입니다. 다만 우리나라는 사대부들도 상제를 예법대로 거행하지 못하여, 곡하는 법이나 음식 절차와 기·공期功[121]의 복제를 모두 방치하고 강구하지 않는데, 갑자기 천례들에게 옛 예법대로 거행하도록 한다면 그들이 거행하지 못할 뿐만이 아니라 사세로도 거행될 수 없을 것입니다. 신의 생각에는 사대부들이 각기 스스로 예법대로 다하여 백성이 보고 감동하도록 하되, 서인이나 천례 중에 능히 거행하는 자가 있으면 표창하고 정려문을 세워 권장하고, 이로써 민중을 교화시켜 풍속이 이루어지게 하여 옛 예법이 회복되도록 함이 긴요하다고 여깁니다."

하고, 송천희가 의논드리기를,

"우리나라는 사대부만 삼년상을 거행하고 서인이나 천례들은 단지 백일상을 거행한 지 유래가 오래인데, 연산조 때를 거치면서 상제가 모두 무너져 천례들만이 아니라 사대부들도 또한 상기를 단축했었습니다. 이 때문에 인심이 날로 야박해져 그 결과의 폐단이 부모를 살해하기에 이르러, 다스리는 교화에 누가 됨이 과연 성상의 하교와 같습니다. 그러니 특별히 해당 조정에 명하여 존비를 막론하고 삼년상 거행을 자원하는 법제를 세우도록 하시되, 그 중에 상제를 지킨다고 사칭하여 신역身役 피하기를 노리거나 술 마시고 고기 먹기를 일반 사람과 다름없이 하는 자가 있으면 법으로 다스려 도로 신역을 치르도록 한다면, 사람들이 모두 부끄러워 할 줄 알아 따라가려고 하게 될 것입니다." 하였다.

– 중종실록 11년 11월 6일 –

김전의 졸기

1523년[66세] 중종 18년 2월 13일 주상이 영상이 졸했다는 말을 듣고 간소한 반찬을 들이게 하는 등 비통해 마지 않다가, 밤중이 되어서야 내전으로 들어갔다.

---

121) 기년복·대공복·소공복을 입는 친척, 곧 가까운 친척을 뜻한다. 기년복은 조부모와 백·숙부모 등을 위한 복, 대공은 9개월로 종형제·자매 등을 위한 복, 소공은 5개월로 종조부모·재종형제·종질·종손 등을 위한 복이다.

사관은 논한다. 김전은 청렴하고 근신함을 지켜 한때의 존경을 받아 지위가 재상에 이르렀다. 조광조가 사람을 불러 쓸 때에 김전金詮은 정사를 밝힐 재주가 없어 크게 등용할 인물이 못된다 하여 언제나 한직에 있었다. 조광조 등이 죄를 받던 날 주상이 처음에 무사를 시켜 궁궐에서 죽이려 하자 김전이 아뢰기를 '이는 큰 일이니 영상 정광필을 불러 의논해서 처치하소서.' 하였다. 주상이 즉시 그를 부르니, 정광필이 울면서 간하기를 '담당관에게 맡기소서.' 하였으므로, 사람들의 큰 화를 면한 자가 많았다. 이는 실로 김전이 영상을 부르라고 청한 책략 때문이었다. 그 뒤 정광필이 영상에서 파직되자 김전이 수상이 되었다.

비록 중한 지위에 있었으나, 번화한 것을 좋아하지 않아 집안이 매우 가난했다. 성품이 술을 좋아하여 날마다 가난한 종족들과 술을 마시면서 가사에는 괘념하지 않았으며, 집은 허술하고 나즈막하여 네 귀퉁이를 버팅기고 살면서도 태연하였다. 주상은 큰 정사가 있으면 언제나 김전 집으로 사관史官을 보내 자문했는데, 사관이 그 집에 이르러 보면 거처하는 곳에 먼지가 쌓여 있었다. 일찍이 병중에 있으면서 열 가지 일을 아뢰었는데, 지난 일을 증빙하여 당시의 폐단에 꼭 들어맞는 것들이었다. 병으로 사직을 청하니 주상이 그가 아뢴 열 가지 일을 조석으로 두고 보기 위하여 베껴 들이라 명하고 사직을 만류하는 비답을 내렸다. 졸함에 미쳐 충정忠貞이라 시호하였다.

1523년 중종 18년 윤 4월 3일 김전의 제사지낼 비용으로 녹봉을 특별히 주다

시강관 표빙表憑이 아뢰기를,

"김전은 청근하여 집안이 심히 빈한합니다. 그의 상례 때는 부의를 내려 이미 치뤘습니다. 그러나 듣건대 제사 지낼 비용이 바야흐로 궁핍하다 하니 4월분 녹봉을 지급하는 것이 어떻겠습니까? 조정의 의논이 모두 그렇게 하고자 하나 법이 있어 그렇지 못하기 때문에 담당관 역시 아뢰지 못하고 있습니다."

하고, 참찬관 김희수는 아뢰기를,

"무릇 녹봉을 받은 후 만 50일 출근한 자만이 다음 분기의 녹봉을 받을 수 있기 때문에 김전의 녹봉 문제는 아랫사람이 감히 아뢰지 못하고 있습니다. 소신 역시 김전을 장사지낸 후 그 처자가 제사를 지낼 수 없는 처지라고 들었습니다. 김전의 성품이 본디 청렴 근검하여 재산을 일삼지 않았으니, 이런 걱정이 없을 수 없습니다." 하니.

주상이 이르기를,
"아뢴 바가 당연하다. 김전은 과연 청근함으로 소문난 사람인데, 녹봉을 특별히 주는 일을 나도 미처 생각하지 못했었다. 비록 법으로는 불가하지만 그의 청근함을 장려하는 것이 마땅하다." 하였다.

사관은 논한다. 김전은 아량이 넓고 깨끗해서 지위가 재상에 이르렀으나 사는 것이 가난한 선비와 다름 없었다. 집에 저축이 없는데도 성품이 술을 즐겨 손님이 오면 담박한 찬과 박주薄酒를 내놓고 맨발로 다니며 술을 따라, 마치 소탈한 시골 노인 같았으므로 사람들이 그의 청백함에 감복했다.

김전은 처음엔 풍천 노씨 판관 노윤의 딸을 아내로 맞이하였는데, 일찍 죽고 계실은 진천 송씨로 감역 송환주의 딸이다. 자녀로 4남 1녀를 두었는데, 아들로 김안도는 함종 현령을 지냈고, 김안우, 김안수는 연산 현감을 지냈으며, 딸은 판관 정충려에게 시집갔는데, 모두 노씨 소생이고, 김안달은 송씨 소생이다.

[승진과정]

1472년[15세] 성종 3년 진사시 합격

1480년[23세] 성종 11년 생원시 합격

1489년[32세] 성종 20년 4월 7일 식년시 문과 장원급제, 4월 사간,
          7월 사간, 수찬, 7월 예안현감

1489년[32세] 성종 20년 부수찬, 8월 검토관

1490년[33세] 성종 21년 7월 홍문관 수찬, 7월 예안현감

1493년[36세] 성종 24년 7월 숭의랑 사간원 정언

1496년[39세] 연산 2년 4월 교리, 9월 겸 시독관, 12월 사가독서에 선발

1497년[40세] 연산 3년 7월 홍문관 부응교, 10월 응교, 12월 겸 시강관

1498년[41세] 연산 4년 7월 홍문관 전한, 7월 26일 무오사화로 파직
          (김종직 문인이자, 김일손과 친분관계로)

1501년[43세] 연산 7년 1월 부호군

1504년[47세] 연산 10년 3월 성균관 대사성,
          윤 4월 사초 사건과 관련이 있는 김전의 서용문제를 묻다
          5월 좌천, 교리, 10월 경상도 산음현에 유배

1506년[49세] 중종 1년 9월 예조참판 겸 동지경연사, 10월 예조참판

1508년[51세] 중종 3년 11월 예조참판 겸 동지의금부사

1509년[52세] 중종 4년 3월 형조판서, 7월 형조판서 겸 홍문관 제학,
          8월 사헌부 대사헌, 11월 동지중추부사, 12월 한성부 판윤

1512년[55세] 중종 7년 4월 겸 예문관 제학, 5월 사헌부 대사헌,
          윤 5월 겸 성균관 동지, 9월 우참찬, 10월 이조판서

1513년[56세] 중종 8년 11월 예문관 제학

1514년[57세] 중종 9년 2월 지중추부사, 5월 겸 지의금부사,
          5월 예조판서 겸 예문 제학

10월 대사헌, 11월 병조판서

1515년[58세] 중종 10년 2월 예조판서, 2월 청백리 선정
          2월 18일 사헌부가 김전을 청백리로 승품한 일을 논핵하다

1516년[59세] 중종 11년 4월 좌찬성

1519년[62세] 중종 14년 11월 5일 공조판서, 11월 20일 우의정,
          12월 17일 판중추부사

1520년[63세] 중종 15년 2월 14일 영의정 겸 세자사

1523년[66세] 중종 18년 2월 13일 영의정 김전의 죽음 소식을 전하다.

48. 남곤南袞
기묘삼흉으로 조광조를 무함하다

생몰년도   1471년(성종2)~1527년(중종22) [57세]
영의정 재직기간 (1523.4.18.~1527.2.2) (3년 9개월)

본관   의령宜寧
자   사화士華
호   지정止亭·지족당知足堂·지족知足
시호   문경文敬 (후에 삭탈)
출생   경상도 밀양부 부북면 대항리
묘소   경기도 양주군 은현면 봉황암
기타   김종직金宗直의 문인으로 사림출신의 영의정
       조광조 무고죄로 사후 삭탈관직.
       심정, 홍경주와 함께 기묘삼흉이라 불렸다.

증조부 남을진南乙珍 – 참지문하부사
조부   남규南珪   – 형조정랑
부   남치신南致信 – 곡산군수
모   진주하씨   – 하비河備의 딸
처   연안이씨   – 이세웅李世雄의 딸
장녀   이선李墡에게 출가
2 녀   송지한宋之翰에게 출가
3 녀   유충경柳忠慶에게 출가
전첩   이름 미상
서자   남승사南承嗣 – 1570년 의과에 급제
서녀   신대윤愼大胤에게 출가
후첩   조운朝雲   – 기녀 출신
외조부 하비河備
장인   이세웅李世雄 – 숙천부사

영의정이 된 근원 - 기묘사화로 승진하다

남곤의 자는 사화士華이고 호는 지정이며 본관은 의령이다. 증조부 남을진은 고려조 참지문하부사를 지냈고, 조부 남규는 조선시대 형조정랑을, 아버지 남치신은 곡산군수를 지냈다. 어머니는 진주하씨로 하비의 딸이다.

남곤은 김종직의 문하생으로 신진사류의 일원이었으나, 연산군이 집권할 때 갑자사화를 맞아 유배를 당하고 난 이후 부터 생각이 바뀌어 갔다. 출세를 위해 유자광과 손을 잡는가 하면, 훈구대신도 아니면서 훈구대신들인 심정·홍경주와 손을 잡고 기묘사화를 일으켜 개혁세력인 조광조 일파를 척결하는 데 앞장을 서게 된다. 그로 조광조 세력을 몰아내고 정승의 자리에 올랐고, 영의정 자리도 차지했다.

살아서는 일인지하 만인지상의 자리에서 영광을 누렸지만 사후에는 삭탈관직을 당해야 했고, 기묘3흉으로 이름을 남겨야 했다.

명종 말년에 관작이 복위되었지만 선조 때 다시 삭탈당하여 조선 말기 나라가 망해갈 무렵 고종의 선처로 복위되는 수난을 당해야 했다. 조선의 역사는 그를 영의정으로 기억하기보다는 조광조를 죽인 기묘사화의 원흉으로 부르고 있다.

남곤은 어려서부터 남달리 슬기로웠고 20세에는 문명을 크게 떨쳤는데, 김일손과 함께 김종직 문하에서 글을 배워 1489년[19세] 성종 20년에 생원·진사시에 합격한 뒤 24세 때 문과 을과에 올라 예문관 정9품 검열로 첫 관직을 시작하였다. 처음 맡은 일은 역사기록 사초를 꾸미는 일이었다. 이후 사가독서에 뽑혔으며, 홍문관 정자와 저작을 거쳐, 1495년

[25세] 연산 1년 3월에 승정원 주서로 자리를 옮겼다. 1499년[29세] 8월에 문신들을 대궐 뜰에 모아 정무 계책을 짓게 하니 남곤이 수석을 차지하였다.

1503년[33세] 연산 9년 7월 순서를 뛰어 넘어 부제학에 올랐으며, 승정원의 동부승지에 임명되어 좌부승지에까지 올랐다. 이때까지 남곤의 벼슬길은 아무런 장애없이 청요직의 자리를 두루 거쳐왔다. 1504년 연산 10년 모친상을 당하여 여묘살이를 하고 있는데, 갑자사화가 일어났다. 남곤이 젊은 시절 김종직의 문하생으로 글을 배운 것이 드러나 서쪽 변방에 유배를 당하게 된다. 큰 죄가 없던 남곤은 곧 풀려나기는 했으나, 김종직의 제자라는 낙인이 찍혀 이후 요직등용과는 거리가 먼 입장이 되고 말았다.

1506년[36세] 연산 12년 9월에 중종반정이 일어났고 동지중추부사로 중국을 다녀와서 가선대부로 승진한 후, 1509년 중종 4년 9월에 황해도 관찰사가 되어 외직으로 나갔다. 이후 호조참판, 대사헌, 병조참판을 역임하고, 전라도 관찰사가 되어 다시 외직으로 나갔다. 1514년 중종 9년 2월에 이조참판이 되었는데 10월에 영의정 정광필이 남곤을 크게 쓰일 만한 인물이라고 천거하여 지중추부사에 올랐고, 12월에는 동지 성균관사를 겸직하였다.

1515년[45세] 4월에 의정부 우참찬이 되어 영의정 유순정과 함께 박상, 김정 등이 상소한 단경왕후 신씨의 복위 문제에 대해 반대 의견을 제시하였다. 이듬해 10월에 이조판서가 되었다. 1517년 이조판서 남곤의 인사 소신을 두고 사관은 다음과 같이 평하고 있다.

사관은 논한다. 이조판서 남곤이 관청에 있다가 좌우 사람들에게 말하기를 '하·은·주 삼대 이후부터 상례나 혼례가 한결같이 방치되어, 모두 낮추어 하고 있다. 그러나 옛적대로 하려면 혼인은 주나라 문왕처럼 친영(신부집에 가서 예식을 올림) 하고, 상례는 은나라 고종처럼 3년간 상주를 해야 한다.' 고 하자, 승지 신상이 '어제 궁중회의 때 어찌하여 친영하는 의논을 막았는가?' 하니, 남곤이 대답하지 않았다.

이때 정언 자리가 비었는데, 남곤 등이 마땅한 사람이 없어서 유용근과 허위를 추천하고 한 사람은 비워 놓자, 이조참의 김안로가 '정언 하나 추천하기가 어찌 그리 어려우냐?'고 하니, 남곤이 '김광철이 비록 한 일은 없지만 어찌 그리 보잘 것 없는 사람이기야 하겠는가? 우선 시험해 보아 논의를 보는 것이 어떠할까?' 하였으나 좌우에서 응낙하지 않았다. 김안로가 말하기를 '어찌 온 나라 사람을 두고도 후보 세 사람을 추천하지 못하고 두 사람만 추천하여 아뢸 것인가?' 하고, 마침내 김광철로 채우매 남곤이 희롱하기를 '겨우 끝내게 되었다.' 고 하였는데, 김안로의 말이 '허리춤에도 차지 못하는 사람이다.' 하였다.

- 중종실록 12년 3월 16일 -

1517년[47세] 중종 12년 7월 28일 이조판서 남곤이 조광조는 자급을 헤아리지 말고 4품에 추천하도록 아뢰었다.

이조판서 남곤이 관청에서 아뢰기를, "조광조는 성리학에 뛰어나고 실천이 독실하기 때문에, 전날 생원으로서 바로 6품직에 임명되었으며, 동료들에게 존경받아온 지 오랩니다. 그러므로 출근한 지 얼마 안 되어 부교리에 임명되었으되 오히려 그 사람의 능력에 차지 않는다고 여겼으며, 단지 품계가 낮기 때문에 비록 4품에 빈자리가 있어도 준례에 따라 순서를 뛰어 넘어 올리지 않았으니, 이 사람은 품계를 헤아릴 것 없이 빈자리가 있으면 4품에 추천하는 것이 어떻겠습니까?" 하니, 전교하기를,

"조광조는 그 인물됨이 과연 아뢴 바와 같다. 유생 때로부터 현인賢人이라고 일컬었기 때문에 6품에 발탁하여 서용하였으며, 급제한 뒤로는 오래도록 시종侍從[122]의 반열에 있었으니, 대저 선인들은 순서에 의하지 않고 발탁하여야 한다. 품계가 비록 부

---

122) 임금의 곁에서 문학으로 보필하던 벼슬아치로 홍문관의 옥당, 사헌부나 사간원의 대간, 예문관의 검열, 승정원의 주서를 통틀어 이르던 말.

족하더라도 발탁하여 홍문관 전한에 임명하는 것이 어떠한가?" 하매, 남곤이 대답하기를, "임금의 분부가 지당합니다. 관원은 순서대로 서용할 것이나 조광조는 품계를 헤아리지 않고 추천하는 것이 어떠합니까?" 하니, 명하기를, "짐작하여 추천하는 것이 가하다." 하였다.

– 중종실록 12년 7월 28일 –

1518년[48세] 중종 13년 5월 예조판서를 지내고, 6월에 좌찬성이 되어 주청사로 중국 연경에 가서 본국의 종계宗系[123] 등의 일을 변정辨正하였다.

1519년[49세] 중종 14년 5월 예조판서, 11월 이조판서 등의 요직의 자리에 있으면서, 그가 그토록 칭송하며 품계를 뛰어넘어 임명시켰던 조광조를 칠 계략을 마련하고 있었다. 남곤은 본래 문인으로서 촉망받던 사람인데, 조광조 등 신진 사류가 남곤을 소인으로 지목하자, 사림파를 미워하며 타도하려 하였다. 조광조 등이 공신자 중 가짜공신(위훈)삭제사건을 일으키니 좋은 구실이 되었다. 그 무렵 지진이 크게 일어나 중종이 근심하는 것을 본 남곤은 심정과 홍경주와 모의하여 유언비어를 퍼뜨렸다. 대궐 후원에 있는 나뭇가지 잎에다 '주초위왕走肖爲王'이라고 꿀로 글을 써서 그것을 벌레가 파먹게 한 다음, 궁인으로 하여금 왕에게 고해바치게 하였다. 이것으로 중종의 마음을 격노시킨 남곤·심정·홍경주 등은 밤중에 대궐로 들어가, 신무문에 이르러 왕에게 조광조의 무리가 모반하려 한다고 아뢰었다. 이때 중종은 여러 가지 조짐으로 꺼림칙 해 하던 차에, 조광조 일파가 모반하려 한다는 말에 대경대노하여 즉시 무사들로 하여금 조광조·김식·기준·한충·김구·김정·김안국·김정국·이자 등을

---

123) 종계변정宗系辨正 : 명나라 법전(대명회전)에 조선국의 태조 이단(李旦:이성계)을 이인임의 아들이라 하고 고려국의 공민왕·우왕·창왕·공양왕 등 네 왕을 시해하였다고 기록되어 있는 내용을 바른대로 잡기위한 주청사. 종계변무라고도 표현함.

잡아들이라 하였다. 그 자리에서 처벌하려는 것을 영의정 정광필의 읍소로 그날 저녁의 처형은 면했지만 조광조를 하옥시켰다가, 먼 곳으로 귀양보냈다. 그리고 얼마 뒤에 남곤·심정 등의 주청으로 조광조 이하 70여 명을 모두 사약을 내려 죽였다. 이때 죽은 사람들을 기묘년에 죽은 명현들이라 하여 기묘명현이라 하고 사림들이 화를 입었다 하여 기묘사화라 한다.

1519년 중종 14년 12월 조광조를 제거하기 위해 중종이 내린 밀지와 그에 대한 사관의 논평은 다음과 같다.

사관은 논한다. 조광조 등이, 정국공신 중에 공이 없이 외람되게 기록된 자가 많다 하여 추후 삭제하기를 청하여 대신들의 의견을 모았다. 임금이 전에 이들을 치우치게 임용하였는데, 조정의 훈구대신 중에 기뻐하지 않는 사람이 많았고 임금도 그들을 꺼렸다. 이 논의를 일으키기에 이르러 남곤이 홍경주를 부추겨 '몹시 위태로운 화가 조석에 다가와 있다.'고 두려워 하니, 임금이 더욱 의심하여 홍경주에게 여러 번 밀지를 내렸는데, 그 밀지에는 글의 뜻이 알기 어려운 것이 있고 언문을 섞은 것도 있으므로 기록하지 않으나 그 대개는 이러하다. "임금이 신하와 함께 신하를 제거하려고 꾀하는 것은 도모에 가깝기는 하나, 간신들의 무리가 이미 이루어졌고 임금은 고립하여 제재하기 어려우니, 함께 꾀하여 제거해서 종사를 안정하게 하려 한다."

– 중종실록 14년 12월 29일 –

1520년[50세] 중종 15년 1월 13일 조광조에게 사약을 내리게 하고 남곤은 좌의정에 올랐다. 이때 사관의 논평은 남곤의 훗날을 점치듯 하였다.

사관은 논한다. 국가의 성쇠는 임용의 마땅함과 그름에 달린 것이기 때문에, 군자가 등용되면 그 나라를 태평성쇠로 올려놓지만 소인을 기용하면 그 임금을 어두운 곳으로 빠뜨리는 것이니, 삼가지 않을 수 없는 것이 이와 같다. 남곤은 사람됨이 재주는 있으나 덕은 적다. 그러나 젊은 나이에 과거에 올랐으니 갈 길이 이미 정하여졌거

늘 유자광에게 빌붙어 무오사화를 빚어냈다. 이는 사람들이 다 같이 아는 바인데도 쫓겨나지 않고 도리어 이름을 드러내어 높은 자리에 올랐으므로 식자들이 한탄하였다. 기묘사화도 실은 남곤과 심정의 무리가 현혹시키는 말을 얽어내어 임금의 마음을 흔들어 놓은 데 연유한 것이며 마침내는 임금으로 하여금 남김없이 일망타진하게 하였으니, 요행히 한때의 지위는 도둑질할 수 있었으나 땅 속의 썩은 뼈는 역시 후세의 비평을 피하기 어려울 것이다.

-중종실록 15년 1월 13일-

1523년[53세] 중종 18년 4월 18일에 영의정이 되었다. 3년 9개월간 영의정 생활을 보내고, 1527년 중종 22년 2월 1일 중종은 좌의정과 우의정과 의논하여 영의정 남곤을 교체시켰다.

영의정 남곤의 사직서에 이르기를, "신은 나이 육순이 다되어 이런 중병에 걸렸습니다. 정통한 의원과 좋은 약도 끝내 아무런 효험이 없는 채 점차 기진해가고 있습니다. 그래서 몸을 뒤척이는 데도 남의 부축을 받아야 하니 다시 며칠이나 더 지탱할 수 있겠습니까? 이런데도 중임을 벗지 못하고 있으니 두려운 마음이 가슴 속에 응어리져 병과 함께 고통을 가중시키고 있습니다. 삼가 바라건대, 성상께서는 특별히 딱하게 여기어 신의 직을 체직시켜 주소서. 그러면 목숨을 더 연장시킬 수는 없겠지만 그 은혜는 다시 살려주는 것이나 다름없습니다. 신은 지금 거의 죽게 되었는데도 번거로움을 무릅쓰고 아뢰었고, 말도 순서를 잃은 것이 많아 매우 황공스럽습니다. 하지만 간절한 마음을 참을 길이 없어 죽음을 무릅쓰고 아룁니다."

하였는데. 명하기를. "지금 사직서를 보니 내용이 간절하다. 또 병을 간호하는 의원의 문서 아룀에도 병세가 점점 더해 간다고 했다. 교체 여부는 병세의 증감과는 관계가 없는 것이다. 그러나 그의 마음이 교체시켜주면 안심하고 조리할 수 있으리라 여겼기 때문에 이렇게 다시 사직한 것이다. 일기가 점차 따뜻해져 가니 체직시켜 병이 회복된다면 다시 이 직을 맡길 수 있을 것이다. 이런 뜻으로 사관을 보내어 좌상과 우상에게 묻도록 하라." 하였다.

이유청이 의논드리기를. "신도 남곤의 병세가 더해 간다는 말을 들었고 사직서도 매우 간절했습니다. 그의 의사는 중임을 벗으면 안심하고 조리할 수 있으리라 여긴 것입니다. 그러나 수상의 교체는 중대한 일이므로 감히 경솔히 의논할 수가 없습니다.

일기가 점차 따뜻해지니 말미를 넉넉하게 주어 마음 놓고 조리할 수 있게 하는 것이 어떻겠습니까?"하고.

심정은 의논드리기를, "신이 직접 남곤을 만났었는데 병세가 매우 침중하여 점점 더 해 가고 있었습니다. 그런데도 아직 중임을 맡고 있어 마음이 편치 못함은 물론 이것이 병과 함께 마음을 아프게 하는 일이라고 간절히 말해 마지않았었습니다. 만일 체 직하라는 명을 내려 마음을 편하게 해주면 혹 조리할 수 있을 것 같습니다. 그러니 우선 아뢴 대도 윤허하고 자리를 비워두었다가 치유된 뒤 다시 정승에 임명해도 해 로울 게 없을 것 같습니다." 하니.

명하기를, "이제 우의정의 의논을 보건대 '직접 영상을 만났는데 중임을 띠고 있어 마음이 편치 못하다 하니 우선 아뢴 대로 윤허하라.' 했다. 이 의논이 지당하니 우선 체직시키도록 하라. 그리고 승지로 하여금 문병하게 하고 '마음을 너그럽게 가지고 잘 조리하도록 하라.'는 뜻으로 효유하라." 하였다.

도승지 유보가 남곤의 집에서 돌아와 남곤의 말로 답하기를, "신이 지금 병에 걸린 지가 이제 50여 일입니다. 음식도 점점 감소되고 기력도 날로 쇠퇴해져서 굴신도 제 대로 할 수가 없습니다. 게다가 나이가 많아 도저히 살아날 길이 없습니다. 신은 거 의 죽게 된 가운데도 오히려 중직을 띠고 있으므로 하루도 마음 편치 않았습니다. 그런데 지금 체직한다는 명을 들으니 평생 입은 상의 은혜 가운데 오늘 같은 은혜가 없었습니다. 신의 병이 끝내 치유되지 않더라도 안심하고 눈을 감을 수 있겠습니다." 하였다.

- 중종실록 22년 2월 1일 -

남곤의 졸기

1527년[57세] 중종 22년 2월 2일 영의정을 사직하고 판중추부사가 되 었다. 그리고 그해 3월 10일 영의정 남곤이 졸卒했다. 나이는 57세다.

임금이 명하였다. "지금 대신이 죽었다는 말을 들으니 지극히 애통스럽다. 조회·경연·군 사열식 등의 일을 아울러 정지하고, 소찬을 올리도록 하라."

사관은 논한다. 남곤은 문장이 대단하고 필법 또한 아름다웠다. 평생 화려한 옷을 입지 않았고 재산을 경영하지 않았으며, 재주가 뛰어나서 소신이 올바른 것 같았다. 임종할 때 평생 동안의 초고를 모두 불사르고, 이어 자제들에게 '내가 허명으로 세상을 속였으니 너희들은 부디 이 글을 전파시켜 나의 허물을 무겁게 하지 말라.' 했고, 또 '내가 죽은 뒤에 비단으로 염습하지 말라. 평생 마음과 행실이 어긋났으니 부디 시호를 청하여 비석을 세우지 말라.' 했다. 병이 위급해지자 상이 내관을 보내어 죽은 뒤의 일을 물었으나 이미 말을 할 수가 없었다. 1519년 기묘사화 때에 남곤이 심정 등과 뜻을 얻지 못한 자들로 더불어 유감을 품고 같이 모의, 몰래 신무문으로 들어가 임금의 마음을 경동시켰다. 그리하여 사림을 거의 다 귀양보내게 했지만 그 형적이 노출되지 않았으니, 그 재주는 따를 수 없다 하겠다. 그의 말에 '마음과 행실이 어긋났다.' 한 것은 이를 가리켜 한 말인 것 같다. 그렇다면 이 사람도 자신의 죄를 알고 죽은 것이다. 시호는 문경文敬이다.

남곤은 어려서부터 기억력이 좋고 암기에 능했으며, 시와 글을 잘 지어 신동이라 칭찬을 들었다. 김종직 학파의 한사람인 사림파의 일원으로 갑자사화로 유배되었다가 1506년 중종 반정 이후 복귀했다. 문장이 뛰어나고 글씨도 잘 썼으며 청렴하였으나, 조광조 등을 처형하는 데 동조·묵인 했다는 이유로 사림의 집권 이후 조선이 멸망할 때까지 사림으로 인정받지 못하고, 배신자와 변절자로 몰려 지탄을 받았다.

남곤이 죽은 지 31년이 지난 1558년 명종 13년에 그의 관작과 시호가 삭탈되었고 심정, 홍경주와 함께 기묘삼흉이라 불렸다.

사후 40년이 되던 해인 1567년 명종 21년에 명종은 임종 직전 다시 작호를 회복시켜주었으나 선조 즉위 후 다시 관작을 추가 삭탈 당했다.

고향인 밀양의 전설에 의하면 남곤이 중종 조에 조광조 등 유명한 신진 학자들을 죽게 한 기묘사화에 동조·묵인한 사건으로 변절자와 배신자의 전형으로 몰려 지탄받게 되자, 남곤과 같은 인물을 낳았다 하여 이곳 지맥을 끊기 위해 배의 모양인 대항리 산들을 메우고 연못을 팠다고 한다. 남곤의 고모는 임원준과 혼인하여 임사홍과 임사영을 낳았는데 이들은 남곤의 고종 사촌 형들이었다. 임사홍은 폐비 윤씨 사사한 일을 폭로하여 갑자사화의 원인을 제공하였다.

부인은 연안 이씨인데, 부인은 아들을 낳기는 하였으나 기르지 못하였고 딸만 셋을 두었으니, 맏이는 용인 현령 이선에게 출가하고, 다음은 첨지중추부사 송지한에게 출가하였으며, 다음은 상서원 부직장 유충경에게 출가하였다. 외손 하나는 송인宋寅인데 중종의 딸 정순 옹주에게 장가들어 여성위에 봉해졌다. 남곤에게는 측실이 있어 1남 1녀를 낳아 아들은 남승사로 전의감 직장이요, 딸은 관상감 봉사 신대윤에게 출가하였으며, 내외의 서자손은 남녀 8인이다.

남곤의 묘소에는 유훈으로 인하여 비는 세우지 않았고 지문誌文만 문정공 이행에게 부탁하였는데, 때마침 일이 많아 미처 짓지 못하다가 귀양을 가서 작고함으로써 마침내 지문도 없게 되었다. 1564년 명종 19년 5월 모일에 외손 송인이 간략히 남곤의 이력을 기록하여 묘소 앞에 묻어 후에 고증에 대비하는 바, 이는 아버지의 뜻을 이루려 함이었다.

남곤 사후 41년 후 밝혀진 조광조 모해사실

남곤이 죽은 지 41년 된 해인 1568년 선조 1년 9월 21일에 중종실록에 누락된 남곤 등이 조광조를 모해한 전말이 밝혀져 선조실록에 그 추가 전모를 밝혀 기록하였다.

당초에 남곤이 조광조 등에게 교류를 청하였으나 조광조 등이 허락하지 않자 남곤은 유감을 품고서 조광조 등을 죽이려고 하였다. 이리하여 나뭇잎의 감즙甘汁을 갉아 먹는 벌레를 잡아 모으고 꿀로 나뭇잎에다 '주초위왕走肖爲王' 네 글자를 많이 쓰고서 벌레를 놓아 갉아먹게 하기를 마치 한나라 공손인 병이病已의 일[124] 처럼 자연적으로 생긴 것같이 하였다. 남곤의 집이 백악산 아래 경복궁 뒤에 있었는데 자기 집에서 벌레가 갉아먹은 나뭇잎을 물에 띄워 대궐안의 어구에 흘려보내어 중종이 보고 매우 놀라게 하고서 고변告變하여 화를 조성하였다. 이 일은 중종실록에 누락된 것이 있기 때문에 여기에 대략 기록하였다.

-선조실록 1년 9월 21일 -

1568년 선조 1년 9월 23일 홍문관과 사헌부 대사간 양사에서 남곤의 잔학한 죄상을 재조사하여 아뢰니 선조는 남곤의 관작을 모두 삭탈하여 사림의 분개하는 마음을 시원하게 하라." 하였다.

홍문관이 아뢰기를, "남곤은 본시 음흉하고 사독스러운 성품에다 문장과 글재주를 지녀 온갖 재간을 부렸습니다. 전에 승지로서 상중에 있을 적에 어떤 사람이 대신을 비난하자 큰 변고라고 하여 상복을 벗고서 들어와 고하였는데 그의 무상한 마음씨가 이미 여기에서 드러났습니다. 재상의 반열에 오른 뒤에는 중종의 은총이 조광조

---

124) 한나라 공손인 병이의 일 : 병이는 무제의 증손인 선제의 어릴 때 이름. 그가 태어난 지 몇 달이 채 안 되어 무고사건이 일어나 그의 조부 여 태자 이하 전 가족이 화를 당하고, 병이는 강보에 쌓여 군저옥에 수감되었다. 운기를 점치는 술사가 장안 옥중에 천자기가 있다고 말하니, 무제가 사자를 보내 무고 사건에 연루된 장안의 모든 죄수를 조사하여 가차없이 다 죽였다. 이때 병이는 정위감 병길의 보호를 받아 살아났고 뒤에 곽광의 주선으로 소제의 뒤를 이어 황제가 되었다.

에게로 기우는 것을 알고 경연석상에서 자주 크게 쓸 만한 인물이라고 말하였고 얼마 후에는 감언이설로 아양을 떨다가 맑은 논의에 용납되지 못했으며 일을 논의할때에도 자주 저지를 받게 되자, 음해하려는 마음을 가졌습니다. 이리하여 심정·이항과 함께 모의하고서 홍경주를 인연하여 궁인과 몰래 통하여 온갖 참소를 끊임없이하였습니다. 그리고 어두운 밤에 천인賤人의 복색 차림으로 영의정 정광필의 집을엿보다가 잠입하여 유혹도 하고 위협까지 하면서 대신의 의중을 시험하려 하였으나정광필은 오히려 못하게 말렸습니다.

남곤과 심정·홍경주는 밤에 신무문으로 들어가서 불측한 말로 중종을 놀라게 하고, 또 미리 무사를 준비하여 그날 밤에 조광조 등을 박살하려 하였으나 정광필이 임금의 자리 앞에 나아가 울면서 간하였기 때문에 가까스로 유배에 그쳤습니다. 그러나남곤 등은 계속 죄망에 얽어넣어 조광조·김정·기준 등이 차례로 살해되고 일시의명사들이 뜻밖의 재난에 걸리지 않은 사람이 없어 혹은 쫓겨나고 혹은 죽임을 당하였습니다. 그 화가 50년간 계속되어 약간이나마 학문을 지향하는 사람이 있을 때는즉시 기묘己卯의 폐습이라고 지목하여 사림을 해치고 국맥을 손상시켰습니다. 이리하여 어진 이를 사랑하고 선을 좋아하는 중종으로 하여금 과오가 있게 하였고 끝내는 사기가 꺾이고 사라져, 나라꼴이 될 수 없게 하였으니 이것이 남곤의 죄악이 하늘까지 닿았다는 것입니다." 하고,
사헌부·사간원도 역시 남곤의 잔학하고 흉사스러운 죄상을 아뢰었는데, 주상이 답하기를,
"남곤의 일에 대해서 홍문관만이 상소한 것이 아니고 근일에 경연에서도 누차 말이있었기 때문에 물었다. 그런데 지금 조정의 논의를 보니 위로 대신으로부터 아래로양사와 홍문관에 이르기까지 낱낱이 남곤의 죄상을 아뢰었고 논의도 또한 모두 같으니 이는 의논하지 않고서도 의견이 서로 같다고 할 수 있다. 조정의 논의가 이와같으니 따르지 않을 수 없다. 남곤의 관작을 모두 삭탈하여 사림의 분개하는 마음을시원하게 하라." 하였다.

– 선조실록 1년 9월 23일 –

[승진과정]

1489년[19세] 성종 20년 생원·진사시 합격
1494년[24세] 성종 25년 문과 을과 급제. 예문관 정9품 검열.
　　　　　사가독서에 뽑혔으며, 홍문관 정자, 저작
1495년[25세] 연산 1년 3월 승정원 주서
1496년[26세] 연산 2년 7월 홍문관 수찬. 11월 사간원 정언
1497년[27세] 연산 3년 6월 홍문관 부수찬.
1498년[28세] 연산 4년 1월 홍문관 수찬
1499년[29세] 연산 5년 8월 문신들을 대궐 뜰에 모아 정무 계책을 짓게
　　　　　하니 남곤이 수석을 차지하였다.

1500년[30세] 연산 6년 5월 홍문관 교리.
1501년[31세] 연산 7년 11월 홍문관 응교, 전한
1503년[33세] 연산 9년 1월 경연시강관. 5월 홍문관 전한. 7월 부제학.
　　　　　승정원 동부승지, 좌부승지. 겨울에 모친상으로 여묘살이
1504년[34세] 연산 10년 갑자사화
1505년[35세] 연산 11년 부친상
1506년[36세] 연산 12년 9월 중종반정. 상복을 벗자 동지중추부사
1507년[37세] 중종 2년 윤 1월 가선대부로 승진
1508년[38세] 중종 3년 10월 동지성균관사 겸직
1509년[39세] 중종 4년 9월 황해도 관찰사
1510년[40세] 중종 5년 8월 호조참판.
1511년[41세] 중종 6년 4월 대사헌. 4월 27일 병조참판. 8월 대사헌.
　　　　　11월 전라도 관찰사
1512년[42세] 중종 7년 12월 대사헌
1513년[43세] 중종 8년 6월 동지경연사.
1514년[44세] 중종 9년 2월 이조참판. 지중추부사.
　　　　　12월 동지 성균관사 겸직

1515년[45세] 4월 의정부 우참찬. 단경왕후 신씨의 복위 반대 의견 제시
1516년[46세] 중종 11년 4월 좌참찬 겸 홍문관 대제학.
　　　　　8월 네 번째 대사헌. 9월 우참찬. 10월 이조판서

1517년[47세] 중종 12년 7월 조광조를 4품직에 추천
1517년[47세] 중종 12년 8월 의정부 우찬성. 8월 다섯 번째 대사헌.
            10월 우찬성
1518년[48세] 중종 13년 5월 예조판서. 6월 좌찬성 중국 주청사
1519년[49세] 중종 14년 5월 예조판서. 11월 16일 이조판서.
            11월 20일 좌찬성 겸직
1519년[49세] 중종 14년 12월 17일 좌의정
1520년[50세] 중종 15년 1월 13일 좌의정. 2월 겸 세자사부.
1523년[53세] 중종 18년 4월 18일 영의정
1527년[57세] 중종 22년 2월 2일 판중추부사.
            3월 10일 영의정 남곤의 졸하였다.
1558년[사후] 명종 13년 관작과 시호 삭탈. 기묘삼흉으로 지명
1567년[사후] 명종 21년 관작 회복
1568년[사후] 선조 1년 9월 23일 관작삭탈

49. 장순손張順孫

김안로의 오른팔로 영의정에 오르다

생몰년도 1457(세조 2)~1534(중종 29) [78세]
영의정 재직기간 (1533.5.28~1534.9.11) (1년3개월)

본관   인동仁同
자   사호士浩, 자활子活
시호   문숙文肅
출생   경북 성주 태생
묘소   경기도 파주 조리면 장곡리
기타   시기심이 많고 탐욕스러워 당시 사람들이 장검동이라 부르다.
       김안로의 오른 팔로 영의정이 되었으나, 사후 삭탈관직 당하다.

증조부 장순효張純孝 － 금화현감
조부   장경원張敬源 － 좌찬성
부   장중지張重智 － 안음현감
모   고승안의 딸
자   장명원張明遠 － 광흥창 수
손자   장경량張景良 － 현감
손자   장경안張景安 － 부사

영의정이 된 근원 - 김안로의 오른팔, 일마다 탄핵을 받다

장순손의 자는 사호土澔이고, 본관은 인동이다. 증조부는 현감을 지낸 장순효이고, 조부는 어란포 만호를 지낸 장경원이다. 아버지는 세조 때 군수를 지낸 장중지이다.

장순손은 경상도 상주에서 태어나, 얼굴이 돼지머리를 닮아 저두猪頭라는 별명이 있었다. 정순손의 젊은 시절은 순탄한 관직생활로 청요직을 거치면서 승진가도를 달렸으나, 연산조에 이르러 홍문관 부제학으로 있으면서 바른 소리로 임금께 간언한 것이 문제가 되어 죽었던 목숨이 천운으로 살아났다.

이후부터는 살기 위해 재물을 모아야 했고, 줄을 잘 서야 했다. 그래서 잡은 줄이 김안로이다.

김안로는 중종과 사돈관계에 있고, 추진력 있는 왕실 족친이었다. 덕분에 70세가 넘은 나이에 우의정, 좌의정, 영의정을 모두 역임했다. 그러나 요직에 있을 때 사림들을 핍박한 죄, 재물을 끌어 모은 죄, 김안로를 도와 관리들을 수탈한 죄에 얽혀 사후에 삭탈관직 당하고 말았다. 실록에 졸기가 기록되지 않을 만큼 외면당했으며, 후대 왕조실록에 장순손이란 이름은 늦은 나이에 영의정이 된 사람으로 단 한 차례 오를 뿐 관작이 복작된 기록도 없다.

1504년[48세] 연산 10년 6월 연산군이 2년 전에 있었던 궁궐 활쏘기 대회 때에 장순손이 간언을 했던 일로, 그 일을 되새겨 괘씸하게 여긴 나머지 장순손을 국문하게 하였다.

추국관 유순이 장순손·박은 등을 형틀에 묶고 지난날 주상이 밤늦게 사냥했던 일을 앞장서서 주장하여 아뢴 것을 국문하니, 장순손이 진술하기를, "지난 1500년 연산 6년 10월에 신이 부제학으로 있을 때 수찬 박은과 함께 숙직을 하였는데, 박은이 '사냥의 일을 홍문관에서도 아룀이 어떠냐?' 하기에, 신이 '동료들과 의논해서 아뢰어야 하리라.'고 답하였더니, 박은이 서리를 시켜서 동료에게 두루 알리어 의논이 합하였으므로 아뢰었습니다." 하고, 박은은, "신과 장순손이 홍문관에 숙직하였을 적에 장순손이 '밤까지 사냥하는 일을 동료와 의논하여 아룀이 어떠냐?' 하고 서리를 시켜서 동료에게 알리어 의논을 모았으므로, 신이 말단 관원으로서 막을 수 없어서 아룀에 참여하였습니다." 하였다.

유순이 주상께 아뢰기를, "두 사람이 서로 미루니, 신문함이 어떠하리까?" 하니, 장순손 등의 진술에 판결하기를, "변변치 못한 사람은 끝까지 따져서 죄를 결단하여야 하리라. 형틀을 쓰면 더운 달에 상할 것 같으니, 우선 묶어 두고 물으라." 하였다.

– 연산일기 10년 6월 14일 –

당초에 연산이 홍문관에서 밤늦게 사냥 나가는 것을 간언함에 노하여 죄주고자 하였었다. 그 때에 홍문관 직에 있던 승지들이 많으므로, 왕이 누가 앞장서서 주장하였는가를 물었는데, 모두들 잊었다고 대답하였으나, 권균이 장순손과 박은이라고 대답하니, 명하여 신문하게 하고 또 다른 승지들이 숨겨주어 벌을 받았기 때문에 권균이 왕의 뜻에 순종하였음을 미워하는 사람이 많았다. 장순손과 박은도 오래되어 기억하지 못하지만, 구차히 죽음을 벗어나려고 서로 미루었다. 박은은 평생에 피하는 바 없이 거침없이 말하므로 미워하는 재상이 많더니, 이에 이르러 추국관이 모두들 장순손을 편들어, 박은은 마침내 죽게 되니, 여론은 흔히 장순손을 곧게 여기지 않고 박은을 가엾게 여겼다.

– 연산일기 10년 6월 15일 –

명하기를, "장순손은 장관으로서 변변치 못한 자의 말을 쫓아서 아뢰었으니, 태 50으로 결단하여 유배소에 보내라." 하였다.

– 연산일기 10년 6월 16일 –

1504년 이로 장순손은 유배되었다가 2년이 지나 중종반정으로 풀려났다.

1517년[61세] 중종 12년 11월에 장순손은 병조판서가 되어 병권을 잡았다. 중종 13년 5월에 대간이 이전의 일을 아뢰고, 또 아뢰기를, "병조판서 장순손의 일은 매우 중대하므로 말로 전달할 수 없기 때문에 양사가 합의하여 그 일을 말씀드립니다. 이 자리는 지극히 중요한 직책인데, 적성이 맞지 않으니 교체하소서." 하였다.

"어제 저녁에 서울에서 지진이 있었는데, 소리가 마치 우레와 같고 집과 담이 무너졌으며 사람과 가축이 다섯 번이나 대피하였습니다. 책들을 살펴보아도 이번처럼 심하게 음의 도리가 평정을 잃은 일은 일찍이 없었는데, 그 상징을 말하자면 모두 음이 성하고 양이 쇠하기 때문에 일어나는 일입니다. 천하의 이치라고 하는 것은 음양이기二氣가 있을 뿐입니다. 양이 성하면 음이 쇠하고 음이 성하면 양이 쇠하는 것이 일상의 이치입니다. 그 중에 큰 것만을 들어서 말하자면 천운의 쇠하고 성함과 세상도의 막힘과 통함은 군자·소인의 진퇴에 달려 있는 것입니다. 그런데 지금은 5월이라, 음이 지하에서 싹트는 것은 미미한데 지상에서 움직이는 것은 이미 극에 달하여 국가의 화란이 생길 조짐이 있으니 신 등은 한심함을 이길 수 없습니다.

전하께서는 근년 이래로 학문에 근본이 있음을 아시고, 도道가 좋은 것임을 아시며, 그릇됨과 올바름과 진퇴의 분수를 아시고 치도가 반드시 하나에서 근본되는 것임을 아시어서, 쉬지 않고 부지런히 배우고 탐구하시며 날로 고명한 경지를 탐구하고 계십니다. 그리하여 뜻을 다하여 다스릴 것을 도모하시며, 선을 찬양하고 악을 배척하시며, 좋음과 싫음을 밝게 보이시니, 군자는 이것을 깊이 바라는 일이지만 소인은 이를 매우 싫어하는 것입니다. 어리석고 보잘것없는 무리들이야 따질 것도 없지마는, 앙심을 품고 현인 군자를 미워하며, 눈치를 보고 틈을 엿보아 음험하고 사나운 본성을 마음대로 부리려는 자가 어찌 또한 없겠습니까?

병조판서 장순손은 본래 음험하고 사나운 비루한 사람으로서 벼슬이 종1품에 있으니 이는 벌써 그가 있을 자리가 아닌데도 두려워할 줄 모르고 끝없이 이利를 탐내며, 다른 사람들이 자기에 대해 의논하는 것을 싫어하여 신진사류들을 원수보다 더

미워해서 그들을 물리치고 몰아넣을 생각으로 여러 가지를 몰래 사주하여 그들을 일망타진할 것을 꾀하고 있으니 이는 바로 유자광이 썼던 간사한 지략인데 장순손이 또한 그것을 본받고 있습니다. 다행히 전하의 밝은 지혜와 대신의 진압이 있어서 그 음흉한 모략이 미수에 그쳐 버리기는 했지만, 그의 앙심은 아직도 없어지지 않고 있으니 혹 어떤 기회라도 얻게 되면 그 재앙을 이루 다 말할 수 있겠습니까?

1497년에 선정전의 기둥이 지진으로 흔들렸는데 이 또한 큰 재변이었습니다. 무슨 일 때문에 그렇게 흔들린 것인지 명백히 말할 수는 없지만, 그 후에 간흉 유자광이 무오사화를 일으켰고, 연산조의 말년에 가서는 신진사류들을 모조리 섬멸하여 역사를 무너뜨려 종사가 거의 전복될 지경이 되었었으니, 말을 하면 통곡이 나올 지경입니다. 이는 전하께서 몸소 겪으신 일입니다.
이번 재변은 그때 기둥을 흔든 것과는 매우 다르나 이 또한 여기서 유래한 것이 아닌 줄 어찌 알겠습니까? 바라건대 전하께서는 속히 그 죄를 바로잡으시고 먼 곳으로 몰아내시어 하늘의 꾸짖음에 응답하시면 종사의 다행이겠습니다." 하니,
명하기를, "장순손의 일은 상소만 가지고는 알 수 없으니 입궐하여 친히 그 정상을 아뢰라." 하였다.

지평 김식과 정언 이희민이 입궐하니 주상이 이르기를, "내가 양사에서 올린 상소를 보니 장순손의 일이 매우 놀랍다. 나는 항상 말하기를 '장순손은 여러 재상 가운데에서 쓸 만한 인물이다.' 하였는데 이번에 양사에서 논함이 이러하니 과연 어떻게 해야 할지 모르겠다." 하매,

김식이 아뢰기를, "장손순의 일을 전부터 주장하고자 하였으나 그 정상을 상세히 알 수가 없었는데, 요즘 흉특한 정상이 점차 드러나고 또 마침 큰 변이 있기 때문에 아뢰는 것입니다. 장순손은 바탕이 본래 음흉하고 간사하여 신진사류를 해치는 것이 그의 본심입니다. 겉으로는 사류들과 뜻을 같이하는 듯하나 실은 매우 간특한 생각을 가지고 있습니다. 근자에 주상께서 밝게 살피시므로 그는 용납되지 못할 것을 알고, 재상의 집들을 왕래하면서 사류를 모함하여 아래위로 난을 일으키려 하였습니다. 그러나 식견 있는 재상이 있어서, 그의 말이 틀린 것임을 알고 막아 버렸기 때문에 음흉한 모략을 퍼뜨리지 못했던 것입니다. 만약 그의 간사한 술책을 부리게 하면 무오사화가 반드시 오늘날에도 일어날 것입니다. 속히 먼 곳으로 쫓아내어 소인의 무리들을 막아야 합니다." 하고,

이희민이 아뢰기를. "장순손은 벼슬을 시작한 지 이미 오래되었으나. 낭관(정랑.좌랑)으로 있을 때부터 모두 그의 마음씀이 바르지 않은 것을 알았으므로 한때에 비방을 면하지 못하였습니다. 본래 재주와 덕이 없는데다가 마음 씀이 욕심이 많고 야비하고 재산을 잘 다스리므로, 노비와 전지·재화가 날로 불어났으니 이것이 어찌 재상으로서 할 짓이겠습니까? 본래 한 사람의 궁한 선비로서 이와 같이 치부하였고, 또 정치의 실권을 잡은 지가 오래되어 뇌물을 많이 받는지라 문전이 마치 저자와 같았습니다. 그러나 지금 성상께서 민첩한 마음으로 변별하시므로 공론에 스스로 용납되지 못할 것을 알고. 먼저 원기를 꺾어 공론을 죽인 다음 조정을 혼란하게 하여 기회를 보아 심술을 부리려고 했던 것입니다. 그리하여 신진사류들이 밝으신 임금님을 믿고 무슨 일을 하고자 하면, 장순손은 이를 꺼리고 미워하며, 집정 대신에게 말하기를 '이러이러한 말과 일을 가지고 주상을 의혹시키면 이들을 일망타진할 수 있다.'하였는데 마침 대신 가운데 식견 있는 이가 있어서 이 말을 듣지 않고 막아버렸으므로 그의 흉특한 꾀는 관철되지 않았습니다만. 그의 앙심은 아직 그대로 남아 있습니다.

장순손은 이전에는 재덕은 없어도 그래도 국사에 부지런하였는데. 요즈음에는 공론에 용납되지 못하는 것을 알고 도무지 국사에는 마음을 쓰지 않고 있습니다. 일찍부터 아뢰려고 하였으나. 종1품 대신을 논하려면 아랫사람들까지 남김없이 그 흉악학 상황을 알게 한 뒤에 논하는 것이 가합니다. 그러나 요즈음에는 정상이 이미 드러났고 또 마침 변괴가 있으므로 부득이 논의하는 것입니다. 흉특한 꾀를 부리기 전에 장순손의 일이 거론되었으니 이는 나라의 복입니다. 성종 때에 여러 사람이 임사홍을 소인이라고 하였는데. 성종께서는 그래도 물리치지 않고 계시다가 끝내는 화란을 일으키게 되었습니다. 이제 장순손의 과실이 속히 공론에 드러나게 되었으니 이는 실로 국가의 행운입니다. 군자·소인이 서로 세력을 다투는 일은 매양 경연에서 논란하였으니 주상께서 반드시 아실 것입니다. 속히 귀양 보내소서." 하니.

주상이 이르기를. "지금 하는 말들을 들으니 매우 놀라운 일이다. 대신의 집에 가서 사류를 모함하였다는 일은 대간이 범연히 듣고 논의하는 것이 아닐 것이다. 나는 장순손이 이렇게까지 할 줄은 몰랐다. 대신에게 물어야 한다." 하매.

김식이 아뢰기를. "대간이 어찌 범연히 듣고 논계하겠습니까? 대간의 말을 믿지 않고 대신에게 묻는다는 것은 사체에 미편한 일입니다." 하니.

주상이 이르기를, "내가 대간의 말을 믿지 않는 것이 아니다. 인물의 진퇴에 대해서
는 대신에게 물어야 하는 것이다." 하였다.

- 중종실록 13년 5월 16일 -

1518년[62세] 중종 13년 5월 17일 장순손의 탄핵상소와 병조판서와 양계의 변방 장수의 임명 문제를 논의하다.

의정부를 불러서 대간의 상소를 보이며 이르기를, "양사에서 장순손을 사류를 모함
하는 사람이라고 하였는데, 장순손은 내가 신임하는 대신이다. 그런데도 양사의 말
이 이러하니 장순손은 과연 어떤 사람인가?" 하였다.

영의정 정광필이 아뢰기를, "신은 장순손과 선비시절부터 아는 사이일 뿐 아니라, 함
께 홍문관에서 오랫동안 벼슬을 하였으나 그의 마음이 이렇듯이 음흉한 줄은 모르
고 있었습니다. 집정 대신이 되어서 부정한 이익만 꾀하였다는 것은 대간이 반드시
들은 바가 있어서 하는 말일 것이니, 그 직책을 바꾸도록 명하심이 옳겠습니다. 그러
나 요즈음 연소한 문관들 가운데는 실행할 수 없는 일을 해보고자 해서 역대 왕조
의 법을 고치기를 청하는 자까지 있었는데, 이에 대해 조정 대신으로서 불가하다고
말한 사람이 장순손 뿐만 아니라 또한 많이 있었습니다. 그리고 대간은 '대신이 진정
시켰다.'고 하였으나 신은 진정시킨 일이 없었습니다. 만약 이 때문에 죄를 주거나 유
배하라는 명까지 있게 되면, 대신과 말할 사람이 없을 것이니 그 폐가 클 것입니다."
하니,

주상이 이르기를, "국사를 의논하다가 대신을 파직하면 뒷날 폐가 반드시 적지 않을
것이다. 그러나 대간의 말은 국사를 의논한 것이 아니다." 하매,

정광필이 또 아뢰기를, "장순손이 만약 대신과 더불어 어느 사람을 제거할 것을 말
했다면 그의 심술은 임사홍과 같은 것입니다. 그러나 이러한 말은 부자간에도 발설
할 수 없는 것이니 신은 꼭 그런지 알지 못하겠습니다." 하고

우의정 안당이 아뢰기를, "신은 장순손과 생원 동년으로 함께 성균관에 기거하면서
사귄 지가 오래되었으나, 그 마음이 음흉하고 교활한 줄은 실상 모르는 일이며, 친
구 간에 혹 장순손이 겉보기와 다른 사람이라고 웃는 사람은 있었습니다. 그 후에
신은 먼저 과거에 급제하여 그와 함께 벼슬을 할 수는 없었으나, 그렇다고 서로 교
분을 폐한 일은 없었습니다. 근래에 신은 병이 많아서 전혀 찾아보지 못하고 조정의

행렬에서나 서로 만날 뿐이었으므로, 이와 같이 사림을 모함한다는 말은 아직 들어본 적이 없습니다. 그러나 그가 병조에 있을 때 부정한 이익을 꾀하였다는 것은 대간이 반드시 들은 바가 있었을 것이니, 그 직책을 교체하는 것은 가하나 죄를 주는 것은 불가합니다." 하니,

주상이 이르기를, "지금 조정안에 어찌 공론이 없을까마는 이 사람이 어찌 감히 사림을 배척하고 모함하겠다는 말을 남에게 하였겠느냐? 반드시 그렇지 않을 것이다. 그러나 병조에서 비방을 들었으니 교체하는 것이 가하다. 또 근간에 논자들이 '사림이라 하는 사람들이 대신의 집에 왕래하지 않기 때문에 대신이 사림의 일을 모른다.' 하니 이 사람을 죄주는 것은 과연 불가한 일이다." 하였다.

- 중종실록 13년 5월 17일 -

1518년[62세] 중종 13년 5월 20일 병조판서로 재직중 조광조를 중심으로 하는 사림파가 과거제의 폐단을 들어 현량과 실시를 주장하자 장순손은 그 의결에 반대했다가 이듬해 김안로의 일파로서 사림을 축출하려 했다는 삼사의 탄핵을 받아 직첩을 모두 **빼앗고** 파직되었다.

경연에서 소학을 강하다가 '성색(말소리와 얼굴빛)'이란 말에 이르러 참찬관 조광조가 아뢰기를,
"남녀의 정욕은 달인이라도 없을 수가 없는 것입니다. 지금 보건대 조정의 선비 중에는 쓸 만한 사람이 있어도 남녀에 관한 일을 잘 처리하지 못했기 때문에 침체된 채 다시는 등용되지 못한 사람이 있습니다. 그리고 등용하고자 해도 큰 절조를 이미 상하였기 때문에 은연히 평판에 용납되지 않고 있습니다. 이 사람들은 혹 임금님의 근신에 쓸 만한 경우도 있지마는 대신이 '큰 절조를 상하였다.' 하여 다시는 등용하지 않는 것입니다.
남녀가 때에 알맞게 만나서 정도正道를 잃지 않는다면 이는 곧 도심道心이지 사욕이 아니니, 지나치게 거절을 한다면 이는 사람이 아닙니다." 하니, 주상이 이르기를, "음식과 남녀 관계는 다 없을 수가 없는 것이지마는 중도를 유지하지 못하기 때문에 사욕이 되는 것이다. 그렇지 않다면 이는 곧 일상적인 도道이니 폐할 수 없는 것이다." 하였다.

조광조가 아뢰기를, "성현이 아닌 사람으로서는 남녀 관계에 있어서 도심道心을 지키기가 매우 어려운 것입니다. 자고로 영웅호걸의 풍도가 있는 임금들이, 그 뛰어난 재기는 세상을 덮을 만해서 만사를 다 엄격하고 명백하게 처리할 수가 있었습니다. 그러나 여색에 있어서만은 본심을 빼앗기지 않을 수가 없어서, 줏대가 약한 나머지 점점 빠져 들어가다가 결국은 패망하는 지경에까지 가는 일이 많았습니다. 주상께서 이와 같으시다는 말씀이 아니라, 신하의 안타까운 생각에서 부득불 이렇게 말씀드리지 않을 수 없기 때문에 아뢰는 것입니다." 하고,

김정이 아뢰기를, "세종 때로부터 선비의 풍습이 떨치기 시작한 이래 성삼문과 같은 이들은 국가의 위태로운 것을 보고서 목숨을 바쳤습니다. 그리하여 그 절의는 후세에 받들고 복종하게 되었거니와, 학문과 의기가 배양된 것은 모두가 세종 때에 이룩되었던 것입니다. 임금은 일세의 좇아가는 방향을 좌우하는 것이니 이는 진실로 우연히 되는 일이 아닙니다."하고,

조광조가 아뢰기를, "장순손의 일을 대간과 시종이 모두 힘써 논의하고 있습니다. 소인들의 경우에 어찌 행적을 보고 난 뒤에야 내치겠습니까. 그들의 언행을 보면 알 수가 있는 일입니다. 만약 그의 행적이 드러나기를 기다린다면, 군자를 어려운 지경에 빠트리고 국가를 위란시킬 것이니, 그때에는 이미 늦을 것입니다. '경솔하게 죄를 주어서는 안 된다.' 한 것은 곧 깊이깊이 생각해서 한 말이기는 하지마는, 대간은 한 사람이 아니요 시종도 한 사람이 아니며, 대신 중에도 그의 부정을 말한 사람이 있습니다. 그를 만약 유배할 수가 없다고 한다면 직첩을 모두 빼앗고 파직하는 것이 가합니다." 하니,
주상이 이르기를, "직첩을 모두 빼앗고 파직하라." 하였다.

- 중종실록 13년 5월 20일 -

1521년[65세] 6월 판중추부사가 되었다가 다시 병조판서가 되자 군무에 속한 자들의 원망이 대단하였으므로 다시 찬성에 배치하니 모두들 기뻐하였다. 인심이 이러하였으니, 덕화를 펴는 중한 지위인들 어찌 보전할 수 있겠는가? 이때, 대간이 들은 바에 의하면 욕을 하면서 장순손 아비 무덤의 석물까지 부수었다고 하나, 확실하지 않다. 그러나 다시 병조판서에 제수되었다.

1522년[66세] 중종 17년 7월 병조판서 장순손이 상소하여 사직하기를, "신이 본직을 감당할 수 없다고 청원을 올린 적이 한두 번이 아니었는데, 윤허를 내리시지 않고 도리어 권유하시니 섭섭한 마음 견딜 수 없습니다. 대저 공명功名이 개재된 곳은 신하로서 처하기 어려운 곳이요, 권력의 요직에 있어서는 더욱 삼가 살펴야 할 일입니다. 비록 재주와 지혜가 있는 사람일지라도 일찍이 적절한 조치를 하지 않으면 반드시 비방을 듣게 마련입니다. 하물며 신은 이리저리 옮겨 다니다 한군데 오래 있을 나이가 이미 지난 지 오래니, 이 직은 신이 있을 데가 아닙니다. 남쪽 변방에 사변이 있어 비보가 날로 이르므로 주상께서는 밤낮 근심하고 계시는데, 신은 적을 치는 일에 한 가지 계책도 내본 바 없습니다. 다행히 조정의 계책에 힘입어 일이 잘 처리되기는 하였습니다. 신은 병조판서가 되어 문서에 결재나 하면서 세월을 보내니 여러 사람의 지탄 대상이 되고 있습니다.

또한 나이가 많으므로 일을 보는데 혼매하니, 군국의 중대 임무에 오래 처해 있기 어렵습니다. 이것을 신 자신이 밝게 알고 있으므로 사임하지 않을 수 없는데 주상께서 윤허하지 않으시니 신은 두려운 마음 금할 길 없습니다. 만일 성상의 후한 대우에 감격하여 심정을 토로하지 않는다면, 중요한 일에 착오가 많아 자리만 지키고 밥만 축낸다는 비방이 집중될 것이며, 위로는 성상의 밝은 정치에 누를 끼치고 아래로는 신의 일신을 잃게 되는 등, 온갖 잘못을 쌓아서 마침내는 성스러운 시대에 버림받는 사람이 될 것입니다. 신이 지금 이렇게 기탄없이 말씀드리는 것은 자신을 보전하기 위함이 아니며, 병권의 분장도 치우치게 맡기지 말아야 하기 때문입니다. 생각이 여기에 미치니 다른 일은 돌볼 겨를이 없습니다. 삼가 바라건대 신의 간청을 허락하시어 속히 직임을 갈아주소서." 하니,

명하기를, "전번에 이조판서 권균이 정1품으로서, 등급이 낮은 판서직을 행하는 것을 보고 마음에 항시 미안하게 생각하였고, 또 그가 두 번이나 사면을 청했기 때문에 허락하였다. 이조와 병조는 사체가 같은데 어찌 일시에 그 사면을 다 허락할 수 있겠는가? 더구나 남쪽 변방에 사변이 있는 이때 모든 방비책을 경이 이미 자세히 알고 있지 않는가? 더욱 사면할 시기가 아니다." 하였다.

1525년[69세] 중종 20년 5월에 영경연사가 되어, 김안로의 형 김안정과 함께 김안로의 양팔이 되어 활약하고, 후에 중종과 사돈을 맺은 김안로가 권력을 잡으니, 힘을 얻은 장순손은 중종 25년 11월에 74세의 나이로 다시 이조판서가 되었다.

사관은 논한다. 장순손은 본디 용렬하고 비루하여 선비들의 공론에 용납되지 못한 지 오래되었고 나이도 노쇠하였는데, 어찌 이조의 중임에 제수될 줄 미리 알았겠는가? 김안로는 늘 장순손을 친밀한 동반자로 여겼으며, 김안로가 직첩을 받자 그의 형 김안정이 특별히 이조의 차석에 제수되었는데, 장순손을 끌어다가 관리 임명권을 맡겨 김안로의 권세가 확고히 보강되었으니, 다시 등용 시기는 손꼽아 기다릴 수 있다. 이보다 앞서 사람들이 '김안로가 다시 등용되면 장순손은 정승의 자리를 차지할 것이다.'라고 말하였는데, 오늘의 형세로 보면 그 말이 거짓이 아니었다.

– 중종실록 25년 11월 14일 –

1530년[74세] 중종 25년 11월 17일 홍문관 부제학 성세창, 직제학 김공예, 전한 심의흠, 응교 심광언, 부응교 남세건, 교리 조인규, 수찬 이명규, 박사 정유선, 저작 홍춘경이 아뢰기를, 마땅하지 않은 사람이 관직에 제수되었다고 아뢰었다.

"나라가 다스려지고 어지러워지는 것은 사람을 쓰는 데에 달려있으니, 임금으로서 특별한 분부를 하지 않을 수 없으나, 반드시 중론이 만족스러운 뒤에 위에서 뽑아내어 써서, 아랫사람이 그 임금이 사람을 쓰는 데에 밝다는 것을 알게 하셔야 합니다.

만약에 사사로운 간청에 끌려 혹 마땅하지 못한 사람을 쓴다면 아래에서는 반드시 실망하게 될 것인데, 요즈음 특별한 분부가 생각하지 않던 사람에게 자주 행해지므로 공론이 답답하게 여깁니다.

전에 윤희인을 특별히 황해도 관찰사에 제수하고 또 김안정을 이조참판에 제수했을 때에 온 나라 안이 그 까닭을 몰랐습니다. 그때 대간이 물의가 떠들썩한 것을 알고 소장을 올리기는 하였으나, 곧바로 가리켜 아뢰지 않고 자기가 헐뜯길 것을 두려워하여 분명히 말하지 않았으니, 지극히 체모를 잃었습니다. 이번에 김안정을 특별히 의금부 동지로 삼아, 재주와 덕망이 별로 없는 사람이 여러 번 특별한 분부를 입으니, 중론이 더욱 놀라워합니다. 찬성은 삼공을 도와 교화를 넓히는 자리인데, 김당을 특별히 제수하였습니다. 따라서 조정과 사림이 쾌하게 여기지 않을 뿐 아니라 아래로 백성까지 모두가 놀라워하는데, 대간이 곧 아뢰지 않았습니다. 간원은 어제 작은 일을 논계하여 책망을 면하고, 사헌부는 이러한 일을 서둘러 논계하지 않고 시일이 오래된 긴급하지 않은 일로 사직하였으니, 아주 잘못입니다.

이조가 추천하는 것이 정 1품이라면, 판서를 추천할 때에는 반드시 특명이 있어야 할 수 있을 것인데, 이제 장순손을 지레 스스로 추천하였으니, 아주 그릅니다. 또 근일 대간은 국사가 바쁘기 때문에 논의하여 아룀을 오랫동안 정지하고 일이 끝나기를 기다렸는데, 정사가 있는 날에 판서가 곧 대간을 다른 벼슬에 추천하였으니, 아주 온당치 못합니다. 이조와 대간 등을 살펴보아서 죄로 다스리소서. 이제 이 두어 가지 일은 나라의 중대한 일이므로 반드시 대신과 함께 의논하여 공론을 아주 정하고서야 나라의 명맥을 붙들어 세울 수 있을 것입니다. 모두 교체시키소서. 대저 뽑아 올려 중요한 벼슬에 제배할 때에는 위에서 잘 아시더라도, 다 대신과 함께 널리 채택하고 나서 해야 옳은데, 이런 일을 요즈음은 으레 경솔히 거행하므로 사기가 꺾이니 이 뒤로는 위에서 이렇게 하지 마소서." 하니.

임금이 명하기를.

"옛사람이 이르기를 '사람을 알아보는 것이 명철이다. 이는 요임금도 어렵게 여겼다.' 하였으니, 내가 사람을 잘못 쓴 것을 논하는 것은 옳다. 당초에 아랫사람들의 뜻을 내가 미처 몰랐다. 특명한 일에 정당하지 않은 것이 있으면 저절로 공론이 있겠거니와 추천한 일은 내가 아는 바가 아니다. 이조가 사람을 잘못 쓴 것 때문에 살펴볼 때는 있으나, 한때에 모두 교체하면 소요할 듯하다. 대간은 논박받으면 재직할 수 없는 형세이나 경들이 대신과 의논하기 청한다고 하였으므로 의논한다."

사관은 논한다. 성세창은 좌상 심정과 같은 동리에 사는데, 김안로가 다시 등용될 형세가 이미 이루어진 것을 알고, 또 대간이 장순손과 김안정은 쓸만하지 않다는 것을 모르지 않는데도, 김안로에게 아부하여 잠자코 말하지 않는 것을 분하게 여겨, 앞장서서 이 논의를 하였다. 그 계책은 아닌 게 아니라 좋았으나 심정 같은 늙은 간신과 함께 의논해서 하였으니, 김안로가 다시 등용되는 길은 막을 수 있더라도, 심정의 간사함은 또 장차 어떻게 억제하겠는가? 조처가 엉성하여 도리어 배척당하니, 개탄스럽다.

- 중종실록 25년 11월 17일 -

1530년[74세] 중종 25년 11월 19일 홍문관이 장순손의 사악한 언행을 아뢰었다.

홍문관이 상소하기를, "한 사람이 넉넉히 나라를 망칠 수 있고 한 마디 말이 넉넉히 나라를 잃게 할 수 있는데, 나라를 망칠 사람이 그 간사함을 부리지 못하게 하고 나라를 잃게 할 말이, 일에 시행되지 못하게 하는 것은 임금의 밝은 결단에 달려 있습니다. 장순손은 본디 간사한 사람으로서 새로 인사를 맡게 되자 제 생각을 마음대로 부립니다. 추천할 즈음에는 문득 미워하는 마음을 이용하여 좋아하지 않는 사람을 남몰래 막았으니, 비뚠 마음과 속이는 술수가 이미 그 꼬투리를 드러냈습니다. 신들이 전에 공론으로 아뢴 것은 바로 이 염려 때문이었는데, 장순손은 다시 꺼리지 않고 도리어 몹시 분한 말을 내어 청류清流로 지목하여 사류를 모함하니, 이 말이 한번 나오자 뭇사람이 놀랐습니다. 사림이 화를 입고 나라가 공허하게 될 조짐이 이미 여기에서 싹텄거니와, 장래의 걱정을 어떻게 이루 말하겠습니까? 전하께서는 그릇됨과 옳음을 밝게 살펴 좋아하고 싫어함을 쾌히 보이소서."

하니, 전교하였다.

"접때 정무가 있던 때에 장순손이 이조판서의 명단에 추천되었는데, 내가 이는 원로한 사람이므로 인사 책임도 감당할 수 있으리라고 생각하여 곧 낙점하였다. 또 집의 임권이 판사의 명단에 추천된 것을 보고, 내가 여느 때에 집의를 판사로 삼고 판사를 집의로 삼는 것은 관례라고 생각하여 이상히 여기지 않았으나 낙점하지 않은 것은 그 정무 날에 대간이 많이 교체되었기 때문이다. 어제 장순손의 말을 들으니, 임권을 판사의 명단에 추천한 것은 뜻이 있어서 한 것이라 하는데, 나는 그 뜻이 어디에 있는지 모르나 물의가 이 때문에 놀라워한다. 무릇 사람이 노쇠하면 지기志氣가

쇠약하고 헤아려 생각함도 짧아지겠거니와 장순손의 이 말도 늙고 쇠약한 탓이니, 좋고 싫어함을 분명히 보이지 않더라도 이 상소를 보이면 장순손도 스스로 제 잘못을 알 것이다."

사관은 논한다. 장순손은 물의에 공박받은 지 이미 오래되었는데, 김안로에게 붙어서 다시 등용되었고 김안정 등도 다 김안로에게 붙어서, 김안로를 천거하여 쓰려 하므로 홍문관의 논의가 이러하였다. 위에서 김안로를 쓰려 하므로 곧 성세창을 형조참판으로 옮기고, 김안로의 무리인 황사우를 뽑아 부제학으로 삼았는데, 직제학 김공예 등이 상소를 올려 장순손의 욕심많고 간사한 정상을 극진히 아뢰는 것을 황사우가 말렸다. 그러나 공론의 격발을 막지 못하고 상소에 제 이름도 함께 썼는데, 그 상소는 김안로의 무리를 제거하여 김안로가 다시 쓰이는 길을 막으려는 것이었다.

－중종실록 25년 11월 19일 －

삭탈당한 관작

1539년[사후] 중종 34년 12월 17일 의정부 전원과 의논하여 4인 간당의 관작을 추탈하다.

의정부 전원을 대전 문 밖에 나오라 명하고 전교하기를, "대체로 소인이 그 술책을 부리려고 할 때는 반드시 자기 당파를 세워 놓고 추종 세력이 많아진 뒤에는 턱으로 부리면서 권력을 쓰는데, 이것은 국가의 치란과 안위에 관계되는 것으로 예부터 그러했던 것이다. 이 때문에 군자는 송백같이 우뚝 서서 정절을 지키지만 소인은 덩굴과 같이 권간에 얽혀서 의지하는 것이다. 장순손 등은 식견이 있는 사람인데도 끝내 이 지경에 이르렀으니, 대간의 아룀이 마땅한 듯하다. 다만 소인이 군자를 다스릴 때는 심하게 하나 군자가 소인을 다스릴 때는 그렇게 심하지 않은 법이다. 이미 죽은 자에게서 관작을 추탈하는 것은 바로 지난번에 하던 짓이다. 간인을 제거한 지가 이미 오래 되었고 국시가 정해졌으니, 누군들 그들의 권간에 빌붙어 큰 화를 일으킨 죄를 모르겠는가. 하였으나 간관과 대신들의 발언이 계속해서 이어졌다.

장순손은 지위가 삼공에 이르렀는데도 김안로와 결탁, 밤중에 은밀히 상종하면서 날마다 비밀히 모의하고 서로 추천하며 심복을 배치해 놓고는 사건이 있으면 같은 말을 동시에 발하여 공론이라고 하였습니다. 황사우는 어질거나 능력도 없으면서 종1품에 오른 자로서 김안로와는 절친했습니다. 이임은 악독한 인물로 조정 관원들 사이에서 많은 중상을 하였으며, 민수천은 많은 무리들과 결탁하여 공론이라 핑계대고 김안로를 끌어들여 그가 조정에 다시 들어오게 하였으니, 이것이 그의 죄입니다.

이 네 사람은 조정에 죄를 지어 공론이 통분해 한 지가 오래되었으니 반드시 결단이 있어야 할 것입니다. 춘추에서도, 난신적자는 죽은 뒤에라도 벌한다고 하였으니, 이들을 아까와 할 것이 뭐 있겠습니까." 하여 결국엔 이들의 관작을 추탈하였다.

– 중종실록 34년 12월 17일 –

장순손의 졸기

1534년[78세] 중종 29년 9월 11일 장순손도 졸기가 없다. 사관의 논평만 기록되어 있을 뿐이다. 장순손이 죽은 뒤 5년 후인 1539년 그의 관작은 김안로와 함께 삭탈 당하고 만다. 중종실록은 중종 사후에 사관들에 의해 작성되었으니, 그들을 내친 장순손에 대한 졸기를 남겨 놓을 리가 없었다. 졸기에는 다음과 같이 기록하고 있다.

영의정 장순손이 졸하였다.

사관은 논한다. 장순손은 인품이 시기심 많고 음험하고 탐욕스러워 당시 사람들이 장검동張黔同이라고 불렀으니 그의 탐심을 기록한 것이다. 몰래 김안로에게 아부하여 벼슬이 정승에 이르렀으나 사람들이 거의 다 비루하게 여겼다.

사관은 논한다. 김안로는 본래 간흉의 우두머리였다. 그가 임금을 속이고 나라를 그르친 실상은 국사에 소상히 실려 있으니 절로 후세의 공론이 있을 것이다. 그러나 장순손이 이미 죽고 김안로가 뒤이어 재상이 되었는데도 감히 누구도 무어라 하지 못했다. 국가의 정권이 나라에 있지 않고 죄다 김안로의 손아귀에 쥐어져 있었으나 마침내 왕망이나 동탁과 같은 화[125]를 당하지 않은 것은 요행이었다.

---

125) 왕망이나 동타과 같은 화 : 왕망은 전한 말기의 인물로 계책가로 평제를 죽이고 신新이라는
    나라를 세웠으나 재위 15년 만에 한의 유수에게 몰려 죽은 분수 넘친 주인이다. 동탁은 후한
    때의 인물로 영제와 헌제 때 흉포한 짓을 많이 저지르다가 여포와 왕충 등에게 살해되었다. 이
    들은 모두 임금을 업신여기다가 화를 입었다.

[승진과정]

1480년[24세] 성종 11년 생원시에 합격, 성균관에 입학
1485년[29세] 성종 16년 별시 문과 3등으로 급제, 사간원 정언, 회령판관
1490년[34세] 성종 21년 7월 사간원 정언
1496년[40세] 연산 2년 11월 홍문관 부응교
1497년[41세] 연산 3년 7월 홍문관 응교
1499년[43세] 연산 5년 7월 사간원 사간, 의정부 사인, 춘추관 편수관,
1500년[44세] 연산 6년 2월 홍문관 직제학, 9월 홍문관 부제학
1501년[45세] 연산 7년 윤 7월에 승정원 동부승지, 9월 우부승지,
1502년[46세] 연산 8년 1월 좌부승지, 6월 우승지, 8월 좌승지,
         10월 도승지, 11월 전라도 관찰사
1504년[48세] 연산 10년 6월 연산군이 2년전 간언한 일로 유배
1506년[50세] 중종 1년 유배해제, 9월 경상도 관찰사
1507년[51세] 중종 2년 9월 한성부 좌윤, 11월 대사헌
1508년[52세] 중종 3년 1월에 이조참판, 4월 형조판서,
         7월 의정부 우참찬
1509년[53세] 중종 4년 5월 지의금부사 겸직, 6월 호조판서
1511년[55세] 중종 6년 11월 호조판서 연임
1513년[57세] 중종 8년 10월 예조판서
1514년[58세] 중종 9년 5월 좌참찬 겸 지의금부사
1515년[59세] 중종 10년 2월 우찬성, 윤 4월 좌찬성
1516년[60세] 중종 11년 1월 호조판서
1517년[61세] 중종 12년 11월 병조판서
1518년[62세] 중종 13년 5월 장순손의 탄핵상소로 5월 20일 파직
1519년[63세] 중종 14년 기묘사화로 조광조가 축출되자 복직되다.
1521년[65세] 중종 16년 6월 판중추부사를 거쳐 병조 판서
1523년[67세] 중종 18년 4월 우찬성, 윤 4월 판중추부사 겸
         지경연 춘추관사, 10월 이조판서, 12월 판중추부사
1525년[69세] 중종 20년 5월 영경연사
1530년[74세] 중종 25년 11월 이조판서
1531년[75세] 중종 26년 1월 우의정, 11월 좌의정
1533년[77세] 중종 28년 5월 28일 영의정, 조선조 세 번째 원로 영의정
1534년[78세] 중종 29년 9월 11일 영의정 장순손이 죽다.

50. 한효원韓效元
감안로의 이웃사촌

생몰년도 1468년(세조 14) ~ 1534년(중종 29) [67세]
영의정 재직기간 (1534.11.20~1534.12.29) (1개월)

본관	청주淸州
자	원지元之
호	오계梧溪
시호	장성章成
	묘소와 신도비 경기도 남양주시 별내면 화접리
	비문은 영의정 홍섬이 짓고, 글씨는 도총관 송인이 썼다.
기타	김안로와 이웃에 살다가 영의정에 올랐다는 의심을 받다.

증조부	한서룡韓瑞龍	– 동지중추부사
조부	한장손韓長孫	– 내자시 정
부	한증韓曾	– 사도시 정
모	이삼로의 딸	– 돈녕부 부정
처	상주김씨	– 김자숙의 딸
장남	한유韓維	– 사헌부 감찰
2 남	한관韓綰	– 호조정랑
장녀	홍윤현洪胤玄에게 출가	– 군수
2 녀	민명세閔命世에게 출가	– 사의
3 녀	유사필柳師弼에게 출가	– 도사

영의정이 된 근원 - 김안로의 이웃사촌

한효원의 자는 원지元之이고 호는 오계梧溪로 청주 한씨이다. 증조부 한서룡은 동지중추부사를 지냈고, 조부 한장손은 내자시 정을 지냈다. 아버지 한증은 사도시 정으로, 돈녕부 부정 이삼로의 딸에게 장가들어 1468년 3월 21일에 한효원을 낳았다.

역사기록에 나타난 한효원은 빼어난 공적이 있는 것도 아니고, 그렇다고 문벌이 화려한 것도 아니다. 34세에 문과에 급제하여 벼슬을 시작하였으니 관직도 다른 사람에 비해 늦게 출발하였다. 59세가 되어서야 공조판서에 올랐으니 고위직 진출도 늦은 셈이다.

사관들이 평한 글에는 간흉 김안로의 이웃집에 살아 그를 도운 덕으로 3정승에 올랐다는 기록을 남기고 있다. 한효원의 승진 가도는 나이 60이 넘어서야 급속히 이루어졌다. 김안로가 권력을 잡고 휘두를 때였다. 졸기의 기록이 없는 것은 아니지만 영의정을 지낸 사람으로서 너무 야박할 정도로 간단하다. 사관의 평을 제외하면 단 5줄로 경력을 설명하고 있다. 관직 재직 중 특별히 남을 음해했거나 스스로를 관리하지 못해 탄핵을 받은 기록도 없는 영의정 출신에게, 후세의 사관들이 그렇게 박하게 서술한 것은 김안로와의 관계외에는 달리 설명할 이유가 보이지 않는다. 다만, 묘비명에 남겨진 기록으로는 재물을 탐하지 않아 사후에 먹을 양식이 떨어질 정도였고, 부모에 대한 효도와 형제에 대한 우애와 친지들에 대한 마음 씀이 대인다웠다는 글을 남기고 있다.

한효원은 1489년[22세] 성종 20년 사마시에 합격하고, 1501년[34세]

연산 7년 식년시 문과에 을과로 급제하여, 사관에 등용된 뒤 승문원 부정자·예문관 검열·승문원 주서·홍문관 박사가 되었다가 부친상을 당하여 3년간 여묘살이를 하였다. 상을 마치고 봉상시 주부로 복직하여, 병조좌랑·수찬·교리·장령·집의·검상·사인·응교·전한을 역임하였다.

이어 함경도진휼 경차관이 되어 굶주린 백성들을 구제하고 돌아와 사간을 거쳤다.

1516년[49세] 중종 11년 황해도 문폐어사가 되었다가 직제학·부제학·동부승지를 역임한 후, 1520년[53세] 대사헌이 되었고, 이어서 도승지·병조참지·병조참판을 지냈다. 55세에 경상도 관찰사, 57세에 함경도 관찰사를 연이어 지낸 뒤 60세에 비로소 호조판서에 올랐고, 64세에 이조판서와 우의정, 66세에 좌의정, 67세에 영의정을 역임하였다.

나라를 다스리는 치국의 요도

1516년 중종 11년 12월 29일 한효원 등이 치국의 요도를 정학正學·지인知人·안민安民 세 가지로 논해 바쳤다.

홍문관 부제학 한효원 등이 치국의 요도를 정학正學·지인知人·안민安民 세 가지 강령으로 논하여 바치기를,

"1. 마음을 닦는 학문에 관한 일입니다. 임금의 마음은 천지와 관계되고 만물의 근본이 되는 바이므로 임금의 마음이 바르면 서민이 펴지고 천지가 태평할 것이나, 임금의 마음이 가리우면 서민이 슬프고 천지가 폐색되어 사물이 이루어지지 못하는 것입니다. 순임금·우임금의 중용과 탕왕·무왕의 법이 이것인데, 세상이 쇠퇴하고 학문이 방치되매 훈고에만 흐르게 되어 여러 가지가 뒤섞여 잡되고 서로 잘하는 체하므

로 마음 밝히는 학문이 어두워진 것입니다.

2. 사람을 아는 것에 관한 일입니다. 왕은 한 몸으로 만물을 거느리고 한마음으로 만사를 주재하게 되니, 그 사세가 진실로 혼자 두루 알아서 해갈 수 없는 것이요, 반드시 현명한 인재를 가려서 같이 다스려야 하는 것이니, 진실로 경서와 도덕이 있는 사람을 얻어 중임을 맡기고 신임하여 믿으면 인재가 무리로 일어나 무성히 세상에 쓰여지게 되는 것입니다. 사람을 아는 요법이 세 가지가 있으니, 자신을 닦은 연후에 능히 사람을 변별하게 되고 서로 믿은 연후에 능히 임무를 성취하게 되고 오래 벼슬시킨 뒤에야 직임을 다할 수 있게 되는 것입니다. 좋아하고 미워할 줄 알면서도 좋아하고 미워하는 실지를 다하지 못한다면, 선한 줄 알면서도 능히 써주지 못하고 악한 줄 알면서도 능히 버리지 못하여 그 해됨이 도리어 알지 못하는 것보다도 심하게 되는 것이니, 진실로 능히 자기 마음의 본체를 비우고 깨닫게 하여 조금도 미진함이 없도록 하면, 선악과 사악하고 바름이 자연히 변별되는 것입니다.

3. 백성을 편안하게 하는 데 관한 일입니다. 백성은 나라에 의지하고 나라는 백성으로 보존되는 것이니, 백성은 나라의 근본이요 임금은 백성의 주인인 것입니다. 무릇 백성을 편안히 하는 도리가 세 가지 있으니, 거두기를 적게 한 연후에 백성이 살게 되고, 신의를 세운 연후에 백성이 따르고, 풍속을 고친 연후에 백성이 착해지는 것입니다. 대범 재물이란 땅에서 생겨 사람들에게 쓰여지는 것이므로 백성은 재물을 생산하여 나라에 밑천이 되고 임금은 재물을 운용하여 백성을 키우는 것입니다. 이러므로 땅을 나누고 생산을 헤아려 온 나라에 부과할 세금을 제정하되 백성이 유족하여 부하여지게 하고 쓰기를 법도 있게 해야 하는 것입니다. 왕은 재물을 천히 여기고 의리를 숭상하며 용도를 절약하고 거두기를 적게 하여 백성들로 하여금 직업과 떳떳한 마음을 갖게 한 것인데, 나라도 유족하지 않은 적이 없었습니다. 하니, 주상이 이르기를,"내가 두고 보고자 한다." 하였다.

- 중종실록 11년 12월 29일 -

왕세자 교육법

1517년[50세] 중종 12년 1월 19일 홍문관 부제학 한효원이 원자를 교양하는 글을 올렸다.

그 글의 내용에는

열녀전에 '옛적에 부인들이 아이를 가지면 잠자리가 틀어지지 않게 하고 앉기를 한 쪽으로 기울지 않고 한쪽 발로 서지 않으며, 사특한 음식을 먹지 않고 반듯하게 자르지 않으면 먹지 않고, 자리가 반듯하지 않으면 앉지 않으며, 사특한 빛깔을 보지 않고 방탕한 소리를 듣지 않으며, 밤에는 소경으로 하여금 시를 외고 올바른 일을 말하게 하였으니, 이렇게 하면 출생한 아이가 얼굴이 단정하고 재주가 남보다 뛰어날 것이다.' 하였고,

예기에 '국왕의 세자가 출생하면 임금께 고하여 성대한 예로써 접견하되 궁중 요리관이 예물을 맡아 보고, 3일이 되면 선량한 선비를 선택하여 안게 하는데, 목욕재계하고 관복차림으로 침전의 문밖에서 받아 안았다가 보모가 다시 받아 안는다.' 하였고,

가의의 보부편에 '옛적에 왕의 태자가 출생하면 으레 예로 거행하여 선비를 시켜 업도록 하고 재계하고 예복차림으로 남쪽 교외에 나가 몸을 드러내게 하였으니, 효도하는 도리이다. 태자가 출생하자마자 바른 일만 보고 바른 말만 듣고 바른 도리만 행하게 되며, 전후 좌우가 모두 바른 사람이었다.' 하였고,

정자는 '사람이 자식을 낳아 말하게 되면 가르치는데, 대학의 법에도 미리 가르치는 것을 앞세웠다. 사람이 어렸을 적에는 지혜와 생각이 일정한 주장이 없으니, 그때 마땅히 격언과 이론을 날마다 들려주어야 한다. 비록 알아듣지 못하더라도 마땅히 교육시켜 귀에 익고 속에 차도록 해야하는 것이니, 오래도록하면 스스로 차분히 익혀져서 마치 본래부터 그런 것같이 되어 아무리 딴말로 현혹하여도 빠지지 않는다. 만일 미리 그렇게 하지 않고 점점 자라게 되면 안으로는 사심에 치우치기를 좋아함이 생기고, 밖으로는 뭇사람의 말에 유혹되어 그때는 온전하고 싶어도 되지 않는 것이다.' 하였습니다.

위는 가르치고 타이르는 방법을 마땅히 일찍부터 서둘러야 함을 말한 것입니다.

신이 고찰하건대, 옛사람들의 어린이 교양하는 길은 바르지 않은 것이 없으되 국왕

의 세자에 있어 더욱 신중을 다하였음은, 위로는 조종의 왕업을 이어받고, 아래로는 신명과 사람의 기쁨과 슬픔이 메인데다가 국가의 흥폐와 존망이 그에게 달렸기 때문이니, 신중하지 않아서 되겠습니까? 더구나 세자는 지위와 권세가 한없이 높아 방종하기 쉬우니, 바르게 교양하는 방도를 더욱 시급하게 서둘러야 합니다.

낳은 지 3일 만에 지식과 견문이 있는 것은 아니지만, 반드시 목욕재계한 선비에게 업히고 하늘께 뵈어 공경을 깨우치고, 높게 받들어야 할 곳에서는 허리를 굽히고, 일찍 돌아가 효도를 앙양함을 가르치고, 잘못이 보여서 간언하는 것이 아니며, 여유있고 충분하게 함양시키고 훈도하여 기질이 날로 변화되고 덕성이 날로 성취되며, 자연히 순조롭게 이루어져 모르는 사이에 개발되도록 하려는 데 있는 것입니다. 지금 원자가 비록 어리기는 하지만, 옛사람들의 일찍 가르치고 타이르던 법에 비하면 이미 늦었으니, 삼가 바라건대 성상께서 유의하소서.

내칙에 '유자儒子의 방을 따로 궁중에 마련하고 궁녀 및 마땅한 자 중에서 가리되, 너그럽고 부드러우며 자애롭고 온화하고 공경하며 신실하고 말이 적은 사람을 구하여 아들의 스승이 되게 하고, 그 다음에는 자상한 어머니, 그 다음에는 보모를 두어 모두 아들의 방에 있도록 하며, 여타 사람은 일없이 가지 못하게 한다.' 하였고,

주 문왕이 태공망을 태자의 스승으로 삼았는데, 태자가 전복을 즐겨 먹자 강태공이 주지 않으면서 말하기를 '예문에, 전복은 제물에 오르지 못하는데 어찌 예禮 아닌 것으로 태자를 기르겠는가.' 하였고,

가의의 보부편에 '옛적에 성왕이 보자기속 어린애로 있을 때에 소공召公은 태보가 되고 주공周公은 태부가 되고 태공망은 태사가 되었었다. 태보는 태자의 신체를 보호하고 태부는 덕의를 가르치고 태사는 교훈으로 선도하는 것이니, 이는 삼공의 직책이다. 그러므로 어린 것이 철이 들면 삼공(태보·태부·태사)과 삼소(소보·소부·소사)가 진실로 효·예·의를 밝혀 이끌어 연습시키는 것이다.' 하였는데, 주자가 '가의의 말은 실로 만세토록 바꿀 수 없는 정론이다.' 하였습니다.

교유하는 방법으로 말하면, 반드시 효·인·의·예로써 근본을 삼되, 조목이 상세하여 용모와 말과 표현, 의복과 도구의 작은 것에 이르기까지 세밀하고 곡진하게 모두 법도가 있으며, 반드시 변화가 마음과 더불어 이루어져 도에 맞고 천성대로 되어 지도록 하되 오히려 태만해질까 걱정하였습니다.

근세에는 제왕들의 아들 가르치는 법도가 매우 간략해졌으니, 대개 그 가르친다는 것이 입으로 암기나 서찰을 잘하는 것에 불과하여 일찍이 인·효·예·의를 익히지 않고, 용모와 문장의 기품이나 의복과 도구에 있어서도 지나치게 사치하지만 일찍이

제재하지 않으며, 아침저녁으로 거처에 드나들며 간격없이 친근하게 지내는 사람도 환관 따위의 가까이 모시는 사람들에 불과할 뿐입니다. 이는 마치 집에 간직한 명월주나 야광주를 길거리나 도둑들 틈에 버려두는 것과 같은 것이니, 어찌 위험한 일이 아니겠습니까?

당 태종은 외손자 유성을 12세 때 궁중에서 키우면서 태자와 함께 오도관에게 글을 배우게 했고, 송 진종은 채백희로 하여금 인종이 장성하여 출가하지 않았을 때에 종실의 아들 중에 어리면서도 영리하고 나이가 서로 비슷한 자를 가려 같이 놀게 하였는데, 정자는 '개발시키는 방법이 대개 길이 있는 것이나, 분명하게 익히는 데 도움이 가장 긴요하기 때문에, 주공이 성왕을 보필하되 주공의 아들 백금으로 하여금 같이 있게 한 것이다.' 하였습니다.

성인들의 일은 합당하지 않는 것이 없는 법이니, 진종이 채백희로 하여금 인종을 모시게 하였음은 곧 옛일을 본받은 것입니다. 신 등이 바라고 싶은 것은, 신료들의 자제 중에 10세 이상 12세 이하의 단정하고 조심성 있는 영특한 자 세 사람을 가려, 성상의 좌우에서 모시면서 성상께서 읽는 글을 또한 읽도록 하고, 사물을 구별할 수 있는 이른 아침에 들어왔다 어두워지면 나가게 하며, 늘 두 사람을 입실하게 하여 한 사람은 쉬도록 하되, 그 사람들을 나이 든 궁인이나 내관 중에서 두 사람을 가려 따라다니며 보살피고 잠시도 떠나지 않으면서, 일상적으로 하는 우스갯소리는 금할 것이 없으나, 언어를 바르게 하고 거동을 착하게 하도록 하며, 세자시강관은 항시 지난 잘못을 뉘우치게 하고 좋은 일은 권장하고 힘쓰게 하여 엄하게 여기고 꺼려할 줄 알게 하다가, 나이 13세가 되면 그때 그만두고 돌아가게 하였으면 합니다.

위는 평상시의 교양하는 예절을 마땅히 바르게 해야 함을 말한 것입니다.

신 등이 삼가 고찰하건대, 옛적의 세자들은 거처나 음식이 모두 떳떳한 법도가 있었고, 사부와 세자 좌우빈객의 교육도 바탕이 있었으니, 성인의 생각이 깊었습니다. 그런데 지금은 평소의 원자 교양이 지극히 간략하니 한심하다 하겠습니다.

탄생한 처음에 아직 임금이 될 바탕이 굳어지지 않았는데 보모에게 주어 곧 외간으로 나가되, 동쪽으로 피접했다 서쪽으로 갔다 하기를 한 달에도 두서너 번씩이나 하며, 잡다한 부적이 문에 나붙고 음양과 천시와 예법을 담당하는 고사瞽史[126]는 길흉

---

126) 중국 주나라 때의 관직인 고瞽와 사史를 칭함. 고는 악관樂官이고 사는 음양·천시天時·예법에 관한 문헌을 담당하였다. 아침저녁으로 시詩를 외게 해서 경계하는 마음을 일깨웠다

화복 이야기만 늘어놓는데, 오직 방위만 묻고 처소는 가리지 않으며, 심지어는 행실이 없는 종실의 집이나 미미한 여염 속까지 가지 않는 데가 없어, 옛사람들이 틀림없고 다정하고 친절하게 도의로 인도하던 것을 궁첩 따위의 가까이 모시는 사람들의 손에 맡기고도 지혜가 개발되고 덕성이 순수해지기를 바라니, 또한 답답한 일이 아니겠습니까?

전에 연산군이 강희맹의 집에서 자랄 때에 같이 노는 자들이 오직 교활하고 미욱한 아이들이므로 아침저녁으로 이끌어 마침내 천성을 버리게 되었으니, 지난일의 경계를 조심하지 않을 수 있겠습니까?

맹자가 대불승에게 '자네는 자네의 임금이 착해지기를 바라는가? 내가 분명히 자네에게 말하리라. 초나라 대부가 여기에 있다고 하세. 그의 아들이 제나라 말을 하게 하려면 제나라 사람으로서 가르치겠는가?, 초나라 사람으로서 가르치겠는가?' 하니 대불승이 '제나라 사람이 가르치게 해야지요.' 하자, 맹자가 '제나라 사람 혼자 가르치고 뭇 초나라 사람이 지껄인다면 비록 날마다 매질하면서 제나라 말하기를 바라도 되지 않을 것이요, 데려다 제나라 번화가에 두고서 두어 해가 지난다면 비록 매일 매질하며 초나라 말하기를 바라도 또한 되지 않을 것이다.

자네가 송나라 설거주를 어진 신하라고 여겨 임금 곁에 있게 하지만, 임금 곁에 있는 다른 사람들은 노소와 고하를 막론하고 모두 설거주 같은 사람이 아닌데, 임금이 누구와 함께 선을 하겠는가? 설거주 한 사람이 혼자 송나라 왕을 어떻게 할 것인가?' 하였고.

예기에 '우나라·하나라·상나라·주나라 때에 사師와 보保가 있었고 의疑와 승丞이 있었으나, 천자를 보필하는 사보師保와 삼공의 임명을 반드시 인원만 갖춘 것이 아니라, 오직 그에 적합한 사람으로 하였다.' 하였습니다.

위는 세자 시강원 관료의 선택을 마땅히 신중하게 해야 함을 말한 것입니다.

신 등이 듣건대, 오직 학문을 해야 마음을 수양할 수 있고 공경해야 마음을 존양할 수 있으며, 오직 군자와 친근해야 마음을 지킬 수 있다 하였습니다. 이러므로 옛 현명한 임금들은 태자를 교양할 적에 반드시 방정하고 순후 선량한 선비를 가려 같이 지내며, 교육시켜 습관이 되게 하여 덕업을 충족시키도록 한 것입니다. 무릇 설거주

한 사람으로는 진실로 송왕을 착하게 할 수 없는 것이라면 사특한 사람 하나쯤 여러 사람 속에 끼이더라도 태자의 덕성에 방해됨이 없을 듯한데, 반드시 내쫓고야만 것은 무슨 까닭이겠습니까?

문왕 세자에 '태부는 부자와 군신의 도리를 밝혀 교시하고 소부는 태자를 모시며 태부의 덕행을 관찰하여 자세히 가르치되, 태부는 앞에 있고 소부는 뒤에 있었으며, 들어오면 보保가 있고 나가면 사師가 있었다. 이러므로 가르침을 받아 덕이 이루어진 것이니, 사師라는 것은 일로써 가르쳐 덕을 깨우치게 하는 사람이요, 부傅라는 것은 자기 몸을 근신함으로써 유익하도록 도와서 바른대로 이끌어 도道로 돌아가게 하는 사람이다.' 하였고,

군자가 이르기를 '덕이 이루어짐으로써 교화가 높아지고, 교화가 높아짐으로써 관원이 바로 잡아지고, 관원이 바로 잡아짐으로써 나라가 다스려지는 것이다.' 하였으며, 동래 여씨는 이르기를 '옛적의 학문하는 사람들은 반드시 그 스승을 엄하게 여겼으니, 스승이 엄한 연후에 도가 높아지고, 도가 높은 연후에 공경이 독실하여지고, 공경이 독실한 연후에 스스로 지키게 되고, 스스로 지킨 연후에 쓰임이 과감해지고, 쓰임이 과감한 연후에 두렵지 않고 변동하지 않는다' 하였고,

상산 육씨는 이르기를 '그의 학문을 논함이 그 스승을 논함만 같지 못한 것이나, 스승을 얻고서도 마음을 비우고 자신을 맡기지 않는다면 또한 스승을 허물할 수 없는 것이다.' 하였습니다.

 위는 사부師傅에 대한 예의를 마땅히 융숭하게 해야 함을 말한 것입니다.

신 등이 삼가 고찰하건대, 삼대 때 성왕들은 스승과 벗이 있지 않은 이가 없었습니다. 대범 존숭하는 데가 있는 연후에 믿고 배우는 실지를 다하게 되고, 친근히 지내는 데가 있은 연후에 갈고 닦는 공력을 다하게 되는 법인데,

진나라 이후부터는 임금을 높이고, 신하를 억누르는 풍습이 눈과 귀에 익숙해져 임금이 멀찍이 위에 있으며 처지와 권세가 가로막히고 성의와 정감이 통하지 못하여 임금이 스승을 얻지 못하게 되었으니, 어떻게 태자를 착해지도록 하였겠습니까?

세속의 소위 사부를 존대한다는 것이 오직, 오르내릴 때 절하고 읍하는 사이에만 있고 성의는 있지 않는데, 오르내릴 때 절하고 읍함은 예의 절차이고, 마음에 진실로 도道를 좋아하며 엄숙하게 신명처럼 여기는 것이 예의 실지입니다.

태부는 자신에게 부자·군신의 도리를 알게 해 주고 태보는 자신을 도와서 올바른 곳으로 나아가게 하여 도에 나아가게 하여 주는 사람입니다. 대범 내가 천지 사이에 살

며 과오 없는 처지에 놓여 있는 것이 모두 사부가 도와준 힘이니 존대하는 성의를 마땅히 지극하게 해야 합니다. 비록 그러하나 자기 자신을 맡김은 세자에게 달렸고, 사부를 가리는 길은 임금과 정승에게 있는 것이니. 바라건대 성상께서는 유의하소서.

중용에 이르기를 '혹은 배우지 않고도 알고 혹은 배워서 알고 혹은 애써 공부하여 알아 지되 알고난 다음에는 다 같고, 혹은 편안스럽게 여겨 실행하고, 혹은 유익하게 여겨 실행하고, 혹은 애써서 실행하되 성공한 다음에는 다 같은 것이다.
학문을 좋아함은 지智에 가깝고, 힘써 실행함은 인仁에 가깝고, 부끄러워할 줄 앎은 용勇에 가까운 일이다. 이 세 가지를 알고 나면 몸 닦기를 알게 되고, 몸 닦기를 알고 나면 사람 다스리기를 알게 되고, 사람 다스리기를 알고 나면 천하·국가 다스리기를 알게 되는 것이니, 박학하고 자세히 묻고 신중히 생각하고 명백히 말하고 성실하고 친절해야 하는 것이다.
도란 잠시도 떠날 수 없는 것이니. 떠나게 되면 도가 아닌 것이다. 이러므로 군자는 보지 않는 곳에서도 경계하고 삼가하고, 듣지 않는 데에서도 두려워하는 것이다. 은밀한 곳보다 잘 보이는 데가 없고, 세미한 일보다 잘 나타나는 것이 없으므로 군자는 혼자만 아는 것을 삼가는 것이다.' 하였습니다.

위는 학문하는 방법을 마땅히 독실하게 해야 함을 말한 것입니다.

신 등이 듣건대. 옛적 태평한 세상에는 천하에 배우지 않은 사람이 없었고, 왕자의 자제는 가르치기를 더욱 세밀하게 하여, 무릇 사물의 근원을 함양하고 지식을 깨우쳐 이끄는 준비를 신하되고 태자 될 때에 이미 익숙하게 하였기 때문에 속과 겉이 엄숙하게 정제되고 응기어 깊은 생각의 통명한 효과가 천하에 군림하는 날 나타나게 되었던 것입니다. 대저 학문하는 과정과 순서는 마땅히 사물의 도리를 깨닫는 경지와 힘써 행함을, 자기가 지켜야 할 절실한 실상으로 삼아야 하는 것입니다. 대범 알기에 이름과 늦음이 있고, 실행하기에 난이가 있음은 기질이 일정하지 않기 때문이나, 비록 지극히 어둡고 나약한 사람이라 하더라도, 진실로 스스로 다스리기를 지성스럽고 간절하게 하면, 고명하여질 수 있음은 타고난 성품이 착하기 때문입니다.

이러므로 중용의 법이 지智·인仁·용勇으로 세 가지 변하지 않는 덕으로 삼고, 또한 즐거이 배우는 호학好學과 실행에 힘쓰는 역행力行과 부끄러움을 아는 지치知恥로 덕에 들어가는 문을 삼은 것이니, 이른바 박학·심문·신사·명변을 알아가는 일이요, 독행篤行은 실행하는 일입니다. 대학에 이르기를 '사물이 궁구된 다음에 앎이 지극하여지고, 앎이 지극한 다음에 뜻이 성실해지고, 뜻이 성실한 다음에 마음이 바로잡아지고, 마음이 바로잡힌 다음에 몸이 닦아진다.' 하였는데, 사물이 궁구됨과 앎이 지극하여짐은 알아가는 일이요, 뜻이 성실하여짐과 마음이 바로잡아짐은 독행하는 일입니다. 서경의 '오직 정밀하고 전일해야 한다.'는 것과 역경의 '궁극된 데를 알아서 도달하고, 끝나는 데를 알아서 종결짓는다.'는 것이나, 논어의 '지식이 미치고도 인仁으로 지킨다.'는 것과, 맹자의 '시작과 끝이 조리가 있다.'는 것이 이치를 아는 것으로써 시작하고 역행으로써 끝맺지 않은 것이 없습니다.

대개 이치를 알면 자신의 마음이 관통해져 가리워지거나 의혹됨이 없고 실행에 힘쓰면 하늘의 이치가 혼연해져 부족함이 없는 것이나, 통렬하게 자신을 채찍질하여 안으로는 자기의 사정을 돌보지 않고 밖으로는 습속에 이끌리지 않음에 있어서는 용기 있는 자가 아니면 또한 그 실속을 다하지 못하는 것입니다. 진실로 이 세 가지 것을 알아서 조금도 간단됨이 없게 하면 자신을 성취하고 만물을 성취시키는 도리가 세워져 천하를 다스리기에 자연히 여유가 생기는 것입니다. 비록 그러하나, 평소에 양기를 보존하고, 성찰하는 공부가 없으면 또한 해나갈 주체가 없고 의지할 자리가 없는 것입니다. 그러므로 군자는 언제나 존경하고 두려워하는 마음을 간직하여 천리의 본연을 보존하고 싹트려는 인욕을 막음으로써 마음속에 조금도 불쾌하거나 부족한 데가 없도록 해야 가만히 있어도 공경하게 되고 말하지 않아도 믿게 되어 공경하는 마음이 드러나지 않은 가운데 천하가 평안해지는 것이니, 이는 학문의 궁극된 공효입니다.

문왕 세자편에 '무릇, 삼대의 임금들이 세자를 가르칠 적에는 반드시 예악禮樂으로써 하였으니, 악樂은 속을 닦는 것이요 예禮는 겉을 닦는 것이므로, 예와 악이 마음속에 교착되면 겉으로 나타나게 된다. 그런 까닭에 교양이 이루어짐을 기뻐하여, 공경스러워지고 따뜻하고 인정미 있고 풍치가 있고 아담스러워지는 것이다.' 하였고, 공자가 이르기를 '아들 됨을 안 연후에 아비가 될 수 있고, 신하 됨을 안 연후에 임금이 될 수 있고, 남을 섬길 줄 안 연후에 남을 부릴 수 있는 것이다. 임금이 세자에게 있어서 친하기로는 아버지이고 높기로는 임금이니, 아버지로서의 친애함이 있고 임금으로서의 존엄함이 있은 연후에야 천하를 차지하여 보존하게 되는 것이다.

이런 까닭에 세자 교양을 삼가지 않을 수 없는 것이다. 한 가지 일을 거행함으로써 세 가지 일을 모두 잘 되게 하는 것이 오직 세자를 교양하는 일이니, 그가 태학에서 나이 따짐을 이른 것이다. 이러므로, 나라 사람들이 세자가 태학에서 나이 따짐을 보고 「장차는 우리 임금인데 우리와 나이를 따져 양보함은 무슨 까닭일까」 하면, 「아버지가 계실 때는 예가 그렇게 해야 하는 것이다」 하게 되는데, 이러함으로써 대중들이 부자의 도리를 알게 된다. 다음으로 「장차는 우리 임금인데 우리와 나이를 따져 양보함은 무슨 까닭일까」 하면, 「임금이 계실 때는 예가 그렇게 해야 하는 것이다」 하게 되는데, 그러함으로써 대중들이 군신의 의리에 밝아지고, 다음으로 「장차는 우리 임금인데 우리와 나이를 따져 양보함은 무슨 까닭일까」 하면, 「어른을 어른 대접하는 것이다」 하게 되는데, 그러함으로써 대중들이 장유長幼의 예절을 알게 되는 것이다. 그러므로 아버지가 계시는 동안은 아들이 되고, 임금이 계시는 동안은 신하라고 이르게 되는 법인데, 아들과 신하의 예절을 지킴은 임금을 존대하고 어버이를 친애하는 일인 것이다. 그러므로 가르쳐야 부자간의 도리를 알고 가르쳐야 군신간의 도리를 알고 가르쳐야 장유간의 도리를 아는 것인데, 부자·군신·장유의 도리가 잘 되어야 나라가 다스려지는 것이다. 옛말에 「악정樂正[127]은 학업을 맡고, 부사父師는 덕행의 성취를 맡는데, 세자가 크게 어질면 만국이 바르게 된다」 한 것이 세자를 두고 말한 것이다.' 하였습니다.

위는 덕성德性 육성하는 방법을 마땅히 넓게 해야 함을 말한 것입니다.

신 등은 듣건대, 옛적에는 왕궁 국가 도읍에 모두 학교를 세우고, 천자의 원자도 대중들과 나이로 사양하고 8세면 소학에 들어가 육갑(육십갑자)·오방五方·서기(역사)를 배우고, 15세에는 대학에 들어가 성현의 예악을 배웠습니다. 단지 가르치기만 견고하게 한 것이 아니라 장차 양성되게 한 것이니, 의리로는 마음을 양성시키고, 음악으로는 귀를 양성하고, 채색采色으로는 눈을 양성하고, 배읍(인사를 함)·무도(춤을 춤)·강등(오르내림)할 때에 빠르게 하고 더디게 하며 숙였다 쳐다보는 것으로는 혈맥을 양성하였으며, 기거하는 좌우와 그릇과 등받이 의자와 지팡이에까지도 이름과 뜻이 있었으니, 양성시키는 설비가 구비하였다 하겠습니다.
부자의 도리, 군신의 의리, 장유의 차서에 있어서도 단지 사람들이 보고 감동하여 흥기되게 하려고만 한 것이 아니라, 반드시 음식을 보살피고 문안하여 정성스럽게 공경함의 실지를 돈독히 하고, 친히 나라의 원로를 대접하여 장유의 법도를 익힘으로써 앞날에 아버지 되고 임금 되고 어른 될 도리를 다 알도록 하였으니, 덕성을 높이

---

127) 성균관의 정4품 문반의 관직명이자, 유생들에게 음악을 지도하는 역할과 음악을 이론적으로 연구하는 일을 담당하였다. 악정은 음악적 소양이 필요한 자리이기에 음악적 재덕을 고려한 관리 임용이 이루어지기도 하였다

고 학업을 넓힌 방법이 또한 세밀했다 하겠습니다.

덕성은 오직 성취시키고 금하는 계율은 마땅히 풀지 말아야 하기에, 과오가 있을 적에는 사관史官이 기록하고, 실수가 있을 적에는 음식 담당이 음식을 치워 전후 좌우에서 서로 경계하고 깨우침으로써 눈과 귀를 깨우치고 심지를 감화하여 잠깐 동안의 걸음걸이도 반드시 예법에 맞도록 하고, 비록 미미한 곤충이나 초목의 쌌과 뿌리와 등걸의 싹에 이르기까지 생기가 있는 것이면 반드시 측은하게 여기고 조심히 살펴 생장시키고 성취시키기를 생각하게 하였으니, 오직 인仁을 펴는 방법만 넓힌 것이 아니라 만물이 육성하는 것을 찬조하는 공이 또한 이에서 펼쳐지게 될 것입니다.

- 중종실록 12년 1월 19일 -

한효원의 졸기

한효원의 졸기는 같은 실록에 두 개가 전한다. 하나는 1534년 12월 29일자로 쓰여진 졸기이고 하나는 1535년 1월 1일자의 졸기이다.

1534년[67세] 중종 29년 12월 29일 영의정 한효원이 졸하였는데, 익정翼靖이라는 시호를 내렸다.

사관은 논한다. 한효원의 인품은 기국과 도량이 넓고 잔단 일은 따지지 않아서 자못 공보(3정승)[128]의 명망이 있었다. 그런데 김안로와 이웃하여 살면서 그의 권세를 도와준 덕분에 몇 해 안 가서 갑자기 정승에 올랐으므로 여론이 이를 단점으로 여겼다.

1535년[68세] 중종 30년 1월 1일 영의정 한효원이 졸하였다.

한효원의 사람됨은 기량이 넓고 커서 잔단 일을 견주어 살피지 않아 자못 대신이 될

---

128) 공보公輔 : 영의정·좌의정·우의정의 삼정승을 말함

만한 여론이 있었다. 낭관 때에 당상관 정광필에게 공무를 보고하였는데, 정광필이 그 친척들에게 말하기를, "이 사람은 기량이 여느 사람과 다르니 끝내는 우리나라의 높은 벼슬을 도맡아 할 것이다." 하더니, 과연 영의정이 되었다.

다만, 김안로와 이웃하고 살면서 그 권세를 도와준 연고로 몇 해 사이에 갑자기 영의정에 이르니, 그 때의 여론은 그를 헐뜯었다.

1534년 중종 29년 12월 29일 승정원이 아뢰기를, "영의정 한효원이 졸하였다는 말을 듣고 미덥지 못하여 다시 의정부의 녹사에게 물으니 영상이 졸한 것이 사실이라고 합니다." 하니, 전교하기를, "지금 영상이 졸했다는 말을 들었다. 두서너 달 사이에 수상이 잇따라 서거하니 매우 경악스럽고 마음 아픈 일이다. 년초 불꽃놀이는 정지시키라." 하였다. 주상이 바로 대궐내로 들어가니 도열했던 신하들이 차례로 나아갔다.

임금이 처음 한효원의 부음을 듣고 예조의 낭관을 집에 보내어 조문하기를, "지난날 질병이 있다는 소식을 듣고 우연히 얻은 병이라 곧 회복될 것으로 여기었는데, 어쩌다 갑자기 이렇게 되었는가?" 하고는, 사흘 동안 조회를 철회하고 부의와 조문을 모두 상례를 벗어나게 하였으며, 세자 역시 관료를 보내어 조문을 하였고, 태상시에서 시호를 의논하여 '장성章成'이라는 시호를 내렸다.

한효원은 상주 김씨 지평 김이용의 손녀이고 참봉 김자숙의 딸에게 장가들어 2남 3녀를 두었으니, 맏아들 한유는 감찰이고, 작은아들 한관은 정랑이며, 딸은 큰딸은 군수 홍윤현, 다음은 사의 민명세, 다음은 도사 유사필에게 각각 시집갔다.

[승진과정]

1489년[22세] 성종 20년 사마시에 합격
1501년[34세] 연산 7년 식년시 문과 을과 급제, 승문원 부정자
1502년[35세] 연산 8년 예문관 검열, 승정원 주서
1504년[37세] 연산 10년 홍문관 박사
1506년[39세] 중종 1년 봉상시 주부, 병조좌랑
1507년[40세] 중종 2년 11월 홍문관 수찬, 교리
1508년[41세] 중종 3년 6월 사헌부 지평
1509년[42세] 중종 4년 5월 홍문관 부교리, 7월 교리, 8월사헌부 장령,
         11월 의정부 검상
1510년[43세] 중종 5년 4월 의정부 사인,
1511년[44세] 중종 6년 4월 사헌부 집의,
1512년[45세] 중종 7년 2월 사간원 사간, 윤 5월 의정부 전한
1513년[46세] 중종 8년 3월 함경도 진휼 경차관
1513년[46세] 중종 8년 12월 사간원 사간
1514년[47세] 중종 9년 모친상
1516년[49세] 중종 11년에 상복을 벗고 돌아와 4월에 사헌부 장령,
         군기시 부정, 8월 홍문관 직제학, 9월 경상도 문폐어사
         12월 홍문관 부제학
1517년[50세] 중종 12년 2월 동부승지, 병조참지, 10월 사간원 대사간,
         11월 우부승지,
1518년[51세] 중종 13년 4월 좌승지, 5월 도승지, 가선 대부 특별 승급,
         7월 병조참판, 8월 경기관찰사
1519년[52세] 중종 14년 12월 6일 공조참판, 12월 17일 형조참판
1520년[53세] 중종 15년 2월 대사헌, 5월 동지중추부사
1521년[54세] 중종 16년 1월 공조참판, 7월 예조참판
1522년[55세] 중종 17년 5월 경상도 관찰사
1523년[56세] 중종 18년 5월 지중추부사
1524년[57세] 중종 19년 3월 함경도 관찰사
1526년[59세] 중종 21년 3월 동지중추부사, 호조 참판, 자헌대부로 승급,
         12월 공조판서
1527년[60세] 중종 22년 4월 대사헌, 5월 의정부 우참찬, 5월 호조판서
1528년[61세] 중종 23년 3월 20일 지중추부사

1528년[61세] 중종 23년 5월 4일 성절을 축하하기 위해 북경에 갔다.

1529년[62세] 중종 24년 5월 우참찬

1530년[63세] 중종 25년 7월 다시 대사헌. 10월 지중추부사. 우참찬.

      12월 숭정대부로 승급. 우찬성. 세자시강원 이사 겸직

1531년[64세] 중종 26년 1월 11일 이조판서 겸 판의금부사

      7월 지중추부사. 11월 좌찬성.

      11월 24일 복상에는 한효원이 알맞을 것 같다고 전교하다

      11월 25일 특별히 대광숭록대부의 품계로 승급하여 우의정

1533년[66세] 중종 28년 5월 28일 좌의정 겸 세자부로 승진

1534년[67세] 중종 29년 11월 20일 영의정 겸 세자사.

1534년[67세] 중종 29년 12월 29일 영의정 한효원이 죽다.

51. 김근사金謹思
김안로의 6촌형

생몰년도 1466년(세조 12) ~ 1539년(중종 34) [74세]
영의정 재직기간 (1535.3.26.~1537.10.24) (2년 7개월)

본관   연안延安 (황해도 연백)
자   명통明通
기타   김안로의 6촌형으로 영의정에 올랐으나. 김안로의 악행과 함께
        명성도 사라지다.

증조부 김수金脩   – 첨지중추원사
조부   김원신金元臣 – 안동부사
부   김면金勉   – 내자시 부정
모   이해의 딸
동생   김경사金敬思 – 성주목사
처   조순의 딸

영의정이 된 근원 - 김안로의 6촌형

김근사의 자는 명통明通으로 연안延安 김씨 가문이다. 증조부는 첨지 중추원사를 지낸 김수이고, 조부는 안동부사를 지낸 김원신이며, 아버지는 내자시 부정을 지낸 김면이다.

김근사는 가문의 벼슬만으로는 특출하게 내세울 것은 없었지만, 6촌동생 김안로의 은덕으로 영의정까지 오른 인물이다. 김안로는 아들 김희를 중종의 딸 효혜공주와 혼인시킴으로써, 임금과 사돈을 맺어 왕권을 업고 권력을 휘두르며 국정을 농단한 인물이다. 결국 김안로는 대간들의 탄핵을 받고 권좌에서 쫓겨나 왕이 내린 사약을 마셔야 했고, '천하의 간흉'이라는 오명을 남겼다. 김안로의 덕으로 영의정에 오른 김근사도 그 책임을 벗어날 길이 없었다. 김안로 일당으로 몰려 대간의 탄핵을 받아야 했고 파직을 당하여, 하동으로 유배되었다가 2년 뒤인 중종 34년 6월, 74세 나이로 쓸쓸히 눈을 감았다. 영원할 수 없는 것이 권력이다. 권력을 잡았던 자들의 말로는 전 세계의 역사가 잘 말해주는데도, 나만은 괜찮을 것이라는 착각 속에서 권력을 잡고 지내다가 똑 같은 결말을 맞고 끝내면서도 어제나 오늘이나 권력을 향해 불나비처럼 몰려들고 있다. 김근사의 권력과정을 살펴보자.

김근사는 1486년[21세] 성종 17년에 생원시에 합격하였고, 1494[29세]년 별시 문과에 병과로 급제하였다.

1503년[38세] 연산 9년에 사헌부 장령을 지낸 뒤 다음 해 홍귀달의 유배 사건에 연루되어 서천에 유배되었다가 곧 방환되었다.

1509년[44세] 중종 4년 경차관으로 경상도 삼포의 왜인들을 추고하고, 단속하였으며, 1512년[47세] 우부승지·좌승지를 거쳐 1515년[50세] 홍문관 부제학, 이듬해 대사간이 되었다.

1517년[52세] 판결사·충청도 관찰사·병조참의를 지내고 기묘사화가 일어나자 김안로의 일파로 승지가 되었다. 이후 이조참판·형조참판을 거쳐 1525년 동지돈녕 부사로 있으면서 하정사賀正使로서 명나라에 다녀왔고, 다음 해 황해도 관찰사·동지중추부사·한성부 우윤·대사헌·공조참판·한성판윤을 지냈다.

1531년[66세] 병조판서·이조판서·판의금부사를 지냈다. 1533년[68세] 우의정과 좌의정 겸 세자사부가 되었으며, 1535년[70세] 영의정에 올랐다.

1537년[72세]에 대간으로부터 김안로의 일파로 탄핵을 받고 김안로가 실각되면서 파직당하여, 하동으로 유배되었다가 1539년[74세]에 유배지에서 죽었다.

관직은 매우 순조롭게 승진을 거듭하였으나, 김안로와 정치적인 운명을 함께 하였다. (한국민족문화 대백과, 한국학중앙연구원)

연산군 후궁의 집터 확장에 대해 간언하다가 유배당하다

1504년[39세] 연산 10년 3월 연산의 후궁 장숙용의 집을 넓히려고 이웃집을 철거하려는 것을 간하다가 의금부 옥에 갇혔다. 임금이 명하기를, "무릇 가옥의 매매는 두 집의 사정에 따라 하는 것인데, 사헌부의 관원들이 민원을 빙자하고, 집을 철거하지 말기를 청했다. 지금 임금을 능멸하는 풍습을 통렬히 없애려 하는데, 도리어 선동하니 국문하도록 하라." 하였다. 이로인해 김근사는 서천에 유배되었다.

춘추관 당상 유순·허침·박숭질·강귀손·송질·김수동이 아뢰기를,
"전일에 고찰하라 명하신, 이웃집을 철거함이 부당하다고 논한 자는, 대사헌 이자건, 집의 권홍, 장령 이맥과 김근사, 지평 김철문 등입니다. 하니. 〈하략〉

명하기를. "사관이 쓴 글은 직필이라고 하였으나, 근래 일로 본다면, 자기가 좋아하는 것은 드러내고 미워하는 것은 폄하하여, 모두 자기의 사심에서 나온 것이니, 믿을 것이 못 된다. 무오년 일 같은 것은 선왕 때에 없었던 일을 거짓으로 꾸며 글로 적었으니, 사람의 도리를 벗어난 막심한 일이다. 비록 다른 나라 임금이더라도 오히려 이렇게 할 수 없는데, 하물며 본국 선왕의 일이겠는가. 만약 폭로하여 처벌하지 않는다면 천년 이후에 누가 참과 거짓을 분별하겠는가. 지난번에 의정부 대신과 연소한 유생들이 아뢸 일도 아닌 것을 부산하게 와서 아뢰었으니, 지금으로 본다면 군자는 초야에 있고 소인들이 조정에 있어서 그런 것인가? 지금 고찰하여 아뢴 일은, 죄 있는 자는 처벌하고 다시 묻지 않을 터이니, 경 등은 법률에 적용하여 아뢰라." 하였다.

정승들이 조율하여 아뢰기를,
"항목 중 고기 잡는 일을 논한 자, 포도 일을 논한 자, 장숙용의 이웃집 일을 논한 자, 사복시의 말 일을 논한 자는, 제서율을 어긴 죄로 장 1백을 속바치는 공익을 해한 죄에 해당하고, 만화석 일을 논한 자, 잡은 고기를 제에 올리는 일을 논한 자, 대간의 말을 옳다고 한 자는, 모두 당연히 해서는 안될 일 조항에 장 80을 속바치는 공익을 해한 죄에 해당합니다." 하였다.

-연산일기 10년 3월 -

권력의 끝

1537년[72세] 10월 홍문관 부제학 윤풍형 등이 김안로의 심복이었던 자들을 제거할 것을 아뢰었다.

홍문관 부제학 윤풍형, 직제학 채세영, 전한 김광진, 교리 정희렴, 수찬 허경, 박사 홍춘년이 상소하기를, "김안로의 흉사한 해독과 위복을 농간한 죄상은 어제 대간이 이미 다 아뢰었으니 지금 하나하나 들어 말할 필요가 없습니다. 공론이 한 번 일어나자 성상께서 결단을 미루지 않고 쾌히 여러 사람의 분한 마음을 위로하시니, 종사의 복이며 사림의 행운입니다. 다만 악을 엄하게 다스리지 않고 다 제거하지 않으면 후에 다시 자라나서 그 화가 참혹하게 됩니다. 지금 악의 괴수는 비록 제거했지만 서로 의지하며 도와 기염을 부채질하면서 세력을 형성한 자가 어찌 없겠습니까. 만약 김안로만 제거하고 함께 악을 행한 자는 남아 있게 한다면 이는 김안로가 있는 것과 마찬가지입니다. 그래서 다른 날 조정을 어육으로 만드는 화가 더욱 격화될 것이니 두려운 일이 아니겠습니까? 변변치 않은 자로서 지엽적으로 붙은 무리를 하나하나 누구의 무리라고 지적해서 다스리어 국가의 원기를 손상할 필요는 없습니다. 그러나 심복이 되어 그 기세를 돋구어 하늘까지 닿게 한 자는 의당 함께 다스려야지 조금이라도 늦출 수 없습니다. 원하옵건대 전하께서는 사악한 자를 제거하는 데 의심하지 마시어 조정을 안정시키소서." 하니.

대간에게 답하기를, "이제 홍문관의 상소를 보니 경들의 뜻과 같으며, 나의 뜻도 그러하다. 모두 아뢴 대로 하라." 하고, 인하여 승정원에 명하기를, "김근사는 그만두더라도 그 나머지 멀리 귀양보낼 사람은 그 죄상을 기록하여 전국에 알리지 않을 수 없다. 이런 뜻을 의정부에 말해 주라. 또 의금부 낭관 가운데 기강이 있는 자로 하여금 많은 군인을 거느리고 압송해 가게 해야 하니, 이는 지나가는 각 고을의 관원이 그의 기세가 일어나는 것을 두려워할까 싶어서이다. 진도군수 역시 그 세력을 무서워하는 뜻이 없지 않을 것이니, 엄격히 조치할 일을 그 도의 관찰사에게 유시하라." (진도는 김안로의 유배지이다.) 하였다.

대간이 또 아뢰기를, "신들이 들으니 허항과 채무택이 모두 서울 집에 와 있다 합니다. (두 사람 모두가 상을 당하여 묘를 지키고 있었다.) 하옥시키소서." 하니 명하기를, "속히 당직 낭관을 불러 잡아다 가두라." 하고는, 인하여 승정원에 명하였다. "이즙은 김안로의 가신이라 하니 금부 낭관에 적합하지 않다. 다른 관청으로 바꾸는 것이 옳다."

1537년[72세] 중종 32년 10월 24일 김안로를 절도에 안치시키고 김근사를 파직하였다.

대사헌 양연, 집의 안사언, 장령 한숙·이몽필, 헌납 최보한, 지평 정대년·이원손, 정언 정응두·이승효가 아뢰기를,
"좌의정 김안로는 흉악하고 사독함이 무상하여 탄핵할 가치도 없습니다. 몰래 재상의 지위를 차지하여 임금의 권한을 마음대로 농간하고, 조정의 중대한 의논은 모두 자기가 내놓고도 공론이라 핑계하여 제 욕심을 채웠습니다. 자기와 다른 자는 배척하고, 자기에게 붙좇는 자는 진출시키며, 눈 한 번 흘겨본 원한만 있어도 반드시 몰래 귀신과 불여우의 독을 뿜는데 마치 그림자나 메아리처럼 맞히므로, 조정의 높고 낮은 신하가 그 칼날을 당하지 못하고 전갈의 독처럼 여겨 숨을 죽이고 발을 포개 디디며 두려워서 어쩔 줄을 몰라 했습니다. 무슨 말이 김안로에게 미치면 눈을 감고 입을 열지 못하므로, 그 기세가 치열하여 거리낌없이 더욱 방자했습니다."

안으로 조정의 모든 벼슬아치와 밖으로는 방백과 수령이 모두 약간의 중요한 공사만 있으면 반드시 그에게 허가를 득한 후에 행했습니다. 그래서 2품이상의 경상卿相이나 대간·시종의 직에 있는 자칭 강직하다고 이르는 선비로서, 탐악하고 간특한 자를 미워하는 사람도 그를 피하지 못하여, 마음속으로는 그르게 여기면서도 겉으로는 억지로 따라서, 모두 그를 옳다고 했습니다. 비록 친척인 사람일지라도 그의 악을 알고도 말을 하지 못하여, 구차하게 따르며 받드는 자가 많았습니다. 이 때문에 전국의 신민이 모두 통분해 한 지 오래여서 마음속으로 복종해 악의 무리가 된 자는 한 사람도 없습니다. 그러나 주상께서야 어찌 그 사람의 악한 마음을 다 살필 수 있겠습니까. 나라의 대세가 이미 그의 손에 기울어서 위태롭기 짝이 없었습니다.

이번 윤원로 등의 흉악한 계책은 차마 입에 담을 수 없을 정도니 그 악이 극에 이르러 죄를 주기에 조금도 의심할 것이 없으니, 종사를 위해 사사로운 은혜를 끊으시면 한 나라의 신민이 모두 복종할 것입니다. 다만 '사림을 모함한다.'고 말한 윤원로 등의 본의는 김안로의 부도不道한 형상을 가리킨 것인데, 김안로 자기에게 해당된 말임을 감쪽같이 숨기고 도리어 사림을 해친다고 칭탁하여, 사림에게 전파해서 자신의

욕심을 채워 실로 사림의 화를 재촉하였으니, 이는 역시 김안로의 간사한 계책이었습니다. 신하의 죄악이 이처럼 극에 이르러 잠시라도 도성안에 머물게 할 수 없으니 속히 외딴 섬으로 멀리 내치셔서 인심을 쾌하게 하시고, 조정을 안정시키소서. 신들이 대간의 열에 있으면서, 이런 형상을 환히 알고도 화를 피하느라 끝내 말 없이 다 아뢰지 않아 나라 일을 그르친다면 비록 오늘은 목숨을 보전하겠으나 후일에 죽음을 면할 수 있겠습니까.

영의정 김근사는 김안로와 같은 성씨로 서로 좋아하는 친척인데 그 사람의 간사한 형상을 잘 알고도 자신이 나라 일을 담당하지 않고 끝내 아뢰지 않았습니다. 그와 같이 의정부에 있으면서 아뢰려고 하는 자가 있었더라도, 조정의 큰 일을 수상을 제쳐두고 먼저 아뢸 수 없어서 묵묵히 오늘날까지 이르렀으니, 이는 김근사의 죄입니다. 그러므로 김근사 역시 수상의 자리에 있을 수 없으니 속히 교체하소서."

하니, 전교하기를, "이 일이 매우 경악스럽다. 그 사람을 내가 어찌 신임하지 않았겠는가. 공론이 일어난 데는 반드시 그 근원이 있을 터이니, 아뢴 대로 멀리 내치는 것이 옳다. 또 '넘어지려는데도 붙들지 않고, 위태로운데도 보호하지 않는다.'는 말은 내가 전일 경연에서 말하였다. 김근사는 김안로처럼 심하지 않음을 내가 어찌 모르겠는가. 그러나 수상의 자리에 있으면서 그 직책을 다하지 않았으니 어찌 죄가 없다고 하겠는가. 교체만 해서는 안 되니 파직해야 한다." 하였다. 양연 등이 다시 아뢰기를, "김안로는 간웅의 우두머리여서 그 변을 예측하기가 어렵습니다. 잠시라도 늦출 수 없으니 즉시 잡아서 절도에 안치시켜 인심을 안정시키소서."
하니, 명하였다. "속히 당직 낭관에게 명하여 성 밖으로 내보낸 후 장소를 정하는 것이 옳다."

사관은 논한다. 양사에게 김안로의 독한 성미와 권세를 독차지한 죄가 극악하다는 것과, 김근사가 악의 무리라는 형상을 자세히 아뢰자, 주상이 즉시 윤허하였다. 이때 양연이 대사헌으로 이 의논을 먼저 주장한 것은 왕의 밀지를 받았기 때문이라 한다. 이보다 며칠 전에 주상이 경연에서 '위태한데도 붙들지 않으니 그런 재상을 장차 어디에 쓸 것인가.'라는 말을 하였고 또 우의정 윤은보에게 비망기를 내려 조정에 사람이 없음을 걱정한다는 뜻을 극론하였는데, 이는 대개 주상이 김안로의 죄악을 알았기 때문에 이런 교시를 내려 조정에 은밀하게 보인 것이다.

또 논한다. 김안로가 윤원로 등이 장차 자기를 해칠 것을 알고는 공론을 칭탁하여 사람에 전파하여 윤원로 등을 단죄하였다. 윤원로 등이 김안로의 욕심많고 간사하고 부도한 죄상을 몰래 주상께 아뢰니, 주상께서 매우 두려워하여 무사를 시켜서 김안로의 무리를 박살하려 했는데, 왕비의 외척 윤안인 등과 의논하여, 그렇게 하지 않고 윤임과 윤안인을 시켜 은밀히 양연에게 교시하였다. 양연이 즉시 사헌부와 사간원을 거느리고 아뢰었는데 김안로의 일은 쾌하게 여기지 않는 사람이 없었다. 다만 그 일이 조정에서 나오지 않고 외척에게서 나왔으므로 바르지 못하다 해서 식자들이 한스럽게 여겼다.

- 중종실록 32년 10월 24일 -

1537년[72세] 중종 32년 10월 29일 대간이 김안로와 관련된 자들의 관작을 삭탈하여 내칠 것을 아뢰다

대간 전원이 아뢰기를, "주상께서 '그 사람들을 모두 중형에 처하면 살리기 좋아하는 덕을 손상한다.'고 생각하시어, 말씀이 이에 이르니, 이는 한 나라의 신민의 복입니다. 다만 살리는 방법으로 사람을 죽이는 일은, 옛사람도 살리기 좋아하는 덕을 손상한다고 여기지 않았습니다. 더구나 이 사람들은 하늘에 닿은 악이 있어 한 나라 신민이 모두 울분해 하고 있으니, 성상께서 죽이시는 것이 아니라 조정이 죽이는 것이며, 조정이 죽이는 것이 아니라 한 나라 신민이 모두 함께 죽이는 것입니다. 그러니 어찌 성상의 살리기를 좋아하는 덕이 추호라도 손상되겠습니까. 또 왕법은 임금도 감히 올렸다 내렸다 할 수 없는 고금 천하의 큰 예법입니다. 큰 예법이 한 번 무너지면 어떻게 일국의 신민을 막겠습니까. 공론을 굽어 살피시어 망설이지 마시고 쾌히 따르셔서 신민들의 소망에 부응하소서. 김근사와 김안로는 서로 한편이 되어 악을 조성하고 위복의 권한을 농락한 것은 주상께서도 일찍이 통촉하셨습니다. 목숨만 보존해도 족한데 어찌 일찍이 대신의 반열에 있었다 하여 구차하게 사사로이 용서하시겠습니까. 관작을 삭탈하여 멀리 내치소서." 하니 명하였다.

"다른 일을 의논할 것이 많기 때문에 좌상과 우상을 이미 빈청으로 불렀다. 허항과 채무택·김근사의 일은 모두 의논한 다음에 답하겠다."

- 중종실록 32년 10월 29일 -

1537년[72세] 중종 32년 10월 29일 임금이 "허항과 채무택은 사약을

내리고, 김근사는 관작을 삭탈하여 문외로 출송하여 도성 안에 발을 붙이지 못하게 하는 것이 옳다." 하였다.

1537년[72세] 중종 32년 11월 1일 김근사를 귀양 보낼 것과 심언경을 체직할 것을 대간이 아뢰다

대간이 아뢰기를, "김근사는 김안로와 서로 뿌리가 되어 명성과 위세를 서로 의지해서 위복을 마음대로 하였으니 죄악이 이미 매우 큽니다. 윤원로와 윤임이 제거하려고 꾀하다가 일을 기밀스럽게 하지 못하여 김안로가 곧 알게 되었는데, 스스로 화가 임박했음을 알고 당파를 불러 모아 은밀하게 서로 모의를 하되, 차마 할 수 없는 말로써 근거를 삼지 않으면 사림의 울분을 격동시키지 못할 것이고, 궁실 후비의 지친으로써 말하지 않으면 그 말을 실증하지 못할 것이고, 조정에서 믿는 사람으로서 중개를 하지 않으면 사림의 귀를 움직이게 할 수 없을 것이라고 여기고, 또 자신이 위협을 받고 있다는 말을 자기 스스로가 말하면 사림에서 자신을 의심할까 하여, 이에 김근사로 하여금 조정의 중론이라고 구실을 붙여 사림에 퍼뜨리게 하는 한편, 당파로 하여금 이름난 신하들과 후비의 족친을 끌어들여 근거 없는 말을 조작해서 믿도록 하는 미끼를 만들고, 그의 족친을 사주하여 크게 소문을 내게 해서 드디어 사림들로 하여금 그들의 술책에 빠지게 하였습니다. 그것은 김안로의 꾀로서 사실은 김근사가 완성시킨 것이니, 그 흉계는 김안로와 다를 것이 없으므로 목숨을 부지한 것만으로도 족합니다. 그런데 다만 성문 밖으로만 내쫓았으니, 많은 사람들이 더욱 분하게 여기고 있습니다. 빨리 먼 곳으로 귀양보내소서. 하니, 답하였다.

"김근사의 일은 아뢴 뜻이 매우 마땅하다. 그러나 김근사는 늙은 사람으로서 김안로에게 견제되어 이 지경에 이른 것이다. 원하는 대로 지방에 보내어 도성에 발길이 닿지 않게 하면 비록 멀리 귀양보내지 않는다고 하더라도 사실은 멀리 귀양보낸 것이나 다름이 없을 것이다. "

1537년[72세] 중종 32년 11월 3일 삼흉인 김안로·허항·채무택의 죄상과 김근사를 귀양보낸 내용을 전국에 반포하게 하였다.

삼흉인 김안로·허항·채무택의 죄상을 적은 교서를 전국에 반포하게 하였다.

"하늘의 운행은 사철이 있어서 서로 이어가게 되는데 가을이 만물을 죽이는 영을 시행하고, 임금이 다섯가지 형벌을 만들어 이를 종합하는데 법으로 간사한 자를 다스리는 척도를 엄하게 하는 것이다. 그래서 나라를 어지럽히는 간흉을 잡아 하늘까지 사무친 죄를 다스린 것이다. 나는 덕이 적은 사람으로서 큰 대계를 물려받아 밤낮 없이 항상 노력하며 비록 정무에 임해서 다스려지기를 원하였으나 총명이 미치지 못하여 사람을 알아보기가 어려웠으니 어쩌랴. 그러므로 사람을 임용함에 마땅함을 잃게 되어 드디어 음흉하고 간사한 무리들이 함부로 나오게 되었다.

김안로는 좀도둑의 지혜와 보잘것없는 재주로 글재주를 바탕삼아 입신하여 교활한 생각을 품고 세상을 속였다. 지난번 귀양에서 풀어 주어 서용시킬 적에는 허물을 뉘우치고 새 사람이 되었을 것으로 여겼었다. 그래서 특히 관심을 갖고 그를 믿으며, 마음을 다하여 힘을 기울이리라 여겼었는데, 간악함을 품고 의리와 은혜를 저버릴 줄을 어찌 알았으랴.

한갓 임금을 속이고 사심만 부렸으니, 어찌 마음을 놓고 나라를 다스릴 수가 있었겠는가. 정권을 잡은 지 몇 년 동안 자기를 따르고 따르지 않음을 구별하여 밀어 내고 올려 주고 하였으며, 정승이 된 지 3년 동안 사람을 죽이고 살리는 것을 자기 마음대로 조종하였다. 이에 허항·채무택과 결탁하여 심복을 삼아 광대뼈와 잇몸처럼 서로 의지하였고 당류를 끌어 모아 소굴을 만들었다.
눈과 귀와 수족으로 대간에 기반을 만들었고 날개와 손톱과 어금니로 홍문관과 예문관에 포석을 놓았다. 그렇게 해서 명성과 위세를 울리고 조정을 마음대로 몰고 가면서 형벌을 참혹하게 하고 감옥의 고문을 잔인하게 하였다. 기염이 너무도 맹렬하여 부딪치는 자는 부서지고 건드리는 자는 그슬렸으며, 떨치는 그 위세가 천둥과 비바람처럼 사납고 매서웠다.

모든 관청에서는 모든 공무를 김안로에게 먼저 보고하였고 사방에서는 진귀한 물품을 다투어 바치며 임금에게 진상하는 물건은 뒤로 미루었다. 교만함은 갈수록 방자해지고, 탐욕스러움은 고치지를 않았다. 점차적으로 이루어진 것이므로, 진실로 하루아침이나 하루저녁의 일이 아니며, 이미 오래 전부터 빚어진 것이니, 위복을 마음대로 한 것이 이상할 것이 없었다. 드디어 대권이 옮겨지고 조정의 기강이 전도되게 되었으니, 충성스럽고 선량한 사람이 팔을 걷어붙이고 분격하였으나 어쩔 수가 없었고, 정직한 사람은 입이 막혀 말하지 못했다.

나라의 형편이 위태롭게 되고 종묘사직의 위험이 급박하였었는데 다행히 하늘의 도가 떨어지지 않고 대의가 아직도 존재하여, 종묘사직의 영혼은 속일 수가 없었고 신령스럽고 이치에 밝은 거울이 함께 비추게 되었다. 공론이 일어난 것이 어찌 우연한 것이겠는가. 내 마음에 의심이 없었던 것도 대체로 까닭이 있었던 것이다. 삼면이 둘러싸인 곳으로 귀양보내는 것은 비록 나 한 사람의 살리기 좋아하는 어진 마음이었으나 궁문에서 죽이는 것은 사실 그대들의 한결같은 심정이었다. 다만 김안로는 일찍이 삼공의 반열에 있었고, 허항 등도 이품의 관직에 있었으므로, 가벼운 율을 따라 모두 사약을 내리게 하였다.

허흡이나 김근사 같은 자들은 그 간악함을 비호하고 도왔으니 호랑이에게 던져주어도 아까울 게 없다. 잡귀를 몰아내듯이 함에 무엇을 망설이랴. 박홍린·채낙·이팽수·정희렴 같은 자들은 모두 형편없고 보잘것없는 사람들인데 권세에 아부하여 높은 지위에 오르자 사람들이 모두 비웃었다. 그러므로 관직을 삭탈하여 도성 밖으로 내쫓은 것이니 마땅히 자기들이 지은 죄를 달게 받아야 할 것이다. 그 나머지는 모두 다스리지 않고 스스로 편안할 수 있게 한다.

아! 우나라 때에 사흉을 귀양보낸 것과 당나라 때에 삼간을 처치한 것은 지극히 공정하게 시행한 것이니, 누가 승복하지 않았으랴. 더구나 지금 대역 죄인을 처치하고 무도한 자를 제거시켜 종사가 편안해져서 길이 만세토록 아름다움을 드리우게 되었고, 조정이 맑아져서 아름다움을 온 나라와 함께 경하하게 되었다. 그래서 이렇게 교시하는 것이니, 이 뜻을 모두 알아야 할 것이다.”

김근사의 졸기

1539년[74세] 7월 10일 김근사의 졸기. 김근사는 대간으로부터 김안로의 일파로 탄핵을 받고, 김안로가 실각되면서 파직당하여 경상도 하동으로 유배되었다가 1539년에 유배지에서 죽었다.

사관은 논한다. 김근사는 외모는 순박하고 충실한 듯하나 마음은 음흉하였다. 김안로와 가까운 사이이기 때문에 영의정이 되었고 매사를 김안로가 선창하면 김근사는 호응하여 선비들을 물리치는 데 모든 간계를 다하였다. 김안로가 패하자 경상도 하동으로 쫓겨났다가 1539년 6월 25일에 병사하였다.

전하는 바에 의하면, 그의 무덤은 경상도 하동땅 유배지에 어느 곳에 마련되었었는데, 찾을 수가 없어, 경기도 광주시 초월면 지월리에, 별도로 그의 묘단을 만들어 후손들이 해마다 제향을 올린다고 한다. 김근사의 관직은 순조로웠으나, 김안로와 정치적인 운명을 함께 하였다. 말로가 이러하였으니 묘비명도 세워지지 않았고, 기록도 남겨지지 않았다.

[승진과정]

1486년[21세] 생원시 합격
1494년[29세] 연산즉위년 별시 문과 병과 급제. 사헌부지평
1503년[38세] 연산 9년 12월 사헌부 장령
1504년[39세] 연산 10년 3월 장숙용의 이웃집 철거하는 것을 간하다가
　　　　　　　서천에 유배당다.
1506년[41세] 중종 1년 10월 사헌부 장령 복직
1509년[44세] 중종 4년 왕의 특사로 경상도 지방의 기강과 민정을 살피기 위해
　　　　　　　경차관이 되어 삼포의 왜인들을 단속하였다.
1511년[46세] 중종 6년 4월 어떤 사람이 방문榜文을 광화문 담장에 붙이다.

　　"김근사·성운·김굉·이빈은 오늘날의 사흉四凶 이다. 김근사는 연산의 신하로서
연산군이 총애하던 기생을 첩으로 삼았으니, 신하라고 할 수 있겠는가? 성운은
눈을 내려 뜨지 않고 조정을 경멸하며, 부정한 재물로 큰 집을 지었다. 김굉은 본
래 그 집안에 음란한 기풍이 크게 행했으니, 두 기생을 첩으로 삼고 방종 음란을
마음대로 한다. 이빈은 국상 중에 냇물을 막아 논을 풀었으니, 이것은 온 나라의
중론이다." 하였으며, 또 이튿날 의정부 문 앞에 방문이 붙기를, "구수영·권균·한
순·강혼은 폐주의 총신 이었다." 하였다.

1512년[47세] 중종 7년 8월 우부승지.
1513년[48세] 중종 8년 3월 우승지
1515년[50세] 중종 10년 7월 홍문관 부제학
1516년[51세] 중종 11년 4월 장례원 판결사
1517년[52세] 중종 12년 송사하는 사람들이 판결사 김근사 등을 우롱하였다.

　　이 때에 김근사와 민원은 판결사이고, 허인과 조문린은 사의司議였는데, 송사하는
사람들이 기록하기를 '김 피부皮膚·민 부지不知·허 초혼初昏·조 삼경三更이다.' 하
였다.
　　이는 법관들의 우매함을 기록한 말로 '피부'란 겉만 다룬다는 뜻이고, '부지'란 아
무 것도 모른다는 뜻이고, '초혼'이란 어둑하다는 뜻이며, '삼경'이란 캄캄하다는
뜻으로 우롱한 것이다.

1519년[54세] 중종 14년 기묘사화. 6촌 아우 김안로가 세력을 구축하다.
        11월 도승지. 12월 이조참판
1520년[55세] 중종 15년 11월 세자 좌부빈객 겸직
1521년[56세] 중종 16년 1월 이조참판 연임. 10월 이조참판 연임.
1525년[60세] 중종 20년 7월 형조참판 10월 동지돈녕부사.
        명나라 정조사 사신이 되어 중국을 다녀왔다.
1526년[61세] 중종 21년 4월 황해도 관찰사
1527년[62세] 중종 22년 5월 동지중추부사. 6월 한성부 우윤.
        8월 대사헌
1528년[63세] 중종 23년 4월 공조참판. 7월 다시 이조참판
1529년[64세] 중종 24년 9월 자헌대부로 승급. 한성 판윤
1530년[65세] 중종 25년 5월 대사헌. 11월 대사헌 연임
1531년[66세] 중종 26년 4월 한성부 판윤. 5월 병조판서. 판의금부사
1532년[67세] 중종 27년 9월 숭정대부로 승급. 판의금 부사.
        12월 의정부 좌찬성
1533년[68세] 중종 28년 6월 우의정
1534년[69세] 중종 29년 11월 좌의정. 세자부 겸직
1535년[70세] 중종 30년 3월 26일 영의정
1537년[72세] 중종 32년 10월 24일 파직. 10월 29일 관작 삭탈.
        문외 출송. 11월 3일 김근사는 대간으로부터 김안로의
        일파로 탄핵을 받고. 경상도 하동으로 유배되다.
1539년[74세] 중종 34년 7월 10일 김근사가 죽다

52. 윤은보 尹殷輔

업무에 밝고 처세에 능했던 정승

생몰년도 1468년(세조14) ~ 1544년(중종39) [77세]

영의정 재직기간 (1537.11.2.~1544.7.5) (6년 8개월)

본관	해평海平(구미)
자	상경商卿
호	절효節孝
시호	정성靖成
출생지	김천시 지례면 교리
묘소	경기도 의정부시 신곡동 산 33번지
신도비	영의정 홍언필이 짓고 성균진사 신효중이 글씨를 썼다.
정려각	경북 김천시 지례면 교리에 윤은보와 서즐의 정려각이 있다.
저서	대전후속록 편찬
기타	계속된 사화에 한번도 연루된 적이 없어 사림의 비난을 받음

증조부	윤처성尹處誠	– 수원부사
조부	윤면尹沔	– 사헌부 장령
조모	이효례李孝禮의 딸	
부	윤훤尹萱	– 군기시 첨정, 추증 영의정
모	김씨	– 현감 김모의 딸
본처	송거宋琚의 딸	
후처	이원정李元禎의 딸	
동생	윤은필尹殷弼	– 이조참판
조카	윤홍언尹弘彦	– 예인 별좌
조카	윤정언尹貞彦	– 윤은보의 양자
동생	윤은좌尹殷佐	– 사섬시 직장
동생	숙의 윤씨	– 연산군 후궁

영의정이 된 근원 - 업무에 밝고 처세에 능했던 정승

윤은보의 자는 상경商卿이고, 호는 절효節孝이며 본관은 해평이다. 증조부는 수원부사를 지낸 윤처성이고, 조부는 사헌부 장령을 지낸 윤면이며, 아버지는 군기시 첨정을 지낸 윤훤이다.

윤은보도 특별한 문벌적 배경과 공훈도 없이 능력만으로 열심히 관직생활을 하여 영의정까지 오른 입지전적인 인물이다. 32세 때 사간원 정언이 되어 유자광이 임금께 굴과 생전복을 사사로이 진상한 것을 두고 아첨한 일이라며 간언하여, 유자광의 직위를 빼앗았으나, 세월이 흘러 연산의 폭정이 시작되었을 때 그때의 일을 문제 삼아 보복을 당하게 된다. 이후로는 특별한 시빗거리를 만들지 않으며 관직생활을 하여 3정승 까지 올랐으나, 사관의 기록은 좋게 평하지 않았다. 사림 출신으로서 연산군 시대와 중종 시대를 거치면서 3대 사화를 맞았음에도 불구하고 요직에 근무하면서도 처세에 능해 한 번도 사화에 연루된 적이 없이 몸을 사리는 데만 힘쓴 인물로 비난을 받았다.

윤은보는 1494년[27세] 성종 25년 별시 문과에 병과로 급제해 사관史官에 선발되었고, 이듬해 승문원 검교로 춘추관 기사관을 겸직, 성종실록의 편찬에 참여하였다. 1497년[30세] 연산 3년 예관禮官으로 문소전의 추석 제향을 지낼 때 제 4실의 신위판을 떨어뜨려 파손한 죄로 장杖을 맞고 유배되었다. 이듬해 풀려나와 정언에 서용되었고, 이후 지평·집의를 거쳐, 1506년[39세] 중종 1년 춘추관 편수관으로 연산군일기의 편찬에 참여하였다.

1509년[42세] 대마도 경차관으로 임명되어, 당시 계해조약을 어기고 삼포에서 작폐를 일삼던 일본 거류민들로 하여금 조약을 준수하도록 대마도주에게 국서를 전달하였다.

1513년[46세] 경상도 암행어사로 나가, 삼포왜란 이후 경상도의 방비 문제를 점검하였다. 이어 직제학·부제학·대사간을 거쳐 황해도 관찰사로 나갔다. 1519년[52세]에 이조참판으로서 반정공신의 녹훈 개정을 주청했고, 1521년[54세]에는 대사헌으로서 사은사가 되어 명나라에 다녀왔다.

이듬해 공조판서로서 강원도 양전순찰사로 파견되었고, 이어 예조판서·대사헌·이조판서·평안도 관찰사를 거쳐 1529년[62세] 지중추부사로 주청사가 되어 명나라에 다녀왔다. 이어 대사헌·병조판서·한성 판윤 등을 거쳐 1533년[66세] 좌찬성에 오르고, 그 뒤 우의정·좌의정·영의정을 역임하고 기로소에 들어갔다.

1543년[76세] 영의정에 재직시 왕명에 의해 『대전후속록』 편찬에 참여하였다. 성종·연산군·중종 등 3대에 걸쳐 요직을 두루 역임하면서 계속된 사화에도 불구하고 한 번도 연루된 적이 없었으므로 사림의 비난을 받기도 하였다.

당시의 역사평에 의하면 "학술은 뛰어나지 않았으나 행정에는 익숙하게 단련되어 막힘 없이 환히 통하고 상세하다."고 하였다. 시호는 정성靖成이다. (한국민족문화 대백과, 한국학 중앙연구원)

임금에게 전복을 진상한 유자광을 뇌물죄로 탄핵하다

1499년[32세] 연산 5년 1월 10일 정언 윤은보가 유자광이 사사로이 굴과 생전복을 임금께 진상한 것은 뇌물죄에 해당한다고 아뢰었으나 들어주지 않았다.

정언 윤은보가 아뢰기를
"유자광이 임금의 명을 받들어 함경도에 나갔을 적에, 각 관서를 침범 감독하여 생전복과 굴조개를 채취하게 하고, 또 우수한 말들을 마음대로 끌어내어 이를 싣고 와서 임금께 바치도록 하였습니다. 신하로서는 사사로이 진상하는 예가 없으며, 또 토산물의 공물을 책정하여 바치는 것과 각도의 진상품이 연락 부절하온대, 하필 유자광이 사사로운 진상을 해야만 됩니까. 유자광의 진상은 반드시 정실이 있을 터이니 국문하시기를 청하옵니다." 하니,

명하기를, "유자광이 어찌 다른 정실이 있겠는가. 좋은 물건을 보고 진상하고 싶었을 뿐이리라." 하였다.

윤은보가 또 아뢰기를, "심회가 한 겨울에 서울로 와서 죽순 10개를 얻어 헌납하매 정희왕후께서 이를 보시고 돌려주시면서, '내 이미 보았노라.' 하셨으니, 정희왕후께서는 장래의 폐단을 염려하여 그러하심이요, 또 정난종이 성종조에 필묵을 바치매, 그것이 비록 문방의 물건이요, 생전복·굴조개엔 비교될 것이 아니었지만 오히려 사헌부의 탄핵을 받았습니다.
유자광은 임금의 환심을 얻어 은총을 입고자 감히 진상한 것이오니, 그 조짐이 커지게 하여서는 아니 되오니 국문하기를 청합니다." 하였으나, 들어 주지 않았다.

– 연산일기 5년 1월 10일 –

윤은보가 다시 아뢰기를, "유자광이 사사로 헌납한 생전복·굴조개에 대한 사건을 처벌하지 아니할 수 없으며, 또 녹사錄事는 삼정승이 아니면 의정부의 당상관이라 할지라도 이를 대동하고 다닐 수 없는데, 유자광이 감히 대동하고 다녔으니 국문하기를 청합니다." 하고, 인하여 상소하여 허물을 따져 책망하였으나 들어 주지 않았다.

– 연산일기 5년 1월 13일 –

임금이 유자광에 관한 일을 다시 의논하도록 명하매, 윤필상. 신승선. 정문형. 한치형. 성준이 "유자광이 홍원을 파직하도록 청하였음은 죄가 되는 것입니다." 하고, "유자광이 사사로 진상한 것은 법에 어긋난 일이므로 대간이 아뢴 바가 마땅하오나, 신으로서는 과오에서 범한 것이요 별다른 뜻이 없었기에 공신으로 면죄사로 아뢰었습니다." 하였다. 하니, 임금이 명하기를, "특진관을 교체하라." 하였다.

김영정 등이 다시 아뢰기를, "전하께서 유자광을 공신이라 하며 죄주지 않으려 하시므로, 신 등이 또한 감히 강청하지 못하였사오나, 유자광은 본래 교만하고 방종한 사람이므로 궁중 수비를 관장케 함은 부당하오니 아울러 교체하도록 하소서. 하니, 명하기를, "유자광은 그 도총관을 교체하라." 하였다.

- 연산일기 5년 2월 23일-

2년 후인 1501년[34세] 연산 7년 11월 22일 한치형이 유자광을 두둔하는 상소를 올렸다,

한치형이 아뢰기를, "대간이 홍문관과 더불어 유자광이 전복을 진상한 일을 가리켜 소인이라고 말하나, 신 등의 생각으로는 별도 다른 뜻이 없었다고 여겨지므로 의논해서 아뢰었던 것입니다.
그 후에 홍문관이 유자광을 배척해 말하기를 '간사하고 음해하다.' 하므로 신 등의 생각으로는 유자광이 필시 크게 간사한 일이 있으리라고 여겨졌는데, 지금 홍문관의 진술조서를 살펴보니, '간사하고 음해하니 목숨을 보존한 것만 해도 다행인데, 아직 징계하지 않았다.'고 했고, 지금의 진술조서에는 성종 때에 죄를 얻은 것을 '간사하다.'고 말하고, 지금 대간을 모함한 일을 가리켜서 '음해하다.'고 했다 하니, 그 진술조서와 상소가 크게 서로 어긋남이 이와 같은 것은 다름이 아니라, 유자광을 미워함이 너무 심해서 불측한 죄에 두고자 한 까닭입니다.

그 상소에 '차라리 전하를 저버릴지언정 유자광을 감히 저버릴 수는 없다.'고 했으나, 신 등이 유자광에게 무엇을 바라는 것이 있어서 저버리지 않겠습니까. 또 그 상소에 '소인을 끌어 써서 자기 사욕을 채운다.'고 했으나, 유자광이 언관들의 공격을 당하여 능히 머리도 들지 못하는데, 어느 여가에 신 등을 돌보아 줄 수가 있겠습니까.

- 연산일기 7년 11월 22일-

6년 후인 1505년[38세] 연산 11년 2월 8일 연산의 반격이 시작되었다. 사간원·사헌부의 "유자광의 굴, 전복 관련 탄핵이 잘못되었다"는 내용이다. 연산군은 "사간원 정언 윤은보와 사헌부 지평 권세형이 탄핵한 '유자광의 굴, 전복 상납'은 죄가 아니다. 그게 무슨 아첨이며 죄이겠는가? 이렇게 말할 때는 반드시 윤은보와 권세형에게 다른 뜻이 있을 것이다. 그 내용을 바른대로 말할 때까지 고문하라"고 지시한다.

연산군의 주장은 "유자광은 이미 나이가 많다. 나이 든 유자광이 굴 따위를 진상하여 무슨 나의 은총을 기대하겠는가? 내가 보기엔 탄핵 상소를 올린 사람들은 권력자 집안 출신들이고 유자광은 천한 집안 출신이다. 그래서 업신여긴 것"이라는 뜻이다. 춘추관 당상 유순·허침·박숭질·강귀손·김수동에게 명하여, 시정기(역사자료)를 고찰하여 전 대간들이 임금께 따졌던 일을 아뢰게 하였다.

1499년[32세] 연산 5년 1월 13일에 사간원 정언 윤은보가 '요사이 유자광이 굴과 생전복 따위 물건을 사사로이 바쳐서 임금의 은총을 굳히기를 바라니, 그 간사함이 아주 심합니다. 유자광의 아첨한 죄를 다스려서 간신이 총애를 굳히려는 생각을 징계하소서.'라고 아뢰고,

사헌부 지평 권세형이 '유자광이 함경도에 봉사함은 먹을 수 있는 해산물을 위한 봉사가 아니거늘, 역로의 피폐를 돌보지 않고서 주·군에서 거두어 모으고 역마를 마음대로 징발하여, 석짐이나 되도록이나 많은 것을 사사로이 바쳐서 아첨하였으니, 어찌 유식한 자가 차마 할 바이겠습니까'라고 아뢰니,

임금이 명하기를, "이처럼 말한 데에는 반드시 뜻이 있으리니, 실정을 고할 때까지 고문하라." 하였다.

의금부가 아뢰기를, "유자광이 사사로이 굴과 생전복을 바친 것을 논핵한 간관 중 앞장선 안윤덕은 율이 장 80에, 김계행·윤은보·이곤은 장 70에 해당하니, 모두 공익을 해친 죄로 속바침에 해당합니다." 하였다.

— 연산일기 11년 2월 8일 —

삼흉 김안로·허항·채무택의 파직

1538년[71세] 중종 33년 2월 20일 임금이 선정전에 나아가 영의정 윤
은보 등을 만나고 삼흉을 파직시켰다.

주상이 선정전에 나아가 영의정 윤은보 등을 만났다. 주상이 이르기를, "김안로를
추종한 무리들을 엄하게 다스려야 한다는 것을 나 또한 모르는 것은 아니다. 그러나
간흉이 사람을 너무 각박하게 다루어 인심을 분하고 원통하게 만들어 나랏일을 그
르친 것이다.
그러므로 '너무 심했던 자는 다스리지 아니할 수 없으나 협박에 따른 무리는 다스리지
말아야 인심이 안정될 것이다.'고 생각했는데 여론은 이것을 미흡하게 여기고 대간에
게 책임을 돌린다 하니, 여론이 무엇을 지적하는지 나 또한 알지 못하겠다.
이런 까닭으로 대간을 경솔히 물러나게 한다면 조정은 안정될 날이 없을 것이다. 지금
의논하는 것은 대간의 교체 여부가 아니고 아뢴 것을 경들과 의논코자 하는 것이다.

심언광·심언경·권예 등의 추종한 죄를 나 또한 모르지 않는다. 그러나, 매우 큰 죄
가 있다면 죄를 다스리지 않을 수 없으나 그다지 큰 죄가 없고 뒤에 회개하는 뜻이
있다면 중요한 직에 등용할 수는 없으나 잡직에 두는 것은 무방할 것이다. 이 3인뿐
아니라, 일일이 다 추론한다면 인심이 소요할 것이다."
하니, 윤은보가 아뢰기를, "이 3인은 본래 여론이 있었으나 삼흉三凶이 이미 제거되
었고 따르는 사람도 제거되었으니, 이들이 조정에 있다 해도 무방할 것이라 생각했
으므로 주요직만 갈았을 뿐입니다.

주상께서 누차 민심을 진정시키라고 하교하셨고 신의 뜻도 그러했습니다. 간흉을 제
거한 지 이미 오래인데 추가 논의하는 자가 그치지 않는다면 인심이 불안해 할 것입
니다. 그때 추종한 무리 가운데 좋아서 따른 자가 몇이나 되겠습니까? 그 독기가 두
려워 마지못해 추종했던 사람을 모두 추가 논의한다면 사람들은 모두 저마다 나도
이런 여론이 없겠는가라고 할 것인데 그렇다면 조정이 어찌 화평할 수 있겠습니까.
이런 까닭으로 죄를 다스릴 만한 사람이 있더라도 감히 아뢰지 못한 지 오래입니다.

그러나 공론이 통분해 하고 당사자도 조정에 있는 것을 불안해 하므로 이 3인을 아

뢴 것입니다. 대간이 논란이 분분하여 아뢴 것은 사실입니다. 사람들이 마지못해 추종한 사람을 보고 그 역시 삼흉의 무리라고 계속 떠들어댄다면 이러한 일들은 대간이 제재해야만 합니다.

조정 밖의 분분한 의논에 따라 모두 다스리려 한다면 끝내 안정될 날이 없을 것이므로 대간도 그것을 헤아렸던 것입니다." 하니, 주상이 이르기를, "대간은 그 직에 오래 있어야 그 직임을 잘 해낼 수 있으니, 자주 바꾸면 직무를 제대로 보지 못하는 폐단이 있게 된다." 하였다.

홍언필은 아뢰기를, "신들이 어찌 범연히 생각하고 글로 아뢰었겠습니까. 논란의 격분은 갈수록 더욱 심해지고 그들이 범한 짓은 아직까지도 사람들의 마음 속에 남아 있으니, 인심은 진실로 속일 수 없고 대중의 감정은 막을 수 없습니다. 존엄한 임금으로서도 어찌 대중을 따르지 않으실 수 있겠습니까. 신들이 소요를 좋아해서 그런 것이 절대 아니라, 부득이한 데서 나온 것입니다." 하고.

이극성은 아뢰기를, "사람의 기염이 왕성한 것을 보고 추종하여 그 이익을 잃을까 두려워하는 것은 사람의 상정이니 크게 책망할 것이 못됩니다. 그러나 간흉을 제거한 후에 추종한 자와 추종하지 않은 자가 조정에 뒤섞여 있고 죄가 있고 없는 자가 똑같이 함께 행하여, 여론은 이것에 격분하는 것인데, 대간이 사직하는 까닭은 그 무슨 일을 지목한 것인지 알 수 없습니다. 시종들이 의논하였던 것은 악한 자와 무리하였던 사람과 어떻게 한 조정에 같이 있을 수 있는가 하는 것이니, 언론하는 자라면 마땅히 분별해야 할 것입니다. 너무 심한 자는 제거하여 물정을 위로하고 그 나머지는 석방하여 개과 천선하게 해야 합니다." 하니.

주상이 이르기를, "2~3인을 파직시키는 것이 어찌 크게 관계되겠는가. 그러나 의논이 이와 같이 그치지 않는다면 반드시 분란이 일어나게 될 것이다. 관찰사와 유수는 역시 높은 지위이니, 잡직에 두거나 혹 수령을 제수한다면 조정은 사람을 경솔히 버리지 않는 것이고 그 역시 직위를 낮추는 뜻을 스스로 알 것이다. 모두 파직시키면 후에 이와 비슷한 일이 있을 적에 다시 어떻게 처리하겠는가."

하니, 윤은보가 아뢰기를, "권예는 행실이 약간 깨끗해졌고 심언광은 뛰어난 재주가 있으므로 현직만 바꾸었을 뿐입니다. 그러나 여론은 갈수록 더욱 격해지니 잡직에 둔다 해도 반드시 파직시킨 후에야 공론이 만족하게 여길 것입니다. 오래 되어 회개하면 또한 거두어 등용할 수 있으나 지금은 중의를 따를 수밖에 없습니다." 하고.

주상이 이르기를,

"들으니 삼흉의 발단이 진실로 이 사람들에게서 연유하였다 하는데, 그렇다면 어찌 편안히 조정에 있게 할 수 있겠는가. 같은 죄에 벌을 달리하는 것은 과연 온당치 못한 점이 있으니 말직인 현감에 둔다 해도 파직시키지 않는다면 여전히 조정에 있는 것이 되므로, 중론에 따라 파직시켜야겠다." 하였다.

- 중종실록 33년 2월 20일 -

1538년[71세] 중종 33년 2월 20일 삼흉에게 미움받아 죄입은 자를 누락됨이 없이 서용하였다.

전교하기를, "지금 심언광·심언경·권예의 일에 대해 들어보니 삼흉이 세력을 이룬 것이 실로 이들에게서 연유했다 한다. 그렇다면 3인을 어찌 조정에 있게 할 수 있는가. 대신이 아뢴 대로 파직하라. 기묘인 및 삼흉에게 미움받아 죄입은 자는 거의 다 서용되었다고 생각했는데 지금 들으니 누락된 자가 많이 있다 한다. 이 뜻을 해당 조정에 이르라. 진우와 이종익의 일은 대신이 설원해 주어야 한다고 하니, 옛날 설원해 주는 데는 특별한 조건이 있었는가, 증직한 예는 있었는가? 대신에게 의논하여 아뢰게 하라." 하였다.

윤은보 등이 의논하여 아뢰기를, "진우는 그 죄가 아닌데도 죽었으므로 유림이 비분해 한 지 오래이니 적당하게 증직하여 원혼을 풀어주소서. 이종익은 그의 상소가 말은 이치에 어긋났으나 쓰지 않으면 그만인데 사형까지 당했으니 역시 원통한 일입니다. 진우와는 거리가 있으나 원혼을 거두어 위로하는 것은 안 될 것이 없습니다." 하니, 알았다고 전교하였다.

- 중종실록 33년 2월 20일 -

조선의 풍속에 대해 걱정하다

1539년[72세] 중종 34년 9월 28일 풍속의 험악함을 걱정하다.

주상이 책을 펼쳐놓고 이르기를,

"임금이 나라를 다스려 나가는 것은 기강이 있기 때문이니, 기강이 선 뒤에라야 조정에 존엄한 기풍이 있어, 백관들이 법령을 받들어 행하는 것이다. 그러니 다스리는 자가 어찌 기강을 급선무로 삼지 않을 수 있겠는가." 하니,

영사 윤은보가 아뢰기를, "대체로 기강이란 맥이니, 나라가 나라답게 되는 것은 그 맥이 있기 때문입니다. 그러니 임금된 자는 마땅히 이를 고취시켜야 할 것입니다. 또 관찰사가 된 자는 국가의 한 지방을 다스리는 중한 책임을 맡았으니 어찌 평가를 엄하게 밝히지 않을 수 있겠습니까. 다만 이목이 두루 미치지 못하기 때문에 다할 수 없는 것입니다. 수령의 어질고 어질지 못함에 대해 간혹 듣기는 했으나 모두 헐뜯고 칭찬하는 말에서 나오는 것 같아서 다 믿을 수는 없습니다. 그러므로 승진시키고 강등시킬 때 어진 자가 아래에 있는가 하면 어질지 못한 자가 도리어 위에 있기도 합니다. 이는 다른 게 아니라 들은 것이 실지와 다르기 때문입니다." 하고,

지평 윤원형은 아뢰기를, "옳고 그름을 판단하는 일이 혹 헐뜯고 칭찬하는 데에 기인하는 경우가 과연 있기는 하나 그 중에는 분명 아래 품계에 둘 자인데도 관찰사가 정세에 끌려서 감히 손을 대지 못하는 수도 있으니, 이것이 옳고 그름을 판단하는 것이 엄하지 못하게 되는 까닭입니다." 하고,

동지사 황헌은 아뢰기를, "감사는 1년에 겨우 한두 번 순회하는데, 그 영역내에 들어가면 밭과 들이 개간되어 있고 그 고을에 들어가면 기물을 한결 더 말끔히 벌여 놓았으며, 업무를 물으면 잘 응답하니, 아무리 실상은 재물을 탐하고 백성을 해쳤다한들 어찌 이를 알 수 있겠습니까. 그 가운데 공손하고 백성을 사랑하는 수령이 혹 있어도 외모에 드러나는 것을 다스리지 않으면 정사에서 실지의 은혜가 베풀어지는 것을 역시 알 수가 없습니다. 그렇기 때문에 포폄에 그 실상을 얻기가 어려운 것입니다.

근래 인심이 포악해서 아래에 있는 자가 반드시 윗사람을 업신여깁니다. 경상도는 예전에는 순후한 곳으로 일컬어졌는데도 또한 완포해졌습니다. 경주 부윤 오준이 전혀 일을 보지 않는데, 노병 때문이라고도 하고 혹은 실직해서 뜻을 얻지 못해서라고도 하나 두 가지가 모두 아닙니다. 어느 날 한 관노비의 자식이 관아에 뛰어 들어와서 여러 가지로 능욕했다고 하기에 그 원인을 물었더니, 이 종은 오준에게 다른 혐의나 원망은 없고 다만 자기 아비 관노가 나이 많아 면역하려 했으나 해당되지 않는다 하여 면역되지 못해서 항상 분한 마음을 품고 있던 중 오준이 교체되어 돌아간다는 말을 듣고 즉시 노염을 터뜨려 욕을 한 것이라 합니다.

대체로 관속은 수령을 높이 받들어야 한다는 것을 모르지 않을 텐데 오히려 이같은 짓을 했으나 이는 풍속과 가장 깊이 관계되는 일이니, 각별히 추국하여 엄하게 다스

리는 것이 어떻겠습니까?" 하고,

대사간 심연원은 아뢰기를, "제왕이 우애하는 도리는 임금의 덕 가운데 가장 큰 것으로 후대가 마땅히 본받아야 할 것입니다. 근래 전하께서 우애의 정이 지극하다고는 하겠으나 선왕의 자손들을 자주 만나보지 않으시니 은전이 부족한 것 같습니다."

하니, 주상이 일렀다.
"이 말이 지당하다. 전에는 자주 만나보았지만 요새는 계속해서 재변이 있는 데다 왕자들이 말미를 받거나 혹 병환이 있어서 자주 접견하지 못한 것이다." 하였다.

- 중종실록 34년 9월 28일 -

윤은보의 졸기

1544년[77세] 중종 39년 7월 5일 영의정 윤은보가 졸하였다.

사관은 논한다. 윤은보의 자는 상경商卿이고 본관은 해평이다. 사람됨이 자상하고 공손하여 남을 해치는 마음이 없으며, 관리로서 일을 처리하는 데에 재능이 뛰어나서 가는 곳마다 자못 명성과 공적이 있었다. 평안도 관찰사였을 때 도내가 크게 가물었는데 목욕재계하고 비를 빌어 드디어 40리에 비가 내리니, 사람들이 정성에 감동된 것이라 하였다. 병조 판서였을 때에는 군졸이 그 은혜를 많이 입었다. 급제하고부터 1품이 될 때까지 더욱 스스로 근신하고 공손하여 스스로 보양하기를 벼슬이 없을 때와 같이 하였다. 그러나 본디 학술이 없고 기량이 평범하여 시세에 따라 부침하였으므로, 간사한 심정과 김안로도 그를 원망하지 않았다. 김안로가 죽고 윤은보가 홀로 정승 자리에 있으면서 정승을 천거할 때에 소세양·심언경·권예를 아뢰었으므로, 사림에서는 모두가 비난하였다.

또 논한다. 윤은보는 천성이 자상하고 깨끗하며 스스로 절조를 지키는 데에 도타웠으므로, 여러 번 변고를 겪었어도 더러워진 적이 없었다. 사람들은 혹 부침하여 자리를 얻었다고 비평하기도 하나, 관리로서의 일에 익숙하여 두 번 병조판서가 되었는데 정사의 공적이 많았다. 집안에서는 우애하고 화목하여 이간하는 말을 하는 사람이 없었다. 아깝게도 그가 정승 노릇한 10년 동안에 정책을 건의한 것이 하나도 없었으며, 만년에는 비첩에게 혹하여 청탁하기를 좋아하였으므로, 시정의 하찮은 백성까지도 모두 청탁하는 기회를 얻을 수 있었다. 이 때에 이르러 병으로 죽었는데, 살아서는 나라를 위하여 자신을 잊지 못하고 죽을 때에도 어진 사람을 천거하지 못하였으므로, 당시의 의논이 애석하게 여겼다.

1544년 9월 11일 임금은 좌부승지 나숙을 보내어 죽은 영의정 윤은보에게 별제를 내렸다. 이를 두고 사관은 윤은보에 대해 일을 건의한 공도 없고 있으나마나한 존재였지만, 관청의 일에 밝고 상세하였으니, 대개 원로한 정승이었다. 바야흐로 그 병이 위독할 때에 시종 한결같은 은총으로 대우하지 않았고, 관원을 보내어 제사를 내린 것도 또한 담당이 전례에 따라 여쭈어 거행한 것일 뿐이다.

연산군·중종 등 2대에 걸쳐 요직을 두루 역임하면서 계속된 사화에도 불구하고 한번도 연루된 적이 없었으므로 사림의 비난을 받기도 하였다. 대개 굽은 벼슬아치는 젊어서의 호평을, 늘그막에 노욕으로 잃고 만다. 홍언필이 지은 윤은보의 신도비문에는 윤은보가 젊었을 때 연산군의 의견에 반하는 상소문을 지어 올렸다가 좌천당한 일이 있었는데, 이일로 조정의 벼슬아치들은 윤은보에 대하여 위태롭게 여기면서 공을 귀하게 여겼다는 내용도 있다.

윤은보는 첫 부인에게서 얻은 외딸이 시집가서 역시 딸 하나를 낳았는데, 그 외손녀가 중종의 왕자 덕양군에게 시집가니, 윤은보는 왕자를 외손자 사위로 맞은 셈이었다. 그의 두 번째 부인 송씨와도 슬하가 없어 아우 윤은필의 아들 윤정언을 입양했다. 윤정언의 손자 윤승길은 병조판서, 또 다른 손자 윤승훈은 영의정에 오르는 등, 양자 윤정언의 후예에는 출중한 인물들이 많았다.

[승진과정]

1494년[27세] 연산즉위년 별시 문과 병과 급제. 승문원 검교.
　　　　　춘추관 기사관 겸직. 성종실록의 편찬에 참여
1497년[30세] 연산 3년 8월 예관이 되어 추석제향에서 신위판을 실수로
　　　　　떨어트려 파손한 죄로 장을 맞고 파직된 채 벽지에 유배.
1498년[31세] 연산 4년 12월 사간원 정언으로 복직
1502년[35세] 연산 8년 4월 사헌부 지평
1504년[37세] 연산 10년 5월 사헌부 집의
1506년[39세] 중종 1년 9월 중종 즉위. 연산군일기 편찬에 참여
1507년[40세] 중종 2년 2월 사헌부 집의
1509년[42세] 중종 4년 4월 대마도 경차관. 대마 도주에게 국서를 전달
1513년[46세] 중종 8년 경상도 어사. 3월 직제학
1514년[47세] 중종 9년 10월 홍문관 부제학. 12월 사간원 대사간
1515년[48세] 중종 10년 2월 장례원 판결사. 윤4월 대사간.
　　　　　6월 동부승지
1516년[49세] 중종 11년 4월 좌부승지
1517년[50세] 중종 12년 8월에 도승지. 11월 황해도 관찰사
1519년[52세] 중종 14년 이조참판
1521년[54세] 중종 16년 11월 대사헌. 사은사로 명나라에 다녀왔다.
1522년[55세] 중종 17년 4월 공조참판.
1523년[56세] 중종 18년 4월 공조참판 연임. 윤 4월 예조판서로 승진
1524년[57세] 중종 18년 7월 예조판서 연임. 11월 이조판서
1525년[58세] 중종 19년 11월 평안도 관찰사
1527년[60세] 중종 21년 12월에 동지중추부사
1528년[61세] 중종 23년 3월 호조판서. 7월 17일 예조판서.
　　　　　7월 27일 지중추부사
1528년[61세] 중종 23년 10월 예조판서
1529년[62세] 중종 24년 11월 대사헌. 지중추부사.
　　　　　명나라 주청사가 되어 중국을 다녀왔다.
1530년[63세] 중종 25년 1월 병조판서. 4월 대사헌. 11월 한성부 판윤.
1531년[64세] 중종 26년 4월 의정부 좌참찬. 윤 6월 우찬성.
　　　　　11월 25일 좌찬성. 11월 29일 우찬성
1532년[65세] 중종 27년 9월 병조판서

1533년[66세] 중종 28년 6월 호조판서, 8월 좌찬성, 8월 14일 좌찬성 겸
        판의금부사
1534년[67세] 중종 29년 8월 호조판서, 11월 좌찬성
1535년[68세] 중종 30년 3월 우의정.
        6월에 인사추천을 잘못하여 영중추부사, 11월 다시 우의정
1537년[70세] 중종 31년 10월 좌의정. 기로소에 들다.
        11월 2일 영의정.
1538년[71세] 중종 32년 2월 20일 삼흉을 파직시켰다.
1543년[76세] 중종 37년 왕명에 의해 대전후속록 편찬에 참여
1544년[77세] 중종 38년 7월 5일 영의정 윤은보가 죽다.